中华人民共和国税法

第 Ⅴ 卷

综合税收政策

国家税务总局 ◎ 编

中国税务出版社

图书在版编目（CIP）数据

中华人民共和国税法. 第Ⅴ卷, 综合税收政策 / 国家税务总局编. -- 北京：中国税务出版社, 2024.8.
ISBN 978 - 7 - 5678 - 1525 - 4
Ⅰ. D922.220.9
中国国家版本馆 CIP 数据核字第 2024GY8796 号

版权所有·侵权必究

书　　名：	中华人民共和国税法·第Ⅴ卷：综合税收政策
	ZHONGHUA RENMIN GONGHEGUO SHUIFA·DI Ⅴ JUAN：ZONGHE SHUISHOU ZHENGCE
作　　者：	国家税务总局　编
责任编辑：	陈金艳　孙晓萍　董　淼
责任校对：	姚浩晴
技术设计：	林立志
出版发行：	中国税务出版社
	北京市丰台区广安路 9 号国投财富广场 1 号楼 11 层
	邮政编码：100055
	网址：https://www.taxation.cn
	投稿：https://www.taxation.cn/qt/zztg
	发行中心电话：(010)83362083/85/86
	传真：(010)83362047/49
经　　销：	各地新华书店
印　　刷：	涿州市星河印刷有限公司
规　　格：	787 毫米×1092 毫米　1/16
印　　张：	34.75
字　　数：	823000 字
版　　次：	2024 年 8 月第 1 版　2024 年 8 月第 1 次印刷
书　　号：	ISBN 978 - 7 - 5678 - 1525 - 4
定　　价：	88.00 元
全套定价：	920.00 元

如有印装错误　本社负责调换

出 版 说 明

习近平总书记对税收工作高度重视,发表了一系列关于税收工作的重要论述,多次强调指出"深化税收制度改革","完善税收制度",为税收改革发展提供了根本遵循。党的二十届三中全会围绕深化财税体制改革,从多方面作出部署。随着税制改革不断深入和税收事业高质量发展,我国税收法治建设不断加强、法治环境不断改善,特别是党的十八大以来,税收在国家治理中的基础性、支柱性、保障性作用日益凸显,党中央、国务院推出一系列重大税收改革,"营改增"、个人所得税改革、进一步深化税收征管改革等各项改革举措相继落地,形成了比较完备的税收法律制度体系,为全面推进依法治税提供了有力保障。

为帮助各级税务机关和税务干部、广大纳税人缴费人及社会各界人士更好地学习税法、使用税法、宣传税法、研究税法,进一步提高税务干部依法治税能力和水平,共促税法遵从,高质量推进中国式现代化税务实践,我们组织编辑了这套《中华人民共和国税法》分卷丛书,汇集了全国人大及其常委会、国务院、财政部、税务总局、海关总署及相关部门发布的现行有效的税收法律、行政法规、规章及规范性文件。

本丛书一套七卷,涵盖增值税、消费税等 18 个税种,社会保险费和非税收入,税收征管等税收法律制度全部内容。其中:第Ⅰ卷货物和劳务税,包括增值税、消费税、车辆购置税、关税和进出口税收;第Ⅱ卷所得税,包括企业所得税、个人所得税;第Ⅲ卷财产和行为税,包括房产税、城镇土地使用税、城市维护建设税、印花税、资源税、土地增值税、车船税、烟叶税、契税、耕地占用税、环境保护税和船舶吨税；第Ⅳ卷社会保险费和非税收入，包括现行社会保险费和中央级非税收入；第Ⅴ卷综合税收政策，包括涉及多个税种的制度文件，分行业税收政策、区域税收政策、专项税收政策、其他税收政策和涉税相关法律规定；第Ⅵ卷税收征管，包括登记申报、票证管理、税款征收、税务检查、纳税服务等。此外，设附卷文件清理，包括清理过程中发布的修改、失效、废止的文件，鉴于这些文件与现行有效文件具有一定关联性，单独整理汇集成册，以备查阅参考。

本丛书各卷收录的每个文件均设三级编码，即卷号－类别（税费种）－顺序号。各税种法律、行政法规及实施细则等综合性文件按照法律级次排列在前，其他文件（或分类文件）按发文时间排序。部分条款失效、废止、修改和政策调整的文件，文末以"注释"方式列明具体条款、依据及相关延续政策；部分篇幅过长的文件附件，以"编者略"的形式对其内容作了删略，删略内容可通过国家税务总局网站"政策法规库"或中国税务出版社网站"税收法规库"检索查找。本丛书所收录文件截止时间为2023年12月31日，具体执行中请关注税收政策的调整变化。

由于时间仓促，难免有不足和疏漏之处，诚挚欢迎读者将使用过程中的意见建议反馈给我们（邮箱：fgxxb@163.com），以便继续修订完善。

国家税务总局
2024年8月

目　录

1　行业税收政策

5-1-1　国家税务总局关于境外团体或个人在我国从事文艺及体育演出有关税收问题的通知
　　　　1994年4月21日　国税发〔1994〕106号 ……………………（ 3 ）

5-1-2　财政部　国家税务总局关于工程勘察设计单位改为企业后有关税收问题的函
　　　　1995年10月24日　财税字〔1995〕100号 …………………（ 5 ）

5-1-3　财政部　国家税务总局关于体育彩票发行收入税收问题的通知
　　　　1996年11月7日　财税字〔1996〕77号 ………………………（ 5 ）

5-1-4　财政部　国家税务总局关于医疗卫生机构有关税收政策的通知
　　　　2000年7月10日　财税〔2000〕42号 ……………………（ 6 ）

5-1-5　农业部　国家发展计划委员会　国家经济贸易委员会　财政部　对外贸易经济合作部　中国人民银行　国家税务总局　中国证券监督管理委员会印发《关于扶持农业产业化经营重点龙头企业的意见》的通知
　　　　2000年10月8日　农经发〔2000〕8号 ………………………（ 7 ）

5-1-6　财政部　国家税务总局关于住房公积金管理中心有关税收政策的通知
　　　　2000年10月10日　财税〔2000〕94号 ……………………（ 10 ）

5-1-7　农业部　国家发展计划委员会　国家经济贸易委员会　财政部　对外贸易经济合作部　中国人民银行　国家税务总局　中国证券监督管理委员会关于公布农业产业化国家重点龙头企业名单的通知
　　　　2000年10月26日　农经发〔2000〕10号 …………………（ 11 ）

5-1-8　财政部　国家税务总局关于对老年服务机构有关税收政策问题的通知
　　　　2000年11月24日　财税〔2000〕97号 ……………………（ 12 ）

5-1-9	财政部 国家税务总局关于调整住房租赁市场税收政策的通知 2000年12月7日 财税〔2000〕125号	（12）
5-1-10	国务院办公厅转发科技部等部门关于非营利性科研机构管理的若干意见（试行）的通知 2000年12月19日 国办发〔2000〕78号	（13）
5-1-11	财政部 国家税务总局关于非营利性科研机构税收政策的通知 2001年2月9日 财税〔2001〕5号	（15）
5-1-12	财政部 国家税务总局关于中国信达等4家金融资产管理公司税收政策问题的通知 2001年2月20日 财税〔2001〕10号	（16）
5-1-13	国家税务总局关于中国联通有限公司有关税收问题的通知 2001年10月18日 国税函〔2001〕762号	（17）
5-1-14	国家税务总局关于中央各部门机关后勤体制改革有关税收政策具体问题的通知 2002年4月23日 国税发〔2002〕32号	（18）
5-1-15	财政部 国家税务总局关于西气东输项目有关税收政策的通知 2002年7月31日 财税〔2002〕111号	（20）
5-1-16	农业部 国家发展计划委员会 国家经济贸易委员会 财政部 对外贸易经济合作部 中国人民银行 国家税务总局 中国证券监督管理委员会 中华全国供销合作总社关于公布第二批农业产业化国家重点龙头企业名单的通知 2002年12月31日 农经发〔2002〕14号	（20）
5-1-17	财政部 国家税务总局关于大连证券破产及财产处置过程中有关税收政策问题的通知 2003年5月20日 财税〔2003〕88号	（21）
5-1-18	财政部 国家税务总局关于被撤销金融机构有关税收政策问题的通知 2003年7月3日 财税〔2003〕141号	（22）
5-1-19	财政部 国家税务总局关于转制科研机构有关税收政策问题的通知 2003年7月8日 财税〔2003〕137号	（23）
5-1-20	财政部 国家税务总局关于中国东方资产管理公司处置港澳国际（集团）有限公司有关资产税收政策问题的通知 2003年11月10日 财税〔2003〕212号	（24）
5-1-21	财政部 国家税务总局关于中国长江电力股份有限公司上市及收购三峡发电资产有关税收问题的通知 2003年11月21日 财税〔2003〕235号	（25）

编号	标题	页码
5-1-22	国家税务总局关于青藏铁路建设期间有关已缴税金退税问题的通知 2003年12月26日 国税函〔2003〕1387号	（26）
5-1-23	财政部 国家税务总局关于教育税收政策的通知 2004年2月5日 财税〔2004〕39号	（27）
5-1-24	财政部 国家税务总局关于证券投资基金税收政策的通知 2004年4月30日 财税〔2004〕78号	（29）
5-1-25	国家发展和改革委员会 商务部 公安部 铁道部 交通部 海关总署 国家税务总局 中国民用航空总局 国家工商行政管理总局印发《关于促进我国现代物流业发展的意见》的通知 2004年8月5日 发改运行〔2004〕1617号	（29）
5-1-26	财政部 国家税务总局关于延长转制科研机构有关税收政策执行期限的通知 2005年3月8日 财税〔2005〕14号	（32）
5-1-27	财政部 国家税务总局关于国家石油储备基地建设有关税收政策的通知 2005年3月15日 财税〔2005〕23号	（33）
5-1-28	国家税务总局关于进一步加强房地产税收管理的通知 2005年5月18日 国税发〔2005〕82号	（33）
5-1-29	国家税务总局 财政部 建设部关于加强房地产税收管理的通知 2005年5月27日 国税发〔2005〕89号	（36）
5-1-30	财政部 国家税务总局关于股权分置试点改革有关税收政策问题的通知 2005年6月13日 财税〔2005〕103号	（38）
5-1-31	国家税务总局 财政部 国土资源部关于加强土地税收管理的通知 2005年7月1日 国税发〔2005〕111号	（38）
5-1-32	国家税务总局关于加强出租房屋税收征管的通知 2005年8月3日 国税发〔2005〕159号	（40）
5-1-33	国家税务总局关于实施房地产税收一体化管理若干问题的通知 2005年10月7日 国税发〔2005〕156号	（42）
5-1-34	国家税务总局关于房地产税收政策执行中几个具体问题的通知 2005年10月20日 国税发〔2005〕172号	（43）
5-1-35	文化部 财政部 人事部 国家税务总局关于鼓励发展民营文艺表演团体的意见 2005年11月4日 文市发〔2005〕31号	（44）

5-1-36	财政部　国家税务总局关于中国建银投资有限责任公司有关税收政策问题的通知	
	2005年11月20日　财税〔2005〕160号 ……………………	(46)
5-1-37	财政部　国家税务总局关于信贷资产证券化有关税收政策问题的通知	
	2006年2月20日　财税〔2006〕5号 …………………………	(47)
5-1-38	商务部　国家税务总局关于加强内资融资租赁试点监管工作的通知	
	2006年4月12日　商建发〔2006〕160号 ……………………	(49)
5-1-39	财政部　国家税务总局关于大秦铁路改制上市有关税收问题的通知	
	2006年5月14日　财税〔2006〕32号 …………………………	(50)
5-1-40	国家税务总局转发国务院办公厅关于调整住房供应结构稳定住房价格意见的通知	
	2006年5月31日　国税发〔2006〕75号 ………………………	(51)
5-1-41	国家税务总局关于加强房地产交易个人无偿赠与不动产税收管理有关问题的通知	
	2006年9月14日　国税发〔2006〕144号 ……………………	(54)
5-1-42	财政部　国家税务总局关于加快煤层气抽采有关税收政策问题的通知	
	2007年2月7日　财税〔2007〕16号 …………………………	(56)
5-1-43	廉租住房保障办法	
	2007年11月8日　建设部　国家发改委　监察部　民政部　财政部　国土资源部　中国人民银行　国家税务总局　国家统计局令第162号 ………………………………………………	(57)
5-1-44	商务部　公安部　财政部　人民银行　国资委　海关总署　税务总局　证监会　外汇局关于支持会计师事务所扩大服务出口的若干意见	
	2007年12月26日　商服贸〔2007〕507号 ……………………	(62)
5-1-45	国务院办公厅转发发展改革委等部门关于鼓励数字电视产业发展若干政策的通知	
	2008年1月1日　国办发〔2008〕1号 …………………………	(64)
5-1-46	财政部　国家税务总局关于廉租住房　经济适用住房和住房租赁有关税收政策的通知	
	2008年3月3日　财税〔2008〕24号 …………………………	(66)
5-1-47	财政部　国家税务总局关于调整房地产交易环节税收政策的通知	
	2008年10月22日　财税〔2008〕137号 ………………………	(68)

编号	标题	页码
5-1-48	国务院关于实施成品油价格和税费改革的通知 2008年12月18日　国发〔2008〕37号	(69)
5-1-49	财政部　国家税务总局关于海峡两岸海上直航营业税和企业所得税政策的通知 2009年1月19日　财税〔2009〕4号	(73)
5-1-50	国家税务总局关于金融资产管理公司从事经营租赁业务有关税收政策问题的批复 2009年3月31日　国税函〔2009〕190号	(73)
5-1-51	财政部　国家税务总局关于扶持动漫产业发展有关税收政策问题的通知 2009年7月17日　财税〔2009〕65号	(74)
5-1-52	财政部　国家税务总局　中宣部关于公布学习出版社等中央所属转制文化企业名单的通知 2010年4月23日　财税〔2010〕29号	(75)
5-1-53	财政部　国家税务总局关于海峡两岸空中直航营业税和企业所得税政策的通知 2010年9月6日　财税〔2010〕63号	(76)
5-1-54	国家税务总局关于融资性售后回租业务中承租方出售资产行为有关税收问题的公告 2010年9月8日　国家税务总局公告2010年第13号	(76)
5-1-55	财政部　国家税务总局关于促进节能服务产业发展增值税　营业税和企业所得税政策问题的通知 2010年12月30日　财税〔2010〕110号	(77)
5-1-56	财政部　国家税务总局关于中国联合网络通信集团有限公司转让CDMA网及其用户资产企业合并资产整合过程中涉及的增值税营业税印花税和土地增值税政策问题的通知 2011年3月10日　财税〔2011〕13号	(79)
5-1-57	财政部　国家税务总局　中宣部关于下发人民网股份有限公司等81家中央所属转制文化企业名单的通知 2011年4月27日　财税〔2011〕27号	(81)
5-1-58	国家税务总局关于人保投资控股有限公司相关税收问题的公告 2011年12月2日　国家税务总局公告2011年第70号	(81)
5-1-59	商务部　国家税务总局关于确认天津天保租赁有限公司等企业为第八批内资融资租赁试点企业的通知 2011年12月12日　商流通函〔2011〕1083号	(82)
5-1-60	财政部　国家税务总局　中宣部关于下发世界知识出版社等35家中央所属转制文化企业名单的通知 2011年12月31日　财税〔2011〕120号	(83)

5-1-61	财政部　国家税务总局关于调整海上石油开采企业名单的通知 2012年3月28日　财税〔2012〕17号	（83）
5-1-62	财政部　国家税务总局关于中国扶贫基金会所属小额贷款公司 享受有关税收优惠政策的通知 2012年5月8日　财税〔2012〕33号	（84）
5-1-63	财政部　国家税务总局　中国人民银行关于调整铁路运输企业 税收收入划分办法的通知 2012年9月7日　财预〔2012〕383号	（85）
5-1-64	国家税务总局　中国人民银行　财政部关于跨省合资铁路企业 跨地区税收分享入库有关问题的通知 2012年12月13日　国税发〔2012〕116号	（88）
5-1-65	国家税务总局关于国寿投资控股有限公司相关税收问题的公告 2013年1月7日　国家税务总局公告2013年第2号	（90）
5-1-66	商务部　国家税务总局关于确认及取消有关企业内资融资租赁 业务试点资格的通知 2013年1月31日　商流通函〔2013〕49号	（91）
5-1-67	财政部　国家税务总局　中宣部关于下发中国电视剧制作中心 有限责任公司等11家中央所属转制文化企业名单的通知 2013年3月5日　财税〔2013〕16号	（92）
5-1-68	财政部　国家税务总局　中宣部关于下发13家名称变更后继续 享受税收优惠政策的转制文化企业名单的通知 2013年4月9日　财税〔2013〕17号	（92）
5-1-69	科技部　财政部　国家税务总局关于在中关村国家自主创新示 范区开展高新技术企业认定中文化产业支撑技术等领域范围试 点的通知 2013年9月29日　国科发高〔2013〕595号	（93）
5-1-70	财政部　国家税务总局关于企业和自收自支事业单位向职工出 租的单位自有住房房产税和营业税政策的通知 2013年11月27日　财税〔2013〕94号	（93）
5-1-71	财政部　国家税务总局关于棚户区改造有关税收政策的通知 2013年12月2日　财税〔2013〕101号	（94）
5-1-72	财政部　国家税务总局　中宣部关于发布《中国建材报》社等19 家中央所属转制文化企业名单的通知 2014年4月25日　财税〔2014〕9号	（95）
5-1-73	文化部　工业和信息化部　财政部关于大力支持小微文化企业 发展的实施意见 2014年7月11日　文产发〔2014〕27号	（96）

编号	标题	页码
5-1-74	国务院关于加快发展生产性服务业促进产业结构调整升级的指导意见 2014年7月28日　国发〔2014〕26号	(99)
5-1-75	财政部　国家税务总局　证监会关于沪港股票市场交易互联互通机制试点有关税收政策的通知 2014年10月31日　财税〔2014〕81号	(106)
5-1-76	商务部　国家税务总局关于确认北京中煤设备租赁有限责任公司等企业为第十三批内资融资租赁试点企业的通知 2015年3月2日　商流通函〔2015〕75号	(108)
5-1-77	国家税务总局关于贯彻落实《国务院关于加快发展服务贸易的若干意见》的通知 2015年5月5日　税总函〔2015〕241号	(109)
5-1-78	财政部关于做好城市棚户区改造相关工作的通知 2015年8月26日　财综〔2015〕57号	(110)
5-1-79	国家税务总局关于进一步简化和规范个人无偿赠与或受赠不动产免征营业税、个人所得税所需证明资料的公告 2015年11月10日　国家税务总局公告2015年第75号	(112)
5-1-80	财政部　国家税务总局　证监会关于内地与香港基金互认有关税收政策的通知 2015年12月14日　财税〔2015〕125号	(114)
5-1-81	财政部　国家税务总局　住房城乡建设部关于调整房地产交易环节契税　营业税优惠政策的通知 2016年2月17日　财税〔2016〕23号	(115)
5-1-82	财政部　国家税务总局关于营改增后契税　房产税　土地增值税　个人所得税计税依据问题的通知 2016年4月25日　财税〔2016〕43号	(116)
5-1-83	国家税务总局关于建立税务机关、涉税专业服务社会组织及其行业协会和纳税人三方沟通机制的通知 2016年6月28日　税总发〔2016〕101号	(117)
5-1-84	国家税务总局关于个人保险代理人税收征管有关问题的公告 2016年7月7日　国家税务总局公告2016年第45号	(119)
5-1-85	财政部　国家税务总局关于继续执行高校学生公寓和食堂有关税收政策的通知 2016年7月25日　财税〔2016〕82号	(120)
5-1-86	财政部　国家税务总局关于科技企业孵化器税收政策的通知 2016年8月11日　财税〔2016〕89号	(121)

5-1-87　财政部　国家税务总局关于供热企业增值税　房产税　城镇土地使用税优惠政策的通知
2016年8月24日　财税〔2016〕94号 ……………………………………… (123)

5-1-88　民政部　财政部　国家税务总局关于印发《关于慈善组织开展慈善活动年度支出和管理费用的规定》的通知
2016年10月11日　民发〔2016〕189号 …………………………………… (124)

5-1-89　财政部　国家税务总局　证监会关于深港股票市场交易互联互通机制试点有关税收政策的通知
2016年11月5日　财税〔2016〕127号 …………………………………… (126)

5-1-90　财政部　国家税务总局关于集成电路企业增值税期末留抵退税有关城市维护建设税　教育费附加和地方教育附加政策的通知
2017年2月24日　财税〔2017〕17号 ……………………………………… (128)

5-1-91　国家税务总局关于个人转让住房享受税收优惠政策判定购房时间问题的公告
2017年3月17日　国家税务总局公告2017年第8号 ……………………… (128)

5-1-92　财政部　税务总局关于小额贷款公司有关税收政策的通知
2017年6月9日　财税〔2017〕48号 ……………………………………… (129)

5-1-93　财政部　税务总局关于支持农村集体产权制度改革有关税收政策的通知
2017年6月22日　财税〔2017〕55号 ……………………………………… (130)

5-1-94　财政部　税务总局　证监会关于支持原油等货物期货市场对外开放税收政策的通知
2018年3月13日　财税〔2018〕21号 ……………………………………… (130)

5-1-95　财政部　税务总局关于保险保障基金有关税收政策问题的通知
2018年4月27日　财税〔2018〕41号 ……………………………………… (131)

5-1-96　财政部　税务总局　科技部　教育部关于科技企业孵化器大学科技园和众创空间税收政策的通知
2018年11月1日　财税〔2018〕120号 …………………………………… (132)

5-1-97　国务院办公厅关于印发文化体制改革中经营性文化事业单位转制为企业和进一步支持文化企业发展两个规定的通知
2018年12月18日　国办发〔2018〕124号 ………………………………… (133)

5-1-98　财政部　税务总局关于继续实行农产品批发市场　农贸市场房产税　城镇土地使用税优惠政策的通知
2019年1月9日　财税〔2019〕12号 ……………………………………… (139)

5-1-99　财政部　税务总局　中央宣传部关于继续实施文化体制改革中经营性文化事业单位转制为企业若干税收政策的通知
2019年2月16日　财税〔2019〕16号 ……………………………………… (140)

编号	标题	页码
5-1-100	财政部　税务总局关于延续供热企业增值税　房产税　城镇土地使用税优惠政策的通知 2019年4月3日　财税〔2019〕38号	(142)
5-1-101	财政部　税务总局　证监会关于创新企业境内发行存托凭证试点阶段有关税收政策的公告 2019年4月3日　财政部　税务总局　证监会公告2019年第52号	(143)
5-1-102	财政部　税务总局关于公共租赁住房税收优惠政策的公告 2019年4月15日　财政部　税务总局公告2019年第61号	(144)
5-1-103	财政部　税务总局关于继续实行农村饮水安全工程税收优惠政策的公告 2019年4月15日　财政部　税务总局公告2019年第67号	(145)
5-1-104	财政部　税务总局　发展改革委　民政部　商务部　卫生健康委关于养老、托育、家政等社区家庭服务业税费优惠政策的公告 2019年6月28日　财政部　税务总局　发展改革委　民政部　商务部　卫生健康委公告2019年第76号	(146)
5-1-105	财政部　税务总局关于民用航空发动机、新支线飞机和大型客机税收政策的公告 2019年10月8日　财政部　税务总局公告2019年第88号	(147)
5-1-106	财政部　税务总局关于延续实施普惠金融有关税收优惠政策的公告 2020年4月20日　财政部　税务总局公告2020年第22号	(148)
5-1-107	财政部　税务总局关于电影等行业税费支持政策的公告 2020年5月13日　财政部　税务总局公告2020年第25号	(149)
5-1-108	《道路机动车辆生产企业及产品》（第334批）、《新能源汽车推广应用推荐车型目录》（2020年第8批）、《享受车船税减免优惠的节约能源　使用新能源汽车车型目录》（第十七批）、《免征车辆购置税的新能源汽车车型目录》（第三十三批） 2020年7月20日　工业和信息化部公告2020年第33号	(150)
5-1-109	《道路机动车辆生产企业及产品》（第335批）、《新能源汽车推广应用推荐车型目录》（2020年第9批）、《享受车船税减免优惠的节约能源　使用新能源汽车车型目录》（第十八批）、《免征车辆购置税的新能源汽车车型目录》（第三十四批） 2020年8月21日　工业和信息化部公告2020年第36号	(151)

5-1-110　《道路机动车辆生产企业及产品》(第336批)、《新能源汽车推广应用推荐车型目录》(2020年第10批)、《享受车船税减免优惠的节约能源　使用新能源汽车车型目录》(第十九批)、《免征车辆购置税的新能源汽车车型目录》(第三十五批)
　　　　2020年9月21日　工业和信息化部公告2020年第38号 ……………(152)

5-1-111　《道路机动车辆生产企业及产品》(第337批)、《新能源汽车推广应用推荐车型目录》(2020年第11批)、《享受车船税减免优惠的节约能源　使用新能源汽车车型目录》(第二十批)、《免征车辆购置税的新能源汽车车型目录》(第三十六批)
　　　　2020年10月30日　工业和信息化部公告2020年第42号 ……………(153)

5-1-112　《道路机动车辆生产企业及产品》(第338批)、《新能源汽车推广应用推荐车型目录》(2020年第12批)、《享受车船税减免优惠的节约能源　使用新能源汽车车型目录》(第二十一批)、《免征车辆购置税的新能源汽车车型目录》(第三十七批)
　　　　2020年11月27日　工业和信息化部公告2020年第47号 ……………(154)

5-1-113　《道路机动车辆生产企业及产品》(第339批)、《新能源汽车推广应用推荐车型目录》(2020年第13批)、《享受车船税减免优惠的节约能源　使用新能源汽车车型目录》(第二十二批)、《免征车辆购置税的新能源汽车车型目录》(第三十八批)
　　　　2020年12月30日　工业和信息化部公告2020年第54号 ……………(155)

5-1-114　《道路机动车辆生产企业及产品》(第340批)、《新能源汽车推广应用推荐车型目录》(2021年第1批)、《享受车船税减免优惠的节约能源　使用新能源汽车车型目录》(第二十三批)、《免征车辆购置税的新能源汽车车型目录》(第三十九批)
　　　　2021年1月29日　工业和信息化部公告2021年第4号 ……………(156)

5-1-115　《道路机动车辆生产企业及产品》(第341批)、《新能源汽车推广应用推荐车型目录》(2021年第2批)、《享受车船税减免优惠的节约能源　使用新能源汽车车型目录》(第二十四批)、《免征车辆购置税的新能源汽车车型目录》(第四十批)
　　　　2021年3月8日　工业和信息化部公告2021年第7号 ……………(157)

5-1-116　国家发展改革委　工业和信息化部　财政部　海关总署　税务总局关于做好享受税收优惠政策的集成电路企业或项目、软件企业清单制定工作有关要求的通知
　　　　2021年3月29日　发改高技〔2021〕413号 ……………(158)

5-1-117 《道路机动车辆生产企业及产品》(第342批)、《新能源汽车推广应用推荐车型目录》(2021年第3批)、《享受车船税减免优惠的节约能源 使用新能源汽车车型目录》(第二十五批)、《免征车辆购置税的新能源汽车车型目录》(第四十一批)
2021年3月31日 工业和信息化部公告2021年第8号 ……………(160)

5-1-118 交通运输部关于做好交通运输业财税金融优惠政策落实工作的通知
2021年4月15日 交财审明电〔2021〕79号 ……………………(160)

5-1-119 《道路机动车辆生产企业及产品》(第343批)、《新能源汽车推广应用推荐车型目录》(2021年第4批)、《享受车船税减免优惠的节约能源 使用新能源汽车车型目录》(第二十六批)、《免征车辆购置税的新能源汽车车型目录》(第四十二批)
2021年4月30日 工业和信息化部公告2021年第11号 …………(165)

5-1-120 《道路机动车辆生产企业及产品》(第344批)、《新能源汽车推广应用推荐车型目录》(2021年第5批)、《享受车船税减免优惠的节约能源 使用新能源汽车车型目录》(第二十七批)、《免征车辆购置税的新能源汽车车型目录》(第四十三批)
2021年6月11日 工业和信息化部公告2021年第16号 …………(166)

5-1-121 《道路机动车辆生产企业及产品》(第345批)、《新能源汽车推广应用推荐车型目录》(2021年第6批)、《享受车船税减免优惠的节约能源 使用新能源汽车车型目录》(第二十八批)、《免征车辆购置税的新能源汽车车型目录》(第四十四批)
2021年7月12日 工业和信息化部公告2021年第18号 …………(167)

5-1-122 财政部 税务总局 住房城乡建设部关于完善住房租赁有关税收政策的公告
2021年7月15日 财政部 税务总局 住房城乡建设部公告
　　2021年第24号 ………………………………………………(168)

5-1-123 《道路机动车辆生产企业及产品》(第346批)、《新能源汽车推广应用推荐车型目录》(2021年第7批)、《享受车船税减免优惠的节约能源 使用新能源汽车车型目录》(第二十九批)、《免征车辆购置税的新能源汽车车型目录》(第四十五批)
2021年8月10日 工业和信息化部公告2021年第20号 …………(169)

5-1-124 《道路机动车辆生产企业及产品》(第347批)、《新能源汽车推广应用推荐车型目录》(2021年第8批)、《享受车船税减免优惠的节约能源 使用新能源汽车车型目录》(第三十批)、《免征车辆购置税的新能源汽车车型目录》(第四十六批)
2021年9月9日 工业和信息化部公告2021年第23号 ……………(170)

5-1-125 《道路机动车辆生产企业及产品》(第348批)、《新能源汽车推广应用推荐车型目录》(2021年第9批)、《享受车船税减免优惠的节约能源 使用新能源汽车车型目录》(第三十一批)、《免征车辆购置税的新能源汽车车型目录》(第四十七批)
2021年9月30日 工业和信息化部公告2021年第26号 ……………(171)

5-1-126 《道路机动车辆生产企业及产品》(第349批)、《新能源汽车推广应用推荐车型目录》(2021年第10批)、《享受车船税减免优惠的节约能源 使用新能源汽车车型目录》(第三十二批)、《免征车辆购置税的新能源汽车车型目录》(第四十八批)
2021年11月5日 工业和信息化部公告2021年第31号 ……………(172)

5-1-127 财政部 税务总局关于北京证券交易所税收政策适用问题的公告
2021年11月14日 财政部 税务总局公告2021年第33号 …………(173)

5-1-128 《道路机动车辆生产企业及产品》(第350批)、《新能源汽车推广应用推荐车型目录》(2021年第11批)、《享受车船税减免优惠的节约能源 使用新能源汽车车型目录》(第三十三批)、《免征车辆购置税的新能源汽车车型目录》(第四十九批)
2021年12月7日 工业和信息化部公告2021年第36号 ……………(173)

5-1-129 《道路机动车辆生产企业及产品》(第351批)、《新能源汽车推广应用推荐车型目录》(2021年第12批)、《享受车船税减免优惠的节约能源 使用新能源汽车车型目录》(第三十四批)、《免征车辆购置税的新能源汽车车型目录》(第五十批)
2021年12月29日 工业和信息化部公告2021年第41号 ……………(174)

5-1-130 《道路机动车辆生产企业及产品》(第352批)、《新能源汽车推广应用推荐车型目录》(2022年第1批)、《享受车船税减免优惠的节约能源 使用新能源汽车车型目录》(第三十五批)、《免征车辆购置税的新能源汽车车型目录》(第五十一批)
2022年1月29日 工业和信息化部公告2022年第4号 ……………(175)

5-1-131 国家发展改革委 财政部 人力资源社会保障部 住房城乡建设部 交通运输部 商务部 文化和旅游部 卫生健康委 人民银行 国务院国资委 税务总局 市场监管总局 银保监会 民航局印发《关于促进服务业领域困难行业恢复发展的若干政策》的通知
2022年2月18日 发改财金〔2022〕271号 ……………(176)

5-1-132 国家发展改革委 工业和信息化部 财政部 人力资源社会保障部 自然资源部 生态环境部 交通运输部 商务部 人民银行 税务总局 银保监会 能源局关于印发促进工业经济平稳增长的若干政策的通知
2022年2月18日 发改产业〔2022〕273号 ……………(181)

5－1－133　财政部　税务总局关于延续执行部分国家商品储备税收优惠政策的公告
2022年2月21日　财政部　税务总局公告2022年第8号 …………（183）

5－1－134　国家税务总局　财政部关于延续实施制造业中小微企业延缓缴纳部分税费有关事项的公告
2022年2月28日　国家税务总局　财政部公告2022年第2号 ………（184）

5－1－135　《道路机动车辆生产企业及产品》（第353批）、《新能源汽车推广应用推荐车型目录》（2022年第2批）、《享受车船税减免优惠的节约能源　使用新能源汽车车型目录》（第三十六批）、《免征车辆购置税的新能源汽车车型目录》（第五十二批）
2022年3月8日　工业和信息化部公告2022年第6号 …………（186）

5－1－136　《道路机动车辆生产企业及产品》（第354批）、《新能源汽车推广应用推荐车型目录》（2022年第3批）、《享受车船税减免优惠的节约能源　使用新能源汽车车型目录》（第三十七批）、《免征车辆购置税的新能源汽车车型目录》（第五十三批）
2022年4月7日　工业和信息化部公告2022年第9号 …………（187）

5－1－137　《道路机动车辆生产企业及产品》（第355批）、《新能源汽车推广应用推荐车型目录》（2022年第4批）、《享受车船税减免优惠的节约能源　使用新能源汽车车型目录》（第三十八批）、《免征车辆购置税的新能源汽车车型目录》（第五十四批）
2022年5月11日　工业和信息化部公告2022年第12号 …………（188）

5－1－138　《道路机动车辆生产企业及产品》（第356批）、《新能源汽车推广应用推荐车型目录》（2022年第5批）、《享受车船税减免优惠的节约能源　使用新能源汽车车型目录》（第三十九批）、《免征车辆购置税的新能源汽车车型目录》（第五十五批）
2022年6月1日　工业和信息化部公告2022年第13号 …………（189）

5－1－139　财政部　税务总局　证监会关于交易型开放式基金纳入内地与香港股票市场交易互联互通机制后适用税收政策问题的公告
2022年6月30日　财政部　税务总局　证监会公告2022年第24号 …………（190）

5－1－140　《道路机动车辆生产企业及产品》（第357批）、《新能源汽车推广应用推荐车型目录》（2022年第6批）、《享受车船税减免优惠的节约能源　使用新能源汽车车型目录》（第四十批）、《免征车辆购置税的新能源汽车车型目录》（第五十六批）
2022年7月8日　工业和信息化部公告2022年第16号 …………（190）

5－1－141　《道路机动车辆生产企业及产品》(第359批)、《新能源汽车推广
　　　　　应用推荐车型目录》(2022年第7批)、《享受车船税减免优惠的
　　　　　节约能源　使用新能源汽车车型目录》(第四十一批)、《免征车
　　　　　辆购置税的新能源汽车车型目录》(第五十七批)
　　　　　2022年8月10日　工业和信息化部公告2022年第18号 ………… (191)

5－1－142　国家发展改革委　教育部　科技部　民政部　财政部　人力资
　　　　　源社会保障部　住房城乡建设部　卫生健康委　人民银行　国
　　　　　务院国资委　税务总局　市场监管总局　银保监会印发《养老
　　　　　托育服务业纾困扶持若干政策措施》的通知
　　　　　2022年8月29日　发改财金〔2022〕1356号 ……………………… (192)

5－1－143　国家税务总局　财政部关于制造业中小微企业继续延缓缴纳部
　　　　　分税费有关事项的公告
　　　　　2022年9月14日　国家税务总局　财政部公告2022年第17号 … (195)

5－1－144　《道路机动车辆生产企业及产品》(第360批)、《新能源汽车推广
　　　　　应用推荐车型目录》(2022年第8批)、《享受车船税减免优惠的
　　　　　节约能源　使用新能源汽车车型目录》(第四十二批)、《免征车
　　　　　辆购置税的新能源汽车车型目录》(第五十八批)
　　　　　2022年9月15日　工业和信息化部公告2022年第20号 ………… (196)

5－1－145　财政部　税务总局关于银行业金融机构、金融资产管理公司不
　　　　　良债权以物抵债有关税收政策的公告
　　　　　2022年9月30日　财政部　税务总局公告2022年第31号 ………… (197)

5－1－146　《道路机动车辆生产企业及产品》(第362批)、《新能源汽车推广
　　　　　应用推荐车型目录》(2022年第9批)、《享受车船税减免优惠的
　　　　　节约能源　使用新能源汽车车型目录》(第四十三批)、《免征车
　　　　　辆购置税的新能源汽车车型目录》(第五十九批)
　　　　　2022年10月10日　工业和信息化部公告2022年第24号 ………… (198)

5－1－147　《道路机动车辆生产企业及产品》(第363批)、《新能源汽车推广
　　　　　应用推荐车型目录》(2022年第10批)、《享受车船税减免优惠
　　　　　的节约能源　使用新能源汽车车型目录》(第四十四批)、《免征
　　　　　车辆购置税的新能源汽车车型目录》(第六十批)
　　　　　2022年11月9日　工业和信息化部公告2022年第25号 ………… (199)

5－1－148　《道路机动车辆生产企业及产品》(第365批)、《新能源汽车推广
　　　　　应用推荐车型目录》(2022年第11批)、《享受车船税减免优惠
　　　　　的节约能源　使用新能源汽车车型目录》(第四十五批)、《免征
　　　　　车辆购置税的新能源汽车车型目录》(第六十一批)
　　　　　2022年12月19日　工业和信息化部公告2022年第33号 ………… (200)

5-1-149	《道路机动车辆生产企业及产品》(第367批)、《享受车船税减免优惠的节约能源　使用新能源汽车车型目录》(第四十六批)、《免征车辆购置税的新能源汽车车型目录》(第六十二批) 2023年2月20日　工业和信息化部公告2023年第2号	(201)
5-1-150	《道路机动车辆生产企业及产品》(第368批)、《享受车船税减免优惠的节约能源　使用新能源汽车车型目录》(第四十七批)、《免征车辆购置税的新能源汽车车型目录》(第六十三批) 2023年3月10日　工业和信息化部公告2023年第6号	(202)
5-1-151	《道路机动车辆生产企业及产品》(第369批)、《享受车船税减免优惠的节约能源　使用新能源汽车车型目录》(第四十八批)、《免征车辆购置税的新能源汽车车型目录》(第六十四批) 2023年4月17日　工业和信息化部公告2023年第9号	(203)
5-1-152	《道路机动车辆生产企业及产品》(第370批)、《享受车船税减免优惠的节约能源　使用新能源汽车车型目录》(第四十九批)、《免征车辆购置税的新能源汽车车型目录》(第六十五批) 2023年5月9日　工业和信息化部公告2023年第11号	(204)
5-1-153	《道路机动车辆生产企业及产品》(第371批)、《享受车船税减免优惠的节约能源　使用新能源汽车车型目录》(第五十批)、《免征车辆购置税的新能源汽车车型目录》(第六十六批) 2023年6月7日　工业和信息化部公告2023年第13号	(205)
5-1-154	《道路机动车辆生产企业及产品》(第372批)、《享受车船税减免优惠的节约能源　使用新能源汽车车型目录》(第五十一批)、《免征车辆购置税的新能源汽车车型目录》(第六十七批) 2023年7月17日　工业和信息化部公告2023年第16号	(206)
5-1-155	《道路机动车辆生产企业及产品》(第373批)、《享受车船税减免优惠的节约能源　使用新能源汽车车型目录》(第五十二批)、《免征车辆购置税的新能源汽车车型目录》(第六十八批) 2023年8月15日　工业和信息化部公告2023年第19号	(207)
5-1-156	财政部　税务总局关于民用航空发动机和民用飞机税收政策的公告 2023年8月18日　财政部　税务总局公告2023年第27号	(207)
5-1-157	财政部　税务总局关于继续实施公共租赁住房税收优惠政策的公告 2023年8月18日　财政部　税务总局公告2023年第33号	(208)
5-1-158	财政部　税务总局　中国证监会关于继续实施创新企业境内发行存托凭证试点阶段有关税收政策的公告 2023年8月21日　财政部　税务总局　中国证监会公告2023年第22号	(209)

5-1-159　财政部　税务总局关于继续实施银行业金融机构、金融资产管理公司不良债权以物抵债有关税收政策的公告
　　2023年8月21日　财政部　税务总局公告2023年第35号 …………(211)

5-1-160　财政部　税务总局　科技部　教育部关于继续实施科技企业孵化器、大学科技园和众创空间有关税收政策的公告
　　2023年8月28日　财政部　税务总局　科技部　教育部公告
　　2023年第42号 ………………………………………………………(212)

5-1-161　《道路机动车辆生产企业及产品》(第374批)、《享受车船税减免优惠的节约能源　使用新能源汽车车型目录》(第五十三批)、《免征车辆购置税的新能源汽车车型目录》(第六十九批)
　　2023年9月13日　工业和信息化部公告2023年第21号 …………(213)

5-1-162　财政部　税务总局关于保险保障基金有关税收政策的通知
　　2023年9月22日　财税〔2023〕44号 ……………………………(213)

5-1-163　财政部　税务总局关于继续实施部分国家商品储备税收优惠政策的公告
　　2023年9月22日　财政部　税务总局公告2023年第48号 …………(214)

5-1-164　财政部　税务总局关于继续实施高校学生公寓房产税、印花税政策的公告
　　2023年9月22日　财政部　税务总局公告2023年第53号 …………(215)

5-1-165　财政部　税务总局关于延续实施供热企业有关税收政策的公告
　　2023年9月22日　财政部　税务总局公告2023年第56号 …………(215)

5-1-166　财政部　税务总局关于继续实施农村饮水安全工程税收优惠政策的公告
　　2023年9月22日　财政部　税务总局公告2023年第58号 …………(216)

5-1-167　财政部　税务总局关于延续实施小额贷款公司有关税收优惠政策的公告
　　2023年9月24日　财政部　税务总局公告2023年第54号 …………(217)

5-1-168　财政部　税务总局　住房城乡建设部关于保障性住房有关税费政策的公告
　　2023年9月28日　财政部　税务总局　住房城乡建设部公告
　　2023年第70号 ………………………………………………………(218)

5-1-169　《道路机动车辆生产企业及产品》(第375批)、《享受车船税减免优惠的节约能源　使用新能源汽车车型目录》(第五十四批)、《免征车辆购置税的新能源汽车车型目录》(第七十批)
　　2023年10月18日　工业和信息化部公告2023年第25号 …………(219)

5-1-170　财政部　税务总局　中央宣传部关于延续实施文化体制改革中经营性文化事业单位转制为企业有关税收政策的公告
　　　　2023年10月23日　财政部　税务总局　中央宣传部公告
　　　　2023年第71号 ……………………………………………………（220）

5-1-171　《道路机动车辆生产企业及产品》（第376批）、《享受车船税减免优惠的节约能源　使用新能源汽车车型目录》（第五十五批）、《免征车辆购置税的新能源汽车车型目录》（第七十一批）
　　　　2023年11月20日　工业和信息化部公告2023年第29号 ………（221）

5-1-172　《道路机动车辆生产企业及产品》（第377批）、《享受车船税减免优惠的节约能源　使用新能源汽车车型目录》（第五十六批）、《免征车辆购置税的新能源汽车车型目录》（第七十二批）
　　　　2023年12月12日　工业和信息化部公告2023年第34号 ………（222）

5-1-173　《道路机动车辆生产企业及产品》（第378批）、《享受车船税减免优惠的节约能源　使用新能源汽车车型目录》（第五十七批）、《免征车辆购置税的新能源汽车车型目录》（第七十三批）、《减免车辆购置税的新能源汽车车型目录》（第一批）
　　　　2023年12月26日　工业和信息化部公告2023年第42号 ………（223）

5-1-174　产业结构调整指导目录（2024年本）
　　　　2023年12月27日　国家发展和改革委员会令第7号 ……………（224）

2 区域税收政策

5-2-1　国务院关于鼓励投资开发海南岛的规定
　　　　1988年5月4日　国发〔1988〕26号 ………………………………（227）

5-2-2　财政部关于沿海经济开放区鼓励外商投资减征、免征企业所得税和工商统一税的暂行规定
　　　　1988年6月15日　（88）财税字第91号 ……………………………（229）

5-2-3　国务院关于批准国家高新技术产业开发区和有关政策规定的通知
　　　　1991年3月6日　国发〔1991〕12号 ………………………………（231）

5-2-4　国务院关于进一步对外开放黑河等四个边境城市的通知
　　　　1992年3月9日　国函〔1992〕21号 ………………………………（232）

5-2-5　国务院关于进一步对外开放南宁、昆明市及凭祥等五个边境城镇的通知
　　　　1992年6月9日　国函〔1992〕62号 ………………………………（233）

编号	标题	页码
5-2-6	国务院关于进一步对外开放重庆等市的通知 1992年7月30日　国函〔1992〕93号	(234)
5-2-7	国务院关于试办国家旅游度假区有关问题的通知 1992年8月17日　国发〔1992〕46号	(235)
5-2-8	国务院办公厅转发国务院西部开发办关于西部大开发若干政策措施实施意见的通知 2001年9月29日　国办发〔2001〕73号	(236)
5-2-9	财政部　国家税务总局关于豁免东北老工业基地企业历史欠税有关问题的通知 2006年12月6日　财税〔2006〕167号	(248)
5-2-10	国务院关于进一步实施东北地区等老工业基地振兴战略的若干意见 2009年9月9日　国发〔2009〕33号	(251)
5-2-11	国务院关于推进海南国际旅游岛建设发展的若干意见 2009年12月31日　国发〔2009〕44号	(257)
5-2-12	财政部　海关总署　国家税务总局关于支持舟曲灾后恢复重建有关税收政策问题的通知 2010年12月29日　财税〔2010〕107号	(264)
5-2-13	财政部　海关总署　国家税务总局关于深入实施西部大开发战略有关税收政策问题的通知 2011年7月27日　财税〔2011〕58号	(266)
5-2-14	财政部　海关总署　国家税务总局关于赣州市执行西部大开发税收政策问题的通知 2013年1月10日　财税〔2013〕4号	(267)
5-2-15	国务院办公厅关于支持岷县漳县地震灾后恢复重建政策措施的意见 2013年9月14日　国办发〔2013〕94号	(268)
5-2-16	科学技术部　财政部　国家税务总局关于在中关村国家自主创新示范区完善高新技术企业认定中文化产业支撑技术等领域范围的通知 2014年1月8日　国科发火〔2014〕20号	(273)
5-2-17	财政部　海关总署　国家税务总局关于横琴　平潭开发有关增值税和消费税政策的通知 2014年6月11日　财税〔2014〕51号	(274)
5-2-18	海关总署关于开展丝绸之路经济带海关区域通关一体化改革的公告 2015年3月30日　海关总署公告2015年第9号	(276)
5-2-19	海关总署关于开展东北地区海关区域通关一体化改革的公告 2015年3月30日　海关总署公告2015年第10号	(277)

5-2-20	国务院办公厅关于印发自由贸易试验区外商投资国家安全审查试行办法的通知	
	2015年4月8日　国办发〔2015〕24号	(278)
5-2-21	财政部　国家税务总局关于印发《京津冀协同发展产业转移对接企业税收收入分享办法》的通知	
	2015年6月3日　财预〔2015〕92号	(280)
5-2-22	国家税务总局关于发布《海南离岛免税店销售离岛免税商品免征增值税和消费税管理办法》的公告	
	2020年9月29日　国家税务总局公告2020年第16号	(281)
5-2-23	西部地区鼓励类产业目录(2020年本)	
	2021年1月18日　国家发展和改革委员会令第40号	(282)
5-2-24	国家发展改革委　财政部　税务总局关于印发《海南自由贸易港鼓励类产业目录(2020年本)》的通知	
	2021年1月27日　发改地区规〔2021〕120号	(283)

3 专项税收政策

5-3-1	国务院关于外商投资企业和外国企业适用增值税、消费税、营业税等税收暂行条例有关问题的通知	
	1994年2月22日　国发〔1994〕10号	(287)
5-3-2	财政部　国家税务总局关于促进科技成果转化有关税收政策的通知	
	1999年5月27日　财税字〔1999〕45号	(288)
5-3-3	财政部　国家税务总局关于血站有关税收问题的通知	
	1999年10月13日　财税字〔1999〕264号	(288)
5-3-4	科学技术部　财政部　国家税务总局关于印发《技术合同认定登记管理办法》的通知	
	2000年2月16日　国科发政字〔2000〕63号	(289)
5-3-5	财政部　国家税务总局关于随军家属就业有关税收政策的通知	
	2000年9月27日　财税〔2000〕84号	(291)
5-3-6	财政部　国家税务总局关于自主择业的军队转业干部有关税收政策问题的通知	
	2003年4月9日　财税〔2003〕26号	(292)
5-3-7	财政部　国家税务总局关于钓鱼台国宾馆免税问题的通知	
	2004年4月27日　财税〔2004〕72号	(293)

编号	内容	页码
5-3-8	国家税务总局 劳动和社会保障部关于加强《再就业优惠证》管理推进再就业税收政策落实的通知 2005年3月24日 国税发〔2005〕46号	(293)
5-3-9	财政部 国家税务总局关于中国移动通信集团公司和中国联通通信有限公司与中国红十字会合作项目有关税收政策问题的通知 2006年6月22日 财税〔2006〕59号	(294)
5-3-10	国家税务总局关于中国移动通信集团公司和中国移动(香港)有限公司内地子公司对奥运会提供通信相关服务赞助有关税收问题的通知 2006年7月10日 国税函〔2006〕671号	(295)
5-3-11	国家发展改革委 财政部 国家税务总局关于印发《国家鼓励的资源综合利用认定管理办法》的通知 2006年9月7日 发改环资〔2006〕1864号	(295)
5-3-12	中国鼓励引进技术目录 2006年12月18日 商务部 国家税务总局公告2006年第13号	(300)
5-3-13	国家税务总局 民政部 中国残疾人联合会关于促进残疾人就业税收优惠政策征管办法的通知 2007年6月15日 国税发〔2007〕67号	(300)
5-3-14	国家发展改革委 教育部 科技部 财政部 人事部 人民银行 海关总署 国家税务总局 银监会 统计局 知识产权局 中科院关于印发关于支持中小企业技术创新的若干政策的通知 2007年10月23日 发改企业〔2007〕2797号	(304)
5-3-15	全国老龄委办公室 发展改革委 教育部 民政部 劳动保障部 财政部 建设部 卫生部 人口计生委 税务总局关于全面推进居家养老服务工作的意见 2008年1月29日 全国老龄办发〔2008〕4号	(308)
5-3-16	财政部 国家发展改革委关于对从事个体经营的有关人员实行收费优惠政策的通知 2008年7月8日 财综〔2008〕47号	(310)
5-3-17	工业和信息化部 科学技术部 财政部 国家税务总局关于印发《国家产业技术政策》的通知 2009年5月15日 工信部联科〔2009〕232号	(311)
5-3-18	跨境贸易人民币结算试点管理办法 2009年7月1日 中国人民银行 财政部 商务部 海关总署 国家税务总局 中国银行业监督管理委员会公告2009年第10号	(315)

5-3-19	国务院关于支持玉树地震灾后恢复重建政策措施的意见	
	2010年5月27日　国发〔2010〕16号 …………………………	(318)
5-3-20	中国人民银行　发展改革委　工业和信息化部　财政部　国家税务总局　证监会关于促进黄金市场发展的若干意见	
	2010年7月22日　银发〔2010〕211号 ………………………………	(324)
5-3-21	工业和信息化部　科学技术部　财政部　人力资源和社会保障部　国家税务总局关于加快推进中小企业服务体系建设的指导意见	
	2011年12月2日　工信部联企业〔2011〕575号 …………………	(327)
5-3-22	国务院关于进一步支持小型微型企业健康发展的意见	
	2012年4月19日　国发〔2012〕14号 ………………………………	(330)
5-3-23	国家税务总局关于进一步贯彻落实税收政策促进民间投资健康发展的意见	
	2012年5月29日　国税发〔2012〕53号 ……………………………	(335)
5-3-24	国家发展改革委　公安部　财政部　国土资源部　交通运输部　铁道部　商务部　人民银行　国家税务总局　工商总局　银监会　证监会关于鼓励和引导民间投资进入物流领域的实施意见	
	2012年5月31日　发改经贸〔2012〕1619号 ……………………	(341)
5-3-25	国家发展改革委　财政部关于安排政府性资金对民间投资主体同等对待的通知	
	2012年6月1日　发改投资〔2012〕1580号 ………………………	(343)
5-3-26	住房和城乡建设部　国家发展和改革委员会　财政部　国土资源部　中国人民银行　国家税务总局　中国银行业监督管理委员会关于鼓励民间资本参与保障性安居工程建设有关问题的通知	
	2012年6月20日　建保〔2012〕91号 ………………………………	(345)
5-3-27	国务院关于促进企业技术改造的指导意见	
	2012年9月1日　国发〔2012〕44号 …………………………………	(346)
5-3-28	中共中央组织部　人力资源社会保障部　公安部　外交部　发展改革委　教育部　科技部　财政部　住房城乡建设部　铁道部　商务部　人口计生委　人民银行　国资委　海关总署　税务总局　工商总局　旅游局　侨办　银监会　证监会　保监会　外专局　民航局　外汇局关于印发《外国人在中国永久居留享有相关待遇的办法》的通知	
	2012年9月25日　人社部发〔2012〕53号 ………………………	(350)
5-3-29	国家税务总局关于促进残疾人就业税收优惠政策有关问题的公告	
	2013年12月30日　国家税务总局公告2013年第78号 …………	(352)

5-3-30	国务院关于印发注册资本登记制度改革方案的通知 2014年2月7日　国发〔2014〕7号	(352)
5-3-31	财政部　国家税务总局　人力资源社会保障部关于继续实施支持和促进重点群体创业就业有关税收政策的通知 2014年4月29日　财税〔2014〕39号	(358)
5-3-32	国家税务总局关于进一步加强小微企业税收优惠政策落实工作的通知 2014年10月16日　税总发〔2014〕122号	(360)
5-3-33	国家税务总局关于进一步做好小微企业税收优惠政策贯彻落实工作的通知 2015年3月13日　税总发〔2015〕35号	(361)
5-3-34	国家税务总局　中国银行业监督管理委员会关于开展"银税互动"助力小微企业发展活动的通知 2015年7月30日　税总发〔2015〕96号	(363)
5-3-35	国家税务总局关于促进残疾人就业税收优惠政策相关问题的公告 2015年7月31日　国家税务总局公告2015年第55号	(364)
5-3-36	国务院关于实行市场准入负面清单制度的意见(节录) 2015年10月2日　国发〔2015〕55号	(365)
5-3-37	国家发展改革委　财政部　商务部关于印发鼓励进口技术和产品目录(2016年版)的通知 2016年9月9日　发改产业〔2016〕1982号	(365)
5-3-38	财政部　国家税务总局关于行政和解金有关税收政策问题的通知 2016年9月18日　财税〔2016〕100号	(366)
5-3-39	财政部　国家税务总局关于落实降低企业杠杆率税收支持政策的通知 2016年11月22日　财税〔2016〕125号	(366)
5-3-40	财政部　税务总局　海关总署关于北京2022年冬奥会和冬残奥会税收政策的通知 2017年7月12日　财税〔2017〕60号	(367)
5-3-41	财政部　税务总局关于支持小微企业融资有关税收政策的通知 2017年10月26日　财税〔2017〕77号	(370)
5-3-42	财政部　税务总局关于增值税期末留抵退税有关城市维护建设税　教育费附加和地方教育附加政策的通知 2018年7月27日　财税〔2018〕80号	(371)

5-3-43	财政部　税务总局　海关总署关于第七届世界军人运动会税收政策的通知	
	2018年11月5日　财税〔2018〕119号	(371)
5-3-44	财政部　税务总局关于境外机构投资境内债券市场企业所得税　增值税政策的通知	
	2018年11月7日　财税〔2018〕108号	(373)
5-3-45	财政部关于贯彻落实支持脱贫攻坚税收政策的通知	
	2018年11月8日　财税〔2018〕131号	(373)
5-3-46	国家税务总局关于实施进一步支持和服务民营经济发展若干措施的通知	
	2018年11月16日　税总发〔2018〕174号	(376)
5-3-47	财政部　国家税务总局关于易地扶贫搬迁税收优惠政策的通知	
	2018年11月29日　财税〔2018〕135号	(380)
5-3-48	财政部　税务总局　退役军人部关于进一步扶持自主就业退役士兵创业就业有关税收政策的通知	
	2019年2月2日　财税〔2019〕21号	(381)
5-3-49	财政部　税务总局　人力资源社会保障部　国务院扶贫办关于进一步支持和促进重点群体创业就业有关税收政策的通知	
	2019年2月2日　财税〔2019〕22号	(383)
5-3-50	国家税务总局　人力资源社会保障部　国务院扶贫办　教育部关于实施支持和促进重点群体创业就业有关税收政策具体操作问题的公告	
	2019年2月26日　国家税务总局公告2019年第10号	(385)
5-3-51	国家发展改革委　工业和信息化部　财政部　人民银行关于做好2019年降成本重点工作的通知	
	2019年5月7日　发改运行〔2019〕819号	(388)
5-3-52	财政部　税务总局　海关总署关于北京2022年冬奥会和冬残奥会税收优惠政策的公告	
	2019年11月11日　财政部　税务总局　海关总署公告2019年第92号	(391)
5-3-53	国家税务总局关于支持个体工商户复工复业等税收征收管理事项的公告	
	2020年2月29日　国家税务总局公告2020年第5号	(392)
5-3-54	财政部　税务总局　海关总署关于杭州2022年亚运会和亚残运会税收政策的公告	
	2020年4月9日　财政部　税务总局　海关总署公告2020年第18号	(394)

5-3-55　财政部　税务总局　海关总署关于第18届世界中学生运动会等三项国际综合运动会税收政策的公告
　　2020年4月9日　财政部　税务总局　海关总署公告2020年第19号 …………(395)

5-3-56　财政部　税务总局关于延长部分税收优惠政策执行期限的公告
　　2021年3月15日　财政部　税务总局公告2021年第6号 ……………(396)

5-3-57　国家税务总局关于落实支持小型微利企业和个体工商户发展所得税优惠政策有关事项的公告
　　2021年4月7日　国家税务总局公告2021年第8号 …………………(398)

5-3-58　财政部　税务总局　人力资源社会保障部　国家乡村振兴局关于延长部分扶贫税收优惠政策执行期限的公告
　　2021年5月6日　财政部　税务总局　人力资源社会保障部　国家乡村振兴局公告2021年第18号 ……………………………(399)

5-3-59　国家税务总局关于增值税消费税与附加税费申报表整合有关事项的公告
　　2021年7月9日　国家税务总局公告2021年第20号 ………………(399)

5-3-60　财政部　税务总局关于延续境外机构投资境内债券市场企业所得税、增值税政策的公告
　　2021年11月22日　财政部　税务总局公告2021年第34号 …………(402)

5-3-61　财政部　税务总局关于延长部分税收优惠政策执行期限的公告
　　2022年1月29日　财政部　税务总局公告2022年第4号 ……………(402)

5-3-62　财政部　税务总局关于法律援助补贴有关税收政策的公告
　　2022年8月5日　财政部　税务总局公告2022年第25号 ……………(403)

5-3-63　财政部　税务总局关于进一步支持小微企业和个体工商户发展有关税费政策的公告
　　2023年8月2日　财政部　税务总局公告2023年第12号 ……………(403)

5-3-64　财政部　税务总局关于支持小微企业融资有关税收政策的公告
　　2023年8月2日　财政部　税务总局公告2023年第13号 ……………(404)

5-3-65　财政部　税务总局　退役军人事务部关于进一步扶持自主就业退役士兵创业就业有关税收政策的公告
　　2023年8月2日　财政部　税务总局　退役军人事务部公告2023年第14号 …………………………………………………………(405)

5-3-66　财政部　税务总局　人力资源社会保障部　农业农村部关于进一步支持重点群体创业就业有关税收政策的公告
　　2023年8月2日　财政部　税务总局　人力资源社会保障部　农业农村部公告2023年第15号 ……………………………………(407)

4 其他税收政策

5-4-1	国务院关于进一步做好利用外资工作的若干意见 2010年4月6日　国发〔2010〕9号	(411)
5-4-2	国务院关于坚决遏制部分城市房价过快上涨的通知 2010年4月17日　国发〔2010〕10号	(413)
5-4-3	国务院关于印发《进一步鼓励软件产业和集成电路产业发展的若干政策》的通知 2011年1月28日　国发〔2011〕4号	(415)
5-4-4	国家税务总局关于贯彻落实《国务院办公厅关于支持外贸稳定增长的若干意见》的通知 2014年6月4日　税总函〔2014〕239号	(419)
5-4-5	国务院办公厅关于加快新能源汽车推广应用的指导意见 2014年7月14日　国办发〔2014〕35号	(421)
5-4-6	国务院关于加快发展体育产业促进体育消费的若干意见 2014年10月2日　国发〔2014〕46号	(425)
5-4-7	国家税务总局关于进一步抓好工作落实的意见 2015年1月19日　税总发〔2015〕7号	(431)
5-4-8	国务院关于改进口岸工作支持外贸发展的若干意见 2015年4月1日　国发〔2015〕16号	(434)
5-4-9	国家税务总局关于落实"一带一路"发展战略要求　做好税收服务与管理工作的通知 2015年4月21日　税总发〔2015〕60号	(439)
5-4-10	国务院关于大力推进大众创业　万众创新若干政策措施的意见 2015年6月11日　国发〔2015〕32号	(441)
5-4-11	全国人民代表大会常务委员会关于批准《多边税收征管互助公约》的决定 2015年7月1日　第十二届全国人民代表大会常务委员会 　　第十五次会议通过	(447)
5-4-12	国务院关于积极推进"互联网+"行动的指导意见 2015年7月1日　国发〔2015〕40号	(448)
5-4-13	国家税务总局关于贯彻落实《国务院办公厅关于促进进出口稳定增长的若干意见》的通知 2015年8月11日　税总函〔2015〕440号	(461)

5－4－14　国家税务总局关于印发《"互联网＋税务"行动计划》的通知
　　　　　2015年9月28日　税总发〔2015〕113号 …………………………（462）
5－4－15　国家税务总局关于《多边税收征管互助公约》生效执行的公告
　　　　　2016年1月18日　国家税务总局公告2016年第4号 ………………（470）
5－4－16　外商投资产业指导目录（2017年修订）
　　　　　2017年6月28日　国家发展和改革委员会　商务部令第4号 ………（471）
5－4－17　工商总局　税务总局关于加强信息共享和联合监管的通知
　　　　　2018年1月15日　工商企注字〔2018〕11号 ……………………（489）
5－4－18　国家税务总局关于深入贯彻落实减税降费政策措施的通知
　　　　　2019年1月21日　税总发〔2019〕13号 …………………………（491）
5－4－19　企业信息公示暂行条例
　　　　　2024年3月10日　中华人民共和国国务院令第777号修正 …………（494）

5　涉税相关法律规定

5－5－1　中华人民共和国宪法（涉税条款）
　　　　　2018年3月11日　第十三届全国人民代表大会第一次会议修正 ……（501）
5－5－2　中华人民共和国民法典（涉税条款）
　　　　　2020年5月28日　第十三届全国人民代表大会第三次会议通过 ……（501）
5－5－3　中华人民共和国刑法（涉税条款）
　　　　　2023年12月29日　第十四届全国人民代表大会常务委员会
　　　　　第七次会议第十二次修正 ……………………………………………（502）

　　　　　　　※　　　※　　　※　　　※

5－5－4　中华人民共和国个人独资企业法（涉税条款）
　　　　　1999年8月30日　第九届全国人民代表大会常务委员会
　　　　　第十一次会议通过 ……………………………………………………（505）
5－5－5　中华人民共和国票据法（涉税条款）
　　　　　2004年8月28日　第十届全国人民代表大会常务委员会
　　　　　第十一次会议修正 ……………………………………………………（506）
5－5－6　中华人民共和国企业破产法（涉税条款）
　　　　　2006年8月27日　第十届全国人民代表大会常务委员会
　　　　　第二十三次会议通过 …………………………………………………（506）

5-5-7　中华人民共和国合伙企业法(涉税条款)
　　　2006年8月27日　第十届全国人民代表大会常务委员会
　　　　第二十三次会议修订 ………………………………………………………（507）

5-5-8　中华人民共和国矿产资源法(涉税条款)
　　　2009年8月27日　第十一届全国人民代表大会常务委员会
　　　　第十次会议第二次修正 …………………………………………………（508）

5-5-9　中华人民共和国水土保持法(涉税条款)
　　　2010年12月25日　第十一届全国人民代表大会常务委员会
　　　　第十八次会议修订 ………………………………………………………（508）

5-5-10　中华人民共和国国家赔偿法(涉税条款)
　　　　2012年10月26日　第十一届全国人民代表大会常务委员会
　　　　　第二十九次会议第二次修正 …………………………………………（509）

5-5-11　中华人民共和国环境保护法(涉税条款)
　　　　2014年4月24日　第十二届全国人民代表大会常务委员会
　　　　　第八次会议修订 ………………………………………………………（509）

5-5-12　中华人民共和国保险法(涉税条款)
　　　　2015年4月24日　第十二届全国人民代表大会常务委员会
　　　　　第十四次会议第三次修正 ……………………………………………（510）

5-5-13　中华人民共和国电子商务法(涉税条款)
　　　　2018年8月31日　第十三届全国人民代表大会常务委员会
　　　　　第五次会议通过 ………………………………………………………（510）

5-5-14　中华人民共和国残疾人保障法(涉税条款)
　　　　2018年10月26日　第十三届全国人民代表大会常务委员会
　　　　　第六次会议修正 ………………………………………………………（511）

5-5-15　中华人民共和国外商投资法(涉税条款)
　　　　2019年3月15日　第十三届全国人民代表大会第二次会议通过 ……（512）

5-5-16　中华人民共和国城市房地产管理法(涉税条款)
　　　　2019年8月26日　第十三届全国人民代表大会常务委员会
　　　　　第十二次会议第三次修正 ……………………………………………（512）

5-5-17　中华人民共和国证券法(涉税条款)
　　　　2019年12月28日　第十三届全国人民代表大会常务委员会
　　　　　第十五次会议第二次修订 ……………………………………………（513）

5-5-18　中华人民共和国固体废物污染环境防治法(涉税条款)
　　　　2020年4月29日　第十三届全国人民代表大会常务委员会
　　　　　第十七次会议第二次修订 ……………………………………………（513）

5-5-19　中华人民共和国海关法(涉税条款)
　　　　2021年4月29日　第十三届全国人民代表大会常务委员会
　　　　　第二十八次会议第六次修正 …………………………………………（514）

5-5-20　中华人民共和国教育法(涉税条款)
　　　2021年4月29日　第十三届全国人民代表大会常务委员会
　　　　第二十八次会议第三次修正 ……………………………………………(518)

5-5-21　中华人民共和国审计法(涉税条款)
　　　2021年10月23日　第十三届全国人民代表大会常务委员会
　　　　第三十一次会议第二次修正 ………………………………………(518)

5-5-22　中华人民共和国立法法(涉税条款)
　　　2023年3月13日第十四届全国人民代表大会第一次会议
　　　　第二次修正 ……………………………………………………………(519)

5-5-23　中华人民共和国行政复议法(涉税条款)
　　　2023年9月1日　第十四届全国人民代表大会常务委员会
　　　　第五次会议修订 ………………………………………………………(519)

5-5-24　中华人民共和国公司法(涉税条款)
　　　2023年12月29日　第十四届全国人民代表大会常务委员会
　　　　第七次会议第二次修订 ………………………………………………(520)

5-5-25　中华人民共和国会计法(涉税条款)
　　　2024年6月28日　第十四届全国人民代表大会常务委员会
　　　　第十次会议第三次修正 ………………………………………………(521)

1 行业税收政策

5-1-1

国家税务总局关于境外团体或个人在我国从事文艺及体育演出有关税收问题的通知

1994年4月21日　国税发〔1994〕106号

1993年9月20日我局与文化部、国家体委联合下发了国税发〔1993〕89号《关于来我国从事文艺演出及体育表演收入应严格依照税法规定征税的通知》，现对外国及港、澳、台地区团体或个人在我国(大陆)从事文艺演出和体育表演所取得的收入征税的具体政策业务问题，明确如下：

一、外国或港、澳、台地区演员、运动员以团体名义在我国(大陆)从事文艺、体育演出，对该演出团体及其演员或运动员个人取得的收入，应按照以下规定征税：

(一)对演出团体应依照《中华人民共和国营业税暂行条例》(以下简称营业税暂行条例)的有关规定，以其全部票价收入或者包场收入减去付给提供演出场所的单位、演出公司或经纪人的费用后的余额为营业额，按3%的税率征收营业税。

(二)演出团体凡能够提供完整、准确费用支出凭证的，依照《中华人民共和国外商投资企业和外国企业所得税法》(以下简称企业所得税法)的有关规定，应对演出团体的收入总额减除实际支出的费用后的余额，按30%的税率征收企业所得税，并按3%的税率征收地方所得税；对演出团体实际支付给演员或运动员个人的报酬部分，依照《中华人民共和国个人所得税法》(以下简称个人所得税法)的有关规定征收个人所得税。

(三)演出团体不能提供完整、准确的费用支出凭证，不能正确计算应纳税所得额的，在计算征收企业所得税时，根据企业所得税法实施细则第十六条规定的原则，应以其收入总额减除支付给演员、运动员个人的报酬部分和相当于收入总额30%的其他演出费用后的余额，依照企业所得税法规定的税率征收企业所得税和地方所得税；对上述支付给演员、运动员个人的报酬部分，依照个人所得税法的规定，由演出团体支付报酬时代扣代缴个人所得税。对没有申报支付给演员、运动员个人报酬额的或未履行代扣代缴义务的，应以其收入总额减除上述相当于收入总额30%的其他演出费用的余额视为该演出团体的应纳税所得额，依照企业所得税法计算征收企业所得税和地方所得税。对演员或运动员个人不再征收个人所得税。

(四)对本条第(二)、(三)款中所述演出团体支付给演员、运动员个人的报酬，凡是演员、运动员属于临时聘请，不是该演出团体雇员的，应依照个人所得税法的规定，按劳务报酬所得，减除规定费用后，征收个人所得税；凡是演员、运动员属该演出团体雇员的，应依照个人所得税法的规定，按工资、薪金所得，减除规定费用后，征收个人所得税。

二、对外国或港、澳、台地区演员、运动员以个人名义在我国(大陆)从事演出、表演所取得的收入，应以其全部票价收入或者包场收入减去支付给提供演出场所的单位、演出公司或者经纪人的费用后的余额为营业额,依3%的税率征收营业税;依照个人所得税法的有关规定,按劳务报酬所得征收个人所得税。

三、对演出团体或个人应向演出所在地主管税务机关申报缴纳应纳税款的,具体可区别以下情况处理:

(一)演出团体及个人应缴纳的营业税,应以其在一地的演出收入,依照营业税暂行条例的有关规定,向演出所在地主管税务机关申报缴纳。

(二)演出团体应缴纳的企业所得税和地方所得税,应以其在一地的演出收入,依照企业所得税法及其实施细则和本通知的有关规定,计算应纳税所得额及税款,并向演出所在地主管税务机关申报缴纳。按本通知第一条第二款所述依实际费用支出计算纳税的演出团体,在全部演出活动结束后,可在与其签订演出合同的中方接待单位所在地主管税务机关,办理企业所得税结算手续。

(三)演员、运动员个人应缴纳的个人所得税,应以其在一地演出所得报酬,依照个人所得税法的有关规定,在演出所在地主管税务机关申报缴纳。属于劳务报酬所得的,在一地演出多场的,以在一地多场演出取得的总收入为一次收入,计算征收个人所得税。

(四)主管税务机关可以指定各承包外国、港、澳、台地区演出、表演活动的演出场、馆、院或中方接待单位,在其向演出团体、个人结算收入中代扣代缴该演出团体或个人的各项应纳税款。凡演出团体或个人未在演出所在地结清各项应纳税款的,其中方接待单位应在对外支付演出收入时代扣代缴该演出团体或个人所欠应纳税款。对于未按本通知有关规定代扣代缴应纳税款的单位,应严格依照《中华人民共和国税收征收管理法》的规定予以处理。

四、各中方接待单位在对外签订演出或表演合同后的7日内,应将合同、资料报送各有关演出、表演活动所在地主管税务机关,对于逾期不提供合同资料的,可依照企业所得税法及有关法规予以处理。

本通知自文到之日起执行。

注释:

条款失效。第一条第二款、第三款,第三条第二款,第四条失效。参见:《国家税务总局关于公布全文失效废止 部分条款失效废止的税收规范性文件目录的公告》(国家税务总局公告2011年第2号)。

5–1–2

财政部　国家税务总局关于工程勘察设计单位改为企业后有关税收问题的函

1995年10月24日　财税字〔1995〕100号

建设部：

你部《关于工程勘察设计单位改为企业后税收政策意见的函》（建设〔1995〕44号）收悉。经研究，现函复如下：

一、根据国务院严格控制减免税的精神，对工程勘察设计单位改为企业后，不能实行与科研单位（科技企业）一致的税收政策。

二、对勘察设计企业负责的建设项目可行性研究、咨询、评估、规划、勘察、设计、监理，以及有关工程建设的技术开发、技术咨询、技术转让、技术服务等业务，应按"服务业"征收营业税；对其承包的建筑安装工程，按"建筑业"征收营业税。

三、对勘察设计企业进行技术转让、以及在技术转让过程中发生的与技术转让有关的技术咨询、技术服务、技术培训的所得，年净收入在30万元以下的，暂免征收企业所得税；超过30万元的部分，以及其从事其他业务取得的所得，应按规定征收企业所得税。

5–1–3

财政部　国家税务总局关于体育彩票发行收入税收问题的通知

1996年11月7日　财税字〔1996〕77号

近接国家体委来函，要求明确体育彩票发行收入的有关税收政策。为确保体育彩票销售工作的顺利进行，根据现行税制的有关规定，对体育彩票发行收入的若干税收问题，明确规定如下：

一、增值税

根据现行《中华人民共和国增值税暂行条例》及其实施细则等有关规定，对体育彩票的发行收入不征增值税。

二、营业税

根据现行《中华人民共和国营业税暂行条例》及其实施细则等有关规定，对体育彩票的发行收入不征营业税；对体育彩票代销单位代销体育彩票取得的手续费收入应按规定征收营业税。

三、所得税

根据《中华人民共和国企业所得税暂行条例》及其实施细则的规定,对体育彩票的发行收入应照章征收企业所得税。

根据《中华人民共和国个人所得税法》及其实施条例的规定,个人购买体育彩票的中奖收入属于偶然所得,应全额依20%的税率征收个人所得税。

四、固定资产投资方向调节税

对用体育彩票收入建设贯彻实施全民健身计划和奥运争光计划所需的体育设施项目,应根据《中华人民共和国固定资产投资方向调节税暂行条例》及其有关规定,区别项目的不同情况,确定其适用税率计征固定资产投资方向调节税。

5-1-4

财政部　国家税务总局关于医疗卫生机构有关税收政策的通知

2000年7月10日　财税〔2000〕42号

为了贯彻落实《国务院办公厅转发国务院体改办等部门关于城镇医药卫生体制改革指导意见的通知》(国办发〔2000〕16号),促进我国医疗卫生事业的发展,经国务院批准,现将医疗卫生机构有关税收政策通知如下:

一、关于非营利性医疗机构的税收政策

(一)对非营利性医疗机构按照国家规定的价格取得的医疗服务收入,免征各项税收。不按照国家规定价格取得的医疗服务收入不得享受这项政策。

医疗服务是指医疗服务机构对患者进行检查、诊断、治疗、康复和提供预防保健、接生、计划生育方面的服务,以及与这些服务有关的提供药品、医用材料器具、救护车、病房住宿和伙食的业务(下同)。

(二)对非营利性医疗机构从事非医疗服务取得的收入,如租赁收入、财产转让收入、培训收入、对外投资收入等应按规定征收各项税收。非营利性医疗机构将取得的非医疗服务收入,直接用于改善医疗卫生服务条件的部分,经税务部门审核批准可抵扣其应纳税所得额,就其余额征收企业所得税。

(三)对非营利性医疗机构自产自用的制剂,免征增值税。

(四)非营利性医疗机构的药房分离为独立的药品零售企业,应按规定征收各项税收。

(五)对非营利性医疗机构自用的房产、土地、车船,免征房产税、城镇土地使用税和车船使用税。

二、关于营利性医疗机构的税收政策

(一)对营利性医疗机构取得的收入,按规定征收各项税收。但为了支持营利性医疗机构的发展,对营利性医疗机构取得的收入,直接用于改善医疗卫生条件的,自其取得执业登记之日起,3年内给予下列优惠:对其取得的医疗服务收入免征营业税;对其自产自用的制剂免征增值税;对营利性医疗机构自用的房产、土地、车船免征房产税、城镇土地使用税和车船使用税。3 年免税期满后恢复征税。

(二)对营利性医疗机构的药房分离为独立的药品零售企业,应按规定征收各项税收。

三、关于疾病控制机构和妇幼保健机构等卫生机构的税收政策

(一)对疾病控制机构和妇幼保健机构等卫生机构按照国家规定的价格取得的卫生服务收入(含疫苗接种和调拨、销售收入),免征各项税收。不按照国家规定的价格取得的卫生服务收入不得享受这项政策。对疾病控制机构和妇幼保健等卫生机构取得的其他经营收入如直接用于改善本卫生机构卫生服务条件的,经税务部门审核批准可抵扣其应纳税所得额,就其余额征收企业所得税。

(二)对疾病控制机构和妇幼保健机构等卫生机构自用的房产、土地、车船,免征房产税、城镇土地使用税和车船使用税。

医疗机构需要书面向卫生行政主管部门申明其性质,按《医疗机构管理条例》进行设置审批和登记注册,并由接受其登记注册的卫生行政部门核定,在执业登记中注明"非营利性医疗机构"和"营利性医疗机构"。

上述医疗机构具体包括:各级各类医院、门诊部(所)、社区卫生服务中心(站)、急救中心(站)、城乡卫生院、护理院(所)、疗养院、临床检验中心等。上述疾病控制、妇幼保健等卫生机构具体包括:各级政府及有关部门举办的卫生防疫站(疾病控制中心)、各种专科疾病防治站(所),各级政府举办的妇幼保健所(站)、母婴保健机构、儿童保健机构等,各级政府举办的血站(血液中心)。

本通知自发布之日起执行。

注释:

条款废止或失效。有关营业税规定废止或失效。参见:《财政部 国家税务总局关于公布若干废止和失效的营业税规范性文件目录的通知》(财税〔2009〕61 号)。

5-1-5

农业部 国家发展计划委员会 国家经济贸易委员会 财政部 对外贸易经济合作部 中国人民银行 国家税务总局 中国证券监督管理委员会印发《关于扶持农业产业化经营重点龙头企业的意见》的通知

2000 年 10 月 8 日 农经发〔2000〕8 号

(通知略)

关于扶持农业产业化经营重点龙头企业的意见

为了贯彻相关文件有关国家重点扶持一批龙头企业，积极推进农业产业化经营的精神，现提出具体意见。

一、扶持重点龙头企业是推进农业和农村经济结构战略性调整的需要

我国农业发展进入新阶段，要求对农业和农村经济结构进行战略性调整。积极促进农产品加工转化增值是战略性结构调整的重要内容，有着广阔的市场前景。近年来在全国蓬勃兴起的农业产业化经营，是推动农产品加工业发展的有效形式，它不仅可以延长农业产业链，提高初级农产品的附加值，增加农民收入，而且有利于农业专业化、社会化、商品化的发展，提高农业的整体效益。龙头企业是发展农业产业化经营的关键。在农业和农村经济结构的战略性调整中，龙头企业担负着开拓市场、技术创新、引导和组织基地生产与农户经营的重任，是推进农业和农村经济结构战略性调整的重要力量。产业化经营的龙头企业与其他工商企业不同，它的兴衰不仅影响企业自身的发展，而且关系到农业增效、农民增收和农村稳定。因此，扶持龙头企业就是扶持农业、扶持农民。

国家择优扶持一批有优势、有特色、有基础、有前景的重点龙头企业，在较短的时间内创造引导农业和农村经济结构调整的骨干力量，形成若干个与国外农产品加工企业能够抗衡、更具竞争力的企业集团，是全面提高我国农业整体素质和效益的需要，也是我国应对加入WTO参与国际农业竞争的需要。通过重点龙头企业的带动和示范，必将有力地推进农业和农村经济结构的战略性调整。

二、扶持重点龙头企业的标准

从今年开始，连续五年在全国范围内有计划地、分期分批地选择一批龙头企业予以重点扶持。这些企业应具备以下条件：

（一）规模较大。固定资产规模：东部地区在5000万元以上，中部地区在3000万元以上，西部地区在2000万元以上；近三年年销售额：东部地区在2亿元以上，中部地区在1亿元以上，西部地区在5000万元以上；产地批发市场年交易额在5亿元以上。

（二）经济效益好。企业资产负债率小于60%；产品转化增值能力强，银行信用等级在A级以上（含A级），有抵御市场风险的能力。

（三）带动能力强。生产、加工、销售各环节利益联结机制健全，能带动较多农户；有稳定的、较大规模的原料生产基地。

（四）产品具有市场竞争优势。主营产品符合国家产业政策，对区域经济带动作用大；科技含量高、市场潜力大；有较健全的市场营销网络，市场份额在同类产品中居前列，并且比较稳定。

有的龙头企业虽然目前的规模不是很大，但具备下列条件的，也可纳入重点龙头企业加以扶持：

1. 有较强的科技创新能力和可持续发展能力。所开发和生产的产品属高新技术产品或绿色食品，能有力地促进和带动相关新产业形成。或是科技部认定的科技示范企业。

2. 主营产品优势明显，出口创汇潜力大或进口替代能力强，能形成带动面较大的特色

产业。

三、对重点龙头企业的扶持政策

对于重点龙头企业,将在基地建设、原料采购、设备引进和产品出口等方面给予具体的帮助和扶持。

(一)国有商业银行要把扶持农业产业化经营作为信贷支农的重点,在资金安排上给予倾斜。对重点龙头企业,要依据企业正常生产周期和贷款用途合理确定贷款期限,并按中国人民银行规定的利率执行,原则上不上浮。对于重点龙头企业用于基地建设和技术改造项目的贷款,农业主管部门可以向商业银行推荐,商业银行按照信贷原则和相关程序,予以优先安排。为了解决以粮食、棉花等大宗农产品为原料的大型加工企业收购原料所需资金量大、占用时间长的问题,商业银行可以根据重点龙头企业与基地农户签订的合同,核定所需收购资金,根据授信授权原则,给予信贷支持。对资信好的龙头企业可以核定一定的授信额度,用于收购同基地农户签订合同的农产品。

(二)为了引导龙头企业大范围的带动生产基地和农户,形成龙头企业加生产基地和农户的产业化经营新格局,对于重点龙头企业带动的生产基地建设等,中央财政要继续给予支持,地方财政也要作出具体安排。

(三)要积极探索和逐步建立龙头企业与农户多种形式的风险共担机制,通过订立合同等形式,形成稳定的购销关系,提高抵御市场风险的能力。企业可以通过建立风险基金,确保按保护价收购基地农户所生产的原料,减少市场波动造成的损失;也可以采取合作制或股份合作制的形式,使农户与龙头企业结成经济利益共同体,共同抵御和规避市场风险。龙头企业带动农户和生产基地,出现风险不仅使企业生产经营受到损失,也将影响广大农户的收入,波及农村稳定。各级、各部门都要高度重视,按照国家有关财税政策和制度规定,采取切实措施,帮助龙头企业和农户提高抵御市场风险的能力。

(四)对重点龙头企业从事种植业、养殖业和农林产品初加工业取得的所得,比照财政部、国家税务总局《关于国有农口企事业单位征收企业所得税问题的通知》(财税字〔1997〕49号)规定,暂免征收企业所得税。

为了鼓励重点龙头企业加快技术开发和技术创新,企业研究开发新产品、新技术、新工艺所发生的各项费用在企业所得税前扣除的办法,按照财政部、国家税务总局《关于促进技术进步有关财务税收问题的通知》(财工字〔1996〕41号)和国家税务总局《关于促进企业技术进步有关税收问题的补充通知》(国税发〔1996〕152号)规定执行。符合国家产业政策的技术改造项目所需国产设备投资的所得税抵免政策,按照财政部、国家税务总局《关于印发〈技术改造国产设备投资抵免企业所得税暂行办法〉的通知》(财税字〔1999〕290号)执行。

(五)鼓励重点龙头企业发挥比较优势参与国际竞争,提高产品竞争能力。对开拓国外市场、扩大农产品出口的重点龙头企业,应予以积极支持。按照中央外贸发展基金的有关规定,对符合中央外贸发展基金使用方向和使用条件的农产品及其加工品出口项目融资予以贴息。参照国际通行的作法,继续加大对重点龙头企业出口创汇的支持。

加大对农产品出口的金融支持力度。国有商业银行对农产品出口所需流动资金贷款按信贷原则优先安排,重点支持。对资信好的农产品出口企业核定一定的授信额度,用于对外出具投标、履约和预付金保函。

对于符合国家高新技术目录和国家有关部门批准引进项目的农产品加工设备,除按照国发〔1997〕37号文件《国内投资项目不予免税的进口商品目录》所列商品外,免征进口关税和进口环节增值税。

简化行政审批手续,放宽审批条件,支持重点龙头企业扩大出口。适当降低重点龙头企业成立进出口公司的资格,并适当放宽其经营范围。鼓励中外合资农产品流通企业利用其销售网络,推动我国农产品进入国外的销售网点和分拨中心。

(六)鼓励重点龙头企业多渠道筹集资金。积极借鉴国内外投融资经验,利用资产重组、控股、参股、兼并、租赁等多种方式扩大企业规模,增强企业实力。符合条件的重点龙头企业,实行规范的公司制后,可申请发行股票和上市。已经上市的重点龙头企业,应利用好农业类上市公司在配股方面的倾斜政策。应创造条件,鼓励重点龙头企业利用外资开展合资、合作。积极探索建立以重点龙头企业为主体的农业产业化发展投资基金。

四、加强对扶持重点龙头企业工作的管理和指导

扶持和引导农业产业化经营重点龙头企业加快发展,是新形势下政策改善宏观经济管理,引导农业产业化经营发展,进而促进农业结构战略性调整的重要举措。各级农业、计划、经贸、财政、外经贸、银行、国税、地税、证监会等部门要根据产业化经营发展的需要,研究新情况、新问题,不断的充实和完善扶持和引导农业产业化龙头企业发展的政策措施,对龙头企业发展中的实际困难,给予切实帮助并加以解决。要统筹兼顾,突出重点,有关部门已经安排的用于扶持农业产业化经营的具体措施,要纳入整体部署和宏观政策安排,形成推进农业产业化经营的合力。各地也要根据文件的精神,结合本地区情况,制定相关政策,已经制定政策的,要切实抓好落实。

农业部会同有关部门做好重点龙头企业的指导与监督工作。各省、自治区、直辖市、计划单列市农业产业化经营工作主管部门要会同有关部门,认真做好重点龙头企业的申报、指导和监督工作。对重点扶持的龙头企业要进行跟踪指导,按照本文件规定的标准,实行动态管理,在年度考核的基础上适当进行调整。

农业产业化国家重点龙头企业名单另行发布。

5-1-6

财政部 国家税务总局关于住房公积金管理中心有关税收政策的通知

2000年10月10日 财税〔2000〕94号

为了推进住房制度改革,经国务院批准,现将住房公积金管理中心有关税收政策通知如下:

一、对住房公积金管理中心用住房公积金在指定的委托银行发放个人住房贷款取得的收入,免征营业税;

二、对住房公积金管理中心用住房公积金购买国债、在指定的委托银行发放个人住房

贷款取得的利息收入,免征企业所得税;

三、对住房公积金管理中心取得其他经营收入,按规定征收各项税收。

本通知自2000年9月1日起执行。

5-1-7

农业部　国家发展计划委员会　国家经济贸易委员会　财政部　对外贸易经济合作部　中国人民银行　国家税务总局中国证券监督管理委员会关于公布农业产业化国家重点龙头企业名单的通知

2000年10月26日　农经发〔2000〕10号

为贯彻落实《中共中央、国务院关于做好2000年农业和农村工作的意见》精神,按照《国务院办公厅关于落实中共中央、国务院做好2000年农业和农村工作意见有关政策问题的通知》(国办函〔2000〕13号)精神,农业部、国家发展计划委员会、国家经济贸易委员会、财政部、对外贸易经济合作部、中国人民银行、国家税务总局、中国证券监督管理委员会八部委行研究提出了《关于扶持农业产业化经营重点龙头企业的意见》(以下简称《意见》)。根据这个《意见》规定的农业产业化国家重点龙头企业标准,各省、自治区、直辖市农业产业化经营主管部门按照文件要求和程序进行了申报。经八部委行联席会议审定,北京顺鑫农业股份有限公司等151家企业为农业产业化国家重点龙头企业(名单附后)。

农业产业化国家重点龙头企业要按照党的十五大和十五届五中全会提出的要求,努力实现生产、加工、销售的有机结合和相互促进,逐步建立与农户利益共享,风险共担的新机制,在解决农产品流通不畅,搞好农业和农村经济结构战略性调整,提高农业整体素质,应对WTO挑战和增加农民收入中做出新的贡献。

列入农业产业化国家重点龙头企业名单中的外商投资企业,不执行《关于扶持农业产业化经营重点龙头企业的意见》中规定的有关税收优惠政策,而应按现行适用于外商投资企业的法律、法规和有关规定执行。

八部委行将对农业产业化国家重点龙头企业实行动态监测和管理,对在监测中不符合条件的,一律取消资格,不搞"终身制"。农业部将制定具体的监测与管理办法。

附:农业产业化国家重点龙头企业名单(编者略)

5-1-8

财政部 国家税务总局关于对老年服务机构有关税收政策问题的通知

2000年11月24日 财税〔2000〕97号

为贯彻中共中央、国务院《关于加强老龄工作的决定》精神,现对政府部门和社会力量兴办的老年服务机构有关税收政策问题通知如下：

一、对政府部门和企事业单位、社会团体以及个人等社会力量投资兴办的福利性、非营利性的老年服务机构,暂免征收企业所得税,以及老年服务机构自用房产、土地、车船的房产税、城镇土地使用税、车船使用税。

二、对企事业单位、社会团体和个人等社会力量,通过非营利性的社会团体和政府部门向福利性、非营利性的老年服务机构的捐赠,在缴纳企业所得税和个人所得税前准予全额扣除。

三、本通知所称老年服务机构,是指专门为老年人提供生活照料、文化、护理、健身等多方面服务的福利性、非营利性的机构,主要包括：老年社会福利院、敬老院(养老院)、老年服务中心、老年公寓(含老年护理院、康复中心、托老所)等。

本通知自2000年10月1日起执行。

5-1-9

财政部 国家税务总局关于调整住房租赁市场税收政策的通知

2000年12月7日 财税〔2000〕125号

为了配合国家住房制度改革,支持住房租赁市场的健康发展,经国务院批准,现对住房租赁市场有关税收政策问题通知如下：

一、对按政府规定价格出租的公有住房和廉租住房,包括企业和自收自支事业单位向职工出租的单位自有住房；房管部门向居民出租的公有住房；落实私房政策中带户发还产权并以政府规定租金标准向居民出租的私有住房等,暂免征收房产税、营业税。

二、对个人按市场价格出租的居民住房,其应缴纳的营业税暂减按3%的税率征收,房产税暂减按4%的税率征收。

三、对个人出租房屋取得的所得暂减按10%的税率征收个人所得税。

本通知自2001年1月1日起执行。凡与本通知规定不符的税收政策,一律改按本通知的规定执行。

5-1-10

国务院办公厅转发科技部等部门关于非营利性科研机构管理的若干意见(试行)的通知

2000年12月19日　国办发〔2000〕78号

各省、自治区、直辖市人民政府,国务院各部委、各直局机构:

科技部、中编办、财政部、税务总局《关于非营利性科研机构管理的若干意见(试行)》已经国务院同意,现转发给你们,请认真贯彻执行。

关于非营利性科研机构管理的若干意见(试行)

科技部　中编办　财政部　税务总局

(二〇〇〇年七月五日)

为贯彻《中共中央、国务院关于加强技术创新,发展高科技,实现产业化的决定》精神,深化科研机构管理体制改革,加强社会公益科研工作,增强为经济建设和社会发展服务的活力,对国务院部门(单位)所属社会公益类科研机构实行分类改革,现就按非营利性机构运行和管理的科研机构(以下简称非营利性科研机构)提出以下意见:

一、主要从事应用基础研究或向社会提供公共服务,无法得到相应经济回报,国家财政给予经常性经费补助、确需国家支持的国务院部门(单位)所属社会公益类科研机构,经科技部、中编办、财政部、税务总局批准,可按本意见精神,按照非营利性机构运行和管理。

二、非营利性科研机构以推进科技进步为宗旨,不以营利为目的,主要从事社会公益为主的科学研究、技术咨询与服务活动。

三、非营利性科研机构具有独立法人资格,执行国家的法律、法规,在政府有关部门的指导、监督下,自主管理。

非营利性科研机构要根据国家法律、法规的规定和出资者的约定,制定章程,明确机构宗旨、业务领域、组织结构、决策监督程序、内部管理制度等。

四、申请按非营利性机构运行和管理的科研机构,要调整和明确业务方向,优化结构、分流人员,由主管部门(单位)报科技部、财政部、中编办、税务总局共同审核,认定为非营利性科研机构,并在国家机构编制管理部门进行事业单位法人登记。

五、非营利性科研机构可以通过以下方式获得发展资金:

(一)政府资助,国家对非营利性科研机构的正常运行、设备购置、基本建设等给予一定的资金支持;

（二）承担政府、企业、其他社会组织和个人的委托项目；

（三）社会捐赠；

（四）为社会提供有偿服务；

（五）其他合法收入。

政府和其他社会力量对非营利性科研机构拨入和捐赠的资产不得抽回。任何机构和个人不得以任何方式从非营利性科研机构获取投资回报。

非营利性科研机构向社会提供有偿服务的收入按国家规定留给单位的部分，全部用于自身发展。

六、对非营利性科研机构的管理，科研机构主管部门（单位）要逐步将直接领导转为通过参加理事会参与科研机构决策，对科研机构赋予自主权，最终实现非营利性科研机构经营管理的社会化。

非营利性科研机构要积极探索实行理事会决策制、院（所）长负责制、科学技术委员会咨询制和职工代表大会监督制度：

（一）理事会负责面向社会公开选聘和推荐院（所）长，审定发展规划、年度工作计划和财务收支计划，监督业务和管理活动的合法性。理事会成员由主管部门（单位）代表、本单位代表、行业专家代表、有关出资方代表组成。

（二）院（所）长是法人代表，执行理事会决议，负责科研业务和日常管理工作，对理事会负责。

（三）科学技术委员会负责对重大科学技术问题提出咨询意见。

（四）职工代表大会负责监督。

七、非营利性科研机构全面推行聘任制。面向社会公开招聘工作人员，根据实际需要自主决定招聘人员数量，确定岗位设置、不同等级专业技术职称比例及受聘人员的职位等级，通过合同方式依法确定单位和个人的权利义务关系。聘任合同可分为短期合同和长期合同，或以完成某项科研任务为合同期限。对被聘用人员实行岗位责任制管理，定期考评；对经考评不合格人员、聘用合同到期后未续聘人员和被辞退人员，依照国家有关规定解除合约。

非营利性科研机构应执行国家关于事业单位的工资制度，实行工资总额包干，按岗定酬，按任务定酬，按业绩定酬，对其工资构成中活的部分加大自主分配力度。

非营利性科研机构按照国家有关规定参加城镇职工养老、基本医疗和失业保险。

八、非营利性科研机构暂按科学事业单位的财务会计制度执行。其年度预算经主管部门审核汇总，报财政部门核定。

九、非营利性科研机构税收政策。

（一）非营利性科研机构从事技术开发、技术转让业务和与之相关的技术咨询、技术服务所得的收入，按有关规定免征营业税和企业所得税。

（二）非营利性科研机构从事与其科研业务无关的其他服务所取得的收入，如租赁收入、财产转让收入、对外投资收入等，应当按规定征收各项税收；非营利性科研机构从事上述非主营业务收入用于改善研究开发条件的投资部分，经税务部门审核批准可抵扣其应纳税所得额。

（三）非营利性科研机构自用的房产、土地、免征房产税、城镇土地使用税。

（四）社会力量对非营利性科研机构的新产品、新技术、新工艺所发生的研究开发经费资助，可依照税收法律、法规规定，允许在当年度应纳税所得额中扣除。

十、非营利性科研机构要接受政府相关部门及社会有关方面的监督。于每年第一季度向主管部门（单位）和科技行政管理部门报送上一年度的工作报告，接受业绩考核。

科技行政管理部门会同财政等有关部门对非营利性科研机构的运行绩效定期进行评估考核。

十一、科研机构按非营利性机构运行和管理的认定条件、规章制度和配套政策等，由科技部会同财政部、中编办、国家税务总局另行制定。

十二、地方所属科研机构按非营利性机构运行和管理，可以参照本意见执行。

5-1-11

财政部　国家税务总局关于非营利性科研机构税收政策的通知

2001年2月9日　财税〔2001〕5号

为了贯彻落实《国务院办公厅转发科技部等部门关于非营利性科研机构管理的若干意见（试行）的通知》（国办发〔2000〕78号），鼓励社会公益类科研事业的发展，经国务院批准，现对非营利性科研机构有关税收政策明确如下：

一、非营利性科研机构要以推动科技进步为宗旨，不以营利为目的，主要从事应用基础研究或向社会提供公共服务。非营利性科研机构的认定标准，由科技部会同财政部、中编办、国家税务总局另行制定。非营利性科研机构需要书面向科技行政主管部门申明其性质，按规定进行设置审批和登记注册，并由接受其登记注册的科技行政部门核定，在执业登记中注明"非营利性科研机构"。

二、非营利性科研机构享受如下税收优惠政策：

1. 非营利性科研机构从事技术开发、技术转让业务和与之相关的技术咨询、技术服务所得的收入，按有关规定免征营业税和企业所得税。

2. 非营利性科研机构从事与其科研业务无关的其他服务所取得的收入，如租赁收入、财产转让收入、对外投资收入等，应当按规定征收各项税收；非营利性科研机构从事上述非主营业务收入用于改善研究开发条件的投资部分，经税务部门审核批准可抵扣其应纳税所得额，就其余额征收企业所得税。

3. 非营利性科研机构自用的房产、土地，免征房产税、城镇土地使用税。

4. 社会力量对非关联的非营利性科研机构的新产品、新技术、新工艺所发生的研究开发经费资助，经主管税务机关审核确定，其资助支出可以全额在当年度应纳税所得额中扣除。当年度应纳税所得额不足抵扣的，不得结转抵扣。

三、对非营利性科研机构实行年度检查制度，凡不符合条件的，应取消其免税资格，并按规定补缴当年已免税款。

本通知自2001年1月1日起执行。具体执行办法由国家税务总局另行制定。

5-1-12

财政部 国家税务总局关于中国信达等4家金融资产管理公司税收政策问题的通知

2001年2月20日 财税〔2001〕10号

根据《国务院办公厅转发人民银行、财政部、证监会关于组建中国信达资产管理公司意见的通知》（国办发〔1999〕33号）和《国务院办公厅转发人民银行、财政部、证监会关于组建中国华融资产管理公司、中国长城资产管理公司和中国东方资产管理公司意见的通知》（国办发〔1999〕66号）的精神，经国务院批准，现对信达、华融、长城和东方资产管理公司（以下简称"资产公司"）在收购、承接和处置不良资产过程中有关税收政策问题通知如下：

一、享受税收优惠政策的主体为经国务院批准成立的中国信达资产管理公司、中国华融资产管理公司、中国长城资产管理公司和中国东方资产管理公司，及其经批准分设于各地的分支机构。除另有规定者外，资产公司所属、附属企业，不享受资产公司的税收优惠政策。

二、收购、承接不良资产是指资产公司按照国务院规定的范围和额度，对相关国有银行不良资产，以账面价值进行收购，同时继承债权、行使债权主体权利。具体包括资产公司承接、收购相关国有银行的逾期、呆滞、呆账贷款及其相应的抵押品；处置不良资产是指资产公司按照有关法律、法规，为使不良资产的价值得到实现而采取的债权转移的措施。具体包括运用出售、置换、资产重组、债转股、证券化等方法对贷款及其抵押品进行处置。

三、资产公司收购、承接、处置不良资产可享受以下税收优惠政策：

1. 对资产公司接受相关国有银行的不良债权，借款方以货物、不动产、无形资产、有价证券和票据等抵充贷款本息的，免征资产公司销售转让该货物、不动产、无形资产、有价证券、票据以及利用该货物、不动产从事融资租赁业务应缴纳的增值税、营业税。

2. 对资产公司接受相关国有银行的不良债权取得的利息收入，免征营业税。

3. 对资产公司接受相关国有银行的不良债权，借款方以土地使用权、房屋所有权抵充贷款本息的，免征承受土地使用权、房屋所有权应缴纳的契税。

4. 对资产公司成立时设立的资金账簿免征印花税。对资产公司收购、承接和处置不良资产，免征购销合同和产权转移书据应缴纳的印花税。对涉及资产公司资产管理范围内的上市公司国有股权持有人变更的事项，免征印花税参照《国家税务总局关于上市公司国有股权无偿转让证券（股票）交易印花税问题的通知》（国税发〔1999〕124号）的有关规定执行。

5. 对各公司回收的房地产在未处置前的闲置期间，免征房产税和城镇土地使用税。对资产公司转让房地产取得的收入,免征土地增值税。

6. 资产公司所属的投资咨询类公司,为本公司承接、收购、处置不良资产而提供资产、项目评估和审计服务取得的收入,免征营业税。

四、资产公司除收购、承接、处置不良资产业务外,从事其他经营业务或发生本通知未规定免税的应税行为,应一律依法纳税。

五、本通知自资产公司成立之日起开始执行。此前的规定与本通知有抵触的,以本通知为准。各地财政、税务部门及资产公司要密切关注税收优惠政策的落实情况,及时向财政部、国家税务总局反映执行中出现的问题,确保相关税收优惠政策顺利实施。

5-1-13
国家税务总局关于中国联通有限公司有关税收问题的通知

2001年10月18日　国税函〔2001〕762号

经国务院批准,中国联合通讯有限公司(以下简称老联通)进行了股权重组。老联通在重组过程中,在香港设立了上市公司——中国联通股份有限公司(以下简称香港联通),香港联通于2000年6月分别在纽约和香港成功上市后,又在北京注册设立了其全资子公司——中国联通有限公司(以下简称新联通),接收老联通的部分业务。现就新联通有关税收问题,通知如下:

一、新联通适用税收政策问题

新联通是2000年6月经对外贸易经济合作部批准成立的一家外商投资企业,应根据国务院1994年颁发的《国务院关于外商投资企业和外国企业适用增值税、消费税、营业税等税收暂行条例有关问题的通知》(国发〔1994〕10号)的规定,缴纳有关税收。

二、新联通企业所得税征收管理问题

根据《中华人民共和国外商投资企业和外国企业所得税法实施细则》第五条的规定,新联通的企业所得税统一汇总在企业注册地北京申报缴纳。考虑到新联通所属的分公司税务变更登记的具体情况,对2000年度新联通的企业所得税,仍按内资企业所适用的税收法律、法规的有关规定执行。从2001年度起,新联通的企业所得税,按外商投资企业所适用的税收法律、法规的有关规定汇总计算缴纳。

三、新联通有关资金账册印花税问题

由于新联通是从老联通分立设立的外商投资企业,其记载从老联通转移来的资金账册,已在老联通贴花的,可不再贴花。

四、清理"中中外"所涉及的新联通若干税务处理问题

(一)老联通清理与中国境内中外合资(合作)企业的合作项目(以下简称"中中外")所涉及的需由新联通负担的补偿金,1999年底以前发生的,从2000年起分5年平均摊销;2000年以后发生的,按7年平均摊销。

(二)老联通清理"中中外"及上市需要所涉及的需由新联通补提的固定资产折旧,从2000年开始,分5年平均分摊。

(三)上述规定,由北京市国家税务局具体审核后确认。

五、关于股权重组中并入新联通的原中国邮电总局的国信寻呼有限公司(以下简称国信公司)相应业务收益的所得税处理问题

鉴于国信公司在全国各地所设立的机构,2001年才开始注销,2000年度已按原名称就地申报缴纳了企业所得税,因此,对国信公司及其所属机构2000年度所缴纳的企业所得税,不再进行调整;从2001年1月1日起,统一执行新联通适用的有关税收政策,由新联通汇总计算纳税。

注释:

条款失效。第二条、第四条、第五条失效。参见:《国家税务总局关于公布全文失效废止 部分条款失效废止的税收规范性文件目录的公告》(国家税务总局公告2011年第2号)。

5-1-14

国家税务总局关于中央各部门机关后勤体制改革有关税收政策具体问题的通知

2002年4月23日　国税发〔2002〕32号

各省、自治区、直辖市和计划单列市国家税务局、地方税务局:

为支持和促进中央各部门机关后勤体制改革,根据《财政部、国家税务总局关于中央各部门机关服务中心有关税收政策问题的通知》(财税〔2001〕122号)精神,现对中央各部门机关服务中心(以下简称服务中心)体制改革后有关税收政策的具体问题通知如下:

一、享受税收优惠政策的主体

经中央机构编制委员会办公室批准,后勤体制改革后的中央各部门机关服务中心,可以享受本通知规定的税收优惠政策。

上述机关服务中心必须实行独立经济核算并具有事业法人或企业法人资格,按规定办理税务登记。

二、对机关服务中心为中央各部门机关提供的内部后勤保障服务所取得的货币收入,在2005年年底之前暂免征收营业税、城市维护建设税、教育费附加和企业所得税。

机关服务中心包括为机关办公和职工生活提供后勤服务的非独立核算机关服务单位,如:机关食堂、车队、医务室、幼儿园、理发室、洗衣房、洗浴室、副食品基地(绿化基地)等。

机关内部后勤保障服务,是指上述机关服务中心为国家财政全额拨付行政办公经费的中央各部门机关工作需要而提供的各类劳务与技术性服务。

三、对机关服务中心为机关以外提供各类服务取得的收入,应按照国家税法的规定依

法征税。

为机关以外提供服务取得的收入,是指机关服务中心向社会提供各种服务取得的货币收入和非货币收入。

四、改革后的机关服务中心应分别核算为机关内部提供的后勤保障服务所取得的收入和为机关以外提供服务取得的收入。不能分别核算免税收入和应税收入的单位,不得享受税收优惠政策。

五、机关服务中心所属的,中共中央直属机关事务管理局行业归口管理的宾馆招待所等(名单附后),由中共中央直属机关事务管理局核准的会议经费,在2005年年底之前暂免征收营业税、城市维护建设税、教育费附加。核定会议经费按中共中央直属机关事务管理局年初下达的会议计划经费确定其免征营业税额,年终时按实际数清算。

前款所称宾馆招待所等,为机关内部提供服务取得的收入,凡能够分别核算的,在2002年底暂免征收企业所得税,不能够分别核算的,不得享受企业所得税优惠政策。

上述单位应持有关资料到当地主管税务机关,按有关规定办理免税手续。

六、机关服务中心以安置分流人员为主开办的经济实体从事经营、服务活动,可比照《财政部、国家税务总局关于企业所得税若干优惠政策的通知》(〔94〕财税字第1号)的有关规定执行。具体如下:

(一)机关服务中心以安置机关分流人员为主新办的企业,当年安置机关分流人员达到规定比例的,可在3年内减征或者免征企业所得税。

1. 当年安置分流人员超过企业从业人员总数60%的,经主管税务机关审核批准,可免征企业所得税3年。当年安置分流人员比例的计算公式为:

$$当年安置分流人员比例 = \frac{当年安置分流人员人数}{企业原从业人员总数 + 当年安置分流人员人数} \times 100\%$$

2. 企业免税期满后,当年新安置分流人员占企业原从业人员总数30%以上的,经主管税务机关审核批准,可减半征收企业所得税两年。当年新安置分流人员比例的计算公式为:

$$当年新安置分流人员比例 = \frac{当年新安置分流人员人数}{企业原从业人员总数} \times 100\%$$

3. 企业从业人员总数包括在该企业工作的各类人员,含聘用的临时工、合同工及离退休人员。

(二)其他有关企业所得税的税收优惠政策,按国家统一规定的政策执行。

七、各省、自治区、直辖市党委机关后勤体制改革后,各省级国家税务局、地方税务局可比照上述规定,并根据本地区的实际情况,制定具体实施办法。

附件:中直机关享受税收优惠政策单位名单(编者略)

注释:

条款失效。第五条第二款、第六条失效。参见:《国家税务总局关于公布全文失效废止 部分条款失效废止的税收规范性文件目录的公告》(国家税务总局公告2011年第2号)。

5 – 1 – 15

财政部　国家税务总局关于西气东输项目有关税收政策的通知

2002 年 7 月 31 日　财税〔2002〕111 号

经国务院批准,现将西气东输项目有关税收政策通知如下:
一、西气东输项目上游中外合作开采天然气增值税执行 13% 的统一税率,根据财政部、国家税务总局《关于印发〈油气田企业增值税暂行管理办法〉的通知》(财税字〔2000〕32 号)规定,计算抵扣进项税额。
二、对西气东输管道运营企业执行 15% 的企业所得税税率。从开始获利的年度起,第一年和第二年免征企业所得税,第三年至第五年减半征收企业所得税。
三、西气东输项目上游开采天然气中外合作区块缴纳矿区使用费,暂不缴纳资源税。
请遵照执行。

5 – 1 – 16

农业部　国家发展计划委员会　国家经济贸易委员会　财政部　对外贸易经济合作部　中国人民银行　国家税务总局　中国证券监督管理委员会　中华全国供销合作总社关于公布第二批农业产业化国家重点龙头企业名单的通知

2002 年 12 月 31 日　农经发〔2002〕14 号

各省、自治区、直辖市、计划单列市农业厅(局)、农委(办)、计委、经贸委、财政厅(局)、外经贸厅(委、局)、国税局、地税局、供销合作社,人民银行各分行、营业管理部,证监会各派出机构:
为了贯彻落实党的十六大关于积极推进农业产业化经营的精神,按照相关文件提出的在全国选择一批有基础、有优势、有特色、有前景的龙头企业作为国家支持的重点的要求,根据《农业产业化国家重点龙头企业认定和运行监测管理暂行办法》的规定,在各省、自治区、直辖市、计划单列市推荐的基础上,经专家组评审,全国农业产业化联席会议认定,北京汇源饮料食品集团有限公司等 235 家企业为第二批农业产业化国家重点龙头企业(名单附后)。

农业产业化国家重点龙头企业是推动农业产业化经营发展的骨干力量,在促进农业和农村经济结构战略性调整、带动农民增加收入、提高我国农业竞争力方面负有重要责任。农业产业化国家重点龙头企业要按照党的十六大精神的要求,立足农村、面向农业、服务农民,改善企业经营管理,加强技术改造和技术进步,注重产品质量,增强企业的市场竞争力,不断提高我国农产品加工业水平和农业综合效益。要尊重农户的市场主体地位,推动农村经济体制创新,进一步探索龙头企业与农户之间有效联结的组织形式和经营机制,发展订单农业,搞好产销衔接和生产技术服务,自觉维护农民利益,不断增强带动农民增收致富的能力,提高农民进入市场的组织化程度,为全面建设小康社会做出新的贡献。

各有关部门要按照"扶持农业产业化,就是扶持农业,扶持龙头企业,就是扶持农民"的要求,根据国家有关规定和政策,采取切实措施,支持农业产业化国家重点龙头企业的发展。要充分发挥龙头企业在开拓市场、引导基地、加工增值、科技创新、标准化生产等方面的带动作用,形成政府调控市场、市场引导企业、企业带动基地、基地连结农户的产业化运行机制。

按照《农业产业化国家重点龙头企业认定和运行监测管理暂行办法》规定,对农业产业化国家重点龙头企业运行情况实行动态管理,建立竞争和淘汰机制,做到可进可出。对于监测不合格的企业,取消其农业产业化国家重点龙头企业资格。

附件:第二批农业产业化国家重点龙头企业名单(编者略)

5-1-17

财政部 国家税务总局关于大连证券破产及财产处置过程中有关税收政策问题的通知

2003年5月20日　财税[2003]88号

经国务院批准,现就大连证券有限责任公司(以下简称"大连证券")破产及财产处置过程中有关税收政策问题通知如下:

一、对大连证券在清算期间接收债权、清偿债务过程中签订的产权转移书据,免征印花税。

二、对大连证券在清算期间自有的和从债务方接收的房地产、车辆免征房产税、城镇土地使用税和车船使用税。

三、大连证券在清算过程中催收债权时,免征接收土地使用权、房屋所有权应缴纳的契税。

四、大连证券破产财产被清算组用来清偿债务时,免征大连证券销售转让货物、不动产、无形资产、有价证券、票据等应缴纳的增值税、营业税、城市维护建设税、教育费附加和土地增值税。

五、对大通证券股份有限公司托管的原大连证券的证券营业部和证券服务部,其所从事的经营活动,应按税收法律、法规的规定照章纳税。

六、本通知自大连证券破产清算之日起执行。

注释:

条款失效。第一条失效。参见:《财政部 税务总局关于印花税法实施后有关优惠政策衔接问题的公告》(财政部 税务总局公告 2022 年第 23 号)。

条款失效。第三条失效。参见:《财政部 税务总局关于契税法实施后有关优惠政策衔接问题的公告》(财政部 税务总局公告 2021 年第 29 号)。

5-1-18

财政部 国家税务总局关于被撤销金融机构有关税收政策问题的通知

2003 年 7 月 3 日　　财税〔2003〕141 号

各省、自治区、直辖市、计划单列市财政厅(局)、国家税务局、地方税务局:

为了促进被撤销金融机构的清算工作,加强对金融活动的监督管理,维护金融秩序,根据《金融机构撤销条例》第二十一条的规定,现对被撤销金融机构清理和处置财产过程中有关税收优惠政策问题通知如下:

一、享受税收优惠政策的主体是指经中国人民银行依法决定撤销的金融机构及其分设于各地的分支机构,包括被依法撤销的商业银行、信托投资公司、财务公司、金融租赁公司、城市信用社和农村信用社。除另有规定者外,被撤销的金融机构所属、附属企业,不享受本通知规定的被撤销金融机构的税收优惠政策。

二、被撤销金融机构清理和处置财产可享受以下税收优惠政策:

1. 对被撤销金融机构接收债权、清偿债务过程中签订的产权转移书据,免征印花税。

2. 对被撤销金融机构清算期间自有的或从债务方接收的房地产、车辆,免征房产税、城镇土地使用税和车船使用税。

3. 对被撤销金融机构在清算过程中催收债权时,接收债务方土地使用权、房屋所有权所发生的权属转移免征契税。

4. 对被撤销金融机构财产用来清偿债务时,免征被撤销金融机构转让货物、不动产、无形资产、有价证券、票据等应缴纳的增值税、营业税、城市维护建设税、教育费附加和土地增值税。

三、除第二条规定者外,被撤销金融机构在清算开始后、清算资产被处置前持续经营的经济业务所发生的应纳税款应按规定予以缴纳。

四、被撤销金融机构的应缴未缴国家的税金及其他款项应按照法律法规规定的清偿顺序予以缴纳。

五、被撤销金融机构的清算所得应该依法缴纳企业所得税。

六、本通知自《金融机构撤销条例》生效之日起开始执行。凡被撤销金融机构在《金融机构撤销条例》生效之日起进行的财产清理和处置的涉税政策均按本通知执行。本通知发布前,属免征事项的应纳税款不再追缴,已征税款不予退还。

5-1-19

财政部　国家税务总局关于转制科研机构有关税收政策问题的通知

2003年7月8日　财税〔2003〕137号

各省、自治区、直辖市、计划单列市财政厅(局)、国家税务局、地方税务局:

为了鼓励技术创新,大力发展高科技,实现产业化,进一步促进科研机构转制改革,经国务院批准,现就转制科研机构的有关税收政策问题通知如下:

一、对于经国务院批准的原国家经贸委管理的10个国家局所属242个科研机构和建设部等11个部门(单位)所属134个科研机构中转为企业的科研机构和进入企业的科研机构,从转制注册之日起,5年内免征科研开发自用土地的城镇土地使用税、房产税和企业所得税。

对上述科研机构,其从事技术转让、技术开发业务和与之相关的技术咨询、技术服务业务取得的收入,按照财政部、国家税务总局《关于贯彻落实〈中共中央、国务院关于加强技术创新,发展高科技,实现产业化的决定〉有关税收问题的通知》(财税字〔1999〕273号)的有关规定免征营业税。

对进入企业作为非独立企业法人或不能实行独立经济核算的科研机构,其免税的应税所得、土地和房产应单独计算;确实难以划分清楚的,可由主管税务机关采取分摊比例法或其他合理的方法确定。

二、经科技部、财政部、中编办审核批准的国务院部门(单位)所属社会公益类科研机构中转为企业或进入企业的科研机构,享受上述第一条规定的优惠政策。

三、享受上述政策的企业自转制注册之日至本文下发之日期间已征房产税款不再退还。

四、本通知自发布之日起执行。以前规定的内容与本通知规定不一致的,按本通知执行。

5–1–20

财政部 国家税务总局关于中国东方资产管理公司处置港澳国际(集团)有限公司有关资产税收政策问题的通知

2003年11月10日 财税〔2003〕212号

各省、自治区、直辖市、计划单列市财政厅(局)、国家税务局、地方税务局,新疆生产建设兵团财务局:

为了加快港澳国际(集团)有限公司的资产处置、清算及机构关闭工作,经国务院批准,现就港澳国际(集团)有限公司资产清理、处置过程中有关税收政策问题通知如下:

一、享受税收优惠政策的主体

1. 负责接收和处置港澳国际(集团)有限公司资产的中国东方资产管理公司及其经批准分设于各地的分支机构[以下简称"东方资产管理公司"];

2. 港澳国际(集团)有限公司所属的东北国际投资有限公司、海国投集团有限公司、海南港澳国际信托投资公司[以下简称"港澳国际(集团)内地公司"];

3. 在我国境内(不包括港澳台,下同)拥有资产并负有纳税义务的港澳国际(集团)有限公司集团本部及其香港8家子公司[名单见附件,以下简称"港澳国际(集团)香港公司"]。

二、东方资产管理公司接收、处置港澳国际(集团)有限公司资产可享受以下税收优惠政策

1. 对东方资产管理公司在接收和处置港澳国际(集团)有限公司资产过程中签订的产权转移书据,免征东方资产管理公司应缴纳的印花税。

2. 对东方资产管理公司接收港澳国际(集团)有限公司的房地产以抵偿债务的,免征东方资产管理公司承受房屋所有权、土地使用权应缴纳的契税。

3. 对东方资产管理公司接收港澳国际(集团)有限公司的房地产、车辆,免征应缴纳的房产税、城镇土地使用税和车船使用税。

4. 对东方资产管理公司接收港澳国际(集团)有限公司的资产包括货物、不动产、有价证券等,免征东方资产管理公司销售转让该货物、不动产、有价证券等资产以及利用该货物、不动产从事融资租赁业务应缴纳的增值税、营业税、城市维护建设税、教育费附加和土地增值税。

5. 对东方资产管理公司所属的投资咨询类公司,为本公司接收、处置港澳国际(集团)有限公司资产而提供资产、项目评估和审计服务取得的收入免征应缴纳的营业税、城市维护建设税和教育费附加。

三、港澳国际(集团)内地公司的资产在清理和处置期间可享受以下税收优惠政策

1. 对港澳国际(集团)内地公司在催收债权、清偿债务过程中签订的产权转移书据,免

征港澳国际(集团)内地公司应缴纳的印花税。

2. 对港澳国际(集团)内地公司在清算期间自有的和从债务方接收的房地产、车辆,免征应缴纳的房产税、城市房地产税、城镇土地使用税、车船使用税和车船使用牌照税。

3. 对港澳国际(集团)内地公司在清算期间催收债权时,免征接收房屋所有权、土地使用权应缴纳的契税。

4. 对港澳国际(集团)内地公司的资产,包括货物、不动产、有价证券、股权、债权等,在清理和被处置时,免征港澳国际(集团)内地公司销售转让该货物、不动产、有价证券、股权、债权等资产应缴纳的增值税、营业税、城市维护建设税、教育费附加和土地增值税。

四、港澳国际(集团)香港公司中国境内的资产在清理和处置期间可享受以下税收优惠政策

1. 对港澳国际(集团)香港公司在中国境内催收债权、清偿债务过程中签订的产权转移书据,免征港澳国际(集团)香港公司应承担的印花税。

2. 对港澳国际(集团)香港公司在中国境内拥有的和从债务方接收的房地产、车辆,在清算期间免征应承担的城市房地产税和车船使用牌照税。

3. 对港澳国际(集团)香港公司清算期间在中国境内催收债权时,免征接收房屋所有权、土地使用权应缴纳的契税。

4. 对港澳国际(集团)香港公司在中国境内的资产,包括货物、不动产、有价证券、股权、债权等,在清理和被处置时,免征港澳国际(集团)香港公司销售转让该货物、不动产、有价证券、股权、债权等资产应缴纳的增值税、营业税、预提所得税和土地增值税。

五、港澳国际(集团)内地公司、港澳国际(集团)香港公司在清算期间发生本通知未规定免税的应税行为以及东方资产管理公司除接收、处置不良资产业务外从事其他经营业务,应一律依法纳税。

六、本通知自港澳国际(集团)内地公司、港澳国际(集团)香港公司开始清算之日起执行,本通知发布前,属免征事项的应纳税款不再追缴,已征税款不予退还。

附件:港澳国际(集团)有限公司在香港的8家子公司名单(编者略)

5-1-21

财政部 国家税务总局关于中国长江电力股份有限公司上市及收购三峡发电资产有关税收问题的通知

2003年11月21日 财税[2003]235号

湖北省财政厅、国家税务局、地方税务局:

为支持中国长江三峡工程开发总公司(以下简称三峡总公司)重组改制和中国长江电力股份有限公司(以下简称长江电力)上市的顺利进行,经国务院批准,现对有关税收问题通知如下:

一、对三峡总公司向长江电力出让发电资产(26台发电机组及相关发电设施)过程中应缴纳的增值税、营业税及其附征的城市维护建设税、教育费附加予以免征。

二、对三峡总公司和长江电力在重组改制过程中因资产转移所签订的产权转移书据免征印花税;对长江电力成立时启用的资金账簿中,改制前已贴花的资金免征印花税,未贴花的资金及以后增加的资金照章征收印花税;对长江电力收购三峡总公司发电资产过程中发生的契税予以免征。

三、对三峡总公司所属葛洲坝电厂的资产评估增值应缴企业所得税款不征收入库,直接转计三峡总公司的资本公积金,作为国有资本金;三峡总公司将评估增值部分再注入到长江电力,作为长江电力的国有股权;三峡总公司投入到长江电力的资产,长江电力可按评估后的价值计提折旧或摊销,并在企业所得税前扣除。

请遵照执行。

注释:

条款失效。第二条中关于印花税的政策失效。参见:《财政部 税务总局关于印花税法实施后有关优惠政策衔接问题的公告》(财政部 税务总局公告2022年第23号)。

条款失效。第二条中关于契税的政策失效。参见:《财政部 税务总局关于契税法实施后有关优惠政策衔接问题的公告》(财政部 税务总局公告2021年第29号)。

5-1-22

国家税务总局关于青藏铁路建设期间有关已缴税金退税问题的通知

2003年12月26日　国税函〔2003〕1387号

各省、自治区、直辖市和计划单列市国家税务局、地方税务局:

根据财政部、国家税务总局《关于青藏铁路建设期间有关税收政策的通知》(财税〔2003〕128号)的规定,青藏铁路建设期间参建单位发生的与青藏铁路建设有关的营业税、增值税、印花税、资源税、城镇土地使用税、企业所得税等税收予以免征。现将已征收的应免征税款的退税问题明确如下:

凡2001年青藏铁路建设开工后,参建单位已经缴纳的符合财税〔2003〕128号文应免征的税款应一律退还纳税人。请各地税务机关接到本通知后将应退未退的有关税款尽快退还纳税人。

5-1-23

财政部 国家税务总局关于教育税收政策的通知

2004年2月5日 财税〔2004〕39号

各省、自治区、直辖市、计划单列市财政厅(局)、国家税务局、地方税务局,新疆生产建设兵团财务局:

为了进一步促进教育事业发展,经国务院批准,现将有关教育的税收政策通知如下:

一、关于营业税、增值税、所得税

1. 对从事学历教育的学校提供教育劳务取得的收入,免征营业税。

2. 对学生勤工俭学提供劳务取得的收入,免征营业税。

3. 对学校从事技术开发、技术转让业务和与之相关的技术咨询、技术服务业务取得的收入,免征营业税。

4. 对托儿所、幼儿园提供养育服务取得的收入,免征营业税。

5. 对政府举办的高等、中等和初等学校(不含下属单位)举办进修班、培训班取得的收入,收入全部归学校所有的,免征营业税和企业所得税。

6. 对政府举办的职业学校设立的主要为在校学生提供实习场所、并由学校出资自办、由学校负责经营管理、经营收入归学校所有的企业,对其从事营业税暂行条例"服务业"税目规定的服务项目(广告业、桑拿、按摩、氧吧等除外)取得的收入,免征营业税和企业所得税。

7. 对特殊教育学校举办的企业可以比照福利企业标准,享受国家对福利企业实行的增值税和企业所得税优惠政策。

8. 纳税人通过中国境内非营利的社会团体、国家机关向教育事业的捐赠,准予在企业所得税和个人所得税前全额扣除。

9. 对高等学校、各类职业学校服务于各业的技术转让、技术培训、技术咨询、技术服务、技术承包所取得的技术性服务收入,暂免征收企业所得税。

10. 对学校经批准收取并纳入财政预算管理的或财政预算外资金专户管理的收费不征收企业所得税;对学校取得的财政拨款,从主管部门和上级单位取得的用于事业发展的专项补助收入,不征收企业所得税。

11. 对个人取得的教育储蓄存款利息所得,免征个人所得税;对省级人民政府、国务院各部委和中国人民解放军军以上单位,以及外国组织、国际组织颁布的教育方面的奖学金,免征个人所得税;高等学校转化职务科技成果以股份或出资比例等股权形式给予个人奖励,获奖人在取得股份、出资比例时,暂不缴纳个人所得税;取得按股份、出资比例分红或转让股权、出资比例所得时,依法缴纳个人所得税。

二、关于房产税、城镇土地使用税、印花税

对国家拨付事业经费和企业办的各类学校、托儿所、幼儿园自用的房产、土地,免征房产税、城镇土地使用税;对财产所有人将财产赠给学校所立的书据,免征印花税。

三、关于耕地占用税、契税、农业税和农业特产税

1. 对学校、幼儿园经批准征用的耕地,免征耕地占用税。享受免税的学校用地的具体范围是:全日制大、中、小学校(包括部门、企业办的学校)的教学用房、实验室、操场、图书馆、办公室及师生员工食堂宿舍用地。学校从事非农业生产经营占用的耕地,不予免税。职工夜校、学习班、培训中心、函授学校等不在免税之列。

2. 国家机关、事业单位、社会团体、军事单位承受土地房屋权属用于教学、科研的,免征契税。用于教学的,是指教室(教学楼)以及其他直接用于教学的土地、房屋。用于科研的,是指科学实验的场所以及其他直接用于科研的土地、房屋。对县级以上人民政府教育行政主管部门或劳动行政主管部门审批并颁发办学许可证,由企业事业组织、社会团体及其他社会和公民个人利用非国家财政性教育经费面向社会举办的学校及教育机构,其承受的土地、房屋权属用于教学的,免征契税。

3. 对农业院校进行科学实验的土地免征农业税。对农业院校进行科学实验所取得的农业特产品收入,在实验期间免征农业特产税。

四、关于关税

1. 对境外捐赠人无偿捐赠的直接用于各类职业学校、高中、初中、小学、幼儿园教育的教学仪器、图书、资料和一般学习用品,免征进口关税和进口环节增值税。上述捐赠用品不包括国家明令不予减免进口税的20种商品。其他相关事宜按照国务院批准的《扶贫、慈善性捐赠物资免征进口税收暂行办法》办理。

2. 对教育部承认学历的大专以上全日制高等院校以及财政部会同国务院有关部门批准的其他学校,不以营利为目的,在合理数量范围内的进口国内不能生产的科学研究和教学用品,直接用于科学研究或教学的,免征进口关税和进口环节增值税、消费税(不包括国家明令不予减免进口税的20种商品)。科学研究和教学用品的范围等有关具体规定,按照国务院批准的《科学研究和教学用品免征进口税收暂行规定》执行。

五、取消下列税收优惠政策

1.《财政部、国家税务总局关于企业所得税若干优惠政策的通知》[(94)财税字第1号]第八条第一款和第三款关于校办企业从事生产经营的所得免征所得税的规定,其中因取消所得税优惠政策而增加的财政收入,按现行财政体制由中央与地方财政分享,专项列入财政预算,仍然全部用于教育事业。应归中央财政的补偿资金,列中央教育专项,用于改善全国特别是农村地区的中小学办学条件和资助家庭经济困难学生;应归地方财政的补偿资金,列省级教育专项,主要用于改善本地区农村中小学办学条件和资助农村家庭经济困难的中小学生。

2.《关于学校办企业征收流转税问题的通知》(国税发〔1994〕156号)第三条第一款和第三款,关于校办企业生产的应税货物,凡用于本校教学科研方面的,免征增值税;校办企业凡为本校教学、科研服务提供的应税劳务免征营业税的规定。

六、本通知自2004年1月1日起执行,此前规定与本通知不符的,以本通知为准。

注释：

条款废止。第二条中关于印花税的政策废止。参见：《财政部 税务总局关于印花税法实施后有关优惠政策衔接问题的公告》（财政部 税务总局公告2022年第23号）。

条款废止。第三条第2项自2021年9月1日起废止。参见：《财政部 税务总局关于契税法实施后有关优惠政策衔接问题的公告》（财政部 税务总局公告2021年第29号）。

5－1－24

财政部 国家税务总局关于证券投资基金税收政策的通知

2004年4月30日 财税〔2004〕78号

各省、自治区、直辖市、计划单列市财政厅（局）、国家税务局、地方税务局，新疆生产建设兵团财务局：

经国务院批准，现对证券投资基金的有关税收政策通知如下：

自2004年1月1日起，对证券投资基金（封闭式证券投资基金，开放式证券投资基金）管理人运用基金买卖股票、债券的差价收入，继续免征营业税和企业所得税。

5－1－25

国家发展和改革委员会 商务部 公安部 铁道部 交通部 海关总署 国家税务总局 中国民用航空总局 国家工商行政管理总局印发《关于促进我国现代物流业发展的意见》的通知

2004年8月5日 发改运行〔2004〕1617号

各省、自治区、直辖市及计划单列市人民政府，新疆生产建设兵团：

国家发展改革委、商务部、公安部、铁道部、交通部、海关总署、税务总局、民航总局、工商总局联合制定的《关于促进我国现代物流业发展的意见》（附后）已经国务院批准，现印发给你们，请结合实际，认真贯彻执行。

促进现代物流业发展是一项跨行业、跨地区、跨部门的综合性工作，涉及面广、政策性强，需要各地政府和各有关部门协同配合，形成合力。大力发展现代物流业，对于推动和提升相关产业的发展，提高经济运行质量和效益，增强综合国力和企业竞争力具有十分重要的意义。各地区、各部门要高度重视，努力探索，结合实际，制定相应的政策措施，加快促进我国现代物流业的协调健康发展。

附件:《关于促进我国现代物流业发展的意见》

附件

关于促进我国现代物流业发展的意见

加快发展现代物流业,是我国应对经济全球化和加入世界贸易组织的迫切需要,对于提高我国经济运行质量和效益,优化资源配置,改善投资环境,增强综合国力和企业竞争力具有重要意义。为进一步推进我国现代物流业的发展,在全国范围内尽快形成物畅其流、快捷准时、经济合理、用户满意的社会化、专业化的现代物流服务体系,特提出以下意见。

一、营造有利于现代物流业发展的良好环境

(一)调整现行行政管理方式

1. 规范企业登记注册前置性审批。工商行政管理部门在为物流企业办理登记注册时,除国家法律、行政法规和国务院发布决定规定外,其他前置性审批事项一律取消。

2. 改革货运代理行政性管理。取消经营国内铁路货运代理、水路货运代理和联运代理的行政性审批,加强对货运代理经营资质和经营行为的监督检查。取消国际货运代理企业经营资格审批,加强后续监督和管理。改革民航货运销售代理审批制度,由民航总局会同有关部门制定新的民航货运代理管理办法。对危险品等特种货物的运输代理严格按照国家有关规定办理。

(二)完善物流企业税收管理

1. 合理确定物流企业营业税计征基数。物流企业将承揽的运输、仓储等业务分包给其他单位并由其统一收取价款的,应以该企业取得的全部收入减去其他项目支出后的余额,为营业税的计税的基数。具体办法由国家税务总局制定。

2. 允许符合条件的物流企业统一缴纳所得税。物流企业在省、自治区、直辖市范围内设立的跨区域分支机构,凡在总部领导下统一经营、统一核算,不设银行结算账户。不编制财务报表和账簿的,并与总部微机联网、实行统一规范管理的企业,其企业所得税由总部统一缴纳。

(三)整顿规范市场秩序,加强收费管理

1. 加快引入竞争机制,建立统一开放、公平竞争、规范有序的现代物流市场体系。废除各类不符合国家法律、法规规定的由部门或地方制定的地区封锁、行业垄断、市场分割的有关规定,为物流企业的经营和发展创造宽松的外部环境。

2. 加强收费管理,全面清理向货运车辆收取的行政事业性收费、政府性集资、政府性基金、罚款项目,取消不符合国家规定的各种收费项目。全面整顿道路收费站点。对违反国家规定设置的收费站点,要立即停止收费并限期拆除相应设施。严禁向物流企业乱检查、乱收费、乱摊派、乱罚款、乱评比。凡违规设置站点,擅立收费项目,向货运车辆及物流企业等乱收费用的,要依法予以严处。

二、采取切实有效措施,促进现代物流业发展

1. 鼓励工商企业逐步将原材料采购、运输、仓储等物流服务业务分离出来,利用专业物流企业承担。鼓励交通运输、仓储配送、货运代理、多式联运企业通过兼并、联合等形式进行资产重组,发展具有一定规模的物流企业。对被兼并、重组的国有企业,当地政府和有关部门要给予积极支持。

2. 积极拓宽融资渠道。支持物流企业利用境内外资本市场融资或募集资金发展社会化、专业化的物流企业。对资产质量好、经营管理好、具有成长潜力的物流企业要支持鼓励上市。各类金融机构应对效益好、有市场的物流企业给予重点支持。

3. 积极推进物流市场的对外开放。按照我国加入世界贸易组织的承诺,扩大物流领域的对外开放。鼓励国外大型物流企业根据我国法律、法规的有关规定到国内设立物流企业。鼓励利用国外的资金、设备和技术,参与国内物流设施的建设或经营。

4. 支持工商企业优化物流管理。鼓励有条件的国有大中型工商企业将企业的物流资产从主业中分离出来,整合资源,优化流程,创新物流管理模式,特别是商业连锁企业要提高商品统一配送率。对实行主辅分离、辅业改制的企业,符合有关条件的,可享受国务院八部门联合下发的《国有大中型企业主辅分离、辅业改制、分流安置富余人员的实施办法》中的扶持政策。

5. 加快物流设施整合和社会化区域物流中心建设。采取必要的调控措施,推动各地区工业、商业、运输、货代、联运、物资、仓储等行业物流资源的整合,合理规划建设区域物流中心,开展社会化、专业化的公共服务。对符合条件的此类项目,各级政府要给予重点支持。

6. 简化通关程序。优化口岸通关作业流程,完善口岸快速通关改革,推行物流企业与口岸通关监管部门信息联网,对进出口货物实施"提前报检、提前报关、货到验放"的通关新模式,提高信息化应用和管理水平。边防、海关、检验检疫、税务、外汇管理等部门要在有效监管的前提下简化作业程序,实现信息共享,加快通关速度。鼓励建立集海关监管、商品检疫、地面服务一体化的货物进出境快速处理机制。

7. 优化城市配送车辆交通管理。公安交通管理部门要加强对道路交通流的科学组织,根据当地的交通状况和物流业务发展情况,研究制定配送车辆在市区通行和停靠的具体措施,提供在市区通行、停靠的便利。

三、加强基础性工作,为现代物流发展提供支撑和保障

1. 建立和完善物流技术标准化体系。加快制定和推进物流基础设施、技术装备、管理流程、信息网络的技术标准,尽快形成协调统一的现代物流技术标准化体系。广泛采用标准化、系列化、规范化的运输、仓储、装卸、包装机具设施和条形码、信息交换等技术。

2. 推广先进适用的物流专用车辆和设备。大力发展集装箱运输,广泛采用厢式货车、专用车辆和物流专用设备,积极开发推广先进适用的仓储、装卸等标准化专用设备。

3. 提高物流信息化水平。鼓励建设公共的网络信息平台,支持工商企业和物流企业采用互联网等先进技术,实现资源共享、数据共用、信息互通。推广应用智能化运输系统,加快构筑全国和区域性物流信息平台,优化供应链管理。

4. 提高从业人员素质。加强对物流企业从业人员的岗前培训、在职培训等,通过不同方式和各种渠道,培育市场急需的物流管理人才。要采取多种形式,加速人力资源的开发

和培养,加快发展学历教育,鼓励高等院校开展物流专业本科、硕士、博士等多层次的专业学历教育。积极探索物流职业资格认证工作,借鉴或引进国外成熟的相应职业资格认证系统。

四、加强对现代物流工作的综合组织协调

现代物流是一个新兴的复合性产业,涉及运输、仓储、货代、联运、制造、贸易、信息等行业,政策上关联许多部门。为加强综合组织协调,建立由国家发展改革委牵头,商务部等有关部门和协会参加的全国现代物流工作协调机制。成员由国家发展改革委、商务部、铁道部、交通部、信息产业部、民航总局、公安部、财政部、工商总局、税务总局、海关总署、质检总局、国家标准委等部门及有关协会组成。主要职能是提出现代物流发展政策、协调全国现代物流发展规划、研究解决发展中的重大问题,组织推动现代物流业发展等。

本文所称物流企业是指具备或租用必要的运输工具和仓储设施,至少具有从事运输(或运输代理)和仓储两种以上经营范围,能够提供运输、代理、仓储、装卸、加工、整理、配送等一体化服务,并具有与自身业务相适应的信息管理系统,经工商行政管理部门登记注册,实行独立核算、自负盈亏、独立承担民事责任的经济组织。

5-1-26

财政部 国家税务总局关于延长转制科研机构有关税收政策执行期限的通知

2005年3月8日 财税〔2005〕14号

各省、自治区、直辖市、计划单列市财政厅(局)、国家税务局、地方税务局：

为进一步促进科研机构转制改革,经国务院批准,现就转制科研机构有关税收政策问题通知如下：

一、对经国务院批准的原国家经贸委管理的10个国家局所属242个科研机构和建设部等11个部门(单位)所属134个科研机构中转为企业的科研机构和进入企业的科研机构,从转制注册之日起5年内免征科研开发自用土地、房产的城镇土地使用税、房产税和企业所得税政策执行到期后,再延长2年期限。

对上述转制科研院所享受的税收优惠期限,不论是从转制之日起计算,还是从转制注册之日起计算,均据实计算到期满为止。

二、转制科研机构要将上述免税收入主要用于研发条件建设和解决历史问题。

三、地方转制科研机构可参照执行上述优惠政策。参照执行的转制科研机构名单,由省级人民政府确定和公布。

四、本通知自发布之日起执行,凡以前规定与本通知规定不一致的,按本通知执行。

5-1-27

财政部　国家税务总局关于国家石油储备基地建设有关税收政策的通知

2005年3月15日　财税[2005]23号

大连、青岛、浙江、宁波省(市)财政厅(局)、地方税务局：

经国务院批准，现对国家石油储备基地第一期项目建设过程中的有关税收政策通知如下：

一、对国家石油储备基地第一期项目建设过程中涉及的营业税、城市维护建设税、教育费附加、城镇土地使用税、印花税、耕地占用税和契税予以免征。

二、上述免税范围仅限于应由国家石油储备基地缴纳的税收。

三、国家石油储备基地第一期项目包括大连、黄岛、镇海、舟山4个储备基地。

请遵照执行。

注释：

条款失效。第一条中关于印花税的政策失效。参见：《财政部　税务总局关于印花税法实施后有关优惠政策衔接问题的公告》(财政部　税务总局公告2022年第23号)。

条款失效。第一条中关于契税的政策失效。参见：《财政部　税务总局关于契税法实施后有关优惠政策衔接问题的公告》(财政部　税务总局公告2021年第29号)。

5-1-28

国家税务总局关于进一步加强房地产税收管理的通知

2005年5月18日　国税发[2005]82号

各省、自治区、直辖市和计划单列市财政厅(局)、国家税务局、地方税务局，扬州税务进修学院，局内各单位：

随着我国房地产业的快速发展，房地产税收收入大幅增长，已成为我国财政收入的重要来源，房地产税收的宏观调控作用日益重要。但是房地产税收涉及的税种多，征管的难度大，税源控管存在较多漏洞。为了提高房地产税收管理的科学化、精细化水平，进一步发挥税收的调控职能，促进房地产业的健康发展，有必要在现行管理体制下落实各项管理要求的同时，通过整合现有征管资源，实现信息共享，加强部门协调配合，搞好各征管环节连接，进一步加强房地产税收管理，即实施一体化管理。现将有关事项及要求通知如下：

一、房地产税收一体化管理的总体目标和要求。以契税管理先缴纳税款，后办理产权证书(简称"先税后证")为把手,以信息共享、数据比对为依托,以优化服务、方便纳税人为宗旨,通过部门配合、环节控制,实现房地产业诸税种间的有机衔接,不断提高征管质量和效率。

目前,在土地使用权的出让和房地产开发、转让、保有诸环节分别征收营业税及城市维护建设税和教育费附加(以下简称营业税及附加)、企业所得税、外商投资企业和外国企业所得税、个人所得税(以下统称所得税)、土地增值税、城镇土地使用税、房产税、城市房地产税、印花税、耕地占用税、契税等税种。虽然各税种的纳税人、计税依据等税制要素不尽相同,但是税收征管所依据的基础信息大致相同。各级税务机关和征收契税的财政机关(以下统称征收机关),要加强申报管理,积极争取房地产管理等部门的配合与支持,充分掌握各税种征管所依据的基础信息;要加强征收机关之间的沟通协调,准确、快捷地传递信息,逐步实现各管理部门之间、各税种之间的信息共享,提高税源监控水平;同时要简化办税程序,优化纳税服务,方便纳税人。

二、以契税征管为把手,全面掌控税源信息。契税征收机关要会同房地产管理部门,严格执行"先税后证"的有关规定,把住房地产税收税源控管的关键环节,全面掌握、及时传递有关信息。

(一)规范契税申报管理。纳税人申报缴纳契税时,要填报总局统一制定的契税纳税申报表(另文下发),并附送购房发票、房地产转让合同和有效身份证件复印件等。征收机关要对纳税申报表及有关附件资料的完整性、准确性进行审核。审核无误后,办理征缴手续,开具统一的契税完税证明。

(二)契税征收机关要及时整理、归集房地产交易的有关信息。包括:转让方、中介方和承受方的名称、识别号码,房地产的转让价格、转让时间、面积、位置等信息。

(三)要建立信息传递机制,实现信息互通共享。征收契税的税务部门或岗位要将土地使用权承受方及其承受土地使用权的交易信息,及时传递给管理房地产开发环节有关税收的税务部门或岗位;要将房地产转让方及其房地产交易信息,及时传递给管理房地产转让环节有关税收的税务部门或岗位;要将房地产承受方及其承受房地产的有关交易信息,及时传递给管理房地产保有环节有关税收的税务部门或岗位。征收契税的财政部门要将获取的房地产交易信息集中传递给税务机关,税务机关再分解传递给有关税种的主管部门或岗位。同时,各税种主管税务机关或部门也要将实施有关税收管理过程中获取的房地产权属转移信息,及时传递给契税征收机关。

(四)各地可根据信息化水平、信息量大小、信息存储方式等情况确定适当的信息传递方式。有条件的地区应通过网络或软盘等电子介质传递信息;暂不具备条件的,也可用纸质的形式传递信息。

三、充分利用契税征管信息,加强房地产各环节的税收管理。主管税务机关要严格执行总局关于加强有关税种税收管理的各项规定,充分利用契税征管中获取的有关信息,明确责任人,跟踪掌握有关房地产税收的税源情况,提高管理质量和效率。

(一)要利用土地使用权交易信息,及时掌握承受土地使用权的单位或个人名称、土地坐落位置、价格、用途、面积等信息,了解或控制城镇土地使用税、耕地占用税税源,加强城镇土地使用税的征收管理;对占用耕地进行开发建设的,及时征收耕地占用税。

（二）要跟踪了解土地利用规划、计划投资、施工单位、出包合同或协议以及建设施工进度等情况,掌握从事建设施工、装饰装修的单位或个人应缴纳的营业税及附加、所得税、印花税等税种的税源情况,加强房地产开发建设过程中有关税收的征收管理。

（三）要跟踪了解并掌握房地产开发商发生的房地产开发成本、费用、商品房预售和实际销售、收款方式、收款时间等情况,并利用契税征管中获取的房地产开发商销售商品房的信息,对房地产开发企业缴税情况,进行纳税评估,发现问题,及时采取有效措施解决,加强房地产开发企业有关税收的税收管理。

（四）要利用契税征管中获取的房地产交易信息,掌握单位、个人在房地产二级市场转让房地产的有关税源信息,将转让方名称、识别号码,转让房地产的坐落地点、面积、价格与有关纳税申报资料进行比对分析。发现漏缴税款的,及时进行追缴,切实加强在房地产二级交易市场转让房地产的有关税收的管理。

（五）要采取多种方式跟踪了解承受方承受的房产的装饰装修情况,对承受的新建商品房还要跟踪了解物业管理情况,及时掌握有关税源,采取有效措施加强对实施装饰装修施工和物业管理的单位或个人应纳税收的征收管理。

（六）要利用房地产转让信息,掌握城镇土地使用税、房产税、城市房地产税税源变化情况,将承受方名称、识别号码,房地产的转让价格、类别等信息,与纳税人的纳税申报资料进行比对,对未申报或未如实申报的单位和个人,应及时进行催报催缴。要将契税征收中获取的房地产信息资料,作为长期的税源资料及时归入税源管理档案。

（七）要综合利用有关信息资料,加强对房地产出租应缴纳的营业税及附加、所得税、城镇土地使用税、房产税等税种的管理。对个人出租房屋的,应充分利用社会力量加强管理,如委托街道、居民委员会、流动人员管理机构等组织代征有关税收,并按规定付给手续费。实行委托代征的,税务机关对代征单位要加强业务指导,定期检查了解代征情况,及时研究代征工作中遇到的问题。

四、简化办税程序,方便纳税人。各地征收机关应根据实际情况,采取有效措施,简化办税程序,优化纳税服务,方便纳税人缴纳有关税收。对转让或承受房地产应缴纳的税收,如营业税及附加、个人所得税、土地增值税、印花税等,凡可在一个窗口一并征收的,可在交易双方办理产权过户或缴纳契税时一并征收。为了方便纳税人,及时掌握二手房交易价格情况,可在契税征收场所或房地产权属登记场所代开财产转让销售发票。

有条件的地方,要争取在办理房地产权属登记的场所开设房地产税收征收窗口,争取将金融机构引入征收场所,以节省纳税人的纳税时间和纳税成本。

五、逐步建立房地产税源信息数据库,通过信息比对堵塞税收漏洞。各地要利用税务机关现有的设备和资源,以当前契税征管中积累的信息为基础,对从房地产管理部门以及纳税申报过程中取得的信息进行整合归集,根据各地实际以省（市、区）或地区（市）或县（区、市）为单位逐步建立房地产税源信息数据库,充实、完善房地产企业户籍资料和其他纳税人户籍资料,做到数据集中,信息共享,方便查询,比对分析,促进管理。

各地要创造条件逐步实现利用计算机将税源数据库的信息,与纳税申报、税款入库情况进行多角度、多层次的比对,开展有关房地产税收的纳税评估,分析筛选存在的疑点,并及时组织调查核实。发现漏征漏管的,要采取相应措施进行处理。

六、加强领导,狠抓落实。实施房地产税收一体化管理,是整合管理资源、创新管理方式的重要举措,也是一项复杂的系统工程。各级征收机关要统一思想,提高认识,加强领导,广泛宣传,狠抓落实。要紧紧抓住契税征管这一关键环节,充实契税征管力量,加强人员培训,改善征管条件。要注重部门间的协调配合,广泛收集、有效利用涉税信息。各地要按照总局的工作要求,结合本地情况,总体设计,分步实施,由点到面,扎实推进,全面提升房地产税收管理水平。

七、本通知从2005年7月1日起实行。各地要将贯彻落实意见及时抄报总局。总局将选择部分省市跟踪了解本通知的贯彻落实情况。

5-1-29

国家税务总局 财政部 建设部 关于加强房地产税收管理的通知

2005年5月27日　国税发〔2005〕89号

各省、自治区、直辖市财政厅(局)、地方税务局、建设厅(建委、房地局),计划单列市财政局、地方税务局、建委(建设局、房地局),扬州税务进修学院,新疆生产建设兵团建设局:

为贯彻落实《国务院办公厅转发建设部等部门关于做好稳定住房价格工作意见的通知》(国办发〔2005〕26号),进一步加强房地产税收征管,促进房地产市场的健康发展,现将有关事项及要求通知如下:

一、各级地方税务、财政部门和房地产管理部门,要认真贯彻执行房地产税收有关法律、法规和政策规定,建立和完善信息共享、情况通报制度,加强部门间的协作配合。各级地方税务、财政部门要切实加强房地产税收征管,并主动与当地的房地产管理部门取得联系;房地产管理部门要积极配合。

二、2005年5月31日以前,各地要根据国办发〔2005〕26号文件规定,公布本地区享受优惠政策的普通住房标准(以下简称普通住房)。其中,住房平均交易价格,是指报告期内同级别土地上住房交易的平均价格,经加权平均后形成的住房综合平均价格。由市、县房地产管理部门会同有关部门测算,报当地人民政府确定,每半年公布一次。各级别土地上住房平均交易价格的测算,依据房地产市场信息系统生成数据;没有建立房地产市场信息系统的,依据房地产交易登记管理系统生成数据。

对单位或个人将购买住房对外销售的,市、县房地产管理部门应在办理房屋权属登记的当月,向同级地方税务、财政部门提供权属登记房屋的坐落、产权人、房屋面积、成交价格等信息。

市、县规划管理部门要将已批准的容积率在1.0以下的住宅项目清单,一次性提供给同级地方税务、财政部门。新批住宅项目中容积率在1.0以下的,按月提供。

地方税务、财政部门要将当月房地产税收征管的有关信息向市、县房地产管理部门提供。

各级地方税务、财政部门从房地产管理部门获得的房地产交易登记资料,只能用于征税之目的,并有责任予以保密。违反规定的,要追究责任。

三、各级地方税务、财政部门要严格执行调整后的个人住房营业税税收政策。

(一)2005年6月1日后,个人将购买不足2年的住房对外销售的,应全额征收营业税。

(二)2005年6月1日后,个人将购买超过2年(含2年)的符合当地公布的普通住房标准的住房对外销售,应持该住房的坐落、容积率、房屋面积、成交价格等证明材料及地方税务部门要求的其他材料,向地方税务部门申请办理免征营业税手续。地方税务部门应根据当地公布的普通住房标准,利用房地产管理部门和规划管理部门提供的相关信息,对纳税人申请免税的有关材料进行审核,凡符合规定条件的,给予免征营业税。

(三)2005年6月1日后,个人将购买超过2年(含2年)的住房对外销售不能提供属于普通住房的证明材料或经审核不符合规定条件的,一律按非普通住房的有关营业税政策征收营业税。

(四)个人购买住房以取得的房屋产权证或契税完税证明上注明的时间作为其购买房屋的时间。

(五)个人对外销售住房,应持依法取得的房屋权属证书,并到地方税务部门申请开具发票。

(六)对个人购买的非普通住房超过2年(含2年)对外销售的,在向地方税务部门申请按其售房收入减去购买房屋价款后的差额缴纳营业税时,需提供购买房屋时取得的税务部门监制的发票作为差额征税的扣除凭证。

(七)各级地方税务、财政部门要严格执行税收政策,对不符合规定条件的个人对外销售住房,不得减免营业税,确保调整后的营业税政策落实到位;对个人承受不享受优惠政策的住房,不得减免契税。对擅自变通政策、违反规定,不符合规定条件的个人住房给予税收优惠,影响调整后的税收政策落实的,要追究当事人的责任。对政策执行中出现的问题和有关情况,应及时上报国家税务总局。

四、各级地方税务、财政部门要充分利用房地产交易与权属登记信息,加强房地产税收管理。要建立、健全房地产税收税源登记档案和税源数据库,并根据变化情况及时更新税源登记档案和税源数据库的信息;要定期将从房地产管理部门取得的权属登记资料等信息,与房地产税收征管信息进行比对,查找漏征税款,建立催缴制度,及时查补税款。

各级地方税务、财政部门在房地产税收征管工作中,如发现纳税人未进行权属登记的,应及时将有关信息告知当地房地产管理部门,以便房地产管理部门加强房地产权属管理。

五、各级地方税务、财政部门和房地产管理部门要积极协商,创造条件,在房地产交易和权属登记等场所,设立房地产税收征收窗口,方便纳税人。

六、市、县房地产管理部门在办理房地产权属登记时,应严格按照《中华人民共和国契税暂行条例》、《中华人民共和国土地增值税暂行条例》的规定,要求出具完税(或减免)凭证;对于未出具完税(或减免)凭证的,房地产管理部门不得办理权属登记。

七、各级地方税务、财政部门应努力改进征缴税款的办法,减少现金收取,逐步实现税银联网、划卡缴税。由于种种原因,仍需收取现金税款的,应规范解缴程序,加强安全管理。

八、对于房地产管理部门配合税收管理增加的支出,地方财税部门应给予必要的经费支持。

九、各省级地方税务部门要积极参与本地区房地产市场分析监测工作,密切关注营业税税收政策调整后的政策执行效果,及时做出营业税政策调整对本地区的房地产市场产生影响的评估报告,并将分析评估报告按季上报国家税务总局。

十、各地地方税务、财政部门和房地产管理部门,可结合本地情况,共同协商研究制定贯彻落实本通知的具体办法。

注释:

条款修改。根据《第十三届全国人民代表大会第一次会议关于国务院机构改革方案的决定》等有关规定,税收规范性文件规定的国税地税机关的职责和工作由新的税务机关承担。国家税务总局依据《税收规范性文件制定管理办法》(国家税务总局令第41号公布),对税收规范性文件进行了清理。参见:《国家税务总局关于修改部分税收规范性文件的公告》(国家税务总局公告2018年第31号)。

5-1-30

财政部　国家税务总局关于股权分置试点改革有关税收政策问题的通知

2005年6月13日　财税〔2005〕103号

各省、自治区、直辖市、计划单列市财政厅(局)、国家税务局、地方税务局,新疆生产建设兵团财务局,财政部驻各省、自治区、直辖市、计划单列市财政监察专员办事处:

为促进资本市场发展和股市全流通,推动股权分置改革试点的顺利实施,经国务院批准,现就股权分置试点改革中有关税收政策问题通知如下:

一、股权分置改革过程中因非流通股股东向流通股股东支付对价而发生的股权转让,暂免征收印花税。

二、股权分置改革中非流通股股东通过对价方式向流通股股东支付的股份、现金等收入,暂免征收流通股股东应缴纳的企业所得税和个人所得税。

三、上述规定自文发之日起开始执行。

5-1-31

国家税务总局　财政部　国土资源部关于加强土地税收管理的通知

2005年7月1日　国税发〔2005〕111号

各省、自治区、直辖市和计划单列市财政厅(局)、地方税务局、国土资源厅(局),扬州税务进

修学院,新疆生产建设兵团国土管理局:

为了贯彻落实国务院关于加强和改善宏观调控的方针政策,进一步强化土地税收(包括城镇土地使用税、土地增值税、契税和耕地占用税,下同)管理,充分发挥税收的经济调节作用,促进土地的节约和集约利用,加强部门协作,现将有关问题通知如下:

一、各级地方税务、财政和国土资源管理部门,要认真贯彻执行国家土地税收和土地管理的法律、法规和政策规定,共同研究强化土地税收征管的办法和措施,通过信息共享、情况通报、联合办公、联席会议等多种形式沟通情况和信息,加强部门间的协作配合。各级地方税务、财政部门要主动与当地的国土资源管理部门取得联系,积极研究强化征管的措施、信息共享方式、协作配合办法。

二、各级国土资源管理部门应根据当地方税务、财政部门的需要,提供现有的地籍资料和相关地价资料,包括权利人名称、土地权属状况、等级、价格等情况资料,以便税务部门掌握土地的占有和使用情况,加强土地税收的管理。

对于通过征用或者出让、转让方式取得的土地,以及出租土地使用权或变更土地登记的,国土资源管理部门在办理用地手续后,应及时把有关信息告知当地的地方税务、财政部门。

各级地方税务、财政部门对从国土资源管理部门获取的地籍资料和相关地价资料,只能用于征税之目的,并有责任按照国土资源管理部门的要求予以保密。

三、各级地方税务、财政部门要充分利用地籍资料和相关地价资料,加强土地税收的管理。建立健全土地税收税源登记档案和税源数据库,并根据变化情况及时更新税源登记档案和土地税收数据库内的信息。要定期将从国土资源管理部门取得的地籍资料等相关信息与房地产税收征管的有关信息进行比对,查找漏征税的土地,分析征管中存在的问题及原因,提出解决问题的意见和办法,并进一步规范土地税收的征收管理办法,做到应收尽收。

各级地方税务、财政部门在征管工作中,如发现纳税人没有办理用地手续或未进行土地登记的,应及时将有关信息告知当地国土资源管理部门,以便国土资源管理部门加强土地管理。

四、各级国土资源管理部门在办理土地使用权权属登记时,应按照《中华人民共和国契税暂行条例》、《中华人民共和国土地增值税暂行条例》的规定,在纳税人出具完税(或减免税)凭证后,再办理土地登记手续;对于未出具完税(或减免税)凭证的,不予办理相关的手续。办理土地登记后,应将完税(或减免税)凭证一联与权属登记资料一并归档备查。

五、为了方便纳税人,各级地方税务、财政部门和国土资源管理部门要积极协商,创造条件,在土地登记、审批场所设立税收征收窗口。

各级国土资源管理部门在进行用地情况检查和查处土地违法案件中,发现擅自转让(受让)土地的,除按有关规定进行处理外,还应查验土地使用人的完税(或减免税)凭证,对于不能出具完税(或减免税)凭证的,应将有关情况及时通报地方税务、财政部门。要切实做好地价评估动态监测及基准地价确定更新等基础工作,规范土地市场交易行为和涉税评估行为,防止国家税收流失。地方税务、财政部门应积极配合国土资源管理部门开展土地管理方面的检查。

六、各级地方税务、财政部门要充分利用国土资源管理部门已有的城镇土地分等定级、基准地价成果,合理划分和调整城镇土地使用税的等级和税额标准,更好地发挥税收调节经济和土地收益的作用。要大力支持国土资源管理部门做好土地分等定级与基准地价更新工作,及时提供现有税源登记档案及税源数据库中有关房地产价值等信息。

省级地方税务部门应根据国土资源管理部门提供的土地分等的资料,对全省范围内的城镇土地使用税分等定级和确定适用税额的情况进行研究分析,报经省级人民政府批准后,对各市、县、镇的税额标准进行综合平衡,使城镇土地使用税的分等定级和确定的税额标准能够客观反映各地间地价和土地收益的差别。

各市、县、镇的地方税务部门应根据国土资源管理部门提供的土地定级资料,对本地区城镇土地使用税等级划分和适用税额情况进行研究分析,对等级划分不合理或城镇土地使用税税额偏低的,按照税收管理权限报经批准后适时做出调整。

七、对于国土资源管理部门配合土地税收管理增加的支出,地方财政部门应给予必要的经费支持。

八、各地方税务、财政部门和国土资源管理部门要结合本地情况,共同协商研究制定贯彻落实本通知的具体办法,并抄报国家税务总局、财政部和国土资源部。

注释:

条款修改。根据《第十三届全国人民代表大会第一次会议关于国务院机构改革方案的决定》等有关规定,税收规范性文件规定的国税地税机关的职责和工作由新的税务机关承担。国家税务总局依据《税收规范性文件制定管理办法》(国家税务总局令第41号公布),对税收规范性文件进行了清理。参见:《国家税务总局关于修改部分税收规范性文件的公告》(国家税务总局公告2018年第31号)。

5-1-32

国家税务总局关于加强出租房屋税收征管的通知

2005年8月3日　国税发〔2005〕159号

各省、自治区、直辖市和计划单列市地方税务局,扬州税务进修学院:

根据现行税收法律法规,对出租房屋的行为,根据不同情况应分别征收营业税及城市维护建设税与教育费附加、房产税或城市房地产税、个人所得税或企业所得税、印花税。近年来,各级地方税务机关针对房屋租赁市场的实际情况,不断探索切实可行的税收征管方法,在强化管理、组织收入方面做了大量工作,取得了一定成效。但是,出租房屋特别是私房出租点多面广、隐蔽性强,征管难度大,税务机关又缺乏有效的信息来源渠道和控管手段,出租房屋的税收征管基础工作比较薄弱,漏征漏管情况比较普遍。针对这些问题,为进一步贯彻落实《国家税务总局关于进一步加强房地产税收管理的通知》(国税发〔2005〕82

号),切实加强出租房屋税收征收管理,现就有关工作通知如下:

一、规范出租房屋的税收征管。各地要高度重视出租房屋税收的征管工作,结合本地实际情况,找准出租房屋税收征收管理的薄弱环节,制定和完善具体征管办法,明确加强出租房屋税收管理的征管措施。对委托有关部门代征出租房屋税收的,要制定委托代征管理办法,明确代征单位和代征人员的职责及工作要求、代征税款缴库和票证管理制度等,规范管理。要针对房屋出租的形式和特点,进行科学分类,明确重点管理对象、重点管理范围和管理的责任人并落实责任制,把出租房屋税收征管工作抓深、抓细,夯实出租房屋税收的征管基础。

二、动态监控出租房屋的税源。要通过对租赁双方的典型调查、专项检查和日常动态监控等方式,加强对出租房屋的税源管理。要建立健全出租房屋税收的税源登记档案,有条件的地区要建立税源数据库,并根据变化情况及时更新。各地要按照总局关于实施房地产税收"一体化"管理的要求,建立和完善税源信息的传递机制,充分利用房地产转让及保有环节有关税种的征管信息,跟踪掌握出租房屋的税源情况,重点查找漏征漏管户并核实其出租房屋的面积和租金情况。要加强与公安、街道办事处、居(家)委会、房屋土地管理部门以及房屋中介机构和住宅小区物业管理部门的沟通,增加税源信息获取渠道,建立税源信息传递制度。特别是要通过外来人口管理部门掌握外地人员承租房屋的情况,进而掌握居民住房的出租情况;通过对写字楼、商住楼开展全面的摸底调查,掌握办公用房的出租情况;通过对企业经营场所情况进行登记,掌握工商业用房的出租情况。要将从各种渠道获得的信息与税务机关掌握的信息进行比对,分析、查找管理的薄弱环节,切实加强税源的监控。

三、构建出租房屋税收征管的部门协作机制。各级地方税务机关要积极争取当地政府的支持,加强与外来人口管理、乡镇政府、街道办事处、居(家)委会、房地产管理等部门的协作配合,充分利用这些部门熟悉情况、联系广泛的特点,通过联合办公、委托代征等形式,构建出租房屋税收征管的部门协作机制,形成各方面齐抓共管、社会综合治税的局面。对实行委托代征的,税务机关要加强对代征单位和代征人员的业务指导,确保代征人员严格执法;要定期检查了解代征情况,及时研究解决代征工作中遇到的问题,并按规定支付代征手续费。

四、进一步优化纳税服务。各级地方税务机关要采取多种方式,方便纳税人缴纳出租房屋的各项税收。利用各种渠道广泛深入地开展税法宣传,提高纳税人依法纳税的意识和主动申报纳税的自觉性;要耐心解答纳税人提出的问题,做好税收政策的解释工作;要根据本地区的实际情况,通过设立便利纳税人的缴税网点或采取上门征收等方法,为纳税人提供方便快捷的缴税方式,简化纳税人的缴税手续。

五、合理确定出租房屋的应纳税额。对纳税人不申报或者不如实申报租金收入的,应按照《中华人民共和国税收征收管理法》及其实施细则的有关规定实行核定征收。为合理确定出租房屋的应纳税额,各地可采取典型调查等方式,并参考房地产管理部门的有关资料,分区域确定房屋出租的计税租金标准并适时予以调整。对房屋出租人不申报租金收入或申报的租金收入低于计税租金标准又无正当理由的,可按计税租金标准计算征税。

注释：

条款修改。根据《第十三届全国人民代表大会第一次会议关于国务院机构改革方案的决定》等有关规定，税收规范性文件规定的国税地税机关的职责和工作由新的税务机关承担。国家税务总局依据《税收规范性文件制定管理办法》（国家税务总局令第41号公布），对税收规范性文件进行了清理。参见：《国家税务总局关于修改部分税收规范性文件的公告》（国家税务总局公告2018年第31号）。

5-1-33

国家税务总局关于实施房地产税收一体化管理若干问题的通知

2005年10月7日　国税发〔2005〕156号

为进一步推进房地产税收一体化管理工作，根据《国家税务总局关于进一步加强房地产税收管理的通知》（国税发〔2005〕82号）（以下简称《通知》）的精神，现就若干具体问题通知如下：

一、对存量房交易环节所涉及的税收要实行"一窗式"征收。契税已划归地税部门管理的，在房地产交易场所设置的征收窗口，要做到各税统管，即既负责办理契税的征收事项，又负责办理营业税及城市维护建设税和教育费附加、个人所得税、土地增值税、印花税等相关税种的征收事项；契税仍由财政部门征收的，财政部门和地税部门在房地产交易场所设置的征收窗口要合署办公，或者互相委托代征相关税种的税收，以便加强沟通、协调，简化手续，方便纳税人。避免交易后由纳税人单独到税务机关自行申报缴纳某一单一税种税收的做法。

二、加强销售发票管理。在契税纳税申报环节，各地应要求纳税人报送销售不动产发票，受理后将发票复印件作为申报资料存档；对于未报送销售不动产发票的纳税人，应要求其补送，否则不予受理。各地要按照《通知》的要求，在契税征收场所或房地产权属登记场所，代开销售不动产发票。要在代开销售不动产发票时，及时征收营业税及城市维护建设税和教育费附加、个人所得税、土地增值税、印花税等税收，并按国家规定的税款入库预算级次缴入国库。

三、严格坚持依法治税。对于存量房交易环节所涉及的营业税及城市维护建设税和教育费附加、个人所得税、土地增值税、印花税、契税等税种，各地要依法征收，不得以任何理由和借口，对税法及相关税收政策进行变通和调整。

四、加强协调和沟通。地税部门与征收契税的财政部门之间，以及各相关税种的管理部门，要加强经常性的协调和沟通，统一对房地产交易价格的认定，保持相关税种计税依据或计税价格的一致性。

五、各地要以存量房交易环节所涉及税收的征管为切入点，加强信息沟通，整合征管资源,优化纳税服务,认真落实《通知》精神。尚未确定实施一体化管理的牵头单位和相关部门责任的,要抓紧明确。尚未上报一体化管理实施方案的地区,要抓紧制定、完善实施方案。2005年10月30日前,各地要将实施方案和牵头单位及负责人名单上报总局(地方税务司、农业税征收管理局)。

注释:

条款废止。第二条中有关契税的规定自2021年9月1日起废止。参见:《国家税务总局关于契税纳税服务与征收管理若干事项的公告》(国家税务总局公告2021年第25号)。

条款修改。根据《第十三届全国人民代表大会第一次会议关于国务院机构改革方案的决定》等有关规定,税收规范性文件规定的国税地税机关的职责和工作由新的税务机关承担。国家税务总局依据《税收规范性文件制定管理办法》(国家税务总局令第41号公布),对税收规范性文件进行了清理。参见:《国家税务总局关于修改部分税收规范性文件的公告》(国家税务总局公告2018年第31号)。

5–1–34

国家税务总局关于房地产税收政策执行中几个具体问题的通知

2005年10月20日　国税发〔2005〕172号

根据《国家税务总局、财政部、建设部关于加强房地产税收管理的通知》(国税发〔2005〕89号)(以下简称《通知》)的精神,经商财政部、建设部,现就各地在贯彻落实《通知》中的几个具体政策问题明确如下:

一、《通知》第三条第二款中规定的"成交价格"是指住房持有人对外销售房屋的成交价格。

二、《通知》第三条第四款中规定的"契税完税证明上注明的时间"是指契税完税证明上注明的填发日期。

三、纳税人申报时,同时出具房屋产权证和契税完税证明且二者所注明的时间不一致的,按照"孰先"的原则确定购买房屋的时间。即房屋产权证上注明的时间早于契税完税证明上注明的时间的,以房屋产权证注明的时间为购买房屋的时间;契税完税证明上注明的时间早于房屋产权证上注明的时间的,以契税完税证明上注明的时间为购买房屋的时间。

四、个人将通过受赠、继承、离婚财产分割等非购买形式取得的住房对外销售的行为,也适用《通知》的有关规定。其购房时间按发生受赠、继承、离婚财产分割行为前的购房时间确定,其购房价格按发生受赠、继承、离婚财产分割行为前的购房原价确定。个人需持其通过受赠、继承、离婚财产分割等非购买形式取得住房的合法、有效法律证明文书,到地方税务部门办理相关手续。

五、根据国家房改政策购买的公有住房,以购房合同的生效时间、房款收据的开具日期或房屋产权证上注明的时间,按照"孰先"的原则确定购买房屋的时间。

六、享受税收优惠政策普通住房的面积标准是指地方政府按国办发〔2005〕26 号文件规定并公布的普通住房建筑面积标准。对于以套内面积进行计量的,应换算成建筑面积,判断该房屋是否符合普通住房标准。

注释:

条款修改。根据《第十三届全国人民代表大会第一次会议关于国务院机构改革方案的决定》等有关规定,税收规范性文件规定的国税地税机关的职责和工作由新的税务机关承担。国家税务总局依据《税收规范性文件制定管理办法》(国家税务总局令第 41 号公布),对税收规范性文件进行了清理。参见:《国家税务总局关于修改部分税收规范性文件的公告》(国家税务总局公告 2018 年第 31 号)。

5-1-35

文化部　财政部　人事部　国家税务总局关于鼓励发展民营文艺表演团体的意见

2005 年 11 月 4 日　文市发〔2005〕31 号

各省、自治区、直辖市文化厅(局)、财政厅(局)、人事厅(局)、国家税务局、地方税务局,新疆生产建设兵团文化局、人事局:

党的十六大以来,文化体制改革逐步深化,民营文艺表演团体发展迅速。为更好地支持民营文艺表演团体发展,进一步调动社会力量和民间文艺工作者参与文化建设的积极性,提出以下意见:

一、积极支持民营文艺表演团体的发展。民营文艺表演团体是我国社会主义文化事业的重要组成部分,是社会主义精神文明建设的重要力量。民营文艺表演团体来自于民间、成长于民间、服务于民间,对发展社会主义先进文化、繁荣基层文化市场、丰富城乡文化生活、满足人民群众精神文化需求,具有重要意义。各级文化、财政、人事和税务部门要提高对支持民营文艺表演团体发展重要性的认识。要根据表演门类、艺术水准、经营模式和布局结构,因地制宜,分类指导,制定符合本地民营文艺表演团体发展的目标、措施和相关政策,努力挖掘民族传统和地域特色演艺资源,支持、鼓励和引导民营文艺表演团体健康发展。

二、放宽民营文艺表演团体的市场准入。认真执行《国务院关于非公有资本进入文化产业的若干决定》,鼓励社会资本以个体、独资、合伙、股份等形式投资兴办民营文艺表演团体,扶持农民和民间艺人自筹资金组建民营文艺表演团体。取消对民营文艺表演团体注册资本限额的特殊规定和个体演员证,允许成立个人独资、合伙的民营文艺表演团体。允许民营文艺表演团体以合资、合作、并购等形式,参与市、县国有文艺院团转企改制。允许国有文艺院团演职人员经单位批准离职自主创办民营文艺表演团体。对符合设立条件的民营文艺表演团体,县级文化和工商部门要按照《营业性演出管理条例》和企业登记法律法规规定的时限,及时发放营业性演出许可证和营业执照。

三、简化民营文艺表演团体的演出审批手续。民营文艺表演团体从事演出活动,在申报、审批等方面与国有文艺院团享受同等权利和义务。演出所在地县级文化部门可直接受理民营文艺表演团体的演出申请,应在规定时限内做出答复,符合条件的,发放批准文件。对外埠民营文艺表演团体,不得指定承办单位。有关部门要维护民营文艺表演团体演出的合法权益,在审批监管中不得收取法律法规规定以外的任何费用。

四、加强对民营文艺表演团体创作演出的指导和支持。要加强对民营文艺表演团体创作演出剧(节)目的指导,使之符合社会主义精神文明的要求。对于适合在基层特别是农村演出的优秀剧本,可由政府出资购买版权,免费提供给包括民营文艺表演团体在内的县以下基层文艺团体移植、改编和演出,同时鼓励著作权人许可这些表演团体无偿使用其创作的优秀剧(节)目在农村演出。支持民营文艺表演团体演出非物质文化遗产保护成果中的民间音乐、歌舞、戏曲、说唱等项目。在全国性文艺评奖、文艺调演和表彰活动中,对民营文艺表演团体的原创剧(节)目,应与国有文艺表演院团同等待遇。鼓励社会资本向民营文艺表演团体面向基层、面向农村的公益性演出提供捐赠,捐赠部分可按照国家税收法规的有关规定予以税前扣除。

五、鼓励和支持民营文艺表演团体参加对外文化交流。鼓励民营文艺表演团体参加政府对外文化交流项目的招投标活动,支持有条件的民营文艺表演团体参加国际民间文化交流活动。鼓励有比较优势的民营文艺表演团体到国外演出、投资、注册公司,在信息咨询、宣传推广、营销人员培训等方面,与国有文艺院团同等待遇;经批准的重大演出项目,可给予一定的资金补助。有关部门要在项目审批、人员出入境及物品通关方面,提供便捷高效的服务。对积极开拓国外市场的民营文艺表演团体,凡符合条件的,可根据其资质和市场前景,给予中小企业国际市场开拓资金支持。允许民营文艺表演团体依法邀请国外文艺表演团体或个人参加本团的对外演出活动。

六、加强民营文艺表演团体人才培养。文化部和省级文化厅(局)可委托有关艺术院校,为民营文艺表演团体经营管理人员的培训提供方便。鼓励艺术院校毕业生到民营表演团体就业。鼓励专业文化工作者深入民营文艺表演团体开展业务辅导。鼓励兴办民办艺术学校。民营文艺表演团体演员及相关技术人员在专业技术职称评定中,与国有文艺院团演员及专业技术人员实行同一标准。

七、完善对民营文艺表演团体的管理。加强对民营文艺表演团体的引导和规范,完善规章制度,健全工作机制。加强对民营文艺表演团体演职人员的职业道德教育和法制培训,增强法制意识,倡导诚实文明经营。严厉打击违法违规演出活动,取缔无证经营行为。严格内容审查,强化现场监管,抵制低俗之风,对危害社会公德和民族优秀文化传统、宣扬淫秽色情和邪教迷信、利用人体缺陷或以展示人体变异等方式招徕观众的表演等,要坚决予以制止。要帮助民营文艺表演团体建立会计核算制度和劳动合同关系,按规定参加社会保险,规范经营行为。加强演出行业协会建设,制定行业规范,鼓励民营文艺表演团体及其经纪人和骨干演员加入行业协会,促进行业自律。

八、努力形成有利于民营文艺表演团体健康发展的社会舆论氛围。文化部门和新闻单位要加强对民营文艺表演团体的宣传报道,及时准确地发布有关信息,宣传民营文艺表演团体的优秀剧(节)目、优秀演员,提升行业形象。组织文艺评论家关注民营文艺表演团体的作品,在媒体上进行宣传评介,选择其中一定数量的优秀剧(节)目在电台、电视台播放。组织民营文艺表演团体参加汇演、调演,并通过各类艺术节推介优秀剧(节)目。对优秀民营文艺表演团体和演员给予表彰。

5-1-36

财政部 国家税务总局关于中国建银投资有限责任公司有关税收政策问题的通知

2005年11月20日 财税〔2005〕160号

各省、自治区、直辖市、计划单列市财政厅(局)、国家税务局、地方税务局,新疆生产建设兵团财务局:

为妥善处理原中国建设银行实施重组分立改革设立中国建设银行股份有限公司(以下简称建行股份)及中国建银投资有限责任公司(以下简称建银投资)的相关税收问题,促进建银投资稳健经营,经国务院批准,现就建银投资有关税收政策问题通知如下:

一、重组分立过程中,原中国建设银行无偿划转给建银投资的货物、不动产,不征收增值税、营业税和土地增值税。

二、建银投资新启用的资金账簿记载的资金,凡原已贴花的部分可不再贴花,建银投资从中央汇金公司取得且投入建行股份的国家注资部分免征印花税,对其余未贴花的部分和以后新增加的资金按规定贴花。

建银投资承接原中国建设银行签订但尚未履行完的各类应税合同,且已贴花的,不再贴花。

建银投资与原中国建设银行签订的产权转移书据,免予贴花。

三、重组分立过程中,建银投资承受原中国建设银行的土地、房屋权属,不征收契税。

四、建银投资将其拥有的固定资产出租给建行股份取得的财产租赁收入,自2005年1月1日起,3年内暂免征收营业税。

五、建银投资发生的呆账损失统一按《财政部、国家税务总局关于金融企业所得税前扣除呆账损失有关问题的通知》(财税〔2002〕1号)、《金融企业呆账损失税前扣除管理办法》(国家税务总局令第4号)等现行规定执行。

六、本通知除明确的实施期限外,其他均自建银投资依法分立之日起执行。

注释:

条款失效。第二条失效。参见:《财政部 税务总局关于印花税法实施后有关优惠政策衔接问题的公告》(财政部 税务总局公告2022年第23号)。

条款失效。第三条失效。参见:《财政部 税务总局关于契税法实施后有关优惠政策衔接问题的公告》(财政部 税务总局公告2021年第29号)。

5－1－37

财政部 国家税务总局关于信贷资产证券化有关税收政策问题的通知

2006年2月20日 财税〔2006〕5号

各省、自治区、直辖市、计划单列市财政厅(局)、国家税务局、地方税务局,新疆生产建设兵团财务局：

为了贯彻落实《国务院关于推进资本市场改革开放和稳定发展的若干意见》(国发〔2004〕3号),支持扩大直接融资比重,改进银行资产负债结构,促进金融创新,经报国务院批准,现就我国银行业开展信贷资产证券化业务试点中的有关税收政策问题通知如下：

一、关于印花税政策问题

(一)信贷资产证券化的发起机构(指通过设立特定目的信托项目(以下简称信托项目)转让信贷资产的金融机构,下同)将实施资产证券化的信贷资产信托予受托机构(指因承诺信托而负责管理信托项目财产并发售资产支持证券的机构,下同)时,双方签订的信托合同暂不征收印花税。

(二)受托机构委托贷款服务机构(指接受受托机构的委托,负责管理贷款的机构,下同)管理信贷资产时,双方签订的委托管理合同暂不征收印花税。

(三)发起机构、受托机构在信贷资产证券化过程中,与资金保管机构(指接受受托机构委托,负责保管信托项目财产账户资金的机构,下同)、证券登记托管机构(指中央国债登记结算有限责任公司)以及其他为证券化交易提供服务的机构签订的其他应税合同,暂免征收发起机构、受托机构应缴纳的印花税。

(四)受托机构发售信贷资产支持证券以及投资者买卖信贷资产支持证券暂免征收印花税。

(五)发起机构、受托机构因开展信贷资产证券化业务而专门设立的资金账簿暂免征收印花税。

二、关于营业税政策问题

(一)对受托机构从其受托管理的信贷资产信托项目中取得的贷款利息收入,应全额征收营业税。

(二)在信贷资产证券化的过程中,贷款服务机构取得的服务费收入、受托机构取得的信托报酬、资金保管机构取得的报酬、证券登记托管机构取得的托管费、其他为证券化交易提供服务的机构取得的服务费收入等,均应按现行营业税的政策规定缴纳营业税。

(三)对金融机构(包括银行和非银行金融机构)投资者买卖信贷资产支持证券取得的

差价收入征收营业税;对非金融机构投资者买卖信贷资产支持证券取得的差价收入,不征收营业税。

三、关于所得税政策问题

(一)发起机构转让信贷资产取得的收益应按企业所得税的政策规定计算缴纳企业所得税,转让信贷资产所发生的损失可按企业所得税的政策规定扣除。发起机构赎回或置换已转让的信贷资产,应按现行企业所得税有关转让、受让资产的政策规定处理。

发起机构与受托机构在信贷资产转让、赎回或置换过程中应当按照独立企业之间的业务往来支付价款和费用,未按照独立企业之间的业务往来支付价款和费用的,税务机关依照《税收征收管理法》的有关规定进行调整。

(二)对信托项目收益在取得当年向资产支持证券的机构投资者(以下简称机构投资者)分配的部分,在信托环节暂不征收企业所得税;在取得当年未向机构投资者分配的部分,在信托环节由受托机构按企业所得税的政策规定申报缴纳企业所得税;对在信托环节已经完税的信托项目收益,再分配给机构投资者时,对机构投资者按现行有关取得税后收益的企业所得税政策规定处理。

(三)在信贷资产证券化的过程中,贷款服务机构取得的服务收入、受托机构取得的信托报酬、资金保管机构取得的报酬、证券登记托管机构取得的托管费、其他为证券化交易提供服务的机构取得的服务费收入等,均应按照企业所得税的政策规定计算缴纳企业所得税。

(四)在对信托项目收益暂不征收企业所得税期间,机构投资者从信托项目分配获得的收益,应当在机构投资者环节按照权责发生制的原则确认应税收入,按照企业所得税的政策规定计算缴纳企业所得税。机构投资者买卖信贷资产支持证券获得的差价收入,应当按照企业所得税的政策规定计算缴纳企业所得税,买卖信贷资产支持证券所发生的损失可按企业所得税的政策规定扣除。

(五)受托机构和证券登记托管机构应向其信托项目主管税务机关和机构投资者所在地税务机关提供有关信托项目的全部财务信息以及向机构投资者分配收益的详细信息。

(六)机构投资者从信托项目清算分配中取得的收入,应按企业所得税的政策规定缴纳企业所得税,清算发生的损失可按企业所得税的政策规定扣除。

四、受托机构处置发起机构委托管理的信贷资产时,属于本通知未尽事项的,应按现行税收法律、法规及政策规定处理。

五、本通知自信贷资产证券化业务试点之日起执行。

注释:

条款废止。第一条第一项、第二项废止。参见:《财政部 税务总局关于印花税法实施后有关优惠政策衔接问题的公告》(财政部 税务总局公告2022年第23号)。

条款废止或失效。第二条第三项废止或失效。参见:《财政部 国家税务总局关于公布若干废止和失效的营业税规范性文件目录的通知》(财税〔2009〕61号)。

5-1-38

商务部 国家税务总局关于加强内资融资租赁试点监管工作的通知

2006年4月12日 商建发〔2006〕160号

商务部、国家税务总局联合下发《关于从事融资租赁业务有关问题的通知》(商建发〔2004〕560号)和《关于确认万向租赁有限公司等企业为融资租赁试点企业的通知》(商建发〔2004〕699号)后,各地商务、税务部门密切配合,积极做好试点企业的推荐和监管工作,试点工作已取得初步成效,但也存在监管不到位等问题。为加强内资融资租赁试点监管工作,防范社会和金融风险,现就有关事项通知如下:

一、建立健全监管机制

各省级商务、税务主管部门要高度重视内资融资租赁试点工作,加强组织领导,建立健全监管机制。要制定本地区试点企业管理办法,不断研究试点工作出现的新情况、新问题,及时帮助企业解决问题,确保试点工作顺利进行。要进一步完善信息统计制度。试点企业应定期向省级商务主管部门和地方税务局上报经营情况,并抄报商务部。具体要求是:每季度15日前报送上一季度《内资融资租赁试点企业经营情况统计表》(见附件)和简要经营情况说明;每年1月31日前报送上一年度经营情况总结报告;每年3月10日前报送经会计师事务所审计的上一年度财务会计报告(原件)。有关省市商务、税务主管部门应于每年2月15日、7月31日前向商务部、国家税务总局上报试点工作总结,如发现重大问题应立即上报。

二、加强变更事项管理

各地商务主管部门要加强试点企业变更事项的管理。试点企业变更名称、异地迁址、增减注册资本金、改变组织形式、调整股权结构等,应事先通报省级商务主管部门和地方税务局,同时抄报商务部和国家税务总局,并在办理变更工商登记手续后5个工作日内报省级商务主管部门和地方税务局备案。

三、建立退出机制

各地商务、税务主管部门要建立和完善试点企业退出机制,实行经营业绩年度考核制。对融资租赁业务在会计年度内未有实质性进展,以及发生违规行为的试点企业,各地商务、税务主管部门应及时将有关情况上报。商务部、国家税务总局将据此研究决定是否取消其试点资格,并适时调整试点企业名单。对于以商建发〔2004〕699号确认的9家试点企业,首次经营业绩考核期为一年半,即2005年1月1日至2006年6月30日。

各地商务、税务主管部门要加强对试点企业的指导和监督。一方面要指导试点企业进一步加大融资租赁业务的开拓力度,尽快做大做强,真正起到示范带动作用。另一方面,也要督促试点企业严格遵守国家法律法规和本通知中的有关要求,强化内部风险管理,加强风险控制,促进试点工作健康发展。

附件:内资融资租赁试点经营情况报表(编者略)

5-1-39

财政部 国家税务总局关于大秦铁路改制上市有关税收问题的通知

2006年5月14日 财税〔2006〕32号

北京市、河北省、山西省财政厅(局)、国家税务局、地方税务局,财政部驻北京市、河北省、山西省财政监察专员办事处:

为支持铁路投融资体制改革,支持大秦铁路股份有限公司(以下简称大秦公司)重组改制和上市工作的顺利进行,经国务院批准,现将有关税收问题通知如下:

一、对大秦公司改制过程中,铁道部所属原北京铁路局(即2005年3月18日铁路直管站段体制改革前的北京铁路局,下同)的资产评估增值79亿元应缴的企业所得税款不征收入库,作为国有资本金直接转计原北京铁路局的资本公积金,并作为国有股权由原北京铁路局注入到大秦公司。大秦公司按照评估后固定资产的价值计提折旧或摊销,并在企业所得税前扣除。

对大秦公司从太原铁路局收购原大同分局所属的煤炭运输专用货车、北同蒲线、丰沙大线,以及相关支线等国铁资产过程中,太原铁路局的上述资产评估增值48.7亿元应缴的企业所得税款不征收入库,作为国有资本金直接转计太原铁路局的资本公积金。大秦公司收购太原铁路局的上述资产,按照评估后固定资产的价值计提折旧或摊销,并在企业所得税前扣除。

二、对大秦公司从太原铁路局收购原大同分局所属的国铁资产过程中出售方涉及的营业税、增值税予以免征。

三、对大秦公司改制过程中涉及的印花税,按照《财政部、国家税务总局关于企业改制过程中有关印花税政策的通知》(财税〔2003〕183号)的规定征收或免征;对大秦公司从太原铁路局收购原大同分局所属的国铁资产涉及交易双方的印花税按规定征收。

四、在大秦公司完全按市场化方式运作前,暂免其自用的房产、土地应缴纳的房产税、城镇土地使用税。对原大同分局的存续单位(企业)向大秦公司出租的房产、土地照章征收房产税、城镇土地使用税。

五、对原北京铁路局作为投资向大秦公司转移资产涉及的土地增值税予以免征;对太原铁路局向大秦公司出售原大同分局资产涉及的土地增值税予以免征。

请遵照执行。

注释:

条款失效。第三条失效。参见:《财政部 税务总局关于印花税法实施后有关优惠政策衔接问题的公告》(财政部 税务总局公告2022年第23号)。

5-1-40

国家税务总局转发国务院办公厅关于调整住房供应结构稳定住房价格意见的通知

2006年5月31日　国税发〔2006〕75号

各省、自治区、直辖市和计划单列市国家税务局、地方税务局,扬州税务进修学院,局内各单位:

现将《国务院办公厅转发建设部等部门关于调整住房供应结构稳定住房价格意见的通知》转发你们,请认真贯彻执行。

国务院办公厅转发建设部等部门关于调整住房供应结构稳定住房价格意见的通知

2006年5月24日　国办发〔2006〕37号

各省、自治区、直辖市人民政府,国务院各部委、各直属机构:

建设部、发展改革委、监察部、财政部、国土资源部、人民银行、税务总局、统计局、银监会《关于调整住房供应结构稳定住房价格的意见》已经国务院同意,现转发给你们,请认真贯彻执行。

房地产业是我国新的发展阶段的一个重要支柱产业。引导和促进房地产业持续稳定健康发展,有利于保持国民经济的平稳较快增长,有利于满足广大群众的基本住房消费需求,有利于实现全面建设小康社会的目标。当前,要针对房地产业发展中存在的问题,进一步加强市场引导和调控。要按照科学发展观的要求,坚持落实和完善政策,调整住房结构,引导合理消费;坚持深化改革,标本兼治,加强法治,规范秩序;坚持突出重点,分类指导,区别对待。各地区、特别是城市人民政府要切实负起责任,把调整住房供应结构、控制住房价格过快上涨纳入经济社会发展工作的目标责任制,促进房地产业健康发展。国务院有关部门要组成联合检查组,对各地2005年以来落实中央关于房地产市场调控政策的情况进行一次集中检查。对宏观调控政策落实不到位、房价涨幅没有得到有效控制、结构性矛盾突出、拆迁问题较多的城市,要予以通报批评,并限期整改。

关于调整住房供应结构稳定住房价格的意见

建设部　发展改革委　监察部　财政部　国土资源部
人民银行　税务总局　统计局　银监会

去年以来,各地区、各部门贯彻中央关于加强房地产市场调控的决策和部署,房地产投资增长和房价上涨过快的势头初步得到抑制。但是,房地产领域的一些问题尚没有得到根本解决,少数城市房价上涨过快,住房供应结构不合理矛盾突出,房地产市场秩序比较混乱。为切实解决当前房地产市场存在的问题,要继续认真落实《国务院办公厅关于切实稳定住房价格的通知》(国办发明电〔2005〕8号)和《国务院办公厅转发建设部等部门关于做好稳定住房价格工作意见的通知》(国办发〔2005〕26号)提出的各项政策措施,并根据房地产市场的新情况对部分政策措施作适当调整。现就调整住房供应结构、稳定住房价格提出以下意见:

一、切实调整住房供应结构

(一)制定和实施住房建设规划。要重点发展满足当地居民自住需求的中低价位、中小套型普通商品住房。各级城市(包括县城,下同)人民政府要编制住房建设规划,明确"十一五"期间,特别是今明两年普通商品住房、经济适用住房和廉租住房的建设目标,并纳入当地"十一五"发展规划和近期建设规划。各级城市住房建设规划要在2006年9月底前向社会公布。直辖市、计划单列市、省会城市人民政府要将住房建设规划报建设部备案;其他城市住房建设规划报省级建设主管部门备案。各级建设(规划)主管部门要会同监察机关加强规划效能监察,督促各地予以落实。

(二)明确新建住房结构比例。"十一五"时期,要重点发展普通商品住房。自2006年6月1日起,凡新审批、新开工的商品住房建设,套型建筑面积90平方米以下住房(含经济适用住房)面积所占比重,必须达到开发建设总面积的70%以上。直辖市、计划单列市、省会城市因特殊情况需要调整上述比例的,必须报建设部批准。过去已审批但未取得施工许可证的项目凡不符合上述要求的,应根据要求进行套型调整。

二、进一步发挥税收、信贷、土地政策的调节作用

(三)调整住房转让环节营业税。为进一步抑制投机和投资性购房需求,从2006年6月1日起,对购买住房不足5年转手交易的,销售时按其取得的售房收入全额征收营业税;个人购买普通住房超过5年(含5年)转手交易的,销售时免征营业税;个人购买非普通住房超过5年(含5年)转手交易的,销售时按其售房收入减去购买房屋的价款后的差额征收营业税。税务部门要严格税收征管,防止漏征和随意减免。

(四)严格房地产开发信贷条件。为抑制房地产开发企业利用银行贷款囤积土地和房源,对项目资本金比例达不到35%等贷款条件的房地产企业,商业银行不得发放贷款。对闲置土地和空置商品房较多的开发企业,商业银行要按照审慎经营原则,从严控制展期贷款或任何形式的滚动授信。对空置3年以上的商品房,商业银行不得接受其作为贷款的抵押物。

（五）有区别地适度调整住房消费信贷政策。为抑制房价过快上涨,从 2006 年 6 月 1 日起,个人住房按揭贷款首付款比例不得低于 30%。考虑到中低收入群众的住房需求,对购买自住住房且套型建筑面积 90 平方米以下的仍执行首付款比例 20% 的规定。

（六）保证中低价位、中小套型普通商品住房土地供应。各级城市人民政府要编制年度用地计划,科学确定房地产开发土地供应规模。要优先保证中低价位、中小套型普通商品住房(含经济适用住房)和廉租住房的土地供应,其年度供应量不得低于居住用地供应总量的 70%;土地的供应应在限套型、限房价的基础上,采取竞地价、竞房价的办法,以招标方式确定开发建设单位。继续停止别墅类房地产开发项目土地供应,严格限制低密度、大套型住房土地供应。

（七）加大对闲置土地的处置力度。土地、规划等有关部门要加强对房地产开发用地的监管。对超出合同约定动工开发日期满 1 年未动工开发的,依法从高征收土地闲置费,并责令限期开工、竣工;满 2 年未动工开发的,无偿收回土地使用权。对虽按照合同约定日期动工建设,但开发建设面积不足 1/3 或已投资额不足 1/4,且未经批准中止开发建设连续满 1 年的,按闲置土地处置。

三、合理控制城市房屋拆迁规模和进度

（八）严格控制被动性住房需求。各地要按照《国务院办公厅关于控制城镇房屋拆迁规模严格拆迁管理的通知》(国办发〔2004〕46 号)的要求,加强拆迁计划管理,合理控制城市房屋拆迁规模和进度,减缓被动性住房需求的过快增长。2006 年各地房屋拆迁规模原则上控制在 2005 年的水平以内。要量力而行,严禁大拆大建,在没有落实拆迁安置房源和补偿政策不到位的情况下,不得实施拆迁,不得损害群众合法利益。

四、进一步整顿和规范房地产市场秩序

（九）加强房地产开发建设全过程监管。对已经规划许可仍未开工的项目,要重新进行规划审查。对不符合规划控制性要求,尤其是套型结构超过规定的项目,不得核发规划许可证、施工许可证和商品房预售许可证。对擅自改变设计、变更项目、超出规定建设的住房要依法予以处理直至没收。

（十）切实整治房地产交易环节违法违规行为。房地产、工商行政主管部门要依法查处合同欺诈等违法违规交易行为,对不符合条件擅自预售商品房的,责令停止并依法予以处罚;对捂盘惜售、囤积房源、恶意炒作、哄抬房价的房地产企业,要加大整治查处力度,情节恶劣、性质严重的,依法依规给予经济处罚,直至吊销营业执照,并追究有关负责人的责任。

五、有步骤地解决低收入家庭的住房困难

（十一）加快城镇廉租住房制度建设。廉租住房是解决低收入家庭住房困难的主要渠道,要稳步扩大廉租住房制度覆盖面。尚未建立廉租住房制度的城市,必须在 2006 年年底前建立,并合理确定和公布今明两年廉租住房建设规模。要落实廉租住房资金筹措渠道,城市人民政府要将土地出让净收益的一定比例用于廉租住房建设,各级财政也要加大支持力度。2006 年年底前,各地都要安排一定规模的廉租住房开工建设。

（十二）规范发展经济适用住房。各地要继续抓好经济适用住房建设,进一步完善经济适用住房制度,解决建设和销售中存在的问题,真正解决低收入家庭的住房需要。严格执行经济适用住房管理的各项政策,加大监管力度,制止违规购买、谋取不正当利益的行为。

严格规范集资合作建房,制止部分单位利用职权以集资合作建房名义,变相进行住房实物福利分配的违规行为。

(十三)积极发展住房二级市场和房屋租赁市场。引导居民通过换购、租赁等方式,合理改善居住条件,多渠道增加中低价位、中小套型住房供应。

六、完善房地产统计和信息披露制度

(十四)建立健全房地产市场信息系统和信息发布制度。城市人民政府要抓紧开展住房状况调查,全面掌握当地住房总量、结构、居住条件、消费特征等信息,建立健全房地产市场信息系统和信息发布制度,增强房地产市场信息透明度。要完善市场监测分析工作机制,统计和房地产主管部门要定期公布市场供求和房价情况,全面、及时、准确地发布市场供求信息。

(十五)坚持正确的舆论导向。要加强对房地产市场调控政策的宣传,客观、公正报道房地产市场情况,引导广大群众树立正确的住房消费观念。对提供虚假信息、恶意炒作、误导消费预期的行为,要严肃处理。

5-1-41

国家税务总局关于加强房地产交易个人无偿赠与不动产税收管理有关问题的通知

2006年9月14日　国税发〔2006〕144号

各省、自治区、直辖市和计划单列市地方税务局,西藏自治区国家税务局:

为加强房地产交易中个人无偿赠与不动产行为的税收管理,现将有关问题通知如下:

一、关于加强个人无偿赠与不动产税收管理问题

(一)关于加强个人无偿赠与不动产营业税税收管理问题

1. 个人向他人无偿赠与不动产,包括继承、遗产处分及其他无偿赠与不动产等三种情况,在办理营业税免税申请手续时,纳税人应区分不同情况向税务机关提交相关证明材料:

(1)属于继承不动产的,继承人应当提交公证机关出具的"继承权公证书"、房产所有权证和《个人无偿赠与不动产登记表》(见附件);

(2)属于遗嘱人处分不动产的,遗嘱继承人或者受遗赠人须提交公证机关出具的"遗嘱公证书"和"遗嘱继承权公证书"或"接受遗赠公证书"、房产所有权证以及《个人无偿赠与不动产登记表》;

(3)属于其他情况无偿赠与不动产的,受赠人应当提交房产所有人"赠与公证书"和受赠人"接受赠与公证书",或持双方共同办理的"赠与合同公证书",以及房产所有权证和《个人无偿赠与不动产登记表》。

上述证明材料必须提交原件。

税务机关应当认真审核上述材料,资料齐全并且填写正确规范的,在提交的《个人无偿赠与不动产登记表》上签字盖章后退提交人,将有关公证证书复印件留存,同时办理营业税

免税手续。

2. 对个人无偿赠与不动产的,税务机关不得向其发售发票或者代为开具发票。

(二)关于个人无偿赠与不动产契税、印花税税收管理问题

对于个人无偿赠与不动产行为,应对受赠人全额征收契税,在缴纳契税和印花税时,纳税人须提交经税务机关审核并签字盖章的《个人无偿赠与不动产登记表》,税务机关(或其他征收机关)应在纳税人的契税和印花税完税凭证上加盖"个人无偿赠与"印章,在《个人无偿赠与不动产登记表》中签字并将该表格留存。税务机关应积极与房管部门沟通协调,争取房管部门对持有加盖"个人无偿赠与"印章契税完税凭证的个人,办理赠与产权转移登记手续,对未持有加盖"个人无偿赠与"印章契税完税凭证的个人,不予办理赠与产权转移登记手续。

二、关于加强个人将受赠不动产对外销售税收管理问题

(一)关于加强个人将受赠不动产对外销售营业税税收管理问题

个人将通过无偿受赠方式取得的住房对外销售征收营业税时,对通过继承、遗嘱、离婚、赡养关系、直系亲属赠与方式取得的住房,该住房的购房时间按照《国家税务总局关于房地产税收政策执行中几个具体问题的通知》(国税发〔2005〕172号)中第四条有关购房时间的规定执行;对通过其他无偿受赠方式取得的住房,该住房的购房时间按照发生受赠行为后新的房屋产权证或契税完税证明上注明的时间确定,不再执行国税发〔2005〕172号中第四条有关购房时间的规定。

(二)关于加强个人将受赠不动产对外销售个人所得税税收管理问题

受赠人取得赠与人无偿赠与的不动产后,再次转让该项不动产的,在缴纳个人所得税时,以财产转让收入减除受赠、转让住房过程中缴纳的税金及有关合理费用后的余额为应纳税所得额,按20%的适用税率计算缴纳个人所得税。

在计征个人受赠不动产个人所得税时,不得核定征收,必须严格按照税法规定据实征收。

三、关于加强对个人无偿赠与不动产后续管理的问题

(一)税务机关应对无偿赠与不动产的纳税人分户归档管理,定期将留存的公证证书复印件有关信息与公证机关核对,保证公证证书的真实、合法性。

(二)税务机关应加强与房管部门的合作,定期将《个人无偿赠与不动产登记表》中的有关信息与房管部门的赠与房产所有权转移登记信息进行核对,强化对个人无偿赠与不动产的后续管理。

(三)税务机关应加强对个人无偿赠与不动产的营业税纳税评估,将本期无偿赠与不动产的有关数据与历史数据(如上年同期)进行比较,出现异常情况的,要做进一步检查和核对,对确有问题的赠与行为,应按有关规定进行处理。

(四)对个人赠与不动产过程中,向受赠人收取了货物、货币或其他经济利益,但提供虚假资料,申请办理无偿赠与的相关手续,没有按规定缴纳营业税的纳税人,由税务机关按照《中华人民共和国税收征收管理法》的有关规定追缴税款、滞纳金并进行相关处罚。

(五)税务机关应向房屋中介机构做好税法宣传工作,使其协助做好无偿赠与不动产的税收管理工作。

附件:个人无偿赠与不动产登记表(编者略)

注释：

条款废止。第一条中有关契税的规定自 2021 年 9 月 1 日起废止。参见：《国家税务总局关于契税纳税服务与征收管理若干事项的公告》(国家税务总局公告 2021 年第 25 号)。

条款废止。第一条第一款"关于加强个人无偿赠与不动产营业税税收管理问题"的规定废止。参见：《国家税务总局关于进一步简化和规范个人无偿赠与或受赠不动产免征营业税、个人所得税所需证明资料的公告》(国家税务总局公告 2015 年第 75 号)。

条款废止。第一条中"属于其他情况无偿赠与不动产的，受赠人应当提交房产所有人'赠与公证书'和受赠人'接受赠与公证书'，或持双方共同办理的'赠与合同公证书'"废止。参见：《国家税务总局关于简化个人无偿赠与不动产 土地使用权免征营业税手续的公告》(国家税务总局公告 2015 年第 50 号)。

条款废止。第二条(二)中"受赠人取得赠与人无偿赠与的不动产后，再次转让该项不动产的，在缴纳个人所得税时，以财产转让收入减除受赠、转让住房过程中缴纳的税金及有关合理费用后的余额为应纳税所得额，按 20% 的适用税率计算缴纳个人所得税"废止。参见：《国家税务总局关于公布全文失效废止 部分条款失效废止的税收规范性文件目录的公告》(国家税务总局公告 2011 年第 2 号)。

5-1-42

财政部　国家税务总局关于加快煤层气抽采有关税收政策问题的通知

2007 年 2 月 7 日　财税〔2007〕16 号

各省、自治区、直辖市、计划单列市财政厅(局)、国家税务局、地方税务局，新疆生产建设兵团财务局，财政部驻各省、自治区、直辖市、计划单列市财政监察专员办事处：

为加快推进煤层气资源的抽采利用，鼓励清洁生产、节约生产和安全生产，经国务院批准，现就鼓励煤层气抽采有关税收政策问题通知如下：

一、对煤层气抽采企业的增值税一般纳税人抽采销售煤层气实行增值税先征后退政策。先征后退税款由企业专项用于煤层气技术的研究和扩大再生产，不征收企业所得税。

煤层气是指赋存于煤层及其围岩中与煤炭资源伴生的非常规天然气，也称煤矿瓦斯。

煤层气抽采企业应将享受增值税先征后退政策的业务和其他业务分别核算，不能分别准确核算的，不得享受增值税先征后退政策。

煤层气抽采企业增值税先征后退政策由财政部驻各地财政监察专员办事处根据财政部、国家税务总局、中国人民银行《关于税制改革后对某些企业实行"先征后退"有关预算管理问题的暂行规定的通知》(〔94〕财预字第 55 号)的规定办理。

二、对独立核算的煤层气抽采企业购进的煤层气抽采泵、钻机、煤层气监测装置、煤层气发电机组、钻井、录井、测井等专用设备,统一采取双倍余额递减法或年数总和法实行加速折旧,具体加速折旧方法可以由企业自行决定,但一经确定,以后年度不得随意调整。

三、对独立核算的煤层气抽采企业利用银行贷款或自筹资金从事技术改造项目国产设备投资,其项目所需国产设备投资的40%可从企业技术改造项目设备购置当年比前一年新增的企业所得税中抵免。具体管理办法按财政部、国家税务总局《关于印发〈技术改造国产设备投资抵免企业所得税暂行办法〉的通知》(财税字〔1999〕290号)、国家税务总局《关于印发〈技术改造国产设备投资抵免企业所得税审核管理办法〉的通知》(国税发〔2000〕13号)、财政部、国家税务总局《关于外商投资企业和外国企业购买国产设备投资抵免企业所得税有关问题的通知》(财税字〔2000〕49号)和国家税务总局《关于印发〈外商投资企业和外国企业购买国产设备投资抵免企业所得税管理办法〉的通知》(国税发〔2000〕90号)的规定执行。

四、对财务核算制度健全、实行查账征税的煤层气抽采企业研究开发新技术、新工艺发生的技术开发费,在按规定实行100%扣除基础上,允许再按当年实际发生额的50%在企业所得税税前加计扣除。具体管理办法按财政部、国家税务总局《关于企业技术创新有关企业所得税优惠政策的通知》(财税〔2006〕88号)第一条的有关规定执行。

五、对地面抽采煤层气暂不征收资源税。

六、本通知自2007年1月1日起执行。现行对中联公司中外合作开采陆上煤层气按实物征收5%的增值税以及中联公司自营开采陆上煤层气增值税超5%税负返还政策同时废止。

请遵照执行。

5-1-43

廉租住房保障办法

2007年11月8日　建设部　国家发改委　监察部　民政部　财政部
国土资源部　中国人民银行　国家税务总局　国家统计局令第162号

第一章　总　　则

第一条　为促进廉租住房制度建设,逐步解决城市低收入家庭的住房困难,制定本办法。

第二条　城市低收入住房困难家庭的廉租住房保障及其监督管理,适用本办法。

本办法所称城市低收入住房困难家庭,是指城市和县人民政府所在地的镇范围内,家庭收入、住房状况等符合市、县人民政府规定条件的家庭。

第三条　市、县人民政府应当在解决城市低收入家庭住房困难的发展规划及年度计划中,明确廉租住房保障工作目标、措施,并纳入本级国民经济与社会发展规划和住房建设规划。

第四条　国务院建设主管部门指导和监督全国廉租住房保障工作。县级以上地方人民政府建设(住房保障)主管部门负责本行政区域内廉租住房保障管理工作。廉租住房保障的具体工作可以由市、县人民政府确定的实施机构承担。

县级以上人民政府发展改革(价格)、监察、民政、财政、国土资源、金融管理、税务、统计等部门按照职责分工,负责廉租住房保障的相关工作。

第二章 保障方式

第五条 廉租住房保障方式实行货币补贴和实物配租等相结合。货币补贴是指县级以上地方人民政府向申请廉租住房保障的城市低收入住房困难家庭发放租赁住房补贴,由其自行承租住房。实物配租是指县级以上地方人民政府向申请廉租住房保障的城市低收入住房困难家庭提供住房,并按照规定标准收取租金。

实施廉租住房保障,主要通过发放租赁补贴,增强城市低收入住房困难家庭承租住房的能力。廉租住房紧缺的城市,应当通过新建和收购等方式,增加廉租住房实物配租的房源。

第六条 市、县人民政府应当根据当地家庭平均住房水平、财政承受能力以及城市低收入住房困难家庭的人口数量、结构等因素,以户为单位确定廉租住房保障面积标准。

第七条 采取货币补贴方式的,补贴额度按照城市低收入住房困难家庭现住房面积与保障面积标准的差额、每平方米租赁住房补贴标准确定。

每平方米租赁住房补贴标准由市、县人民政府根据当地经济发展水平、市场平均租金、城市低收入住房困难家庭的经济承受能力等因素确定。其中对城市居民最低生活保障家庭,可以按照当地市场平均租金确定租赁住房补贴标准;对其他城市低收入住房困难家庭,可以根据收入情况等分类确定租赁住房补贴标准。

第八条 采取实物配租方式的,配租面积为城市低收入住房困难家庭现住房面积与保障面积标准的差额。

实物配租的住房租金标准实行政府定价。实物配租住房的租金,按照配租面积和市、县人民政府规定的租金标准确定。有条件的地区,对城市居民最低生活保障家庭,可以免收实物配租住房中住房保障面积标准内的租金。

第三章 保障资金及房屋来源

第九条 廉租住房保障资金采取多种渠道筹措。

廉租住房保障资金来源包括:

(一)年度财政预算安排的廉租住房保障资金;

(二)提取贷款风险准备金和管理费用后的住房公积金增值收益余额;

(三)土地出让净收益中安排的廉租住房保障资金;

(四)政府的廉租住房租金收入;

(五)社会捐赠及其他方式筹集的资金。

第十条 提取贷款风险准备金和管理费用后的住房公积金增值收益余额,应当全部用于廉租住房建设。

土地出让净收益用于廉租住房保障资金的比例,不得低于10%。

政府的廉租住房租金收入应当按照国家财政预算支出和财务制度的有关规定,实行收支两条线管理,专项用于廉租住房的维护和管理。

第十一条 对中西部财政困难地区,按照中央预算内投资补助和中央财政廉租住房保障专项补助资金的有关规定给予支持。

第十二条 实物配租的廉租住房来源主要包括:

(一)政府新建、收购的住房;

(二)腾退的公有住房;

(三)社会捐赠的住房;

(四)其他渠道筹集的住房。

第十三条 廉租住房建设用地,应当在土地供应计划中优先安排,并在申报年度用地指标时单独列出,采取划拨方式,保证供应。

廉租住房建设用地的规划布局,应当考虑城市低收入住房困难家庭居住和就业的便利。

廉租住房建设应当坚持经济、适用原则,提高规划设计水平,满足基本使用功能,应当按照发展节能省地环保型住宅的要求,推广新材料、新技术、新工艺。廉租住房应当符合国家质量安全标准。

第十四条 新建廉租住房,应当采取配套建设与相对集中建设相结合的方式,主要在经济适用住房、普通商品住房项目中配套建设。

新建廉租住房,应当将单套的建筑面积控制在 50 平方米以内,并根据城市低收入住房困难家庭的居住需要,合理确定套型结构。

配套建设廉租住房的经济适用住房或者普通商品住房项目,应当在用地规划、国有土地划拨决定书或者国有土地使用权出让合同中,明确配套建设的廉租住房总建筑面积、套数、布局、套型以及建成后的移交或回购等事项。

第十五条 廉租住房建设免征行政事业性收费和政府性基金。

鼓励社会捐赠住房作为廉租住房房源或捐赠用于廉租住房的资金。

政府或经政府认定的单位新建、购买、改建住房作为廉租住房,社会捐赠廉租住房房源、资金,按照国家规定的有关税收政策执行。

第四章 申请与核准

第十六条 申请廉租住房保障,应当提供下列材料:

(一)家庭收入情况的证明材料;

(二)家庭住房状况的证明材料;

(三)家庭成员身份证和户口簿;

(四)市、县人民政府规定的其他证明材料。

第十七条 申请廉租住房保障,按照下列程序办理:

(一)申请廉租住房保障的家庭,应当由户主向户口所在地街道办事处或者镇人民政府提出书面申请;

(二)街道办事处或者镇人民政府应当自受理申请之日起 30 日内,就申请人的家庭收入、家庭住房状况是否符合规定条件进行审核,提出初审意见并张榜公布,将初审意见和申请材料一并报送市(区)、县人民政府建设(住房保障)主管部门;

(三)建设(住房保障)主管部门应当自收到申请材料之日起15日内,就申请人的家庭住房状况是否符合规定条件提出审核意见,并将符合条件的申请人的申请材料转同级民政部门;

(四)民政部门应当自收到申请材料之日起15日内,就申请人的家庭收入是否符合规定条件提出审核意见,并反馈同级建设(住房保障)主管部门;

(五)经审核,家庭收入、家庭住房状况符合规定条件的,由建设(住房保障)主管部门予以公示,公示期限为15日;对经公示无异议或者异议不成立的,作为廉租住房保障对象予以登记,书面通知申请人,并向社会公开登记结果。

经审核,不符合规定条件的,建设(住房保障)主管部门应当书面通知申请人,说明理由。申请人对审核结果有异议的,可以向建设(住房保障)主管部门申诉。

第十八条 建设(住房保障)主管部门、民政等有关部门以及街道办事处、镇人民政府,可以通过入户调查、邻里访问以及信函索证等方式对申请人的家庭收入和住房状况等进行核实。申请人及有关单位和个人应当予以配合,如实提供有关情况。

第十九条 建设(住房保障)主管部门应当综合考虑登记的城市低收入住房困难家庭的收入水平、住房困难程度和申请顺序以及个人申请的保障方式等,确定相应的保障方式及轮候顺序,并向社会公开。

对已经登记为廉租住房保障对象的城市居民最低生活保障家庭,凡申请租赁住房货币补贴的,要优先安排发放补贴,基本做到应保尽保。

实物配租应当优先面向已经登记为廉租住房保障对象的孤、老、病、残等特殊困难家庭,城市居民最低生活保障家庭以及其他急需救助的家庭。

第二十条 对轮候到位的城市低收入住房困难家庭,建设(住房保障)主管部门或者具体实施机构应当按照已确定的保障方式,与其签订租赁住房补贴协议或者廉租住房租赁合同,予以发放租赁住房补贴或者配租廉租住房。

发放租赁住房补贴和配租廉租住房的结果,应当予以公布。

第二十一条 租赁住房补贴协议应当明确租赁住房补贴额度、停止发放租赁住房补贴的情形等内容。

廉租住房租赁合同应当明确下列内容:

(一)房屋的位置、朝向、面积、结构、附属设施和设备状况;

(二)租金及其支付方式;

(三)房屋用途和使用要求;

(四)租赁期限;

(五)房屋维修责任;

(六)停止实物配租的情形,包括承租人已不符合规定条件的,将所承租的廉租住房转借、转租或者改变用途,无正当理由连续6个月以上未在所承租的廉租住房居住或者未缴纳廉租住房租金等;

(七)违约责任及争议解决办法,包括退回廉租住房、调整租金、依照有关法律法规规定处理等；

（八）其他约定。

第五章　监督管理

第二十二条　国务院建设主管部门、省级建设（住房保障）主管部门应当会同有关部门，加强对廉租住房保障工作的监督检查，并公布监督检查结果。

市、县人民政府应当定期向社会公布城市低收入住房困难家庭廉租住房保障情况。

第二十三条　市（区）、县人民政府建设（住房保障）主管部门应当按户建立廉租住房档案，并采取定期走访、抽查等方式，及时掌握城市低收入住房困难家庭的人口、收入及住房变动等有关情况。

第二十四条　已领取租赁住房补贴或者配租廉租住房的城市低收入住房困难家庭，应当按年度向所在地街道办事处或者镇人民政府如实申报家庭人口、收入及住房等变动情况。

街道办事处或者镇人民政府可以对申报情况进行核实、张榜公布，并将申报情况及核实结果报建设（住房保障）主管部门。

建设（住房保障）主管部门应当根据城市低收入住房困难家庭人口、收入、住房等变化情况，调整租赁住房补贴额度或实物配租面积、租金等；对不再符合规定条件的，应当停止发放租赁住房补贴，或者由承租人按照合同约定退回廉租住房。

第二十五条　城市低收入住房困难家庭不得将所承租的廉租住房转借、转租或改变用途。

城市低收入住房困难家庭违反前款规定或者有下列行为之一的，应当按照合同约定退回廉租住房：

（一）无正当理由连续6个月以上未在所承租的廉租住房居住的；

（二）无正当理由累计6个月以上未缴纳廉租住房租金的。

第二十六条　城市低收入住房困难家庭未按照合同约定退回廉租住房的，建设（住房保障）主管部门应当责令其限期退回；逾期未退回的，可以按照合同约定，采取调整租金等方式处理。

城市低收入住房困难家庭拒绝接受前款规定的处理方式的，由建设（住房保障）主管部门或者具体实施机构依照有关法律法规规定处理。

第二十七条　城市低收入住房困难家庭的收入标准、住房困难标准等以及住房保障面积标准，实行动态管理，由市、县人民政府每年向社会公布一次。

第二十八条　任何单位和个人有权对违反本办法规定的行为进行检举和控告。

第六章　法律责任

第二十九条　城市低收入住房困难家庭隐瞒有关情况或者提供虚假材料申请廉租住房保障的，建设（住房保障）主管部门不予受理，并给予警告。

第三十条　对以欺骗等不正当手段，取得审核同意或者获得廉租住房保障的，由建设（住房保障）主管部门给予警告；对已经登记但尚未获得廉租住房保障的，取消其登记；对已经获得廉租住房保障的,责令其退还已领取的租赁住房补贴,或者退出实物配租的住房并按市场价格补交以前房租。

第三十一条 廉租住房保障实施机构违反本办法规定,不执行政府规定的廉租住房租金标准的,由价格主管部门依法查处。

第三十二条 违反本办法规定,建设(住房保障)主管部门及有关部门的工作人员或者市、县人民政府确定的实施机构的工作人员,在廉租住房保障工作中滥用职权、玩忽职守、徇私舞弊的,依法给予处分;构成犯罪的,依法追究刑事责任。

第七章 附 则

第三十三条 对承租直管公房的城市低收入家庭,可以参照本办法有关规定,对住房保障面积标准范围内的租金予以适当减免。

第三十四条 本办法自2007年12月1日起施行。2003年12月31日发布的《城镇最低收入家庭廉租住房管理办法》(建设部、财政部、民政部、国土资源部、国家税务总局令第120号)同时废止。

5-1-44

商务部 公安部 财政部 人民银行 国资委 海关总署 税务总局 证监会 外汇局关于支持会计师事务所扩大 服务出口的若干意见

2007年12月26日 商服贸〔2007〕507号

各省、自治区、直辖市、计划单列市及新疆生产建设兵团商务主管部门、公安厅(局)、财政厅(局),人民银行上海总部、各分行、各营业管理部、各省会(首府)城市中心支行、副省级城市中心支行,各省(区、市)、计划单列市及新疆生产建设兵团国资委,海关总署广东分署、海关总署天津特派办、上海特派办、各直属海关,各省(区、市)、计划单列市及新疆生产建设兵团国家税务局、地方税务局、证监会、外汇局:

当前,在科技革命和经济全球化的推动下,全球服务贸易进入高速发展期,成为国际经济竞争的制高点。注册会计师行业作为智力密集型的经济鉴证类行业,是现代服务业的重要组成部分,在保障经济信息质量、维护市场经济秩序、改善经济结构、实现市场资源有效配置等方面发挥着重要的作用。会计服务出口是大力发展服务贸易、转变外贸增长方式和提升对外开放水平的重要内容,在当前中国企业"走出去"的新形势下,迫切需要发挥好注册会计师行业的信息引导、国际鉴证、战略咨询等重要作用。为贯彻落实国务院《关于加快服务业发展的若干意见》(国发〔2007〕7号),鼓励和支持会计师事务所(简称事务所)扩大服务出口,特提出以下意见:

一、高度认识会计服务出口的重要意义。鼓励中国注册会计师行业扩大会计服务出口,凭借其专业优势在国际市场提供服务,有利于支持和保障中国深入实施"走出去"战略,促进中国各类型企业在国外的健康发展。同时,随着经济全球化的进一步发展,中国会计服务市场日益融入到世界会计服务市场,中国事务所为海外企业提供会计服务的条件已发展成熟。

二、支持事务所设立境外业务机构。鼓励事务所通过新设、收购、合并、合作、协议等方式在境外设立业务部、代表处、成员所或联系所等境外业务机构,有关部门在境外投资促进、扶持、保障、服务、核准等方面提供便利,并在资质认可、信息咨询、市场考察和对外联络等方面给予支持。

三、支持事务所承接国际会计服务业务。加强统筹协调,为事务所开拓国际会计服务外包业务提供帮助,把注册会计师行业作为境内外国际服务贸易展览会和经贸洽谈的重要内容,重点予以推介,扩大事务所的国际影响力。事务所要将国际会计外包业务视为进入国际市场的重要途径,通过承接国际会计服务外包业务,培养人才,开拓市场。

四、大力开拓国际业务空间。按照国民待遇原则不断完善会计市场开放体制,并通过多双边和自贸区谈判,推动有关国家和地区的会计市场开放,放宽事务所跨境服务的境外停留期限,简化事务所境外设立业务机构的手续。在大型项目合作中,要把会计专业服务纳入合作协议的内容,带动事务所走出去。

五、积极营造良好的境外业务环境。加快与有关国家和地区的会计、审计准则等效谈判工作,减少事务所进入国际会计服务市场的技术障碍,奠定技术标准平台。推动事务所参与中国企业海外上市的审计鉴证和管理咨询服务工作,促进境外监管机构认可中国注册会计师出具的业务报告。

六、发挥事务所在企业"走出去"中的作用。鼓励国有企业等各种所有制企业在境外投融资安全、资产保值增值以及内部监管体系建设等方面,以及中资银行在海外发展过程中利用事务所的专业力量。鼓励和支持事务所为中国企业"走出去"提供审计鉴证和管理咨询等方面的专业服务。

七、加大财税支持力度。积极研究支持注册会计师行业"走出去"的财政政策,加快研究事务所境外发展、对外合作等资金支持政策措施。财政、税务部门积极研究支持事务所"走出去"的税收政策。事务所承办审计鉴证、管理咨询、技术性业务流程设计(包括企业内部管理、业务运作以及供应管理等方面的数据库管理和信息化服务)等离岸服务外包业务,以及提供其他跨境服务、开展境外投资等,享受国家规定的税收优惠政策。

八、积极提供金融外汇支持。有关金融机构积极研究、探索支持事务所"走出去"的政策措施。外汇管理部门为经有关部门批准在境外设立机构或从事境外业务的事务所开立境外外汇账户提供支持,简化外汇审批手续,放宽用汇使用限制,为其发展境外业务提供保障和便利。出口信用保险公司积极提供支持和服务,研究开发相关险种。

九、简化出入国(境)手续。商务会同公安等主管部门依法简化事务所执业人员的出入国(境)手续。

十、不断改善执业市场环境。在充分发挥广大注册会计师和事务所主体意识和首创精神的前提下,以市场需求为导向,不断实现机制创新和技术创新。进一步加强注册会计师行业国际化人才培养工作,指导和帮助事务所构建适应国际化发展需要的内部治理机制建设,积极为在境外发展的事务所提供技术咨询、境外联络、信息通报等各类支持性服务,大力推动事务所做大做强。要不断改善执业市场环境,减少不必要的资格限制、行业分割和市场壁垒,创造有利于事务所开拓国际市场的政策法律环境。

5-1-45

国务院办公厅转发发展改革委等部门关于鼓励数字电视产业发展若干政策的通知

2008年1月1日　国办发〔2008〕1号

各省、自治区、直辖市人民政府,国务院各部委、各直属机构:

发展改革委、科技部、财政部、信息产业部、税务总局、广电总局《关于鼓励数字电视产业发展的若干政策》已经国务院同意,现转发给你们,请认真贯彻执行。

关于鼓励数字电视产业发展的若干政策

发展改革委　科技部　财政部　信息产业部　税务总局　广电总局

广播电视数字化是国民经济和社会信息化的重要组成部分,在坚持正确方向,确保文化和信息安全的前提下,为加快我国数字电视产业发展,丰富人民群众的精神和物质文化生活,培育国民经济新的增长点,制定以下政策:

一、明确发展目标

(一)以有线电视数字化为切入点,加快推广和普及数字电视广播,加强宽带通信网、数字电视网和下一代互联网等信息基础设施建设,推进"三网融合",形成较为完整的数字电视产业链,实现数字电视技术研发、产品制造、传输与接入、用户服务相关产业协调发展。

(二)加快有线电视网络由模拟向数字化整体转换。2008年,通过数字高清晰度电视向世界播出北京奥运会节目;2010年,东部和中部地区县级以上城市、西部地区大部分县级以上城市的有线电视基本实现数字化;2015年,基本停止播出模拟信号电视节目。

(三)实现我国电视工业由模拟向数字的战略转变,2010年,数字电视机及相关产品年销售额达到2500亿元,出口额达到100亿美元;2015年,力争使我国数字电视产业规模和技术水平位居世界前列,成为全球最大的数字电视整机和关键件开发和生产基地,实现由电视生产大国向数字电视产业强国的转变。

二、优化投融资环境

(四)发展改革委、信息产业部、广电总局负责组织实施数字电视专项工程,积极支持数字电视标准开发、关键产品产业化以及基础平台建设等重要项目。

（五）积极支持数字电视相关企业通过上市、发行债券、上市公司配股和增发新股等方式筹集资金，增加对数字电视产业的投入。

（六）鼓励金融机构在科学、审慎、风险可控的原则下，积极支持数字电视网络和基础平台建设，进一步为数字电视产业发展提供金融服务。

（七）国家投资的数字电视示范网建设，其有关工程建设和系统集成优先由国内企业承担，在同等性能价格比条件下优先采用国产设备和产品。

三、加强税收优惠支持

（八）对属于《外商投资产业指导目录》及《产业结构调整指导目录》范围内的数字电视领域投资项目，在投资总额内进口的自用设备和按照合同随设备进口的技术（含软件）及配套件、备件，除列入《外商投资项目不予免税的进口商品目录》和《国内投资项目不予免税的进口商品目录》的商品外，免征关税和进口环节增值税。

（九）2010年年底前，广播电视运营服务企业收取的有线数字电视基本收视维护费，经省级人民政府同意并报财政部、税务总局批准，免征营业税，期限最长不超过三年。

四、推动技术进步

（十）推动建立以企业为主体，产学研联合的数字电视技术创新体制，鼓励企业联合开发共性技术和关键技术，支持具有自主知识产权的数字电视技术和产品发展。加强数字电视标准化工作，积极参与国际标准制订。

（十一）充分利用国内外资源，在现有科研院所和企业基础上组建数字电视国家工程研究中心，加强数字电视产业关键共性技术开发，促进科技成果转化，为我国数字电视产业发展提供支撑和服务。国家有关科技计划和基金重点支持数字电视关键技术的研究开发及相关技术标准的研究制订。

（十二）积极发展地面数字电视，加强农村地区广播电视覆盖，大力推进广播电视网络的数字化升级改造，满足数字电视发展的需要。

（十三）鼓励境外有关研发机构和企业来华设立数字电视技术开发中心，并与国内研发机构和企业开展数字电视关键技术领域的合作。

（十四）有线数字电视接收终端（包括机顶盒和一体机）实行机卡分离技术体制（即数字电视接收终端与条件接收模块完全分离）。从2008年起，有线数字电视运营机构应按照机卡分离的技术体制开展数字电视业务，在境内销售的具备地面数字电视信号接收功能的数字电视机应符合国家标准要求。

（十五）数字电视传输等重要的国家标准应经适当规模试验验证。发展改革委、广电总局、信息产业部等部门应组织建设数字电视试验区，为试验、推广数字电视传输等重要的国家标准和机卡分离等重大技术提供条件。

（十六）统筹规划、合理安排、有效利用数字电视广播业务所需无线电频谱资源和卫星轨位资源，保障数字电视广播业务的健康发展。

五、加强市场培育和监管

（十七）转变广播电视运营方式，推进实施网台分离，形成适应数字化发展需要的广播电视运营机制。

（十八）积极推进电视节目制作数字化，进一步加强公益性电视服务，鼓励为用户提供专业化节目,充分发挥数字电视的信息服务功能。

(十九)加强业务监管,规范市场秩序,确保信息安全,维护用户权益。广电总局和信息产业部要按照职责分工,组织制定并监督执行相应的制度、标准和规范。广电总局要加强对数字电视节目制作、集成、播出等环节的监管,确保数字电视内容导向正确和播出安全。

(二十)为确保数字电视系统安全,鼓励采用以国内技术为主体的数字电视广播系统,已采用国外接收系统的应与国内产品同密。

(二十一)完善数字电视价格形成机制。有线数字电视基本收视维护费实行政府定价,增值业务服务费和数字电视付费节目收视费根据情况实行政府指导价或由有线电视运营机构自行确定,具体价格管理办法另行制订。

六、推进"三网融合"

(二十二)有关部门要加强宽带通信网、数字电视网和下一代互联网等信息网络资源的统筹规划和管理,促进网络和信息资源共享。

(二十三)在确保广播电视安全传输的前提下,建立和完善适应"三网融合"发展要求的运营服务机制。鼓励广播电视机构利用国家公用通信网和广播电视网等信息网络提供数字电视服务和增值电信业务。在符合国家有关投融资政策的前提下,支持包括国有电信企业在内的国有资本参与数字电视接入网络建设和电视接收端数字化改造。

七、强化知识产权保护

(二十四)有关执法机关应依照《中华人民共和国专利法》等法律法规,加大执法力度,严厉惩处数字电视设备制造、技术开发和应用等领域的知识产权侵权行为。

(二十五)充分发挥行业协会、商会和企业在制订产品标准工作中的重要作用,建立健全数字电视技术标准专利拥有人、软件著作权拥有人、设备制造商、内容服务商和网络运营商之间的知识产权许可机制。

本政策自发布之日起30日后实施,由发展改革委、科技部、财政部、信息产业部、税务总局、广电总局负责解释并共同推进贯彻落实。

5-1-46

财政部　国家税务总局关于
廉租住房　经济适用住房和
住房租赁有关税收政策的通知

2008年3月3日　财税〔2008〕24号

各省、自治区、直辖市、计划单列市财政厅(局)、国家税务局、地方税务局,新疆生产建设兵团财务局:

为贯彻落实《国务院关于解决城市低收入家庭住房困难的若干意见》(国发〔2007〕24号)精神,促进廉租住房、经济适用住房制度建设和住房租赁市场的健康发展,经国务院批准,现将有关税收政策通知如下:

一、支持廉租住房、经济适用住房建设的税收政策

（一）对廉租住房经营管理单位按照政府规定价格、向规定保障对象出租廉租住房的租金收入，免征营业税、房产税。

（二）对廉租住房、经济适用住房建设用地以及廉租住房经营管理单位按照政府规定价格、向规定保障对象出租的廉租住房用地，免征城镇土地使用税。

开发商在经济适用住房、商品住房项目中配套建造廉租住房，在商品住房项目中配套建造经济适用住房，如能提供政府部门出具的相关材料，可按廉租住房、经济适用住房建筑面积占总建筑面积的比例免征开发商应缴纳的城镇土地使用税。

（三）企事业单位、社会团体以及其他组织转让旧房作为廉租住房、经济适用住房房源且增值额未超过扣除项目金额20%的，免征土地增值税。

（四）对廉租住房、经济适用住房经营管理单位与廉租住房、经济适用住房相关的印花税以及廉租住房承租人、经济适用住房购买人涉及的印花税予以免征。

开发商在经济适用住房、商品住房项目中配套建造廉租住房，在商品住房项目中配套建造经济适用住房，如能提供政府部门出具的相关材料，可按廉租住房、经济适用住房建筑面积占总建筑面积的比例免征开发商应缴纳的印花税。

（五）对廉租住房经营管理单位购买住房作为廉租住房、经济适用住房经营管理单位回购经济适用住房继续作为经济适用住房房源的，免征契税。

（六）对个人购买经济适用住房，在法定税率基础上减半征收契税。

（七）对个人按《廉租住房保障办法》（建设部等9部委令第162号）规定取得的廉租住房货币补贴，免征个人所得税；对于所在单位以廉租住房名义发放的不符合规定的补贴，应征收个人所得税。

（八）企事业单位、社会团体以及其他组织于2008年1月1日前捐赠住房作为廉租住房的，按《中华人民共和国企业所得税暂行条例》（国务院令第137号）、《中华人民共和国外商投资企业和外国企业所得税法》有关公益性捐赠政策执行；2008年1月1日后捐赠的，按《中华人民共和国企业所得税法》有关公益性捐赠政策执行。个人捐赠住房作为廉租住房的，捐赠额未超过其申报的应纳税所得额30%的部分，准予从其应纳税所得额中扣除。

廉租住房、经济适用住房、廉租住房承租人、经济适用住房购买人以及廉租住房租金、货币补贴标准等须符合国发〔2007〕24号文件及《廉租住房保障办法》（建设部等9部委令第162号）、《经济适用住房管理办法》（建住房〔2007〕258号）的规定；廉租住房、经济适用住房经营管理单位为县级以上人民政府主办或确定的单位。

二、支持住房租赁市场发展的税收政策

（一）对个人出租住房取得的所得减按10%的税率征收个人所得税。

（二）对个人出租、承租住房签订的租赁合同，免征印花税。

（三）对个人出租住房，不区分用途，在3%税率的基础上减半征收营业税，按4%的税率征收房产税，免征城镇土地使用税。

（四）对企事业单位、社会团体以及其他组织按市场价格向个人出租用于居住的住房，减按4%的税率征收房产税。

上述与廉租住房、经济适用住房相关的新的优惠政策自2007年8月1日起执行，文到

之日前已征税款在以后应缴税款中抵减。与住房租赁相关的新的优惠政策自2008年3月1日起执行。其他政策仍按现行规定继续执行。

各地要严格执行税收政策,加强管理,对执行过程中发现的问题,及时上报财政部、国家税务总局。

特此通知。

注释：

条款废止。第二条第四项规定自2021年10月1日起废止。参见:《财政部　税务总局　住房城乡建设部关于完善住房租赁有关税收政策的公告》(财政部　税务总局　住房城乡建设部公告2021年第24号)。

条款废止。本文中有关廉租住房税收政策的规定废止。参见:《财政部　国家税务总局关于促进公共租赁住房发展有关税收优惠政策的通知》(财税〔2014〕52号)。

5-1-47

财政部　国家税务总局关于调整房地产交易环节税收政策的通知

2008年10月22日　财税〔2008〕137号

各省、自治区、直辖市、计划单列市财政厅(局)、地方税务局,新疆生产建设兵团财务局:

为适当减轻个人住房交易的税收负担,支持居民首次购买普通住房,经国务院批准,现就房地产交易环节有关税收政策问题通知如下:

一、对个人首次购买90平方米及以下普通住房的,契税税率暂统一下调到1%。首次购房证明由住房所在地县(区)住房建设主管部门出具。

二、对个人销售或购买住房暂免征收印花税。

三、对个人销售住房暂免征收土地增值税。

本通知自2008年11月1日起实施。

注释：

条款废止。第一条废止。参见:《财政部　国家税务总局　住房和城乡建设部关于调整房地产交易环节契税、个人所得税优惠政策的通知》(财税〔2010〕94号)。

5–1–48

国务院关于实施成品油价格和税费改革的通知

2008年12月18日　国发〔2008〕37号

各省、自治区、直辖市人民政府,国务院各部委、各直属机构:

为建立完善的成品油价格形成机制和规范的交通税费制度,促进节能减排和结构调整,公平负担,依法筹措交通基础设施维护和建设资金,国务院决定实施成品油价格和税费改革。现通知如下:

一、实施成品油价格和税费改革的必要性

我国现行成品油价格和交通税费政策,对保障国内成品油市场供应,加快交通基础设施建设步伐,促进国民经济平稳较快发展,起到了积极作用。但随着我国石油需求不断增加,经济社会发展与资源环境之间的矛盾日益突出;以费代税、负担不公平等弊端日益显现;二级收费公路规模过大,结构不合理,与地方经济发展和群众出行的矛盾越来越尖锐。迫切需要理顺成品油价格和交通税费机制。

近期国际市场油价持续回落,为实施成品油价格和税费改革提供了十分难得的机遇。及时把握当前有利时机,推进成品油价格和税费改革,对规范政府收费行为,公平社会负担,促进节能减排和结构调整,依法筹措交通基础设施维护和建设资金,促进交通事业稳定健康发展,都具有重大而深远的意义。

二、改革的主要内容

(一)关于成品油税费改革。

提高现行成品油消费税单位税额,不再新设立燃油税,利用现有税制、征收方式和征管手段,实现成品油税费改革相关工作的有效衔接。

1. 取消公路养路费等收费。取消公路养路费、航道养护费、公路运输管理费、公路客货运附加费、水路运输管理费、水运客货运附加费等六项收费。

2. 逐步有序取消政府还贷二级公路收费。抓紧制定实施方案和中央补助支持政策,由省、自治区、直辖市人民政府根据相关方案和政策统筹研究,逐步有序取消政府还贷二级公路收费。各地可以省为单位统一取消,也可在省内区分不同情况,分步取消。实施方案由国家发展改革委会同交通运输部、财政部制订,报国务院批准后实施。

3. 提高成品油消费税单位税额。汽油消费税单位税额每升提高0.8元,柴油消费税单位税额每升提高0.7元,其他成品油单位税额相应提高。加上现行单位税额,提高后的汽油、石脑油、溶剂油、润滑油消费税单位税额为每升1元,柴油、燃料油、航空煤油为每升0.8元。

4. 征收机关、征收环节和计征方式。成品油消费税属于中央税,由国家税务局统一征收(进口环节继续委托海关代征)。纳税人为在我国境内生产、委托加工和进口成品油的单位和个人。纳税环节在生产环节(包括委托加工和进口环节)。计征方式实行从量定额计征,价内征收。

今后将结合完善消费税制度,积极创造条件,适时将消费税征收环节后移到批发环节,并改为价外征收。

5. 特殊用途成品油消费税政策。提高成品油消费税单位税额后,对进口石脑油恢复征收消费税。2010年12月31日前,对国产的用作乙烯、芳烃类产品原料的石脑油免征消费税;对进口的用作乙烯、芳烃类产品原料的石脑油已纳消费税予以返还。航空煤油暂缓征收消费税。对用外购或委托加工收回的已税汽油生产的乙醇汽油免征消费税;用自产汽油生产的乙醇汽油,按照生产乙醇汽油所耗用的汽油数量申报纳税。对外购或委托加工收回的汽油、柴油用于连续生产甲醇汽油、生物柴油的,准予从消费税应纳税额中扣除原料已纳消费税税款。

6. 新增税收收入的分配。新增成品油消费税连同由此相应增加的增值税、城市维护建设税和教育费附加具有专项用途,不作为经常性财政收入,不计入现有与支出挂钩项目的测算基数,除由中央本级安排的替代航道养护费等支出外,其余全部由中央财政通过规范的财政转移支付方式分配给地方。改革后形成的交通资金属性不变、资金用途不变、地方预算程序不变、地方事权不变。具体转移支付办法由财政部会同交通运输部等有关部门制定并组织落实。新增税收收入按以下顺序分配:

一是替代公路养路费等六项收费的支出。具体额度以2007年的养路费等六费收入为基础,考虑地方实际情况按一定的增长率来确定。

二是补助各地取消政府还贷二级公路收费。每年安排一定数量的专项补助资金,用途包括债务偿还、人员安置、养护管理和公路建设等。

三是对种粮农民增加补贴,对部分困难群体和公益性行业,考虑用油量和价格水平变动情况,通过完善成品油价格形成机制中相应的配套补贴办法给予补助支持。

四是增量资金,按照各地燃油消耗量、交通设施当量里程等因素进行分配,适当体现全国交通的均衡发展。

(二)关于完善成品油价格形成机制。

国产陆上原油价格继续实行与国际市场直接接轨。国内成品油价格继续与国际市场有控制地间接接轨。成品油定价既要反映国际市场石油价格变化和企业生产成本,又要考虑国内市场供求关系;既要反映石油资源稀缺程度,促进资源节约和环境保护,又要兼顾社会各方面承受能力。

1. 国内成品油出厂价格以国际市场原油价格为基础,加国内平均加工成本、税金和适当利润确定。当国际市场原油一段时间内平均价格变化超过一定水平时,相应调整国内成品油价格。

2. 汽、柴油价格继续实行政府定价和政府指导价。(1)汽、柴油零售实行最高零售价格。最高零售价格由出厂价格和流通环节差价构成。适当缩小出厂到零售之间流通环节差价。(2)汽、柴油批发实行最高批发价格。(3)对符合资质的民营批发企业汽、柴油供应价格,合理核定其批发价格与零售价格价差。(4)供军队、新疆生产建设兵团和国家储备用汽、柴油供应价格,按国家核定的出厂价格执行。(5)合理核定供铁路、交通等专项部门用汽、柴油供应价格。(6)上述差价由国家发展改革委根据实际情况适时调整。

3. 在国际市场原油价格持续上涨或剧烈波动时,继续对汽、柴油价格进行适当调控,以减轻其对国内市场的影响。

4. 航空煤油等其他成品油价格继续按现行办法管理。液化气改为实行最高出厂价格管理。

5. 国家发展改革委根据上述完善后的成品油价格形成机制,另行制定石油价格管理办法。

(三)关于完善成品油价格配套措施。

1. 继续发挥石油企业内部上下游利益调节机制作用。当国际市场原油价格大幅上涨,国家实施有控制地调整汽、柴油价格措施时,原油加工企业会出现暂时性困难,中石油、中石化两公司要继续按照石油企业内部上下游利益调节机制,平衡好内部利益关系,调动炼油企业生产积极性,保证市场供应。

2. 完善相关行业价格联动机制。(1)铁路货运价格,根据上年国内柴油价格上涨影响铁路运输成本增加的情况,由铁路运输企业消化20%,其余部分通过提高铁路货物运输价格疏导,原则上每年调整一次。具体幅度由国家发展改革委商铁道部确定。(2)民航国内航线旅客运输价格,首先在运价浮动机制内,由航空公司自主调整具体票价,需要调整燃油附加时,根据航空煤油价格影响民航运输成本变化情况,由航空公司消化20%,其余部分通过调整燃油附加标准或基准票价的方式疏导。调整燃油附加标准间隔时间原则上不少于半年。燃油附加具体收取标准由国家发展改革委会同民航局按照上述原则确定。(3)出租车和道路客运价格,由各地进一步完善价格联动机制,根据油价变动情况,通过法定程序,决定调整运价或燃油附加。

3. 完善对种粮农民、部分困难群体和公益性行业补贴的机制。(1)种粮农民。当年成品油价格变动引起的农民种粮增支,继续纳入农资综合直补政策统筹考虑给予补贴。对种粮农民综合直补只增不减。(2)城市公交、农村道路客运(含岛际和农村水路客运)、林业、渔业(含远洋渔业)。成品油价格调整影响上述行业增加的成本,由中央财政通过专项转移支付的方式给予补贴。补贴比例按现行政策执行,补贴标准随成品油价格的升降而增减,具体补贴办法由财政部商有关部门另行制定。新的补贴办法从2009年起执行。(3)出租车。在运价调整前,因油价上涨增加的成本,继续由财政给予临时补贴。(4)低收入困难群体。各地综合考虑成品油、液化气等调价和市场物价变动因素,继续做好城乡低保对象等困难群体基本生活保障工作。

4. 继续实行石油涨价收入财政调节机制。为合理调节石油涨价收入,妥善处理各方面利益关系,继续按相关规定征收石油特别收益金。

(四)妥善解决改革的相关问题。

1. 妥善安置交通收费征稽人员。妥善做好改革涉及人员的安置工作,是成品油税费改革顺利推进的重要保证。要按照转岗不下岗、待安置期间级别不变、合规合理的待遇不变的总体要求,由省、自治区、直辖市人民政府负总责,多渠道安置,有关部门给予指导、协调和支持,确保改革稳妥有序推进。各地要锁定改革涉及的征稽收费人员数量,严格把关,防止突击进人。

对公路养路费征稽人员的安置措施:一是交通运输行业内部转岗;二是税务部门接收;三是地方人民政府统筹协调,多种渠道安置改革涉及人员。

人员安置工作指导意见由交通运输部会同中央编办、财政部、人力资源社会保障部、税务总局制订,报国务院批准后实施。

2. 研究解决普通公路建设发展,特别是二级公路发展问题。地方要以这次改革为契机,利用中央财政给予的支持政策,整合现有资源,更好地用于发展二级公路。同时有关部门要按照"六费"原有资金功能不变的原则,抓紧研究建立和理顺普通公路投融资体制,促进普通公路健康发展。

3. 加强成品油市场监管。加强油品市场监测和监管,坚决禁止成品油生产企业为规避税收只开具发票而无实际货物交付和突击销售成品油等非正常销售成品油行为,严厉打击油品走私、经营假冒伪劣油品以及合同欺诈等违法行为,确保成品油市场稳定。

(五)实施时间。完善成品油价格形成机制,理顺成品油价格,自发文之日起实施。成品油税费改革自2009年1月1日起实施。

三、切实做好改革的实施工作

成品油价格和税费改革是党中央、国务院做出的重大决策,是贯彻落实科学发展观、促进经济社会平稳较快发展的重要举措。各地区、各有关部门要统一思想,充分认识改革的必要性和紧迫性,切实把思想和行动统一到中央的决策部署上来,精心组织,周密部署,共同做好有关工作,确保改革方案平稳实施。

(一)加强组织领导。国务院有关部门组成的成品油价格和税费改革部际协调小组,要切实做好改革方案的组织实施工作;各省、自治区、直辖市人民政府要成立由主要负责同志牵头的改革领导小组,主要负责同志负总责,发展改革、价格、财政、交通、税务、编制、人事等相关部门密切配合,落实责任,确保改革措施落实到位。

(二)保证队伍稳定和资金有效衔接。地方各级人民政府要切实担负起安置人员和维护稳定的责任,把人员安置的工作摆在推进改革的突出位置,提前筹划,周全安排,妥善安置。各级财政部门要做好改革前后资金安排及预算衔接工作;中央财政要通过向地方预拨资金,确保养护管理及人员经费等需要,保障改革平稳顺利推进。

(三)确保取消收费政策到位,严格禁止乱收费。各地要按照改革方案的统一安排,在2009年1月1日零时全部取消公路养路费等六项收费,已经提前预收的要及时清退,要加强检查,确保取消收费政策落到实处。对确定撤销的政府还贷二级公路收费站点,省级人民政府要及时向社会公布其位置和名称,接受社会监督;同时做好财务清理工作,防止国有资产流失和逃废银行债务。绝不允许任何地方、部门、单位和个人,以任何理由、任何名义继续收取或变相收取明令取消的各项收费。违反规定的,要严肃查处,并追究相关责任人的责任。国家发展改革委、财政部要会同有关部门尽快制定下发配套文件,并加大督查力度。

(四)加强宣传解释工作。要通过广播、电视、报纸、网络等多种媒体,有针对性地开展宣传解释工作,取得群众的理解和支持,为改革的顺利实施创造有利的舆论环境。地方各级人民政府要结合本地实际情况,加强舆论引导。

(五)确保社会大局稳定。成品油价格和税费改革涉及面广,情况复杂。各地要密切关注市场情况和社会动态,针对改革过程中可能出现的新情况、新问题,提前做好应对预案,并妥善处理,切实维护社会稳定的大局。

各地区、各有关部门贯彻落实情况,要及时向国务院报告。

5-1-49

财政部　国家税务总局关于海峡两岸海上直航营业税和企业所得税政策的通知

2009年1月19日　财税〔2009〕4号

各省、自治区、直辖市、计划单列市财政厅(局)、国家税务局、地方税务局,新疆生产建设兵团财务局:

为推动海峡两岸海上直航,经国务院批准,现对海峡两岸海上直航业务有关税收政策通知如下:

一、自2008年12月15日起,对台湾航运公司从事海峡两岸海上直航业务在大陆取得的运输收入,免征营业税。

对台湾航运公司在2008年12月15日至文到之日已缴纳应予免征的营业税,从以后应缴的营业税税款中抵减,年度内抵减不完的予以退税。

二、自2008年12月15日起,对台湾航运公司从事海峡两岸海上直航业务取得的来源于大陆的所得,免征企业所得税。

享受企业所得税免税政策的台湾航运公司应当按照企业所得税法实施条例的有关规定,单独核算其从事上述业务在大陆取得的收入和发生的成本、费用;未单独核算的,不得享受免征企业所得税政策。

三、本通知所称台湾航运公司,是指取得交通运输部颁发的"台湾海峡两岸间水路运输许可证"且上述许可证上注明的公司登记地址在台湾的航运公司。

5-1-50

国家税务总局关于金融资产管理公司从事经营租赁业务有关税收政策问题的批复

2009年3月31日　国税函〔2009〕190号

广东省地方税务局:

你局《关于金融资产管理公司有关税收政策问题的请示》(粤地税发〔2008〕86号)收

悉。经研究,批复如下:

金融资产管理公司利用其接受的抵债资产从事经营租赁业务,不属于《国务院办公厅转发人民银行、财政部、证监会关于组建中国华融资产管理公司、中国长城资产管理公司和中国东方资产管理公司意见的通知》(国办发〔1999〕66号)和《财政部、国家税务总局关于中国信达等4家金融资产管理公司税收政策问题的通知》(财税〔2001〕10号)规定的免税范围,应当依法纳税。

5–1–51

财政部　国家税务总局关于扶持动漫产业发展有关税收政策问题的通知

2009年7月17日　财税〔2009〕65号

各省、自治区、直辖市、计划单列市财政厅(局)、国家税务局、地方税务局:

根据《国务院办公厅转发财政部等部门关于推动我国动漫产业发展若干意见的通知》(国办发〔2006〕32号)的精神,文化部会同有关部门于2008年12月下发了《动漫企业认定管理办法(试行)》(文市发〔2008〕51号)。为促进我国动漫产业健康快速发展,增强动漫产业的自主创新能力,现就扶持动漫产业发展的有关税收政策问题通知如下:

一、关于增值税

在2010年12月31日前,对属于增值税一般纳税人的动漫企业销售其自主开发生产的动漫软件,按17%的税率征收增值税后,对其增值税实际税负超过3%的部分,实行即征即退政策。退税数额的计算公式为:应退税额＝享受税收优惠的动漫软件当期已征税款－享受税收优惠的动漫软件当期不含税销售额×3%。动漫软件出口免征增值税。上述动漫软件的范围,按照《文化部、财政部、国家税务总局关于印发〈动漫企业认定管理办法(试行)〉的通知》(文市发〔2008〕51号)的规定执行。

二、关于企业所得税

经认定的动漫企业自主开发、生产动漫产品,可申请享受国家现行鼓励软件产业发展的所得税优惠政策。

三、关于营业税

对动漫企业为开发动漫产品提供的动漫脚本编撰、形象设计、背景设计、动画设计、分镜、动画制作、摄制、描线、上色、画面合成、配音、配乐、音效合成、剪辑、字幕制作、压缩转码(面向网络动漫、手机动漫格式适配)劳务,在2010年12月31日前暂减按3%税率征收营业税。

四、关于进口关税和进口环节增值税

经国务院有关部门认定的动漫企业自主开发、生产动漫直接产品,确需进口的商品可享受免征进口关税和进口环节增值税的优惠政策。具体免税商品范围及管理办法由财政部会同有关部门另行制定。

五、本通知所称动漫企业和自主开发、生产动漫产品的认定标准和认定程序,按照《文化部、财政部、国家税务总局关于印发〈动漫企业认定管理办法(试行)〉的通知》(文市发〔2008〕51号)的规定执行。

六、本通知从2009年1月1日起执行。

注释:

政策调整。"动漫企业享受所得税优惠的备案核准"取消。参见:1.《国家税务总局关于贯彻落实〈国务院关于第一批取消62项中央指定地方实施行政审批事项的决定〉的通知》(税总发〔2015〕141号)。2.《国务院关于第一批取消62项中央指定地方实施行政审批事项的决定》(国发〔2015〕57号)。3.《国家税务总局关于公布已取消的22项税务非行政许可审批事项的公告》(国家税务总局公告2015年第58号)。

条款废止。第一条、第三条自2011年1月1日起废止。参见:《财政部 国家税务总局关于扶持动漫产业发展增值税、营业税政策的通知》(财税〔2011〕119号)。

条款废止。第一条自2011年1月1日起废止。参见:《财政部 国家税务总局关于软件产品增值税政策的通知》(财税〔2011〕100号)。

5-1-52

财政部 国家税务总局 中宣部
关于公布学习出版社等中央所属
转制文化企业名单的通知

2010年4月23日 财税〔2010〕29号

北京市、上海市财政局、国家税务局、地方税务局、党委宣传部:

按照《财政部、国家税务总局、中宣部关于转制文化企业名单及认定问题的通知》(财税〔2009〕105号)的规定,学习出版社等13家中央所属文化企业已被认定为转制文化企业,现将名单发给你们,名单所列转制文化企业按照《财政部、国家税务总局关于文化体制改革中经营性文化事业单位转制为企业的若干税收政策问题的通知》(财税〔2009〕34号)的规定享受税收优惠政策。

特此通知。

附件:中央所属转制文化企业名单(编者略)

5-1-53

财政部　国家税务总局关于海峡两岸空中直航营业税和企业所得税政策的通知

2010年9月6日　财税〔2010〕63号

各省、自治区、直辖市、计划单列市财政厅(局)、国家税务局、地方税务局、新疆生产建设兵团财务局：

为推动海峡两岸空中直航，经国务院批准，现对海峡两岸空中直航业务有关税收政策通知如下：

一、自2009年6月25日起，对台湾航空公司从事海峡两岸空中直航业务在大陆取得的运输收入，免征营业税。

对台湾航空公司在2009年6月25日起至文到之日已缴纳应予免征的营业税，从以后应缴的营业税税款中抵减，在2010年内抵减不完的予以退还。

二、自2009年6月25日起，对台湾航空公司从事海峡两岸空中直航业务取得的来源于大陆的所得，免征企业所得税。

对台湾航空公司在2009年6月25日起至文到之日已缴纳应予免征的企业所得税，在2010年内予以退还。

享受企业所得税免税政策的台湾航空公司应当按照企业所得税法实施条例的有关规定，单独核算其从事上述业务在大陆取得的收入和发生的成本、费用；未单独核算的，不得享受免征企业所得税政策。

三、本通知所称台湾航空公司，是指取得中国民用航空局颁发的"经营许可"或依据《海峡两岸空运协议》和《海峡两岸空运补充协议》规定，批准经营两岸旅客、货物和邮件不定期(包机)运输业务，且公司登记地址在台湾的航空公司。

5-1-54

国家税务总局关于融资性售后回租业务中承租方出售资产行为有关税收问题的公告

2010年9月8日　国家税务总局公告2010年第13号

现就融资性售后回租业务中承租方出售资产行为有关税收问题公告如下：

融资性售后回租业务是指承租方以融资为目的将资产出售给经批准从事融资租赁业

务的企业后,又将该项资产从该融资租赁企业租回的行为。融资性售后回租业务中承租方出售资产时,资产所有权以及与资产所有权有关的全部报酬和风险并未完全转移。

一、增值税和营业税

根据现行增值税和营业税有关规定,融资性售后回租业务中承租方出售资产的行为,不属于增值税和营业税征收范围,不征收增值税和营业税。

二、企业所得税

根据现行企业所得税法及有关收入确定规定,融资性售后回租业务中,承租人出售资产的行为,不确认为销售收入,对融资性租赁的资产,仍按承租人出售前原账面价值作为计税基础计提折旧。租赁期间,承租人支付的属于融资利息的部分,作为企业财务费用在税前扣除。

本公告自2010年10月1日起施行。此前因与本公告规定不一致而已征的税款予以退税。

特此公告。

注释:

条款废止。第一条中"和营业税"废止。参见:《国家税务总局关于公布部分失效废止的规范性文件目录的公告》(国家税务总局公告2023年第10号)。

5-1-55

财政部　国家税务总局关于促进节能服务产业发展增值税　营业税和企业所得税政策问题的通知

2010年12月30日　财税〔2010〕110号

各省、自治区、直辖市、计划单列市财政厅(局)、国家税务局、地方税务局,新疆生产建设兵团财务局:

为鼓励企业运用合同能源管理机制,加大节能减排技术改造工作力度,根据税收法律、法规有关规定和《国务院办公厅转发发展改革委等部门关于加快推进合同能源管理促进节能服务产业发展意见的通知》(国办发〔2010〕25号)精神,现将节能服务公司实施合同能源管理项目涉及的增值税、营业税和企业所得税政策问题通知如下:

一、关于增值税、营业税政策问题

(一)对符合条件的节能服务公司实施合同能源管理项目,取得的营业税应税收入,暂免征收营业税。

(二)节能服务公司实施符合条件的合同能源管理项目,将项目中的增值税应税货物转让给用能企业,暂免征收增值税。

(三)本条所称"符合条件"是指同时满足以下条件:

1. 节能服务公司实施合同能源管理项目相关技术应符合国家质量监督检验检疫总局和国家标准化管理委员会发布的《合同能源管理技术通则》(GB/T 24915—2010)规定的技术要求；

　　2. 节能服务公司与用能企业签订《节能效益分享型》合同,其合同格式和内容,符合《合同法》和国家质量监督检验检疫总局和国家标准化管理委员会发布的《合同能源管理技术通则》(GB/T 24915—2010)等规定。

　　二、关于企业所得税政策问题

　　(一)对符合条件的节能服务公司实施合同能源管理项目,符合企业所得税税法有关规定的,自项目取得第一笔生产经营收入所属纳税年度起,第一年至第三年免征企业所得税,第四年至第六年按照25%的法定税率减半征收企业所得税。

　　(二)对符合条件的节能服务公司,以及与其签订节能效益分享型合同的用能企业,实施合同能源管理项目有关资产的企业所得税税务处理按以下规定执行：

　　1. 用能企业按照能源管理合同实际支付给节能服务公司的合理支出,均可以在计算当期应纳税所得额时扣除,不再区分服务费用和资产价款进行税务处理；

　　2. 能源管理合同期满后,节能服务公司转让给用能企业的因实施合同能源管理项目形成的资产,按折旧或摊销期满的资产进行税务处理,用能企业从节能服务公司接受有关资产的计税基础也应按折旧或摊销期满的资产进行税务处理；

　　3. 能源管理合同期满后,节能服务公司与用能企业办理有关资产的权属转移时,用能企业已支付的资产价款,不再另行计入节能服务公司的收入。

　　(三)本条所称"符合条件"是指同时满足以下条件：

　　1. 具有独立法人资格,注册资金不低于100万元,且能够单独提供用能状况诊断、节能项目设计、融资、改造(包括施工、设备安装、调试、验收等)、运行管理、人员培训等服务的专业化节能服务公司；

　　2. 节能服务公司实施合同能源管理项目相关技术应符合国家质量监督检验检疫总局和国家标准化管理委员会发布的《合同能源管理技术通则》(GB/T 24915—2010)规定的技术要求；

　　3. 节能服务公司与用能企业签订《节能效益分享型》合同,其合同格式和内容,符合《合同法》和国家质量监督检验检疫总局和国家标准化管理委员会发布的《合同能源管理技术通则》(GB/T 24915—2010)等规定；

　　4. 节能服务公司实施合同能源管理的项目符合《财政部、国家税务总局、国家发展改革委关于公布环境保护、节能节水项目企业所得税优惠目录(试行)的通知》(财税〔2009〕166号)"4. 节能减排技术改造"类中第一项至第八项规定的项目和条件；

　　5. 节能服务公司投资额不低于实施合同能源管理项目投资总额的70%；

　　6. 节能服务公司拥有匹配的专职技术人员和合同能源管理人才,具有保障项目顺利实施和稳定运行的能力。

　　(四)节能服务公司与用能企业之间的业务往来,应当按照独立企业之间的业务往来收取或者支付价款、费用。不按照独立企业之间的业务往来收取或者支付价款、费用,而减少其应纳税所得额的,税务机关有权进行合理调整。

（五）用能企业对从节能服务公司取得的与实施合同能源管理项目有关的资产,应与企业其他资产分开核算,并建立辅助账或明细账。

（六）节能服务公司同时从事适用不同税收政策待遇项目的,其享受税收优惠项目应当单独计算收入、扣除,并合理分摊企业的期间费用;没有单独计算的,不得享受税收优惠政策。

三、本通知自2011年1月1日起执行。

注释：

政策调整。"节能服务公司实施合同能源管理项目享受所得税优惠的备案核准"取消。参见:1.《国家税务总局关于贯彻落实〈国务院关于第一批取消62项中央指定地方实施行政审批事项的决定〉的通知》(税总发〔2015〕141号)。2.《国务院关于第一批取消62项中央指定地方实施行政审批事项的决定》(国发〔2015〕57号)。3.《国家税务总局关于公布已取消的22项税务非行政许可审批事项的公告》(国家税务总局公告2015年第58号)。

5-1-56

财政部　国家税务总局关于中国联合网络通信集团有限公司转让CDMA网及其用户资产企业合并资产整合过程中涉及的增值税营业税印花税和土地增值税政策问题的通知

2011年3月10日　财税〔2011〕13号

各省、自治区、直辖市、计划单列市财政厅(局)、国家税务局、地方税务局,新疆生产建设兵团财务局:

经国务院批准,现就中国联合网络通信集团有限公司及其所属公司因电信重组改革转让CDMA网及其用户资产、企业合并、资产整合过程中涉及的增值税、营业税、印花税和土地增值税政策问题通知如下:

一、对中国联合网络通信集团有限公司(原中国联合通信有限公司)、联通新时空通信有限公司(原联通新时空移动通信有限公司)、中国联合网络通信有限公司(原中国联通有限公司)在转让CDMA资产和业务过程中应缴纳的增值税、营业税,予以免征。

二、对中国联合网络通信集团有限公司向中国联合网络通信有限公司转让原网通南方21省固网业务、北方一级干线资产,原联通天津、四川、重庆三地固网业务及天津固网资产,向联通新时空通信有限公司(原联通新时空移动通信有限公司)注入原网通南方21省固网资产及原联通四川、重庆固网资产过程中应缴纳的增值税、营业税,予以免征。

三、对联通新国信通信有限公司向中国联合网络通信集团有限公司(原中国联合通信有限公司)转让不动产过程中涉及的营业税,予以免征。

四、对中国联合网络通信集团有限公司吸收合并中国网络通信集团公司,中国联合网络通信有限公司吸收合并中国网通(集团)有限公司过程中,新增加的资本金,凡原已贴花的部分不再贴花。

五、对中国联合网络通信集团有限公司吸收合并中国网络通信集团公司,中国联合网络通信有限公司吸收合并中国网通(集团)有限公司过程中,所签订的产权转移书据涉及的印花税,予以免征。

六、对中国联合通信有限公司、联通新时空移动通信有限公司、联通兴业科贸有限公司向中国电信集团公司转让CDMA资产、股权,中国联通有限公司、中国联通股份有限公司、联通国际通信有限公司向中国电信股份有限公司转让CDMA业务、股权过程中所签订的协议涉及的印花税,予以免征。

七、对中国联合网络通信集团有限公司、中国网络通信集团公司向中国联合通信股份有限公司转让相关电信业务、资产及股权,中国联合通信股份有限公司向中国联合网络通信有限公司转让相关电信业务、资产及股权,联通新国信通信有限公司向中国联合通信有限公司转让资产,联通新国信通信有限公司向联通新时空移动通信有限公司转让股权过程中,所签订的协议涉及的印花税,予以免征。

八、对联通新时空移动通信有限公司接受中国联合网络通信集团有限公司南方21省、自治区、直辖市的固定通信网络资产而增加资本金涉及的印花税,予以免征。

九、对中国联合网络通信集团有限公司(原中国联合通信有限公司)、联通新时空通信有限公司(原联通新时空移动通信有限公司)、中国联合网络通信有限公司(原中国联通有限公司)向中国电信转让CDMA网络资产和业务过程中,转让房地产涉及的土地增值税,予以免征。

十、对中国联合网络通信集团有限公司吸收合并中国网络通信集团公司、中国联合网络通信有限公司吸收合并中国网通(集团)有限公司过程中涉及的土地增值税,予以免征。

十一、对联通新国信通信有限公司在资产整合过程中,向中国联合网络通信集团有限公司(原中国联合通信有限公司)转让房地产涉及的土地增值税,予以免征。

请遵照执行。

注释:

条款失效。第四条至第八条失效。参见:《财政部 税务总局关于印花税法实施后有关优惠政策衔接问题的公告》(财政部 税务总局公告2022年第23号)。

5-1-57

财政部 国家税务总局 中宣部关于下发人民网股份有限公司等 81 家中央所属转制文化企业名单的通知

2011 年 4 月 27 日 财税〔2011〕27 号

北京市财政局、国家税务局、地方税务局,北京市宣传部:

按照《财政部、国家税务总局、中宣部关于转制文化企业名单及认定问题的通知》(财税〔2009〕105 号)的规定,人民网股份有限公司等 81 家中央所属文化企业已被认定为转制文化企业,现将名单发给你们,名单所列转制文化企业按照《财政部、国家税务总局关于文化体制改革中经营性文化事业单位转制为企业的若干税收政策问题的通知》(财税〔2009〕34 号)的规定享受税收优惠政策。税收优惠政策的执行起始期限按《财政部、国家税务总局、中宣部关于下发红旗出版社有限责任公司等中央所属转制文化企业名单的通知》(财税〔2011〕3 号)的规定执行。

特此通知。

附件:中央所属转制文化企业名单(编者略)

5-1-58

国家税务总局关于人保投资控股有限公司相关税收问题的公告

2011 年 12 月 2 日 国家税务总局公告 2011 年第 70 号

现将人保投资控股有限公司有关税收问题公告如下:

一、人保投资控股有限公司下设的不符合二级分支机构条件的专员办或资产管理部,其企业所得税应汇总到公司总部所在地统一计算缴纳。

二、人保投资控股有限公司在全国各地的财产所涉及的各项税收事宜,可由该公司采取委托代理的方式办理。设有省(自治区、直辖市和计划单列市)税务直属机构的地方,可利用集中便利的优势,实现对纳税人集中管理。

三、人保投资控股有限公司应按照《中华人民共和国房产税暂行条例》的相关规定申报缴纳房产税。房产税由产权所有人缴纳。产权所有人、承典人不在房产所在地的,或者产权未确定及租典纠纷未解决的,由房产代管人或者使用人缴纳。

四、人保投资控股有限公司在全国各地拥有房产的,应当按照《税务登记管理办法》(国家税务总局令第 7 号)的规定,向其在全国各地的房产所在地主管税务机关申报办理税务登记。人保投资控股有限公司申报办理税务登记时,须持以下证件资料复印件:人保投资控股有限公司的工商营业执照,有关合同、章程、协议书,组织机构统一代码证书和法定代表人身份证。税务登记名称为:"人保投资控股有限公司××(省、自治区、直辖市和计划单列市)资产管理部××县(市、区)",并以"资产所在的县(市、区)行政区域码+组织机构代码"设定各纳税人识别号。

五、人保投资控股有限公司××(省、自治区、直辖市和计划单列市)资产管理部××县(市、区)申报办理税务登记后,发票使用量大、需自行开具的,可向主管税务机关办理发票领购手续;发票使用量小的,可向主管税务机关申请代开。各省、自治区、直辖市和计划单列市税务机关可以规定跨县(市、区)开具发票的办法。

六、人保投资控股有限公司在同一省、自治区、直辖市和计划单列市内,可与一家商业银行签订缴税协议书,委托该银行完成其在本省、自治区、直辖市和计划单列市内所有税款的划缴。

本公告自2012年1月1日起施行。对本公告生效以前人保投资控股有限公司已完成税款缴纳的,不再做纳税入库地点调整。

特此公告。

5-1-59

商务部 国家税务总局关于确认天津天保租赁有限公司等企业为第八批内资融资租赁试点企业的通知

2011年12月12日 商流通函〔2011〕1083号

各省、自治区、直辖市、计划单列市及新疆生产建设兵团商务主管部门、国家税务局、地方税务局:

根据《商务部、国家税务总局关于从事融资租赁业务有关问题的通知》(商建发〔2004〕560号)的相关规定,经研究,同意天津天保租赁有限公司等13家企业作为第八批内资融资租赁业务试点企业。现将有关事项通知如下:

一、有关省、直辖市、新疆生产建设兵团商务、税务主管部门要按照商建发〔2004〕560号文和《商务部、国家税务总局关于加强内资融资租赁试点监管工作的通知》(商建发〔2006〕160号)有关要求,建立健全监管机制,督促第八批试点企业严格遵守国家相关法律及试点有关文件规定,积极稳妥开拓业务,依法缴纳税收,按时上报经营信息。要加强对试点企业的指导和监管,严格按照试点工作的信息统计制度要求,及时、准确向商务部、国家税务总局报送有关试点情况。对在会计年度内未有实质性融资租赁业务进展,以及发生违规行为的试点企业,将研究取消其试点资格。

二、为加快融资租赁业发展,拓宽融资租赁试点范围和领域,充分发挥租赁业在扩大内需、支持中小企业发展、创新融资方式、拓展制造业海外销售渠道、促进经济发展方式转变等方面作用,商务部、国家税务总局决定进一步推动内资融资租赁试点工作。并使之逐步纳入常态化管理。请各省(自治区、直辖市)商务主管部门根据实际情况组织推荐试点企业,商务部、国家税务总局适时对符合条件的企业予以确认。

附件:第八批内资融资租赁试点企业名单(编者略)

5-1-60

财政部 国家税务总局 中宣部关于下发世界知识出版社等35家中央所属转制文化企业名单的通知

2011年12月31日 财税〔2011〕120号

北京市、河南省财政厅(局)、国家税务局、地方税务局,北京市、河南省党委宣传部:

按照《财政部、国家税务总局、中宣部关于转制文化企业名单及认定问题的通知》(财税〔2009〕105号)的规定,世界知识出版社等35家中央所属文化企业已被认定为转制文化企业,现将名单发给你们,名单所列转制文化企业按照《财政部、国家税务总局关于文化体制改革中经营性文化事业单位转制为企业的若干税收政策问题的通知》(财税〔2009〕34号)的规定享受税收优惠政策。税收优惠政策的执行起始期限按《财政部、国家税务总局、中宣部关于下发红旗出版社有限责任公司等中央所属转制文化企业名单的通知》(财税〔2011〕3号)的规定执行。

特此通知。

附件:中央所属转制文化企业名单(编者略)

5-1-61

财政部 国家税务总局关于调整海上石油开采企业名单的通知

2012年3月28日 财税〔2012〕17号

各省、自治区、直辖市、计划单列市财政厅(局)、国家税务局,新疆生产建设兵团财务局:

根据中国海洋石油总公司要求,经研究,现对《财政部、国家税务总局关于海洋工程结构物增值税实行退税的通知》(财税〔2003〕46号)文件附件2的"海上石油开采企业名单"进行如下调整:

一、调整中国海洋石油总公司项下的企业名单

(一)增加:中海石油(中国)有限公司荔湾作业公司、中海石油(中国)有限公司丽水作业公司、中海石油(中国)有限公司北部湾涠洲作业公司、中海石油深海开发有限公司、中海

油能源发展股份有限公司油田建设渤海装备技术服务分公司、中海油能源发展股份有限公司监督监理技术分公司、天津中海油能源发展油田设施管理有限公司。

（二）更名：原名单中的"南海西部石油合众近海建设公司"更名为"湛江南海西部石油合众近海建设有限公司"。

二、调整中国海洋石油对外合作公司项下的企业名单

（一）增加：康菲石油中国有限公司塘沽分公司、康菲石油中国有限公司蛇口分公司、BP中国勘探及生产公司、BP勘探（阿尔法）有限公司、埃尼中国公司深圳分公司、豪信石油（北部）有限公司、超准能源服务国际有限公司、帕特赛克石油公司、英国天然气国际有限公司、新加坡石油勘探和生产（中国）有限公司、澳大利亚石油公司。

（二）更名：原名单中的"中国海洋石油总公司秦皇岛32－6作业分公司"更名为"中海石油（中国）有限公司秦皇岛32－6作业公司"；原名单中的"菲利普斯石油渤海有限公司"更名为"康菲石油渤海有限公司"；原名单中的"超准能源公司"更名为"超准能源中国有限公司"；原名单中的"壳牌勘探中国有限公司"更名为"壳牌中国勘探与生产有限公司"；原名单中的"意大利阿吉普（海外）有限公司"更名为"埃尼中国公司"；原名单中的"科佩克（中国）有限公司"更名为"科威特石油勘探（中国）有限公司"；原名单中的"克里斯通能源公司"更名为"奔腾海洋中国公司"；原名单中的"加拿大哈斯基石油中国有限公司"更名为"哈斯基石油中国有限公司"；原名单中的"派克顿东方公司"更名为"派克顿东方有限责任公司"。

（三）删除：删除原名单中的"马来西亚海外石油有限公司"、"能源资源海外公司"、"阿莫科东方石油公司"、"石油能源开发株式会社"、"华南石油开发株式会社"、"日本矿业株式会社"、"挪威国家石油公司"、"阿科（中国）有限公司"、"德士古中国有限公司"、"丹文能源中国有限公司"、"优尼科东海有限公司"和"美国塔克石油亚洲公司"。

三、上述增加、更名、删除的企业，分别自其工商登记、变更或注销之日起执行本通知的规定。

5－1－62

财政部　国家税务总局关于中国扶贫基金会所属小额贷款公司享受有关税收优惠政策的通知

2012年5月8日　财税〔2012〕33号

各省、自治区、直辖市、计划单列市财政厅（局）、国家税务局、地方税务局，新疆生产建设兵团财务局：

鉴于中国扶贫基金会为规范小额信贷的管理，逐步将下属的农户自立服务社（中心）转型为由中和农信项目管理有限公司独资成立的小额贷款公司。经研究，同意中和农信项目管理有限公司独资成立的小额贷款公司按照《财政部、国家税务总局关于中国扶贫基金会

小额信贷试点项目税收政策的通知》(财税〔2010〕35号)的规定,享受有关税收优惠政策。

特此通知。

5-1-63

财政部　国家税务总局　中国人民银行关于调整铁路运输企业税收收入划分办法的通知

2012年9月7日　财预〔2012〕383号

各省、自治区、直辖市、计划单列市财政厅(局)、国家税务局、地方税务局,中国人民银行上海总部,各分行、营业管理部,省会(首府)城市中心支行,深圳、大连、青岛、厦门、宁波市中心支行:

为理顺铁路运输企业税收收入划分,妥善处理地区间利益分配关系,做好铁路运输企业税收收入的征缴入库和分配管理工作,从2012年1月1日起,调整铁路运输企业税收收入划分办法,现就有关预算管理事宜通知如下:

一、中央与地方收入划分调整

(一)铁道部集中缴纳的铁路运输企业税收收入划分调整。

铁道部集中缴纳的铁路运输企业营业税(不含铁路建设基金营业税,下同)、城市维护建设税、教育费附加由中央收入调整为地方收入,铁道部集中缴纳的铁路建设基金营业税仍作为中央收入;铁道部集中缴纳的铁路运输企业所得税(含中铁快运股份有限公司缴纳的企业所得税)由中央与地方按照60∶40的比例实行分享。

(二)跨省合资铁路企业税收收入划分调整。

跨省(自治区、直辖市,下同)合资铁路企业缴纳的营业税、城市维护建设税、教育费附加为地方收入。企业所得税由中央与地方按照60∶40的比例实行分享。

二、地方收入分配办法

(一)铁道部集中缴纳的铁路运输企业税收收入分配办法。

铁道部集中缴纳的铁路运输企业营业税、城市维护建设税、教育费附加和企业所得税地方分享40%部分,由中央财政按照各省、自治区、直辖市铁路客、货运周转量,客、货运发送量等因素所占比例在地区间分配,分配比例每两年根据上述因素变化情况进行调整。相关因素权重为:客运周转量占36%,货运周转量占54%,客运发送量占4%,货运发送量占6%。2012年各省分配比例详见附件1。

(二)跨省合资铁路企业税收收入分配办法。

跨省合资铁路企业缴纳的营业税和地方分享的所得税收入,按照相关省份铁路客、货运周转量和运营里程等因素所占比例在相关地区分配,分配比例每两年根据上述因素变化情况进行调整。相关因素权重为:客运周转量占28%,货运周转量占42%,运营里程占30%。2012年相关省份分配比例详见附件2。

城市维护建设税和教育费附加100%为该企业注册地地方收入。

三、预算科目调整

（一）将"1010301 铁道营业税"改为"铁路运输企业营业税"。下设"101030101 铁道部集中缴纳的铁路运输企业营业税"，地方收入科目，反映铁道部集中缴纳的铁路运输企业营业税；增设"101030102 跨省合资铁路营业税"，地方收入科目，反映跨省合资铁路企业缴纳的营业税；增设"1010305 铁路建设基金营业税"，中央收入科目，反映铁道部集中缴纳的铁路建设基金营业税。增设"1010306 铁道部集中缴纳的铁路运输企业营业税待分配收入"，中央收入科目，反映待分配的铁道部集中缴纳的铁路运输企业营业税收入，在中央或地方财政统计铁路运输企业营业税收入时对本科目不作统计，以免重复计算。

（二）将"101041701 铁道运输企业所得税"修改为"101041701 铁道部集中缴纳的铁路运输企业所得税"，中央与地方共用收入科目，反映铁道部集中缴纳的铁路运输企业所得税（含中铁快运股份有限公司缴纳的企业所得税）；增设"101043317 跨省合资铁路企业所得税"，中央与地方共用收入科目，反映合资铁路企业缴纳的企业所得税。增设"101041702 铁道部集中缴纳的铁路运输企业所得税待分配收入"，中央收入科目，反映待分配的铁道部集中缴纳的铁路运输企业所得税地方分享40%部分，在中央或地方财政统计铁路运输企业所得税收入时对本科目不作统计，以免重复计算。

（三）对"1010901 国有企业城市维护建设税"科目的说明进行修改，删除"对铁道部征收的城市维护建设税为中央收入"的内容；增设"101090101 铁道部集中缴纳的铁路运输企业城市维护建设税"，地方收入科目，反映地方分享的铁道部集中缴纳的铁路运输企业城市维护建设税。增设"1010918 铁道部集中缴纳的铁路运输企业城市维护建设税待分配收入"，中央收入科目，反映待分配的铁道部集中缴纳的铁路运输企业城市维护建设税收入，在中央或地方财政统计铁路运输企业城市维护建设税收入时对本科目不作统计，以免重复计算。增设"101090109 除铁道部以外的其他国有企业城市维护建设税"，中央与地方共用收入科目。

（四）在教育费附加收入科目下，增设"103020304 铁道部集中缴纳的铁路运输企业教育费附加"，地方收入科目，反映地方分享的铁道部集中缴纳的铁路运输企业教育费附加收入。增设"103020305 铁道部集中缴纳的铁路运输企业教育费附加待分配收入"，中央收入科目，反映待分配的铁道部集中缴纳的铁路运输企业教育费附加收入，在中央或地方财政统计铁路运输企业教育费附加收入时对本科目不作统计，以免重复计算。

（五）上述科目涉及的滞纳金和罚款收入，分别填列"1010320 营业税税款滞纳金、罚款收入"、"101045003 中央企业所得税税款滞纳金、罚款、加收利息收入"、"1010920 城市维护建设税税款滞纳金、罚款收入"和"103020399 教育费附加滞纳金、罚款收入"科目。

四、缴库程序

（一）铁道部集中缴纳的铁路运输企业税收缴库程序。

铁道部集中缴纳的铁路运输企业营业税、城市维护建设税和教育费附加填开缴款书时，分别按"1010306 铁道部集中缴纳的铁路运输企业营业税待分配收入"、"1010918 铁道部集中缴纳的铁路运输企业城市维护建设税待分配收入"、"103020305 铁道部集中缴纳的铁路运输企业教育费附加待分配收入"填写，"级次"栏按"中央100%（待分配）"填写，由中央财政按照核定的比例定期分配给各地区,列入相关地方收入科目。铁道部集中缴纳的企业所得税填开缴款书时,预算科目栏按"101041701 铁道部集中缴纳的铁路运输企业所得税"填写,"级次"栏按"中央60%、中央40%(待分配)"填写。

国库部门收到铁道部集中缴纳的铁路运输企业所得税税款后,将其中60%列入"101041701 铁道部集中缴纳的铁路运输企业所得税",40%列入"101041702 铁道部集中缴纳的铁路运输企业所得税待分配收入"。列入"101041702 铁道部集中缴纳的铁路运输企业所得税待分配收入"部分,由中央财政按照核定的比例定期分配给各地区,列入相关地方收入科目。

(二)跨省合资铁路企业税收缴库程序。

跨省合资铁路企业缴纳的营业税和企业所得税,由注册地和非注册地主管税务机关根据中央财政核定的分配比例确定当地应缴库金额后,就地办理缴库,各地分享税收的具体入库办法另行下达。

五、其他

(一)2011年度及以前铁道部集中缴纳的铁路运输企业超缴、欠缴和漏缴的营业税、企业所得税(含中铁快运股份有限公司缴纳的企业所得税)、城市维护建设税和教育费附加,按照新的中央与地方收入划分和地方收入分配办法执行。

(二)对2012年铁道部已经集中缴入中央国库的铁路运输企业营业税、城市维护建设税、教育费附加和地方分享的企业所得税(含中铁快运股份有限公司缴纳的企业所得税),由财政部、中国人民银行按照核定的分配比例调整为各地方收入。

(三)对2012年已经就地缴入注册地国库的跨省合资铁路营业税和企业所得税(地方分享40%部分)中,按照中央财政核定的比例应属于其他省市分享的部分,年终结算时,由注册地财政上解中央财政,再由中央财政分配到相关地区。

(四)财政部于每年1月初按中央总金库截至上年12月31日的铁道部集中缴纳的铁路运输企业营业税、企业所得税(含中铁快运股份有限公司缴纳的企业所得税)、城市维护建设税和教育费附加待分配收入进行分配,并在库款报解整理期(1月1日至1月10日)内划转至地方国库;地方国库收到下划资金后,金额纳入上年度地方预算收入。地方财政列入上年度收入决算。各省市分库在12月31日向中央总金库报解最后一份中央预算收入日报表后,整理期内再收纳的铁道部集中缴纳的铁路运输企业营业税、企业所得税(含中铁快运股份有限公司缴纳的企业所得税)、城市维护建设税和教育费附加,统一作为新年度的缴库收入处理。

(五)已经达成跨省分配协议的合资铁路税收,可按照明确后的跨省合资铁路收入分享入库办法执行。

(六)当年新投入运营的跨省合资铁路,其缴纳的税收暂按里程因素所占比例在相关地区分配,第二年开始按照相关省份铁路客、货运周转量和运营里程等因素所占比例在相关地区分配。

(七)财政部驻各地财政监察专员办事处要加强对跨省合资铁路企业税收分配情况的监督检查。

附件:1. 铁道部集中缴纳的铁路运输企业税收收入分配比例情况表(编者略)

2. 跨省合资铁路税收收入分配比例情况表(编者略)

5-1-64

国家税务总局　中国人民银行　财政部关于跨省合资铁路企业跨地区税收分享入库有关问题的通知

2012年12月13日　国税发〔2012〕116号

各省、自治区、直辖市和计划单列市国家税务局、地方税务局、财政厅(局),中国人民银行上海总部,各分行、营业管理部、省会(首府)城市中心支行,深圳、大连、青岛、厦门、宁波市中心支行:

根据《财政部、国家税务总局、中国人民银行关于调整铁路运输企业税收收入划分办法的通知》(财预〔2012〕383号)的规定,从2012年1月1日起,调整铁路运输企业税收收入划分办法。为做好跨省合资铁路税收分享入库工作,保证分享税收在各地及时足额入库,现将有关问题通知如下:

一、关于分享税收的征收缴库

(一)分享方式。跨省(自治区、直辖市,下同)合资铁路企业缴纳的营业税和企业所得税税款(欠税、查补税款和罚款,下同),应按中央财政核定的分配比例在相关省进行分配,由相关省负责缴库的主管税务机关分别办理征缴。分配的税款如超过限缴期限缴纳,相关省的主管税务机关需加收滞纳金。

(二)征缴职责。跨省合资铁路企业属于非注册地的营业税由非注册地地方税务局负责办理征缴,企业所得税由国家税务局或地方税务局负责办理征缴(注册地企业所得税由国家税务局征缴的,则非注册地企业所得税也由国家税务局征缴;注册地企业所得税由地方税务局征缴的,则非注册地企业所得税也由地方税务局征缴)。跨省合资铁路企业在非注册地办理营业税、企业所得税征缴的主管税务机关(以下简称非注册地主管税务机关)由该省的省国家税务局或省地方税务局确定;跨省合资铁路企业在非注册地某一税种的主管税务机关在该省应当唯一。

(三)缴库流程。跨省合资铁路企业在计算完应缴纳的营业税和企业所得税后,根据注册地主管税务机关按分配比例计算确定的注册地和非注册地应缴库金额,分别就地办理缴库。需向注册地国库缴纳的税款,由跨省合资铁路企业直接在注册地,向注册地主管税务机关对应的国库缴纳;需向非注册地国库缴纳的税款,由跨省合资铁路企业以汇款方式汇入非注册地主管税务机关对应国库的"待缴库税款"专户。汇款凭证"收款人全称"栏填写收款国库名称,"汇款人全称"栏填写汇款人名称,"汇款用途"栏内注明"××(纳税人)缴纳××(税务机关)税款"的字样。

国库收到待缴库税款后,在当日或次日向非注册地主管税务机关发送加盖国库业务转讫章的收账回单。非注册地主管税务机关应在收到收账回单的当日或次日,根据纳税申报表、税务处理决定书等税收应征凭证,分税种、分纳税人填开税收缴款书(以下简称:缴款书),将税款解缴入库。国库对收到的缴款书审核无误后,在缴款书回执联上加盖业务转讫印章,在收据联上加盖国库业务专用章,连同报查联转非注册地主管税务机关,其余联次作记账凭证。非注册地主管税务机关收到国库转回的缴款书收据联后及时交注册地主管税务机关,以便注册地主管税务机关掌握纳税人在非注册地税收分享入库情况,注册地主管税务机关并应及时将缴款书收据联转交给纳税人作完税凭证。

(四)科目使用和预算级次。开具缴款书缴纳营业税时,缴款书预算科目填列"101030102 跨省合资铁路营业税",预算级次填列"地方级";缴纳企业所得税时,预算科目填列"101043317 跨省合资铁路企业所得税",预算级次填列"中央60%,地方40%"。营业税涉及的滞纳金和罚款收入,填列"1010320 营业税税款滞纳金、罚款收入",预算级次填列"地方级";企业所得税涉及的滞纳金和罚款收入,按企业登记注册类型填列1010450 项"企业所得税税款滞纳金、罚款、加收利息收入"下的有关目级科目名称及代码,预算级次填列"中央60%,地方40%"。收款国库填列与税务机关相对应的国库。

非注册地主管税务机关及对应国库在办理跨省分享税收征缴、入库以及对账等有关事项时,应严格按照《中国人民银行、财政部、国家税务总局关于印发〈待缴库税款收缴管理办法〉的通知》(银发〔2005〕387 号)执行,确保税收资金安全。

二、关于分享税收的退库

按规定由税务部门负责审批办理的应退还跨省合资铁路企业的税款,由跨省合资铁路企业注册地主管税务机关审批总退税金额,并将审批决定和企业退税申请书、完税凭证等有关退税材料复印件及时转交非注册地主管税务机关,按照缴纳税款时的分配比例由注册地、非注册地主管税务机关分别根据注册地审批的退税总金额审核当地应退税金额并办理退库。注册地、非注册地主管税务机关分别开具收入退还书,后附退库申请书及有关文件依据,提交当地对应的国库,原则上应向国库提供原完税凭证复印件。注册地国库经审核无误后,将退税款项直接汇给跨省合资铁路企业账户,并向注册地主管税务机关反馈收入退还书相应联次;非注册地国库经审核无误后,将退税款项通过中国现代化支付系统汇入跨省合资铁路企业账户,并向非注册地主管税务机关反馈收入退还书相应联次。非注册地主管税务机关收到非注册地国库反馈的收入退还书相应联次后,及时将收入退还书第四联转交注册地主管税务机关。注册地主管税务机关负责把各地开具的收入退还书第四联统一交跨省合资铁路企业。

三、关于非注册地主管税务机关对分享税收的知情权

(一)跨省合资铁路企业向注册地主管税务机关办理税务登记后,注册地主管税务机关应将税务登记代码、企业名称、开户银行、分享税收的纳税期限、申报和缴纳期限等税务登记有关资料副本转交非注册地主管税务机关。

(二)跨省合资铁路企业向注册地主管税务机关办理分享税收纳税申报的同时,应将纳税申报表及其他申报资料的副本抄送非注册地主管税务机关。

(三)注册地主管税务机关对跨省合资铁路企业税收进行税务检查时,凡涉及查补(退)税款和罚款的,注册地主管税务机关应将税务处理(处罚)决定书副本及时转交非注册地主管税务机关。

（四）审计和财政等外部门对跨省合资铁路企业税收进行审计检查时，凡涉及查补（退）税款和罚款的，注册地主管税务机关应将审计、财政处理决定书副本及时转交非注册地主管税务机关。

（五）非注册地主管税务机关需了解跨省合资铁路企业分享税收有关情况时，注册地主管税务机关应及时告知。

四、关于税收会统核算

注册地主管税务机关和非注册地主管税务机关应按照规定的各地税款分配比例和分享税收，根据相应的原始凭证，分别核算各自的税款应征、入库、欠缴和退税等情况。跨省合资铁路企业的重点税源监控工作由注册地主管税务机关负责。

本通知自 2013 年 1 月 1 日起执行。

5-1-65

国家税务总局关于国寿投资控股有限公司相关税收问题的公告

2013 年 1 月 7 日　国家税务总局公告 2013 年第 2 号

经财政部批准，中国人寿保险（集团）公司将其重组改制后留存资产划转至全资子公司国寿投资控股有限公司。现将国寿投资控股有限公司有关税收问题公告如下：

一、国寿投资控股有限公司在全国各地拥有房产的，应当按照税务登记管理办法的规定，向房产所在地主管税务机关申报办理税务登记。

二、国寿投资控股有限公司在各地发生固定资产应税销售行为时，由该公司统一开票收款的，由该公司向其机构所在地主管税务机关申报缴纳增值税。如果该公司委托其他公司销售的，则应按代销货物征收增值税的规定，由该公司和受托公司分别于各自的机构所在地缴纳增值税。

三、国寿投资控股有限公司对原属于中国人寿保险（集团）公司重组改制存量资产取得的财产租赁业务收入应缴纳的营业税由该公司向其机构所在地主管税务机关申报缴纳。

四、国寿投资控股有限公司企业所得税的申报缴纳，按照企业所得税的有关规定执行。

五、国寿投资控股有限公司在全国各地（公司总部所在地除外）的财产所涉及的房产税、城镇土地使用税、契税等地方税种，可由中国人寿保险（集团）公司控股的中国人寿保险股份有限公司代理向财产所在地主管税务机关申报缴纳；涉及的车船税、印花税，可由中国人寿保险股份有限公司依据相关法律法规的规定代理缴纳。

本公告自 2013 年 2 月 1 日起施行，《国家税务总局关于中国人寿保险（集团）公司重组改制后有关税务问题的通知》（国税函〔2004〕852 号）第一、二、五条和第三条关于财产租赁业务收入的有关规定同时废止。对本公告生效以前国寿投资控股有限公司已完成税款缴纳的，不再做纳税入库地点调整。

特此公告。

注释：

条款废止。 第三条、第四条废止。参见：《国家税务总局关于公布全文和部分条款失效废止的税务规范性文件目录的公告》（国家税务总局公告2023年第8号）。

条款废止。 第五条中有关印花税的规定废止。参见：《国家税务总局关于实施〈中华人民共和国印花税法〉等有关事项的公告》（国家税务总局公告2022年第14号）。

条款废止。 第五条中有关契税的规定自2021年9月1日起废止。参见：《国家税务总局关于契税纳税服务与征收管理若干事项的公告》（国家税务总局公告2021年第25号）。

5–1–66

商务部　国家税务总局关于确认及取消有关企业内资融资租赁业务试点资格的通知

2013年1月31日　商流通函〔2013〕49号

根据《商务部、国家税务总局关于从事融资租赁业务有关问题的通知》（商建发〔2004〕560号）相关规定，经研究，同意中关村科技租赁（北京）有限公司等19家企业作为第十批内资融资租赁业务试点企业。

有关省市商务、税务主管部门要按照商建发〔2004〕560号、《商务部、国家税务总局关于加强内资融资租赁试点监管工作的通知》（商建发〔2006〕160号）以及现行税收政策规定，建立健全监管机制，督促内资融资租赁业务试点企业严格遵守国家相关法律法规和内资融资租赁业务试点有关文件规定，积极稳妥开展业务，依法缴纳各种税款，按时上报经营信息。对在会计年度内未开展实质性融资租赁业务以及发生违法违规行为的试点企业，主管省市商务、税务主管部门应及时上报有关情况，商务部、税务总局将研究取消其试点资格。

中国铁路工程机械租赁中心（现更名为中国铁工建设有限公司）近几年未开展融资租赁业务，根据内资融资租赁业务试点有关文件规定，决定自2013年1月31日起取消其内资融资租赁业务试点企业资格。

附件：第十批内资融资租赁业务试点企业名单（编者略）

5-1-67

财政部 国家税务总局 中宣部关于下发中国电视剧制作中心有限责任公司等 11 家中央所属转制文化企业名单的通知

2013年3月5日 财税〔2013〕16号

北京市财政局、国家税务局、地方税务局,北京市党委宣传部:

按照《财政部、国家税务总局、中宣部关于转制文化企业名单及认定问题的通知》(财税〔2009〕105号)的规定,中国电视剧制作中心有限责任公司等11家中央所属文化企业已被认定为转制文化企业,现将名单发给你们。

名单所列转制文化企业按照《财政部、国家税务总局关于文化体制改革中经营性文化事业单位转制为企业的若干税收政策问题的通知》(财税〔2009〕34号)的规定享受税收优惠政策。税收优惠政策的执行起始期限按《财政部、国家税务总局、中宣部关于下发红旗出版社有限责任公司等中央所属转制文化企业名单的通知》(财税〔2011〕3号)的规定执行。

特此通知。

附件:中央所属转制文化企业名单(编者略)

5-1-68

财政部 国家税务总局 中宣部关于下发13家名称变更后继续享受税收优惠政策的转制文化企业名单的通知

2013年4月9日 财税〔2013〕17号

北京市财政局、国家税务局、地方税务局,北京市委宣传部:

鉴于财税〔2010〕29号和财税〔2011〕27号文件已公布的部分转制文化企业的名称发生变更,考虑其主营业务并未发生变化,同意名称变更后的企业继续按照财税〔2009〕34号文件的规定享受相关税收优惠政策(名单附后)。同时,将名称变更前的中国出版集团有限公司、人民文学出版社、商务印书馆、中华书局、中国大百科全书出版社、中国美术出版总社、中国美术出版社、人民音乐出版社、生活·读书·新知三联书店、东方出版中心、中国对外翻译出版公司、现代教育出版社、华文出版社从享受税收优惠政策的转制文化企业名单中剔除。

特此通知。

附件：名称变更后继续享受税收优惠政策的转制文化企业名单（编者略）

5-1-69

科技部 财政部 国家税务总局关于在中关村国家自主创新示范区开展高新技术企业认定中文化产业支撑技术等领域范围试点的通知

2013年9月29日 国科发高〔2013〕595号

北京市科学技术委员会、北京市财政局、北京市国家税务局、北京市地方税务局：

经国务院同意，现将在中关村国家自主创新示范区开展高新技术企业认定关于文化产业支撑技术等领域范围试点的有关事项通知如下：

对中关村国家自主创新示范区从事文化产业支撑技术等领域的企业，按规定认定为高新技术企业的，减按15%税率征收企业所得税。文化产业支撑技术等领域的具体范围，由科技部会同有关部门研究制定，另行发文。

特此通知。

5-1-70

财政部 国家税务总局关于企业和自收自支事业单位向职工出租的单位自有住房房产税和营业税政策的通知

2013年11月27日 财税〔2013〕94号

各省、自治区、直辖市、计划单列市财政厅（局）、地方税务局，西藏、宁夏、青海省（自治区）国家税务局，新疆生产建设兵团财务局：

经研究，现就企业和自收自支事业单位向职工出租的单位自有住房的房产税和营业税政策进一步明确如下：

《财政部、国家税务总局关于调整住房租赁市场税收政策的通知》（财税〔2000〕125号）第一条规定，暂免征收房产税、营业税的企业和自收自支事业单位向职工出租的单位自有住房，是指按照公有住房管理或纳入县级以上政府廉租住房管理的单位自有住房。

5-1-71

财政部 国家税务总局关于棚户区改造有关税收政策的通知

2013年12月2日 财税〔2013〕101号

各省、自治区、直辖市、计划单列市财政厅（局）、地方税务局，西藏、宁夏、青海省（自治区）国家税务局，新疆生产建设兵团财务局：

为贯彻落实《国务院关于加快棚户区改造工作的意见》（国发〔2013〕25号）有关要求，现将棚户区改造相关税收政策通知如下：

一、对改造安置住房建设用地免征城镇土地使用税。对改造安置住房经营管理单位、开发商与改造安置住房相关的印花税以及购买安置住房的个人涉及的印花税予以免征。

在商品住房等开发项目中配套建造安置住房的，依据政府部门出具的相关材料、房屋征收（拆迁）补偿协议或棚户区改造合同（协议），按改造安置住房建筑面积占总建筑面积的比例免征城镇土地使用税、印花税。

二、企事业单位、社会团体以及其他组织转让旧房作为改造安置住房房源且增值额未超过扣除项目金额20%的，免征土地增值税。

三、对经营管理单位回购已分配的改造安置住房继续作为改造安置房源的，免征契税。

四、个人首次购买90平方米以下改造安置住房，按1%的税率计征契税；购买超过90平方米，但符合普通住房标准的改造安置住房，按法定税率减半计征契税。

五、个人因房屋被征收而取得货币补偿并用于购买改造安置住房，或因房屋被征收而进行房屋产权调换并取得改造安置住房，按有关规定减免契税。个人取得的拆迁补偿款按有关规定免征个人所得税。

六、本通知所称棚户区是指简易结构房屋较多、建筑密度较大、房屋使用年限较长、使用功能不全、基础设施简陋的区域，具体包括城市棚户区、国有工矿（含煤矿）棚户区、国有林区棚户区和国有林场危旧房、国有垦区危房。棚户区改造是指列入省级人民政府批准的棚户区改造规划或年度改造计划的改造项目；改造安置住房是指相关部门和单位与棚户区被征收人签订的房屋征收（拆迁）补偿协议或棚户区改造合同（协议）中明确用于安置被征收人的住房或通过改建、扩建、翻建等方式实施改造的住房。

七、本通知自2013年7月4日起执行。《财政部、国家税务总局关于城市和国有工矿棚户区改造项目有关税收优惠政策的通知》（财税〔2010〕42号）同时废止。2013年7月4日至文到之日的已征税款，按有关规定予以退税。

5-1-72

财政部 国家税务总局 中宣部关于发布《中国建材报》社等19家中央所属转制文化企业名单的通知

2014年4月25日 财税〔2014〕9号

北京市财政局、国家税务局、地方税务局,北京市党委宣传部:

按照《财政部、国家税务总局、中宣部关于转制文化企业名单及认定问题的通知》(财税〔2009〕105号)的规定,《中国建材报》社等19家中央所属文化企业已被认定为转制文化企业,现将名单发给你们。名单所列转制文化企业按照《财政部、国家税务总局关于文化体制改革中经营性文化事业单位转制为企业的若干税收政策问题的通知》(财税〔2009〕34号)的规定享受税收优惠政策。税收优惠政策的起始时间按《财政部、国家税务总局、中宣部关于下发红旗出版社有限责任公司等中央所属转制文化企业名单的通知》(财税〔2011〕3号)的规定执行。

特此通知。

附件:中央所属转制文化企业名单

附件

中央所属转制文化企业名单

《中国建材报》社
《中国纺织报》社
《中国服饰报》社
《中国县域经济报》社
《中国花卉报》社
《证券日报》社
《中国企业家》杂志社
《中国经济信息》杂志社
《中国书画》杂志社
《农村金融时报》社
《装修装饰天地》杂志社
《经济》杂志社
文化艺术出版社
人民日报传媒广告有限公司
群众出版社
啄木鸟杂志社
光明网传媒有限公司
中报国际文化传媒(北京)有限公司
《政府采购信息》报社有限公司

5-1-73

文化部　工业和信息化部　财政部关于大力支持小微文化企业发展的实施意见

2014年7月11日　文产发〔2014〕27号

各省、自治区、直辖市文化厅（局）、中小企业主管部门、财政厅（局），新疆生产建设兵团文化广播电视局、中小企业主管部门、财务局，各计划单列市文化局、中小企业主管部门、财政局：

近年来，我国小微文化企业迅猛发展，在活跃文化市场、激发产业活力、促进文化创新、增加社会就业、丰富文化供给、满足人民精神文化需求等方面发挥了积极作用，成为推动我国文化发展的重要力量。但小微文化企业在经营、成本、融资、人才、市场环境等方面仍面临许多困难。为深入贯彻落实党的十八届三中全会关于"支持各种形式小微文化企业发展"的要求，根据《国务院关于进一步支持小型微型企业健康发展的意见》（国发〔2012〕14号），结合当前发展实际，制定本意见。

一、高度重视小微文化企业发展

（一）支持小微文化企业发展，是全面深化改革战略部署的一项具体任务，是实现文化产业成为国民经济支柱性产业战略目标的重要举措和促进小微企业健康发展战略任务的重要组成部分。本意见支持的小微文化企业，是指演艺业、娱乐业、动漫业、游戏业、文化旅游业、艺术品业、工艺美术业、文化会展业、创意设计业、网络文化业、数字文化服务业等行业及从事非物质文化遗产生产性保护的企业中符合《中小企业划型标准规定》（工信部联企业〔2011〕300号）的小型和微型企业。要充分认识发展小微文化企业的重要意义，积极营造有利于提高小微文化企业创新能力、扩大发展规模、促进企业可持续发展的良好环境，进一步解放文化生产力，激发全社会文化创造活力。

二、增强创新发展能力

（二）培育企业发展优势。指导小微文化企业以满足人民多层次多样化文化需求为导向，以创意创新为驱动，走"专、精、特、新"和与大企业协作配套发展的道路，在开展特色经营、创新产品特色和服务、提升科技含量和原创水平等方面形成竞争优势。制定贯彻落实国家关于推进文化创意和设计服务与相关产业融合发展政策的配套措施，支持小微文化企业拓展与装备制造业、消费品工业、建筑业、信息业、旅游业、体育和特色农业等产业的融合发展空间。

（三）激发企业创新意识。鼓励小微文化企业把握传统文化与现代元素结合、文化与科技融合的发展趋势，催生新技术、新工艺、新产品、新服务。加快培育产权、版权、技术、信息等要素市场，为企业提升文化创意成果转化和市场化运用水平创造条件。加强文化品牌建设，促进小微文化企业向专业化、品牌化方向发展。加强知识产权保护法律法规、典型案例的宣传和培训，增强小微文化企业知识产权保护意识，提高知识产权保护和运用水平。

（四）提升经营管理水平。通过业务培训、树立典型、总结模式、推广经验等形式，帮助和引导小微文化企业建立与发展阶段和发展目标相适应的管理制度，创新管理手段，提高信息化管理水平，提升企业发展活力。鼓励小微文化企业运用电子商务、第三方支付平台等拓展经营领域，降低企业经营成本，提高资源使用效率。推动文化行业标准化建设，制定并推广一批文化产品、服务、管理等标准，支持小微文化企业提高管理水平。支持创业服务机构、管理咨询机构面向小微文化企业提供管理咨询服务。

三、打造良好发展环境

（五）优化文化市场环境。贯彻落实鼓励和引导民间资本进入文化领域的政策，鼓励社会资本投资、兴办小微文化企业。简化和减少文化市场行政审批事项，做好已取消和下放行政审批项目的落实工作。进一步完善文化市场行政审批信息公开制度，不断提高行政审批效率和查询、办理文化市场行政审批事项的便利程度。建立健全文化市场信用体系，完善失信惩戒和守信激励机制，引导小微文化企业诚实、自律、守信、互信经营。健全12318文化市场举报体系，畅通维权投诉渠道，严厉打击各种违法违规经营活动，切实保护小微文化企业合法权益。

（六）推进创业载体建设。引导现有文化产业园区、基地创新运营管理模式，提升服务小微文化企业发展的水平，将服务效果作为认定国家级文化产业示范园区、试验园区的一项重要条件。支持合理利用闲置厂房、场地和废弃工业设施等，将其改造建设成为具有较强创业辅导服务功能，运作规范、业绩突出的小微文化企业创业基地。对小微文化企业自发集聚形成的特色文化产业集群，要加强规范和引导，完善基础设施建设，提供相应配套服务，改善企业集聚发展环境。鼓励互联网创业平台、交易平台等新兴创业载体的发展，拓宽小微文化企业的互联网创业发展渠道。实施"成长型小微文化企业扶持计划"，培育一批具有发展潜力的小微文化企业和孵化效果显著的小微文化企业创业发展载体。

（七）加快人才培育步伐。将小微文化企业培训工作纳入"国家中小企业银河培训工程"扶持范围，加强对小微文化企业经营管理能力的培养。鼓励高等院校、职业院校、行业协会、小微文化企业创业载体和社会教育服务机构对小微文化企业经营者和创业者开展有针对性的知识教育和技能培训。推进网络课堂建设，创新人才培养模式，不断扩大小微文化企业培训工作覆盖范围。打破文化人才职称评定的体制壁垒，逐步建立面向社会文化艺术人才开放的职称评定制度。实施"文化产业创业创意人才扶持计划"，适应创业创意人才成果转化、市场推广的需要，运用市场化办法，体现普惠性原则，通过合适的平台，加大资金投入、提供展示机会、扩大品牌影响，促进创意成果转化和创业团队孵化。

（八）拓展企业营销途径。鼓励各类文化产业展会、中小企业展会、电子商务平台等面向小微文化企业提供有针对性的服务。政府部门组织企业参加境内外文化展览展销活动，在名额、费用等方面可向小微文化企业适当倾斜。培育一批服务小微文化企业的文化产品和服务经纪、代理机构。充分发挥驻外使领馆文化处（组）、海外中国文化中心等的作用，帮助小微文化企业了解和分析海外文化市场动态、建立和拓展海外营销网络。研究制定文化产品和服务出口的扶持措施，支持小微文化企业开拓国际文化市场。

（九）鼓励参与公共文化服务。鼓励小微文化企业根据政府向社会力量购买服务的相关规定参与公共文化服务，支持有条件的地区探索制定项目补贴、定向资助等具体措施。

在政府采购过程中,各级文化行政部门对小微文化企业及小微文化企业份额达到30%的联合体有自主知识产权的投标产品和服务,可在价格扣除优惠政策规定范围内按较高标准执行。

四、健全金融服务体系

(十)创新金融服务方式。巩固和深化文化行政部门、中小企业主管部门与金融机构的合作,鼓励银行业金融机构加大对小微文化企业的信贷投放力度,开展小微文化企业财务咨询、项目对接、贷前辅导等服务,支持保险机构开发适合小微文化企业特点的保险险种,探索开展保证保险、信用保险等业务。引导金融机构不断提升小微文化企业金融服务的便捷化、规模化、个性化水平。鼓励各级政府搭建的中小融资担保平台为小微文化企业提供担保。实施"文化金融扶持计划",提升面向小微文化企业的金融服务规模与水平。

(十一)拓宽企业融资渠道。大力推广小微文化企业集合债券、集合信托、短期融资券和行业集优债券等。支持小额贷款公司等机构为小微文化企业融资提供相关服务。鼓励符合条件的小微文化企业通过在全国中小企业股份转让系统和区域性股权交易市场进行股权融资。积极引导各类型私募股权投资基金、创业投资企业投资小微文化企业。在清理整顿各类交易场所基础上,鼓励文化产权交易场所为小微文化企业发展提供服务。支持有条件的地方依托文化金融服务中心为小微文化企业提供中介服务。

五、完善财税支持政策

(十二)加大财政支持力度。充分发挥财政政策引导示范作用,着力改善小微文化企业发展环境,促进小微文化企业创业发展。加大中央财政文化产业发展专项资金支持力度,完善和落实项目补助、贷款贴息、保费补贴等措施,实现财政政策、产业政策与企业需求的有机衔接。支持小微文化企业在项目实施中更多运用金融资本、社会资本,符合条件的可通过"文化金融扶持计划"给予支持。各级财政部门要结合本地区实际,切实加强对小微文化企业发展的促进引导,鼓励有条件的地区制定和实施小微文化企业孵化培育专项计划,并探索建立小微文化企业融资风险补偿机制。

(十三)落实税费优惠政策。落实提高增值税和营业税起征点、暂免征收部分小微企业增值税和营业税、小型微利企业所得税减半征收,以及免征部分小微文化企业文化事业建设费、部分艺术品进口关税减免等各项已出台的税费优惠政策。按照有关规定有序推进动漫企业认定工作,落实支持动漫企业发展的相关税收优惠政策。研究完善有利于非物质文化遗产生产性保护企业发展的税收政策。结合营业税改征增值税改革试点,逐步将文化服务行业纳入"营改增"试点范围。

六、提高公共服务水平

(十四)构建公共服务网络。进一步完善文化产业投融资公共服务平台功能,不断丰富信息发布、政策查询、融资指导、人才培训等服务内容。加快全国文化市场技术监管与服务平台建设,提供政策指导、信息交流、项目与产品查询等公共服务。继续推动中小企业公共服务平台网络建设,有条件的地区,可探索开发面向小微文化企业的特色专业服务产品,发挥平台网络辐射作用,逐步提高服务水平,扩大服务范围。支持建立小微文化企业服务平台,符合条件的可作为国家中小企业公共服务示范平台予以重点培育。积极开展小微文化企业信用体系建设,并对信用好的小微文化企业给予重点支持。

(十五)发挥社会组织作用。鼓励文化行业协会、商会吸收小微文化企业入会,充分发挥行业协会、商会在规范市场秩序、开展行业自律、制定行业标准、调解贸易纠纷等方面的积极作用,切实维护小微文化企业权益。支持行业协会、商会与各类小微文化企业载体在发展规划、信息交流、市场推介、创意转化、投资融资、人才培训等方面开展合作,加强对小微文化企业创业发展的指导和服务。

(十六)营造良好舆论氛围。加强与新闻媒体的协调合作,发挥新闻媒体优势,广泛报道小微文化企业发展形势和扶持政策,深入挖掘和宣传成功企业的典型经验,激发全社会的创新创业精神,形成有利于小微文化企业创业和发展的舆论环境,进一步坚定小微文化企业的发展信心。

(十七)强化指导协调机制。各级文化行政部门、中小企业主管部门、财政部门要将支持小微文化企业发展工作作为一项长期任务来落实,并纳入本地区、本部门落实全面深化改革和文化建设的整体工作部署中。充分发挥本地区促进中小企业、小微企业发展工作领导小组作用,将文化行政部门纳入领导小组,做好小微文化企业发展的指导协调工作,形成政策叠加优势。加强对小微文化企业发展的调查研究,逐步建立起对小微文化企业发展情况定期抽样调查和常态化监测分析机制。

各级文化行政部门要结合本地区发展实际,会同中小企业主管部门、财政部门抓紧研究制订支持小微文化企业发展的具体办法,明确工作目标,细化工作任务,推动各项政策措施落到实处。

5-1-74

国务院关于加快发展生产性服务业促进产业结构调整升级的指导意见

2014年7月28日 国发〔2014〕26号

各省、自治区、直辖市人民政府,国务院各部委、各直属机构:

国务院高度重视服务业发展。近年来陆续出台了家庭、养老、健康、文化创意等生活性服务业发展指导意见,服务供给规模和质量水平明显提高。与此同时,生产性服务业发展相对滞后、水平不高、结构不合理等问题突出,亟待加快发展。生产性服务业涉及农业、工业等产业的多个环节,具有专业性强、创新活跃、产业融合度高、带动作用显著等特点,是全球产业竞争的战略制高点。加快发展生产性服务业,是向结构调整要动力、促进经济稳定增长的重大措施,既可以有效激发内需潜力、带动扩大社会就业、持续改善人民生活,也有利于引领产业向价值链高端提升。为加快重点领域生产性服务业发展,进一步推动产业结构调整升级,现提出以下意见:

一、总体要求

(一)指导思想。

以邓小平理论、"三个代表"重要思想、科学发展观为指导,深入贯彻党的十八大和十八届二中、三中全会精神,全面落实党中央、国务院各项决策部署,科学规划布局,放宽市场准入,完善行业标准,创造环境条件,加快生产性服务业创新发展,实现服务业与农业、工业等在更高水平上有机融合,推动我国产业结构优化调整,促进经济提质增效升级。

(二)基本原则。

坚持市场主导。处理好政府和市场的关系,使市场在资源配置中起决定性作用和更好发挥政府作用,鼓励和支持各种所有制企业根据市场需求,积极发展生产性服务业。

坚持突出重点。以显著提升产业发展整体素质和产品附加值为重点,围绕全产业链的整合优化,充分发挥生产性服务业在研发设计、流程优化、市场营销、物流配送、节能降耗等方面的引领带动作用。

坚持创新驱动。建立与国际接轨的专业化生产性服务业体系,推动云计算、大数据、物联网等在生产性服务业的应用,鼓励企业开展科技创新、产品创新、管理创新、市场创新和商业模式创新,发展新兴生产性服务业态。

坚持集聚发展。适应中国特色新型工业化、信息化、城镇化、农业现代化发展趋势,深入实施区域发展总体战略和主体功能区战略,因地制宜引导生产性服务业在中心城市、制造业集中区域、现代农业产业基地以及有条件的城镇等区域集聚,实现规模效益和特色发展。

二、发展导向

以产业转型升级需求为导向,进一步加快生产性服务业发展,引导企业进一步打破"大而全"、"小而全"的格局,分离和外包非核心业务,向价值链高端延伸,促进我国产业逐步由生产制造型向生产服务型转变。

(一)鼓励企业向价值链高端发展。

鼓励农业企业和涉农服务机构重点围绕提高科技创新和推广应用能力,加快推进现代种业发展,完善农副产品流通体系。鼓励有能力的工业企业重点围绕提高研发创新和系统集成能力,发展市场调研、产品设计、技术开发、工程总包和系统控制等业务。加快发展专业化设计及相关定制、加工服务,建立健全重大技术装备第三方认证制度。促进专利技术运用和创新成果转化,健全研发设计、试验验证、运行维护和技术产品标准等体系。重点围绕市场营销和品牌服务,发展现代销售体系,增强产业链上下游企业协同能力。强化期货、现货交易平台功能。鼓励分期付款等消费金融服务方式。推进仓储物流、维修维护和回收利用等专业服务的发展。

(二)推进农业生产和工业制造现代化。

搭建各类农业生产服务平台,加强政策法律咨询、市场信息、病虫害防治、测土配方施肥、种养过程监控等服务。健全农业生产资料配送网络,鼓励开展农机跨区作业、承包作业、机具租赁和维修服务。推进面向产业集群和中小企业的基础工艺、基础材料、基础元器件研发和系统集成以及生产、检测、计量等专业化公共服务平台建设,鼓励开展工程项目、工业设计、产品技术研发和检验检测、工艺诊断、流程优化再造、技能培训等服务外包,整合优化生产服务系统。发展技术支持和设备监理、保养、维修、改造、备品备件等专业化服务,提高设备运行质量。鼓励制造业与相关产业协同处置工业"三废"及社会废弃物,发展节能减排投融资、清洁生产审核及咨询等节能环保服务。

（三）加快生产制造与信息技术服务融合。

支持农业生产的信息技术服务创新和应用，发展农作物良种繁育、农业生产动态监测、环境监控等信息技术服务，建立健全农产品质量安全可追溯体系。鼓励将数字技术和智能制造技术广泛应用于产品设计和制造过程，丰富产品功能，提高产品性能。运用互联网、大数据等信息技术，积极发展定制生产，满足多样化、个性化消费需求。促进智能终端与应用服务相融合、数字产品与内容服务相结合，推动产品创新，拓展服务领域。发展服务于产业集群的电子商务、数字内容、数据托管、技术推广、管理咨询等服务平台，提高资源配置效率。

三、主要任务

现阶段，我国生产性服务业重点发展研发设计、第三方物流、融资租赁、信息技术服务、节能环保服务、检验检测认证、电子商务、商务咨询、服务外包、售后服务、人力资源服务和品牌建设。

（一）研发设计。

积极开展研发设计服务，加强新材料、新产品、新工艺的研发和推广应用。大力发展工业设计，培育企业品牌、丰富产品品种、提高附加值。促进工业设计向高端综合设计服务转变。支持研发体现中国文化要素的设计产品。整合现有资源，发挥企业创新主体作用，推进产学研用合作，加快创新成果产业化步伐。鼓励建立专业化、开放型的工业设计企业和工业设计服务中心，促进工业企业与工业设计企业合作。完善知识产权交易和中介服务体系，发展研发设计交易市场。开展面向生产性服务业企业的知识产权培训、专利运营、分析评议、专利代理和专利预警等服务。建立主要由市场评价创新成果的机制，加快研发设计创新转化为现实生产力。

（二）第三方物流。

优化物流企业供应链管理服务，提高物流企业配送的信息化、智能化、精准化水平，推广企业零库存管理等现代企业管理模式。加强核心技术开发，发展连锁配送等现代经营方式，重点推进云计算、物联网、北斗导航及地理信息等技术在物流智能化管理方面的应用。引导企业剥离物流业务，积极发展专业化、社会化的大型物流企业。完善物流建设和服务标准，引导物流设施资源集聚集约发展，培育一批具有较强服务能力的生产服务型物流园区和配送中心。加强综合性、专业性物流公共信息平台和货物配载中心建设，衔接货物信息，匹配运载工具，提高物流企业运输工具利用效率，降低运输车辆空驶率。提高物流行业标准化设施、设备和器具应用水平以及托盘标准化水平。继续推进制造业与物流业联动发展示范工作和快递服务制造业工作，加强仓储、冷链物流服务。大力发展铁水联运、江海直达、滚装运输、道路货物甩挂运输等运输方式，推进货运汽车（挂车）、列车标准国际化。优化城市配送网络，鼓励统一配送和共同配送。推动城市配送车辆标准化、标识化，建立健全配送车辆运力调控机制，完善配送车辆便利通行措施。在关系民生的农产品、药品、快速消费品等重点领域开展标准化托盘循环共用示范试点。完善农村物流服务体系，加强产销衔接，扩大农超对接规模，加快农产品批发和零售市场改造升级，拓展农产品加工服务。

（三）融资租赁。

建立完善融资租赁业运营服务和管理信息系统，丰富租赁方式，提升专业水平，形成融资渠道多样、集约发展、监管有效、法律体系健全的融资租赁服务体系。大力推广大型制造设备、施工设备、运输工具、生产线等融资租赁服务,鼓励融资租赁企业支持中小微企业发展。引导企业利用融资租赁方式,进行设备更新和技术改造。鼓励采用融资租赁方式开拓国际市场。紧密联系产业需求,积极开展租赁业务创新和制度创新,拓展厂商租赁的业务范围。引导租赁服务企业加强与商业银行、保险、信托等金融机构合作,充分利用境外资金,多渠道拓展融资空间,实现规模化经营。建设程序标准化、管理规范化、运转高效的租赁物与二手设备流通市场,建立和完善租赁物公示、查询系统和融资租赁资产退出机制。加快研究制定融资租赁行业的法律法规。充分发挥行业协会作用,加强信用体系建设和行业自律。建立系统性行业风险防范机制,以及融资租赁业统计制度和评价指标体系。

(四)信息技术服务。

发展涉及网络新应用的信息技术服务,积极运用云计算、物联网等信息技术,推动制造业的智能化、柔性化和服务化,促进定制生产等模式创新发展。加快面向工业重点行业的知识库建设,创新面向专业领域的信息服务方式,提升服务能力。加强相关软件研发,提高信息技术咨询设计、集成实施、运行维护、测试评估和信息安全服务水平,面向工业行业应用提供系统解决方案,促进工业生产业务流程再造和优化。推动工业企业与软件提供商、信息服务提供商联合提升企业生产经营管理全过程的数字化水平。支持工业企业所属信息服务机构面向行业和社会提供专业化服务。加快农村互联网基础设施建设,推进信息进村入户。

(五)节能环保服务。

健全节能环保法规和标准体系,增强节能环保指标的刚性约束,严格落实奖惩措施。大力发展节能减排投融资、能源审计、清洁生产审核、工程咨询、节能环保产品认证、节能评估等第三方节能环保服务体系。规范引导建材、冶金、能源企业协同开展城市及产业废弃物的资源化处理,建立交易市场。鼓励结合改善环境质量和治理污染的需要,开展环保服务活动。发展系统设计、成套设备、工程施工、调试运行和维护管理等环保服务总承包。鼓励大型重点用能单位依托自身技术优势和管理经验,开展专业化节能环保服务。推广合同能源管理,建设"一站式"合同能源管理综合服务平台,积极探索节能量市场化交易。建设再生资源回收体系和废弃物逆向物流交易平台。积极发展再制造专业技术服务,建立再制造旧件回收、产品营销、溯源等信息化管理系统。推行环境污染第三方治理。

(六)检验检测认证。

加快发展第三方检验检测认证服务,鼓励不同所有制检验检测认证机构平等参与市场竞争,不断增强权威性和公信力,为提高产品质量提供有力的支持保障服务。加强计量、检测技术、检测装备研发等基础能力建设,发展面向设计开发、生产制造、售后服务全过程的分析、测试、计量、检验等服务。建设一批国家产业计量测试中心,构建国家产业计量测试服务体系。加强先进重大装备、新材料、新能源汽车等领域的第三方检验检测服务,加快发展药品检验检测、医疗器械检验、进出口检验检疫、农产品质量安全检验检测、食品安全检验检测等服务,发展在线检测,完善检验检测认证服务体系。开拓电子商务等服务认证领域。优化资源配置,引导检验检测认证机构集聚发展,推进整合业务相同或相近的检验检测认证机构。积极参与制定国际检验检测标准,开展检验检测认证结果和技术能力国际互认。培育一批技术能力强、服务水平高、规模效益好、具有一定国际影响力的检验检测认证集团。加大生产性服务业标准的推广应用力度,深化国家级服务业标准化试点。

(七)电子商务。

深化大中型企业电子商务应用,促进大宗原材料网上交易、工业产品网上定制、上下游关联企业业务协同发展,创新组织结构和经营模式。引导小微企业依托第三方电子商务服务平台开展业务。抓紧研究制定鼓励电子商务创新发展的意见。深化电子商务服务集成创新。加快并规范集交易、电子认证、在线支付、物流、信用评估等服务于一体的第三方电子商务综合服务平台发展。加快推进适应电子合同、电子发票和电子签名发展的制度建设。建设开放式电子商务快递配送信息平台和社会化仓储设施网络,加快布局、规范建设快件处理中心和航空、陆运集散中心。鼓励对现有商业设施、邮政便民服务设施等的整合利用,加强共同配送末端网点建设,推动社区商业电子商务发展。深入推进国家电子商务示范城市、示范基地和示范企业建设,发展电子商务可信交易保障、交易纠纷处理等服务。建立健全促进电子商务发展的工作保障机制。加强网络基础设施建设和电子商务信用体系、统计监测体系建设,不断完善电子商务标准体系和快递服务质量评价体系。推进农村电子商务发展,积极培育农产品电子商务,鼓励网上购销对接等多种交易方式。支持面向跨境贸易的多语种电子商务平台建设、服务创新和应用推广。积极发展移动电子商务,推动移动电子商务应用向工业生产经营和生产性服务业领域延伸。

(八)商务咨询。

提升商务咨询服务专业化、规模化、网络化水平。引导商务咨询企业以促进产业转型升级为重点,大力发展战略规划、营销策划、市场调查、管理咨询等提升产业发展素质的咨询服务,积极发展资产评估、会计、审计、税务、勘察设计、工程咨询等专业咨询服务。发展信息技术咨询服务,开展咨询设计、集成实施、运行维护、测试评估、应用系统解决方案和信息安全服务。加强知识产权咨询服务,发展检索、分析、数据加工等基础服务,培育知识产权转化、投融资等市场化服务。重视培育品牌和商誉,发展无形资产、信用等评估服务。抓紧研究制定咨询服务业发展指导意见。依法健全商务咨询服务的职业评价制度和信用管理体系,加强执业培训和行业自律。开展多种形式的国际合作,推动商务咨询服务国际化发展。

(九)服务外包。

把握全球服务外包发展新趋势,积极承接国际离岸服务外包业务,大力培育在岸服务外包市场。抓紧研究制定在岸与离岸服务外包协调发展政策。适应生产性服务业社会化、专业化发展要求,鼓励服务外包,促进企业突出核心业务、优化生产流程、创新组织结构、提高质量和效率。引导社会资本积极发展信息技术外包、业务流程外包和知识流程外包服务业务,为产业转型升级提供支撑。鼓励政府机构和事业单位购买专业化服务,加强管理创新。支持企业购买专业化服务,构建数字化服务平台,实现包括产品设计、工艺流程、生产规划、生产制造和售后服务在内的全过程管理。

(十)售后服务。

鼓励企业将售后服务作为开拓市场、提高竞争力的重要途径,增强服务功能,健全服务网络,提升服务质量,完善服务体系。完善产品"三包"制度,推动发展产品配送、安装调试、以旧换新等售后服务,积极运用互联网、物联网、大数据等信息技术,发展远程检测诊断、运营维护、技术支持等售后服务新业态。大力发展专业维护维修服务,加快技术研发与应用,促进维护维修服务业务和服务模式创新,鼓励开展设备监理、维护、修理和运行等全生命周期服务。积极发展专业化、社会化的第三方维护维修服务,支持具备条件的工业企业内设机构向专业维护维修公司转变。完善售后服务标准,加强售后服务专业队伍建设,健全售后服务认证制度和质量监测体系,不断提高用户满意度。

(十一)人力资源服务和品牌建设。

以产业引导、政策扶持和环境营造为重点,推进人力资源服务创新,大力开发能满足不同层次、不同群体需求的各类人力资源服务产品。提高人力资源服务水平,促进人力资源服务供求对接,引导各类企业通过专业化的人力资源服务提升人力资源管理开发和使用水平,提升劳动者素质和人力资源配置效率。加快形成一批具有国际竞争力的综合型、专业型人力资源服务机构。统筹利用高等院校、科研院所、职业院校、社会培训机构和企业等各种培训资源,强化生产性服务业所需的创新型、应用型、复合型、技术技能型人才开发培训。加快推广中关村科技园区股权激励试点经验,调动科研人员创新进取的积极性。营造尊重人才、有利于优秀人才脱颖而出和充分发挥作用的社会环境。鼓励具有自主知识产权的知识创新、技术创新和模式创新,积极创建知名品牌,增强独特文化特质,以品牌引领消费,带动生产制造,推动形成具有中国特色的品牌价值评价机制。

四、政策措施

从深化改革开放、完善财税政策、强化金融创新、有效供给土地、健全价格机制和加强基础工作等方面,为生产性服务业发展创造良好环境,最大限度地激发企业和市场活力。

(一)进一步扩大开放。

进一步放开生产性服务业领域市场准入,营造公平竞争环境,不得对社会资本设置歧视性障碍,鼓励社会资本以多种方式发展生产性服务业。进一步减少生产性服务业重点领域前置审批和资质认定项目,由先证后照改为先照后证,加快落实注册资本认缴登记制。允许社会资本参与应用型技术研发机构市场化改革。鼓励社会资本参与国家服务业综合改革试点。

引导外资企业来华设立生产性服务业企业、各类功能性总部和分支机构、研发中心、营运基地等。统一内外资法律法规,推进生产性服务业领域有序开放,放开建筑设计、会计审计、商贸物流、电子商务等服务业领域外资准入限制。加快研究制定服务业进一步扩大开放的政策措施,对已经明确的扩大开放要求,要抓紧落实配套措施。探索对外商投资实行准入前国民待遇加负面清单的管理模式。发挥中国(上海)自由贸易试验区在服务业领域先行先试的作用。加强与香港、澳门、台湾地区的服务业合作,加快推进深圳前海、珠海横琴、广州南沙与港澳地区,福建厦门、平潭和江苏昆山与台湾地区的服务业合作试点。

鼓励有条件的企业依托现有产品贸易优势,在境外设立分支机构,大力拓展生产性服务业发展空间。简化境外投资审批程序,进一步提高生产性服务业境外投资的便利化程度。鼓励企业利用电子商务开拓国际营销渠道,积极研究为符合条件的电子商务企业、快递企业提供便利通关措施。加快跨境电子商务通关试点建设。鼓励设立境外投资贸易服务机构,做好境外投资需求的规模、领域和国别研究,提供对外投资准确信息,为企业"走出去"提供咨询服务。

(二)完善财税政策。

尽快将营业税改征增值税试点扩大到服务业全领域。根据生产性服务业产业融合度高的特点，完善促进生产性服务业的税收政策。研发设计、检验检测认证、节能环保等科技型、创新型生产性服务业企业，可申请认定为高新技术企业，享受15%的企业所得税优惠税率。研究适时扩大生产性服务业服务产品出口退税政策范围，制定产品退税目录和具体管理办法。

中央财政和地方财政在各自事权和支出责任范围内，重点支持公共基础设施、市场诚信体系、标准体系建设以及公共服务平台等服务业发展薄弱环节建设，探索完善财政资金投入方式，提高资金使用效率，推动建立统一开放、规范竞争的服务业市场体系。鼓励开发区、产业集群、现代农业产业基地、服务业集聚区和发展示范区积极建设重大服务平台。积极研究自主创新产品首次应用政策，增加对研发设计成果应用的支持。完善政府采购办法，逐步加大政府向社会力量购买服务的力度，凡适合社会力量承担的，都可以通过委托、承包、采购等方式交给社会力量承担。研究制定政府向社会力量购买服务的指导性目录，明确政府购买的服务种类、性质和内容。

(三)创新金融服务。

鼓励商业银行按照风险可控、商业可持续原则，开发适合生产性服务业特点的各类金融产品和服务，积极发展商圈融资、供应链融资等融资方式。支持节能环保服务项目以预期收益质押获得贷款。研究制定利用知识产权质押、仓单质押、信用保险保单质押、股权质押、商业保理等多种方式融资的可行措施。建立生产性服务业重点领域企业信贷风险补偿机制。完善动产抵(质)押登记公示体系，建立健全动产押品管理公司监管制度。支持符合条件的生产性服务业企业通过银行间债券市场发行非金融企业债券融资工具融资，拓宽企业融资渠道。支持商业银行发行专项金融债券，服务小微企业。根据研发、设计、应用的阶段特征和需求，建立完善相应的融资支持体系和产品。搭建方便快捷的融资平台，支持符合条件的生产性服务业企业上市融资、发行债券。对符合条件的中小企业信用担保机构提供担保服务实行免征营业税政策。鼓励融资性担保机构扩大生产性服务业企业担保业务规模。

(四)完善土地和价格政策。

合理安排生产性服务业用地，促进节约集约发展。鼓励工业企业利用自有工业用地兴办促进企业转型升级的自营生产性服务业，经依法批准，对提高自有工业用地容积率用于自营生产性服务业的工业企业，可按新用途办理相关手续。选择具备条件的城市和国家服务业综合改革试点区域，鼓励通过对城镇低效用地的改造发展生产性服务业。加强对服务业发展示范区促进生产性服务业发展与土地利用工作的协同指导。

建立完善主要以市场决定价格的生产性服务业价格形成机制，规范服务价格。建立科学合理的生产性服务业企业贷款定价机制，加大对生产性服务业重点领域企业的支持力度。加快落实生产性服务业用电、用水、用气与工业同价。对工业企业分离出的非核心业务，在水、气方面实行与原企业相同的价格政策。符合条件的生产性服务业重点领域企业，可申请参与电力用户与发电企业直接交易试点。加强对生产性服务业重点领域违规收费

（五）加强知识产权保护和人才队伍建设。

鼓励生产性服务业企业创造自主知识产权，加强对服务模式、服务内容等创新的保护。加快数字版权保护技术研发，推进国家版权监管平台建设。扩大知识产权基础信息资源共享范围，促进知识产权协同创新。加强知识产权执法，加大对侵犯知识产权和制售假冒伪劣商品的打击力度，维护市场秩序，保护创新积极性。加强政府引导，及时发布各类人才需求导向等信息。支持生产性服务业创新团队培养，建立创新发展服务平台。研究促进设计、创意人才队伍建设的措施办法，鼓励创新型人才发展。建设大型专业人才服务平台，增强人才供需衔接。

（六）建立健全统计制度。

以国民经济行业分类为基础，抓紧研究制定生产性服务业及重点领域统计分类，完善相关统计制度和指标体系，明确各有关部门相关统计任务。建立健全有关部门信息共享机制，逐步形成年度、季度信息发布机制。

各地区、各部门要充分认识发展生产性服务业的重大意义，把加快发展生产性服务业作为转变经济发展方式、调整产业结构的重要任务，采取有力措施，确保各项政策落到实处、见到实效。地方各级人民政府要加强组织领导，结合本地实际进一步研究制定扶持生产性服务业发展的政策措施。国务院各有关部门要密切协作配合，抓紧制定各项配套政策和落实政策措施分工的具体措施，营造促进生产性服务业发展的良好环境。发展改革委要加强统筹协调，会同有关部门对本意见落实情况进行督促检查和跟踪分析，每半年向国务院报告一次落实情况，重大问题及时报告。

在推进生产性服务业加快发展的同时，要围绕人民群众的迫切需要，继续大力发展生活性服务业，落实和完善生活性服务业支持政策，拓展新领域，不断丰富健康、家庭、养老等服务产品供给；发展新业态，不断提高网络购物、远程教育、旅游等服务层次水平；培育新热点，不断扩大文化创意、数字家庭、信息消费等消费市场规模，做到生产性服务业与生活性服务业并重、现代服务业与传统服务业并举，切实把服务业打造成经济社会可持续发展的新引擎。

附件：政策措施分工表（编者略）

5-1-75

财政部　国家税务总局　证监会关于沪港股票市场交易互联互通机制试点有关税收政策的通知

2014年10月31日　财税〔2014〕81号

各省、自治区、直辖市、计划单列市财政厅（局）、国家税务局、地方税务局，新疆生产建设兵团财务局，上海、深圳证券交易所，中国证券登记结算公司：

经国务院批准,现就沪港股票市场交易互联互通机制试点涉及的有关税收政策问题明确如下:

一、关于内地投资者通过沪港通投资香港联合交易所有限公司(以下简称香港联交所)上市股票的所得税问题

(一)内地个人投资者通过沪港通投资香港联交所上市股票的转让差价所得税。

对内地个人投资者通过沪港通投资香港联交所上市股票取得的转让差价所得,自2014年11月17日起至2017年11月16日止,暂免征收个人所得税。

(二)内地企业投资者通过沪港通投资香港联交所上市股票的转让差价所得税。

对内地企业投资者通过沪港通投资香港联交所上市股票取得的转让差价所得,计入其收入总额,依法征收企业所得税。

(三)内地个人投资者通过沪港通投资香港联交所上市股票的股息红利所得税。

对内地个人投资者通过沪港通投资香港联交所上市H股取得的股息红利,H股公司应向中国证券登记结算有限责任公司(以下简称中国结算)提出申请,由中国结算向H股公司提供内地个人投资者名册,H股公司按照20%的税率代扣个人所得税。内地个人投资者通过沪港通投资香港联交所上市的非H股取得的股息红利,由中国结算按照20%的税率代扣个人所得税。个人投资者在国外已缴纳的预提税,可持有效扣税凭证到中国结算的主管税务机关申请税收抵免。

对内地证券投资基金通过沪港通投资香港联交所上市股票取得的股息红利所得,按照上述规定计征个人所得税。

(四)内地企业投资者通过沪港通投资香港联交所上市股票的股息红利所得税。

1. 对内地企业投资者通过沪港通投资香港联交所上市股票取得的股息红利所得,计入其收入总额,依法计征企业所得税。其中,内地居民企业连续持有H股满12个月取得的股息红利所得,依法免征企业所得税。

2. 香港联交所上市H股公司应向中国结算提出申请,由中国结算向H股公司提供内地企业投资者名册,H股公司对内地企业投资者不代扣股息红利所得税款,应纳税款由企业自行申报缴纳。

3. 内地企业投资者自行申报缴纳企业所得税时,对香港联交所非H股上市公司已代扣代缴的股息红利所得税,可依法申请税收抵免。

二、关于香港市场投资者通过沪港通投资上海证券交易所(以下简称上交所)上市A股的所得税问题

1. 对香港市场投资者(包括企业和个人)投资上交所上市A股取得的转让差价所得,暂免征收所得税。

2. 对香港市场投资者(包括企业和个人)投资上交所上市A股取得的股息红利所得,在香港中央结算有限公司(以下简称香港结算)不具备向中国结算提供投资者的身份及持股时间等明细数据的条件之前,暂不执行按持股时间实行差别化征税政策,由上市公司按照10%的税率代扣所得税,并向其主管税务机关办理扣缴申报。对于香港投资者中属于其他国家税收居民且其所在国与中国签订的税收协定规定股息红利所得税率低于10%的,企业或个人可以自行或委托代扣代缴义务人,向上市公司主管税务机关提出享受税收协定待

遇的申请,主管税务机关审核后,应按已征税款和根据税收协定税率计算的应纳税款的差额予以退税。

三、关于内地和香港市场投资者通过沪港通买卖股票的营业税问题

1. 对香港市场投资者(包括单位和个人)通过沪港通买卖上交所上市A股取得的差价收入,暂免征收营业税。

2. 对内地个人投资者通过沪港通买卖香港联交所上市股票取得的差价收入,按现行政策规定暂免征收营业税。

3. 对内地单位投资者通过沪港通买卖香港联交所上市股票取得的差价收入,按现行政策规定征免营业税。

四、关于内地和香港市场投资者通过沪港通转让股票的证券(股票)交易印花税问题

香港市场投资者通过沪港通买卖、继承、赠与上交所上市A股,按照内地现行税制规定缴纳证券(股票)交易印花税。内地投资者通过沪港通买卖、继承、赠与联交所上市股票,按照香港特别行政区现行税法规定缴纳印花税。

中国结算和香港结算可互相代收上述税款。

五、本通知自2014年11月17日起执行。

5-1-76

商务部　国家税务总局关于确认北京中煤设备租赁有限责任公司等企业为第十三批内资融资租赁试点企业的通知

2015年3月2日　　商流通函〔2015〕75号

各省、自治区、直辖市、计划单列市及新疆生产建设兵团商务主管部门、国家税务局、地方税务局:

根据《商务部、国家税务总局关于从事融资租赁业务有关问题的通知》(商建发〔2004〕560号),商务部、税务总局对各地报送的内资融资租赁试点材料进行了审核。经审核,北京中煤设备租赁有限责任公司等39家企业符合试点条件,同意其作为第十三批内资融资租赁业务试点企业(以下简称试点企业)。现将有关事项通知如下:

有关省(区、市)商务、税务主管部门要按照《融资租赁企业监督管理办法》、《商务部、国家税务总局关于加强内资融资租赁试点监管工作的通知》(商建发〔2006〕160号)、《商务部关于利用全国融资租赁企业管理信息系统进行租赁物登记查询等有关问题的公告》(商务部公告2014年第84号)、《商务部办公厅关于全国融资租赁企业管理信息系统试运行的通知》(商办流通函〔2013〕677号)的有关要求以及现行税收政策,建立健全监管机制,利用全国融资租赁企业管理信息系统(以下简称管理信息系统)等监管手段,督促试点企业严格遵守国家相关法律法规及试点有关文件规定,通过管理信息系统及时、准确地报送各项信

息并进行租赁物登记查询,建立完善风险控制和防范机制,积极稳妥开拓业务,依法缴纳各种税款。鼓励试点企业加入行业协会,加强行业自律。对在会计年度内未实质性开展融资租赁业务,以及发生违法违规行为的试点企业,将取消其试点资格。

为简化流程,便利企业及时申报试点,今后商务部不再对开展试点申报工作另行下发通知,各地商务主管部门可按照《商务部、国家税务总局关于从事融资租赁业务有关问题的通知》(商建发〔2004〕560号)等文件要求,随时报送符合条件企业的申报试点材料。

附件:第十三批内资融资租赁试点企业名单(编者略)

5-1-77

国家税务总局关于贯彻落实《国务院关于加快发展服务贸易的若干意见》的通知

2015年5月5日　税总函〔2015〕241号

各省、自治区、直辖市和计划单列市国家税务局:

为认真贯彻落实《国务院关于加快发展服务贸易的若干意见》(国发〔2015〕8号),充分发挥税收职能作用,促进服务贸易发展,现将有关事项通知如下:

一、加大宣传培训力度,落实服务税收政策

各地税务机关要结合全面实施"营改增"改革,及时做好服务贸易税收政策的宣传、解释、辅导工作,确保每一户服务贸易企业"应享尽知"。要通过各种行之有效的渠道和方式,广泛宣传服务出口的办税流程、申报要求、管理方式,帮助服务贸易企业了解和用好服务出口零税率和免税政策。要抓好税务干部服务出口零税率和免税政策业务培训,使其熟练掌握税收政策,确保各项税收政策在执行中不偏离、不走样、不折扣。

二、优化出口退税管理,促进服务贸易发展

各地税务机关要充分认识到,准确、及时办理零税率应税服务出口退(免)税,是国税机关履职尽责、促进服务贸易发展的具体体现。要针对服务贸易出口的经营特点,进一步优化零税率应税服务退(免)税管理,加快出口退税进度,对企业申报的符合规定的零税率应税服务退(免)税,要按照《全国税务机关出口退(免)税管理工作规范(1.0版)》(税总发〔2014〕155号印发)规定的时限办结。要认真做好税库银联网试点工作,进一步缩短税款退付的在途时间。要持续做好出口退(免)税业务提醒服务,及时将出口退税业务提醒信息发送给出口企业,不得因向企业提供提醒服务收取任何费用。

三、加强统计分析工作,全面掌握政策效果

各地税务机关要建立和完善服务出口零税率和免税统计分析体系,及时、全面掌握享受服务出口零税率和免税政策的行业类别、企业户数、退免税额等信息和数据,开展政策效果分析,并继续做好应税服务出口退(免)税数据的统计上报工作,确保服务出口税收政策落实到位。

5-1-78

财政部关于做好城市棚户区改造
相关工作的通知

2015年8月26日　财综〔2015〕57号

各省、自治区、直辖市,计划单列市财政厅(局),新疆生产建设兵团财务局:

近期,国务院印发了《关于进一步做好城镇棚户区和城乡危房改造及配套基础设施建设有关工作的意见》(国发〔2015〕37号)。为认真贯彻落实国发〔2015〕37号文件精神,现就做好城市棚户区改造相关工作有关事宜通知如下:

一、大力推进2015年城市棚户区改造项目实施

2015年全国城市棚户区改造目标任务已确定为540万套,各级财政部门要积极配合住房城乡建设等部门做好相关工作,确保完成2015年城市棚户区改造目标任务。对于已经签订合同并实施的城市棚户区改造项目,市县财政部门要按照合同和项目实施进度及时拨付财政资金,确保项目资金需要;对于尚未签订合同或已签订合同但尚未实施的城市棚户区改造项目,市县财政部门要积极配合相关部门做好房屋征收、拆迁以及补偿安置等工作。

二、科学编制2016—2017年城市棚户区改造计划

地方各级财政部门在做好2015年城市棚户区改造工作的同时,要积极配合相关部门对当地城市棚户区居民住房状况和需求情况进行摸底统计,根据当地经济社会发展水平和财政承受能力,科学制定2016年、2017年城市棚户区改造年度计划,包括实物安置和货币安置计划。在此基础上,各级财政部门要提前做好2016年城市棚户区改造财政资金预算编制工作,按规定渠道筹集和安排资金。

三、主动参与研究制定城市棚户区改造实施方案

市县财政部门要积极配合有关部门摸清本地区存量商品住房底数,根据本地区房地产市场状况,主动参与研究制定本地区城市棚户区改造实施方案,因地制宜确定城市棚户区改造安置方式。对于人口较少、住房供需矛盾不突出、房价不高、市场房源较多的城市,应当积极推行货币化安置方式,将货币安置补偿款发放给被拆迁居民,由被拆迁居民自主到市场购买安置住房;或通过政府部门搭桥组织房源,严格审核商品住房价格,由被拆迁居民与开发企业按核定的价格签订购买安置住房合同或协议,政府部门根据合同或协议将货币安置补偿款支付给开发企业。对于人口较多、住房供需矛盾突出、房价较高、市场房源短缺的城市,确需新建安置住房的,要督促相关部门抓紧做好项目选址等各项前期准备工作。

四、积极稳妥做好城市棚户区改造政府购买服务工作

(一)多渠道筹集城市棚户区改造资金。按照"省级负总责、市县抓落实、中央适当补助"的原则,中央和省级财政根据各地区财政困难状况、城市棚户区改造任务完成情况给予适当补助,市县财政部门要按照国家规定筹集城市棚户区改造资金。目前,市县可用于城市棚户区改造的财政资金来源包括城市维护建设税、城镇公用事业附加、城市基础设施配

套费以及土地出让收入等。具体如何安排、安排多少,应当根据当地年度城市棚户区改造资金总体需要、相关资金来源状况、政府资金需求、上级补助等因素,按照统筹兼顾的原则,通过市县一般公共预算和政府性基金预算统筹安排。市县预算安排有缺口,确需举借地方政府债务弥补的,可通过省级人民政府代发地方政府债券予以支持。

(二)尽快制定政府购买城市棚户区改造服务办法。按照国发〔2015〕37号文件规定,政府购买城市棚户区改造服务的范围,严格限定在政府应当承担的城市棚户区改造征地拆迁服务以及安置住房筹集、公益性基础设施建设等方面,不包括城市棚户区改造项目中配套建设的商品房以及经营性基础设施。市县财政部门应当尽快制定政府购买城市棚户区改造服务办法,对政府购买城市棚户区改造服务的具体范围、购买主体、承接主体、购买方式、购买程序、购买服务资金来源、购买服务资金预算管理、绩效评价等作出规定。市县政府有关主管部门应当根据本地区政府购买城市棚户区改造服务办法,公开择优选择政府购买城市棚户区改造服务的承接主体,并与承接主体签订购买城市棚户区改造服务协议。

(三)政府购买城市棚户区改造服务资金纳入年度财政预算管理。市县政府购买城市棚户区改造服务资金纳入年度财政预算。市县财政部门要及时跟踪和掌握城市棚户区改造工作进程,包括城市棚户区改造拆迁安置方案具体实施和进展情况,城市棚户区改造安置住房筹集进展情况等,按照政府购买城市棚户区改造服务协议要求和城市棚户区改造项目进度,在编制年度预算时做好购买服务资金安排,向提供城市棚户区改造服务的承接主体及时拨付资金,确保城市棚户区改造项目资金需要。同时,要按照财政部规定,做好政府购买城市棚户区改造服务信息公开工作。

五、落实城市棚户区改造涉及的税费优惠政策

(一)落实免收各项收费基金优惠政策。对城市棚户区改造项目,按照财政部规定免收防空地下室易地建设费、白蚁防治费、城市基础设施配套费、散装水泥专项资金、新型墙体材料专项基金、教育费附加、地方教育附加、城镇公用事业附加等各项行政事业性收费和政府性基金。同时,按规定免收省级出台的各项行政事业性收费。

(二)落实免收土地出让收入政策。对城市棚户区改造中的安置住房建设用地实行划拨方式供应,除依法支付土地补偿费、拆迁补偿费外,一律免缴土地出让收入。

(三)落实税收减免政策。对城市棚户区改造项目涉及的城镇土地使用税、印花税、土地增值税、契税、个人所得税等,按照《财政部、国家税务总局关于棚户区改造有关税收政策的通知》(财税〔2013〕101号)规定执行。

六、推广实施城市棚户区改造项目贷款贴息

为引导和鼓励社会资本参与城市棚户区改造工作,各地区要认真落实财政部印发的《城镇保障性安居工程贷款贴息办法》(财综〔2014〕76号),对符合条件的城市棚户区改造项目贷款予以一定比例和一定期限的利息补贴。贴息资金来源为各级财政预算安排用于城市棚户区改造的资金。贴息利率以中国人民银行公布的同期贷款基准利率为准,原则上不超过2个百分点。贴息期限按项目建设、收购周期内实际贷款期限确定。

七、管好用好城市棚户区改造专项资金

为使城市棚户区改造这一重大民生工程真正惠及广大人民群众,各地区要管好用好城市棚户区改造专项资金,确保资金专款专用。严禁各地区通过虚报城市棚户区改造任务或

将城市道路拓展、重大工程建设等涉及的房屋拆迁纳入城市棚户区改造范围等方式,骗取套取中央和省级财政城市棚户区改造专项资金。各地区不得违规拨付或滞留城市棚户区改造专项资金,不得拖欠城市棚户区改造工程款;不得将应当用于城市棚户区改造的财政资金、银行贷款、企业债券收入等资金,挪用于园区开发、对外借款、投资经营、弥补工作经费等支出。对于违反规定的,将严格按照《财政违法行为处罚处分条例》等规定处理。

八、加强城市棚户区改造贷款管理

各地区应按照《国务院关于加强地方政府性债务管理的意见》(国发〔2014〕43号)、《国务院办公厅转发财政部、人民银行银监会关于解决地方政府融资平台公司在建项目后续融资问题意见的通知》(国办发〔2015〕40号)等规定,将符合条件的城市棚户区改造贷款纳入政府债务限额和预算管理,并加强对贷款用途的跟踪管理,不得挪用,切实防范地方政府债务风险。

九、开展城市棚户区改造财政资金绩效评价

各地区要按照财政部、住房城乡建设部联合印发的《城镇保障性安居工程财政资金绩效评价暂行办法》(财综〔2015〕6号),将2015年城市棚户区改造纳入城镇保障性安居工程财政资金绩效评价范围,加强评价结果的应用。财政部将会同住房城乡建设部以适当形式向各地区反馈绩效评价结果,地方各级财政部门应当会同同级住房城乡建设部门向同级人民政府报告并以适当形式向社会公开本地区的绩效评价结果。绩效评价结果将作为分配以后年度城镇保障性安居工程资金、制定调整相关政策以及加强保障性安居工程建设和运营管理的重要参考依据。对于得分60分以下的地区,财政部将相应扣减分配该地区的中央财政城镇保障性安居工程专项资金数额,省级财政也要相应扣减分配该地区的省级补助资金数额。

5-1-79

国家税务总局关于进一步简化和规范个人无偿赠与或受赠不动产免征营业税、个人所得税所需证明资料的公告

2015年11月10日　国家税务总局公告2015年第75号

为落实国务院关于简政放权、方便群众办事的有关要求,进一步减轻纳税人负担,现就简化和规范个人无偿赠与或受赠不动产免征营业税、个人所得税所需的证明资料公告如下:

一、纳税人在办理个人无偿赠与或受赠不动产免征营业税、个人所得税手续时,应报送《个人无偿赠与不动产登记表》、双方当事人的身份证明原件及复印件(继承或接受遗赠的,只须提供继承人或接受遗赠人的身份证明原件及复印件)、房屋所有权证原件及复印件。属于以下四类情形之一的,还应分别提交相应证明资料:

(一)离婚分割财产的,应当提交:

1. 离婚协议或者人民法院判决书或者人民法院调解书的原件及复印件;
2. 离婚证原件及复印件。

(二)亲属之间无偿赠与的,应当提交:
1. 无偿赠与配偶的,提交结婚证原件及复印件;
2. 无偿赠与父母、子女、祖父母、外祖父母、孙子女、外孙子女、兄弟姐妹的,提交户口簿或者出生证明或者人民法院判决书或者人民法院调解书或者其他部门(有资质的机构)出具的能够证明双方亲属关系的证明资料原件及复印件。

(三)无偿赠与非亲属抚养或赡养关系人的,应当提交:

人民法院判决书或者人民法院调解书或者乡镇政府或街道办事处出具的抚养(赡养)关系证明或者其他部门(有资质的机构)出具的能够证明双方抚养(赡养)关系的证明资料原件及复印件。

(四)继承或接受遗赠的,应当提交:
1. 房屋产权所有人死亡证明原件及复印件;
2. 经公证的能够证明有权继承或接受遗赠的证明资料原件及复印件。

二、税务机关应当认真核对上述资料,资料齐全并且填写正确的,在《个人无偿赠与不动产登记表》上签字盖章,留存《个人无偿赠与不动产登记表》复印件和有关证明资料复印件,原件退还纳税人,同时办理免税手续。

三、各地税务机关要不折不扣地落实税收优惠政策,维护纳税人的合法权益。要通过办税服务厅、税务网站、12366纳税服务热线、纳税人学堂等多种渠道,积极宣传税收优惠政策规定和办理程序,及时回应、准确答复纳税人咨询,做好培训辅导工作,避免纳税人多头找、多头跑,切实方便纳税人办理涉税事宜。有条件的地区可探索通过政府部门间信息交换共享,查询证明信息,减少纳税人报送资料。

四、本公告自公布之日起施行。《国家税务总局关于加强房地产交易个人无偿赠与不动产税收管理有关问题的通知》(国税发〔2006〕144号)第一条第一款"关于加强个人无偿赠与不动产营业税税收管理问题"的规定同时废止。

特此公告。

注释:

条款修改。第一条第四项第2目"经公证的能够证明有权继承或接受遗赠的证明资料原件及复印件"修改为"有权继承或接受遗赠的证明资料原件及复印件"。参见:《国家税务总局关于土地价款扣除时间等增值税征管问题的公告》(国家税务总局公告2016年第86号)。

5-1-80

财政部 国家税务总局 证监会
关于内地与香港基金互认有关税收政策的通知

2015年12月14日　财税〔2015〕125号

各省、自治区、直辖市、计划单列市财政厅（局）、国家税务局、地方税务局，新疆生产建设兵团财务局，上海、深圳证券交易所，中国证券登记结算公司：

经国务院批准，现就内地与香港基金互认涉及的有关税收政策问题明确如下：

一、关于内地投资者通过基金互认买卖香港基金份额的所得税问题

1. 对内地个人投资者通过基金互认买卖香港基金份额取得的转让差价所得，自2015年12月18日起至2018年12月17日止，三年内暂免征收个人所得税。

2. 对内地企业投资者通过基金互认买卖香港基金份额取得的转让差价所得，计入其收入总额，依法征收企业所得税。

3. 内地个人投资者通过基金互认从香港基金分配取得的收益，由该香港基金在内地的代理人按照20%的税率代扣代缴个人所得税。

前款所称代理人是指依法取得中国证监会核准的公募基金管理资格或托管资格，根据香港基金管理人的委托，代为办理该香港基金内地事务的机构。

4. 对内地企业投资者通过基金互认从香港基金分配取得的收益，计入其收入总额，依法征收企业所得税。

二、关于香港市场投资者通过基金互认买卖内地基金份额的所得税问题

1. 对香港市场投资者（包括企业和个人）通过基金互认买卖内地基金份额取得的转让差价所得，暂免征收所得税。

2. 对香港市场投资者（包括企业和个人）通过基金互认从内地基金分配取得的收益，由内地上市公司向该内地基金分配股息红利时，对香港市场投资者按照10%的税率代扣所得税；或发行债券的企业向该内地基金分配利息时，对香港市场投资者按照7%的税率代扣所得税，并由内地上市公司或发行债券的企业向其主管税务机关办理扣缴申报。该内地基金向投资者分配收益时，不再扣缴所得税。

内地基金管理人应当向相关证券登记结算机构提供内地基金的香港市场投资者的相关信息。

三、关于内地投资者通过基金互认买卖香港基金份额和香港市场投资者买卖内地基金份额的营业税问题

1. 对香港市场投资者（包括单位和个人）通过基金互认买卖内地基金份额取得的差价收入，暂免征收营业税。

2. 对内地个人投资者通过基金互认买卖香港基金份额取得的差价收入，按现行政策规

定暂免征收营业税。

3. 对内地单位投资者通过基金互认买卖香港基金份额取得的差价收入,按现行政策规定征免营业税。

四、关于内地投资者通过基金互认买卖香港基金份额和香港市场投资者通过基金互认买卖内地基金份额的印花税问题

1. 对香港市场投资者通过基金互认买卖、继承、赠与内地基金份额,按照内地现行税制规定,暂不征收印花税。

2. 对内地投资者通过基金互认买卖、继承、赠与香港基金份额,按照香港特别行政区现行印花税税法规定执行。

五、财政、税务、证监等部门要加强协调,通力合作,切实做好政策实施的各项工作。

基金管理人、基金代理机构、相关证券登记结算机构以及上市公司和发行债券的企业,应依照法律法规积极配合税务机关做好基金互认税收的扣缴申报、征管及纳税服务工作。

六、本通知所称基金互认,是指内地基金或香港基金经香港证监会认可或中国证监会注册,在双方司法管辖区内向公众销售。所称内地基金,是指中国证监会根据《中华人民共和国证券投资基金法》注册的公开募集证券投资基金。所称香港基金,是指香港证监会根据香港法律认可公开销售的单位信托、互惠基金或者其他形式的集体投资计划。所称买卖基金份额,包括申购与赎回、交易。

七、本通知自2015年12月18日起执行。

注释:

条款废止。第四条第1项废止。参见:《财政部 税务总局关于印花税法实施后有关优惠政策衔接问题的公告》(财政部 税务总局公告2022年第23号)。

5-1-81

财政部 国家税务总局 住房城乡建设部关于调整房地产交易环节契税营业税优惠政策的通知

2016年2月17日 财税〔2016〕23号

各省、自治区、直辖市、计划单列市财政厅(局)、地方税务局、住房城乡建设厅(建委、房地局),西藏、宁夏、青海省(自治区)国家税务局,新疆生产建设兵团财务局、建设局:

根据国务院有关部署,现就调整房地产交易环节契税、营业税优惠政策通知如下:

一、关于契税政策

(一)对个人购买家庭唯一住房(家庭成员范围包括购房人、配偶以及未成年子女,下同),面积为90平方米及以下的,减按1%的税率征收契税;面积为90平方米以上的,减按1.5%的税率征收契税。

（二）对个人购买家庭第二套改善性住房，面积为90平方米及以下的，减按1%的税率征收契税；面积为90平方米以上的，减按2%的税率征收契税。

家庭第二套改善性住房是指已拥有一套住房的家庭，购买的家庭第二套住房。

（三）纳税人申请享受税收优惠的，根据纳税人的申请或授权，由购房所在地的房地产主管部门出具纳税人家庭住房情况书面查询结果，并将查询结果和相关住房信息及时传递给税务机关。暂不具备查询条件而不能提供家庭住房查询结果的，纳税人应向税务机关提交家庭住房实有套数书面诚信保证，诚信保证不实的，属于虚假纳税申报，按照《中华人民共和国税收征收管理法》的有关规定处理，并将不诚信记录纳入个人征信系统。

按照便民、高效原则，房地产主管部门应按规定及时出具纳税人家庭住房情况书面查询结果，税务机关应对纳税人提出的税收优惠申请限时办结。

（四）具体操作办法由各省、自治区、直辖市财政、税务、房地产主管部门共同制定。

二、关于营业税政策

个人将购买不足2年的住房对外销售的，全额征收营业税；个人将购买2年以上（含2年）的住房对外销售的，免征营业税。

办理免税的具体程序、购买房屋的时间、开具发票、非购买形式取得住房行为及其他相关税收管理规定，按照《国务院办公厅转发建设部等部门关于做好稳定住房价格工作意见的通知》（国办发〔2005〕26号）、《国家税务总局、财政部、建设部关于加强房地产税收管理的通知》（国税发〔2005〕89号）和《国家税务总局关于房地产税收政策执行中几个具体问题的通知》（国税发〔2005〕172号）的有关规定执行。

三、关于实施范围

北京市、上海市、广州市、深圳市暂不实施本通知第一条第二项契税优惠政策及第二条营业税优惠政策，上述城市个人住房转让营业税政策仍按照《财政部、国家税务总局关于调整个人住房转让营业税政策的通知》（财税〔2015〕39号）执行。

上述城市以外的其他地区适用本通知全部规定。

本通知自2016年2月22日起执行。

5-1-82

财政部　国家税务总局关于营改增后契税　房产税　土地增值税个人所得税计税依据问题的通知

2016年4月25日　财税〔2016〕43号

各省、自治区、直辖市、计划单列市财政厅（局）、地方税务局，西藏、宁夏、青海省（自治区）国家税务局，新疆生产建设兵团财务局：

经研究，现将营业税改征增值税后契税、房产税、土地增值税、个人所得税计税依据有关问题明确如下：

一、计征契税的成交价格不含增值税。

二、房产出租的,计征房产税的租金收入不含增值税。

三、土地增值税纳税人转让房地产取得的收入为不含增值税收入。

《中华人民共和国土地增值税暂行条例》等规定的土地增值税扣除项目涉及的增值税进项税额,允许在销项税额中计算抵扣的,不计入扣除项目,不允许在销项税额中计算抵扣的,可以计入扣除项目。

四、个人转让房屋的个人所得税应税收入不含增值税,其取得房屋时所支付价款中包含的增值税计入财产原值,计算转让所得时可扣除的税费不包括本次转让缴纳的增值税。

个人出租房屋的个人所得税应税收入不含增值税,计算房屋出租所得可扣除的税费不包括本次出租缴纳的增值税。个人转租房屋的,其向房屋出租方支付的租金及增值税额,在计算转租所得时予以扣除。

五、免征增值税的,确定计税依据时,成交价格、租金收入、转让房地产取得的收入不扣减增值税额。

六、在计征上述税种时,税务机关核定的计税价格或收入不含增值税。

本通知自 2016 年 5 月 1 日起执行。

5-1-83

国家税务总局关于建立税务机关、涉税专业服务社会组织及其行业协会和纳税人三方沟通机制的通知

2016 年 6 月 28 日　税总发〔2016〕101 号

各省、自治区、直辖市和计划单列市国家税务局、地方税务局:

为贯彻落实中办、国办印发的《深化国税、地税征管体制改革方案》(以下简称《方案》),发挥税务师事务所等涉税专业服务社会组织在构建税收共治格局和优化纳税服务、提高征管效能等方面的积极作用,现就建立税务机关、涉税专业服务社会组织及其行业协会、纳税人三方沟通机制(以下简称三方沟通机制)有关事项通知如下:

一、目标与原则

(一)总体目标

深入贯彻落实《方案》的有关要求,通过三方沟通机制建设,畅通税务机关、涉税专业服务社会组织及其行业协会和纳税人之间沟通交流、信息反馈及解决问题的渠道。坚持鼓励、引导与规范相结合,持续改进监管内容和方式,营造公平、公正的执业环境,推动涉税专业服务社会组织健康发展。充分发挥涉税专业服务社会组织在优化纳税服务、提高征管效能方面的专业优势和人才优势,统筹各方力量,构建税收共治格局。

(二)基本原则

1. 需求导向,有效沟通。围绕税务机关、涉税专业服务社会组织及其行业协会和纳税

人三方的需求,畅通三方沟通交流渠道,积极回应纳税人合理诉求,更好地解决纳税服务和税收征管工作中的"堵点"和"难点"问题。

2. 互相尊重,平等交流。三方沟通中,税务机关应与涉税专业服务社会组织及其行业协会和纳税人平等交流,充分尊重其建议权、监督权等权利,认真听取意见、建议和诉求。

3. 因地制宜,持续改进。各地税务机关应根据本地实际情况,合理确定三方沟通机制的实现形式,并在实践中不断完善和改进。

二、沟通内容

通过三方沟通机制,税务机关、涉税专业服务社会组织及其行业协会、纳税人三方可就下列内容进行沟通:

(一)税务机关可以就税收法律、法规及政策的制定与修改听取意见建议;收集分析税收法律、法规及政策实施效果的评价;解答税收法律、法规及政策问题;回复改进纳税服务和征管工作的建议采纳情况;反馈针对税务机关及税务人员的投诉处理情况;通报涉税专业服务社会组织执业质量检查结果和执业问题整改情况等。

(二)纳税人、涉税专业服务社会组织及其行业协会可以就起草和执行中的税收法律、法规和政策提出修改意见和建议;就税收法律、法规及政策的实施情况进行反馈;就纳税服务和征管工作提出建议;就税收法律、法规及政策的适用进行咨询;就税收政策执行中与税务机关存在的分歧进行反映;就税务机关及税务人员的违规行为进行投诉等。

(三)纳税人可以就涉税专业服务社会组织的服务情况进行评价;就涉税专业服务社会组织存在的执业问题进行投诉等。

(四)涉税专业服务社会组织可以就纳税人税法遵从情况和履行纳税义务过程中遇到的困惑与需求进行反映等。

三、沟通方式

(一)召开会议

召开由税务机关、涉税专业服务社会组织及其行业协会和纳税人三方参加的会议,包括座谈会、通报会、征询会、政策宣讲会等。国税机关、地税机关可联合召开,也可分别召开。

会议一般由省税务机关或市税务机关相关业务部门牵头召集,有条件的市可延伸至县税务机关。根据每次沟通主题及内容,确定与会的税务机关相关业务部门、涉税专业服务社会组织代表及其行业协会、纳税人代表等。

(二)走访调研

各地税务机关可以通过对涉税专业服务社会组织及其行业协会和纳税人不定期实地走访、调研及问卷调查,了解其需求和建议,帮助、督促其解决问题,促进涉税专业服务质量的提高。

(三)拓展渠道

利用纳税服务热线、网站、QQ、微信、微博、电子邮件、手机APP等载体,拓展税务机关、涉税专业服务社会组织及其行业协会和纳税人三方之间的沟通交流渠道。

(四)业务合作

发挥涉税专业服务社会组织的专业优势,引导其为纳税人提供政策咨询辅导等服务。

积极探索建立税务机关与涉税专业服务社会组织的业务合作机制,通过政府采购或有偿委托等形式,在税收课题研究、纳税服务方式创新以及税收征管等方面开展广泛合作。

四、工作要求

(一)加强领导,明确职责

省税务机关要加强对三方沟通机制建设工作的组织领导,结合本地实际,细化本地区三方沟通机制建设的落实办法,明确税务机关内部有关部门的工作职责,完善运行体系和信息反馈流程,并统筹指导好市、县两级三方沟通机制的建设工作,确保三方沟通机制运转顺畅、取得实效。

(二)综合统筹,形成合力

各地税务机关要按照《方案》关于国税、地税"服务深度融合、执法适度整合、信息高度聚合"的要求,将构建三方沟通机制纳入国税、地税合作的整体工作中统筹规划,建立"国税、地税、涉税专业服务社会组织、行业协会、纳税人"五位一体的协作运行机制,实现国税、地税管理协同、服务协作、信息共享,提升工作合力。

(三)跟踪反馈,督促落实

各地税务机关应当建立三方沟通机制工作档案,记录三方沟通机制相关工作开展情况。对涉税专业服务社会组织及其行业协会和纳税人通过各种渠道提出的合理建议和诉求要认真研究,及时反馈和解决,并督促相关部门予以落实,确保三方沟通机制落地生根。

(四)依法开展,防范风险

各地税务机关在开展三方交流时,应严格遵守相关法律法规,把握好政策界限和尺度,切实尊重和维护纳税人自愿选择涉税专业服务社会组织的权利,严禁指定或变相指定、强制服务,严禁违规插手涉税专业服务社会组织经营活动。

5-1-84

国家税务总局关于个人保险代理人税收征管有关问题的公告

2016年7月7日　国家税务总局公告2016年第45号

现将个人保险代理人为保险企业提供保险代理服务税收征管有关问题公告如下:

一、个人保险代理人为保险企业提供保险代理服务应当缴纳的增值税和城市维护建设税、教育费附加、地方教育附加,税务机关可以根据《国家税务总局关于发布〈委托代征管理办法〉的公告》(国家税务总局公告2013年第24号)的有关规定,委托保险企业代征。

个人保险代理人为保险企业提供保险代理服务应当缴纳的个人所得税,由保险企业按照现行规定依法代扣代缴。

二、个人保险代理人以其取得的佣金、奖励和劳务费等相关收入(以下简称"佣金收入",不含增值税)减去地方税费附加及展业成本,按照规定计算个人所得税。

展业成本,为佣金收入减去地方税费附加余额的40%。

三、接受税务机关委托代征税款的保险企业,向个人保险代理人支付佣金费用后,可代个人保险代理人统一向主管国税机关申请汇总代开增值税普通发票或增值税专用发票。

四、保险企业代个人保险代理人申请汇总代开增值税发票时,应向主管国税机关出具个人保险代理人的姓名、身份证号码、联系方式、付款时间、付款金额、代征税款的详细清单。

保险企业应将个人保险代理人的详细信息,作为代开增值税发票的清单,随发票入账。

五、主管国税机关为个人保险代理人汇总代开增值税发票时,应在备注栏内注明"个人保险代理人汇总代开"字样。

六、本公告所称个人保险代理人,是指根据保险企业的委托,在保险企业授权范围内代为办理保险业务的自然人,不包括个体工商户。

七、证券经纪人、信用卡和旅游等行业的个人代理人比照上述规定执行。信用卡、旅游等行业的个人代理人计算个人所得税时,不执行本公告第二条有关展业成本的规定。

个人保险代理人和证券经纪人其他个人所得税问题,按照《国家税务总局关于保险营销员取得佣金收入征免个人所得税问题的通知》(国税函〔2006〕454号)、《国家税务总局关于证券经纪人佣金收入征收个人所得税问题的公告》(国家税务总局公告2012年第45号)执行。

本公告自发布之日起施行。

特此公告。

注释:

条款失效。第二条失效。参见:《财政部 税务总局关于个人所得税法修改后有关优惠政策衔接问题的通知》(财税〔2018〕164号)。

条款失效。第二条第一款失效。参见:《中华人民共和国个人所得税法》(中华人民共和国主席令第9号)。

条款修改。根据《第十三届全国人民代表大会第一次会议关于国务院机构改革方案的决定》等有关规定,税收规范性文件规定的国税地税机关的职责和工作由新的税务机关承担。国家税务总局依据《税收规范性文件制定管理办法》(国家税务总局令第41号公布),对税收规范性文件进行了清理。参见:《国家税务总局关于修改部分税收规范性文件的公告》(国家税务总局公告2018年第31号)。

5-1-85

财政部　国家税务总局关于继续执行高校学生公寓和食堂有关税收政策的通知

2016年7月25日　财税〔2016〕82号

各省、自治区、直辖市、计划单列市财政厅(局)、国家税务局、地方税务局,新疆生产建设兵团财务局：

经国务院批准，现对继续执行高校学生公寓和食堂的有关税收政策通知如下：

一、自 2016 年 1 月 1 日至 2018 年 12 月 31 日，对高校学生公寓免征房产税；对与高校学生签订的高校学生公寓租赁合同，免征印花税。

二、对按照国家规定的收费标准向学生收取的高校学生公寓住宿费收入，自 2016 年 1 月 1 日至 2016 年 4 月 30 日，免征营业税；自 2016 年 5 月 1 日起，在营改增试点期间免征增值税。

三、对高校学生食堂为高校师生提供餐饮服务取得的收入，自 2016 年 1 月 1 日至 2016 年 4 月 30 日，免征营业税；自 2016 年 5 月 1 日起，在营改增试点期间免征增值税。

四、本通知所述"高校学生公寓"，是指为高校学生提供住宿服务，按照国家规定的收费标准收取住宿费的学生公寓。

"高校学生食堂"，是指依照《学校食堂与学生集体用餐卫生管理规定》（教育部令第 14 号）管理的高校学生食堂。

五、文到之日前，已征的按照本通知规定应予免征的房产税和印花税，分别从纳税人以后应缴纳的房产税和印花税中抵减或者予以退还；已征的应予免征的营业税，予以退还；已征的应予免征的增值税，可抵减纳税人以后月份应缴纳的增值税或予以退还。

5-1-86

财政部　国家税务总局关于科技企业孵化器税收政策的通知

2016 年 8 月 11 日　财税〔2016〕89 号

各省、自治区、直辖市、计划单列市财政厅（局）、国家税务局、地方税务局，新疆生产建设兵团财务局：

经国务院批准，现就科技企业孵化器（含众创空间，以下简称孵化器）有关税收政策通知如下：

一、自 2016 年 1 月 1 日至 2018 年 12 月 31 日，对符合条件的孵化器自用以及无偿或通过出租等方式提供给孵化企业使用的房产、土地，免征房产税和城镇土地使用税；自 2016 年 1 月 1 日至 2016 年 4 月 30 日，对其向孵化企业出租场地、房屋以及提供孵化服务的收入，免征营业税；在营业税改征增值税试点期间，对其向孵化企业出租场地、房屋以及提供孵化服务的收入，免征增值税。

二、符合非营利组织条件的孵化器的收入，按照企业所得税法及其实施条例和有关税收政策规定享受企业所得税优惠政策。

三、享受本通知规定的房产税、城镇土地使用税以及营业税、增值税优惠政策的孵化器，应同时符合以下条件：

（一）孵化器需符合国家级科技企业孵化器条件。国务院科技行政主管部门负责发布国家级科技企业孵化器名单。

（二）孵化器应将面向孵化企业出租场地、房屋以及提供孵化服务的业务收入在财务上单独核算。

（三）孵化器提供给孵化企业使用的场地面积（含公共服务场地）应占孵化器可自主支配场地面积的75%以上（含75%）。孵化企业数量应占孵化器内企业总数量的75%以上（含75%）。

公共服务场地是指孵化器提供给孵化企业共享的活动场所，包括公共餐厅、接待室、会议室、展示室、活动室、技术检测室和图书馆等非盈利性配套服务场地。

四、本通知所称"孵化企业"应当同时符合以下条件：

（一）企业注册地和主要研发、办公场所必须在孵化器的孵化场地内。

（二）新注册企业或申请进入孵化器前企业成立时间不超过2年。

（三）企业在孵化器内孵化的时间不超过48个月。纳入"创新人才推进计划"及"海外高层次人才引进计划"的人才或从事生物医药、集成电路设计、现代农业等特殊领域的创业企业，孵化时间不超过60个月。

（四）符合《中小企业划型标准规定》所规定的小型、微型企业划型标准。

（五）单一在孵企业入驻时使用的孵化场地面积不大于1000平方米。从事航空航天等特殊领域的在孵企业，不大于3000平方米。

（六）企业产品（服务）属于科学技术部、财政部、国家税务总局印发的《国家重点支持的高新技术领域》规定的范围。

五、本通知所称"孵化服务"是指为孵化企业提供的属于营业税"服务业"税目中"代理业"、"租赁业"和"其他服务业"中的咨询和技术服务范围内的服务，改征增值税后是指为孵化企业提供的"经纪代理"、"经营租赁"、"研发和技术"、"信息技术"和"鉴证咨询"等服务。

六、省级科技行政主管部门负责定期核实孵化器是否符合本通知规定的各项条件，并报国务院科技行政主管部门审核确认。国务院科技行政主管部门审核确认后向纳税人出具证明材料，列明用于孵化的房产和土地的地址、范围、面积等具体信息，并发送给国务院税务主管部门。

纳税人持相应证明材料向主管税务机关备案，主管税务机关按照《税收减免管理办法》等有关规定，以及国务院科技行政主管部门发布的符合本通知规定条件的孵化器名单信息，办理税收减免。

请遵照执行。

5-1-87

财政部 国家税务总局关于
供热企业增值税 房产税
城镇土地使用税优惠政策的通知

2016年8月24日 财税〔2016〕94号

北京、天津、河北、山西、内蒙古、辽宁、大连、吉林、黑龙江、山东、青岛、河南、陕西、甘肃、宁夏、新疆、青海省（自治区、直辖市、计划单列市）财政厅（局）、国家税务局、地方税务局，新疆生产建设兵团财务局：

为保障居民供热采暖，经国务院批准，现将"三北"地区供热企业（以下简称供热企业）增值税、房产税、城镇土地使用税政策通知如下：

一、自2016年1月1日至2018年供暖期结束，对供热企业向居民个人（以下统称居民）供热而取得的采暖费收入免征增值税。

向居民供热而取得的采暖费收入，包括供热企业直接向居民收取的、通过其他单位向居民收取的和由单位代居民缴纳的采暖费。

免征增值税的采暖费收入，应当按照《中华人民共和国增值税暂行条例》第十六条的规定单独核算。通过热力产品经营企业向居民供热的热力产品生产企业，应当根据热力产品经营企业实际从居民取得的采暖费收入占该经营企业采暖费总收入的比例确定免税收入比例。

本条所称供暖期，是指当年下半年供暖开始至次年上半年供暖结束的期间。

二、自2016年1月1日至2018年12月31日，对向居民供热而收取采暖费的供热企业，为居民供热所使用的厂房及土地免征房产税、城镇土地使用税；对供热企业其他厂房及土地，应当按规定征收房产税、城镇土地使用税。

对专业供热企业，按其向居民供热取得的采暖费收入占全部采暖费收入的比例计算免征的房产税、城镇土地使用税。

对兼营供热企业，视其供热所使用的厂房及土地与其他生产经营活动所使用的厂房及土地是否可以区分，按照不同方法计算免征的房产税、城镇土地使用税。可以区分的，对其供热所使用厂房及土地，按向居民供热取得的采暖费收入占全部采暖费收入的比例计算减免税。难以区分的，对其全部厂房及土地，按向居民供热取得的采暖费收入占其营业收入的比例计算减免税。

对自供热单位，按向居民供热建筑面积占总供热建筑面积的比例计算免征供热所使用的厂房及土地的房产税、城镇土地使用税。

三、本通知所称供热企业，是指热力产品生产企业和热力产品经营企业。热力产品生产企业包括专业供热企业、兼营供热企业和自供热单位。

四、本通知所称"三北"地区，是指北京市、天津市、河北省、山西省、内蒙古自治区、辽宁省、大连市、吉林省、黑龙江省、山东省、青岛市、河南省、陕西省、甘肃省、青海省、宁夏回族自治区和新疆维吾尔自治区。

5-1-88

民政部　财政部　国家税务总局关于印发《关于慈善组织开展慈善活动年度支出和管理费用的规定》的通知

2016年10月11日　民发〔2016〕189号

各省、自治区、直辖市民政厅（局）、财政厅（局）、国家税务局、地方税务局，各计划单列市民政局、财政局、国家税务局、地方税务局，新疆生产建设兵团民政局、财务局：

根据《中华人民共和国慈善法》第六十条关于"具有公开募捐资格的基金会以外的慈善组织开展慈善活动的年度支出和管理费用的标准，由国务院民政部门会同国务院财政、税务等部门依照前款规定的原则制定"的要求，我们制定了《关于慈善组织开展慈善活动年度支出和管理费用的规定》，现印发你们，请遵照执行。

关于慈善组织开展慈善活动年度支出和管理费用的规定

第一条　为进一步明确慈善组织开展慈善活动的年度支出和管理费用，根据《中华人民共和国慈善法》的有关要求，制定本规定。

第二条　慈善组织应当依照法律法规和本组织章程的规定积极开展慈善活动，充分、高效运用慈善财产，并遵循管理费用最必要原则，厉行节约，减少不必要的开支。

第三条　慈善组织应当依据《民间非营利组织会计制度》，加强对慈善活动相关费用的会计核算。

第四条　慈善活动支出是指慈善组织基于慈善宗旨，在章程规定的业务范围内开展慈善活动，向受益人捐赠财产或提供无偿服务时发生的下列费用：

（一）直接或委托其他组织资助给受益人的款物；

（二）为提供慈善服务和实施慈善项目发生的人员报酬、志愿者补贴和保险，以及使用房屋、设备、物资发生的相关费用；

（三）为管理慈善项目发生的差旅、物流、交通、会议、培训、审计、评估等费用。

慈善活动支出在"业务活动成本"项目下核算和归集。慈善组织的业务活动成本包括慈善活动支出和其他业务活动成本。

第五条　慈善组织的管理费用是指慈善组织按照《民间非营利组织会计制度》规定，为保证本组织正常运转所发生的下列费用：

（一）理事会等决策机构的工作经费；

（二）行政管理人员的工资、奖金、住房公积金、住房补贴、社会保障费；

（三）办公费、水电费、邮电费、物业管理费、差旅费、折旧费、修理费、租赁费、无形资产摊销费、资产盘亏损失、资产减值损失、因预计负债所产生的损失、聘请中介机构费等。

第六条　慈善组织的某些费用如果属于慈善活动、其他业务活动、管理活动等共同发生，且不能直接归属于某一类活动的，应当将这些费用按照合理的方法在各项活动中进行分配，分别计入慈善活动支出、其他业务活动成本、管理费用。

第七条　慈善组织中具有公开募捐资格的基金会年度慈善活动支出不得低于上年总收入的百分之七十；年度管理费用不得高于当年总支出的百分之十。

慈善组织中具有公开募捐资格的社会团体和社会服务机构年度慈善活动支出不得低于上年总收入的百分之七十；年度管理费用不得高于当年总支出的百分之十三。

第八条　慈善组织中不具有公开募捐资格的基金会，年度慈善活动支出和年度管理费用按照以下标准执行：

（一）上年末净资产高于6000万元（含本数）人民币的，年度慈善活动支出不得低于上年末净资产的百分之六；年度管理费用不得高于当年总支出的百分之十二；

（二）上年末净资产低于6000万元高于800万元（含本数）人民币的，年度慈善活动支出不得低于上年末净资产的百分之六；年度管理费用不得高于当年总支出的百分之十三；

（三）上年末净资产低于800万元高于400万元（含本数）人民币的，年度慈善活动支出不得低于上年末净资产的百分之七；年度管理费用不得高于当年总支出的百分之十五；

（四）上年末净资产低于400万元人民币的，年度慈善活动支出不得低于上年末净资产的百分之八；年度管理费用不得高于当年总支出的百分之二十。

第九条　慈善组织中不具有公开募捐资格的社会团体和社会服务机构，年度慈善活动支出和年度管理费用按照以下标准执行：

（一）上年末净资产高于1000万元（含本数）人民币的，年度慈善活动支出不得低于上年末净资产的百分之六；年度管理费用不得高于当年总支出的百分之十三；

（二）上年末净资产低于1000万元高于500万元（含本数）人民币的，年度慈善活动支出不得低于上年末净资产的百分之七；年度管理费用不得高于当年总支出的百分之十四；

（三）上年末净资产低于500万元高于100万元（含本数）人民币的，年度慈善活动支出不得低于上年末净资产的百分之八；年度管理费用不得高于当年总支出的百分之十五；

（四）上年末净资产低于100万元人民币的，年度慈善活动支出不得低于上年末净资产的百分之八且不得低于上年总收入的百分之五十；年度管理费用不得高于当年总支出的百分之二十。

第十条　计算年度慈善活动支出比例时，可以用前三年收入平均数代替上年总收入，用前三年年末净资产平均数代替上年末净资产。

上年总收入为上年实际收入减去上年收入中时间限定为上年不得使用的限定性收入，再加上于上年解除时间限定的净资产。

第十一条　慈善组织的年度管理费用低于20万元人民币的，不受本规定第七条、第八条、第九条规定的年度管理费用比例的限制。

第十二条　因下列情形导致年度管理费用难以符合本规定要求的，应当及时报告其登记的民政部门并向社会公开说明情况：

（一）登记或者认定为慈善组织未满1年，尚未全面开展慈善活动的；

（二）慈善组织的折旧费、无形资产摊销费、资产盘亏损失、资产减值损失突发性增长的；

（三）慈善组织因预计负债所产生的损失突发性增长的。

第十三条　慈善组织签订捐赠协议对单项捐赠财产的慈善活动支出和管理费用有约定的，从其约定，但其年度慈善活动支出和年度管理费用不得违反本规定的要求。

第十四条　慈善组织年度慈善活动支出和年度管理费用应当在年度工作报告中进行详细披露，并依法向社会公开。

第十五条　慈善组织慈善活动支出或者管理费用违反本规定要求的，由民政部门依法给予行政处罚并通报财政、税务等有关部门。

5–1–89

财政部　国家税务总局　证监会 关于深港股票市场交易互联互通 机制试点有关税收政策的通知

2016年11月5日　财税〔2016〕127号

各省、自治区、直辖市、计划单列市财政厅（局）、国家税务局、地方税务局，新疆生产建设兵团财务局，上海、深圳证券交易所，中国证券登记结算公司：

经国务院批准，现就深港股票市场交易互联互通机制试点（以下简称深港通）涉及的有关税收政策问题明确如下：

一、关于内地投资者通过深港通投资香港联合交易所有限公司（以下简称香港联交所）上市股票的所得税问题

（一）内地个人投资者通过深港通投资香港联交所上市股票的转让差价所得税。

对内地个人投资者通过深港通投资香港联交所上市股票取得的转让差价所得，自2016年12月5日起至2019年12月4日止，暂免征收个人所得税。

（二）内地企业投资者通过深港通投资香港联交所上市股票的转让差价所得税。

对内地企业投资者通过深港通投资香港联交所上市股票取得的转让差价所得，计入其收入总额，依法征收企业所得税。

（三）内地个人投资者通过深港通投资香港联交所上市股票的股息红利所得税。

对内地个人投资者通过深港通投资香港联交所上市H股取得的股息红利，H股公司应向中国证券登记结算有限责任公司（以下简称中国结算）提出申请，由中国结算向H股公司提供内地个人投资者名册，H股公司按照20%的税率代扣个人所得税。内地个人投资者通过深港通投资香港联交所上市的非H股取得的股息红利，由中国结算按照20%的税率代扣个人所得税。个人投资者在国外已缴纳的预提税，可持有效扣税凭证到中国结算的主管税

务机关申请税收抵免。

对内地证券投资基金通过深港通投资香港联交所上市股票取得的股息红利所得,按照上述规定计征个人所得税。

(四)内地企业投资者通过深港通投资香港联交所上市股票的股息红利所得税。

1. 对内地企业投资者通过深港通投资香港联交所上市股票取得的股息红利所得,计入其收入总额,依法计征企业所得税。其中,内地居民企业连续持有H股满12个月取得的股息红利所得,依法免征企业所得税。

2. 香港联交所上市H股公司应向中国结算提出申请,由中国结算向H股公司提供内地企业投资者名册,H股公司对内地企业投资者不代扣股息红利所得税款,应纳税款由企业自行申报缴纳。

3. 内地企业投资者自行申报缴纳企业所得税时,对香港联交所非H股上市公司已代扣代缴的股息红利所得税,可依法申请税收抵免。

二、关于香港市场投资者通过深港通投资深圳证券交易所(以下简称深交所)上市A股的所得税问题

1. 对香港市场投资者(包括企业和个人)投资深交所上市A股取得的转让差价所得,暂免征收所得税。

2. 对香港市场投资者(包括企业和个人)投资深交所上市A股取得的股息红利所得,在香港中央结算有限公司(以下简称香港结算)不具备向中国结算提供投资者的身份及持股时间等明细数据的条件之前,暂不执行按持股时间实行差别化征税政策,由上市公司按照10%的税率代扣所得税,并向其主管税务机关办理扣缴申报。对于香港投资者中属于其他国家税收居民且其所在国与中国签订的税收协定规定股息红利所得税率低于10%的,企业或个人可以自行或委托代扣代缴义务人,向上市公司主管税务机关提出享受税收协定待遇退还多缴税款的申请,主管税务机关查实后,对符合退税条件的,应按已征税款和根据税收协定税率计算的应纳税款的差额予以退税。

三、关于内地和香港市场投资者通过深港通买卖股票的增值税问题

1. 对香港市场投资者(包括单位和个人)通过深港通买卖深交所上市A股取得的差价收入,在营改增试点期间免征增值税。

2. 对内地个人投资者通过深港通买卖香港联交所上市股票取得的差价收入,在营改增试点期间免征增值税。

3. 对内地单位投资者通过深港通买卖香港联交所上市股票取得的差价收入,在营改增试点期间按现行政策规定征免增值税。

四、关于内地和香港市场投资者通过深港通转让股票的证券(股票)交易印花税问题

香港市场投资者通过深港通买卖、继承、赠与深交所上市A股,按照内地现行税制规定缴纳证券(股票)交易印花税。内地投资者通过深港通买卖、继承、赠与香港联交所上市股票,按照香港特别行政区现行税法规定缴纳印花税。

中国结算和香港结算可互相代收上述税款。

五、关于香港市场投资者通过沪股通和深股通参与股票担保卖空的证券(股票)交易印花税问题

对香港市场投资者通过沪股通和深股通参与股票担保卖空涉及的股票借入、归还,暂免征收证券(股票)交易印花税。

六、本通知自 2016 年 12 月 5 日起执行。

5–1–90

财政部 国家税务总局关于集成电路企业增值税期末留抵退税有关城市维护建设税 教育费附加和地方教育附加政策的通知

2017 年 2 月 24 日　财税〔2017〕17 号

各省、自治区、直辖市、计划单列市财政厅(局)、国家税务局、地方税务局,新疆生产建设兵团财务局:

按照《国务院关于印发进一步鼓励软件产业和集成电路产业发展若干政策的通知》(国发〔2011〕4 号)有关要求,现就集成电路企业增值税期末留抵退税事项涉及的城市维护建设税、教育费附加和地方教育附加政策明确如下:

享受增值税期末留抵退税政策的集成电路企业,其退还的增值税期末留抵税额,应在城市维护建设税、教育费附加和地方教育附加的计税(征)依据中予以扣除。

本通知自发布之日起施行。

5–1–91

国家税务总局关于个人转让住房享受税收优惠政策判定购房时间问题的公告

2017 年 3 月 17 日　国家税务总局公告 2017 年第 8 号

近接部分地区反映,个人因产权纠纷等原因未能及时获取房屋所有权证书,向法院、仲裁机构申请裁定后,取得人民法院、仲裁委员会的房屋所有权证裁定书的时间,可否确认为个人取得房屋所有权证书时间。针对上述反映,现对个人转让住房享受税收优惠政策判定购房时间公告如下:

个人转让住房,因产权纠纷等原因未能及时取得房屋所有权证书(包括不动产权证书,下同),对于人民法院、仲裁委员会出具的法律文书确认个人购买住房的,法律文书的生效日期视同房屋所有权证书的注明时间,据以确定纳税人是否享受税收优惠政策。

本公告自 2017 年 4 月 1 日起施行。此前尚未进行税收处理的,按本公告规定执行。

特此公告。

5-1-92

财政部 税务总局关于小额贷款公司
有关税收政策的通知

2017年6月9日 财税〔2017〕48号

各省、自治区、直辖市、计划单列市财政厅(局)、国家税务局、地方税务局,新疆生产建设兵团财务局:

为引导小额贷款公司在"三农"、小微企业等方面发挥积极作用,更好地服务实体经济发展,现将小额贷款公司有关税收政策通知如下:

一、自2017年1月1日至2019年12月31日,对经省级金融管理部门(金融办、局等)批准成立的小额贷款公司取得的农户小额贷款利息收入,免征增值税。

二、自2017年1月1日至2019年12月31日,对经省级金融管理部门(金融办、局等)批准成立的小额贷款公司取得的农户小额贷款利息收入,在计算应纳税所得额时,按90%计入收入总额。

三、自2017年1月1日至2019年12月31日,对经省级金融管理部门(金融办、局等)批准成立的小额贷款公司按年末贷款余额的1%计提的贷款损失准备金准予在企业所得税税前扣除。具体政策口径按照《财政部 国家税务总局关于金融企业贷款损失准备金企业所得税税前扣除有关政策的通知》(财税〔2015〕9号)执行。

四、本通知所称农户,是指长期(一年以上)居住在乡镇(不包括城关镇)行政管理区域内的住户,还包括长期居住在城关镇所辖行政村范围内的住户和户口不在本地而在本地居住一年以上的住户,国有农场的职工和农村个体工商户。位于乡镇(不包括城关镇)行政管理区域内和在城关镇所辖行政村范围内的国有经济的机关、团体、学校、企事业单位的集体户;有本地户口,但举家外出谋生一年以上的住户,无论是否保留承包耕地均不属于农户。农户以户为统计单位,既可以从事农业生产经营,也可以从事非农业生产经营。农户贷款的判定应以贷款发放时的承贷主体是否属于农户为准。

本通知所称小额贷款,是指单笔且该农户贷款余额总额在10万元(含本数)以下的贷款。

五、2017年1月1日至本通知印发之日前已征的应予免征的增值税,可抵减纳税人以后月份应缴纳的增值税或予以退还。

注释:

政策调整。于2019年12月31日执行到期的税收优惠政策实施期限延长至2023年12月31日。参见:《财政部 税务总局关于延续实施普惠金融有关税收优惠政策的公告》(财政部 税务总局公告2020年第22号)。

5-1-93

财政部　税务总局关于支持农村集体产权制度改革有关税收政策的通知

2017年6月22日　财税〔2017〕55号

各省、自治区、直辖市、计划单列市财政厅（局）、地方税务局，西藏、宁夏自治区国家税务局，新疆生产建设兵团财务局：

为落实中共中央、国务院《关于稳步推进农村集体产权制度改革的意见》要求，支持农村集体产权制度改革，现就有关契税、印花税政策通知如下：

一、对进行股份合作制改革后的农村集体经济组织承受原集体经济组织的土地、房屋权属，免征契税。

二、对农村集体经济组织以及代行集体经济组织职能的村民委员会、村民小组进行清产核资收回集体资产而承受土地、房屋权属，免征契税。

对因农村集体经济组织以及代行集体经济组织职能的村民委员会、村民小组进行清产核资收回集体资产而签订的产权转移书据，免征印花税。

三、对农村集体土地所有权、宅基地和集体建设用地使用权及地上房屋确权登记，不征收契税。

四、本通知自2017年1月1日起执行。

5-1-94

财政部　税务总局　证监会关于支持原油等货物期货市场对外开放税收政策的通知

2018年3月13日　财税〔2018〕21号

各省、自治区、直辖市、计划单列市财政厅（局）、国家税务局、地方税务局，新疆生产建设兵团财政局：

为支持原油等货物期货市场对外开放，现将有关税收政策通知如下：

一、对在中国境内未设立机构、场所的，或者虽设立机构、场所但取得的所得与其所设机构、场所没有实际联系的境外机构投资者（包括境外经纪机构），从事中国境内原油期货交易取得的所得（不含实物交割所得），暂不征收企业所得税；对境外经纪机构在境外为境外投资者提供中国境内原油期货经纪业务取得的佣金所得，不属于来源于中国境内的劳务所得，不征收企业所得税。

二、自原油期货对外开放之日起,对境外个人投资者投资中国境内原油期货取得的所得,三年内暂免征收个人所得税。

三、经国务院批准对外开放的其他货物期货品种,按照本通知规定的税收政策执行。

四、本通知自发布之日起施行。

注释：

政策调整。税收优惠政策已经到期的,执行期限延长至2023年12月31日。参见:《财政部 税务总局关于延长部分税收优惠政策执行期限的公告》(财政部 税务总局公告2021年第6号)。

5-1-95

财政部 税务总局关于保险保障基金有关税收政策问题的通知

2018年4月27日 财税〔2018〕41号

各省、自治区、直辖市、计划单列市财政厅(局)、国家税务局、地方税务局,新疆生产建设兵团财政局:

为支持保险保障基金发展,增强行业经营风险防范能力,现将保险保障基金有关税收政策事项明确如下:

一、对中国保险保障基金有限责任公司(以下简称保险保障基金公司)根据《保险保障基金管理办法》取得的下列收入,免征企业所得税:

1. 境内保险公司依法缴纳的保险保障基金;

2. 依法从撤销或破产保险公司清算财产中获得的受偿收入和向有关责任方追偿所得,以及依法从保险公司风险处置中获得的财产转让所得;

3. 接受捐赠收入;

4. 银行存款利息收入;

5. 购买政府债券、中央银行、中央企业和中央级金融机构发行债券的利息收入;

6. 国务院批准的其他资金运用取得的收入。

二、对保险保障基金公司下列应税凭证,免征印花税:

1. 新设立的资金账簿;

2. 在对保险公司进行风险处置和破产救助过程中签订的产权转移书据;

3. 在对保险公司进行风险处置过程中与中国人民银行签订的再贷款合同;

4. 以保险保障基金自有财产和接收的受偿资产与保险公司签订的财产保险合同;

对与保险保障基金公司签订上述产权转移书据或应税合同的其他当事人照章征收印花税。

三、本通知自2018年1月1日起至2020年12月31日止执行。《财政部 国家税务总局关于保险保障基金有关税收政策问题的通知》(财税〔2016〕10号)同时废止。

注释:

政策调整。税收优惠政策已经到期的,执行期限延长至2023年12月31日。参见:《财政部 税务总局关于延长部分税收优惠政策执行期限的公告》(财政部 税务总局公告2021年第6号)。

5-1-96

财政部 税务总局 科技部 教育部关于科技企业孵化器大学科技园和众创空间税收政策的通知

2018年11月1日　财税〔2018〕120号

各省、自治区、直辖市、计划单列市财政厅(局)、科技厅(局)、教育厅(局),国家税务总局各省、自治区、直辖市、计划单列市税务局,新疆生产建设兵团财政局、科技局、教育局:

为进一步鼓励创业创新,现就科技企业孵化器、大学科技园、众创空间有关税收政策通知如下:

一、自2019年1月1日至2021年12月31日,对国家级、省级科技企业孵化器、大学科技园和国家备案众创空间自用以及无偿或通过出租等方式提供给在孵对象使用的房产、土地,免征房产税和城镇土地使用税;对其向在孵对象提供孵化服务取得的收入,免征增值税。

本通知所称孵化服务是指为在孵对象提供的经纪代理、经营租赁、研发和技术、信息技术、鉴证咨询服务。

二、国家级、省级科技企业孵化器、大学科技园和国家备案众创空间应当单独核算孵化服务收入。

三、国家级科技企业孵化器、大学科技园和国家备案众创空间认定和管理办法由国务院科技、教育部门另行发布;省级科技企业孵化器、大学科技园认定和管理办法由省级科技、教育部门另行发布。

本通知所称在孵对象是指符合前款认定和管理办法规定的孵化企业、创业团队和个人。

四、国家级、省级科技企业孵化器、大学科技园和国家备案众创空间应按规定申报享受免税政策,并将房产土地权属资料、房产原值资料、房产土地租赁合同、孵化协议等留存备查,税务部门依法加强后续管理。

2018年12月31日以前认定的国家级科技企业孵化器、大学科技园,自2019年1月1日起享受本通知规定的税收优惠政策。2019年1月1日以后认定的国家级、省级科技企业孵化器、大学科技园和国家备案众创空间,自认定之日次月起享受本通知规定的税收优惠政策。2019年1月1日以后被取消资格的,自取消资格之日次月起停止享受本通知规定的税收优惠政策。

五、科技、教育和税务部门应建立信息共享机制,及时共享国家级、省级科技企业孵化器、大学科技园和国家备案众创空间相关信息,加强协调配合,保障优惠政策落实到位。

注释:

政策调整。税收优惠政策执行期限延长至2023年12月31日。参见:《财政部 税务总局关于延长部分税收优惠政策执行期限的公告》(财政部 税务总局公告2022年第4号)。

5-1-97

国务院办公厅关于印发文化体制改革中经营性文化事业单位转制为企业和进一步支持文化企业发展两个规定的通知

2018年12月18日 国办发[2018]124号

各省、自治区、直辖市人民政府,国务院各部委、各直属机构:

中央宣传部会同中央网信办、发展改革委、科技部、财政部、人力资源社会保障部、自然资源部、商务部、文化和旅游部、人民银行、税务总局、市场监管总局、广电总局等有关部门和单位拟定的《文化体制改革中经营性文化事业单位转制为企业的规定》和《进一步支持文化企业发展的规定》已经国务院同意,现印发给你们,请认真贯彻执行。

文化体制改革中经营性文化事业单位转制为企业的规定

为进一步深化文化体制改革,继续推进国有经营性文化事业单位转企改制,特制定以下规定:

一、关于公司制股份制改革

(一)经营性文化事业单位转制为企业,要依法登记为有限责任公司或股份有限公司,加快构建有文化特色的现代企业制度,坚持正确导向和经营方向,坚持国有资本主导地位,积极稳妥推进混合所有制改革,形成有效制衡的公司法人治理结构和灵活高效的市场化经营机制,推动企业做强做优做大。

(二)完善法人治理结构。公司党委(党组)领导班子成员依法定程序,以双向进入、交叉任职的方式进入董事会、经理层、内设监事会,党委(党组)书记同时任董事长(执行董事)、为公司法定代表人,党员总经理一般担任党委(党组)副书记,专职副书记一般进入董事会。党委(党组)发挥领导作用,把方向、管大局、保落实,依照规定研究讨论涉及内容导向管理的重大事项及公司运营与发展的重大决策、重要人事任免、重大项目安排、大额度资金使用等事项,并作为董事会、经理层决策的前置程序。建立健全决策合法性审查机制,充分发挥法律顾问、公司律师的作用,促进依法经营、依法管理。

(三)从事内容创作生产传播的公司,设立总编辑或艺术总监等专门岗位,设董事会的,须设立编辑委员会或艺术委员会等专门委员会,为董事会有关内容导向管理的重大事项提供决策咨询。

(四)推进国有文化企业内部资源整合,进一步聚焦主业,压缩企业管理层级,将投资决策权向三级以上企业集中,减少法人户数。

二、关于国有文化资产管理

(五)建立健全党委和政府监管国有文化资产的管理机构,完善党委和政府监管有机结合、宣传部门有效主导的管理模式,实现管人管事管资产管导向相统一,推动党政部门与其所属的文化企业进一步理顺关系,推动主管主办制度与出资人制度相衔接。

(六)经营性文化事业单位转制为企业,要认真做好资产清查、资产评估、产权登记等基础工作,依法落实原有债权债务。国有文化企业公司章程制定和修改、注册资本增减、重组整合、破产解散、改制上市、国有产权转让、无偿划拨、组建集团、发行债券、法定代表人变更等重大变动事项,报同级国有文化资产管理机构审批,并按有关程序和规定办理。

(七)国有文化企业依照相关规定定期报告财务状况、生产经营状况、国有资产保值增值状况和社会效益情况。加强国有文化企业社会效益和经济效益综合考核,探索建立国有资产保值增值考核与社会效益考核相结合的综合评价体系。

(八)建立健全文化企业国有资本经营预算制度,通过国有资本金注入,优化国有资本配置,发挥国有资本引导作用,推进国有文化企业兼并重组、转型升级,促进文化产业布局优化。

(九)推进国有文化资本授权经营,形成国有文化资本流动重组、布局调整的有效平台,优化资源配置,推动国有文化企业增强实力、活力、抗风险能力,更好地发挥控制力、影响力。

三、关于资产和土地处置

(十)经营性文化事业单位在转制过程中,对于清查出的资产损失按规定报经批准后进行核销;切实维护银行合法债权安全,严肃处理各类借转制之名逃废银行债务行为,维护金融安全稳定。转制后财务制度应执行《企业财务通则》,会计制度应执行《企业会计准则》或《小企业会计准则》。

(十一)经营性文化事业单位转制涉及的原划拨土地,转制后符合《划拨用地目录》的,可继续以划拨方式使用;不符合《划拨用地目录》的,应当依法实行有偿使用。经省级以上人民政府批准,经营性文化事业单位转制为国有独资或国有控股企业的,原生产经营性划拨用地,经批准可采用作价出资(入股)方式配置;经营性文化事业单位转制为国有参股企业或非国有企业的,原生产经营性划拨用地可采用协议出让或租赁方式进行土地资产处置。

四、关于收入分配

(十二)转制后执行企业收入分配制度。按照国家有关规定实行工资总额预算管理,由国有文化企业自主编制,按规定履行内部决策程序后,报有关部门核准或备案后执行。完善工资与效益联动机制,工资效益联动指标应同时选取反映社会效益和经济效益、国有资本保值增值的指标。建立健全以岗位工资为主的基本工资制度,以岗位价值为依据,以业绩为导向,参照劳动力市场工资价位并结合企业社会效益和经济效益,合理确定不同岗位的工资水平,使职工工资收入与其工作业绩和实际贡献紧密挂钩,合理拉开工资分配差距。人力资源社会保障部门、国有文化资产管理机构和企业主管主办部门要加强对国有文化企业工资收入分配的指导和监督,规范国有文化企业收入分配秩序。

(十三)完善国有文化企业负责人薪酬管理机制,国有独资及国有控股公司的负责人收入分配应与社会效益和经济效益综合评价考核结果挂钩。

五、关于社会保障

(十四)转制后自企业登记注册的次月起按企业办法参加社会保险。转制时在职人员按国家规定计算的连续工龄,视同缴费年限,不再补缴基本养老保险费。

(十五)离休人员的医疗保障继续执行现行办法,也可按照所在统筹地区相关规定纳入离休人员医药费单独统筹,所需资金按原渠道解决;转制前已退休人员中,原享受公费医疗的,在享受基本医疗保险待遇的基础上,可以参照国家公务员医疗补助办法,实行医疗补助。

(十六)中央各部门各单位设在地方的出版单位、中央各部门各单位出版单位在地方的派出(分支)机构的人员,转制后按规定纳入当地社会保障体系。

六、关于人员安置

(十七)对转制时距国家法定退休年龄五年以内的原事业编制内人员,本人申请并经转制单位批准,可以提前离岗,离岗期间的工资福利等基本待遇不变,单位和个人继续按规定缴纳各项社会保险费,达到国家法定退休年龄时,按照国家规定办理退休手续。

(十八)转制时,要按照国家相关法律规定,自企业登记注册之日起与在职职工全部签订劳动合同。职工在事业单位的工作年限合并计算为转制后企业的工作年限。转制后根据经营方向确需分流人员的,应按照规定处理劳动关系,对符合支付经济补偿条件的,应依法支付经济补偿。

(十九)转制企业应当切实保障职工的合法权益。转制时,对提前离岗人员所需的基本待遇及各项社会保险费、分流人员所需的经济补偿金,可从评估后的净资产中预留或从国有产权转让收入中优先支付。净资产不足的,财政部门也可给予一次性补助。

七、关于财政税收

(二十)财税部门应认真落实适用于转制企业的现行财税优惠政策。

(二十一)原事业编制内职工的住房公积金、住房补贴中由财政负担部分,转制后继续由财政部门在预算中拨付;转制前人员经费由财政负担的离退休人员的住房补贴尚未解决的,转制时由财政部门一次性拨付解决;转制前人员经费自理的离退休人员以及转制后离退休人员和在职职工住房补贴资金,由转制单位按照所在地市、县级人民政府有关企业住房分配货币化改革政策以及企业财务会计制度的规定,从本单位相应资金渠道列支。转制后原有的正常事业费继续拨付。

(二十二)为确保转制工作顺利进行,同级财政可一次性拨付一定数额的资金,主要用于资产评估、审计、政策法律咨询等。

（二十三）经营性文化事业单位转制为企业后，五年内免征企业所得税。2018 年 12 月 31 日之前已完成转制的企业，自 2019 年 1 月 1 日起可继续免征五年企业所得税。

（二十四）由财政部门拨付事业经费的经营性文化事业单位转制为企业，对其自用房产五年内免征房产税。2018 年 12 月 31 日之前已完成转制的企业，自 2019 年 1 月 1 日起对其自用房产可继续免征五年房产税。

（二十五）对经营性文化事业单位转制中资产评估增值、资产转让或划转涉及的企业所得税、增值税、城市维护建设税、契税等，符合现行规定的享受相应税收优惠政策。

（二十六）党报、党刊将其发行、印刷业务及相应的经营性资产剥离组建的文化企业，所取得的党报、党刊发行收入和印刷收入免征增值税。

（二十七）经省级人民政府批准，2020 年年底前省属重点文化企业可免缴国有资本收益。

八、关于法人登记

（二十八）转制后的企业名称，应当符合企业名称登记管理的规定。原单位名称中冠以"中国"、"中华"、"全国"、"国家"、"国际"等字样的，按有关规定经批准可继续注册使用。

（二十九）转制后须核销事业编制，注销事业单位法人，并依法办理企业登记注册。

九、关于党的建设

（三十）经营性文化事业单位在转制过程中，要按照党章和有关党内法规，做好党组织设置工作，理顺党组织隶属关系，坚持党的建设同步谋划、党的组织及工作机构同步设置、党组织负责人及党务工作人员同步配备、党的工作同步开展，实现体制对接、机制对接、制度对接和工作对接，充分发挥企业党委（党组）领导作用。把党建工作要求写入企业章程，明确党组织的地位作用、职责权限、设置形式、经费保障等内容和要求，确保企业党的组织和党的工作全覆盖。企业党组织的领导关系要按照有利于加强党的领导和开展党的工作，有利于促进企业改革和发展的原则确定。党委宣传部门、组织部门要加强对国有文化企业党建工作的指导。

（三十一）转制企业要认真学习贯彻习近平新时代中国特色社会主义思想，坚持正确政治方向，站稳政治立场。根据实际需要设立党建工作机构、配备党务工作人员，大型文化企业（集团）应设置专门的党建工作机构和专职抓党建工作的副书记。积极吸收各方面人才特别是优秀青年入党，着力扩大在采编、创作等岗位的党员比例。建立企业党建工作责任制和意识形态工作责任制落实情况报告制度，开展党委（党组）书记抓基层党建述职评议考核工作。加强党员教育管理，推进"两学一做"学习教育常态化制度化，加强党支部标准化、规范化建设，创新党组织活动方式，充分发挥基层党组织战斗堡垒作用和党员先锋模范作用。

中央所属转制文化企业的认定，由中央宣传部会同财政部、税务总局确定并发布名单；地方所属转制文化企业的认定，按照登记管理权限，由地方各级宣传部门会同同级财政、税务部门确定和发布名单，并按程序抄送中央宣传部、财政部和税务总局。除第二十三条、第二十四条所列政策外，上述政策凡未注明具体期限的，执行期限为 2019 年 1 月 1 日至 2023 年 12 月 31 日。

进一步支持文化企业发展的规定

为进一步深化文化体制改革,促进文化企业发展,特制定以下规定:

一、关于财政税收

(一)中央财政和地方财政应通过文化产业发展专项资金等现有资金渠道,创新资金投入方式,完善政策扶持体系,支持文化企业发展。

(二)对电影制片企业销售电影拷贝(含数字拷贝)、转让版权取得的收入,电影发行企业取得的电影发行收入,电影放映企业在农村的电影放映收入免征增值税。一般纳税人提供的城市电影放映服务,可以按现行政策规定,选择按照简易计税办法计算缴纳增值税。

(三)对广播电视运营服务企业收取的有线数字电视基本收视维护费和农村有线电视基本收视费,免征增值税。

(四)落实和完善有利于文化内容创意生产、非物质文化遗产项目经营的税收优惠政策。

(五)加大对国家文化出口重点企业和项目扶持力度,加强国家文化出口基地建设。

(六)加大财政对文化科技创新的支持,将文化科技纳入国家相关科技发展规划和计划,加强国家文化和科技融合示范基地建设,积极鼓励文化与科技深度融合,促进文化企业、文化产业转型升级,发展新型文化业态。

(七)通过政府购买、消费补贴等途径,引导和支持文化企业提供更多文化产品和服务,鼓励出版适应群众购买能力的图书报刊,鼓励在商业演出和电影放映中安排低价场次或门票,鼓励网络文化运营商开发更多低收费业务。加大对文化消费基础设施建设、改造投资力度,完善政府投入方式,建立健全社会力量、社会资本参与机制,促进多层次多业态文化消费设施发展。

(八)认真落实支持现代服务业、中小企业特别是小微企业等发展的有关优惠政策,促进中小文化企业发展。

二、关于投资和融资

(九)对投资兴办文化企业的,有关行政主管部门应当提高行政审批效率,并不得收取国家规定之外的任何附加费用。

(十)在国家许可范围内,鼓励和引导社会资本以多种形式投资文化产业,参与国有经营性文化事业单位转企改制,允许以控股形式参与国有影视制作机构、文艺院团改制经营,在投资核准、银行贷款、土地使用、税收优惠、上市融资、发行债券、对外贸易等方面给予支持。

(十一)鼓励国有文化产业投资基金作为文化产业的战略投资者,对重点领域的文化企业进行股权投资。创新基金投资模式,更好地发挥各类文化产业投资基金的引导和杠杆作用,推动文化企业跨地区、跨行业、跨所有制兼并重组,切实维护国家文化安全。

(十二)创新文化产业投融资体制,推动文化资源与金融资本有效对接,鼓励有条件的文化企业利用资本市场发展壮大,推动资产证券化,鼓励文化企业充分利用金融资源,投资开发战略性、先导性文化项目。

（十三）通过公司制改建实现投资主体多元化的文化企业,符合条件的可申请上市。鼓励符合条件的已上市文化企业通过公开增发、定向增发等再融资方式进行并购和重组。鼓励符合条件的文化企业进入中小企业板、创业板、新三板、科创板等融资。鼓励符合条件的文化企业通过发行企业债券、公司债券、非金融企业债务融资工具等方式扩大融资,鼓励以商标权、专利权等无形资产和项目未来收益权提供质押担保以及第三方公司提供增信措施等形式,提高文化企业的融资能力,实现融资渠道多元化。

（十四）针对文化企业的特点,研究制定知识产权、文化品牌等无形资产的评估、质押、登记、托管、投资、流转和变现等办法,完善无形资产和收益权抵（质）押权登记公示制度,鼓励金融机构积极开展金融产品和服务方式创新。在风险可控、商业可持续原则下,进一步推广知识产权质押融资、供应链融资、并购融资、订单融资等贷款业务,加大对文化企业的有效信贷投入。鼓励开发文化消费信贷产品。

（十五）探索建立符合文化企业特点的公共信用综合评价制度。加强对文化企业的分类监管,鼓励各类担保机构对文化企业提供融资担保,通过再担保、联合担保以及担保与保险相结合等方式分散风险。

三、关于资产和土地处置

（十六）发生分立、合并、重组、改制、撤销等经济行为涉及国有资产或产权结构重大变动的文化企业,应当按照国家有关规定进行清产核资,清产核资工作中发现的资产损失经确认后应当依次冲减未分配利润、盈余公积、资本公积、实收资本。

（十七）文化企业改制涉及的原划拨土地,改制后符合《划拨用地目录》的,可继续以划拨方式使用;不符合《划拨用地目录》的,应当依法实行有偿使用。经省级以上人民政府批准,国有文化企业改制为授权经营或国有控股企业的,原生产经营性划拨用地,经批准可采用作价出资（入股）方式配置。文化企业改制为一般竞争性企业的,原生产经营性划拨用地可采用协议出让或租赁方式进行土地资产处置。

（十八）利用划拨方式取得的存量房产、土地兴办文化产业的,符合《划拨用地目录》的,可按划拨方式办理用地手续;不符合《划拨用地目录》的,在符合国家有关规定的前提下可采取协议出让方式办理。

（十九）将文化类建设用地纳入城乡规划、土地利用总体规划,有效保障文化产业设施、项目用地需求。鼓励利用闲置设施、盘活存量建设用地发展文化产业。鼓励将城市转型中退出的工业用地根据相关规划优先用于发展文化产业。企业利用历史建筑、旧厂房、仓库等存量房产、土地,或生产装备、设施发展文化产业,可实行继续按原用途和土地权利类型使用土地的过渡期政策。

四、关于工商管理

（二十）允许投资人以知识产权等无形资产评估作价出资组建文化企业,具体按国家法律规定执行。

上述政策适用于所有文化企业,执行期限为2019年1月1日至2023年12月31日。

5-1-98

财政部 税务总局关于继续实行农产品批发市场 农贸市场房产税城镇土地使用税优惠政策的通知

2019年1月9日 财税〔2019〕12号

各省、自治区、直辖市、计划单列市财政厅（局）、国家税务总局各省、自治区、直辖市、计划单列市税务局，新疆生产建设兵团财政局：

为进一步支持农产品流通体系建设，决定继续对农产品批发市场、农贸市场给予房产税和城镇土地使用税优惠。现将有关政策通知如下：

一、自2019年1月1日至2021年12月31日，对农产品批发市场、农贸市场（包括自有和承租，下同）专门用于经营农产品的房产、土地，暂免征收房产税和城镇土地使用税。对同时经营其他产品的农产品批发市场和农贸市场使用的房产、土地，按其他产品与农产品交易场地面积的比例确定征免房产税和城镇土地使用税。

二、农产品批发市场和农贸市场，是指经工商登记注册，供买卖双方进行农产品及其初加工品现货批发或零售交易的场所。农产品包括粮油、肉禽蛋、蔬菜、干鲜果品、水产品、调味品、棉麻、活畜、可食用的林产品以及由省、自治区、直辖市财税部门确定的其他可食用的农产品。

三、享受上述税收优惠的房产、土地，是指农产品批发市场、农贸市场直接为农产品交易提供服务的房产、土地。农产品批发市场、农贸市场的行政办公区、生活区，以及商业餐饮娱乐等非直接为农产品交易提供服务的房产、土地，不属于本通知规定的优惠范围，应按规定征收房产税和城镇土地使用税。

四、企业享受本通知规定的免税政策，应按规定进行免税申报，并将不动产权属证明、载有房产原值的相关材料、租赁协议、房产土地用途证明等资料留存备查。

注释：

政策调整。税收优惠政策执行期限延长至2023年12月31日。参见：《财政部 税务总局关于延长部分税收优惠政策执行期限的公告》（财政部 税务总局公告2022年第4号）。

5-1-99

财政部 税务总局 中央宣传部关于继续实施文化体制改革中经营性文化事业单位转制为企业若干税收政策的通知

2019年2月16日 财税〔2019〕16号

各省、自治区、直辖市、计划单列市财政厅（局）、党委宣传部，新疆生产建设兵团财政局，国家税务总局各省、自治区、直辖市、计划单列市税务局：

为贯彻落实《国务院办公厅关于印发文化体制改革中经营性文化事业单位转制为企业和进一步支持文化企业发展两个规定的通知》（国办发〔2018〕124号）有关规定，进一步深化文化体制改革，继续推进国有经营性文化事业单位转企改制，现就继续实施经营性文化事业单位转制为企业的税收政策有关事项通知如下：

一、经营性文化事业单位转制为企业，可以享受以下税收优惠政策：

（一）经营性文化事业单位转制为企业，自转制注册之日起五年内免征企业所得税。2018年12月31日之前已完成转制的企业，自2019年1月1日起可继续免征五年企业所得税。

（二）由财政部门拨付事业经费的文化单位转制为企业，自转制注册之日起五年内对其自用房产免征房产税。2018年12月31日之前已完成转制的企业，自2019年1月1日起对其自用房产可继续免征五年房产税。

（三）党报、党刊将其发行、印刷业务及相应的经营性资产剥离组建的文化企业，自注册之日起所取得的党报、党刊发行收入和印刷收入免征增值税。

（四）对经营性文化事业单位转制中资产评估增值、资产转让或划转涉及的企业所得税、增值税、城市维护建设税、契税、印花税等，符合现行规定的享受相应税收优惠政策。

上述所称"经营性文化事业单位"，是指从事新闻出版、广播影视和文化艺术的事业单位。转制包括整体转制和剥离转制。其中，整体转制包括：（图书、音像、电子）出版社、非时政类报刊出版单位、新华书店、艺术院团、电影制片厂、电影（发行放映）公司、影剧院、重点新闻网站等整体转制为企业；剥离转制包括：新闻媒体中的广告、印刷、发行、传输网络等部分，以及影视剧等节目制作与销售机构，从事业体制中剥离出来转制为企业。

上述所称"转制注册之日"，是指经营性文化事业单位转制为企业并进行企业法人登记之日。对于经营性文化事业单位转制前已进行企业法人登记，则按注销事业单位法人登记之日，或核销事业编制的批复之日（转制前未进行事业单位法人登记的）确定转制完成并享受本通知所规定的税收优惠政策。

上述所称"2018年12月31日之前已完成转制"，是指经营性文化事业单位在2018年12月31日及以前已转制为企业、进行企业法人登记，并注销事业单位法人登记或批复核销事业编制(转制前未进行事业单位法人登记的)。

本通知下发之前已经审核认定享受《财政部　国家税务总局　中宣部关于继续实施文化体制改革中经营性文化事业单位转制为企业若干税收政策的通知》(财税〔2014〕84号)税收优惠政策的转制文化企业,可按本通知规定享受税收优惠政策。

二、享受税收优惠政策的转制文化企业应同时符合以下条件:

(一)根据相关部门的批复进行转制。

(二)转制文化企业已进行企业法人登记。

(三)整体转制前已进行事业单位法人登记的,转制后已核销事业编制、注销事业单位法人;整体转制前未进行事业单位法人登记的,转制后已核销事业编制。

(四)已同在职职工全部签订劳动合同,按企业办法参加社会保险。

(五)转制文化企业引入非公有资本和境外资本的,须符合国家法律法规和政策规定;变更资本结构依法应经批准的,需经行业主管部门和国有文化资产监管部门批准。

本通知适用于所有转制文化单位。中央所属转制文化企业的认定,由中央宣传部会同财政部、税务总局确定并发布名单;地方所属转制文化企业的认定,按照登记管理权限,由地方各级宣传部门会同同级财政、税务部门确定和发布名单,并按程序抄送中央宣传部、财政部和税务总局。

已认定发布的转制文化企业名称发生变更的,如果主营业务未发生变化,可持同级文化体制改革和发展工作领导小组办公室出具的同意变更函,到主管税务机关履行变更手续;如果主营业务发生变化,依照本条规定的条件重新认定。

三、经认定的转制文化企业,应按有关税收优惠事项管理规定办理优惠手续,申报享受税收优惠政策。企业应将转制方案批复函,企业营业执照,同级机构编制管理机关核销事业编制、注销事业单位法人的证明,与在职职工签订劳动合同、按企业办法参加社会保险制度的有关材料,相关部门对引入非公有资本和境外资本、变更资本结构的批准文件等留存备查,税务部门依法加强后续管理。

四、未经认定的转制文化企业或转制文化企业不符合本通知规定的,不得享受相关税收优惠政策。已享受优惠的,主管税务机关应追缴其已减免的税款。

五、对已转制企业按照本通知规定应予减免的税款,在本通知下发以前已经征收入库的,可抵减以后纳税期应缴税款或办理退库。

六、本通知规定的税收政策执行期限为2019年1月1日至2023年12月31日。企业在2023年12月31日享受本通知第一条第(一)、(二)项税收政策不满五年的,可继续享受至五年期满为止。

《财政部　国家税务总局　中宣部关于继续实施文化体制改革中经营性文化事业单位转制为企业若干税收政策的通知》(财税〔2014〕84号)自2019年1月1日起停止执行。

财政部 税务总局关于延续供热企业增值税 房产税 城镇土地使用税优惠政策的通知

2019年4月3日 财税〔2019〕38号

北京、天津、河北、山西、内蒙古、辽宁、大连、吉林、黑龙江、山东、青岛、河南、陕西、甘肃、宁夏、新疆、青海省(自治区、直辖市、计划单列市)财政厅(局),新疆生产建设兵团财政局,国家税务总局北京、天津、河北、山西、内蒙古、辽宁、大连、吉林、黑龙江、山东、青岛、河南、陕西、甘肃、宁夏、新疆、青海省(自治区、直辖市、计划单列市)税务局:

为支持居民供热采暖,现将"三北"地区供热企业(以下称供热企业)增值税、房产税、城镇土地使用税政策通知如下:

一、自2019年1月1日至2020年供暖期结束,对供热企业向居民个人(以下称居民)供热取得的采暖费收入免征增值税。

向居民供热取得的采暖费收入,包括供热企业直接向居民收取的、通过其他单位向居民收取的和由单位代居民缴纳的采暖费。

免征增值税的采暖费收入,应当按照《中华人民共和国增值税暂行条例》第十六条的规定单独核算。通过热力产品经营企业向居民供热的热力产品生产企业,应当根据热力产品经营企业实际从居民取得的采暖费收入占该经营企业采暖费总收入的比例,计算免征的增值税。

本条所称供暖期,是指当年下半年供暖开始至次年上半年供暖结束的期间。

二、自2019年1月1日至2020年12月31日,对向居民供热收取采暖费的供热企业,为居民供热所使用的厂房及土地免征房产税、城镇土地使用税;对供热企业其他厂房及土地,应当按照规定征收房产税、城镇土地使用税。

对专业供热企业,按其向居民供热取得的采暖费收入占全部采暖费收入的比例,计算免征的房产税、城镇土地使用税。

对兼营供热企业,视其供热所使用的厂房及土地与其他生产经营活动所使用的厂房及土地是否可以区分,按照不同方法计算免征的房产税、城镇土地使用税。可以区分的,对其供热所使用厂房及土地,按向居民供热取得的采暖费收入占全部采暖费收入的比例,计算免征的房产税、城镇土地使用税。难以区分的,对其全部厂房及土地,按向居民供热取得的采暖费收入占其营业收入的比例,计算免征的房产税、城镇土地使用税。

对自供热单位,按向居民供热建筑面积占总供热建筑面积的比例,计算免征供热所使用的厂房及土地的房产税、城镇土地使用税。

三、本通知所称供热企业,是指热力产品生产企业和热力产品经营企业。热力产品生产企业包括专业供热企业、兼营供热企业和自供热单位。

四、本通知所称"三北"地区,是指北京市、天津市、河北省、山西省、内蒙古自治区、辽宁省、大连市、吉林省、黑龙江省、山东省、青岛市、河南省、陕西省、甘肃省、青海省、宁夏回族自治区和新疆维吾尔自治区。

注释:

政策调整。税收优惠政策执行期限延长至2023年供暖期结束。参见:《财政部 税务总局关于延长部分税收优惠政策执行期限的公告》(财政部 税务总局公告2021年第6号)。

5-1-101

财政部 税务总局 证监会关于创新企业境内发行存托凭证试点阶段有关税收政策的公告

2019年4月3日 财政部 税务总局 证监会公告2019年第52号

为支持实施创新驱动发展战略,现将创新企业境内发行存托凭证(以下称创新企业CDR)试点阶段涉及的有关税收政策公告如下:

一、个人所得税政策

1. 自试点开始之日起,对个人投资者转让创新企业CDR取得的差价所得,三年(36个月,下同)内暂免征收个人所得税。

2. 自试点开始之日起,对个人投资者持有创新企业CDR取得的股息红利所得,三年内实施股息红利差别化个人所得税政策,具体参照《财政部 国家税务总局 证监会关于实施上市公司股息红利差别化个人所得税政策有关问题的通知》(财税〔2012〕85号)、《财政部 国家税务总局 证监会关于上市公司股息红利差别化个人所得税政策有关问题的通知》(财税〔2015〕101号)的相关规定执行,由创新企业在其境内的存托机构代扣代缴税款,并向存托机构所在地税务机关办理全员全额明细申报。对于个人投资者取得的股息红利在境外已缴纳的税款,可按照个人所得税法以及双边税收协定(安排)的相关规定予以抵免。

二、企业所得税政策

1. 对企业投资者转让创新企业CDR取得的差价所得和持有创新企业CDR取得的股息红利所得,按转让股票差价所得和持有股票的股息红利所得政策规定征免企业所得税。

2. 对公募证券投资基金(封闭式证券投资基金、开放式证券投资基金)转让创新企业CDR取得的差价所得和持有创新企业CDR取得的股息红利所得,按公募证券投资基金税收政策规定暂不征收企业所得税。

3. 对合格境外机构投资者(QFII)、人民币合格境外机构投资者(RQFII)转让创新企业CDR取得的差价所得和持有创新企业CDR取得的股息红利所得,视同转让或持有据以发行创新企业CDR的基础股票取得的权益性资产转让所得和股息红利所得征免企业所得税。

三、增值税政策

1. 对个人投资者转让创新企业 CDR 取得的差价收入,暂免征收增值税。

2. 对单位投资者转让创新企业 CDR 取得的差价收入,按金融商品转让政策规定征免增值税。

3. 自试点开始之日起,对公募证券投资基金(封闭式证券投资基金、开放式证券投资基金)管理人运营基金过程中转让创新企业 CDR 取得的差价收入,三年内暂免征收增值税。

4. 对合格境外机构投资者(QFII)、人民币合格境外机构投资者(RQFII)委托境内公司转让创新企业 CDR 取得的差价收入,暂免征收增值税。

四、印花税政策

自试点开始之日起三年内,在上海证券交易所、深圳证券交易所转让创新企业 CDR,按照实际成交金额,由出让方按 1‰ 的税率缴纳证券交易印花税。

五、其他相关事项

1. 本公告所称创新企业 CDR,是指符合《国务院办公厅转发证监会关于开展创新企业境内发行股票或存托凭证试点若干意见的通知》(国办发〔2018〕21 号)规定的试点企业,以境外股票为基础证券,由存托人签发并在中国境内发行,代表境外基础证券权益的证券。

2. 本公告所称试点开始之日,是指首只创新企业 CDR 取得国务院证券监督管理机构的发行批文之日。

特此公告。

5-1-102

财政部　税务总局关于公共租赁住房税收优惠政策的公告

2019 年 4 月 15 日　财政部　税务总局公告 2019 年第 61 号

为继续支持公共租赁住房(以下称公租房)建设和运营,现将有关税收优惠政策公告如下:

一、对公租房建设期间用地及公租房建成后占地,免征城镇土地使用税。在其他住房项目中配套建设公租房,按公租房建筑面积占总建筑面积的比例免征建设、管理公租房涉及的城镇土地使用税。

二、对公租房经营管理单位免征建设、管理公租房涉及的印花税。在其他住房项目中配套建设公租房,按公租房建筑面积占总建筑面积的比例免征建设、管理公租房涉及的印花税。

三、对公租房经营管理单位购买住房作为公租房,免征契税、印花税;对公租房租赁双方免征签订租赁协议涉及的印花税。

四、对企事业单位、社会团体以及其他组织转让旧房作为公租房房源,且增值额未超过扣除项目金额 20% 的,免征土地增值税。

五、企事业单位、社会团体以及其他组织捐赠住房作为公租房，符合税收法律法规规定的，对其公益性捐赠支出在年度利润总额12%以内的部分，准予在计算应纳税所得额时扣除，超过年度利润总额12%的部分，准予结转以后三年内在计算应纳税所得额时扣除。

个人捐赠住房作为公租房，符合税收法律法规规定的，对其公益性捐赠支出未超过其申报的应纳税所得额30%的部分，准予从其应纳税所得额中扣除。

六、对符合地方政府规定条件的城镇住房保障家庭从地方政府领取的住房租赁补贴，免征个人所得税。

七、对公租房免征房产税。对经营公租房所取得的租金收入，免征增值税。公租房经营管理单位应单独核算公租房租金收入，未单独核算的，不得享受免征增值税、房产税优惠政策。

八、享受上述税收优惠政策的公租房是指纳入省、自治区、直辖市、计划单列市人民政府及新疆生产建设兵团批准的公租房发展规划和年度计划，或者市、县人民政府批准建设（筹集），并按照《关于加快发展公共租赁住房的指导意见》（建保〔2010〕87号）和市、县人民政府制定的具体管理办法进行管理的公租房。

九、纳税人享受本公告规定的优惠政策，应按规定进行免税申报，并将不动产权属证明、载有房产原值的相关材料、纳入公租房及用地管理的相关材料、配套建设管理公租房相关材料、购买住房作为公租房相关材料、公租房租赁协议等留存备查。

十、本公告执行期限为2019年1月1日至2020年12月31日。

注释：

政策调整。税收优惠政策已经到期的，执行期限延长至2023年12月31日。参见：《财政部 税务总局关于延长部分税收优惠政策执行期限的公告》（财政部 税务总局公告2021年第6号）。

5-1-103

财政部 税务总局关于继续实行农村饮水安全工程税收优惠政策的公告

2019年4月15日 财政部 税务总局公告2019年第67号

为确保如期打赢农村饮水安全脱贫攻坚战，支持农村饮水安全工程（以下称饮水工程）巩固提升，现将饮水工程建设、运营的有关税收优惠政策公告如下：

一、对饮水工程运营管理单位为建设饮水工程而承受土地使用权，免征契税。

二、对饮水工程运营管理单位为建设饮水工程取得土地使用权而签订的产权转移书据，以及与施工单位签订的建设工程承包合同，免征印花税。

三、对饮水工程运营管理单位自用的生产、办公用房产、土地，免征房产税、城镇土地使用税。

四、对饮水工程运营管理单位向农村居民提供生活用水取得的自来水销售收入,免征增值税。

五、对饮水工程运营管理单位从事《公共基础设施项目企业所得税优惠目录》规定的饮水工程新建项目投资经营的所得,自项目取得第一笔生产经营收入所属纳税年度起,第一年至第三年免征企业所得税,第四年至第六年减半征收企业所得税。

六、本公告所称饮水工程,是指为农村居民提供生活用水而建设的供水工程设施。本公告所称饮水工程运营管理单位,是指负责饮水工程运营管理的自来水公司、供水公司、供水(总)站(厂、中心)、村集体、农民用水合作组织等单位。

对于既向城镇居民供水,又向农村居民供水的饮水工程运营管理单位,依据向农村居民供水收入占总供水收入的比例免征增值税;依据向农村居民供水量占总供水量的比例免征契税、印花税、房产税和城镇土地使用税。无法提供具体比例或所提供数据不实的,不得享受上述税收优惠政策。

七、符合上述条件的饮水工程运营管理单位自行申报享受减免税优惠,相关材料留存备查。

八、上述政策(第五条除外)自2019年1月1日至2020年12月31日执行。

特此公告。

注释:

政策调整。税收优惠政策已经到期的,执行期限延长至2023年12月31日。参见:《财政部 税务总局关于延长部分税收优惠政策执行期限的公告》(财政部 税务总局公告2021年第6号)。

5-1-104

财政部 税务总局 发展改革委 民政部 商务部 卫生健康委 关于养老、托育、家政等社区 家庭服务业税费优惠政策的公告

2019年6月28日 财政部 税务总局 发展改革委 民政部 商务部 卫生健康委公告2019年第76号

为支持养老、托育、家政等社区家庭服务业发展,现就有关税费政策公告如下:

一、为社区提供养老、托育、家政等服务的机构,按照以下规定享受税费优惠政策:

(一)提供社区养老、托育、家政服务取得的收入,免征增值税。

(二)提供社区养老、托育、家政服务取得的收入,在计算应纳税所得额时,减按90%计入收入总额。

(三)承受房屋、土地用于提供社区养老、托育、家政服务的,免征契税。

（四）用于提供社区养老、托育、家政服务的房产、土地，免征不动产登记费、耕地开垦费、土地复垦费、土地闲置费；用于提供社区养老、托育、家政服务的建设项目，免征城市基础设施配套费；确因地质条件等原因无法修建防空地下室的，免征防空地下室易地建设费。

二、为社区提供养老、托育、家政等服务的机构自有或其通过承租、无偿使用等方式取得并用于提供社区养老、托育、家政服务的房产、土地，免征房产税、城镇土地使用税。

三、本公告所称社区是指聚居在一定地域范围内的人们所组成的社会生活共同体，包括城市社区和农村社区。

为社区提供养老服务的机构，是指在社区依托固定场所设施，采取全托、日托、上门等方式，为社区居民提供养老服务的企业、事业单位和社会组织。社区养老服务是指为老年人提供的生活照料、康复护理、助餐助行、紧急救援、精神慰藉等服务。

为社区提供托育服务的机构，是指在社区依托固定场所设施，采取全日托、半日托、计时托、临时托等方式，为社区居民提供托育服务的企业、事业单位和社会组织。社区托育服务是指为3周岁（含）以下婴幼儿提供的照料、看护、膳食、保育等服务。

为社区提供家政服务的机构，是指以家庭为服务对象，为社区居民提供家政服务的企业、事业单位和社会组织。社区家政服务是指进入家庭成员住所或医疗机构为孕产妇、婴幼儿、老人、病人、残疾人提供的照护服务，以及进入家庭成员住所提供的保洁、烹饪等服务。

四、符合下列条件的家政服务企业提供家政服务取得的收入，比照《营业税改征增值税试点过渡政策的规定》（财税〔2016〕36号附件）第一条第（三十一）项规定，免征增值税。

（一）与家政服务员、接受家政服务的客户就提供家政服务行为签订三方协议；

（二）向家政服务员发放劳动报酬，并对家政服务员进行培训管理；

（三）通过建立业务管理系统对家政服务员进行登记管理。

五、财政、税费征收机关可根据工作需要与民政、卫生健康、商务等部门建立信息共享和工作配合机制，民政、卫生健康、商务等部门应积极协同配合，保障优惠政策落实到位。

六、本公告自2019年6月1日起执行至2025年12月31日。

5-1-105

财政部　税务总局关于民用航空发动机、新支线飞机和大型客机税收政策的公告

2019年10月8日　财政部　税务总局公告2019年第88号

现将民用航空发动机（包括大型民用客机发动机和中大功率民用涡轴涡桨发动机）、新支线飞机和大型客机有关增值税、房产税和城镇土地使用税政策公告如下：

一、自2018年1月1日起至2023年12月31日止，对纳税人从事大型民用客机发动机、中大功率民用涡轴涡桨发动机研制项目而形成的增值税期末留抵税额予以退还；对上述纳税人及其全资子公司从事大型民用客机发动机、中大功率民用涡轴涡桨发动机研制项

目自用的科研、生产、办公房产及土地,免征房产税、城镇土地使用税。

二、自2019年1月1日起至2020年12月31日止,对纳税人生产销售新支线飞机暂减按5%征收增值税,并对其因生产销售新支线飞机而形成的增值税期末留抵税额予以退还。

三、自2019年1月1日起至2020年12月31日止,对纳税人从事大型客机研制项目而形成的增值税期末留抵税额予以退还;对上述纳税人及其全资子公司自用的科研、生产、办公房产及土地,免征房产税、城镇土地使用税。

四、本公告所称大型民用客机发动机、中大功率民用涡轴涡桨发动机、新支线飞机和大型客机,指上述发动机、民用客机的整机,具体标准如下:

(一)大型民用客机发动机,是指:1. 单通道干线客机发动机,起飞推力12000～16000kgf;2. 双通道干线客机发动机,起飞推力28000～35000kgf。

(二)中大功率民用涡轴涡桨发动机,是指:1. 中等功率民用涡轴发动机,起飞功率1000～3000kW;2. 大功率民用涡桨发动机,起飞功率3000kW以上。

(三)新支线飞机,是指空载重量大于25吨且小于45吨、座位数量少于130个的民用客机。

(四)大型客机,是指空载重量大于45吨的民用客机。

五、纳税人符合本公告规定的增值税期末留抵税额,可在初次申请退税时予以一次性退还。纳税人收到退税款项的当月,应将退税额从增值税进项税额中转出。未按规定转出的,按《中华人民共和国税收征收管理法》有关规定承担相应法律责任。

退还的增值税税额由中央和地方按照现行增值税分享比例共同负担。

六、纳税人享受本公告规定的免征房产税、城镇土地使用税政策,应按规定进行免税申报,并将不动产权属、房产原值、土地用途等资料留存备查。

七、纳税人已缴纳的根据本公告规定应予减免的税款,从其应纳的相应税款中抵扣或者予以退税。

特此公告。

注释:

政策调整。税收优惠政策已经到期的,执行期限延长至2023年12月31日。参见:《财政部 税务总局关于延长部分税收优惠政策执行期限的公告》(财政部 税务总局公告2021年第6号)。

5-1-106

财政部 税务总局关于延续实施普惠金融有关税收优惠政策的公告

2020年4月20日 财政部 税务总局公告2020年第22号

为进一步支持小微企业、个体工商户和农户的普惠金融服务,现将有关税收政策公告如下：

《财政部 税务总局关于延续支持农村金融发展有关税收政策的通知》（财税〔2017〕44号）、《财政部 税务总局关于小额贷款公司有关税收政策的通知》（财税〔2017〕48号）、《财政部 税务总局关于支持小微企业融资有关税收政策的通知》（财税〔2017〕77号）、《财政部 税务总局关于租入固定资产进项税额抵扣等增值税政策的通知》（财税〔2017〕90号）中规定于2019年12月31日执行到期的税收优惠政策，实施期限延长至2023年12月31日。

本公告发布之日前，已征的按照本公告规定应予免征的增值税，可抵减纳税人以后月份应缴纳的增值税或予以退还。

5-1-107

财政部 税务总局关于电影等行业税费支持政策的公告

2020年5月13日 财政部 税务总局公告2020年第25号

为支持电影等行业发展，现将有关税费政策公告如下：

一、自2020年1月1日至2020年12月31日，对纳税人提供电影放映服务取得的收入免征增值税。

本公告所称电影放映服务，是指持有《电影放映经营许可证》的单位利用专业的电影院放映设备，为观众提供的电影视听服务。

二、对电影行业企业2020年度发生的亏损，最长结转年限由5年延长至8年。

电影行业企业限于电影制作、发行和放映等企业，不包括通过互联网、电信网、广播电视网等信息网络传播电影的企业。

三、自2020年1月1日至2020年12月31日，免征文化事业建设费。

四、本公告发布之日前，已征的按照本公告规定应予免征的税费，可抵减纳税人和缴费人以后月份应缴纳的税费或予以退还。

注释：

政策调整。税费优惠政策已经到期的，执行期限延长至2021年12月31日。参见：《财政部 税务总局关于延续实施应对疫情部分税费优惠政策的公告》（财政部 税务总局公告2021年第7号）。

5-1-108

《道路机动车辆生产企业及产品》（第334批）、《新能源汽车推广应用推荐车型目录》（2020年第8批）、《享受车船税减免优惠的节约能源 使用新能源汽车车型目录》（第十七批）、《免征车辆购置税的新能源汽车车型目录》（第三十三批）

2020年7月20日　工业和信息化部公告2020年第33号

　　根据《中华人民共和国行政许可法》《国务院对确需保留的行政审批项目设定行政许可的决定》、《财政部　税务总局　工业和信息化部　交通运输部关于节能　新能源车船享受车船税优惠政策的通知》（财税〔2018〕74号）、《财政部　国家税务总局　工业和信息化部　科技部关于免征新能源汽车车辆购置税的公告》（2017年第172号）、《中华人民共和国工业和信息化部　财政部　国家税务总局公告》（2018年第17号）等有关规定，现将许可的《道路机动车辆生产企业及产品》（第334批）、《新能源汽车推广应用推荐车型目录》（2020年第8批）以及经商国家税务总局同意的《享受车船税减免优惠的节约能源　使用新能源汽车车型目录》（第十七批）、《免征车辆购置税的新能源汽车车型目录》（第三十三批）予以公告。

　　附件：1. 道路机动车辆生产企业及产品（第334批）（编者略）
　　　　　2. 新能源汽车推广应用推荐车型目录（2020年第8批）（编者略）
　　　　　3. 享受车船税减免优惠的节约能源　使用新能源汽车车型目录（第十七批）（编者略）
　　　　　4. 免征车辆购置税的新能源汽车车型目录（第三十三批）（编者略）

5–1–109

《道路机动车辆生产企业及产品》（第335批）、《新能源汽车推广应用推荐车型目录》（2020年第9批）、《享受车船税减免优惠的节约能源 使用新能源汽车车型目录》（第十八批）、《免征车辆购置税的新能源汽车车型目录》（第三十四批）

2020年8月21日　工业和信息化部公告2020年第36号

根据《中华人民共和国行政许可法》、《国务院对确需保留的行政审批项目设定行政许可的决定》、《财政部　税务总局　工业和信息化部　交通运输部关于节能　新能源车船享受车船税优惠政策的通知》（财税〔2018〕74号）、《财政部　国家税务总局　工业和信息化部　科技部关于免征新能源汽车车辆购置税的公告》（2017年第172号）、《中华人民共和国工业和信息化部　财政部　国家税务总局公告》（2018年第17号）等有关规定，现将许可的《道路机动车辆生产企业及产品》（第335批）、《新能源汽车推广应用推荐车型目录》（2020年第9批）以及经商国家税务总局同意的《享受车船税减免优惠的节约能源　使用新能源汽车车型目录》（第十八批）、《免征车辆购置税的新能源汽车车型目录》（第三十四批）予以公告。

附件：1. 道路机动车辆生产企业及产品（第335批）（编者略）
2. 新能源汽车推广应用推荐车型目录（2020年第9批）（编者略）
3. 享受车船税减免优惠的节约能源　使用新能源汽车车型目录（第十八批）（编者略）
4. 免征车辆购置税的新能源汽车车型目录（第三十四批）（编者略）

5－1－110

《道路机动车辆生产企业及产品》（第336批）、《新能源汽车推广应用推荐车型目录》（2020年第10批）、《享受车船税减免优惠的节约能源 使用新能源汽车车型目录》（第十九批）、《免征车辆购置税的新能源汽车车型目录》（第三十五批）

2020年9月21日　工业和信息化部公告2020年第38号

　　根据《中华人民共和国行政许可法》、《国务院对确需保留的行政审批项目设定行政许可的决定》、《财政部　税务总局　工业和信息化部　交通运输部关于节能　新能源车船享受车船税优惠政策的通知》（财税〔2018〕74号）、《财政部　国家税务总局　工业和信息化部　科技部关于免征新能源汽车车辆购置税的公告》（2017年第172号）、《中华人民共和国工业和信息化部　财政部　国家税务总局公告》（2018年第17号）等有关规定，现将许可的《道路机动车辆生产企业及产品》（第336批）、《新能源汽车推广应用推荐车型目录》（2020年第10批）以及经商国家税务总局同意的《享受车船税减免优惠的节约能源　使用新能源汽车车型目录》（第十九批）、《免征车辆购置税的新能源汽车车型目录》（第三十五批）予以公告。

　　附件：1. 道路机动车辆生产企业及产品（第336批）（编者略）
　　　　　2. 新能源汽车推广应用推荐车型目录（2020年第10批）（编者略）
　　　　　3. 享受车船税减免优惠的节约能源　使用新能源汽车车型目录（第十九批）（编者略）
　　　　　4. 免征车辆购置税的新能源汽车车型目录（第三十五批）（编者略）

5–1–111

《道路机动车辆生产企业及产品》（第337批）、《新能源汽车推广应用推荐车型目录》（2020年第11批）、《享受车船税减免优惠的节约能源 使用新能源汽车车型目录》（第二十批）、《免征车辆购置税的新能源汽车车型目录》（第三十六批）

2020年10月30日　工业和信息化部公告2020年第42号

根据《中华人民共和国行政许可法》、《国务院对确需保留的行政审批项目设定行政许可的决定》、《财政部　税务总局　工业和信息化部　交通运输部关于节能　新能源车船享受车船税优惠政策的通知》（财税〔2018〕74号）、《财政部　税务总局　工业和信息化部　科技部关于免征新能源汽车车辆购置税的公告》（2017年第172号）、《中华人民共和国工业和信息化部　财政部　国家税务总局公告》（2018年第17号）等有关规定，现将许可的《道路机动车辆生产企业及产品》（第337批）、《新能源汽车推广应用推荐车型目录》（2020年第11批）以及经商国家税务总局同意的《享受车船税减免优惠的节约能源　使用新能源汽车车型目录》（第二十批）、《免征车辆购置税的新能源汽车车型目录》（第三十六批）予以公告。

附件：1. 道路机动车辆生产企业及产品（第337批）（编者略）
　　　2. 新能源汽车推广应用推荐车型目录（2020年第11批）（编者略）
　　　3. 享受车船税减免优惠的节约能源　使用新能源汽车车型目录（第二十批）（编者略）
　　　4. 免征车辆购置税的新能源汽车车型目录（第三十六批）（编者略）

5—1—112

《道路机动车辆生产企业及产品》（第338批）、《新能源汽车推广应用推荐车型目录》（2020年第12批）、《享受车船税减免优惠的节约能源 使用新能源汽车车型目录》（第二十一批）、《免征车辆购置税的新能源汽车车型目录》（第三十七批）

2020年11月27日　工业和信息化部公告2020年第47号

根据《中华人民共和国行政许可法》、《国务院对确需保留的行政审批项目设定行政许可的决定》、《财政部　税务总局　工业和信息化部　交通运输部关于节能　新能源车船享受车船税优惠政策的通知》（财税〔2018〕74号）、《财政部　税务总局　工业和信息化部　科技部关于免征新能源汽车车辆购置税的公告》（2017年第172号）、《中华人民共和国工业和信息化部　财政部　国家税务总局公告》（2018年第17号）等有关规定，现将许可的《道路机动车辆生产企业及产品》（第338批）、《新能源汽车推广应用推荐车型目录》（2020年第12批）以及经商国家税务总局同意的《享受车船税减免优惠的节约能源　使用新能源汽车车型目录》（第二十一批）、《免征车辆购置税的新能源汽车车型目录》（第三十七批）予以公告。

附件：1. 道路机动车辆生产企业及产品（第338批）（编者略）
2. 新能源汽车推广应用推荐车型目录（2020年第12批）（编者略）
3. 享受车船税减免优惠的节约能源　使用新能源汽车车型目录（第二十一批）（编者略）
4. 免征车辆购置税的新能源汽车车型目录（第三十七批）（编者略）

5-1-113

《道路机动车辆生产企业及产品》（第339批）、《新能源汽车推广应用推荐车型目录》（2020年第13批）、《享受车船税减免优惠的节约能源 使用新能源汽车车型目录》（第二十二批）、《免征车辆购置税的新能源汽车车型目录》（第三十八批）

2020年12月30日　工业和信息化部公告2020年第54号

根据《中华人民共和国行政许可法》、《国务院对确需保留的行政审批项目设定行政许可的决定》、《财政部　税务总局　工业和信息化部　交通运输部关于节能　新能源车船享受车船税优惠政策的通知》（财税〔2018〕74号）、《财政部　税务总局　工业和信息化部　科技部关于免征新能源汽车车辆购置税的公告》（2017年第172号）、《中华人民共和国工业和信息化部　财政部　国家税务总局公告》（2018年第17号）等有关规定，现将许可的《道路机动车辆生产企业及产品》（第339批）、《新能源汽车推广应用推荐车型目录》（2020年第13批）以及经商国家税务总局同意的《享受车船税减免优惠的节约能源　使用新能源汽车车型目录》（第二十二批）、《免征车辆购置税的新能源汽车车型目录》（第三十八批）予以公告。

附件：1. 道路机动车辆生产企业及产品（第339批）（编者略）
　　　2. 新能源汽车推广应用推荐车型目录（2020年第13批）（编者略）
　　　3. 享受车船税减免优惠的节约能源　使用新能源汽车车型目录（第二十二批）（编者略）
　　　4. 免征车辆购置税的新能源汽车车型目录（第三十八批）（编者略）

5-1-114

《道路机动车辆生产企业及产品》（第340批）、《新能源汽车推广应用推荐车型目录》（2021年第1批）、《享受车船税减免优惠的节约能源 使用新能源汽车车型目录》（第二十三批）、《免征车辆购置税的新能源汽车车型目录》（第三十九批）

2021年1月29日　工业和信息化部公告2021年第4号

根据《中华人民共和国行政许可法》《国务院对确需保留的行政审批项目设定行政许可的决定》、《财政部　税务总局　工业和信息化部　交通运输部关于节能　新能源车船享受车船税优惠政策的通知》（财税〔2018〕74号）、《财政部　税务总局　工业和信息化部　科技部关于免征新能源汽车车辆购置税的公告》（2017年第172号）、《中华人民共和国工业和信息化部　财政部　国家税务总局公告》（2018年第17号）、《财政部　税务总局　工业和信息化部关于新能源汽车免征车辆购置税有关政策的公告》（财政部公告2020年第21号）等有关规定，现将许可的《道路机动车辆生产企业及产品》（第340批）、《新能源汽车推广应用推荐车型目录》（2021年第1批）以及经商国家税务总局同意的《享受车船税减免优惠的节约能源　使用新能源汽车车型目录》（第二十三批）、《免征车辆购置税的新能源汽车车型目录》（第三十九批）予以公告。

　　附件：1. 道路机动车辆生产企业及产品（第340批）（编者略）
　　　　　2. 新能源汽车推广应用推荐车型目录（2021年第1批）（编者略）
　　　　　3. 享受车船税减免优惠的节约能源　使用新能源汽车车型目录（第二十三批）（编者略）
　　　　　4. 免征车辆购置税的新能源汽车车型目录（第三十九批）（编者略）

5-1-115

《道路机动车辆生产企业及产品》（第341批）、《新能源汽车推广应用推荐车型目录》（2021年第2批）、《享受车船税减免优惠的节约能源 使用新能源汽车车型目录》（第二十四批）、《免征车辆购置税的新能源汽车车型目录》（第四十批）

2021年3月8日　工业和信息化部公告2021年第7号

根据《中华人民共和国行政许可法》、《国务院对确需保留的行政审批项目设定行政许可的决定》、《财政部　税务总局　工业和信息化部　交通运输部关于节能　新能源车船享受车船税优惠政策的通知》（财税〔2018〕74号）、《财政部　税务总局　工业和信息化部　科技部关于免征新能源汽车车辆购置税的公告》（2017年第172号）、《中华人民共和国工业和信息化部　财政部　国家税务总局公告》（2018年第17号）、《财政部　税务总局　工业和信息化部关于新能源汽车免征车辆购置税有关政策的公告》（财政部公告2020年第21号）等有关规定，现将许可的《道路机动车辆生产企业及产品》（第341批）、《新能源汽车推广应用推荐车型目录》（2021年第2批）以及经商国家税务总局同意的《享受车船税减免优惠的节约能源　使用新能源汽车车型目录》（第二十四批）、《免征车辆购置税的新能源汽车车型目录》（第四十批）予以公告。

　　附件：1. 道路机动车辆生产企业及产品（第341批）（编者略）
　　　　2. 新能源汽车推广应用推荐车型目录（2021年第2批）（编者略）
　　　　3. 享受车船税减免优惠的节约能源　使用新能源汽车车型目录（第二十四批）（编者略）
　　　　4. 免征车辆购置税的新能源汽车车型目录（第四十批）（编者略）

国家发展改革委 工业和信息化部 财政部 海关总署 税务总局关于做好享受税收优惠政策的集成电路企业或项目、软件企业清单制定工作有关要求的通知

2021年3月29日 发改高技〔2021〕413号

各省、自治区、直辖市及计划单列市、新疆生产建设兵团发展改革委、工业和信息化主管部门、财政厅（局）、海关总署广东分署、各直属海关，国家税务总局各省、自治区、直辖市、计划单列市税务局：

根据《国务院关于印发新时期促进集成电路产业和软件产业高质量发展若干政策的通知》（国发〔2020〕8号，以下简称《若干政策》）及其配套政策有关规定，为做好享受税收优惠政策的集成电路企业或项目、软件企业清单（以下简称"清单"）制定工作，现将有关程序、享受税收优惠政策的企业条件和项目标准通知如下：

一、本通知所称清单是指《若干政策》第（一）条提及的国家鼓励的集成电路线宽小于28纳米（含）、线宽小于65纳米（含）、线宽小于130纳米（含）的集成电路生产企业或项目的清单；《若干政策》第（三）、（六）、（七）、（八）条和《财政部 海关总署 税务总局关于支持集成电路产业和软件产业发展进口税收政策的通知》（财关税〔2021〕4号）、《财政部 国家发展改革委 工业和信息化部 海关总署 税务总局关于支持集成电路产业和软件产业发展进口税收政策管理办法的通知》（财关税〔2021〕5号）提及的国家鼓励的重点集成电路设计企业和软件企业，集成电路线宽小于65纳米（含）的逻辑电路、存储器生产企业，线宽小于0.25微米（含）的特色工艺集成电路生产企业，集成电路线宽小于0.5微米（含）的化合物集成电路生产企业和先进封装测试企业，集成电路产业的关键原材料、零配件（靶材、光刻胶、掩模版、封装载板、抛光垫、抛光液、8英寸及以上硅单晶、8英寸及以上硅片）生产企业，集成电路重大项目和承建企业的清单。

二、申请列入清单的企业，原则上每年3月25日至4月16日在信息填报系统（https://yyglxxbs.ndrc.gov.cn/xxbs-front/）中提交申请并将必要佐证材料（电子版、纸质版。如因特殊情况不能按时完成审计，可先提交未经审计的企业会计报告，并于4月16日后10个工作日内，在信息填报系统中补充提交经审计的企业会计报告）报各省、自治区、直辖市及计划单列市、新疆生产建设兵团发展改革委或工业和信息化主管部门（由地方发展改革委确定接受单位）。

三、各省、自治区、直辖市及计划单列市、新疆生产建设兵团发展改革委和工业和信息化主管部门（以下简称"地方发改和工信部门"）根据企业条件和项目标准（附后），对企业申报的信息进行初核推荐后，报送至国家发展改革委、工业和信息化部。《若干政策》第（一）、（三）、（六）、（七）条，以及财关税〔2021〕4号文提及的集成电路产业的关键原材料、

零配件生产企业清单,由国家发展改革委、工业和信息化部、财政部、海关总署、税务总局进行联审确认,并联合印发。《若干政策》第(八)条提及的集成电路重大项目,由国家发展改革委、工业和信息化部形成清单后,函告财政部,财政部会同海关总署、税务总局最终确定。

四、清单印发前,企业可依据税务有关管理规定,先行按照企业条件和项目标准享受相关国内税收优惠政策。清单印发后,如企业未被列入清单,应按规定补缴已享受优惠的企业所得税款。申请享受《若干政策》第(一)、(三)、(六)、(七)条,以及财关税〔2021〕4号文提及的关税优惠政策的,可于汇算清缴结束前,从信息填报系统中查询是否列入清单。享受《若干政策》第(八)条优惠政策的,由企业所在地直属海关告知相关企业。

五、已享受《若干政策》第(一)、(三)、(六)、(七)条,以及财关税〔2021〕4号文提及的关税优惠政策的企业或项目发生更名、分立、合并、重组以及主营业务重大变化等情况,应及时向地方发改和工信部门报告,并提交相关材料,由国家发展改革委、工业和信息化部会同相关部门确定发生变更情形后是否继续符合企业条件或项目标准。

六、地方发改和工信部门会同财政、海关、税务对清单内的企业加强日常监管。在监管过程中,如发现企业存在以虚报信息获得减免税资格,应及时联合核查,并联合上报国家发展改革委、工业和信息化部进行复核。国家发展改革委、工业和信息化部会同相关部门复核后对确不符合企业条件和项目标准的企业或项目,函告财政部、海关总署、税务总局按相关规定处理。

七、企业对所提供材料和数据的真实性负责。申报企业应签署承诺书,承诺申报出现失信行为,接受有关部门按照法律、法规和国家有关规定处理,涉及违法行为的信息记入企业信用记录,纳入全国信用信息共享平台,并在"信用中国"网站公示。

八、本通知自印发之日起实施,并适用于企业享受2020年度企业所得税优惠政策和财关税〔2021〕4号规定的进口税收政策。国家发展改革委、工业和信息化部会同相关部门,根据产业发展、技术进步等情况,对符合优惠政策的企业条件或项目标准适时调整。

附件:1. 享受税收优惠政策的企业条件和项目标准(编者略)

  2. 重点集成电路设计领域和重点软件领域(编者略)

  3. 享受税收优惠政策的集成电路企业、项目和软件企业提交材料明细表(编者略)

  4. 企业重大变化情况表(编者略)

5-1-117

《道路机动车辆生产企业及产品》（第342批）、《新能源汽车推广应用推荐车型目录》（2021年第3批）、《享受车船税减免优惠的节约能源 使用新能源汽车车型目录》（第二十五批）、《免征车辆购置税的新能源汽车车型目录》（第四十一批）

2021年3月31日　工业和信息化部公告2021年第8号

根据《中华人民共和国行政许可法》、《国务院对确需保留的行政审批项目设定行政许可的决定》、《财政部　税务总局　工业和信息化部　交通运输部关于节能　新能源车船享受车船税优惠政策的通知》（财税〔2018〕74号）、《财政部　税务总局　工业和信息化部　科技部关于免征新能源汽车车辆购置税的公告》（2017年第172号）、《中华人民共和国工业和信息化部　财政部　国家税务总局公告》（2018年第17号）、《财政部　税务总局　工业和信息化部关于新能源汽车免征车辆购置税有关政策的公告》（2020年第21号）等有关规定，现将许可的《道路机动车辆生产企业及产品》（第342批）、《新能源汽车推广应用推荐车型目录》（2021年第3批）以及经商国家税务总局同意的《享受车船税减免优惠的节约能源　使用新能源汽车车型目录》（第二十五批）、《免征车辆购置税的新能源汽车车型目录》（第四十一批）予以公告。

附件：1. 道路机动车辆生产企业及产品（第342批）（编者略）
2. 新能源汽车推广应用推荐车型目录（2021年第3批）（编者略）
3. 享受车船税减免优惠的节约能源　使用新能源汽车车型目录（第二十五批）（编者略）
4. 免征车辆购置税的新能源汽车车型目录（第四十一批）（编者略）

5-1-118

交通运输部关于做好交通运输业财税金融优惠政策落实工作的通知

2021年4月15日　交财审明电〔2021〕79号

各省、自治区、直辖市、新疆生产建设兵团、计划单列市交通运输厅（局、委），中国道路运输

协会,中国船东协会、中国交通会计学会:

  2020年国家出台一系列聚焦疫情防控关键领域和支持重点行业的财税金融优惠政策,为抗击新冠肺炎疫情、支持企业复工复产、稳定经济运行发挥了重要作用。为支持市场主体恢复元气、增强活力,综合考虑国家财政可持续性和助企纾困政策执行情况,今年以来国家进一步优化完善了相关企业扶持政策,继续执行制度性减税措施,适当延长小规模纳税人减征增值税、小微企业贷款延期还本付息政策执行期限,实施小微企业和个体工商户所得税再减半征收等新的结构性减税举措,更加突出对小微企业精准支持。此外,一些地方也出台了区域性支持政策。相关政策可通过"国务院客户端"的"支持中小企业政策库"板块查询。

  为进一步推动政策落实,部梳理形成了《2021年以来涉交通运输业国家主要财税金融优惠政策目录清单》,请深入学习领会政策精神,加大政策解读宣传力度,指导交通运输企事业单位加强与当地财税、金融等部门沟通,推动优惠政策落地落细落实,切实提高政策执行效果。同时,加大力度指导行业企业创新经营模式,优化资源配置,进一步推动企业转型升级和提质增效。

  政策实施中遇到的困难、问题和有关意见建议,请及时向部反馈。联系人及联系电话:交通运输部财务审计司程侃,电话:010-65292903;陈冰波,电话:010-65292915。交通运输部科学研究院王海霞,电话:010-58278682、15811086560。

  附件:2021年以来涉交通运输业国家主要财税金融优惠政策目录清单

附件

2021年以来涉交通运输业国家主要财税金融优惠政策目录清单(更新)

财务审计司编发   2021年4月23日

序号	政策文件	财税金融优惠政策主要内容
1	《关于实施小微企业和个体工商户所得税优惠政策的公告》(财政部 税务总局公告2021年第12号)	1. 对小型微利企业年应纳税所得额不超过100万元的部分,在《财政部 税务总局关于实施小微企业普惠性税收减免政策的通知》(财税〔2019〕13号)第二条规定的优惠政策基础上,再减半征收企业所得税。 2. 对个体工商户年应纳税所得额不超过100万元的部分,在现行优惠政策基础上,减半征收个人所得税。 3. 本公告执行期限为2021年1月1日至2022年12月31日。
2	《国家税务总局关于落实支持小型微利企业和个体工商户发展所得税优惠政策有关事项的公告》(国家税务总局公告2021年第8号)	1. 关于小型微利企业所得税减半政策有关事项 (1)对小型微利企业年应纳税所得额不超过100万元的部分,减按12.5%计入应纳税所得额,按20%的税率缴纳企业所得税。 (2)小型微利企业享受上述政策时涉及的具体征管问题,按照《国家税务总局关于实施小型微利企业普惠性所得税减免政策有关问题的公告》(2019年第2号)相关规定执行。 2. 关于个体工商户个人所得税减半政策有关事项 (1)对个体工商户经营所得年应纳税所得额不超过100万元的部分,在现行优惠政策基础上,再减半征收个人所得税。个体工商户不区分征收方式,均可享受。 (2)个体工商户在预缴税款时即可享受,其年应纳税所得额暂按截至本期申报所属期末的情况进行判断,并在年度汇算清缴时按年计算、多退少补。若个体工商户从两处以上取得经营所得,需在办理年度汇总纳税申报时,合并个体工商户经营所得年应纳税所得额,重新计算减免税额,多退少补。

续表

序号	政策文件	财税金融优惠政策主要内容
2	《国家税务总局关于落实支持小型微利企业和个体工商户发展所得税优惠政策有关事项的公告》（国家税务总局公告2021年第8号）	（3）个体工商户按照以下方法计算减免税额： 减免税额=（个体工商户经营所得应纳税所得额不超过100万元部分的应纳税额－其他政策减免税额×个体工商户经营所得应纳税所得额不超过100万元部分÷经营所得应纳税所得额）×（1－50%） （4）个体工商户需将按上述方法计算得出的减免税额填入对应经营所得纳税申报表"减免税额"栏次，并附报《个人所得税减免事项报告表》。对于通过电子税务局申报的个体工商户，税务机关将提供该优惠政策减免税额和报告表的预填服务。实行简易申报的定期定额个体工商户，税务机关按照减免后的税额进行税款划缴。 3. 关于取消代开货物运输业发票预征个人所得税有关事项 对个体工商户、个人独资企业、合伙企业和个人，代开货物运输业增值税发票时，不再预征个人所得税。个体工商户业主、个人独资企业投资者、合伙企业个人合伙人和其他从事货物运输经营活动的个人，应依法自行申报缴纳经营所得个人所得税。 4. 关于执行时间和其他事项 本公告第一条和第二条自2021年1月1日起施行，2022年12月31日终止执行。2021年1月1日至本公告发布前，个体工商户已经缴纳经营所得个人所得税的，可自动抵减以后月份的税款，当年抵减不完的可在汇算清缴时办理退税；也可直接申请退还应减免的税款。本公告第三条自2021年4月1日起施行。
3	《财政部 海关总署 税务总局关于"十四五"期间支持科技创新进口税收政策的通知》（财关税〔2021〕23号）	1. 对科学研究机构、技术开发机构、学校、党校（行政学院）、图书馆进口国内不能生产或性能不能满足需求的科学研究、科技开发和教学用品，免征进口关税和进口环节增值税、消费税。 2. 对出版物进口单位为科研院所、学校、党校（行政学院）、图书馆进口用于科研、教学的图书、资料等，免征进口环节增值税。 3. 本通知第一、二条所称科学研究机构、技术开发机构、学校、党校（行政学院）、图书馆是指： （1）从事科学研究工作的中央级、省级、地市级科研院所（含其具有独立法人资格的图书馆、研究生院）。 （2）国家实验室，国家重点实验室，企业国家重点实验室，国家产业创新中心，国家技术创新中心，国家制造业创新中心，国家临床医学研究中心，国家工程研究中心，国家工程技术研究中心，国家企业技术中心，国家中小企业公共服务示范平台（技术类）。 （3）科技体制改革过程中转制为企业和进入企业的主要从事科学研究和技术开发工作的机构。 （4）科技部会同民政部核定或者省级科技主管部门会同省级民政、财政、税务部门和社会研发机构所在地直属海关核定的科技类民办非企业单位性质的社会研发机构；省级科技主管部门会同省级财政、税务部门和社会研发机构所在地直属海关核定的事业单位性质的社会研发机构。 （5）省级商务主管部门会同省级财政、税务部门和外资研发中心所在地直属海关核定的外资研发中心。 （6）国家承认学历的实施专科及以上高等学历教育的高等学校及其具有独立法人资格的分校、异地办学机构。 （7）县级及以上党校（行政学院）。 （8）地市级及以上公共图书馆。 4. 本通知第二条所称出版物进口单位是指中央宣传部核定的具有出版物进口许可的出版物进口单位，科研院所是指第三条第一项规定的机构。 5. 本通知第一、二条规定的免税进口商品实行清单管理。免税进口商品清单由财政部、海关总署、税务总局征求有关部门意见后另行制定印发，并动态调整。 6. 本通知有效期为2021年1月1日至2025年12月31日。
4	《关于明确增值税小规模纳税人免征增值税政策的公告》（财政部 税务总局公告2021年第11号）	自2021年4月1日至2022年12月31日，对月销售额15万元以下（含本数）的增值税小规模纳税人，免征增值税。

续表

序号	政策文件	财税金融优惠政策主要内容
5	《国家税务总局关于小规模纳税人免征增值税征管问题的公告》（国家税务总局公告2021年第5号）	1. 小规模纳税人发生增值税应税销售行为，合计月销售额未超过15万元（以1个季度为1个纳税期的，季度销售额未超过45万元，下同）的，免征增值税。 小规模纳税人发生增值税应税销售行为，合计月销售额超过15万元，但扣除本期发生的销售不动产的销售额后未超过15万元的，其销售货物、劳务、服务、无形资产取得的销售额免征增值税。 2. 适用增值税差额征税政策的小规模纳税人，以差额后的销售额确定是否可以享受本公告规定的免征增值税政策。 3.《中华人民共和国增值税暂行条例实施细则》第九条所称的其他个人，采取一次性收取租金形式出租不动产取得的租金收入，可在对应的租赁期内平均分摊，分摊后的月租金收入未超过15万元的，免征增值税。 4. 按照现行规定应当预缴增值税税款的小规模纳税人，凡在预缴地实现的月销售额未超过15万元的，当期无需预缴税款。 5. 本公告自2021年4月1日起施行。
6	《国家税务总局关于进一步优化增值税优惠政策办理程序及服务有关事项的公告》（国家税务总局公告2021年第4号）	1. 单位和个体工商户（以下统称纳税人）适用增值税减征、免征政策的，在增值税纳税申报时按规定填写申报表相应减免税栏次即可享受，相关政策规定的证明材料留存备查。 2. 纳税人适用增值税即征即退政策的，应当在首次申请增值税退税时，按规定向主管税务机关提供退税申请材料和相关政策规定的证明材料。 纳税人后续申请增值税退税时，相关证明材料未发生变化的，无需重复提供，仅需提供退税申请材料并在退税申请中说明有关情况。纳税人享受增值税即征即退条件发生变化的，应当在发生变化后首次纳税申报时向主管税务机关书面报告。 3. 本公告自2021年4月1日起施行。
7	《关于取消港口建设费和调整民航发展基金有关政策的公告》（财政部公告2021年第8号）	1. 自2021年1月1日起取消港口建设费。以前年度欠缴的港口建设费，相关执收单位应当足额征收及时清算，并按照财政部门规定的渠道全额上缴国库。 2. 自2021年4月1日起，将航空公司应缴纳民航发展基金的征收标准，在按照《财政部关于调整部分政府性基金有关政策的通知》（财税〔2019〕46号）降低50%的基础上，再降低20%。
8	《关于延续实施应对疫情部分税费优惠政策的公告》（财政部 税务总局公告2021年第7号）	1.《财政部 税务总局关于支持个体工商户复工复业增值税政策的公告》（财政部 税务总局公告2020年第13号）规定的税收优惠政策，执行期限延长至2021年12月31日。其中，自2021年4月1日至2021年12月31日，湖北省增值税小规模纳税人适用3%征收率的应税销售收入，减按1%征收率征收增值税；适用3%预征率的预缴增值税项目，减按1%预征率预缴增值税。 2.《财政部 税务总局关于支持新型冠状病毒感染的肺炎疫情防控有关个人所得税政策的公告》（财政部 税务总局公告2020年第10号）、《财政部 税务总局关于电影等行业税费支持政策的公告》（财政部 税务总局公告2020年第25号）规定的税费优惠政策凡已经到期的，执行期限延长至2021年12月31日。 3.《财政部 税务总局关于支持新型冠状病毒感染的肺炎疫情防控有关税收政策的公告》（财政部 税务总局公告2020年第8号）、《财政部 税务总局关于支持新型冠状病毒感染的肺炎疫情防控有关捐赠税收政策的公告》（财政部 税务总局公告2020年第9号）规定的税收优惠政策凡已经到期的，执行期限延长至2021年3月31日。
9	《关于延长部分税收优惠政策执行期限的公告》（财政部 税务总局公告2021年第6号）	《财政部 税务总局关于设备 器具扣除有关企业所得税政策的通知》（财税〔2018〕54号）、《财政部 税务总局 科技部关于提高研究开发费用税前加计扣除比例的通知》（财税〔2018〕99号）、《财政部 税务总局 工业和信息化部关于对挂车减征车辆购置税的公告》（财政部 税务总局 工业和信息化部公告2018年第69号）等16个文件规定的税收优惠政策凡已经到期的，执行期限延长至2023年12月31日。

续表

序号	政策文件	财税金融优惠政策主要内容
10	《财政部 海关总署 税务总局关于海南自由贸易港自用生产设备"零关税"政策的通知》（财关税〔2021〕7号）	1. 全岛封关运作前，对海南自由贸易港注册登记并具有独立法人资格的企业进口自用的生产设备，除法律法规和相关规定明确不予免税、国家规定禁止进口的商品，以及本通知所附《海南自由贸易港"零关税"自用生产设备负面清单》所列设备外，免征关税、进口环节增值税和消费税。 2. 本通知所称生产设备，是指基础设施建设、加工制造、研发设计、检测维修、物流仓储、医疗服务、文体旅游等生产经营活动所需的设备，包括《中华人民共和国进出口税则》第八十四、八十五和九十章中除家用电器及设备零件、部件、附件、元器件外的其他商品。
11	《关于支持"专精特新"中小企业高质量发展的通知》（财建〔2021〕2号）	1. 2021—2025年，中央财政累计安排100亿元以上奖补资金，引导地方完善扶持政策和公共服务体系，分三批（每批不超过三年）重点支持1000余家国家级专精特新"小巨人"企业（以下简称重点"小巨人"企业）高质量发展，促进这些企业发挥示范作用，并通过支持部分国家（或省级）中小企业公共服务示范平台（以下简称公共服务示范平台）强化服务水平，聚集资金、人才和技术等资源，带动1万家左右中小企业成长为国家级专精特新"小巨人"企业。 2. 重点"小巨人"企业：由工业和信息化部商财政部从已认定的专精特新"小巨人"企业中择优选定（不含已在上交所主板、科创板和深交所主板、中小板、创业板，以及境外公开发行股票的）。公共服务示范平台：由省级中小企业主管部门商同级财政部门从工业和信息化部（或省级中小企业主管部门）认定的国家（或省级）中小企业公共服务示范平台中选定，每省份每批次自主确定不超过3个平台。
12	《关于进一步完善研发费用税前加计扣除政策的公告》（财政部 税务总局公告2021年第13号）	1.（1）制造业企业开展研发活动中实际发生的研发费用，未形成无形资产计入当期损益的，在按规定据实扣除的基础上，自2021年1月1日起，再按照实际发生额的100%在税前加计扣除；形成无形资产的，自2021年1月1日起，按照无形资产成本的200%在税前摊销。 （2）本条所称制造业企业，是指以制造业业务为主营业务，享受优惠当年主营业务收入占收入总额的比例达到50%以上的企业。制造业的范围按照《国民经济行业分类》（GB/T 4574—2017）确定，如国家有关部门更新《国民经济行业分类》，从其规定。收入总额按照企业所得税法第六条规定执行。 2.（1）企业预缴申报当年第3季度（按季预缴）或9月份（按月预缴）企业所得税时，可以自行选择就当年上半年研发费用享受加计扣除优惠政策，采取"自行判别、申报享受、相关资料留存备查"办理方式。 （2）符合条件的企业可以自行计算加计扣除金额，填报《中华人民共和国企业所得税月（季）度预缴纳税申报表（A类）》享受税收优惠，并根据享受加计扣除优惠的研发费用情况（上半年）填写《研发费用加计扣除优惠明细表》（A107012）。《研发费用加计扣除优惠明细表》（A107012）与相关政策规定的其他资料一并留存备查。 （3）企业办理第3季度或9月份预缴申报时，未选择享受研发费用加计扣除优惠政策的，可在次年办理汇算清缴时统一享受。 3. 本公告自2021年1月1日起执行。
13	《关于2021—2030年支持民用航空维修用航空器材进口税收政策的通知》（财关税〔2021〕15号）	1. 自2021年1月1日至2030年12月31日，对民用飞机整机设计制造企业、国内航空公司、维修单位、航空器材分销商进口国内不能生产或性能不能满足需求的维修用航空器材，免征进口关税。 2. 本通知第一条所述民用飞机整机设计制造企业、国内航空公司、维修单位、航空器材分销商是指： （1）从事民用飞机整机设计制造的企业及其所属单位，且其生产产品的相关型号已取得中国民航局批准的型号合格证（TC）。 （2）中国民航局批准的国内航空公司。 （3）持有中国民用航空维修许可证的维修单位。 （4）符合中国民航局管理要求的航空器材分销商。 3.（1）本通知第一条所述维修用航空器材是指专门用于维修民用飞机、民用飞机部件的器材，包括动力装置（发动机、辅助动力装置）、起落架等部件，以及标准件、原材料等消耗器材。范围仅限定于飞机的机载设备及其零部件、原材料，不包括地勤系统所使用的设备及其零部件。

续表

序号	政策文件	财税金融优惠政策主要内容
13	《关于2021—2030年支持民用航空维修用航空器材进口税收政策的通知》(财关税〔2021〕15号)	(2)航空器材一般具备中国民航局(CAAC)、美国联邦航空局(FAA)、欧盟航空安全局(EASA)、加拿大民用航空局(TCCA)、巴西民用航空局等民航局颁发的适航证明文件或俄罗斯、乌克兰等民航制造和维修单位签发的履历本。具有制造单位出具产品合格证明的标准件、原材料也属于航空器材范围。 (3)免税进口的维修用航空器材清单,由中国民航局会同工业和信息化部、财政部、海关总署另行制定印发。
14	《中国人民银行 银保监会 财政部 发展改革委 工业和信息化部关于进一步延长普惠小微企业贷款延期还本付息政策和信用贷款支持政策实施期限有关事宜的通知》(银发〔2021〕81号)	1. 继续实施普惠小微企业贷款延期还本付息政策 (1)普惠小微企业贷款延期还本付息政策延期至2021年12月31日。对于2021年4月1日至12月31日期间到期的普惠小微企业贷款(包括单户授信1000万元及以下的小微企业贷款、个体工商户和小微企业主经营性贷款,下同),由企业和银行自主协商确定,继续实施阶段性延期还本付息。 (2)对于城市商业银行、农村商业银行、农村合作银行、村镇银行、农村信用社、民营银行等地方法人银行业金融机构办理的延期期限不少于6个月的普惠小微企业贷款,人民银行通过货币政策工具,按照延期贷款本金的1%给予激励,激励资金总额控制在国务院批准的额度内。同一笔贷款(含以前已延期过的贷款)只能再获得一次人民银行提供的激励。 2. 继续实施普惠小微企业信用贷款支持政策 (1)普惠小微企业信用贷款支持政策延期至2021年12月31日。对于符合条件的地方法人银行业金融机构新发放的普惠小微企业信用贷款,人民银行通过货币政策工具继续给予优惠资金支持,加大对个体工商户的支持。货币政策工具支持范围为2021年4月1日至12月31日期间新发放且期限不小于6个月的贷款,支持比例为贷款本金的40%,资金总量控制在国务院批准的再贷款额度内。符合条件的地方法人银行业金融机构为最新中央银行评级1-5级的地方法人银行业金融机构。 (2)人民银行通过货币政策工具支持的贷款,仍由放贷银行管理,贷款利息由放贷银行收取,坏账损失也由放贷银行承担。人民银行通过货币政策工具提供的优惠资金支持,放贷银行应于收到资金之日起满一年时按原金额返还。

注:上述清单将根据国家政策出台情况动态更新。

5-1-119

《道路机动车辆生产企业及产品》(第343批)、《新能源汽车推广应用推荐车型目录》(2021年第4批)、《享受车船税减免优惠的节约能源使用新能源汽车车型目录》(第二十六批)、《免征车辆购置税的新能源汽车车型目录》(第四十二批)

2021年4月30日 工业和信息化部公告2021年第11号

根据《中华人民共和国行政许可法》、《国务院对确需保留的行政审批项目设定行政许可的决定》、《财政部 税务总局 工业和信息化部 交通运输部关于节能 新能源车船享受车船税优惠政策的通知》(财税〔2018〕74号)、《财政部 税务总局 工业和信息化部 科技部关于免征新能源汽车车辆购置税的公告》(2017年第172号)、《中华人民共和国工业和信息化部 财政部 国家税务总局公告》(2018年第17号)、《财政部 税务总局 工业和信息化部关于新能源汽车免征车辆购置税有关政策的公告》(2020年第21号)等有关规定,现将许可的《道路机动车辆生产企业及产品》(第343批)、《新能源汽车推广应用推荐车型目录》(2021年第4批)以及经商国家税务总局同意的《享受车船税减免优惠的节约能源 使用新能源汽车车型目录》(第二十六批)、《免征车辆购置税的新能源汽车车型目录》(第四十二批)予以公告。

附件:1. 道路机动车辆生产企业及产品(第343批)(编者略)
2. 新能源汽车推广应用推荐车型目录(2021年第4批)(编者略)
3. 享受车船税减免优惠的节约能源 使用新能源汽车车型目录(第二十六批)(编者略)
4. 免征车辆购置税的新能源汽车车型目录(第四十二批)(编者略)

5-1-120

《道路机动车辆生产企业及产品》(第344批)、《新能源汽车推广应用推荐车型目录》(2021年第5批)、《享受车船税减免优惠的节约能源 使用新能源汽车车型目录》(第二十七批)、《免征车辆购置税的新能源汽车车型目录》(第四十三批)

2021年6月11日 工业和信息化部公告2021年第16号

根据《中华人民共和国行政许可法》、《国务院对确需保留的行政审批项目设定行政许可的决定》、《财政部 税务总局 工业和信息化部 交通运输部关于节能 新能源车船享受车船税优惠政策的通知》(财税〔2018〕74号)、《财政部 税务总局 工业和信息化部 科技部关于免征新能源汽车车辆购置税的公告》(2017年第172号)、《中华人民共和国工业和信息化部 财政部 国家税务总局公告》(2018年第17号)、《财政部 税务总局 工业和信息化部关于新能源汽车免征车辆购置税有关政策的公告》(2020年第21号)等有关规定,现将许可的《道路机动车辆生产企业及产品》(第344批)、《新能源汽车推广应用推荐车型目录》(2021年第5批)以及经商国家税务总局同意的《享受车船税减免优惠的节约能源 使用新能源汽车车型目录》(第二十七批)、《免征车辆购置税的新能源汽车车型目录》(第四十三批)和《撤销〈享受车船税减免优惠的节约能源 使用新能源汽车车型目录〉的车型名单》《撤销〈免征车辆购置税的新能源汽车车型目录〉的车型名单》予以公告。

附件:1. 道路机动车辆生产企业及产品(第 344 批)(编者略)

2. 新能源汽车推广应用推荐车型目录(2021 年第 5 批)(编者略)

3. 享受车船税减免优惠的节约能源 使用新能源汽车车型目录(第二十七批)(编者略)

4. 免征车辆购置税的新能源汽车车型目录(第四十三批)(编者略)

5. 撤销《享受车船税减免优惠的节约能源 使用新能源汽车车型目录》的车型名单(编者略)

6. 撤销《免征车辆购置税的新能源汽车车型目录》的车型名单(编者略)

5-1-121

《道路机动车辆生产企业及产品》(第 345 批)、《新能源汽车推广应用推荐车型目录》(2021 年第 6 批)、《享受车船税减免优惠的节约能源使用新能源汽车车型目录》(第二十八批)、《免征车辆购置税的新能源汽车车型目录》(第四十四批)

2021 年 7 月 12 日 工业和信息化部公告 2021 年第 18 号

根据《中华人民共和国行政许可法》《国务院对确需保留的行政审批项目设定行政许可的决定》《财政部 税务总局 工业和信息化部 交通运输部关于节能 新能源车船享受车船税优惠政策的通知》(财税〔2018〕74 号)、《财政部 税务总局 工业和信息化部 科技部关于免征新能源汽车车辆购置税的公告》(2017 年第 172 号)、《中华人民共和国工业和信息化部 财政部 国家税务总局公告》(2018 年第 17 号)、《财政部 税务总局 工业和信息化部关于新能源汽车免征车辆购置税有关政策的公告》(2020 年第 21 号)、《工业和信息化部 财政部 税务总局关于调整免征车辆购置税新能源汽车产品技术要求的公告》(2021 年第 13 号)等有关规定,现将许可的《道路机动车辆生产企业及产品》(第 345 批)、《新能源汽车推广应用推荐车型目录》(2021 年第 6 批)以及经商国家税务总局同意的《享受车船税减免优惠的节约能源 使用新能源汽车车型目录》(第二十八批)、《免征车辆购置税的新能源汽车车型目录》(第四十四批)予以公告。

附件:1. 道路机动车辆生产企业及产品(第 345 批)(编者略)

2. 新能源汽车推广应用推荐车型目录(2021 年第 6 批)(编者略)

3. 享受车船税减免优惠的节约能源 使用新能源汽车车型目录(第二十八批)(编者略)

4. 免征车辆购置税的新能源汽车车型目录（第四十四批）（编者略）

5-1-122

财政部　税务总局　住房城乡建设部关于完善住房租赁有关税收政策的公告

2021年7月15日　财政部　税务总局
住房城乡建设部公告2021年第24号

为进一步支持住房租赁市场发展，现将有关税收政策公告如下：

一、住房租赁企业中的增值税一般纳税人向个人出租住房取得的全部出租收入，可以选择适用简易计税方法，按照5%的征收率减按1.5%计算缴纳增值税，或适用一般计税方法计算缴纳增值税。住房租赁企业中的增值税小规模纳税人向个人出租住房，按照5%的征收率减按1.5%计算缴纳增值税。

住房租赁企业向个人出租住房适用上述简易计税方法并进行预缴的，减按1.5%预征率预缴增值税。

二、对企事业单位、社会团体以及其他组织向个人、专业化规模化住房租赁企业出租住房的，减按4%的税率征收房产税。

三、对利用非居住存量土地和非居住存量房屋（含商业办公用房、工业厂房改造后出租用于居住的房屋）建设的保障性租赁住房，取得保障性租赁住房项目认定书后，比照适用第一条、第二条规定的税收政策，具体为：住房租赁企业向个人出租上述保障性租赁住房，比照适用第一条规定的增值税政策；企事业单位、社会团体以及其他组织向个人、专业化规模化住房租赁企业出租上述保障性租赁住房，比照适用第二条规定的房产税政策。

保障性租赁住房项目认定书由市、县人民政府组织有关部门联合审查建设方案后出具。

四、本公告所称住房租赁企业，是指按规定向住房城乡建设部门进行开业报告或者备案的从事住房租赁经营业务的企业。

本公告所称专业化规模化住房租赁企业的标准为：企业在开业报告或者备案城市内持有或者经营租赁住房1000套（间）及以上或者建筑面积3万平方米及以上。各省、自治区、直辖市住房城乡建设部门会同同级财政、税务部门，可根据租赁市场发展情况，对本地区全部或者部分城市在50%的幅度内下调标准。

五、各地住房城乡建设、税务部门应加强信息共享。市、县住房城乡建设部门应将本地区住房租赁企业、专业化规模化住房租赁企业名单以及保障性租赁住房项目认定书传递给同级税务部门，并将住房租赁企业、专业化规模化住房租赁企业名单予以公布并动态更新，共享信息具体内容和共享实现方式由各省、自治区、直辖市住房城乡建设部门会同税务部门共同研究确定。

六、纳税人享受本公告规定的优惠政策，应按规定进行减免税申报，并将不动产权属、房屋租赁合同、保障性租赁住房项目认定书等相关资料留存备查。

七、本公告自2021年10月1日起执行。《财政部 国家税务总局关于廉租住房 经济适用住房和住房租赁有关税收政策的通知》(财税〔2008〕24号)第二条第(四)项规定同时废止。

5－1－123

《道路机动车辆生产企业及产品》（第346批）、《新能源汽车推广应用推荐车型目录》（2021年第7批）、《享受车船税减免优惠的节约能源 使用新能源汽车车型目录》（第二十九批）、《免征车辆购置税的新能源汽车车型目录》（第四十五批）

2021年8月10日 工业和信息化部公告2021年第20号

根据《中华人民共和国行政许可法》、《国务院对确需保留的行政审批项目设定行政许可的决定》、《财政部 税务总局 工业和信息化部 交通运输部关于节能 新能源车船享受车船税优惠政策的通知》(财税〔2018〕74号)、《财政部 税务总局 工业和信息化部 科技部关于免征新能源汽车车辆购置税的公告》(2017年第172号)、《中华人民共和国工业和信息化部 财政部 国家税务总局公告》(2018年第17号)、《财政部 税务总局 工业和信息化部关于新能源汽车免征车辆购置税有关政策的公告》(2020年第21号)、《工业和信息化部 财政部 税务总局关于调整免征车辆购置税新能源汽车产品技术要求的公告》(2021年第13号)等有关规定,现将许可的《道路机动车辆生产企业及产品》(第346批)、《新能源汽车推广应用推荐车型目录》(2021年第7批)以及经商国家税务总局同意的《享受车船税减免优惠的节约能源 使用新能源汽车车型目录》(第二十九批)、《免征车辆购置税的新能源汽车车型目录》(第四十五批)予以公告。

附件:1. 道路机动车辆生产企业及产品(第346批)(编者略)
2. 新能源汽车推广应用推荐车型目录(2021年第7批)(编者略)
3. 享受车船税减免优惠的节约能源 使用新能源汽车车型目录(第二十九批)(编者略)
4. 免征车辆购置税的新能源汽车车型目录(第四十五批)(编者略)

5-1-124

《道路机动车辆生产企业及产品》（第347批）、《新能源汽车推广应用推荐车型目录》（2021年第8批）、《享受车船税减免优惠的节约能源 使用新能源汽车车型目录》（第三十批）、《免征车辆购置税的新能源汽车车型目录》（第四十六批）

2021年9月9日　工业和信息化部公告2021年第23号

根据《中华人民共和国行政许可法》、《国务院对确需保留的行政审批项目设定行政许可的决定》、《财政部　税务总局　工业和信息化部　交通运输部关于节能　新能源车船享受车船税优惠政策的通知》（财税〔2018〕74号）、《财政部　税务总局　工业和信息化部　科技部关于免征新能源汽车车辆购置税的公告》（2017年第172号）、《中华人民共和国工业和信息化部　财政部　国家税务总局公告》（2018年第17号）、《财政部　税务总局　工业和信息化部关于新能源汽车免征车辆购置税有关政策的公告》（2020年第21号）、《工业和信息化部　财政部　税务总局关于调整免征车辆购置税新能源汽车产品技术要求的公告》（2021年第13号）等有关规定，现将许可的《道路机动车辆生产企业及产品》（第347批）、《新能源汽车推广应用推荐车型目录》（2021年第8批）以及经商国家税务总局同意的《享受车船税减免优惠的节约能源　使用新能源汽车车型目录》（第三十批）、《免征车辆购置税的新能源汽车车型目录》（第四十六批）予以公告。

附件：1. 道路机动车辆生产企业及产品（第347批）（编者略）
　　　2. 新能源汽车推广应用推荐车型目录（2021年第8批）（编者略）
　　　3. 享受车船税减免优惠的节约能源　使用新能源汽车车型目录（第三十批）（编者略）
　　　4. 免征车辆购置税的新能源汽车车型目录（第四十六批）（编者略）

5-1-125

《道路机动车辆生产企业及产品》（第348批）、《新能源汽车推广应用推荐车型目录》（2021年第9批）、《享受车船税减免优惠的节约能源 使用新能源汽车车型目录》（第三十一批）、《免征车辆购置税的新能源汽车车型目录》（第四十七批）

2021年9月30日　工业和信息化部公告2021年第26号

　　根据《中华人民共和国行政许可法》、《国务院对确需保留的行政审批项目设定行政许可的决定》、《财政部　税务总局　工业和信息化部　交通运输部关于节能　新能源车船享受车船税优惠政策的通知》（财税〔2018〕74号）、《财政部　税务总局　工业和信息化部　科技部关于免征新能源汽车车辆购置税的公告》（2017年第172号）、《中华人民共和国工业和信息化部　财政部　国家税务总局公告》（2018年第17号）、《财政部　税务总局　工业和信息化部关于新能源汽车免征车辆购置税有关政策的公告》（2020年第21号）、《工业和信息化部　财政部　税务总局关于调整免征车辆购置税新能源汽车产品技术要求的公告》（2021年第13号）等有关规定，现将许可的《道路机动车辆生产企业及产品》（第348批）、《新能源汽车推广应用推荐车型目录》（2021年第9批）以及经商国家税务总局同意的《享受车船税减免优惠的节约能源　使用新能源汽车车型目录》（第三十一批）、《免征车辆购置税的新能源汽车车型目录》（第四十七批）予以公告。

　　附件：1. 道路机动车辆生产企业及产品（第348批）（编者略）
　　　　　2. 新能源汽车推广应用推荐车型目录（2021年第9批）（编者略）
　　　　　3. 享受车船税减免优惠的节约能源　使用新能源汽车车型目录（第三十一批）（编者略）
　　　　　4. 免征车辆购置税的新能源汽车车型目录（第四十七批）（编者略）

5–1–126

《道路机动车辆生产企业及产品》（第349批）、《新能源汽车推广应用推荐车型目录》（2021年第10批）、《享受车船税减免优惠的节约能源 使用新能源汽车车型目录》（第三十二批）、《免征车辆购置税的新能源汽车车型目录》（第四十八批）

2021年11月5日　工业和信息化部公告2021年第31号

根据《中华人民共和国行政许可法》、《国务院对确需保留的行政审批项目设定行政许可的决定》、《财政部　税务总局　工业和信息化部　交通运输部关于节能　新能源车船享受车船税优惠政策的通知》（财税〔2018〕74号）、《财政部　税务总局　工业和信息化部　科技部关于免征新能源汽车车辆购置税的公告》（2017年第172号）、《中华人民共和国工业和信息化部　财政部　国家税务总局公告》（2018年第17号）、《财政部　税务总局　工业和信息化部关于新能源汽车免征车辆购置税有关政策的公告》（2020年第21号）、《工业和信息化部　财政部　税务总局关于调整免征车辆购置税新能源汽车产品技术要求的公告》（2021年第13号）等有关规定，现将许可的《道路机动车辆生产企业及产品》（第349批）、《新能源汽车推广应用推荐车型目录》（2021年第10批）以及经商国家税务总局同意的《享受车船税减免优惠的节约能源　使用新能源汽车车型目录》（第三十二批）、《免征车辆购置税的新能源汽车车型目录》（第四十八批）予以公告。

附件：1. 道路机动车辆生产企业及产品（第349批）（编者略）
　　　2. 新能源汽车推广应用推荐车型目录（2021年第10批）（编者略）
　　　3. 享受车船税减免优惠的节约能源　使用新能源汽车车型目录（第三十二批）（编者略）
　　　4. 免征车辆购置税的新能源汽车车型目录（第四十八批）（编者略）

5-1-127

财政部　税务总局关于北京证券交易所税收政策适用问题的公告

2021年11月14日　财政部　税务总局公告2021年第33号

为支持进一步深化全国中小企业股份转让系统(以下称新三板)改革,将精选层变更设立为北京证券交易所(以下称北交所),按照平稳转换、有效衔接的原则,现将北交所税收政策适用问题明确如下:

新三板精选层公司转为北交所上市公司,以及创新层挂牌公司通过公开发行股票进入北交所上市后,投资北交所上市公司涉及的个人所得税、印花税相关政策,暂按照现行新三板适用的税收规定执行。涉及企业所得税、增值税相关政策,按企业所得税法及其实施条例、《财政部　国家税务总局关于全面推开营业税改征增值税试点的通知》(财税〔2016〕36号)及有关规定执行。

特此公告。

5-1-128

《道路机动车辆生产企业及产品》（第350批）、《新能源汽车推广应用推荐车型目录》（2021年第11批）、《享受车船税减免优惠的节约能源 使用新能源汽车车型目录》（第三十三批）、《免征车辆购置税的新能源汽车车型目录》（第四十九批）

2021年12月7日　工业和信息化部公告2021年第36号

根据《中华人民共和国行政许可法》、《国务院对确需保留的行政审批项目设定行政许可的决定》、《财政部　税务总局　工业和信息化部　交通运输部关于节能　新能源车船享受车船税优惠政策的通知》(财税〔2018〕74号)、《财政部　税务总局　工业和信息化部　科技部关于免征新能源汽车车辆购置税的公告》(2017年第172号)、《中华人民共和国工业和信息化部　财政部　国家税务总局公告》(2018年第17号)、《财政部　税务总局　工业和信息化部关于新能源汽车免征车辆购置税有关政策的公告》(2020年第21号)、《工业和信息化部　财政部　税务总局关于调整免征车辆购置税新能源汽车产品技术要求的公告》(2021年第13号)等有关规定,现将许可的《道路机动车辆生产企业及产品》(第350批)、《新能源汽车推广应用推荐车型目录》(2021年第11批)以及经商国家税务总局同意的《享受车船税减免优惠的节约能源 使用新能源汽车车型目录》(第三十三批)、《免征车辆购置税的新能源汽车车型目录》(第四十九批)予以公告。

  附件:1. 道路机动车辆生产企业及产品(第350批)(编者略)
    2. 新能源汽车推广应用推荐车型目录(2021年第11批)(编者略)
    3. 享受车船税减免优惠的节约能源 使用新能源汽车车型目录(第三十三批)(编者略)
    4. 免征车辆购置税的新能源汽车车型目录(第四十九批)(编者略)

5-1-129

《道路机动车辆生产企业及产品》(第351批)、《新能源汽车推广应用推荐车型目录》(2021年第12批)、《享受车船税减免优惠的节约能源使用新能源汽车车型目录》(第三十四批)、《免征车辆购置税的新能源汽车车型目录》(第五十批)

2021年12月29日 工业和信息化部公告2021年第41号

  根据《中华人民共和国行政许可法》、《国务院对确需保留的行政审批项目设定行政许可的决定》、《财政部 税务总局 工业和信息化部 交通运输部关于节能 新能源车船享受车船税优惠政策的通知》(财税〔2018〕74号)、《财政部 税务总局 工业和信息化部 科技部关于免征新能源汽车车辆购置税的公告》(2017年第172号)、《中华人民共和国工业和信息化部 财政部 国家税务总局公告》(2018年第17号)、《财政部 税务总局 工业和信息化部关于新能源汽车免征车辆购置税有关政策的公告》(2020年第21号)、《工业和信息化部 财政部 税务总局关于调整免征车辆购置税新能源汽车产品技术要求的公告》(2021年第13号)等有关规定,现将许可的《道路机动车辆生产企业及产品》(第351批)、《新能源汽车推广应用推荐车型目录》(2021年第12批)以及经商国家税务总局同意的《享受车船税减免优惠的节约能源 使用新能源汽车车型目录》(第三十四批)、《免征车辆购置税的新能源汽车车型目录》(第五十批)予以公告。

  附件:1. 道路机动车辆生产企业及产品(第351批)(编者略)
    2. 新能源汽车推广应用推荐车型目录(2021年第12批)(编者略)
    3. 享受车船税减免优惠的节约能源 使用新能源汽车车型目录(第三十四批)(编者略)

4. 免征车辆购置税的新能源汽车车型目录(第五十批)(编者略)

5-1-130

《道路机动车辆生产企业及产品》(第352批)、《新能源汽车推广应用推荐车型目录》(2022年第1批)、《享受车船税减免优惠的节约能源 使用新能源汽车车型目录》(第三十五批)、《免征车辆购置税的新能源汽车车型目录》(第五十一批)

2022年1月29日　工业和信息化部公告2022年第4号

根据《中华人民共和国行政许可法》、《国务院对确需保留的行政审批项目设定行政许可的决定》、《财政部　税务总局　工业和信息化部　交通运输部关于节能　新能源车船享受车船税优惠政策的通知》(财税〔2018〕74号)、《工业和信息化部　财政部　税务总局关于调整享受车船税优惠的节能　新能源汽车产品技术要求的公告》(2022年第2号)、《财政部　税务总局　工业和信息化部　科技部关于免征新能源汽车车辆购置税的公告》(2017年第172号)、《中华人民共和国工业和信息化部　财政部　国家税务总局公告》(2018年第17号)、《财政部　税务总局　工业和信息化部关于新能源汽车免征车辆购置税有关政策的公告》(2020年第21号)、《工业和信息化部　财政部　税务总局关于调整免征车辆购置税新能源汽车产品技术要求的公告》(2021年第13号)等有关规定,现将许可的《道路机动车辆生产企业及产品》(第352批)、《新能源汽车推广应用推荐车型目录》(2022年第1批)以及经商国家税务总局同意的《享受车船税减免优惠的节约能源　使用新能源汽车车型目录》(第三十五批)、《免征车辆购置税的新能源汽车车型目录》(第五十一批)予以公告。

附件:1. 道路机动车辆生产企业及产品(第352批)(编者略)
2. 新能源汽车推广应用推荐车型目录(2022年第1批)(编者略)
3. 享受车船税减免优惠的节约能源　使用新能源汽车车型目录(第三十五批)(编者略)
4. 免征车辆购置税的新能源汽车车型目录(第五十一批)(编者略)

5-1-131

国家发展改革委 财政部 人力资源社会保障部 住房城乡建设部 交通运输部 商务部 文化和旅游部 卫生健康委 人民银行 国务院国资委 税务总局 市场监管总局 银保监会 民航局 印发《关于促进服务业领域困难行业恢复发展的若干政策》的通知

2022年2月18日　发改财金〔2022〕271号

各省、自治区、直辖市人民政府，新疆生产建设兵团，国务院各部门、各直属机构：

《关于促进服务业领域困难行业恢复发展的若干政策》已经国务院同意，现印发给你们，请认真组织实施。

附件：关于促进服务业领域困难行业恢复发展的若干政策

附件

关于促进服务业领域困难行业恢复发展的若干政策

按照党中央、国务院决策部署，为帮助服务业领域困难行业渡过难关、恢复发展，在落实好已经出台政策措施的基础上，经国务院同意，现提出以下助企纾困扶持政策措施。

一、服务业普惠性纾困扶持措施

1. 延续服务业增值税加计抵减政策，2022年对生产、生活性服务业纳税人当期可抵扣进项税额继续分别按10%和15%加计抵减应纳税额。

2. 2022年扩大"六税两费"适用范围，将省级人民政府在50%税额幅度内减征资源税、城市维护建设税、房产税、城镇土地使用税、印花税（不含证券交易印花税）、耕地占用税和教育费附加、地方教育附加等"六税两费"的适用主体，由增值税小规模纳税人扩展至小型微利企业和个体工商户。符合条件的服务业市场主体可以享受。

3. 鼓励各地可根据条例授权和本地实际，2022年对缴纳房产税、城镇土地使用税确有困难的纳税人给予减免。符合条件的服务业市场主体可以享受。

4. 2022年加大中小微企业设备器具税前扣除力度。中小微企业2022年度内新购置的单位价值500万元以上的设备器具，折旧年限为3年的可选择一次性税前扣除，折旧年限为4年、5年、10年的可减半扣除。企业可按季度享受优惠，当年不足扣除形成的亏损，可在以后5个纳税年度结转扣除。符合条件的服务业市场主体可以享受。

5. 2022年延续实施阶段性降低失业保险、工伤保险费率政策。对不裁员、少裁员的企业继续实施普惠性失业保险稳岗返还政策，在2022年度将中小微企业返还比例从60%最高提至90%。符合条件的服务业市场主体可以享受。

6. 2022年被列为疫情中高风险地区所在的县级行政区域内的服务业小微企业和个体工商户承租国有房屋，2022年减免6个月租金，其他地区减免3个月租金。各地可统筹各类资金，对承租非国有房屋的服务业小微企业和个体工商户给予适当帮扶。鼓励非国有房屋租赁主体在平等协商的基础上合理分担疫情带来的损失。对减免租金的房屋业主，2022年缴纳房产税、城镇土地使用税确有困难的，鼓励各地可根据条例授权和地方实际给予减免。因减免租金影响国有企事业单位业绩的，在考核中根据实际情况予以认可。

7. 2022年引导银行用好2021年两次降低存款准备金率释放的2.2万亿元资金，发挥好货币政策工具的总量和结构双重功能，优先支持困难行业特别是服务业小微企业和民营企业。

8. 2022年发挥好支持普惠小微的市场化工具引导作用，对地方法人银行普惠小微贷款余额增量的1%提供激励资金，用好4000亿元再贷款滚动额度，引导金融机构加大对困难行业特别是服务业领域的倾斜力度。鼓励金融机构对符合续贷条件的服务业市场主体按正常续贷业务办理，不得盲目惜贷、抽贷、断贷、压贷，保持合理流动性。

9. 2022年继续推动金融系统减费让利，落实好贷款市场报价利率（LPR）下行、支农支小再贷款利率下调，推动实际贷款利率在前期大幅降低基础上继续下行，督促指导降低银行账户服务收费、人民币转账汇款手续费、银行卡刷卡手续费，减轻服务业小微企业和个体工商户经营成本压力。

10. 采取切实有效措施制止乱收费、乱摊派、乱罚款行为，研究实施专项整治行动方案，完善整治涉企乱收费协同治理和联合惩戒机制，防止对服务业的各项助企纾困政策效果被"三乱"抵消。鼓励服务业行业采取多种手段开展促销活动。

二、餐饮业纾困扶持措施

11. 鼓励有条件的地方对餐饮企业免费开展员工定期核酸检测，对企业防疫、消杀支出给予补贴支持。2022年原则上应给予餐饮企业员工定期核酸检测不低于50%比例的补贴支持。

12. 引导外卖等互联网平台企业进一步下调餐饮业商户服务费标准，降低相关餐饮企业经营成本。引导互联网平台企业对疫情中高风险地区所在的县级行政区域内的餐饮企业，给予阶段性商户服务费优惠。

13. 允许失业保险、工伤保险基金结余较多的省份对餐饮企业阶段性实施缓缴失业保险、工伤保险费政策，具体办法由省级人民政府确定。符合条件的餐饮企业提出申请，经参保地人民政府批准可以缓缴，期限不超过一年，缓缴期间免收滞纳金。

14. 引导金融机构加强与餐饮行业主管部门信息共享，运用中小微企业和个体工商户的交易流水、经营用房租赁以及有关部门掌握的信用信息等数据，提升风险定价能力，更多发放信用贷款。鼓励符合条件的餐饮企业发行公司信用类债券，拓宽餐饮企业多元化融资渠道。

15. 鼓励政府性融资担保机构为符合条件的餐饮业中小微企业提供融资增信支持，依法依约及时履行代偿责任,积极帮助受疫情影响企业续保续贷。支持有条件的地方向政府性融资担保机构注资、提供融资担保费用补贴。

16. 鼓励保险机构优化产品和服务,扩大因疫情导致餐饮企业营业中断损失保险的覆盖面,提升理赔效率,提高对餐饮企业的保障程度。鼓励有条件的地方给予保费补贴。

17. 鼓励餐饮企业为老年人提供助餐服务,地方结合实际因地制宜对老年人助餐服务给予适当支持。不得强制餐饮企业给予配套优惠措施。

三、零售业纾困扶持措施

18. 鼓励有条件的地方对零售企业免费开展员工定期核酸检测,对企业防疫、消杀支出给予补贴支持。2022年原则上应给予零售企业员工定期核酸检测不低于50%比例的补贴支持。

19. 中央财政通过服务业发展资金,支持开展县域商业体系建设。加强政策支持,发挥市场机制作用,推动"一个上行(农产品上行)"和"三个下沉(供应链下沉、物流配送下沉、商品和服务下沉)"。

20. 中央财政继续通过服务业发展资金,支持10个省(自治区、直辖市)进一步加强农产品供应链体系建设,完善农产品流通骨干网络等。

21. 允许失业保险、工伤保险基金结余较多的省份对零售企业阶段性实施缓缴失业保险、工伤保险费政策,具体办法由省级人民政府确定。符合条件的零售企业提出申请,经参保地人民政府批准可以缓缴,期限不超过一年,缓缴期间免收滞纳金。

22. 对于各地商务主管部门推荐的应急保供、重点培育、便民生活圈建设等名单企业,鼓励银行业金融机构加大信贷支持,适当降低贷款利率,鼓励有条件的地方给予贷款贴息。引导金融机构加强与零售行业主管部门信息共享,运用中小微企业和个体工商户的交易流水、经营用房租赁以及有关部门掌握的信用信息等数据,提升风险定价能力,更多发放信用贷款。鼓励符合条件的零售企业发行公司信用类债券,拓宽零售企业多元化融资渠道。

23. 鼓励政府性融资担保机构为符合条件的零售业中小微企业提供融资增信支持,依法依约及时履行代偿责任,积极帮助受疫情影响企业续保续贷。支持有条件的地方向政府性融资担保机构注资、提供融资担保费用补贴。

四、旅游业纾困扶持措施

24. 2022年继续实施旅行社暂退旅游服务质量保证金扶持政策,对符合条件的旅行社维持80%的暂退比例,鼓励有条件的地方进一步提高暂退比例。同时,加快推进保险代替保证金试点工作,扩大保险代替保证金试点范围。

25. 允许失业保险、工伤保险基金结余较多的省份对旅游企业阶段性实施缓缴失业保险、工伤保险费政策,具体办法由省级人民政府确定。符合条件的旅游企业提出申请,经参保地人民政府批准可以缓缴,期限不超过一年,缓缴期间免收滞纳金。

26. 加强银企合作,建立健全重点旅游企业项目融资需求库,引导金融机构对符合条件的、预期发展前景较好的A级旅游景区、旅游度假区、乡村旅游经营单位、星级酒店、旅行社等重点文化和旅游市场主体加大信贷投入,适当提高贷款额度。

27. 政府采购住宿、会议、餐饮等服务项目时,严格执行经费支出额度规定,不得以星级、所有制等为门槛限制相关企业参与政府采购。

28. 鼓励机关企事业单位将符合规定举办的工会活动、会展活动等的方案制定、组织协调等交由旅行社承接,明确服务内容、服务标准等细化要求,加强资金使用管理,合理确定预付款比例,并按照合同约定及时向旅行社支付资金。

29. 鼓励银行业金融机构合理增加旅游业有效信贷供给。建立重点企业融资风险防控机制。引导金融机构合理降低新发放贷款利率,对受疫情影响生产经营困难的旅游企业主动让利。鼓励符合条件的旅游企业发行公司信用类债券,拓宽旅游企业多元化融资渠道。

30. 对符合条件的、预期发展良好的旅行社、旅游演艺等领域中小微企业加大普惠金融支持力度。发挥文化和旅游金融服务中心的积极作用,建立中小微旅游企业融资需求库。鼓励银行业金融机构对旅游相关初创企业、中小微企业和主题民宿等个体工商户分类予以小额贷款支持。

五、公路水路铁路运输业纾困扶持措施

31. 2022年暂停铁路运输企业预缴增值税一年。

32. 2022年免征轮客渡、公交客运、地铁、城市轻轨、出租车、长途客运、班车等公共交通运输服务增值税。

33. 2022年中央财政对符合要求的新能源公交车,继续按照既定标准给予购置补贴,且退坡幅度低于非公共领域购置车辆。

34. 2022年中央财政进一步加大车辆购置税收入补助地方资金力度,支持公路、水运和综合货运枢纽、集疏运体系建设等。

35. 鼓励有条件的地方根据实际需要统筹安排资金,用于存在困难的新能源出租车、城市公交运营等支出。

36. 加强信息共享,发挥动态监控数据作用,引导金融机构创新符合道路水路运输企业特点的动产质押类贷款产品,盘活车辆、船舶等资产。鼓励金融机构按市场化原则对信用等级较高、承担疫情防控和应急运输任务较重的交通运输企业加大融资支持力度,相关主管部门提供企业清单供金融机构参考。鼓励符合条件的交通运输企业发行公司信用类债券,拓宽交通运输企业多元化融资渠道。

六、民航业纾困扶持措施

37. 2022年暂停航空运输企业预缴增值税一年。

38. 地方可根据实际需要,统筹中央对地方转移支付以及地方自有财力,支持航空公司和机场做好疫情防控。

39. 统筹资源加大对民航基础设施建设资金支持力度。中央财政继续通过民航发展基金对符合条件的航空航线、安全能力建设等予以补贴。继续通过民航发展基金等对符合条件的中小机场和直属机场运营、安全能力建设等予以补贴,对民航基础设施贷款予以贴息,对机场和空管等项目建设予以投资补助。鼓励地方财政对相关项目建设予以支持。

40. 研究协调推动中国航空油料集团有限公司与上游企业协商取消航空煤油价格中包含的海上运保费(2美元/桶)、港口费(50元/吨)等费用。

41. 鼓励银行业金融机构加大对枢纽机场的信贷支持力度。鼓励符合条件的航空公司发行公司信用类债券,拓宽航空公司多元化融资渠道。对受疫情影响严重的航空公司和民航机场注册发行债务融资工具建立绿色通道。

七、精准实施疫情防控措施

42. 认真落实严格、科学、精准的疫情防控措施,坚决防止和避免"放松防控"和"过度防控"两种倾向,有效恢复和保持服务业发展正常秩序。一是建立精准监测机制,运用大数据手段建立餐厅、商超、景点、机场、港口、冷链运输等服务业重点区域、重点行业从业人员库,落实重点人员和高风险岗位人员核酸检测频次,做到应检尽检。二是提升精准识别能力,确保疫情在服务业场所发生时全力以赴抓好流调"黄金 24 小时"。三是强化精准管控隔离,科学精准定位服务业重点、高危人群,对密切接触者和密接的密接进行集中隔离医学观察,对其他人员按照相关规定进行分类管理。四是推广精准防护理念,餐饮、零售、旅游、交通客运、民航等行业和相关服务场所工作人员做到疫苗应接尽接,建立工作人员每日健康监测登记制度,增强从业人员和公众疫情防控意识。

43. 严格落实国务院联防联控机制综合组防疫政策"五个不得"的要求,即不得禁止低风险地区人员返乡;不得随意扩大中高风险地区范围;不得随意将限制出行范围由中、高风险地区及所在区(县)扩大到所在地市;不得擅自对低风险地区人员采取集中隔离管控、劝返等措施;不得随意延长集中隔离观察期限。在此基础上,进一步对服务业行业提出精准防疫要求。一是不得突破疫情防控相应规定进行封城、封区,不得非必要、不报批中断公共交通。二是不得非经流调、无政策依据对餐厅、商超、景区景点、电影院及相关服务业场所等实施关停措施、延长关停时间。三是不得在国务院联防联控机制政策要求基础上擅自增加对服务业的疫情防控措施。确有必要采取封城封区、中断交通等措施或在现行基础上加强疫情防控力度的,须报经国务院联防联控机制同意后实施。各省级人民政府要统筹本地区疫情防控措施总体要求,针对服务业行业特点,建立疫情防控措施层层加码问题反映、核实、纠正专项工作机制。

八、保障措施

发展改革委要切实发挥牵头作用,加强统筹协调,做好形势分析,加大协调推动有关政策的出台、执行落实工作力度,强化储备政策研究;国务院各有关部门要各司其责、加强配合,加大政策宣传贯彻力度,抓紧出台具体政策实施办法,及时跟进解读已出台政策措施,及时协调解决政策落实过程中的难点、堵点问题,及时回应社会诉求和关切。

各地区要结合实际情况和服务业领域困难行业特点,把握好政策时度效,抓好政策宣传贯彻落实,及时跟踪研判相关困难行业企业恢复情况,出台有针对性的专项配套支持政策,确保政策有效传导至市场主体,支持企业纾困发展。

各有关行业协会要充分发挥联系企业的桥梁和纽带作用,指导帮助企业用足用好相关纾困扶持措施,加强调查研究,及时了解和反馈行业发展动态、难点问题、企业诉求和政策落实情况。

5-1-132

国家发展改革委　工业和信息化部　财政部
人力资源社会保障部　自然资源部
生态环境部　交通运输部　商务部
人民银行　税务总局　银保监会
能源局关于印发促进工业经济
平稳增长的若干政策的通知

2022年2月18日　发改产业〔2022〕273号

各省、自治区、直辖市人民政府，新疆生产建设兵团，国务院各部委、各直属机构：

当前我国经济发展面临需求收缩、供给冲击、预期转弱三重压力，工业经济稳定增长的困难和挑战明显增多。在各地方和有关部门共同努力下，2021年四季度以来工业经济主要指标逐步改善，振作工业经济取得了阶段性成效。为进一步巩固工业经济增长势头，抓紧做好预调微调和跨周期调节，确保全年工业经济运行在合理区间，经国务院同意，现提出以下政策措施。

一、关于财政税费政策

1. 加大中小微企业设备器具税前扣除力度，中小微企业2022年度内新购置的单位价值500万元以上的设备器具，折旧年限为3年的可选择一次性税前扣除，折旧年限为4年、5年、10年的可减半扣除；企业可按季度享受优惠，当年不足扣除形成的亏损，可按规定在以后5个纳税年度结转扣除。适用政策的中小微企业范围：一是信息传输业、建筑业、租赁和商务服务业，标准为从业人员2000人以下，或营业收入10亿元以下，或资产总额12亿元以下；二是房地产开发经营，标准为营业收入20亿元以下或资产总额1亿元以下；三是其他行业，标准为从业人员1000人以下或营业收入4亿元以下。

2. 延长阶段性税费缓缴政策，将2021年四季度实施的制造业中小微企业延缓缴纳部分税费政策，延续实施6个月；继续实施新能源汽车购置补贴、充电设施奖补、车船税减免优惠政策。

3. 扩大地方"六税两费"减免政策适用主体范围，加大小型微利企业所得税减免力度。

4. 降低企业社保负担，2022年延续实施阶段性降低失业保险、工伤保险费率政策。

二、关于金融信贷政策

5. 2022年继续引导金融系统向实体经济让利；加强对银行支持制造业发展的考核约束，2022年推动大型国有银行优化经济资本分配，向制造业企业倾斜，推动制造业中长期贷款继续保持较快增长。

6. 2022年人民银行对符合条件的地方法人银行，按普惠小微贷款余额增量的1%提供激励资金；符合条件的地方法人银行发放普惠小微信用贷款，可向人民银行申请再贷款优惠资金支持。

7. 落实煤电等行业绿色低碳转型金融政策,用好碳减排支持工具和 2000 亿元支持煤炭清洁高效利用专项再贷款,推动金融机构加快信贷投放进度,支持碳减排和煤炭清洁高效利用重大项目建设。

三、关于保供稳价政策

8. 坚持绿色发展,整合差别电价、阶梯电价、惩罚性电价等差别化电价政策,建立统一的高耗能行业阶梯电价制度,对能效达到基准水平的存量企业和能效达到标杆水平的在建、拟建企业用电不加价,未达到的根据能效水平差距实行阶梯电价,加价电费专项用于支持企业节能减污降碳技术改造。

9. 做好铁矿石、化肥等重要原材料和初级产品保供稳价,进一步强化大宗商品期现货市场监管,加强大宗商品价格监测预警;支持企业投资开发铁矿、铜矿等国内具备资源条件、符合生态环境保护要求的矿产开发项目;推动废钢、废有色金属、废纸等再生资源综合利用,提高"城市矿山"对资源的保障能力。

四、关于投资和外贸外资政策

10. 组织实施光伏产业创新发展专项行动,实施好沙漠戈壁荒漠地区大型风电光伏基地建设,鼓励中东部地区发展分布式光伏,推进广东、福建、浙江、江苏、山东等海上风电发展,带动太阳能电池、风电装备产业链投资。

11. 推进供电煤耗 300 克标准煤/千瓦时以上煤电机组改造升级,在西北、东北、华北等地实施煤电机组灵活性改造,加快完成供热机组改造;对纳入规划的跨省区输电线路和具备条件的支撑性保障电源,要加快核准开工、建设投产,带动装备制造业投资。

12. 启动实施钢铁、有色、建材、石化等重点领域企业节能降碳技术改造工程;加快实施制造业核心竞争力提升五年行动计划和制造业领域国家专项规划重大工程,启动一批产业基础再造工程项目,推进制造业强链补链,推动重点地区沿海、内河老旧船舶更新改造,加快培育一批先进制造业集群,加大"专精特新"中小企业培育力度。

13. 加快新型基础设施重大项目建设,引导电信运营商加快 5G 建设进度,支持工业企业加快数字化改造升级,推进制造业数字化转型;启动实施北斗产业化重大工程,推动重大战略区域北斗规模化应用;加快实施大数据中心建设专项行动,实施"东数西算"工程,加快长三角、京津冀、粤港澳大湾区等 8 个国家级数据中心枢纽节点建设。推动基础设施领域不动产投资信托基金(REITs)健康发展,有效盘活存量资产,形成存量资产和新增投资的良性循环。

14. 鼓励具备跨境金融服务能力的金融机构在依法合规、风险可控前提下,加大对传统外贸企业、跨境电商和物流企业等建设和使用海外仓的金融支持。进一步畅通国际运输,加强对海运市场相关主体收费行为的监管,依法查处违法违规收费行为;鼓励外贸企业与航运企业签订长期协议,引导各地方、进出口商协会组织中小微外贸企业与航运企业进行直客对接;增加中欧班列车次,引导企业通过中欧班列扩大向西出口。

15. 多措并举支持制造业引进外资,加大对制造业重大外资项目要素保障力度,便利外籍人员及其家属来华,推动早签约、早投产、早达产;加快修订《鼓励外商投资产业目录》,引导外资更多投向高端制造领域;出台支持外资研发中心创新发展政策举措,提升产业技术水平和创新效能。全面贯彻落实外商投资法,保障外资企业和内资企业同等适用各级政府出台的支持政策。

五、关于用地、用能和环境政策

16. 保障纳入规划的重大项目土地供应,支持产业用地实行"标准地"出让,提高配置效率;支持不同产业用地类型按程序合理转换,完善土地用途变更、整合、置换等政策;鼓励采用长期租赁、先租后让、弹性年期供应等方式供应产业用地。

17. 落实好新增可再生能源和原料用能消费不纳入能源消费总量控制政策;优化考核频次,能耗强度目标在"十四五"规划期内统筹考核,避免因能耗指标完成进度问题限制企业正常用能;落实好国家重大项目能耗单列政策,加快确定并组织实施"十四五"期间符合重大项目能耗单列要求的产业项目。

18. 完善重污染天气应对分级分区管理,坚持精准实施企业生产调控措施;对大型风光电基地建设、节能降碳改造等重大项目,加快规划环评和项目环评进度,保障尽快开工建设。

六、保障措施

国家发展改革委、工业和信息化部要加强统筹协调,做好重点工业大省以及重点行业、重点园区和重点企业运行情况调度监测;加大协调推动有关政策出台、执行落实工作力度,适时开展政策效果评估。国务院有关部门要各司其责,加强配合,积极推出有利于振作工业经济的举措,努力形成政策合力,尽早显现政策效果。

各省级地方政府要设立由省政府领导牵头的协调机制,制定实施本地区促进工业经济平稳增长的行动方案。各级地方政府要结合本地产业发展特点,在保护市场主体权益、优化营商环境等方面出台更为有力有效的改革举措;要总结推广新冠肺炎疫情防控中稳定工业运行的有效做法和经验,科学精准做好疫情防控工作,在突发疫情情况下保障重点产业园区、重点工业企业正常有序运行;针对国内疫情点状散发可能带来的人员返程受限、产业链供应链受阻等风险提前制定应对预案,尽最大努力保障企业稳定生产;加大对企业在重要节假日开复工情况的监测调度,及时协调解决困难问题。

5－1－133

财政部 税务总局关于延续执行部分国家商品储备税收优惠政策的公告

2022年2月21日 财政部 税务总局公告2022年第8号

为支持国家商品储备,现将延续执行部分商品储备税收优惠政策有关事项公告如下:

一、对商品储备管理公司及其直属库资金账簿免征印花税;对其承担商品储备业务过程中书立的购销合同免征印花税,对合同其他各方当事人应缴纳的印花税照章征收。

二、对商品储备管理公司及其直属库自用的承担商品储备业务的房产、土地,免征房产税、城镇土地使用税。

三、本公告所称商品储备管理公司及其直属库,是指接受县级以上人民政府有关部门委托,承担粮(含大豆)、食用油、棉、糖、肉5种商品储备任务,取得财政储备经费或者补贴的商品储备企业。

四、承担中央政府有关部门委托商品储备业务的储备管理公司及其直属库,包括中国储备粮管理集团有限公司及其分公司、直属库,华商储备商品管理中心有限公司及其管理的国家储备糖库、国家储备肉库。

承担地方政府有关部门委托商品储备业务的储备管理公司及其直属库,由省、自治区、直辖市财政、税务部门会同有关部门明确或者制定具体管理办法,并报省、自治区、直辖市人民政府批准。

五、企业享受本公告规定的免税政策,应按规定进行免税申报,并将不动产权属证明、房产原值、承担商品储备业务情况、储备库建设规划等资料留存备查。

六、本公告执行期限为2022年1月1日至2023年12月31日。2022年1月1日以后已缴上述应予免税的款项,从企业应纳的相应税款中抵扣或者予以退税。

特此公告。

5-1-134

国家税务总局　财政部关于延续实施制造业中小微企业延缓缴纳部分税费有关事项的公告

2022年2月28日　国家税务总局　财政部公告2022年第2号

为贯彻落实党中央、国务院决策部署,促进工业经济平稳增长,支持制造业中小微企业发展,现将延续实施制造业中小微企业(含个人独资企业、合伙企业、个体工商户,下同)延缓缴纳部分税费政策有关事项公告如下:

一、继续延缓缴纳2021年第四季度部分税费

《国家税务总局　财政部关于制造业中小微企业延缓缴纳2021年第四季度部分税费有关事项的公告》(2021年第30号)规定的制造业中小微企业延缓缴纳2021年第四季度部分税费政策,缓缴期限继续延长6个月。

上述企业2021年第四季度延缓缴纳的税费在2022年1月1日后本公告施行前已缴纳入库的,可自愿选择申请办理退税(费)并享受延续缓缴政策。

二、延缓缴纳2022年第一季度、第二季度部分税费

(一)符合本公告规定条件的制造业中小微企业,在依法办理纳税申报后,制造业中型企业可以延缓缴纳本公告规定的各项税费金额的50%,制造业小微企业可以延缓缴纳本公告规定的全部税费,延缓的期限为6个月。延缓期限届满,纳税人应依法缴纳相应月份或者季度的税费。

(二)本公告所称制造业中型企业是指国民经济行业分类中行业门类为制造业,且年销

售额2000万元以上（含2000万元）4亿元以下（不含4亿元）的企业。制造业小微企业是指国民经济行业分类中行业门类为制造业，且年销售额2000万元以下（不含2000万元）的企业。

销售额是指应征增值税销售额，包括纳税申报销售额、稽查查补销售额、纳税评估调整销售额。适用增值税差额征税政策的，以差额后的销售额确定。

（三）前款所称制造业中小微企业年销售额按以下方式确定：

截至2021年12月31日成立满一年的企业，按照所属期为2021年1月至2021年12月的销售额确定。

截至2021年12月31日成立不满一年的企业，按照所属期截至2021年12月31日的销售额/实际经营月份×12个月的销售额确定。

2022年1月1日及以后成立的企业，按照实际申报期销售额/实际经营月份×12个月的销售额确定。

（四）延缓缴纳的税费包括所属期为2022年1月、2月、3月、4月、5月、6月（按月缴纳）或者2022年第一季度、第二季度（按季缴纳）的企业所得税、个人所得税、国内增值税、国内消费税及附征的城市维护建设税、教育费附加、地方教育附加，不包括代扣代缴、代收代缴以及向税务机关申请代开发票时缴纳的税费。

对于在本公告施行前已缴纳入库的所属期为2022年1月的上述税费，企业可自愿选择申请办理退税（费）并享受缓缴政策。

三、享受2021年第四季度缓缴企业所得税政策的制造业中小微企业，在办理2021年度企业所得税汇算清缴年度申报时，产生的应补税款与2021年第四季度已缓缴的税款一并延后缴纳入库，产生的应退税款由纳税人按照有关规定办理。

四、纳税人不符合本公告规定条件，骗取享受缓缴税费政策的，税务机关将依照《中华人民共和国税收征收管理法》及其实施细则等有关规定严肃处理。

五、符合本公告规定条件的制造业中小微企业，符合《中华人民共和国税收征收管理法》及其实施细则规定可以申请延期缴纳税款的，仍然可以依法申请办理延期缴纳税款。

六、本公告自发布之日起施行。

特此公告。

5-1-135

《道路机动车辆生产企业及产品》（第353批）、《新能源汽车推广应用推荐车型目录》（2022年第2批）、《享受车船税减免优惠的节约能源 使用新能源汽车车型目录》（第三十六批）、《免征车辆购置税的新能源汽车车型目录》（第五十二批）

2022年3月8日　工业和信息化部公告2022年第6号

根据《中华人民共和国行政许可法》、《国务院对确需保留的行政审批项目设定行政许可的决定》、《财政部　税务总局　工业和信息化部　交通运输部关于节能 新能源车船享受车船税优惠政策的通知》（财税〔2018〕74号）、《工业和信息化部　财政部　税务总局关于调整享受车船税优惠的节能 新能源汽车产品技术要求的公告》（2022年第2号）、《财政部　税务总局　工业和信息化部　科技部关于免征新能源汽车车辆购置税的公告》（2017年第172号）、《中华人民共和国工业和信息化部　财政部　国家税务总局公告》（2018年第17号）、《财政部　税务总局　工业和信息化部关于新能源汽车免征车辆购置税有关政策的公告》（2020年第21号）、《工业和信息化部　财政部　税务总局关于调整免征车辆购置税新能源汽车产品技术要求的公告》（2021年第13号）等有关规定，现将许可的《道路机动车辆生产企业及产品》（第353批）、《新能源汽车推广应用推荐车型目录》（2022年第2批）以及经商国家税务总局同意的《享受车船税减免优惠的节约能源　使用新能源汽车车型目录》（第三十六批）、《免征车辆购置税的新能源汽车车型目录》（第五十二批）予以公告。

附件：1. 道路机动车辆生产企业及产品（第353批）（编者略）
2. 新能源汽车推广应用推荐车型目录（2022年第2批）（编者略）
3. 享受车船税减免优惠的节约能源　使用新能源汽车车型目录（第三十六批）（编者略）
4. 免征车辆购置税的新能源汽车车型目录（第五十二批）（编者略）

5-1-136

《道路机动车辆生产企业及产品》（第354批）、《新能源汽车推广应用推荐车型目录》（2022年第3批）、《享受车船税减免优惠的节约能源 使用新能源汽车车型目录》（第三十七批）、《免征车辆购置税的新能源汽车车型目录》（第五十三批）

2022年4月7日　工业和信息化部公告2022年第9号

根据《中华人民共和国行政许可法》《国务院对确需保留的行政审批项目设定行政许可的决定》《财政部　税务总局　工业和信息化部　交通运输部关于节能　新能源车船享受车船税优惠政策的通知》（财税〔2018〕74号）、《工业和信息化部　财政部　税务总局关于调整享受车船税优惠的节能　新能源汽车产品技术要求的公告》（2022年第2号）、《财政部　税务总局　工业和信息化部　科技部关于免征新能源汽车车辆购置税的公告》（2017年第172号）、《中华人民共和国工业和信息化部　财政部　国家税务总局公告》（2018年第17号）、《财政部　税务总局　工业和信息化部关于新能源汽车免征车辆购置税有关政策的公告》（2020年第21号）、《工业和信息化部　财政部　税务总局关于调整免征车辆购置税新能源汽车产品技术要求的公告》（2021年第13号）等有关规定，现将许可的《道路机动车辆生产企业及产品》（第354批）、《新能源汽车推广应用推荐车型目录》（2022年第3批）以及经商国家税务总局同意的《享受车船税减免优惠的节约能源　使用新能源汽车车型目录》（第三十七批）、《免征车辆购置税的新能源汽车车型目录》（第五十三批）予以公告。

附件：1. 道路机动车辆生产企业及产品（第354批）（编者略）
2. 新能源汽车推广应用推荐车型目录（2022年第3批）（编者略）
3. 享受车船税减免优惠的节约能源　使用新能源汽车车型目录（第三十七批）（编者略）
4. 免征车辆购置税的新能源汽车车型目录（第五十三批）（编者略）

5-1-137

《道路机动车辆生产企业及产品》（第355批）、《新能源汽车推广应用推荐车型目录》（2022年第4批）、《享受车船税减免优惠的节约能源 使用新能源汽车车型目录》（第三十八批）、《免征车辆购置税的新能源汽车车型目录》（第五十四批）

2022年5月11日　工业和信息化部公告2022年第12号

根据《中华人民共和国行政许可法》《国务院对确需保留的行政审批项目设定行政许可的决定》《财政部　税务总局　工业和信息化部　交通运输部关于节能　新能源车船享受车船税优惠政策的通知》（财税〔2018〕74号）、《工业和信息化部　财政部　税务总局关于调整享受车船税优惠的节能　新能源汽车产品技术要求的公告》（2022年第2号）、《财政部　税务总局　工业和信息化部　科技部关于免征新能源汽车车辆购置税的公告》（2017年第172号）、《中华人民共和国工业和信息化部　财政部　国家税务总局公告》（2018年第17号）、《财政部　税务总局　工业和信息化部关于新能源汽车免征车辆购置税有关政策的公告》（2020年第21号）、《工业和信息化部　财政部　税务总局关于调整免征车辆购置税新能源汽车产品技术要求的公告》（2021年第13号）等有关规定，现将许可的《道路机动车辆生产企业及产品》（第355批）、《新能源汽车推广应用推荐车型目录》（2022年第4批）以及经商国家税务总局同意的《享受车船税减免优惠的节约能源　使用新能源汽车车型目录》（第三十八批）、《免征车辆购置税的新能源汽车车型目录》（第五十四批）予以公告。

附件：1. 道路机动车辆生产企业及产品（第355批）（编者略）
2. 新能源汽车推广应用推荐车型目录（2022年第4批）（编者略）
3. 享受车船税减免优惠的节约能源　使用新能源汽车车型目录（第三十八批）（编者略）
4. 免征车辆购置税的新能源汽车车型目录（第五十四批）（编者略）

5-1-138

《道路机动车辆生产企业及产品》（第356批）、《新能源汽车推广应用推荐车型目录》（2022年第5批）、《享受车船税减免优惠的节约能源 使用新能源汽车车型目录》（第三十九批）、《免征车辆购置税的新能源汽车车型目录》（第五十五批）

2022年6月1日　工业和信息化部公告2022年第13号

根据《中华人民共和国行政许可法》《国务院对确需保留的行政审批项目设定行政许可的决定》《财政部　税务总局　工业和信息化部　交通运输部关于节能　新能源车船享受车船税优惠政策的通知》（财税〔2018〕74号）、《工业和信息化部　财政部　税务总局关于调整享受车船税优惠的节能　新能源汽车产品技术要求的公告》（2022年第2号）、《财政部　税务总局　工业和信息化部　科技部关于免征新能源汽车车辆购置税的公告》（2017年第172号）、《中华人民共和国工业和信息化部　财政部　国家税务总局公告》（2018年第17号）、《财政部　税务总局　工业和信息化部关于新能源汽车免征车辆购置税有关政策的公告》（2020年第21号）、《工业和信息化部　财政部　税务总局关于调整免征车辆购置税新能源汽车产品技术要求的公告》（2021年第13号）等有关规定，现将许可的《道路机动车辆生产企业及产品》（第356批）、《新能源汽车推广应用推荐车型目录》（2022年第5批）以及经商国家税务总局同意的《享受车船税减免优惠的节约能源　使用新能源汽车车型目录》（第三十九批）、《免征车辆购置税的新能源汽车车型目录》（第五十五批）予以公告。

附件：1. 道路机动车辆生产企业及产品（第356批）（编者略）
2. 新能源汽车推广应用推荐车型目录（2022年第5批）（编者略）
3. 享受车船税减免优惠的节约能源　使用新能源汽车车型目录（第三十九批）（编者略）
4. 免征车辆购置税的新能源汽车车型目录（第五十五批）（编者略）

5－1－139

财政部　税务总局　证监会关于交易型开放式基金纳入内地与香港股票市场交易互联互通机制后适用税收政策问题的公告

2022年6月30日　财政部　税务总局　证监会公告2022年第24号

现将交易型开放式基金（ETF）纳入内地与香港股票市场交易互联互通机制后适用有关税收政策问题明确如下：

一、交易型开放式基金（ETF）纳入内地与香港股票市场交易互联互通机制后，适用现行内地与香港基金互认有关税收政策。具体按照《财政部　国家税务总局　证监会关于内地与香港基金互认有关税收政策的通知》（财税〔2015〕125号）、《财政部　国家税务总局关于全面推开营业税改征增值税试点的通知》（财税〔2016〕36号）、《财政部　税务总局　证监会关于继续执行沪港、深港股票市场交易互联互通机制和内地与香港基金互认有关个人所得税政策的公告》（财政部　税务总局　证监会公告2019年第93号）等相关规定执行。

二、中国证券登记结算有限责任公司负责代扣代缴内地投资者从香港基金分配取得收益的个人所得税。

特此公告。

5－1－140

《道路机动车辆生产企业及产品》（第357批）、《新能源汽车推广应用推荐车型目录》（2022年第6批）、《享受车船税减免优惠的节约能源使用新能源汽车车型目录》（第四十批）、《免征车辆购置税的新能源汽车车型目录》（第五十六批）

2022年7月8日　工业和信息化部公告2022年第16号

根据《中华人民共和国行政许可法》《国务院对确需保留的行政审批项目设定行政许可的决定》《财政部　税务总局　工业和信息化部　交通运输部关于节能　新能源车船享受车船税优惠政策的通知》（财税〔2018〕74号）、《工业和信息化部　财政部　税务总局关于调整享受车船税优惠的节能　新能源汽车产品技术要求的公告》（2022年第2号）、《财政

部　税务总局　工业和信息化部　科技部关于免征新能源汽车车辆购置税的公告》(2017年第172号)、《中华人民共和国工业和信息化部　财政部　国家税务总局公告》(2018年第17号)、《财政部　税务总局　工业和信息化部关于新能源汽车免征车辆购置税有关政策的公告》(2020年第21号)、《工业和信息化部　财政部　税务总局关于调整免征车辆购置税新能源汽车产品技术要求的公告》(2021年第13号)等有关规定,现将许可的《道路机动车辆生产企业及产品》(第357批)、《新能源汽车推广应用推荐车型目录》(2022年第6批)以及经商国家税务总局同意的《享受车船税减免优惠的节约能源　使用新能源汽车车型目录》(第四十批)、《免征车辆购置税的新能源汽车车型目录》(第五十六批)予以公告。

附件:1. 道路机动车辆生产企业及产品(第357批)(编者略)
　　　2. 新能源汽车推广应用推荐车型目录(2022年第6批)(编者略)
　　　3. 享受车船税减免优惠的节约能源　使用新能源汽车车型目录(第四十批)(编者略)
　　　4. 免征车辆购置税的新能源汽车车型目录(第五十六批)(编者略)

5-1-141

《道路机动车辆生产企业及产品》(第359批)、《新能源汽车推广应用推荐车型目录》(2022年第7批)、《享受车船税减免优惠的节约能源使用新能源汽车车型目录》(第四十一批)、《免征车辆购置税的新能源汽车车型目录》(第五十七批)

2022年8月10日　工业和信息化部公告2022年第18号

根据《中华人民共和国行政许可法》《国务院对确需保留的行政审批项目设定行政许可的决定》《财政部　税务总局　工业和信息化部　交通运输部关于节能　新能源车船享受车船税优惠政策的通知》(财税〔2018〕74号)、《工业和信息化部　财政部　税务总局关于调整享受车船税优惠的节能　新能源汽车产品技术要求的公告》(2022年第2号)、《财政部　税务总局　工业和信息化部　科技部关于免征新能源汽车车辆购置税的公告》(2017年第172号)、《中华人民共和国工业和信息化部　财政部　国家税务总局公告》(2018年第17号)、《财政部　税务总局　工业和信息化部关于新能源汽车免征车辆购置税有关政策的公告》(2020年第21号)、《工业和信息化部　财政部　税务总局关于调整免征车辆购置税新能源汽车产品技术要求的公告》(2021年第13号)等有关规定,现将许可的《道路机动车辆生产企业及产品》(第359批)、《新能源汽车推广应用推荐车型目录》(2022年第7批)以及经商国家税务总局同意的《享受车船税减免优惠的节约能源　使用新能源汽车车型目录》(第四十一批)、《免征车辆购置税的新能源汽车车型目录》(第五十七批)予以公告。

附件：1. 道路机动车辆生产企业及产品(第359批)(编者略)
2. 新能源汽车推广应用推荐车型目录(2022年第7批)(编者略)
3. 享受车船税减免优惠的节约能源 使用新能源汽车车型目录(第四十一批)(编者略)
4. 免征车辆购置税的新能源汽车车型目录(第五十七批)(编者略)

5－1－142

国家发展改革委　教育部　科技部　民政部　财政部　人力资源社会保障部　住房城乡建设部　卫生健康委　人民银行　国务院国资委　税务总局　市场监管总局　银保监会印发《养老托育服务业纾困扶持若干政策措施》的通知

2022年8月29日　发改财金〔2022〕1356号

各省、自治区、直辖市及计划单列市人民政府，新疆生产建设兵团，国务院各部门、各直属机构：

促进养老托育服务健康发展，解决好"一老一小"问题，对保障和改善民生、促进人口长期均衡发展具有重要意义。受新冠肺炎疫情等因素影响，养老托育服务业面临较多困难。为切实推动养老托育服务业渡过难关、恢复发展，更好满足人民群众日益增长的养老托育服务需求，经国务院同意，现提出以下政策措施。

一、房租减免措施

（一）养老服务机构和托育服务机构（以下简称养老托育服务机构）属于中小微企业和个体工商户范畴、承租国有房屋的，一律免除租金到2022年底。其中承租国有经营用房的，各地区可在此基础上研究出台进一步减免措施。教育、科研等系统的有关单位和机构出租房屋的，鼓励其对养老托育服务小微企业和个体工商户进行租金减免。出租人减免租金的可按规定减免当年房产税、城镇土地使用税，对减免养老托育小微企业和个体工商户承租人房屋租金的出租人，鼓励国有银行按照其资质水平和风险水平给予优惠利率质押贷款等支持。因减免租金影响国有企事业单位业绩的，在考核中根据实际情况予以认可。

（二）鼓励非国有房屋租赁主体在平等协商的基础上合理分担疫情带来的损失。非国有房屋减免租金的出租人可同等享受上述各项政策优惠。有条件的地方要采取管用举措，支持非国有房屋出租人减免租金。

（三）鼓励各地探索将街道社区公共服务设施、国有房屋等物业以适当方式转交政府集中改造利用,免费或低价提供场地,委托专业化养老托育服务机构经营。对存在房屋租金支付困难的养老托育服务机构,鼓励合同双方通过平等协商方式延期收取。探索允许空置公租房免费提供给社会力量供其在社区为老年人开展助餐助行、日间照料、康复护理、老年教育等服务。

二、税费减免措施

(四)2022年,各地对符合条件的养老托育服务机构按照50%税额顶格减征资源税、城市维护建设税、房产税、城镇土地使用税、印花税(不含证券交易印花税)、耕地占用税和教育费附加、地方教育附加等"六税两费"。

(五)养老托育服务机构可按规定享受《关于养老、托育、家政等社区家庭服务业税费优惠政策的公告》(财政部　税务总局　发展改革委　民政部　商务部　卫生健康委公告2019年第76号)规定的税费优惠政策。

(六)养老托育行业纳税人可按规定享受按月全额退还增量留抵税额、一次性全额退还存量留抵税额的留抵退税政策。

(七)严格落实养老托育服务机构用电、用水、用气、用热按居民生活类价格执行的政策,鼓励地方2022年视情给予进一步减免优惠。落实对受疫情影响封闭管理的养老托育服务机构用电、用水、用气"欠费不停供"政策,设立6个月费用缓缴期,并可根据本地实际进一步延长,缓缴期间免收欠费滞纳金。养老托育服务机构申请办理电、水、气、热等业务,实行限时办结制度。

三、社会保险支持措施

(八)延续实施阶段性降低失业保险、工伤保险费率政策。对不裁员、少裁员的养老托育服务机构,实施普惠性失业保险稳岗返还政策。

(九)受疫情影响经营出现暂时困难的养老托育服务机构,可申请阶段性缓缴养老保险、失业保险、工伤保险单位缴费部分,缓缴期间免收滞纳金。对符合条件的养老托育服务机构,"免申即享"缓缴职工医保单位缴费3个月,缓缴期间免收滞纳金。

(十)以个人身份参加企业职工基本养老保险的养老托育服务机构从业人员、养老服务从业人员等各类灵活就业人员,2022年缴纳费款确有困难的,可自愿暂缓缴费,2022年未缴费月度可于2023年底前进行补缴,缴费基数在2023年当地个人缴费基数上下限范围内自主选择,缴费年限累计计算。

四、金融支持措施

(十一)开展普惠养老专项再贷款试点,支持金融机构通过融资信用服务平台网络向普惠养老服务机构提供贷款,根据试点情况,在对政策进行评估完善后进一步扩大试点范围。

(十二)引导商业银行等金融机构继续按市场化原则与养老托育领域的中小微企业(含中小微企业主)和个体工商户自主协商,对其贷款实施延期还本付息,努力做到应延尽延,延期还本付息日期原则上不超过2022年底。

(十三)鼓励地方结合财力实际,给予养老托育服务机构贷款贴息支持,缓解养老托育服务机构融资困难。

(十四)鼓励政府性融资担保机构按市场化原则为养老托育服务机构提供融资增信支持,积极为受疫情影响企业提供融资担保支持。支持地方结合财力实际向政府性融资担保机构注资、提供融资担保费用补贴。

（十五）养老服务机构的综合责任保险承保机构，2022年对养老服务机构提升理赔效率、应赔尽赔。鼓励地方通过政府购买服务，按照竞争择优原则，为托育服务机构提供相关保险。对2022年被列为疫情中高风险区所在的县级行政区域内的养老托育服务机构，鼓励保险机构在风险可控、市场化和商业自愿前提下，根据实际情况适当延长保单到期日或延期收取保费。

（十六）支持符合条件的养老企业发行公司信用类债券，拓宽养老企业多元化融资渠道。

五、防疫支持措施

（十七）地方各级人民政府应在物资调配、转运隔离、医疗救治等疫情防控工作部署方面对养老托育服务机构予以倾斜，提供技术支持和必要保障。

（十八）地方各级人民政府根据疫情防控规定组织辖区内养老托育服务机构定期开展核酸检测，并视情况增加检测频次。养老托育服务机构按规定储备必备防疫物资，引导公益慈善组织为养老托育服务机构捐赠防疫物资。

（十九）对因疫情防控要求实施封闭管理、无法正常运营的养老托育服务机构的防疫物资、消杀支出，地方人民政府可给予适当支持。

（二十）地方各级民政部门视疫情情况，除涉及安全管理情况外，适度考虑疫情对养老服务机构满意度评价的影响，合理调整运营补贴发放条件，推动及时足额发放运营补贴。

六、其他支持措施

（二十一）中央预算内投资加大对养老托育设施建设支持力度，将养老托育设施建设项目纳入地方政府专项债券支持范围。鼓励各地优先通过公建民营方式，引导运营能力强的机构参与养老托育设施建设和运营，减轻养老托育服务机构建设投入成本，提升服务质量。

（二十二）地方各级人民政府组织心理医生、社会工作者等团队，通过现场或视频方式，根据需要及时为不具备心理咨询条件的养老服务机构提供心理疏导服务，帮助缓解入住老年人及员工因长期封闭出现的焦虑等心理健康问题。

（二十三）鼓励餐饮企业为不具备餐饮自制能力的养老服务机构和居家养老的老年人提供助餐服务，地方可结合实际因地制宜对老年人助餐服务给予适当支持。

（二十四）鼓励家政企业积极参与规范化居家上门养老托育服务，有效提升社区居家养老托育服务水平。鼓励地方探索对参与养老托育服务的家政企业给予适当支持。

（二十五）支持养老托育服务机构探索新业态、发展新模式。地方各级人民政府引导养老托育服务机构线上线下融合发展，支持养老领域企业发展智慧养老模式，帮助对接互联网医疗、康复辅助器具制造等资源，提供智慧化服务；支持托育服务机构创新服务形式，发展互联网直播互动式家庭育儿服务，鼓励开发婴幼儿养育课程、父母课堂等，拓展线上服务。有条件的地方可结合实际探索发放养老托育服务消费券。

（二十六）支持养老托育服务机构依托职业院校共建产教融合实训基地，中央预算内投资按照"十四五"教育强国推进工程有关要求予以支持。探索工学一体化的培训模式，推动解决养老托育行业用工难问题。

各地区要结合实际情况和养老托育服务业领域特点，抓好政策贯彻落实，明确各项政策措施申请条件和实施路径,充分发挥全国一体化政务服务平台"助企纾困服务专区"等数字化平台作用,及时跟踪研判相关困难行业恢复情况,出台有针对性的专项配套支持政策,确保政策有效传导至市场主体。各有关部门要各负其责、加强配合,及时协调解决政策落实中的难点堵点问题,主动回应社会关切。国家发展改革委、民政部、国家卫生健康委等部门牵头统筹协调,会同相关方面做好政策解读和宣传引导,加大力度推动政策措施细化落实,不断做好行业运行形势分析和政策储备研究。充分发挥行业组织桥梁纽带作用,做好相关指导服务工作,反馈行业发展共性问题和政策落实情况。

5-1-143

国家税务总局 财政部关于制造业中小微企业继续延缓缴纳部分税费有关事项的公告

2022年9月14日 国家税务总局 财政部公告2022年第17号

为深入贯彻落实党中央、国务院决策部署,进一步支持制造业中小微企业发展,现将制造业中小微企业(含个人独资企业、合伙企业、个体工商户,下同)继续延缓缴纳部分税费政策有关事项公告如下:

一、自2022年9月1日起,按照《国家税务总局 财政部关于延续实施制造业中小微企业延缓缴纳部分税费有关事项的公告》(2022年第2号)已享受延缓缴纳税费50%的制造业中型企业和延缓缴纳税费100%的制造业小微企业,其已缓缴税费的缓缴期限届满后继续延长4个月。

二、延缓缴纳的税费包括所属期为2021年11月、12月,2022年2月、3月、4月、5月、6月(按月缴纳)或者2021年第四季度,2022年第一季度、第二季度(按季缴纳)已按规定缓缴的企业所得税、个人所得税、国内增值税、国内消费税及附征的城市维护建设税、教育费附加、地方教育附加,不包括代扣代缴、代收代缴以及向税务机关申请代开发票时缴纳的税费。

三、上述企业2021年11月和2022年2月延缓缴纳的税费在2022年9月1日后至本公告发布前已缴纳入库的,可自愿选择申请办理退税(费)并享受延续缓缴政策。

四、本公告规定的缓缴期限届满后,纳税人应依法缴纳相应月份或者季度的税费,符合《中华人民共和国税收征收管理法》及其实施细则规定可以申请延期缴纳税款的,可依法申请办理延期缴纳税款。

五、纳税人不符合本公告规定条件,骗取享受缓缴税费政策的,税务机关将依照《中华人民共和国税收征收管理法》及其实施细则等有关规定严肃处理。

六、本公告自发布之日起施行。

特此公告。

5-1-144

《道路机动车辆生产企业及产品》（第360批）、《新能源汽车推广应用推荐车型目录》（2022年第8批）、《享受车船税减免优惠的节约能源 使用新能源汽车车型目录》（第四十二批）、《免征车辆购置税的新能源汽车车型目录》（第五十八批）

2022年9月15日　工业和信息化部公告2022年第20号

　　根据《中华人民共和国行政许可法》《国务院对确需保留的行政审批项目设定行政许可的决定》《财政部　税务总局　工业和信息化部　交通运输部关于节能　新能源车船享受车船税优惠政策的通知》（财税〔2018〕74号）、《工业和信息化部　财政部　税务总局关于调整享受车船税优惠的节能　新能源汽车产品技术要求的公告》（2022年第2号）、《财政部　税务总局　工业和信息化部　科技部关于免征新能源汽车车辆购置税的公告》（2017年第172号）、《中华人民共和国工业和信息化部　财政部　国家税务总局公告》（2018年第17号）、《财政部　税务总局　工业和信息化部关于新能源汽车免征车辆购置税有关政策的公告》（2020年第21号）、《工业和信息化部　财政部　税务总局关于调整免征车辆购置税新能源汽车产品技术要求的公告》（2021年第13号）等有关规定，现将许可的《道路机动车辆生产企业及产品》（第360批）、《新能源汽车推广应用推荐车型目录》（2022年第8批）以及经商国家税务总局同意的《享受车船税减免优惠的节约能源　使用新能源汽车车型目录》（第四十二批）、《免征车辆购置税的新能源汽车车型目录》（第五十八批）予以公告。

　　附件：1. 道路机动车辆生产企业及产品（第360批）（编者略）
　　　　　2. 新能源汽车推广应用推荐车型目录（2022年第8批）（编者略）
　　　　　3. 享受车船税减免优惠的节约能源　使用新能源汽车车型目录（第四十二批）（编者略）
　　　　　4. 免征车辆购置税的新能源汽车车型目录（第五十八批）（编者略）

财政部 税务总局关于银行业金融机构、金融资产管理公司不良债权以物抵债有关税收政策的公告

2022年9月30日 财政部 税务总局公告2022年第31号

为支持银行业金融机构、金融资产管理公司处置不良债权,有效防范金融风险,现将有关税收政策公告如下:

一、银行业金融机构、金融资产管理公司中的增值税一般纳税人处置抵债不动产,可选择以取得的全部价款和价外费用扣除取得该抵债不动产时的作价为销售额,适用9%税率计算缴纳增值税。

按照上述规定从全部价款和价外费用中扣除抵债不动产的作价,应当取得人民法院、仲裁机构生效的法律文书。

选择上述办法计算销售额的银行业金融机构、金融资产管理公司处置抵债不动产时,抵债不动产作价的部分不得向购买方开具增值税专用发票。

二、对银行业金融机构、金融资产管理公司接收、处置抵债资产过程中涉及的合同、产权转移书据和营业账簿免征印花税,对合同或产权转移书据其他各方当事人应缴纳的印花税照章征收。

三、对银行业金融机构、金融资产管理公司接收抵债资产免征契税。

四、各地可根据《中华人民共和国房产税暂行条例》、《中华人民共和国城镇土地使用税暂行条例》授权和本地实际,对银行业金融机构、金融资产管理公司持有的抵债不动产减免房产税、城镇土地使用税。

五、本公告所称抵债不动产、抵债资产,是指经人民法院判决裁定或仲裁机构仲裁的抵债不动产、抵债资产。其中,金融资产管理公司的抵债不动产、抵债资产,限于其承接银行业金融机构不良债权涉及的抵债不动产、抵债资产。

六、本公告所称银行业金融机构,是指在中华人民共和国境内设立的商业银行、农村合作银行、农村信用社、村镇银行、农村资金互助社以及政策性银行。

七、本公告执行期限为2022年8月1日至2023年7月31日。本公告发布之前已征收入库的按照上述规定应予减免的税款,可抵减纳税人以后月份应缴纳的税款或办理税款退库。已向处置不动产的购买方全额开具增值税专用发票的,将上述增值税专用发票追回后方可适用本公告第一条的规定。

特此公告。

5—1—146

《道路机动车辆生产企业及产品》（第362批）、《新能源汽车推广应用推荐车型目录》（2022年第9批）、《享受车船税减免优惠的节约能源 使用新能源汽车车型目录》（第四十三批）、《免征车辆购置税的新能源汽车车型目录》（第五十九批）

2022年10月10日　工业和信息化部公告2022年第24号

根据《中华人民共和国行政许可法》《国务院对确需保留的行政审批项目设定行政许可的决定》《财政部　税务总局　工业和信息化部　交通运输部关于节能　新能源车船享受车船税优惠政策的通知》（财税〔2018〕74号）、《工业和信息化部　财政部　税务总局关于调整享受车船税优惠的节能　新能源汽车产品技术要求的公告》（2022年第2号）、《财政部　税务总局　工业和信息化部　科技部关于免征新能源汽车车辆购置税的公告》（2017年第172号）、《中华人民共和国工业和信息化部　财政部　国家税务总局公告》（2018年第17号）、《财政部　税务总局　工业和信息化部关于新能源汽车免征车辆购置税有关政策的公告》（2020年第21号）、《工业和信息化部　财政部　税务总局关于调整免征车辆购置税新能源汽车产品技术要求的公告》（2021年第13号）等有关规定，现将许可的《道路机动车辆生产企业及产品》（第362批）、《新能源汽车推广应用推荐车型目录》（2022年第9批）以及经商国家税务总局同意的《享受车船税减免优惠的节约能源　使用新能源汽车车型目录》（第四十三批）、《免征车辆购置税的新能源汽车车型目录》（第五十九批）予以公告。

附件：1. 道路机动车辆生产企业及产品（第362批）（编者略）
2. 新能源汽车推广应用推荐车型目录（2022年第9批）（编者略）
3. 享受车船税减免优惠的节约能源　使用新能源汽车车型目录（第四十三批）（编者略）
4. 免征车辆购置税的新能源汽车车型目录（第五十九批）（编者略）

5-1-147

《道路机动车辆生产企业及产品》（第363批）、《新能源汽车推广应用推荐车型目录》（2022年第10批）、《享受车船税减免优惠的节约能源 使用新能源汽车车型目录》（第四十四批）、《免征车辆购置税的新能源汽车车型目录》（第六十批）

2022年11月9日　工业和信息化部公告2022年第25号

根据《中华人民共和国行政许可法》《国务院对确需保留的行政审批项目设定行政许可的决定》《财政部　税务总局　工业和信息化部　交通运输部关于节能　新能源车船享受车船税优惠政策的通知》（财税〔2018〕74号）、《工业和信息化部　财政部　国家税务总局关于调整享受车船税优惠的节能　新能源汽车产品技术要求的公告》（2022年第2号）、《财政部　税务总局　工业和信息化部　科技部关于免征新能源汽车车辆购置税的公告》（2017年第172号）、《中华人民共和国工业和信息化部　财政部　国家税务总局公告》（2018年第17号）、《财政部　税务总局　工业和信息化部关于新能源汽车免征车辆购置税有关政策的公告》（2020年第21号）、《工业和信息化部　财政部　税务总局关于调整免征车辆购置税新能源汽车产品技术要求的公告》（2021年第13号）等有关规定，现将许可的《道路机动车辆生产企业及产品》（第363批）、《新能源汽车推广应用推荐车型目录》（2022年第10批）以及经商国家税务总局同意的《享受车船税减免优惠的节约能源　使用新能源汽车车型目录》（第四十四批）、《免征车辆购置税的新能源汽车车型目录》（第六十批）予以公告。

附件：1. 道路机动车辆生产企业及产品（第363批）（编者略）
  2. 新能源汽车推广应用推荐车型目录（2022年第10批）（编者略）
  3. 享受车船税减免优惠的节约能源　使用新能源汽车车型目录（第四十四批）（编者略）
  4. 免征车辆购置税的新能源汽车车型目录（第六十批）（编者略）

5-1-148

《道路机动车辆生产企业及产品》（第365批）、《新能源汽车推广应用推荐车型目录》（2022年第11批）、《享受车船税减免优惠的节约能源 使用新能源汽车车型目录》（第四十五批）、《免征车辆购置税的新能源汽车车型目录》（第六十一批）

2022年12月19日　工业和信息化部公告2022年第33号

根据《中华人民共和国行政许可法》《国务院对确需保留的行政审批项目设定行政许可的决定》《财政部　税务总局　工业和信息化部　交通运输部关于节能　新能源车船享受车船税优惠政策的通知》（财税〔2018〕74号）、《工业和信息化部　财政部　国家税务总局关于调整享受车船税优惠的节能　新能源汽车产品技术要求的公告》（2022年第2号）、《财政部　税务总局　工业和信息化部　科技部关于免征新能源汽车车辆购置税的公告》（2017年第172号）、《中华人民共和国工业和信息化部　财政部　国家税务总局公告》（2018年第17号）、《财政部　税务总局　工业和信息化部关于新能源汽车免征车辆购置税有关政策的公告》（2020年第21号）、《工业和信息化部　财政部　税务总局关于调整免征车辆购置税新能源汽车产品技术要求的公告》（2021年第13号）等有关规定，现将许可的《道路机动车辆生产企业及产品》（第365批）、《新能源汽车推广应用推荐车型目录》（2022年第11批）以及经商国家税务总局同意的《享受车船税减免优惠的节约能源　使用新能源汽车车型目录》（第四十五批）、《免征车辆购置税的新能源汽车车型目录》（第六十一批）予以公告。

附件：1. 道路机动车辆生产企业及产品（第365批）（编者略）
2. 新能源汽车推广应用推荐车型目录（2022年第11批）（编者略）
3. 享受车船税减免优惠的节约能源　使用新能源汽车车型目录（第四十五批）（编者略）
4. 免征车辆购置税的新能源汽车车型目录（第六十一批）（编者略）

5-1-149

《道路机动车辆生产企业及产品》(第367批)、《享受车船税减免优惠的节约能源 使用新能源汽车车型目录》(第四十六批)、《免征车辆购置税的新能源汽车车型目录》(第六十二批)

2023年2月20日 工业和信息化部公告2023年第2号

根据《中华人民共和国行政许可法》《国务院对确需保留的行政审批项目设定行政许可的决定》《财政部 税务总局 工业和信息化部 交通运输部关于节能 新能源车船享受车船税优惠政策的通知》(财税〔2018〕74号)、《工业和信息化部 财政部 国家税务总局关于调整享受车船税优惠的节能 新能源汽车产品技术要求的公告》(2022年第2号)、《财政部 税务总局 工业和信息化部 科技部关于免征新能源汽车车辆购置税的公告》(2017年第172号)、《中华人民共和国工业和信息化部 财政部 国家税务总局公告》(2018年第17号)、《工业和信息化部 财政部 税务总局关于调整免征车辆购置税新能源汽车产品技术要求的公告》(2021年第13号)、《财政部 税务总局 工业和信息化部关于延续新能源汽车免征车辆购置税政策的公告》(2022年第27号)等有关规定,现将许可的《道路机动车辆生产企业及产品》(第367批)以及经商国家税务总局同意的《享受车船税减免优惠的节约能源 使用新能源汽车车型目录》(第四十六批)、《免征车辆购置税的新能源汽车车型目录》(第六十二批)予以公告。

附件:1. 道路机动车辆生产企业及产品(第367批)(编者略)
2. 享受车船税减免优惠的节约能源 使用新能源汽车车型目录(第四十六批)(编者略)
3. 免征车辆购置税的新能源汽车车型目录(第六十二批)(编者略)

5-1-150

《道路机动车辆生产企业及产品》(第368批)、《享受车船税减免优惠的节约能源 使用新能源汽车车型目录》(第四十七批)、《免征车辆购置税的新能源汽车车型目录》(第六十三批)

2023年3月10日　工业和信息化部公告2023年第6号

根据《中华人民共和国行政许可法》《国务院对确需保留的行政审批项目设定行政许可的决定》《财政部　税务总局　工业和信息化部　交通运输部关于节能 新能源车船享受车船税优惠政策的通知》(财税〔2018〕74号)、《工业和信息化部　财政部　国家税务总局关于调整享受车船税优惠的节能 新能源汽车产品技术要求的公告》(2022年第2号)、《财政部　税务总局　工业和信息化部　科技部关于免征新能源汽车车辆购置税的公告》(2017年第172号)、《中华人民共和国工业和信息化部　财政部　国家税务总局公告》(2018年第17号)、《工业和信息化部　财政部　税务总局关于调整免征车辆购置税新能源汽车产品技术要求的公告》(2021年第13号)、《财政部　税务总局　工业和信息化部关于延续新能源汽车免征车辆购置税政策的公告》(2022年第27号)等有关规定,现将许可的《道路机动车辆生产企业及产品》(第368批)以及经商国家税务总局同意的《享受车船税减免优惠的节约能源 使用新能源汽车车型目录》(第四十七批)、《免征车辆购置税的新能源汽车车型目录》(第六十三批)予以公告。

附件:1. 道路机动车辆生产企业及产品(第368批)(编者略)
　　　2. 享受车船税减免优惠的节约能源 使用新能源汽车车型目录(第四十七批)(编者略)
　　　3. 免征车辆购置税的新能源汽车车型目录(第六十三批)(编者略)

5-1-151

《道路机动车辆生产企业及产品》(第369批)、《享受车船税减免优惠的节约能源 使用新能源汽车车型目录》(第四十八批)、《免征车辆购置税的新能源汽车车型目录》(第六十四批)

2023年4月17日 工业和信息化部公告2023年第9号

　　根据《中华人民共和国行政许可法》《国务院对确需保留的行政审批项目设定行政许可的决定》《财政部 税务总局 工业和信息化部 交通运输部关于节能 新能源车船享受车船税优惠政策的通知》(财税〔2018〕74号)、《工业和信息化部 财政部 国家税务总局关于调整享受车船税优惠的节能 新能源汽车产品技术要求的公告》(2022年第2号)、《财政部 税务总局 工业和信息化部 科技部关于免征新能源汽车车辆购置税的公告》(2017年第172号)、《中华人民共和国工业和信息化部 财政部 国家税务总局公告》(2018年第17号)、《工业和信息化部 财政部 税务总局关于调整免征车辆购置税新能源汽车产品技术要求的公告》(2021年第13号)、《财政部 税务总局 工业和信息化部关于延续新能源汽车免征车辆购置税政策的公告》(2022年第27号)等有关规定,现将许可的《道路机动车辆生产企业及产品》(第369批)以及经商国家税务总局同意的《享受车船税减免优惠的节约能源 使用新能源汽车车型目录》(第四十八批)、《免征车辆购置税的新能源汽车车型目录》(第六十四批)予以公告。

　　附件:1. 道路机动车辆生产企业及产品(第369批)(编者略)

　　　　2. 享受车船税减免优惠的节约能源 使用新能源汽车车型目录(第四十八批)(编者略)

　　　　3. 免征车辆购置税的新能源汽车车型目录(第六十四批)(编者略)

5-1-152

《道路机动车辆生产企业及产品》（第370批）、《享受车船税减免优惠的节约能源 使用新能源汽车车型目录》（第四十九批）、《免征车辆购置税的新能源汽车车型目录》（第六十五批）

2023年5月9日　工业和信息化部公告2023年第11号

　　根据《中华人民共和国行政许可法》《国务院对确需保留的行政审批项目设定行政许可的决定》《财政部　税务总局　工业和信息化部　交通运输部关于节能　新能源车船享受车船税优惠政策的通知》（财税〔2018〕74号）、《工业和信息化部　财政部　国家税务总局关于调整享受车船税优惠的节能　新能源汽车产品技术要求的公告》（2022年第2号）、《财政部　税务总局　工业和信息化部　科技部关于免征新能源汽车车辆购置税的公告》（2017年第172号）、《中华人民共和国工业和信息化部　财政部　国家税务总局公告》（2018年第17号）、《工业和信息化部　财政部　税务总局关于调整免征车辆购置税新能源汽车产品技术要求的公告》（2021年第13号）、《财政部　税务总局　工业和信息化部关于延续新能源汽车免征车辆购置税政策的公告》（2022年第27号）等有关规定，现将许可的《道路机动车辆生产企业及产品》（第370批）以及经商国家税务总局同意的《享受车船税减免优惠的节约能源　使用新能源汽车车型目录》（第四十九批）、《免征车辆购置税的新能源汽车车型目录》（第六十五批）予以公告。

　　附件：1. 道路机动车辆生产企业及产品（第370批）（编者略）
　　　　　2. 享受车船税减免优惠的节约能源　使用新能源汽车车型目录（第四十九批）（编者略）
　　　　　3. 免征车辆购置税的新能源汽车车型目录（第六十五批）（编者略）

5-1-153

《道路机动车辆生产企业及产品》(第371批)、《享受车船税减免优惠的节约能源 使用新能源汽车车型目录》(第五十批)、《免征车辆购置税的新能源汽车车型目录》(第六十六批)

2023年6月7日 工业和信息化部公告2023年第13号

根据《中华人民共和国行政许可法》《国务院对确需保留的行政审批项目设定行政许可的决定》《财政部 税务总局 工业和信息化部 交通运输部关于节能 新能源车船享受车船税优惠政策的通知》(财税〔2018〕74号)、《工业和信息化部 财政部 国家税务总局关于调整享受车船税优惠的节能 新能源汽车产品技术要求的公告》(2022年第2号)、《财政部 税务总局 工业和信息化部 科技部关于免征新能源汽车车辆购置税的公告》(2017年第172号)、《中华人民共和国工业和信息化部 财政部 国家税务总局公告》(2018年第17号)、《工业和信息化部 财政部 税务总局关于调整免征车辆购置税新能源汽车产品技术要求的公告》(2021年第13号)、《财政部 税务总局 工业和信息化部关于延续新能源汽车免征车辆购置税政策的公告》(2022年第27号)等有关规定,现将许可的《道路机动车辆生产企业及产品》(第371批)以及经商国家税务总局同意的《享受车船税减免优惠的节约能源 使用新能源汽车车型目录》(第五十批)、《免征车辆购置税的新能源汽车车型目录》(第六十六批)予以公告。

附件:1. 道路机动车辆生产企业及产品(第371批)(编者略)
2. 享受车船税减免优惠的节约能源 使用新能源汽车车型目录(第五十批)(编者略)
3. 免征车辆购置税的新能源汽车车型目录(第六十六批)(编者略)

5－1－154

《道路机动车辆生产企业及产品》(第372批)、《享受车船税减免优惠的节约能源 使用新能源汽车车型目录》(第五十一批)、《免征车辆购置税的新能源汽车车型目录》(第六十七批)

2023年7月17日　工业和信息化部公告2023年第16号

根据《中华人民共和国行政许可法》《国务院对确需保留的行政审批项目设定行政许可的决定》《财政部　税务总局　工业和信息化部　交通运输部关于节能　新能源车船享受车船税优惠政策的通知》(财税〔2018〕74号)、《工业和信息化部　财政部　国家税务总局关于调整享受车船税优惠的节能　新能源汽车产品技术要求的公告》(2022年第2号)、《财政部　税务总局　工业和信息化部　科技部关于免征新能源汽车车辆购置税的公告》(2017年第172号)、《中华人民共和国工业和信息化部　财政部　国家税务总局公告》(2018年第17号)、《工业和信息化部　财政部　税务总局关于调整免征车辆购置税新能源汽车产品技术要求的公告》(2021年第13号)、《财政部　税务总局　工业和信息化部关于延续新能源汽车免征车辆购置税政策的公告》(2022年第27号)等有关规定,现将许可的《道路机动车辆生产企业及产品》(第372批)以及经商国家税务总局同意的《享受车船税减免优惠的节约能源　使用新能源汽车车型目录》(第五十一批)、《免征车辆购置税的新能源汽车车型目录》(第六十七批)予以公告。

附件:1. 道路机动车辆生产企业及产品(第372批)(编者略)
2. 享受车船税减免优惠的节约能源　使用新能源汽车车型目录(第五十一批)(编者略)
3. 免征车辆购置税的新能源汽车车型目录(第六十七批)(编者略)

5-1-155

《道路机动车辆生产企业及产品》(第373批)、《享受车船税减免优惠的节约能源 使用新能源汽车车型目录》(第五十二批)、《免征车辆购置税的新能源汽车车型目录》(第六十八批)

2023年8月15日　工业和信息化部公告2023年第19号

根据《中华人民共和国行政许可法》《国务院对确需保留的行政审批项目设定行政许可的决定》《财政部　税务总局　工业和信息化部　交通运输部关于节能　新能源车船享受车船税优惠政策的通知》(财税〔2018〕74号)、《工业和信息化部　财政部　国家税务总局关于调整享受车船税优惠的节能　新能源汽车产品技术要求的公告》(2022年第2号)、《财政部　税务总局　工业和信息化部　科技部关于免征新能源汽车车辆购置税的公告》(2017年第172号)、《中华人民共和国工业和信息化部　财政部　国家税务总局公告》(2018年第17号)、《工业和信息化部　财政部　税务总局关于调整免征车辆购置税新能源汽车产品技术要求的公告》(2021年第13号)、《财政部　税务总局　工业和信息化部关于延续新能源汽车免征车辆购置税政策的公告》(2022年第27号)等有关规定,现将许可的《道路机动车辆生产企业及产品》(第373批)以及经商国家税务总局同意的《享受车船税减免优惠的节约能源　使用新能源汽车车型目录》(第五十二批)、《免征车辆购置税的新能源汽车车型目录》(第六十八批)予以公告。

附件:1. 道路机动车辆生产企业及产品(第373批)(编者略)
2. 享受车船税减免优惠的节约能源　使用新能源汽车车型目录(第五十二批)(编者略)
3. 免征车辆购置税的新能源汽车车型目录(第六十八批)(编者略)

5-1-156

财政部　税务总局关于民用航空发动机和民用飞机税收政策的公告

2023年8月18日　财政部　税务总局公告2023年第27号

现将民用航空发动机(包括大型民用客机发动机和中大功率民用涡轴涡桨发动机)和民用飞机有关增值税、房产税和城镇土地使用税政策公告如下:

一、对纳税人从事大型民用客机发动机、中大功率民用涡轴涡桨发动机研制项目而形成的增值税期末留抵税额予以退还;对上述纳税人及其全资子公司从事大型民用客机发动机、中大功率民用涡轴涡桨发动机研制项目自用的科研、生产、办公房产及土地,免征房产税、城镇土地使用税。

二、对纳税人生产销售新支线飞机和空载重量大于25吨的民用喷气式飞机暂减按5%征收增值税,并对其因生产销售新支线飞机和空载重量大于25吨的民用喷气式飞机而形成的增值税期末留抵税额予以退还。

三、对纳税人从事空载重量大于45吨的民用客机研制项目而形成的增值税期末留抵税额予以退还;对上述纳税人及其全资子公司自用的科研、生产、办公房产及土地,免征房产税、城镇土地使用税。

四、本公告所称大型民用客机发动机、中大功率民用涡轴涡桨发动机和新支线飞机,指上述发动机、民用飞机的整机,具体标准如下:

(一)大型民用客机发动机是指:1. 单通道干线客机发动机,起飞推力12000~16000kgf;2. 双通道干线客机发动机,起飞推力28000~35000kgf。

(二)中大功率民用涡轴涡桨发动机是指:1. 中等功率民用涡轴发动机,起飞功率1000~3000kW;2. 大功率民用涡桨发动机,起飞功率3000kW以上。

(三)新支线飞机是指:空载重量大于25吨且小于45吨、座位数量少于130个的民用客机。

五、纳税人符合本公告规定的增值税期末留抵税额,可在初次申请退税时予以一次性退还。纳税人收到退税款项的当月,应将退税额从增值税进项税额中转出。未按规定转出的,按《中华人民共和国税收征收管理法》有关规定承担相应法律责任。

退还的增值税税额由中央和地方按照现行增值税分享比例共同负担。

六、纳税人享受本公告规定的免征房产税、城镇土地使用税政策,应按规定进行免税申报,并将不动产权属、房产原值、土地用途等资料留存备查。

七、本公告执行至2027年12月31日。

特此公告。

5-1-157

财政部 税务总局关于继续实施公共租赁住房税收优惠政策的公告

2023年8月18日 财政部 税务总局公告2023年第33号

为继续支持公共租赁住房(以下称公租房)建设和运营,现将有关税收优惠政策公告如下:

一、对公租房建设期间用地及公租房建成后占地,免征城镇土地使用税。在其他住房项目中配套建设公租房,按公租房建筑面积占总建筑面积的比例免征建设、管理公租房涉及的城镇土地使用税。

二、对公租房经营管理单位免征建设、管理公租房涉及的印花税。在其他住房项目中配套建设公租房,按公租房建筑面积占总建筑面积的比例免征建设、管理公租房涉及的印花税。

三、对公租房经营管理单位购买住房作为公租房,免征契税、印花税;对公租房租赁双方免征签订租赁协议涉及的印花税。

四、对企事业单位、社会团体以及其他组织转让旧房作为公租房房源,且增值额未超过扣除项目金额20%的,免征土地增值税。

五、企事业单位、社会团体以及其他组织捐赠住房作为公租房,符合税收法律法规规定的,对其公益性捐赠支出在年度利润总额12%以内的部分,准予在计算应纳税所得额时扣除,超过年度利润总额12%的部分,准予结转以后三年内在计算应纳税所得额时扣除。

个人捐赠住房作为公租房,符合税收法律法规规定的,对其公益性捐赠支出未超过其申报的应纳税所得额30%的部分,准予从其应纳税所得额中扣除。

六、对符合地方政府规定条件的城镇住房保障家庭从地方政府领取的住房租赁补贴,免征个人所得税。

七、对公租房免征房产税。对经营公租房所取得的租金收入,免征增值税。公租房经营管理单位应单独核算公租房租金收入,未单独核算的,不得享受免征增值税、房产税优惠政策。

八、享受上述税收优惠政策的公租房是指纳入省、自治区、直辖市、计划单列市人民政府及新疆生产建设兵团批准的公租房发展规划和年度计划,或者市、县人民政府批准建设(筹集),并按照《关于加快发展公共租赁住房的指导意见》(建保〔2010〕87号)和市、县人民政府制定的具体管理办法进行管理的公租房。

九、纳税人享受本公告规定的优惠政策,应按规定进行免税申报,并将不动产权属证明、载有房产原值的相关材料、纳入公租房及用地管理的相关材料、配套建设管理公租房相关材料、购买住房作为公租房相关材料、公租房租赁协议等留存备查。

十、本公告执行至2025年12月31日。

5-1-158

财政部　税务总局　中国证监会
关于继续实施创新企业境内发行
存托凭证试点阶段有关税收政策的公告

2023年8月21日　财政部　税务总局　中国证监会公告2023年第22号

为继续支持实施创新驱动发展战略,现将创新企业境内发行存托凭证(以下称创新企业CDR)试点阶段涉及的有关税收政策公告如下:

一、个人所得税政策

1. 自2023年9月21日至2025年12月31日,对个人投资者转让创新企业CDR取得的差价所得,暂免征收个人所得税。

2. 自 2023 年 9 月 21 日至 2025 年 12 月 31 日,对个人投资者持有创新企业 CDR 取得的股息红利所得,实施股息红利差别化个人所得税政策,具体参照《财政部　国家税务总局　证监会关于实施上市公司股息红利差别化个人所得税政策有关问题的通知》(财税〔2012〕85 号)、《财政部　国家税务总局　证监会关于上市公司股息红利差别化个人所得税政策有关问题的通知》(财税〔2015〕101 号)的相关规定执行,由创新企业在其境内的存托机构代扣代缴税款,并向存托机构所在地税务机关办理全员全额明细申报。对于个人投资者取得的股息红利在境外已缴纳的税款,可按照个人所得税法以及双边税收协定(安排)的相关规定予以抵免。

二、企业所得税政策

1. 对企业投资者转让创新企业 CDR 取得的差价所得和持有创新企业 CDR 取得的股息红利所得,按转让股票差价所得和持有股票的股息红利所得政策规定征免企业所得税。

2. 对公募证券投资基金(封闭式证券投资基金、开放式证券投资基金)转让创新企业 CDR 取得的差价所得和持有创新企业 CDR 取得的股息红利所得,按公募证券投资基金税收政策规定暂不征收企业所得税。

3. 对合格境外机构投资者(QFII)、人民币合格境外机构投资者(RQFII)转让创新企业 CDR 取得的差价所得和持有创新企业 CDR 取得的股息红利所得,视同转让或持有据以发行创新企业 CDR 的基础股票取得的权益性资产转让所得和股息红利所得征免企业所得税。

三、增值税政策

1. 对个人投资者转让创新企业 CDR 取得的差价收入,暂免征收增值税。

2. 对单位投资者转让创新企业 CDR 取得的差价收入,按金融商品转让政策规定征免增值税。

3. 自 2023 年 9 月 21 日至 2025 年 12 月 31 日,对公募证券投资基金(封闭式证券投资基金、开放式证券投资基金)管理人运营基金过程中转让创新企业 CDR 取得的差价收入,暂免征收增值税。

4. 对合格境外机构投资者(QFII)、人民币合格境外机构投资者(RQFII)委托境内公司转让创新企业 CDR 取得的差价收入,暂免征收增值税。

四、印花税政策

在上海证券交易所、深圳证券交易所转让创新企业 CDR,按照实际成交金额,由出让方按 1‰的税率缴纳证券交易印花税。

五、其他相关事项

本公告所称创新企业 CDR,是指符合《国务院办公厅转发证监会关于开展创新企业境内发行股票或存托凭证试点若干意见的通知》(国办发〔2018〕21 号)规定的试点企业,以境外股票为基础证券,由存托人签发并在中国境内发行,代表境外基础证券权益的证券。

特此公告。

5-1-159

财政部 税务总局关于继续实施银行业金融机构、金融资产管理公司不良债权以物抵债有关税收政策的公告

2023年8月21日 财政部 税务总局公告2023年第35号

为继续支持银行业金融机构、金融资产管理公司处置不良债权，有效防范金融风险，现将有关税收政策公告如下：

一、银行业金融机构、金融资产管理公司中的增值税一般纳税人处置抵债不动产，可选择以取得的全部价款和价外费用扣除取得该抵债不动产时的作价为销售额，适用9%税率计算缴纳增值税。

按照上述规定从全部价款和价外费用中扣除抵债不动产的作价，应当取得人民法院、仲裁机构生效的法律文书。

选择上述办法计算销售额的银行业金融机构、金融资产管理公司，接收抵债不动产取得增值税专用发票的，其进项税额不得从销项税额中抵扣；处置抵债不动产时，抵债不动产作价的部分不得向购买方开具增值税专用发票。

根据《财政部 税务总局关于银行业金融机构、金融资产管理公司不良债权以物抵债有关税收政策的公告》（财政部 税务总局公告2022年第31号）有关规定计算增值税销售额的，按照上述规定执行。

二、对银行业金融机构、金融资产管理公司接收、处置抵债资产过程中涉及的合同、产权转移书据和营业账簿免征印花税，对合同或产权转移书据其他各方当事人应缴纳的印花税照章征收。

三、对银行业金融机构、金融资产管理公司接收抵债资产免征契税。

四、各地可根据《中华人民共和国房产税暂行条例》、《中华人民共和国城镇土地使用税暂行条例》授权和本地实际，对银行业金融机构、金融资产管理公司持有的抵债不动产减免房产税、城镇土地使用税。

五、本公告所称抵债不动产、抵债资产，是指经人民法院判决裁定或仲裁机构仲裁的抵债不动产、抵债资产。其中，金融资产管理公司的抵债不动产、抵债资产，限于其承接银行业金融机构不良债权涉及的抵债不动产、抵债资产。

六、本公告所称银行业金融机构，是指在中华人民共和国境内设立的商业银行、农村合作银行、农村信用社、村镇银行、农村资金互助社以及政策性银行；所称金融资产管理公司，是指持有国务院银行业监督管理机构及其派出机构颁发的《金融许可证》的资产管理公司。

七、本公告执行期限为2023年8月1日至2027年12月31日。本公告发布之前已征收入库的按照上述规定应予减免的税款，可抵减纳税人以后月份应缴纳的税款或办理税款退库。已向处置不动产的购买方全额开具增值税专用发票的，将上述增值税专用发票追回

后方可适用本公告第一条的规定。

特此公告。

5-1-160

财政部 税务总局 科技部 教育部关于继续实施科技企业孵化器、大学科技园和众创空间有关税收政策的公告

2023年8月28日 财政部 税务总局 科技部 教育部公告2023年第42号

为继续鼓励创业创新，现将科技企业孵化器、大学科技园、众创空间有关税收政策公告如下：

一、对国家级、省级科技企业孵化器、大学科技园和国家备案众创空间自用以及无偿或通过出租等方式提供给在孵对象使用的房产、土地，免征房产税和城镇土地使用税；对其向在孵对象提供孵化服务取得的收入，免征增值税。

本公告所称孵化服务是指为在孵对象提供的经纪代理、经营租赁、研发和技术、信息技术、鉴证咨询服务。

二、国家级、省级科技企业孵化器、大学科技园和国家备案众创空间应当单独核算孵化服务收入。

三、国家级科技企业孵化器、大学科技园和国家备案众创空间认定和管理办法由国务院科技、教育部门另行发布；省级科技企业孵化器、大学科技园认定和管理办法由省级科技、教育部门另行发布。

本公告所称在孵对象是指符合前款认定和管理办法规定的孵化企业、创业团队和个人。

四、国家级、省级科技企业孵化器、大学科技园和国家备案众创空间应按规定申报享受免税政策，并将房产土地权属资料、房产原值资料、房产土地租赁合同、孵化协议等留存备查，税务部门依法加强后续管理。

2018年12月31日以前认定的国家级科技企业孵化器、大学科技园，以及2019年1月1日至2023年12月31日认定的国家级、省级科技企业孵化器、大学科技园和国家备案众创空间，自2024年1月1日起继续享受本公告规定的税收优惠政策。2024年1月1日以后认定的国家级、省级科技企业孵化器、大学科技园和国家备案众创空间，自认定之日次月起享受本公告规定的税收优惠政策。被取消资格的，自取消资格之日次月起停止享受本公告规定的税收优惠政策。

五、科技、教育和税务部门应建立信息共享机制，及时共享国家级、省级科技企业孵化器、大学科技园和国家备案众创空间相关信息，加强协调配合，保障优惠政策落实到位。

六、本公告执行期限为2024年1月1日至2027年12月31日。

特此公告。

5–1–161

《道路机动车辆生产企业及产品》(第374批)、《享受车船税减免优惠的节约能源 使用新能源汽车车型目录》(第五十三批)、《免征车辆购置税的新能源汽车车型目录》(第六十九批)

2023年9月13日　工业和信息化部公告2023年第21号

根据《中华人民共和国行政许可法》《国务院对确需保留的行政审批项目设定行政许可的决定》《财政部　税务总局　工业和信息化部　交通运输部关于节能　新能源车船享受车船税优惠政策的通知》(财税〔2018〕74号)、《工业和信息化部　财政部　国家税务总局关于调整享受车船税优惠的节能　新能源汽车产品技术要求的公告》(2022年第2号)、《财政部　税务总局　工业和信息化部　科技部关于免征新能源汽车车辆购置税的公告》(2017年第172号)、《中华人民共和国工业和信息化部　财政部　国家税务总局公告》(2018年第17号)、《工业和信息化部　财政部　税务总局关于调整免征车辆购置税新能源汽车产品技术要求的公告》(2021年第13号)、《财政部　税务总局　工业和信息化部关于延续新能源汽车免征车辆购置税政策的公告》(2022年第27号)等有关规定,现将许可的《道路机动车辆生产企业及产品》(第374批)以及经商国家税务总局同意的《享受车船税减免优惠的节约能源　使用新能源汽车车型目录》(第五十三批)、《免征车辆购置税的新能源汽车车型目录》(第六十九批)予以公告。

附件:1. 道路机动车辆生产企业及产品(第374批)(编者略)
2. 享受车船税减免优惠的节约能源　使用新能源汽车车型目录(第五十三批)(编者略)
3. 免征车辆购置税的新能源汽车车型目录(第六十九批)(编者略)

5–1–162

财政部　税务总局关于保险保障基金有关税收政策的通知

2023年9月22日　财税〔2023〕44号

各省、自治区、直辖市、计划单列市财政厅(局),新疆生产建设兵团财政局,国家税务总局各省、自治区、直辖市、计划单列市税务局:

为支持保险保障基金发展,增强行业经营风险防范能力,现将保险保障基金有关税收政策事项明确如下:

一、对中国保险保障基金有限责任公司(以下简称保险保障基金公司)根据《保险保障基金管理办法》取得的下列收入,免征企业所得税:

1. 境内保险公司依法缴纳的保险保障基金;
2. 依法从撤销或破产保险公司清算财产中获得的受偿收入和向有关责任方追偿所得,以及依法从保险公司风险处置中获得的财产转让所得;
3. 接受捐赠收入;
4. 银行存款利息收入;
5. 购买政府债券、中央银行、中央企业和中央级金融机构发行债券的利息收入;
6. 国务院批准的其他资金运用取得的收入。

二、对保险保障基金公司下列应税凭证,免征印花税:

1. 新设立的营业账簿;
2. 在对保险公司进行风险处置和破产救助过程中签订的产权转移书据;
3. 在对保险公司进行风险处置过程中与中国人民银行签订的再贷款合同;
4. 以保险保障基金自有财产和接收的受偿资产与保险公司签订的财产保险合同;

对与保险保障基金公司签订上述产权转移书据或应税合同的其他当事人照章征收印花税。

三、本通知执行至2027年12月31日。

5-1-163

财政部 税务总局关于继续实施部分国家商品储备税收优惠政策的公告

2023年9月22日 财政部 税务总局公告2023年第48号

为继续支持国家商品储备,现将部分商品储备税收优惠政策有关事项公告如下:

一、对商品储备管理公司及其直属库营业账簿免征印花税;对其承担商品储备业务过程中书立的买卖合同免征印花税,对合同其他各方当事人应缴纳的印花税照章征收。

二、对商品储备管理公司及其直属库自用的承担商品储备业务的房产、土地,免征房产税、城镇土地使用税。

上述房产、土地,是指在承担商品储备业务过程中,用于办公、仓储、信息监控、质量检验等经营及管理的房产、土地。

三、本公告所称商品储备管理公司及其直属库,是指接受县级以上人民政府有关部门委托,承担粮(含大豆)、食用油、棉、糖、肉5种商品储备任务,取得财政储备经费或者补贴的商品储备企业。

四、承担中央政府有关部门委托商品储备业务的储备管理公司及其直属库,包括中国储备粮管理集团有限公司及其分(子)公司、直属库,华商储备商品管理中心有限公司及其管理的国家储备糖库、国家储备肉库。

承担地方政府有关部门委托商品储备业务的储备管理公司及其直属库,由省、自治区、直辖市财政、税务部门会同有关部门明确或者制定具体管理办法,并报省、自治区、直辖市人民政府批准。

五、企业享受本公告规定的免税政策,应按规定进行免税申报,并将不动产权属证明、房产原值、承担商品储备业务情况、储备库建设规划等资料留存备查。

六、本公告执行期限为2024年1月1日至2027年12月31日。

特此公告。

5-1-164

财政部 税务总局关于继续实施高校学生公寓房产税、印花税政策的公告

2023年9月22日 财政部 税务总局公告2023年第53号

为继续支持高校办学,优化高校后勤保障服务,现将高校学生公寓房产税和印花税政策公告如下:

一、对高校学生公寓免征房产税。

二、对与高校学生签订的高校学生公寓租赁合同,免征印花税。

三、本公告所称高校学生公寓,是指为高校学生提供住宿服务,按照国家规定的收费标准收取住宿费的学生公寓。

四、纳税人享受本公告规定的免税政策,应按规定进行免税申报,并将不动产权属证明、载有房产原值的相关材料、房产用途证明、租赁合同等资料留存备查。

五、本公告执行至2027年12月31日。

特此公告。

5-1-165

财政部 税务总局关于延续实施供热企业有关税收政策的公告

2023年9月22日 财政部 税务总局公告2023年第56号

为支持居民供热采暖,现将"三北"地区供热企业(以下称供热企业)增值税、房产税、城镇土地使用税政策公告如下:

一、对供热企业向居民个人(以下称居民)供热取得的采暖费收入免征增值税。

向居民供热取得的采暖费收入,包括供热企业直接向居民收取的、通过其他单位向居

民收取的和由单位代居民缴纳的采暖费。

免征增值税的采暖费收入应当单独核算。通过热力产品经营企业向居民供热的热力产品生产企业,应当根据热力产品经营企业实际从居民取得的采暖费收入占该经营企业采暖费总收入的比例,计算免征的增值税。

二、对向居民供热收取采暖费的供热企业,为居民供热所使用的厂房及土地免征房产税、城镇土地使用税;对供热企业其他厂房及土地,应当按照规定征收房产税、城镇土地使用税。

对专业供热企业,按其向居民供热取得的采暖费收入占全部采暖费收入的比例,计算免征的房产税、城镇土地使用税。

对兼营供热企业,视其供热所使用的厂房及土地与其他生产经营活动所使用的厂房及土地是否可以区分,按照不同方法计算免征的房产税、城镇土地使用税。可以区分的,对其供热所使用厂房及土地,按向居民供热取得的采暖费收入占全部采暖费收入的比例,计算免征的房产税、城镇土地使用税。难以区分的,对其全部厂房及土地,按向居民供热取得的采暖费收入占其营业收入的比例,计算免征的房产税、城镇土地使用税。

对自供热单位,按向居民供热建筑面积占总供热建筑面积的比例,计算免征供热所使用的厂房及土地的房产税、城镇土地使用税。

三、本公告所称供热企业,是指热力产品生产企业和热力产品经营企业。热力产品生产企业包括专业供热企业、兼营供热企业和自供热单位。

四、本公告所称"三北"地区,是指北京市、天津市、河北省、山西省、内蒙古自治区、辽宁省、大连市、吉林省、黑龙江省、山东省、青岛市、河南省、陕西省、甘肃省、青海省、宁夏回族自治区和新疆维吾尔自治区。

五、本公告执行至2027年供暖期结束,供暖期是指当年下半年供暖开始至次年上半年供暖结束的期间。

特此公告。

5-1-166

财政部 税务总局关于继续实施农村饮水安全工程税收优惠政策的公告

2023年9月22日 财政部 税务总局公告2023年第58号

为继续支持农村饮水安全工程(以下称饮水工程)建设、运营,现将有关税收优惠政策公告如下:

一、对饮水工程运营管理单位为建设饮水工程而承受土地使用权,免征契税。

二、对饮水工程运营管理单位为建设饮水工程取得土地使用权而签订的产权转移书据,以及与施工单位签订的建设工程合同,免征印花税。

三、对饮水工程运营管理单位自用的生产、办公用房产、土地,免征房产税、城镇土地使用税。

四、对饮水工程运营管理单位向农村居民提供生活用水取得的自来水销售收入,免征增值税。

五、对饮水工程运营管理单位从事《公共基础设施项目企业所得税优惠目录》规定的饮水工程新建项目投资经营的所得,自项目取得第一笔生产经营收入所属纳税年度起,第一年至第三年免征企业所得税,第四年至第六年减半征收企业所得税。

六、本公告所称饮水工程,是指为农村居民提供生活用水而建设的供水工程设施。本公告所称饮水工程运营管理单位,是指负责饮水工程运营管理的自来水公司、供水公司、供水(总)站(厂、中心)、村集体、农民用水合作组织等单位。

对于既向城镇居民供水,又向农村居民供水的饮水工程运营管理单位,依据向农村居民供水收入占总供水收入的比例免征增值税;依据向农村居民供水量占总供水量的比例免征契税、印花税、房产税和城镇土地使用税。无法提供具体比例或所提供数据不实的,不得享受上述税收优惠政策。

七、符合上述条件的饮水工程运营管理单位自行申报享受减免税优惠,相关材料留存备查。

八、上述政策(第五条除外)执行至2027年12月31日。

特此公告。

5-1-167

财政部 税务总局关于延续实施小额贷款公司有关税收优惠政策的公告

2023年9月24日 财政部 税务总局公告2023年第54号

为引导小额贷款公司发挥积极作用,现将延续实施小额贷款公司有关税收优惠政策公告如下:

一、对经省级地方金融监督管理部门批准成立的小额贷款公司取得的农户小额贷款利息收入,免征增值税。

二、对经省级地方金融监督管理部门批准成立的小额贷款公司取得的农户小额贷款利息收入,在计算应纳税所得额时,按90%计入收入总额。

三、对经省级地方金融监督管理部门批准成立的小额贷款公司按年末贷款余额的1%计提的贷款损失准备金准予在企业所得税税前扣除。具体政策口径按照《财政部 税务总局关于延长部分税收优惠政策执行期限的公告》(财政部 税务总局公告2021年第6号)附件2中"6.《财政部 税务总局关于金融企业贷款损失准备金企业所得税税前扣除有关政策的公告》(财政部 税务总局公告2019年第86号)"执行。

四、本公告所称农户,是指长期(一年以上)居住在乡镇(不包括城关镇)行政管理区域内的住户,还包括长期居住在城关镇所辖行政村范围内的住户和户口不在本地而在本地居住一年以上的住户,国有农场的职工和农村个体工商户。位于乡镇(不包括城关镇)行政管理区域内和在城关镇所辖行政村范围内的国有经济的机关、团体、学校、企事业单位的集体户;有本地户口,但举家外出谋生一年以上的住户,无论是否保留承包耕地均不属于农户。农户以户为统计单位,既可以从事农业生产经营,也可以从事非农业生产经营。农户贷款的判定应以贷款发放时的承贷主体是否属于农户为准。

本公告所称小额贷款,是指单笔且该农户贷款余额总额在10万元(含本数)以下的贷款。

五、本公告执行至2027年12月31日。

特此公告。

5-1-168

财政部 税务总局 住房城乡建设部关于保障性住房有关税费政策的公告

2023年9月28日 财政部 税务总局
住房城乡建设部公告2023年第70号

为推进保障性住房建设,现将有关税费政策公告如下:

一、对保障性住房项目建设用地免征城镇土地使用税。对保障性住房经营管理单位与保障性住房相关的印花税,以及保障性住房购买人涉及的印花税予以免征。

在商品住房等开发项目中配套建造保障性住房的,依据政府部门出具的相关材料,可按保障性住房建筑面积占总建筑面积的比例免征城镇土地使用税、印花税。

二、企事业单位、社会团体以及其他组织转让旧房作为保障性住房房源且增值额未超过扣除项目金额20%的,免征土地增值税。

三、对保障性住房经营管理单位回购保障性住房继续作为保障性住房房源的,免征契税。

四、对个人购买保障性住房,减按1%的税率征收契税。

五、保障性住房项目免收各项行政事业性收费和政府性基金,包括防空地下室易地建设费、城市基础设施配套费、教育费附加和地方教育附加等。

六、享受税费优惠政策的保障性住房项目,按照城市人民政府认定的范围确定。城市人民政府住房城乡建设部门将本地区保障性住房项目、保障性住房经营管理单位等信息及时提供给同级财政、税务部门。

七、纳税人享受本公告规定的税费优惠政策,应按相关规定申报办理。

八、本公告自2023年10月1日起执行。

特此公告。

5-1-169

《道路机动车辆生产企业及产品》(第375批)、《享受车船税减免优惠的节约能源 使用新能源汽车车型目录》(第五十四批)、《免征车辆购置税的新能源汽车车型目录》(第七十批)

2023年10月18日 工业和信息化部公告2023年第25号

根据《中华人民共和国行政许可法》《国务院对确需保留的行政审批项目设定行政许可的决定》《财政部 税务总局 工业和信息化部 交通运输部关于节能 新能源车船享受车船税优惠政策的通知》(财税〔2018〕74号)、《工业和信息化部 财政部 国家税务总局关于调整享受车船税优惠的节能 新能源汽车产品技术要求的公告》(2022年第2号)、《财政部 税务总局 工业和信息化部 科技部关于免征新能源汽车车辆购置税的公告》(2017年第172号)、《中华人民共和国工业和信息化部 财政部 国家税务总局公告》(2018年第17号)、《工业和信息化部 财政部 税务总局关于调整免征车辆购置税新能源汽车产品技术要求的公告》(2021年第13号)、《财政部 税务总局 工业和信息化部关于延续新能源汽车免征车辆购置税政策的公告》(2022年第27号)等有关规定,现将许可的《道路机动车辆生产企业及产品》(第375批)以及经商国家税务总局同意的《享受车船税减免优惠的节约能源 使用新能源汽车车型目录》(第五十四批)、《免征车辆购置税的新能源汽车车型目录》(第七十批)予以公告。

附件:1. 道路机动车辆生产企业及产品(第375批)(编者略)
    2. 享受车船税减免优惠的节约能源 使用新能源汽车车型目录(第五十四批)(编者略)
    3. 免征车辆购置税的新能源汽车车型目录(第七十批)(编者略)

财政部　税务总局　中央宣传部关于延续实施文化体制改革中经营性文化事业单位转制为企业有关税收政策的公告

2023年10月23日　财政部　税务总局
中央宣传部公告2023年第71号

为进一步支持深化文化体制改革，现将经营性文化事业单位转制为企业有关税收政策公告如下：

一、经营性文化事业单位转制为企业，可以享受以下税收优惠政策：

（一）经营性文化事业单位转制为企业，自转制注册之日起五年内免征企业所得税。

（二）由财政部门拨付事业经费的文化单位转制为企业，自转制注册之日起五年内对其自用房产免征房产税。

（三）党报、党刊将其发行、印刷业务及相应的经营性资产剥离组建的文化企业，自注册之日起所取得的党报、党刊发行收入和印刷收入免征增值税。

（四）对经营性文化事业单位转制中资产评估增值、资产转让或划转涉及的企业所得税、增值税、城市维护建设税、契税、印花税等，符合现行规定的享受相应税收优惠政策。

上述所称"经营性文化事业单位"，是指从事新闻出版、广播影视和文化艺术的事业单位。转制包括整体转制和剥离转制。其中，整体转制包括：（图书、音像、电子）出版社、非时政类报刊出版单位、新华书店、艺术院团、电影制片厂、电影（发行放映）公司、影剧院、重点新闻网站等整体转制为企业；剥离转制包括：新闻媒体中的广告、印刷、发行、传输网络等部分，以及影视剧等节目制作与销售机构，从事业体制中剥离出来转制为企业。

上述所称"转制注册之日"，是指经营性文化事业单位转制为企业并进行企业法人登记之日。对于经营性文化事业单位转制前已进行企业法人登记，则按注销事业单位法人登记之日，或核销事业编制的批复之日（转制前未进行事业单位法人登记的）确定转制完成并享受本公告所规定的税收优惠政策。

二、享受税收优惠政策的转制文化企业应同时符合以下条件：

（一）根据相关部门的批复进行转制。

（二）转制文化企业已进行企业法人登记。

（三）整体转制前已进行事业单位法人登记的，转制后已核销事业编制、注销事业单位法人；整体转制前未进行事业单位法人登记的，转制后已核销事业编制。

（四）已同在职职工全部签订劳动合同，按企业办法参加社会保险。

（五）转制文化企业引入非公有资本和境外资本的，须符合国家法律法规和政策规定；变更资本结构依法应经批准的，需经行业主管部门和国有文化资产监管部门批准。

本公告适用于所有转制文化单位。中央所属转制文化企业的认定，由中央宣传部会同财政部、税务总局确定并发布名单;地方所属转制文化企业的认定,按照登记管理权限,由地方各级宣传部门会同同级财政、税务部门确定和发布名单,并按程序抄送中央宣传部、财政部和税务总局。

已认定发布的转制文化企业名称发生变更的,如果主营业务未发生变化,可持同级党委宣传部门出具的同意变更函,到主管税务机关履行变更手续;如果主营业务发生变化,依照本条规定的条件重新认定。

三、经认定的转制文化企业,应按有关税收优惠事项管理规定办理优惠手续,申报享受税收优惠政策。企业应将转制方案批复函,企业营业执照,同级机构编制管理机关核销事业编制、注销事业单位法人的证明,与在职职工签订劳动合同、按企业办法参加社会保险制度的有关材料,相关部门对引入非公有资本和境外资本、变更资本结构的批准文件等留存备查,税务部门依法加强后续管理。

四、未经认定的转制文化企业或转制文化企业不符合本公告规定的,不得享受相关税收优惠政策。已享受优惠的,主管税务机关应追缴其已减免的税款。

五、对已转制企业按照本公告规定应予减免的税款,在本公告下发以前已经征收入库的,可抵减以后纳税期应缴税款或办理退库。

六、本公告规定的税收政策执行至2027年12月31日。企业在2027年12月31日享受本公告第一条第(一)、(二)项税收政策不满五年的,可继续享受至五年期满为止。

特此公告。

5-1-171

《道路机动车辆生产企业及产品》(第376批)、《享受车船税减免优惠的节约能源 使用新能源汽车车型目录》(第五十五批)、《免征车辆购置税的新能源汽车车型目录》(第七十一批)

2023年11月20日 工业和信息化部公告2023年第29号

根据《中华人民共和国行政许可法》《国务院对确需保留的行政审批项目设定行政许可的决定》《财政部 税务总局 工业和信息化部 交通运输部关于节能 新能源车船享受车船税优惠政策的通知》(财税〔2018〕74号)、《工业和信息化部 财政部 国家税务总局关于调整享受车船税优惠的节能 新能源汽车产品技术要求的公告》(2022年第2号)、《财政部 税务总局 工业和信息化部 科技部关于免征新能源汽车车辆购置税的公告》(2017年第172号)、《中华人民共和国工业和信息化部 财政部 国家税务总局公告》(2018年第17号)、《工业和信息化部 财政部 税务总局关于调整免征车辆购置税新能源汽车产品技术要求的公告》(2021年第13号)、《财政部 税务总局 工业和信息化部关于延续新能源汽车免征车辆购置税政策的公告》(2022年第27号)等有关规定,现将许可的《道路机动车辆生产企业及产品》(第376批)以及经商国家税务总局同意的《享受车船税减免优惠的节约能源　使用新能源汽车车型目录》(第五十五批)、《免征车辆购置税的新能源汽车车型目录》(第七十一批)予以公告。

附件:1. 道路机动车辆生产企业及产品(第376批)(编者略)
　　　2. 享受车船税减免优惠的节约能源　使用新能源汽车车型目录(第五十五批)(编者略)
　　　3. 免征车辆购置税的新能源汽车车型目录(第七十一批)(编者略)

5-1-172

《道路机动车辆生产企业及产品》(第377批)、《享受车船税减免优惠的节约能源　使用新能源汽车车型目录》(第五十六批)、《免征车辆购置税的新能源汽车车型目录》(第七十二批)

2023年12月12日　工业和信息化部公告2023年第34号

根据《中华人民共和国行政许可法》《国务院对确需保留的行政审批项目设定行政许可的决定》《财政部　税务总局　工业和信息化部　交通运输部关于节能　新能源车船享受车船税优惠政策的通知》(财税〔2018〕74号)、《工业和信息化部　财政部　国家税务总局关于调整享受车船税优惠的节能　新能源汽车产品技术要求的公告》(2022年第2号)、《财政部　税务总局　工业和信息化部　科技部关于免征新能源汽车车辆购置税的公告》(2017年第172号)、《中华人民共和国工业和信息化部　财政部　国家税务总局公告》(2018年第17号)、《工业和信息化部　财政部　税务总局关于调整免征车辆购置税新能源汽车产品技术要求的公告》(2021年第13号)、《财政部　税务总局　工业和信息化部关于延续新能源汽车免征车辆购置税政策的公告》(2022年第27号)等有关规定,现将许可的《道路机动车辆生产企业及产品》(第377批)以及经商国家税务总局同意的《享受车船税减免优惠的节约能源　使用新能源汽车车型目录》(第五十六批)、《免征车辆购置税的新能源汽车车型目录》(第七十二批)予以公告。

附件:1. 道路机动车辆生产企业及产品(第377批)(编者略)
　　　2. 享受车船税减免优惠的节约能源　使用新能源汽车车型目录(第五十六批)(编者略)
　　　3. 免征车辆购置税的新能源汽车车型目录(第七十二批)(编者略)

5-1-173

《道路机动车辆生产企业及产品》(第378批)、《享受车船税减免优惠的节约能源 使用新能源汽车车型目录》(第五十七批)、《免征车辆购置税的新能源汽车车型目录》(第七十三批)、《减免车辆购置税的新能源汽车车型目录》(第一批)

2023年12月26日 工业和信息化部公告2023年第42号

根据《中华人民共和国行政许可法》《国务院对确需保留的行政审批项目设定行政许可的决定》《财政部 税务总局 工业和信息化部 交通运输部关于节能 新能源车船享受车船税优惠政策的通知》(财税〔2018〕74号)、《工业和信息化部 财政部 国家税务总局关于调整享受车船税优惠的节能 新能源汽车产品技术要求的公告》(2022年第2号)、《财政部 税务总局 工业和信息化部 科技部关于免征新能源汽车车辆购置税的公告》(2017年第172号)、《中华人民共和国工业和信息化部 财政部 国家税务总局公告》(2018年第17号)、《工业和信息化部 财政部 税务总局关于调整免征车辆购置税新能源汽车产品技术要求的公告》(2021年第13号)、《财政部 税务总局 工业和信息化部关于延续新能源汽车免征车辆购置税政策的公告》(2022年第27号)、《财政部 税务总局 工业和信息化部关于延续和优化新能源汽车车辆购置税减免政策的公告》(2023年第10号)、《工业和信息化部 财政部 税务总局关于调整减免车辆购置税新能源汽车产品技术要求的公告》(2023年第32号)等有关规定,现将许可的《道路机动车辆生产企业及产品》(第378批)以及经商国家税务总局同意的《享受车船税减免优惠的节约能源 使用新能源汽车车型目录》(第五十七批)、《免征车辆购置税的新能源汽车车型目录》(第七十三批)和《减免车辆购置税的新能源汽车车型目录》(第一批)予以公告。

附件:1. 道路机动车辆生产企业及产品(第378批)(编者略)
 2. 享受车船税减免优惠的节约能源 使用新能源汽车车型目录(第五十七批)(编者略)
 3. 免征车辆购置税的新能源汽车车型目录(第七十三批)(编者略)
 4. 减免车辆购置税的新能源汽车车型目录(第一批)(编者略)

5-1-174

产业结构调整指导目录(2024年本)

2023年12月27日　国家发展和改革委员会令第7号

《产业结构调整指导目录(2024年本)》已经2023年12月1日第6次委务会议审议通过,现予公布,自2024年2月1日起施行。《产业结构调整指导目录(2019年本)》同时废止。

主任:郑栅洁
2023年12月27日

附件:《产业结构调整指导目录(2024年本)》(编者略)

2 区域税收政策

5－2－1

国务院关于鼓励投资开发海南岛的规定

1988年5月4日　国发〔1988〕26号

第一条　为了吸收境内外投资,加快海南岛的开发建设,特制定本规定。

第二条　国家对海南经济特区实行更加灵活开放的经济政策,授予海南省人民政府更大的自主权。

第三条　国家鼓励境内外的企业、其他经济组织或者个人(以下简称投资者)投资开发海南岛,兴办各项经济和社会事业。

第四条　国家依法保护投资者的合法权益,对投资者的资产不实行国有化和征收,在特殊情况下,为社会公共利益的需要,对投资者的资产可以依照法律程序实行征收,并给予相应的补偿。

投资者必须遵守中国的法律、法规。

第五条　投资者可以下列方式在海南岛投资经营:

(一)投资举办中外合资经营企业、中外合作经营企业、外资企业(以下简称外商投资企业)以及法律允许的其他类型的企业。各类企业的经营期限,由投资各方在合同中约定或者经有关主管部门批准;

(二)购买股票、债券等有价证券;

(三)购买、参股经营或者承包、租赁经营企业;

(四)采用其他国际上通行的投资方式投资经营,开展经济技术合作和交流。

第六条　海南岛国家所有的土地实行有偿使用。

海南省人民政府可依法将国家所有土地的使用权有偿出让给投资者,土地使用权出让一次签约的期限根据不同行业和项目的具体情况确定,最长期限为70年;期满后需要继续使用的,经批准期限可以延长。

投资者可以依照国家有关规定将取得的土地使用权有偿转让。

第七条　海南岛的矿藏资源依法实行有偿开采。国家规定的特定矿藏资源开采应报经国家主管部门批准,其他矿藏资源开采,由海南省人民政府批准。允许投资者以合资经营、合作经营和独资经营的方式进行勘探开采。

第八条　投资者可以合资、合作方式在海南岛投资从事港口、码头、机场、公路、铁路、电站、煤矿、水利等基础设施建设,也可以独资经营专用设施,并可依照国家有关规定投资经营与上述设施相关联的各类企业和服务事业,实行综合经营。

第九条　根据经济发展的需要,经中国人民银行批准,可以在海南岛设立外资银行、中外合资银行或者其他金融机构。

第十条　在海南岛投资兴办各项经济和社会事业,由海南省人民政府审查批准。但投资范围和投资总额超过国家授权海南省人民政府审批范围的,应当按照国家规定程序报批。

第十一条 获准举办的企业作为投资进口的建设物资、生产设备和管理设备,为生产经营进口的原材料、零配件、包装材料和其他物料以及自用的交通工具、办公用品,由海南省人民政府自行审批。

第十二条 在海南岛举办的企业(国家银行和保险公司除外),从事生产、经营所得和其他所得,均按15%的税率征收企业所得税,另按应纳税额附征10%的地方所得税。其中:

(一)从事港口、码头、机场、公路、铁路、电站、煤矿、水利等基础设施开发经营的企业和从事农业开发经营的企业,经营期限在15年以上的,从开始获利的年度起,第一年至第五年免征所得税,第六年至第十年减半征收所得税;

(二)从事工业、交通运输业等生产性行业的企业经营期限在10年以上的,从开始获利的年度起,第一年和第二年免征所得税,第三年至第五年减半征收所得税,其中被海南省人民政府确认为先进技术企业的,第六年至第八年减半征收所得税;

(三)从事工业、农业等生产性行业的企业,在按照规定减免企业所得税期满后,凡当年企业出口产品产值达到当年企业产品产值70%以上的,当年可以减按10%的税率缴纳企业所得税;

(四)从事服务性行业的企业,投资总额超过500万美元或者2000万人民币,经营期限在10年以上的,从开始获利的年度起,第一年免征所得税,第二年和第三年减半征收所得税。

对海南岛内的企业征收的地方所得税,需要给予减征或者免征所得税优惠的,由海南省人民政府决定。

第十三条 境外投资者在海南岛内没有设立机构而有来源于海南岛的股息、利息、租金、特许权使用费和其他所得,除依法免征所得税者外,均按10%的税率征收所得税。需要给予减征或者免征所得税优惠的,由海南省人民政府决定。

第十四条 在海南岛举办的外商投资企业和外商持有25%以上股份的企业均享有进出口经营权,其他企业经海南省人民政府批准也可以享有进出口经营权,进口本企业生产、经营必需的货物,出口本企业的产品。

第十五条 海南岛内的企业进口本企业建设和生产所必需的机器设备、原材料、零配件、交通运输工具和其他物料,以及办公用品,均免征关税、产品税或增值税。

海南岛内的企业进口供岛内市场销售的货物,减半征收关税、产品税或增值税。

第十六条 国家鼓励海南岛内的企业生产的产品出口。对企业生产的出口产品免征出口关税,除原油、成品油和国家另有规定的少数产品外,退还已征的产品税或增值税。

第十七条 海南岛内的企业生产的产品在岛内市场销售的,除矿物油、烟、酒和海南省人民政府规定的其他少数产品减半征收产品税或增值税外,其余免征产品税或增值税。含有进口料件的,按照第十五条的规定,免征或者补征进口料件的关税、产品税或增值税。

企业生产的产品销往境内其他地区,除国家限制进口的产品需按国家有关规定审批外,其余产品均可自主销售,但应照章征收产品税或增值税;含有进口料件的照章补征进口料件的关税、产品税或增值税。

海南岛内的外商投资企业的产品内销,符合国家以产顶进办法规定的,可以申请以产顶进。

第十八条 海南岛内的企业出口产品和从事其他经营活动取得的外汇收入,均可保留现汇,按当地中国人民银行的规定管理。

企业可以在海南岛或者境内其他地区的外汇调剂市场调剂外汇余缺、平衡收支。

第十九条 境外投资者从在海南岛投资举办的企业获得的利润,可以从企业的外汇存款账户自由汇往境外,免缴汇出额的所得税。

境外投资者将从海南岛内的企业获得的利润,在境内再投资,期限不少于五年的,退还其再投资部分已缴纳所得税税款的40%;如果投资用于海南岛内的基础设施建设和农业开发企业、产品出口企业和先进技术企业,全部退还其再投资部分已缴纳的所得税税款。

境内投资者从海南岛内的企业获得的利润,可以自由汇往境内其他地区。汇往境内其他地区的利润,从开始获利的年度起十年内不再补缴所得税。

第二十条 凡与我国有外交关系或者官方贸易往来的国家或地区的外国人,到海南岛洽谈投资、贸易,进行经济技术交流、探亲、旅游,停留时间不超过15天的,可临时在海口或三亚口岸办理入境签证手续;如有正当理由需要延长在海南岛内的停留期限或者转往境内其他地区,可按有关规定申请办理签证延期或加签手续。

在海南岛常驻的外国人,投资举办企业或者参加开发建设工作的外国人及其随行眷属,海南省人民政府有关部门可根据其申请,签发前往海南岛的多次入境签证。

第二十一条 香港、澳门、台湾同胞和华侨,凡持有国务院主管部门及其授权机关签发的有效护照或其他有效证件,前往海南岛及转往境内其他地区或者出境,无需办理签证。台湾同胞可以直接在海南岛的口岸申领《台湾同胞旅行证明》。

海南省的国内单位向境外派出经济、贸易、旅游机构,到境外举办企业,其人员出国,除国家另有规定者外,授权海南省人民政府审批。

第二十二条 本规定未尽事项,海南省人民政府可按照国家有关经济特区的规定办理。

本规定的实施办法,由国务院有关主管部门会同海南省人民政府制定。

第二十三条 本规定自发布之日起施行。

5-2-2

财政部关于沿海经济开放区鼓励外商投资减征、免征企业所得税和工商统一税的暂行规定

1988年6月15日 (88)财税字第91号

为了有利于辽东半岛、山东半岛,长江、珠江三角洲和闽南厦漳泉三角地区的经济开放区(以下简称沿海经济开放区)扩大对外经济技术交流,吸收外资,引进技术,加速实施沿海经济发展战略,现对外商在沿海经济开放区投资有关减征、免征企业所得税和工商统一税的优惠问题,暂作如下规定:

一、外商在沿海经济开放区投资开办的生产性企业(以下统称经济开放区企业),凡属技术密集、知识密集型项目,或者外商投资额在3000万美元以上、回收投资时间长的项目,或者属于能源、交通、港口建设的项目,经财政部批准,减按15%的税率征收企业所得税。

对于不具备前款减征条件,但是属于下列行业(包括科研项目)的经济开放区企业,经财政部批准,可以按照税法规定的企业所得税税率打八折计算征税:

1. 机械制造、电子工业;
2. 冶金、化学、建材工业;
3. 轻工、纺织、包装工业;
4. 医疗器械、制药工业;
5. 农业、林业、牧业、养殖业以及这些行业的加工工业;
6. 建筑业。

对沿海经济开放区企业减征、免征企业所得税,应当按照上述优惠税率,根据《中外合资经营企业所得税法》、《外国企业所得税法》和《国务院关于鼓励外商投资的规定》所规定的范围、条件和期限执行。

二、对经济开放区企业征收的地方所得税,需要给予减征、免征优惠的,由省、自治区、直辖市人民政府决定。

三、外商在中国境内没有设立机构而有来源于经济开放区的股息、利息、租金、特许权使用费和其他所得,除依法免征所得税的以外,都减按10%的税率征收所得税。其中提供资金、设备的条件优惠,或者转让的技术先进,需要给予更多减征、免征优惠的,由省、自治区、直辖市人民政府决定。

四、经济开放区企业作为投资进口、追加投资进口的本企业生产用设备、营业用设备、建筑用材料,以及企业自用的交通工具、办公用品,免征工商统一税。

五、经济开放区企业生产的出口产品,除原油、成品油和国家另有规定的以外,免征工商统一税,内销产品,照章征税。

六、经济开放区企业进口的原材料、零配件、元器件、包装物料等,用于生产出口产品部分,免征工商统一税,用于生产内销产品部分,照章征税。

七、在经济开放区企业中工作或者居住的外籍人员,携带进口自用的安家物品和自用的交通工具,凭省辖市及其以上人民政府的主管部门出具的证明文件,在合理数量内免征工商统一税。

八、为了在引进优良品种的同时,利于我国的动植物检疫工作,广东、福建、浙江、江苏、山东可选择一两个海岛(或江心沙地)举办试验农场,对引进的良种、良畜等进行试种、试养。这类试种、试养项目属于科研性质,从获利年度起五年内豁免一切税收。

附件:一、国务院关于扩大沿海经济开放区范围的通知(编者略)
　　　二、长江、珠江三角洲和闽南厦(门)漳(州)泉(州)三角地区经济开放区市、县名
　　　　单(编者略)

5－2－3

国务院关于批准国家高新技术产业
开发区和有关政策规定的通知

1991年3月6日　国发〔1991〕12号

根据《中共中央关于科学技术体制改革的决定》，近几年，许多地方在一些知识、技术密集的大中城市和沿海地区相继建立起一些高新技术产业开发区，促进了我国高新技术产业的发展。为了贯彻《中共中央关于制定国民经济和社会发展十年规划和"八五"计划的建议》中关于"继续推进'火炬'计划的实施，办好高新技术开发区"的精神，加快高新技术产业的发展，国务院决定，继1988年批准北京市新技术产业开发试验区之后，在各地已建立的高新技术产业开发区中，再选定一批开发区作为国家高新技术产业开发区，并给予相应的优惠政策。现通知如下：

一、国务院批准经国家科委审定的下列21个高新技术产业开发区为国家高新技术产业开发区：

武汉东湖新技术开发区、南京浦口高新技术外向型开发区、沈阳市南湖科技开发区、天津新技术产业园区、西安市新技术产业开发区、成都高新技术产业开发区、威海火炬高技术产业开发区、中山火炬高技术产业开发区、长春南湖－南岭新技术工业园区、哈尔滨高技术开发区、长沙科技开发试验区、福州市科技园区、广州天河高新技术产业开发区、合肥科技工业园、重庆高新技术产业开发区、杭州高新技术产业开发区、桂林新技术产业开发区、郑州高技术开发区、兰州宁卧庄新技术产业开发试验区、石家庄高新技术产业开发区、济南市高技术产业开发区。

二、上海漕河泾新兴技术开发区、大连市高新技术产业园区、深圳科技工业园区、厦门火炬高技术产业开发区、海南国际科技工业园分别设在经济技术开发区、经济特区内，也确定为国家高新技术产业开发区。

三、国务院授权国家科委负责审定各国家高新技术产业开发区的区域范围、面积，并进行归口管理和具体指导。

四、国务院批准国家科委制定的《国家高新技术产业开发区高新技术企业认定条件和办法》（附件一）、《国家高新技术产业开发区若干政策的暂行规定》（附件二）和国家税务局制定的《国家高新技术产业开发区税收政策的规定》（附件三），请遵照执行。

五、北京市新技术产业开发实验区，除固定资产投资规模管理、出口创汇留成按现行规定执行外，其余仍按《北京市新技术产业开发试验区暂行条例》执行。

依靠我国自己的科技力量，促进高技术成果的商品化、产业化，对于调整产业结构，推动传统产业的改造，提高劳动生产率，增强国际竞争能力，具有重要意义。各地区，各有关部门对高新技术产业开发区要加强领导，大力扶持，按照国家的有关政策规定，促进我国高新技术产业健康发展。

附件：一、《国家高新技术产业开发区高新技术企业认定条件和办法》(编者略)
二、《国家高新技术产业开发区若干政策的暂行规定》(编者略)
三、《国家高新技术产业开发区税收政策的规定》(编者略)

5－2－4

国务院关于进一步对外开放
黑河等四个边境城市的通知

1992年3月9日　国函〔1992〕21号

国务院决定进一步对外开放黑龙江省黑河市、绥芬河市、吉林省珲春市和内蒙古自治区满洲里市四个边境城市。

黑河、绥芬河、珲春、满洲里四个边境城市进一步开放后，要积极扩大对俄罗斯和独联体其他国家的边境贸易和地方贸易，发展投资合作、技术交流、劳务合作等多种形式的经济合作，合理利用当地的优势发展加工制造业和第三产业，促进边境地区的繁荣稳定。

四个边境城市实行以下政策：

一、边境贸易和对外经济合作，按国务院批准的《关于积极发展边境贸易和经济合作促进边疆繁荣稳定的意见》(国办发〔1991〕25号)和国家其他有关规定执行。省和自治区可以在其权限范围内，授予四市人民政府在管理边境贸易和经济合作方面一定权限，权限内的边贸、加工、劳务合作等经济合同由市自行审批。四市可由经贸部批准各增加一两家市级边贸公司。

二、鼓励发展加工贸易和创汇农业。"八五"期间对为发展出口农产品而进口的种子、种苗、饲料及相关技术装备，企业为加工出口产品和进行技术改造而进口的机器设备和其他物料，免征进口关税和产品税(或增值税)。

三、要积极吸收国内和国外的投资、促进经济发展。目前第一步着重引进独联体各国和国内企业的投资，发展出口贸易；并积极创造条件，将吸收外商投资扩大到其他国家和地区。省和自治区人民政府可以在权限范围内扩大四市人民政府审批外商投资项目的权限。经当地税务机关批准，外商投资企业的企业所得税减按24%的税率征收。

允许独联体各国投资商在其投资总额内用生产资料或其他物资、器材等实物作为投资资本。这部分货物可按我边贸易货的有关规定销售，并减半征收进口关税和工商统一税。

四、可在本市范围内划出一定区域，兴办边境经济合作区，以吸引内地企业投资为主，举办对独联体国家出口的加工企业和相应的第三产业。边境经济合作区具体范围由国务院特区办公室会同有关部门审定。

五、对边境经济合作区内产品以出口为主的生产性内联企业，其生产出口规模达到一定额度的，经经贸部批准，给予对独联体国家的进出口经营权，具体规模额度标准，由经贸部研究确定。内联企业的企业所得税率在当地减按24%的税率征收，如内联投资者将企业利润所得解回内地，则由投资方所在地加征9%的所得税。"八五"期间免征投资方向调节税。

六、边境经济合作区内的内联企业和外商投资企业在独联体国家易货所得,允许自行销售,进口时减半征收关税和工商统一税。属于国家限制进口的商品,要按国家有关规定办理进口审批手续。

七、边境经济合作区进行区内基础设施建设所需进口的机器、设备和其他基建物资,免征进口关税和产品税(或增值税)。"八五"期间,边境经济合作区的新增财政收入留在当地,用于基础设施建设。

八、"八五"期间,中国人民银行每年专项安排4000万元固定资产贷款(每市1000万元),用于边境经济合作区的建设,纳入国家信贷和投资计划。

黑龙江省、吉林省、内蒙古自治区人民政府对进一步开放的四个边境城市要加强领导,帮助作好建设和发展的统筹规划,建设规模一定要与发展的可能性相适应,不可铺大摊子。在扩大对外开放加快经济建设的同时,加强社会主义精神文明建设,加强经济调控管理,保障边境安全稳定和各项工作的健康发展。

5-2-5

国务院关于进一步对外开放南宁、昆明市及凭祥等五个边境城镇的通知

1992年6月9日　国函[1992]62号

国务院决定进一步对外开放南宁、昆明市及凭祥市、东兴镇、畹町市、瑞丽县、河口县。

一、南宁、昆明市实行沿海开放城市的政策。

二、凭祥、东兴、畹町、瑞丽、河口五市(县、镇)实行以下政策:

(一)边境贸易和对外经济合作,按国务院批准的有关规定执行。广西壮族自治区和云南省人民政府可以在权限范围内,授予五市(县、镇)人民政府在管理边境贸易和经济合作方面一定权限,权限内的边贸、加工、劳务合作等经济合同由市(县、镇)自行审批。五市(县、镇)可由经贸部批准各增设一两家边贸公司。

(二)鼓励发展加工贸易和创汇农业。"八五"期间对为发展出口农产品而进口的种子、种苗、种畜、饲料及相关技术装备,以及为农产品加工出口和企业进行技术改造而进口的机器设备和其他物料,免征进口关税和产品税(或增值税)。

(三)要积极吸收国内和国外的投资,促进经济发展。广西壮族自治区和云南省人民政府可以在权限范围内扩大五市(县、镇)人民政府审批外商投资项目的权限。五市(县、镇)外商投资企业的企业所得税,减按24%的税率征收。

(四)允许毗邻国家投资商在其投资总额内用生产资料或其他物资、器材等实物作为投资资本。这部分货物可按我边境贸易的有关规定销售,并减半征收进口关税和工商统一税。

(五)允许在具备条件的市(县、镇)兴办边境经济合作区,举办出口加工企业和相应的

第三产业。边境经济合作区具体范围由国务院特区办公室会同有关部门审定。边境经济合作区内的基础设施建设所需进口的机器、设备和其他物资，以及合理数量内的办公用品，免征进口关税和产品税（或增值税）。"八五"期间，边境经济合作区的新增财政收入留在当地，用于基础设施建设。

（六）对边境经济合作区内以出口为主的生产性内联企业，其生产出口规模达到一定额度的，经经贸部批准，给予对毗邻国家进出口经营权，具体规模额度标准，由经贸部研究确定。内联企业的企业所得税在当地减按24%的税率征收，如内联投资者将企业所得利润解回内地，则由投资方所在地加征9%的所得税。"八五"期间免征投资方向调节税。

（七）边境经济合作区内的内联企业和外商投资企业在毗邻国家易货所得，允许自行销售，进口时减半征收关税和工商统一税。属于国家限制进口的商品，要按国家有关规定办理进口审批手续。

（八）国家对在这五市（县、镇）设立海关等口岸设施的建设费用给予适当补助。具体数额和补助办法由财政部核定。

允许五市（县、镇）口岸收取口岸过货管理费（0.6元/吨），用于口岸设施和城市维护建设。

（九）"八五"期间，人民银行每年专项为畹町、瑞丽各安排1000万元，为凭祥、东兴、河口各安排2000万元的固定资产贷款，用于边境城市和边境经济合作区的建设，纳入国家信贷和投资计划。

（十）从今年起，"八五"期间，允许五市（县、镇）每年各进口自用交通工具三十辆，免征进口关税、增值税和特别消费税，限于本地区使用，不得转销或运出区外，由当地海关严格监管。进口许可证授权广西壮族自治区、云南省经贸部门核发。

（十一）允许到周边国家投资兴办境外企业，根据国发〔1991〕13号文件的有关规定，投资总额在100万美元以下的项目，由广西壮族自治区和云南省自行审批，并由经贸部授权核发批准证书。

广西壮族自治区、云南省人民政府对进一步对外开放的城市和边境城镇要加强领导，帮助作好建设和发展的统筹规划，建设发展的规模一定要与当地的实际可能相适应，不可铺大摊子。在扩大对外开放加快经济建设的同时，要加强法治和社会主义精神文明建设，加强经济调控管理，严厉打击走私贩毒等犯罪活动，保障边境安全稳定和各项工作的健康发展。

5-2-6

国务院关于进一步对外开放重庆等市的通知

1992年7月30日　　国函〔1992〕93号

国务院决定进一步对外开放重庆、岳阳、武汉、九江、芜湖等五个长江沿岸城市，哈尔滨、长春、呼和浩特、石家庄等四个边境、沿海地区省会（首府）城市，太原、合肥、南昌、郑州、长沙、成都、贵阳、西安、兰州、西宁、银川等十一个内陆地区省会（首府）城市，实行沿海开放城市的政策。对上述城市符合国家产业政策的技术改造项目所需进口设备，以及国内不能满足供应的为发展出口农业而进口的加工设备，在1995年底以前，免征进口关税和产品税（增值税）。

5–2–7

国务院关于试办国家旅游度假区有关问题的通知

1992年8月17日　国发〔1992〕46号

为进一步扩大对外开放，开发利用我国丰富的旅游资源，促进我国旅游业由观光型向观光度假型转变，加快旅游事业发展，国务院决定在条件成熟的地方试办国家旅游度假区，鼓励外国和台湾、香港、澳门地区的企业、个人（以下简称外商）投资开发旅游设施和经营旅游项目。现将有关问题通知如下：

一、国家旅游度假区是符合国际度假旅游要求，以接待海外旅游者为主的综合性旅游区。国家旅游度假区，应有明确的地域界限，适于集中建设配套旅游设施，所在地区旅游度假资源丰富，客源基础较好，交通便捷，对外开放工作已有较好基础。

二、旅游业是国家鼓励发展的创汇型产业，对国家旅游度假区实行以下优惠政策：

（一）在区内兴办的外商投资企业，其所得税减按24%的税率征收；其中生产性外商投资企业，经营期在十年以上的，从企业获利年度起，第一年和第二年免征企业所得税，第三年至第五年减半征收企业所得税。

（二）区内的外商投资企业在投资总额内进口自用的建筑材料、生产经营设备、交通工具和办公用品；常驻的境外客商和技职人员进口的安家物品和自用交通工具，在合理数量范围内，免征关税和进口工商统一税。为生产出口旅游商品而进口的原材料、零部件、元器件、配套件、辅料、包装物料，海关按保税货物的有关规定办理。

（三）建设度假区基础设施所需进口的机器、设备和其他基建物资，免征进口关税和产品税（增值税）。

（四）区内可开办外汇商店，具体审批按国家有关规定办理。

（五）区内可开办使用国产车的中外合资经营的旅游汽车公司。对其购置的国产车，在核定的数量内，国家免征横向配套费、车辆购置附加费和特别消费税。对国内企业在区内开办的旅游汽车公司，可比照上述政策执行。这些车辆限于区内旅游汽车公司自用，不得转售。具体由国家计委会同有关部门办理。

（六）区内可开办中外合资经营的第一类旅行社，经营区内的海外旅游业务。具体由国家旅游局负责审批和管理。

（七）区内的开发建设用地，按《中华人民共和国城镇国有土地使用权出让和转让暂行条例》(国务院〔1990〕第55号令)办理。土地出让金从该区批准兴办之日起,五年内留在区内用于基础设施建设。

(八)区内的旅游外汇收入,从该区批准兴办之日起,外汇额度五年内全额留成,用于区内自我滚动发展。

三、国家旅游度假区内利用外商投资建设的旅游设施项目,投资额在国务院规定的审批限额以内的,由所在省、自治区、直辖市和计划单列市自行审批,其中旅游住宿设施项目,应报国家旅游局和国家计委、经贸部备案;投资额在国务院规定的审批限额以上的,按国家有关规定办理。利用外商投资建设的旅游住宿设施项目,企业经营期限一般不得超过30年。

四、试办国家旅游度假区,由地方人民政府报国务院审批。

五、试办国家旅游度假区,是旅游业深化改革、扩大开放,改变我国旅游产品结构,提高旅游产品档次,提高国际竞争力的一项重要部署。国务院有关部门和有关地方政府要切实做好规划,搞好试点工作。旅游度假区起步阶段规模不宜过大,应从小到大,逐步发展。

5-2-8

国务院办公厅转发国务院西部开发办关于西部大开发若干政策措施实施意见的通知

2001年9月29日　国办发〔2001〕73号

各省、自治区、直辖市人民政府,国务院各部委、各直属机构:

国务院西部开发办《关于西部大开发若干政策措施的实施意见》已经国务院同意,现转发给你们,请认真贯彻执行。

关于西部大开发若干政策措施的实施意见

(国务院西部开发办　2001年8月28日)

实施西部大开发战略,加快中西部地区发展,是党中央高瞻远瞩、总揽全局做出的重大决策。根据《国务院关于实施西部大开发若干政策措施的通知》(国发〔2000〕33号),国务院西部开发办会同有关部门,进一步研究制定了西部大开发若干政策措施的实施意见。

一、政策措施的适用范围

(一)实施西部大开发若干政策措施和本实施意见的适用范围,包括重庆市、四川省、贵州省、云南省、西藏自治区、陕西省、甘肃省、宁夏回族自治区、青海省、新疆维吾尔自治区(新疆生产建设兵团单列)和内蒙古自治区、广西壮族自治区(上述地区以下统称:西部地区）。其他地区的民族自治州（湖南省湘西土家族苗族自治州、湖北省恩施土家族苗族自治州、吉林省延边朝鲜族自治州），在实际工作中比照有关政策措施予以照顾。

二、加大建设资金投入力度

（二）提高中央财政性建设资金包括中央基本建设投资资金、建设国债资金用于西部地区的比例。国家政策性银行贷款、国际金融组织和外国政府优惠贷款，在坚持贷款原则的条件下，尽可能多安排西部地区的项目，争取提高用于西部地区的比例。

（三）对国家新安排的西部地区重大基础设施建设项目，其投资主要由中央财政性建设资金、其他专项建设资金、银行贷款和利用外资以及企业自筹资金解决，不留资金缺口，地方政府在土地使用、收费减免等方面积极配合。要集中力量建设一批关系西部开发全局的重大工程，如"西气东输"、"西电东送"、青藏铁路、公路国道主干线、水资源合理开发和节约利用等。

（四）中央将采取多种方式，筹集西部开发的专项资金，支持西部开发的重点项目。铁道、交通、水利、农业、林业、信息产业等部门在安排建设资金时，要继续提高用于西部地区重点项目的比重。

三、优先安排建设项目

（五）以科学规划为指导，发挥计划和市场两种机制在配置资源中的作用，在西部地区优先布局一些建设项目，包括：水利、公路、铁路、机场、管道、电信等基础设施建设，生态环境建设，特色农业发展，水电、优质煤炭、石油、天然气、铜、铝、钾、磷等优势能源、矿产资源开发和利用，城市基础设施建设，特色旅游业发展，特色高新技术及军转民技术产业化。

四、加大财政转移支付力度

（六）加大对西部地区特别是民族地区（指民族自治区、享受民族自治区同等待遇的省和非民族省份的民族自治州）一般性转移支付的力度。随着中央财力的增加，中央财政逐步加大对西部地区一般性转移支付的规模。一般性转移支付以各地标准财政收支差额作为计算的依据，按科学合理的原则，根据客观因素计算标准收入和支出，采用统一公式，不受主观因素影响。在一般性转移支付资金分配方面，对民族地区给予适度倾斜。从2000年起，中央财政安排一部分财力，专项用于对民族地区的转移支付。

（七）中央对地方专项资金补助向西部地区倾斜。加大对西部地区农业科技发展、旱作农业、节水农业、农业生态环境保护和建设、农业病虫害防治和救助等方面的投入力度。支持在西北地区开展空中云水资源的开发利用，对水土条件和沙尘暴进行监测、预测。加大对西部地区农业综合开发的投入力度，以改造中低产田为重点，改善农业基本生产条件和生态环境；大力发展优质高产高效农业，促进产业化经营；有选择地建设现代化农业示范区和科技示范区。从2001年起，根据西部地区的实际情况，适当调减农业综合开发财政资金地方配套比例，增加对土地治理的投入。对西部地区财政困难的省（自治区、直辖市），因执行1999年出台的提高机关事业单位职工工资和城镇低收入居民收入政策而增加的支出，由中央财政给予适当补助，补助额根据各地机关事业单位在职职工和离退休职工人数、月人均工资和离退休费增加额及转移支付补助系数确定。中央补助地方国有企业下岗职工基本生活费、企业离退休人员基本养老金和城镇居民最低生活保障金支出，适当向西部地区倾斜。教育、科技、卫生、政法、文化、文物等专项资金补助的分配，也要向西部地区倾斜。

（八）中央财政扶贫资金重点用于西部贫困地区。随着中央财力的增加，逐步加大对西部贫困地区和民族地区的扶贫资金投入力度，主要用于贫困乡村的基础设施建设、种植和养殖业、农村基础教育和职业技术教育、文化卫生事业和先进适用技术的推广与培训等。

（九）实施天然林保护工程，国家在安排基建投资、财政专项补助资金和对地方财政减收补助资金等方面给予支持。基建投资包括封山育林育草、飞播造林、人工造林和种苗设施建设补助等。财政专项补助资金包括森林管护事业费，国有林区森工企业基本养老保险补助费、政策性社会性支出补助费、下岗职工基本生活保障费补助和下岗职工一次性安置费补助。对因实施天然林保护工程影响地方财政收入部分，中央财政在一定时期内给予适当补助。对森工企业因木材产量调减造成无力偿还的银行债务实行先停息挂账，然后在清理核实的基础上，通过冲销呆坏账等方式予以解决。

（十）开展退耕还林还草试点工作。国家按长江上游地区每亩退耕地每年补助150公斤、黄河上中游地区每亩退耕地每年补助100公斤粮食（原粮）的标准，在一定时期内向退耕户无偿提供粮食，补助粮食的价款（每公斤原粮1.4元）由中央财政承担，调运费用由地方财政承担。同时，国家给予退耕户适当的现金补助，补助标准按退耕面积每亩每年20元计算，所需资金由中央财政负担；国家向退耕户提供种苗费补助，补助标准按退耕还林还草和宜林荒山荒地造林种草面积每亩50元计算，所需资金由中央基建投资安排。对因实施退耕还林还草影响地方财政收入部分，由中央财政在一定时期内给予适当补助。另外，要积极支持防沙治沙工作。

（十一）对在实施农村税费改革试点过程中，因改革而造成乡镇财政困难，自身无法克服的，中央财政将按照规范的转移支付办法，适当给予补助。

五、加大金融信贷支持

（十二）加大对西部地区基础设施建设的信贷投入。重点支持铁路、主干线公路、电力、石油、天然气等大中型交通、能源项目建设。对投资大、建设期长的基础设施项目，根据项目建设周期和还贷能力，适当延长贷款期限。其中，国家开发银行对高速公路项目，在项目资本金比例达到40%和统借统还的条件下，贷款期限可放宽至18年（含宽限期，下同）；对水电项目，贷款期限可放宽至25年；对"西电东送"非水电项目，贷款额超过3亿元的，贷款期限一般可放宽至18年，最长可放宽至20年；对城市基础设施项目，贷款期限可放宽至10年；对其他基础设施项目，贷款期限最长可放宽至15年。

（十三）扩大以基础设施项目收益权或收费权为质押发放贷款的范围。继续办好农村电网收益权质押贷款业务，开展公路收费权质押贷款业务，创造条件逐步将收费权质押贷款范围扩大到城市供水、供热、公交、电信等城市基础设施项目。对具有一定还贷能力的水利开发项目和城市环保项目（如城市污水处理和垃圾处理等），探索逐步开办以项目收益权或收费权为质押发放贷款的业务。

（十四）增加农业、生态建设的信贷投入。对西部特色农业、节水农业、生态农业发展在信贷方面给予支持，扶持一批有发展前景、带动作用强、以公司加农户为经营方式的龙头企业。农业银行和农村信用社要积极扩大农户小额贷款，对确有还贷能力的可以发放信用贷款。有选择地增加对生态环境建设项目的贷款投入。配合退耕还林还草、封山绿化等生态环境建设工程，对一些有还贷能力的速生丰产用材林、经济林、山野菜、中药材开发以及个体苗圃等项目,增加信贷投入。

(十五)运用信贷杠杆支持经济结构及产业结构调整。支持电力、天然气、旅游和生物资源合理开发等西部优势产业发展,对贷款金额较大的重点项目,可以由商业银行总行直贷解决,贷款不纳入当地分行存贷比或限额考核范围。西部地区农村电网改造贷款,由中国农业银行总行统一安排贷款计划和资金。同时,对西部地区企业技术改造、高新技术企业和中小企业发展,也要给予信贷支持。

六、大力改善投资软环境

(十六)认真贯彻落实国有企业改革和发展的有关政策,深化西部地区国有企业改革,使企业真正成为市场竞争的主体。加快建立现代企业制度,实行制度创新。除关系国家命脉和安全的企业由国家控股外,鼓励其他国有大中型企业通过规范上市、中外合资和相互参股等多种形式,依法改制为有限责任公司或股份有限公司。改制企业要依法建立董事会、监事会,明确股东会、董事会、监事会和经理层各自的职责,做到各负其责,协调运转,有效制衡。建立分工明确的国有资产管理、经营和监督体制,使国有资产出资人尽快到位,强化国有资产经营主体的外部监督。进一步深化企业内部劳动、人事、分配三项制度改革,逐步形成经营者能上能下、人员能进能出、收入能增能减的新机制。结合产业结构调整,坚持有进有退、有所为有所不为的方针,推进国有经济布局的战略性调整。进一步放开搞活国有中小企业,积极推进中小企业组织管理体系、政策体系和社会化服务体系建设。在实际工作中加大对西部地区国有企业扭亏脱困、改组改造的支持力度。

(十七)积极引导西部地区个体、私营等非公有制经济加快发展,鼓励东、中部企业和个人到西部地区投资。除法律有特殊规定外,凡对外商开放的投资领域,国内各种所有制企业均可进入。鼓励个体、私营等非公有制经济主体以独资、合资、合作、特许权等多种方式进行投资。

(十八)简化投资项目审批程序。除关系国民经济全局和长远发展、对国家安全有重要影响的重大项目或有特殊规定的项目外,企业利用自有资金或国内银行贷款投资于国家非限制类产业的项目,需要政府平衡建设、经营条件的,政府主管部门只审批其项目建议书,企业在落实各项建设条件后,自主决定是否开工建设,并在开工后报政府主管部门备案。

(十九)认真遵照执行中央关于引进外资工作的一系列政策、法规。努力优化外商投资的地区布局,鼓励外商向西部地区投资。合理简化外商投资项目的审批程序。除重大项目或有特殊规定的项目外,外商投资项目利用自有资金和商业银行贷款在西部地区投资于国家鼓励类产业及优势产业的,政府主管部门只审批项目的可行性研究报告,项目建议书、开工报告不再报政府主管部门审批。逐步简化对外商投资企业合同、章程的审批程序。

(二十)进一步转变政府职能,在改善投资软环境上下功夫,整顿市场经济秩序,切实保护知识产权,维护经济法制。实行政企分开,减少审批事项,规范办事程序,清理和废止不符合发展社会主义市场经济和对外开放要求的规章制度。确需各级政府审批的事项,应实行便捷服务,提高办事效率和透明度。加强仲裁机制建设,及时处理经济纠纷案件,保障投资者的合法权益。

七、实行税收优惠政策

(二十一)对设在西部地区国家鼓励类的内资企业和外商投资企业,在 2001 年至 2010

年期间,减按15%的税率征收企业所得税。国家鼓励类的内资企业是指以《当前国家重点鼓励发展的产业、产品和技术目录(2000年修订)》中规定的产业项目为主营业务,其主营业务收入占企业总收入70%以上的企业。国家鼓励类的外商投资企业是指以《外商投资产业指导目录》中鼓励类项目和《中西部地区外商投资优势产业目录》中规定的产业项目为主营业务,其主营业务收入占企业总收入70%以上的企业。经省级人民政府批准,民族自治地方的内资企业可以定期减征或免征企业所得税,外商投资企业可以减征或免征地方所得税。中央企业所得税减免的审批权限和程序按现行有关规定执行。

(二十二)对在西部地区新办交通、电力、水利、邮政、广播电视企业,给予减免企业所得税的优惠政策。其中:内资企业自生产经营之日起,第一年至第二年免征企业所得税,第三年至第五年减半征收企业所得税。外商投资企业经营期在10年以上的,自获利年度起,第一年至第二年免征企业所得税,第三年至第五年减半征收企业所得税。本条所称交通企业是指投资新办从事公路、铁路、航空、港口、码头运营和管道运输的企业;电力企业是指投资新办从事电力运营的企业;水利企业是指投资新办从事江河湖泊综合治理、防洪除涝、灌溉、供水、水资源保护、水力发电、水土保持、河道疏浚、河海堤防建设等开发水利、防治水害的企业;邮政企业是指投资新办从事邮政运营的企业;广播电视企业是指投资新办从事广播电视运营的企业。除另有规定外,上述各类企业主营收入需占企业总收入70%以上。

(二十三)对保护生态环境、退耕还林(生态林应占80%以上)还草产出的农业特产收入,自取得收入年份起10年内免征农业特产税。

(二十四)西部地区公路国道、省道建设用地,比照铁路、民航建设用地,免征耕地占用税。免征耕地占用税的范围限于公路线路、公路线路两侧边沟所占用的耕地,公路沿线的堆货场、养路道班、检查站、工程队、洗车场等所占用的耕地不在免税之列。公路国道、省道以外其他公路建设用地是否免征耕地占用税,由省级人民政府决定。上述免税用地,凡改变用途,不再属于免税范围的,应当自改变用途之日起补缴耕地占用税。

(二十五)西部地区内资鼓励类产业、外商投资鼓励类产业的项目在投资总额内进口自用设备,除《国内投资项目不予免税的进口商品目录(2000年修订)》和《外商投资项目不予免税的进口商品目录》所列商品外,免征关税和进口环节增值税。符合《中西部地区外商投资优势产业目录》的外商投资项目,在投资总额内进口自用设备,免征关税和进口环节增值税,其审批程序按照《国务院关于调整进口设备税收政策的通知》(国发〔1997〕37号)的规定执行。

八、实行土地使用优惠政策

(二十六)有计划、有步骤地对坡耕地退耕还林还草,鼓励利用宜林宜草荒山、荒地造林种草,实行谁退耕、谁造林、谁种草、谁经营、谁拥有土地使用权和林草所有权。国有荒山、荒地等未利用地依法出让给单位和个人进行造林、种草等生态建设的,可以减免土地出让金,实行土地使用权50年不变;达到出让合同约定的投资金额并符合生态建设条件的,土地使用权可以依法转让、出租、抵押;土地使用权期限届满后,可以申请续期。利用农村集体所有的荒山、荒地等未利用地进行造林、种草等生态建设的,可以通过承包、租赁、拍卖等方式取得土地使用权,实行土地使用权50年不变;土地使用权可以继承、转让(租)、抵押。

(二十七)对基本农田实行严格保护,实现耕地占补平衡。坡耕地较多的地区,为保护当地粮食生产能力,在不影响生态建设的前提下,依据土地利用总体规划,可以将部分已经过多年整治、有良好的水利与水土保持设施的坡度为15度至25度之间的耕地划定为基本农田,也可以将部分配套设施较好的新开发整理的耕地划定为基本农田。可以按照有关规定,调整基本农田种植业生产格局,发展经济作物,但不得破坏耕作条件。土地整理项目应优先安排在基本农田保护区内,使保护区内有效耕地面积不断增加,质量不断提高。增加国家对西部地区土地整理复垦开发资金的投入。西部地区各省(自治区、直辖市)上缴中央的新增建设用地土地有偿使用费,原则上通过安排土地开发整理项目全额下拨。把未利用土地开发成草地、园地,经政府有关主管部门认定能调整为耕地的,可折抵补充耕地指标,按耕地加以保护和管理。基础设施建设占用耕地的,在保证耕地占补平衡的前提下,其耕地开垦费可按各省(自治区、直辖市)所定标准的下限收取。

(二十八)提高建设用地审批效率,减少审批环节,及时提供并保障经济建设用地。需报国务院批准的建设用地,在用地报批阶段,政府主管部门主要审查是否符合土地利用规划与计划、耕地占补平衡和征地补偿安置能否落实。报批资料可以根据审查的内容相应简化。征地补偿安置要符合《土地管理法》等法律规定,防止各种搭车收费,同时切实保护农民利益。使用国有未利用地,可以免缴土地补偿费。建设项目用地除法律另有规定外,应依法有偿使用国有土地,鼓励以招标、拍卖等方式供地。外商投资项目用地,确属必需的,经批准,可以用国有土地使用权作价入股、作价出资的方式提供国有土地使用权。

九、实行矿产资源优惠政策

(二十九)在国土资源调查计划中,优先安排西部地区的调查评价项目,工作经费向西部地区倾斜。重点安排西部地区重要矿产资源集中区、国家紧缺矿产和地下水资源的调查评价工作,以及地质工作程度较低地区、地质灾害严重地区的基础地质工作。

(三十)在西部地区由国家出资勘查形成的探矿权、采矿权价款,按有关规定,符合下列条件之一的,经批准,可以部分或者全部转为国有矿山企业或地勘单位的国家资本;勘查或开采石油、天然气、煤层气、富铁矿、优质锰矿、铬铁矿、铜、镍、金、银、钾盐、铂族金属、地下水等矿产资源的;在国家确定的扶贫开发重点地区和重点开发地区勘查、开采矿产资源的;大中型矿山企业因资源枯竭,勘查接替资源的;国有矿山企业经批准进行股份制改造或对外合营时,国有资本持有单位以探矿权、采矿权价款入股的;国有矿山企业由于自然灾害等不可抗拒的原因,缴纳探矿权、采矿权价款确有困难的。

(三十一)在西部地区勘查、开采矿产资源,符合下列条件的,可以申请减缴或免缴探矿权使用费、采矿权使用费:石油、天然气、煤层气、铀、富铁矿、优质锰矿、铬铁矿、铜、钾盐、铂族金属、地下水等矿产资源的勘查、开发,大中型矿山企业为寻找接替资源申请的勘查、开发,运用新技术、新办法提高综合利用水平(包括低品位、难选冶的矿产资源开发及老矿区尾矿利用)的矿产资源开发,政府主管部门认定的其他情形。探矿权使用费,第一个勘查年度可以免缴,第二至第三个勘查年度可以减缴50%,第四至第七个勘查年度可以减缴25%。采矿权使用费,矿山基建期和矿山投产第一年可以免缴,矿山投产第二至第三年可以减缴50%,第四至第七年可以减缴25%,矿山闭坑当年可以免缴。

(三十二)探矿权人投资勘查获得具有开采价值的矿产地后,可依法获得采矿权。允许将勘查费用计入递延资产,在开采阶段分期摊销。

（三十三）积极培育矿业权市场，促进探矿权、采矿权依法出让和转让。出让矿业权的范围包括国家出资勘查并已经探明的矿产地、依法收归国有的矿产地和其他矿业权空白地。除采取依法申请批准方式外，可以采取招标、拍卖等其他方式出让矿业权。探矿权人、采矿权人可以采取出售、作价出资、合作勘查或开采、上市等方式依法转让探矿权、采矿权，也可以按有关规定出租、抵押探矿权、采矿权。

（三十四）对于外商从事非油气矿产资源勘查开采的，除享受国家已实行的有关优惠政策外，还可以享受免缴探矿权、采矿权使用费1年，减半缴纳探矿权、采矿权使用费2年的政策。对于外商从事《外商投资产业指导目录》中鼓励类非油气矿产资源开采的，享受免缴矿产资源补偿费5年的政策。在中外合营方式中，中方以探矿权、采矿权入股的，其探矿权、采矿权应按规定依法评估确认，合理作价，由中方提供相关的地质成果资料。

十、运用价格和收费机制进行调节

（三十五）深化价格改革，进一步提高市场调节价格的比重。西部地区部分铁路运价由政府定价改为政府指导价。省（自治区、直辖市）内航空支线实行浮动票价政策。列入全国城镇职工基本医疗保险用药范围的民族药价格，委托产地省级政府主管部门审批。

（三十六）调整电价和水价，推进污水处理、垃圾处理收费改革。积极疏导西部电网电价矛盾，单独核定西部地区各电网输配电费用，鼓励电力生产企业与用户直接签订购电合同，降低用户电费负担；适当降低东西部地区之间骨干电网联络线的输电费用，鼓励"西电东送"。在统筹考虑合理开发与承受能力的前提下，优先调整西北水资源短缺地区的水利工程供水价格，保证水利工程建设维护成本开支得到合理补偿。西部地区城市已建成污水处理厂而未征收污水处理费的，要依据国家有关规定尽快开征污水处理费，已开征的可根据当地居民的承受能力，按照保本微利的原则逐步提高收费标准。西部地区可以根据当地情况出台垃圾处理收费政策，推行垃圾处理收费制度。

（三十七）对西部地区新建铁路和铁路支线实行特殊运价。根据国务院确定的新路新价政策，对西部地区新建铁路可以按照偿还贷款本息、补偿合理经营成本的原则，核定新线特殊运价，以保证西部地区新建铁路按期偿还建设贷款，维持正常生产经营，促进西部地区铁路建设。进一步研究西部地区新建铁路特殊运价与全路统一运价之间差价的补偿方式。对西部地区铁路支线实行支线特殊运价。由国务院主管部门制定支线特殊运价的定价原则，具体价格水平由当地省级人民政府主管部门确定；对具备条件的西部支线，实行政府指导价或市场调节价，赋予铁路运输企业一定的价格自主权。

十一、扩大外商投资领域

（三十八）外商投资西部地区农业、林业、水利、交通、能源、市政公用、环保等基础产业或基础设施建设，矿产、旅游等资源开发，建立技术研究开发中心，享受外商投资鼓励类产业的各项优惠政策。国家将根据各地经济发展情况和条件变化，及时补充、修订《中西部地区外商投资优势产业目录》及有关措施，扩大西部地区对外开放。

（三十九）扩大西部地区服务贸易领域对外开放。将外商对银行、商业零售企业投资的试点扩大到西部地区中心城市（直辖市、省会城市和自治区首府城市）。将中外合资外贸公司的试点扩大到西部地区中心城市，并在中外双方的资格条件上比东部地区适当放宽。我国加入世贸组织后，在法律和有关协议的框架内，优先考虑西部地区外资银行经营人民币业务的要求。对外资保险公司申请到西部地区设立经营机构的给予优先许可,对外商在西部地区设立保险代理公司和合资保险经纪公司予以优先考虑。对西部地区兴办中外合资旅行社,在资质审查与项目审批方面适当放宽标准。按照我国加入世贸组织谈判的承诺和有关规定,允许外国会计公司(事务所)在西部地区兴办中外合作会计师事务所,对于一时不具备设立条件的,允许其在西部地区设立成员所,鼓励现有中外合作会计师事务所在西部地区设立分所。在条件成熟时,可以优先在西部地区兴办中外合作律师事务所。允许设立中外合资合作建筑与相关服务、设计服务企业并允许外商控股,逐步允许在建筑与相关服务、设计服务、工程服务、城市规划服务领域设立外资企业。逐步允许外商在中外合资铁路货运企业、中外合资道路货运企业中控股,在铁路货运、道路货运领域设立外资企业。

十二、拓宽利用外资渠道

(四十)要制定适用于西部地区的外商投资企业境内外上市,内资企业通过转让经营权、出让股权、兼并重组等方式吸引外商投资,以中外合资产业基金、风险投资基金方式吸引外商投资等管理办法。

(四十一)用好国际金融组织和外国政府优惠贷款,用于西部地区教育、卫生、扶贫、生态环境保护等领域。积极争取国际多边、双边赠款,优先安排西部地区项目。及时向西部地区介绍国际组织和有关国家政府对华提供优惠贷款和无偿援助的管理模式、申请程序及重点领域。帮助西部地区培养无偿援助项目管理人员,完善项目管理,增加项目管理的透明度,确保西部地区及时获得有关信息。优先支持对西部社会经济发展具有长远意义的环保、农业开发、基础教育、卫生、水利等领域的项目。

十三、放宽利用外资有关条件

(四十二)对外商投资西部地区基础设施和优势产业项目,视不同行业适当放宽对外商投资的股比限制。对外商投资西部地区商业项目,经营年限可放宽至40年,比东部地区延长10年;注册资本可放宽至3000万元,比东部地区降低2000万元。在华外资企业和中外合资合作企业向西部地区投资,被投资企业注册资本中外资比例不低于25%的,享受外商投资企业待遇。

(四十三)对外商投资西部地区基础设施和优势产业项目,适当放宽国内银行提供固定资产投资人民币贷款的比例,中外合资合作项目一般放宽到中方出资比例的120%,外商独资项目扩大到外方注册资本的100%。对属于《外商投资产业指导目录》鼓励类和《中西部地区外商投资优势产业目录》的项目,外商具有良好信誉、贷款用于购买项目所需的国产设备材料及支付国内工程承包费用的,国内银行向其提供固定资产投资人民币贷款可不受上述比例限制,由银行独立评估,自主确定。允许外商投资项目开展包括人民币在内的项目融资。

(四十四)对西部地区利用国外优惠贷款建设的一些项目,允许适当提高项目总投资中利用国外优惠贷款的比例。对西部地区基础设施建设、生态环境建设、扶贫开发等领域的项目,根据项目的偿还能力,从一般要求国外优惠贷款占项目总投资的比例不超过50%,提高到最高可达70%,有限制采购采件或贷款机构对贷款比例另有规定的除外。加强利用国外优惠贷款规划与国家西部地区投资计划的衔接,对西部开发的重点外资项目,国家在资金上给予支持。

十四、大力发展对外经济贸易

（四十五）进一步放宽西部地区企业对外贸易经营权和经济技术合作经营权的标准。降低西部地区生产企业申请自营进出口经营权的标准，注册资金由300万元调整到200万元，科研院所、高新技术企业和机电产品生产企业的注册资金由200万元调整到100万元。私营生产企业申请自营进出口经营权的标准，按国有、集体生产企业的条件、标准和办法办理。西部地区外贸企业申请对外劳务经营权的标准，调整为上年进出口总额达到5000万美元，或出口额达到3000万美元。在未设立外经窗口公司的地（市），可由该地（市）成立一家国有窗口公司，或指定一家国有外经贸公司申请对外劳务合作经营资格。

（四十六）鼓励西部地区发展优势产品出口。建立有机农产品生产服务体系和质量认证体系，加快有机农业科研成果向生产转化，建设一批无规定疫病区和畜产品出口示范基地，扩大有机农产品、畜产品出口。在符合国家产业政策的前提下，对西部地区出口产品逐步增加主产省（自治区、直辖市）主营生产企业的出口配额比例，鼓励西部地区优势初级矿产品和农副产品向深加工、高附加值方向发展。

（四十七）鼓励西部地区企业开展对外承包工程和劳务合作。对西部地区有实力的大型专业工程企业，在申请对外承包工程和劳务合作经营资格、承接项目、获取信息、融资等方面，给予积极支持。推动中央大型企业在承揽项目、招聘劳务人员等方面与西部地区企业合作，带动其开拓国际市场。推动国内外大型企业与西部地区企业相互联合，共同承揽西部地区利用外资的基础设施建设项目。

（四十八）鼓励西部地区企业到境外特别是周边国家和地区投资办厂。对于西部地区企业到周边国家和地区设立境外加工贸易企业或承接援外合资合作项目，在同等条件下给予优先办理。对于符合条件的西部地区企业申请中央外贸发展基金开办境外加工贸易企业，给予优先考虑。

（四十九）对西部地区经济发展急需的技术设备，在进口管理上给予适当照顾。民族地区生产急需的自用产品，适当放宽进口限制。对西部地区进口配额产品，视具体情况在数量安排上适当给予倾斜。

（五十）按照国际规则，对边境地区继续实行优惠的边境贸易政策，在出口退税、进出口商品经营范围、进出口商品配额、许可证管理、人员往来等方面，简化手续，放宽限制。对边贸企业的边境贸易经营权，根据国务院主管部门的有关规定，由省级人民政府主管部门进行登记、管理和备案。对边境地区外经企业在毗邻国家边境地区承包工程和开展劳务合作，其项目合同由边境省级人民政府主管部门自行审批。对边贸企业出口原产于本地区且属于出口配额许可证管理的商品，除国家实行统一招标的商品、实行总量控制的重要工业品、实行主动配额管理的商品、配额有偿使用管理的商品、重点管理的边境贸易出口商品、军民通用化学品、易制毒化学品和消耗臭氧层的物质外，免领出口许可证。对边贸企业出口原产于边境地区并属于实行配额有偿使用管理的商品，适当放宽经营资格，减免配额有偿使用费。对边境地区属国家重点管理的边境贸易出口商品，由国务院主管部门专项下达一定数量的出口配额，并尽量满足边贸企业与毗邻国家边境地区经济技术合作所需带出设备材料和劳务人员自用生活物资的配额。除国家统一规定的行政机关执法收费外，取消口岸其他行政性收费，减轻边贸企业经营负担。

十五、推进地区协作与对口支援

（五十一）推进地区经济技术协作。按照国家产业政策要求,在充分发挥地区比较优势的基础上,鼓励东部和中部地区与西部地区开展以市场为导向、以效益为中心、以互利为目的、以企业为主体的全方位经济技术协作。比照外商投资的有关优惠政策,采取有效措施,改善投资环境和提高服务水平,吸引东部和中部地区企业通过独资、控股、参股、收购、联合、兼并、租赁、托管和承包经营等多种方式,到西部地区投资设厂、合作开发。在开展合作的过程中,禁止把应予以淘汰的生产设备、落后的工艺技术和污染严重的项目向西部地区转移。

（五十二）加强对口支援和帮扶工作。东部地区有关省、直辖市及计划单列市根据自身优势和对口支援地区的特点,在受援地区继续建设一批小学、中学、卫生所、文化站,组织巡回教学、巡回医疗、科技下乡活动。东部地区省、直辖市及计划单列市可以根据条件,筹集对口支援的资金。继续开展小额信贷扶贫工作,向西部贫困地区农户提供信贷服务。有组织地推进"兴边富民"行动,重点支持民族地区和贫困地区的边境县,抓好试点,把帮扶措施落实到基层。

十六、吸引和用好人才

（五十三）从2001年起,建立艰苦边远地区津贴制度,所需经费由中央财政负担。提高艰苦边远地区机关和事业单位人员的工资水平,逐步使其达到或高于全国平均水平,鼓励和吸引人才在艰苦边远地区工作。

（五十四）调动西部地区专业人才的积极性和创造性。对已到退休年龄,但仍承担国家重大经济建设项目和在边远艰苦地区工作,属急需紧缺的高级专业技术人员,经省级人民政府主管部门批准,可适当延聘,不占单位编制和专业技术职务岗位数额。加大对西部地区政府特殊津贴专家选拔、博士后科研流动站、企业博士后科研工作站设置和留学人员科研经费资助等工作的支持力度。进一步改善西部地区高层次人才的工作和生活条件,在科研经费、助手配备、项目申请等方面给予倾斜。

（五十五）加强西部地区人才培训。结合西部开发重点任务、重大建设项目和重要研究课题的实施,采取当地培训、到东部地区培训、出国培训等方式,培养西部地区紧缺人才。加强对西部地区少数民族、中青年科技骨干培训和公务员培训的指导与支持。增加培训经费,对负责培训的机构和师资队伍建设提供支持。用好国家专项经费,争取国际援助项目,重点支持西部地区人才培训。

（五十六）鼓励人才和智力向西部地区流动。支持其他地区的人才以兼职、短期服务、承担委托项目、合作研究、技术入股、承包经营等多种形式参加西部开发。组织国内高级专家、优秀博士后和海外留学人员分期分批到西部地区考察和进行咨询服务,运用现代通信手段和网络技术开展远程服务。支持在西部有条件的地方建立留学人员创业园,充分利用其技术密集、设施完备、政策优惠的有利条件,吸引留学人员创办高新技术企业或从事高新技术研究与开发工作。

（五十七）实行人才和智力对口支援。结合经济的对口支援,确定东西部地区之间人才开发的对口省(自治区、直辖市)和重点支援项目。支持东西部地区之间开展科技人才相互挂职交流锻炼,实行人才、信息共享。进一步扩大东西部地区之间干部交流的规模。对口支援到西部地区工作的各类人才,在西部工作期间,原单位工资福利待遇保持不变,西部地区对口单位可根据实际情况给予生活补贴。

(五十八)对到西部地区工作的各类人才实行来去自由的政策。其人事档案可转到接收单位或由原单位保存,也可由接收单位或原单位所在地政府主管部门所属的人才交流机构保管。到西部地区工作的应届大学毕业生,根据本人意愿,户口可转到工作地区,也可转回原籍,由政府主管部门所属的人才交流机构提供人事代理服务,5 年内免收以上人员的档案管理费用,并负责提供档案工资调整、职称评定等社会化服务。到西部地区投资、兴办实业的人员以及开发建设所需要的各类人才将户口迁入西部地区后,如果返回东部地区工作、生活,可以根据本人意愿将户口迁回原迁出地。经选派参加国家西部开发重点任务和重大建设项目的人才,可不迁户口,保留原单位工作关系,在职务晋升、专业技术职务评聘、工资调整等方面,与原单位同类人员享有同等待遇,优先解决其夫妻两地分居等生活困难,有条件的单位应为其办理人身意外伤害保险。对到艰苦边远地区工作的大中专毕业生,可提前定级,对特别急需的人才,各地可根据实际情况,适当高定定级工资标准。西部地区要加快人事和劳动用工制度改革,允许保留原籍户口的其他地区公民到西部地区从事投资经营和参加开发建设。

(五十九)对到西部地区的外籍高科技人才、高层次管理人才和投资者提供出入境便利。提供入境、居留便利的人员范围是:执行中央或地方政府与国外签署的国家级和省部级科技项目、重点工程协议的外籍高科技、高层次管理人才,在华任职的留学归来人员中的外籍高科技、高层次管理人才,执行政府间无偿援助协议的外籍人员,较大的外商投资企业投资者及外籍高级管理人员和技术人员。上述人员如需多次临时入境,可以根据实际需要发给有效期一年以上,最长不超过五年的多次入境有效签证;对需在华常住人员,可以根据实际需要发给一年以上、最常不超过五年的外国人居留证,并对需多次出入境的,同时发给与外国人居留证相同期限的多次返回签证。

(六十)改革户籍管理制度。凡在西部地区地级以下城市(含地级市)和小城镇有合法固定住所、稳定职业或生活来源的人员,可以根据本人意愿办理城镇常住户口。西部地区的直辖市、副省级城市可以根据当地经济和社会发展的实际需要及综合承受能力,在城市规划和人口规划的指导下,以有合法固定住所、稳定职业或生活来源为基本落户条件,调整户口迁移政策,放宽各类人才户口迁移限制。改革户口"农转非"计划管理体制。对到西部地区落户的人员,各部门均不得收取城镇增容费或其他类似费用。

十七、发挥科技主导作用

(六十一)国家设立的各项科技基金、科技计划经费等专项经费向西部地区倾斜。重点围绕西部生态环境和基础设施建设、产业结构调整等方面的关键共性技术攻关及产业化,加大倾斜支持力度。加强西部地区科技能力建设,加强对国家重点实验室、工程中心、野外观测台站等科研基础设施和基础数据库、生物种质(基因)资源库、科技信息网络等科技基础性建设的支持。

(六十二)鼓励西部地区企业提高技术开发经费的开支比重。企业研究开发新产品、新技术、新工艺所发生的各项费用,包括新产品设计费、工艺规程制定费、设备调整费、原材料和半成品试验费、技术图书资料费、未纳入国家计划的中间试验费、研究机构人员工资、研究设备折旧、与新产品试制和技术研究有关的其他经费,以及委托其他单位进行科研试制的费用,不受比例限制,计入管理费用。企业研究开发新产品、新技术、新工艺的各项费用应逐年增长,增长幅度在10%以上的企业,可以再按照实际发生额的50%抵扣应税所得额。

(六十三)加大科技型中小企业创新基金支持西部地区的力度。根据相关管理办法,对西部地区申报科技型中小企业创新基金的项目,在同等条件下优先安排。

(六十四)落实《国务院办公厅转发科技部等部门关于促进科技成果转化若干规定的通知》(国办发〔1999〕29号)的有关政策,对科技人员在西部地区实施科技成果转让和兴办科技型企业,在实际执行中,提高转让收入提成、科技成果入股等奖励的比例。

十八、增加教育投入

(六十五)增加资金投入。把西部民族地区、山区、牧区和边境地区列为"国家贫困地区义务教育工程"重点地区,中央财政予以重点支持。"十五"期间,安排专项资金,实施第二期"国家贫困地区义务教育工程",主要用于支持西部地区发展义务教育,同时适当降低地方政府配套比例;安排农村中小学危房改造资金,向西部农村中小学倾斜。以多种方式支持西部地区大力发展各具特色的职业教育,筹集资金,帮助西部地区国家确定的扶贫开发工作重点县建设好一批中等职业学校,支持西部地区办好一批示范性高等职业学校。采取国务院主管部门和省(自治区、直辖市)共建的形式,帮助西部地区建设好一批重点高等学校。增加商业银行贷款,争取国际金融组织和外国政府贷款,支持西部地区高等教育和基础教育发展,帮助改善办学条件,扩大办学规模。认真落实"奖、助、贷、补、减、免"等各项资助经济困难学生的措施,落实国家助学贷款制度,保障家在西部地区、生活有困难的高校学生能够完成学业。

(六十六)扩大招生规模。增加西部地区高校招生特别是定向招生的数量,逐年增加中央部属高校在西部地区的招生数量,扩大东、中部地区高校在西部地区的招生规模,提高西部地区应届高中毕业生升学比例。在教材建设、学位点审批、重点学科建设、重点实验室建设等方面,向西部地区高校倾斜。采取多种形式,加强和扩大对西部地区教育行政领导干部、校长和教师的培训,对贫困地区中小学教师定期进行培训。鼓励和支持西部地区发展多种形式的社会办学。加强西部地区高校同东、中部地区高校、国外高校和港、澳、台高校的交流与合作,支持西部地区高校派出更多的留学人员。

(六十七)实行教育对口支援。实施东部地区对口支援西部贫困地区学校工程,组织东部发达省(直辖市)各选择一批条件较好的学校,对口支援西部一个省(自治区、直辖市)贫困地区学校,帮助受援地区的中小学。实施西部大中城市对口支援所在省(自治区、直辖市)贫困地区学校工程,促进西部地区义务教育的发展。加强东、中部地区高校对西部地区高校的对口支援,帮助西部地区高校发展所需学科专业、培训师资、建设实验室,具备条件的合作办分校,提高西部地区高校人才培养水平。国家继续提供经费支持,利用内地教育资源,办好内地西藏班、内地高校少数民族预科班、内地新疆高中班,直接帮助西部地区培养人才。

(六十八)加快教育信息化建设。逐步使中国教育科研网和中国教育宽带多媒体网络连接西部所有高等学校、具备条件的中等职业学校和中小学。"十五"期间,使西部地区中小学教师及师范学校在校生都能接受计算机基础知识技能培训。创造条件逐步在西部地区中小学推广计算机和信息技术教育。通过多种方式,支持西部地区学校增加信息技术教育设备,建设西部地区远程教育体系,开发高质量的教育软件,制定教育软件标准,为西部远程教育提供高质量资源。中国教育科研网对西部地区所有大中小学国内上网实行优惠。

十九、加强文化卫生等社会事业建设

(六十九)加强社会事业建设。中央卫生事业补助专款,向西部地区公共卫生事业发展薄弱的地区和领域倾斜。中央政法补助专款,按因素法分配,重点投向西部地区列入国家扶贫开发工作重点贫困县、部分省级确定的扶贫开发工作重点县及经费保障能力较低的其他贫困县,以帮助贫困地区提高政法机关的经费保障程度。全国文化设施维修专项补助经费和全国"万里长廊"专项补助经费,向西部边疆地区县级以上(含县级)文化部门所管辖的文化馆、文化中心、群艺馆、图书馆、排演场(厅)、剧院(团)等文化单位倾斜。国家重点文物保护专项经费,向西部地区全国重点文物保护单位、国家重点博物馆、国家重点文物库房以及重要考古发掘项目倾斜,主要用于以上单位文物的抢救、维修、保护及发掘整理等。

二十、政策措施的解释和落实

(七十)本实施意见在总体上由国务院西部地区开发领导小组办公室负责解释,并根据国务院有关部门的职能分工,由计划(价格)、经贸、教育、科技、公安、财政、人事、国土资源、外经贸、金融、税务等各有关主管部门对具体内容分别进行解释。国务院有关部门可根据实际需要,按照国务院关于实施西部大开发若干政策措施和本实施意见,在本部门主管范围内,进一步发布有关政策细则或具体实施意见。西部地区各级政府,要按照国家规定,执行统一的西部大开发政策措施及其实施意见和有关细则。西部大开发若干政策措施实施意见自2001年起开始实施。

5-2-9

财政部 国家税务总局关于豁免东北老工业基地企业历史欠税有关问题的通知

2006年12月6日 财税[2006]167号

辽宁、大连、吉林、黑龙江省财政厅(局)、国家税务局、地方税务局:

为贯彻落实《中共中央、国务院关于实施东北地区等老工业基地振兴战略的若干意见》的决定精神,支持东北地区老工业基地振兴,经国务院批准,现就豁免东北老工业基地企业历史欠税有关问题通知如下:

一、豁免历史欠税的时间界限

东北老工业基地企业在1997年12月31日前形成的,截至本通知下发之日尚未清缴入库且符合本通知规定的欠税予以豁免。

二、豁免历史欠税的具体条件

东北老工业基地企业历史欠税,凡符合以下条件之一的,可予以豁免:

（一）按国家规定需要进行改组改制的在营企业已经依法进行了改组改制，并妥善安置了职工，但该企业（包括存续企业或债务承继企业）仍有1997年12月31日前欠缴税款的。

企业改组改制并按规定安置职工的具体认定由企业所在地省级（含计划单列市，下同）人民政府根据主管部门对企业改组改制方案的批复予以确定。

（二）国家没有规定必须进行改组改制的在营企业仍有1997年12月31日前欠缴税款的。

（三）依照有关法律、法规、规章及规范性文件规定实施关闭的企业，或者因政策调整、生产经营等原因，截至本通知下发之日已连续停产4年（含4年）以上的企业，该企业仍有1997年12月31日前欠缴税款的。

（四）截至本通知下发之日已被企业所在地主管国家税务局或地方税务局列为"非正常户"管理达4年（含4年）以上的企业，该企业仍有1997年12月31日前欠缴税款的。

三、豁免历史欠税的企业范围

凡符合本通知规定的国有企业、集体企业、私营企业、联营企业、股份制企业、外商投资企业和外国企业以及其他各种经济成分的企业单位等，其1997年12月31日前欠缴的税款均可以豁免（上述各类企业单位等在东北老工业基地以外发生的欠税除外）。

四、豁免历史欠税的税种范围

凡符合本通知规定的各类企业，其1997年12月31日前欠缴的各种工商税收（含教育费附加，不含农业税、牧业税、农业〔林〕特产税、耕地占用税、契税和关税）及滞纳金均纳入豁免范围。

五、豁免历史欠税的程序

（一）国家税务局、地方税务局根据各自的实际征管范围书面告知欠税纳税人豁免东北老工业基地历史欠税事宜，并受理欠税纳税人豁免欠税申请。

对1994年税制改革时已取消税种的欠税，欠税纳税人由国家税务局、地方税务局共同管理的，原则上由欠税纳税人的主管国家税务局负责核实，主管地方税务局应密切配合、做好衔接；明确由地方税务局一方管理的，由欠税纳税人的主管地方税务局负责核实。

（二）凡符合本通知规定的历史欠税，根据税收征管范围，在营企业分别向当地县级主管国家税务局、地方税务局提出申请。欠税纳税人申请豁免欠税应填报欠税豁免申请表（见附件1），并附报以下有关证明材料：

1. 企业改组改制并妥善安置职工的办法（国家没有规定必须改组改制的不提供）；
2. 欠税所属期的纳税申报表（或查补税款处理决定书）等材料原件或复印件；
3. 申请豁免欠税明细表（见附件2）。

（三）凡符合本通知规定的历史欠税，已经关闭的企业欠税豁免，根据税收征管范围，应由所属县级主管国家税务局、地方税务局分别填报欠税豁免申请表，并附报以下有关证明材料：

1. 政府有关部门通知、责令企业关闭的文件等；
2. 欠税所属期的纳税申报表（或查补税款处理决定书）等材料原件或复印件；
3. 申请豁免欠税明细表。

（四）凡符合本通知规定的历史欠税，停产经营的企业欠税豁免，根据税收征管范围，应

由所属县级主管国家税务局、地方税务局分别填报欠税豁免申请表,并附报以下有关证明材料:

1. 企业填报的停产情况说明;
2. 欠税所属期的纳税申报表(或查补税款处理决定书)等材料原件或复印件;
3. 申请豁免欠税明细表。

(五)凡符合本通知规定的历史欠税,非正常户企业欠税豁免,根据税收征管范围,应由所属县级主管国家税务局、地方税务局分别填报欠税豁免申请表,并附报以下有关证明材料:

1. 基层主管国家税务局或地方税务局对失踪纳税人的核查材料;
2. 欠税所属期的纳税申报表(或查补税款处理决定书)等材料原件或复印件;
3. 申请豁免欠税明细表。

对在营、关闭、停产和非正常户企业欠税豁免要求附报的有关企业财务报表和纳税申报表等原始材料确实无法取得的,可由县级主管国家税务局、地方税务局根据征管档案材料填报详细的"欠税核查材料"(详细说明欠税的发生原因、时间和金额)代替。

(六)在营企业报送资料齐全的,经当地主管县级国家税务局、地方税务局调查核实后,会同同级财政机关逐级上报省级国家税务局或地方税务局、财政厅(局)。

各地市级、省级国家税务局、地方税务局要对下级单位报送的材料进行审核,编制分纳税人的欠税豁免汇总表(见附件3)。

(七)由县级主管国家税务局或地方税务局填报的关闭、停产和非正常户企业欠税豁免材料,参照本条第六款的规定上报。

(八)省级人民政府对申请豁免欠税的材料进行审核,对需要改组改制的企业进行认证,核实企业改组改制并安置职工的办法,在省级财政厅(局)报送的欠税豁免汇总表上逐户出具相关审核意见后报财政部、国家税务总局批准。

(九)省级财政厅(局)、国家税务局或地方税务局逐级下转财政部、国家税务总局的批复文件;主管国家税务局或地方税务局根据批复文件向企业下达豁免欠税的《税务事项通知书》,对欠税进行核销,并将核销情况抄送同级财政机关。

六、对企业自欠税发生之日起至当地县级主管国家税务局或地方税务局收到其豁免欠税申请之日止,凡因偷税、抗税、骗取出口退税、虚开增值税专用发票等涉税违法违规行为被税务、财政、审计机关处罚的,或因违反税收法律、法规规定,其责任人被依法追究过刑事责任的,其企业发生的历史欠税不论是否满足本通知规定的豁免条件,一律不予豁免。

七、凡符合豁免条件的历史欠税,纳税人和主管国家税务局、地方税务局应于2007年3月31日前完成申请、资料填制、核实和报送工作。今后年度在营企业完成改组改制、符合豁免条件的历史欠税,应于每年11月底前向当地县级主管国家税务局或地方税务局提出豁免申请,主管国家税务局或地方税务局会同同级财政局集中向上级单位报送相关材料。

八、企业填报欠税豁免申请表和相关明细表,不计算和填列滞纳金。对批准豁免的欠税,企业作为本年度收入,不再征收相应的税款。

九、各级财政、国税、地税部门要严格按照本通知规定执行。切实加强对豁免欠税企业的实地调查及对申报材料的审核、监督和检查,密切关注豁免企业历史欠税政策的落实情况,对发现的问题及时向财政部、国家税务总局反映。财政部、国家税务总局将对此项政策在各地的执行情况进行检查,必要时对各地上报的豁免欠税材料进行实地检查。

十、本通知自颁布之日起施行。

附件:1. 欠税豁免申请表(编者略)

2. 申请豁免欠税明细表(编者略)

3. 欠税豁免汇总表(编者略)

注释:

政策调整。"在营企业完成改组改制、符合豁免条件的东北老工业基地企业历史欠税豁免审批"取消。参见:1.《国家税务总局贯彻落实〈国务院关于第二批取消152项中央指定地方实施行政审批事项的决定〉的通知》(税总发〔2016〕23号)。2.《国务院关于第二批取消152项中央指定地方实施行政审批事项的决定》(国发〔2016〕9号)。3.《国务院关于取消和调整一批行政审批项目等事项的决定》(国发〔2014〕50号)。

5-2-10

国务院关于进一步实施东北地区等老工业基地振兴战略的若干意见

2009年9月9日　国发〔2009〕33号

各省、自治区、直辖市人民政府,国务院各部委、各直属机构:

实施东北地区等老工业基地振兴战略五年多来,振兴东北地区等老工业基地工作取得了重要的阶段性成果。以国有企业改革为重点的体制机制创新取得重大突破,多种所有制经济蓬勃发展,经济结构进一步优化,自主创新能力显著提升,对外开放水平明显提高,基础设施条件得到改善,重点民生问题逐步解决,城乡面貌发生很大变化。实践证明,中央实施振兴东北地区等老工业基地战略的决策是及时的、正确的。但也要清醒看到,东北地区等老工业基地体制性、结构性等深层次矛盾有待进一步解决,已经取得的成果有待进一步巩固,加快发展的巨大潜力有待进一步发挥。在当前形势下,认真总结振兴工作实践经验,进一步充实振兴战略的内涵,及时制定新的政策措施,既是应对国际金融危机、促进全国经济平稳较快发展的需要,也是推进东北地区等老工业基地全面振兴的需要。为此,现提出以下意见:

一、优化经济结构,建立现代产业体系

(一)加快推进企业兼并重组。要坚持市场主导和政府引导相结合,进一步打破地区、行业、所有制界限,优化资源配置,推动企业兼并重组,培育具有国际竞争力的大型企业集团。东北地区企业联合重组涉及"债转股"资产处置的,应根据实际情况试行新的处置方式,合理处置"债转股"股权。支持中央大型企业集团和地方企业相互联合重组。鼓励民营企业、外资企业等各类投资主体参与老工业基地企业改革重组。优先支持实现兼并重组的企业进行技术改造。

（二）大力发展非公有制经济和中小企业。创造公平竞争环境，平等保护各类产权，促进非公有制经济加快发展。落实融资、财税及市场准入等方面的政策，积极支持民间资本进入基础设施、公用事业、金融服务和社会事业等领域。推动国有资本、民营资本和外资经济的融合，积极发展混合所有制经济。允许职工在企业改制中持有一定比例股份。引导中小企业创新体制机制，提高经营管理水平和市场竞争力。充分发挥东北地区等老工业基地大企业聚集的优势，鼓励中小企业与大企业形成产业链的协作配套关系，促进其向"专精特优"方向发展。完善中小企业创业融资服务，继续推动中小企业信用体系和信用担保体系建设，支持东北中小企业信用再担保公司及其分支机构扩展业务。

（三）做优做强支柱产业。贯彻落实重点产业调整振兴规划，加大结构调整力度，加快淘汰落后，防止重复建设。积极推进信息化与工业化融合，用现代信息手段改造传统产业，提高数字化、智能化水平。提高对东北老工业基地调整改造项目的中央预算内资金支持比例。支持东北老工业基地优势产业、骨干企业、重要品牌扩大市场份额。大力发展东北地区具有优势的大型铸锻件、核电设备、风电机组、盾构机械、先进船舶和海洋工程装备、大型农业机械、高速动车组、大功率机车、高档数控机床等市场急需产品及关键配套件。鼓励采购国产设备和推广应用首台（套）重大技术装备。进出口银行每年安排一定的信贷额度用于支持东北地区重大技术装备出口，人民银行和外汇局要在政策上给予支持。努力促进东北地区汽车产业调整结构，重点发展自主品牌汽车、小排量汽车、新能源汽车及关键零部件。继续调整钢铁工业产品结构，加强节能减排，淘汰落后产能，提高市场竞争力，同时加大资源勘探开发和对外合作力度，提高矿石资源的保障水平。优化提升石化产业，抓紧组织实施大型炼油、乙烯项目，提高加工度，发展精细化工、化肥等。

（四）积极培育潜力型产业。依托装备制造业整机制造能力强的优势，发展基础配套零部件、加工辅具和特殊原材料等。依托国防军工企业汇集的优势，发展军民两用技术，促进军民融合，增强军工企业的辐射带动作用。依托原材料加工基地的优势，努力发展下游特色轻工产业。依托农林产品商品量大、品质好，畜牧养殖业发达的优势，大力发展农林畜产品精深加工业。依托北方中药材资源优势，发展现代中药（北药）产业。依托地处东北亚中心的地缘优势，加强与周边国家的能源和资源开发合作。积极发展航空航天、电子信息、生物医药、新能源、新材料等新兴产业。鼓励地方政府设立专项扶持资金，支持潜力型产业发展。

（五）加快发展现代服务业。继续支持中外金融机构在东北地区设立分支机构和办事机构。鼓励有条件的城市进行金融改革创新，积极稳妥地发展中小金融机构。推动设立汽车金融公司，拓宽汽车消费融资渠道。推进东北产权交易平台互联互通、区域整合和功能拓展。支持大连商品交易所建设亚洲重要期货交易中心，在做精做细现有上市期货品种的基础上，推出东北地区具有优势、符合大连商品交易所功能定位的期货品种。推进现代物流业发展，研究制定东北地区物流业发展专项规划，统筹建设一批重点区域物流园区。加快发展软件和服务外包产业，重点建设好大连、哈尔滨、大庆三个服务外包示范城市，积极支持延吉、绥芬河等城市利用独特区位优势发展软件和服务外包产业。贯彻落实文化产业调整振兴规划，支持文化创意、出版发行、影视制作、演艺娱乐、文化会展、数字内容和动漫等文化产业加快发展,打造具有东北地方特色的文化品牌。加强公共文化基础设施和文化惠民工程建设,完善公共文化服务体系。加大文化遗产保护力度,扩大对外文化交流。大力发展旅游业,抓紧研究出台东北地区旅游业发展专项规划,加强旅游基础设施建设,发展一批特色鲜明、吸引力强的旅游目的地,提高管理服务水平,建立大东北无障碍旅游区。

(六)扶持重点产业集聚区加快发展。推动辽宁沿海经济带、沈阳经济区、哈大齐工业走廊、长吉图经济区加快发展,建设国内一流的现代产业基地。组织编制发展规划,支持沈阳铁西老工业基地调整改造暨装备制造业发展示范区和大连"两区一带"等装备制造业集聚区发展,打造具有国际竞争力的先进装备制造业基地。推进内蒙古东部地区能源重化工基地、黑龙江东部煤电化工基地和辽西北煤化工基地建设,提高资源转化利用水平。充分发挥沈阳、长春、哈尔滨、大连和通化等高技术产业基地的辐射带动作用,形成一批具有核心竞争力的先导产业和产业集群。支持有条件的地区建设一批有影响、有规模的特色产业园区,加快长春汽车产业开发区和轨道交通装备产业园发展,抓紧研究创建大连国家生态工业示范园区(静脉产业类)。加快推进东北地区符合条件的国家经济技术开发区扩区和重点省级开发区升级工作。

二、加快企业技术进步,全面提升自主创新能力

(七)加大企业技术改造力度。企业技术改造是老工业基地调整改造的重要内容,也是振兴工作取得成效的一条重要经验。要继续加大对企业技术改造的支持力度,从现有相关投资专项中分离设立东北地区等老工业基地调整改造专项,以及利用新增中央预算内投资,支持东北地区等老工业基地企业技术改造和技术进步,近期筛选一批项目予以重点支持。中央国有资本经营预算资金用于东北老工业基地中央企业的比例应有所增加。抓紧完成装备制造产业投资基金设立工作,重点支持东北地区装备制造企业技术改造和兼并重组。

(八)提高自主创新能力。充分发挥东北地区等老工业基地的人才优势,建立健全鼓励自主创新的体制机制。要在老工业基地重点发展领域,依托重要骨干企业、重大工程项目,组织实施一批带动力强、影响面广、见效快的技术创新和高技术产业化项目。要充分利用东北地区等老工业基地的科研和产业优势,通过国家重大科技专项和创新能力建设专项,支持建设一批工程研究中心、工程实验室和企业技术中心,突破一批核心技术和关键共性技术。支持企业有效吸纳利用国际创新资源,提高集成创新和引进消化吸收再创新能力。支持老工业基地引进一批重点行业发展急需的创业、研发领军人物及团队。国家"千人计划"、"百人计划"等项目要重点支持东北老工业基地的海外高层次人才引进工作。鼓励采取技术入股、期权激励等更加灵活的政策措施,为引进高端人才并使其发挥作用创造良好的环境。

(九)促进自主创新成果产业化。大力推广应用自主创新成果,努力将其转化为先进生产力,培育新的经济增长点。加大对新能源、新材料、生物、信息、航空航天、高速铁路等高技术领域自主创新成果产业化的支持力度。积极推动产学研用相结合,鼓励高等院校和科研机构向企业转移自主创新成果,鼓励更多科技人员创办科技型企业。优先支持符合条件的科技型企业在创业板上市融资。继续组织实施振兴东北老工业基地高技术产业发展专项,重点用于东北老工业基地国家高技术产业基地建设、自主创新成果产业化和创新能力

建设等。有关地方政府要制定政策,支持老工业基地自主创新成果产业化。

三、加快发展现代农业,巩固农业基础地位

(十)大力发展现代农业。东北地区具有发展现代农业得天独厚的条件。要围绕提高土地产出率、资源利用率和劳动生产率,抓紧研究制定加快东北地区现代农业发展的政策措施。结合实施全国新增1000亿斤粮食生产能力规划,加强东北地区粮食生产能力建设,形成稳固的国家粮食战略基地。加大粮食丰产科技工程实施力度,大力推广高产优质、节本增效新技术。优化农机结构,提高农业机械化水平。加大农机具停放场库和机耕道建设力度。研究实施深松等重点环节农机作业补贴。抓紧研究稳定玉米、大豆生产的长效机制,适时对东北地区玉米、大豆继续实行国家收储政策。发挥国有农场在建设现代农业、保障国家粮食安全等方面的积极作用,大力开展"场县共建",为地方农业发展提供示范和社会化服务。加强东北地区农业对外合作,支持有条件的企业到周边国家和地区从事农业合作开发。

(十一)加强农业和农村基础条件建设。开展以水利为重点的农业基础设施建设和以水、电、路、气等为重点的村镇基础设施建设。推进引嫩入白、三江平原灌区、尼尔基水库下游灌区、绰勒水利枢纽下游灌区、大安灌区、大型灌溉排水泵站更新改造等重大水利工程建设,加快实施病险水库除险加固、节水灌溉示范和小型农田水利工程。实施农户科学储粮专项,推广科学储粮技术,支持粮食银行等新型粮食仓储流通业态发展。推进散粮"入关"铁路直达,提高散粮铁水联运比例,建设大型粮食物流基地、节点和战略装车点,以及粮食仓储和烘干设施。积极推进农业信息化,建立和完善农业科技支撑和社会化服务体系,提高服务水平。统筹城乡发展,结合社会主义新农村建设,加快小城镇和中心村发展,全面改善村镇居民生产生活条件。加快解决农村饮水安全问题。取消农村公益性建设项目县及县(场)以下资金配套。

四、加强基础设施建设,为全面振兴创造条件

(十二)加快构建综合交通运输体系。开工建设京沈、沈丹、哈齐客运专线和吉图、大丹、哈牡、哈佳等铁路,推进牡绥等既有线路改造和东北沿边铁路、伊尔施—阿日哈沙特铁路、白音华—赤峰—锦州港煤运专线、同江铁路大桥、沿海疏港铁路建设。统筹干线和支线机场建设,完善东北地区机场布局,抓紧推进"十一五"期间东北地区机场的改扩建和新建迁建工作,做好"十二五"期间机场改扩建、新建迁建的前期工作。根据东北地区公路建设相对滞后和高寒地区的特点,进一步加大对黑龙江、吉林和内蒙古东部地区的高速公路和"村村通"公路建设投资力度。成立东北地区交通基础设施建设协调推进组,协调、指导和推进东北地区交通设施建设,组织编制东北地区综合交通运输规划。

(十三)优化能源结构。抓紧开工建设内蒙古东部和东北两大千万千瓦级风电基地、内蒙古东部和黑龙江煤电外送通道等项目,加快辽宁红沿河二期工程、徐大堡和吉林核电项目的前期工作。加强东北地区电网建设,大力推进既有电网改造,提升骨干电网送电能力。加大农村电网特别是粮食主产区和林区的电网改造力度。研究解决风电等分散电源上网问题。率先在东北电网开展智能电网建设试点。

五、积极推进资源型城市转型,促进可持续发展

(十四)培育壮大接续替代产业。发展接续替代产业是资源枯竭城市实现经济转型的

根本出路。组织实施好资源型城市吸纳就业、资源综合利用和发展接续替代产业专项,扶持引导资源型城市尽快形成新的主导产业。鼓励开发银行等各类金融机构加大对资源型城市可持续发展的支持。对资源型城市发展接续替代产业,在产业布局、项目审核、土地利用、贷款融资、技术开发、市场准入等方面给予支持。支持资源型城市接续替代产业园区建设,积极承接产业转移。组织研究制定资源型城市接续替代产业发展规划并做好实施工作。

(十五)构建可持续发展长效机制。抓紧出台资源型城市可持续发展准备金制度,由政府统筹部分准备金专项用于解决资源型城市环境治理等问题。在资源开采处于成长期或成熟期的资源型城市开展可持续发展试点。抓紧研究制定《资源型城市可持续发展条例》。省级人民政府要切实负起责任,出台支持资源型城市可持续发展的政策措施,并将转型工作情况纳入资源型城市人民政府主要领导干部综合考核评价体系。

(十六)进一步加大财政政策支持力度。加强对资源枯竭城市转型工作的指导,提高资源枯竭城市财力性转移支付使用效益。中央财政要加大对资源型城市特大型矿坑、深部采空区治理的支持力度。危机矿山接替资源找矿专项资金在安排上要向东北老工业基地资源枯竭城市倾斜。支持资源枯竭城市资源型企业开发利用区外、境外资源。

六、切实保护好生态环境,大力发展绿色经济

(十七)加强生态建设。坚持以生态为主导的林业和林区经济发展方向,进一步调减东北地区国有重点林区木材采伐量,促进林区经济转型和可持续发展。继续实施天然林保护工程,完善政策措施,加大支持力度。巩固退耕还林成果,加强育林和管护。高度重视大小兴安岭的生态屏障作用,组织编制大小兴安岭林区生态保护与经济转型规划。全面推进集体林权制度改革,稳步推进国有林权制度改革试点。切实加强天然草场恢复和保护、黑土区水土流失综合防治等生态工程建设。切实加强湿地保护与恢复、沙化土地治理和矿山环境整治等生态工程建设,组织实施黑龙江扎龙湿地核心区生态移民。

(十八)积极推进节能减排。严格执行相关法律法规、规划和产业政策,加强重点污染源总量控制。限制高耗能、高污染行业扩张,关停小火电、小钢铁、小造纸、小水泥等污染严重的小企业。以能源、原材料、装备制造和农产品加工等行业为重点,加强对各类工业园区的建设管理,推行清洁生产。支持开发和应用低碳技术。鼓励发展循环经济。大力推广应用节能技术产品,发展节约能源、节省土地的环保型建筑和绿色建筑,组织实施好节能产品惠民工程。

(十九)加强环境污染治理。加强松花江、辽河等重点流域的水污染防治,支持松花江流域开展主要污染物排放量有偿取得和排污权交易试点。加大城市垃圾和污水处理设施建设力度,推广垃圾分类回收、清洁焚烧,逐步提高城镇污水、垃圾处理以及排污收费标准。严格监控和防治工业污染,统筹解决农业面源污染。全面推进农村环境综合整治工作,创建环境优美的农村新面貌。

七、着力解决民生问题,加快推进社会事业发展

(二十)千方百计扩大就业。要切实把就业工作摆在更加突出的重要位置,落实促进大学生、农民工和困难群体的就业政策,确保就业形势稳定。发挥好政府投资和重大建设项目带动就业的作用,积极开发公益性工作岗位,努力使"零就业家庭"实现至少一人就业。

积极落实扶持创业的各项政策措施,以创业带动就业。鼓励服务业、中小企业、非公有制经济更多吸纳就业,引导和支持困难企业采取灵活用工、弹性工时、技能培训等办法,尽量不裁员。

(二十一)积极完善社会保障体系。加快推进城镇职工养老保险省级统筹,适当提高企业退休人员基本养老金标准。进一步完善城乡最低生活保障制度。积极推进农村新型养老保险试点,全面提高新农村合作医疗保险覆盖面。做好被征地农民社会保障工作。完善工伤保险政策法规,进一步扩大工伤保险覆盖面,抓紧解决"老工伤"人员待遇纳入工伤保险统筹管理问题。

(二十二)解决好住房、冬季取暖等突出民生问题。做好群众来信来访工作,下大力气解决好群众反映强烈的民生问题。加大城镇廉租房、经济适用房建设规模和国有林区棚户区、国有垦区危房、农村危房、危旧校舍改造力度,继续做好煤矿棚户区改造工作。支持开展城市棚户区改造工作。加大对东北高寒地区热电联产项目支持力度,加快东北地区城市集中供热管网改造,解决好城市低保户冬季取暖问题。推进农村开发式扶贫,扶持更多农村贫困人口脱贫致富。

(二十三)促进教育、卫生等社会事业发展。研究和推进各级各类教育改革,提高办学质量,为老工业基地全面振兴提供人才支撑。充分发挥东北地区高等教育资源丰富的优势,提高重点高校的办学层次和水平。结合老工业基地产业结构优化升级,合理确定职业教育专业和办学规模。继续加大对东北地区职业教育实训基地、职业教育基础能力建设支持力度。推进医疗卫生体制改革,加快建立覆盖城乡居民的基本医疗保障体系,健全基层医疗卫生服务体系,扩大城镇职工和居民的医疗保险覆盖面。

八、深化省区协作,推动区域经济一体化发展

(二十四)推进区域一体化发展。鼓励东北地区实行跨省(区)经济合作,促进生产要素合理流动,提高一体化发展水平,近期先行组织开展旅游、物流、交通和科技方面的一体化协作。认真组织实施《东北地区振兴规划》,做好规划任务落实、督促检查工作,加快规划内重大基础设施一体化建设。推进内蒙古东部地区与东北三省的产业对接和合理分工。进一步研究支持东北地区等老工业基地调整改造的税收政策。

(二十五)建立东北地区合作机制。建立东北地区四省(区)行政首长协商机制,定期研究协调跨省(区)重大基础设施项目建设、产业布局,以及区域协调发展等问题,并对老工业基地调整改造的重大事项提出意见建议。

九、继续深化改革开放,增强经济社会发展活力

(二十六)深化国有企业改革。加快推进国有企业改革,努力建立健全现代企业制度,进一步增强老工业基地经济活力。在企业改制过程中,要坚持依法按程序办事,公开透明操作,切实维护职工的合法权益,防止国有资产流失。东北地区各级人民政府要加快推进厂办大集体改革试点工作,有关部门要抓紧总结前期试点工作,进一步完善试点政策。妥善处理中央企业和中央下放地方政策性关闭破产企业及地方依法破产国有企业退休人员医疗、工伤保障和社会职能移交等问题。抓紧完成东北地区装备制造业银行不良贷款处置工作。加快推进粮食、商贸、建筑、农垦、森工、文化等领域的国有企业改革。

(二十七)加快推进其他领域改革。尽快确定东北符合条件的地区开展国家综合配套

改革试点。积极推进省直管县财政管理方式改革,研究建立县级基本财力保障机制。完善企业债券发行政策,探索多样化的企业债信用增级方式。大力发展多种形式的新型农村金融机构,推进农村金融产品和服务创新。加快发展农业保险,扩大试点范围、增加险种,加大中央财政保费补贴力度。建立健全农村土地承包经营权流转和林业要素交易市场,规范管理,加强服务。清理涉及企业的行政事业性收费,落实好符合条件企业缓缴社会保险费、降低费率和扩大失业保险基金支出范围等政策措施,进一步减轻企业负担。推进城市供热体制、农村水利管理体制改革。

（二十八）进一步扩大对外开放。加快推进辽宁沿海经济带和长吉图地区开发开放。推动《中国东北地区老工业基地与俄罗斯远东地区合作规划纲要》早日签署并协调组织实施。抓紧编制实施黑瞎子岛保护与开放开发规划。把沿海沿边开放和境外资源开发、区域经济合作、承接国内外产业转移结合起来,支持符合条件的地区建设边境贸易中心、经济合作区、出口加工区、进口资源加工区。研究建立中俄地方合作发展基金,支持中俄地区合作规划纲要项目的实施。利用境外港口开展内贸货物跨境运输合作,推进黑龙江、吉林江海陆海联运通道常态化运营。积极探索海关特殊监管区域管理制度创新,加快推动以大连大窑湾保税港区为核心的大连东北亚国际航运中心建设,抓紧建设好绥芬河综合保税区和沈阳保税物流中心,促进东北地区保税物流和保税加工业的发展。开展货物贸易人民币结算试点。推动东北地区与港澳台地区加强经贸合作。

实现东北地区等老工业基地全面振兴是一项长期艰巨的历史任务。东北地区等老工业基地各级人民政府和国务院有关部门要深入贯彻落实科学发展观,进一步解放思想,开拓创新,齐心协力,真抓实干,推动东北地区等老工业基地在应对国际金融危机中实现新的跨越,加快形成具有独特优势和竞争力的新的增长极,为全国经济发展做出更大贡献。

5-2-11

国务院关于推进海南国际旅游岛建设发展的若干意见

2009年12月31日　国发〔2009〕44号

各省、自治区、直辖市人民政府,国务院各部委、各直属机构:

海南是我国最大的经济特区和唯一的热带岛屿省份。建省办经济特区20多年来,经济社会发展取得显著成就。但由于发展起步晚,基础差,目前海南经济社会发展整体水平仍然较低,保护生态环境、调整经济结构、推动科学发展的任务十分艰巨。充分发挥海南的区位和资源优势,建设海南国际旅游岛,打造有国际竞争力的旅游胜地,是海南加快发展现代服务业,实现经济社会又好又快发展的重大举措,对全国调整优化经济结构和转变发展方式具有重要示范作用。为扎实推进海南国际旅游岛建设发展,现提出以下意见。

一、海南国际旅游岛建设发展的总体要求

（一）指导思想。高举中国特色社会主义伟大旗帜,坚持以邓小平理论和"三个代表"重要思想为指导,深入贯彻落实科学发展观,进一步解放思想,深化改革,扩大开放,构建更具活力的体制机制,走生产发展、生活富裕、生态良好的科学发展之路;积极发展服务型经济、开放型经济、生态型经济,形成以旅游业为龙头、现代服务业为主导的特色经济结构;着力提高旅游业发展质量,打造具有海南特色、达到国际先进水平的旅游产业体系;注重保障和改善民生,大力发展社会事业,加快推进城乡和区域协调发展,逐步将海南建设成为生态环境优美、文化魅力独特、社会文明祥和的开放之岛、绿色之岛、文明之岛、和谐之岛。

(二)战略定位。

——我国旅游业改革创新的试验区。充分发挥海南的经济特区优势,积极探索,先行试验,发挥市场配置资源的基础性作用,加快体制机制创新,推动海南旅游业及相关现代服务业在改革开放和科学发展方面走在全国前列。

——世界一流的海岛休闲度假旅游目的地。充分发挥海南的区位和资源优势,按照国际通行的旅游服务标准,推进旅游要素转型升级,进一步完善旅游基础设施和服务设施,开发特色旅游产品,规范旅游市场秩序,全面提升海南旅游管理和服务水平。

——全国生态文明建设示范区。坚持生态立省、环境优先,在保护中发展,在发展中保护,推进资源节约型和环境友好型社会建设,探索人与自然和谐相处的文明发展之路,使海南成为全国人民的四季花园。

——国际经济合作和文化交流的重要平台。发挥海南对外开放排头兵的作用,依托博鳌亚洲论坛的品牌优势,全方位开展区域性、国际性经贸文化交流活动以及高层次的外交外事活动,使海南成为我国立足亚洲、面向世界的重要国际交往平台。

——南海资源开发和服务基地。加大南海油气、旅游、渔业等资源的开发力度,加强海洋科研、科普和服务保障体系建设,使海南成为我国南海资源开发的物资供应、综合利用和产品运销基地。

——国家热带现代农业基地。充分发挥海南热带农业资源优势,大力发展热带现代农业,使海南成为全国冬季菜篮子基地、热带水果基地、南繁育制种基地、渔业出口基地和天然橡胶基地。

(三)发展目标。

——到2015年,旅游管理、营销、服务和产品开发的市场化、国际化水平显著提升。旅游业增加值占地区生产总值比重达到8%以上,第三产业增加值占地区生产总值比重达到47%以上,第三产业从业人数比重达到45%以上,力争全省人均生产总值、城乡居民收入达到全国中上水平,教育、卫生、文化、社会保障等社会事业发展水平明显提高,综合生态环境质量保持全国领先水平。

——到2020年,旅游服务设施、经营管理和服务水平与国际通行的旅游服务标准全面接轨,初步建成世界一流的海岛休闲度假旅游胜地。旅游业增加值占地区生产总值比重达到12%以上,第三产业增加值占地区生产总值比重达到60%,第三产业从业人数比重达到60%,力争全省人均生产总值、城乡居民收入和生活质量达到国内先进水平,综合生态环境质量继续保持全国领先水平,可持续发展能力进一步增强。

二、加强生态文明建设,增强可持续发展能力

(四)严格实行生态环境保护制度。广泛开展生态文明宣传教育,引导居民和游客增强

保护生态环境的自觉性和责任感。加强生态环境保护立法,健全环境影响评价制度,实行更加严格的生态环保标准。完善生态环境保护责任制和问责制,把生态环境保护纳入经济社会发展综合评价体系和领导干部综合考核评价体系。加大对破坏生态环境行为的惩处力度。

(五)加强生态建设。继续推进海防林恢复和建设工程、天然林保护工程,巩固退耕还林成果,完善海南国家级公益林补偿机制,2015年森林覆盖率提高到60%。加强水土保持工作。加强自然保护区、森林公园、重点水源地、重要海域的保护和管理,有序开发利用土地、森林、矿产、海湾、岸线、海岛、水域等重要资源,提高资源开发利用水平和效益。实施教育扶贫移民工程,推动生态脆弱地区农村居民向城镇迁移。将海南作为全国生态补偿机制试点省,加大中央财政对海南的生态补偿力度,将9个山区市县列入国家生态功能区转移支付范围,将尖峰岭等7处国家级自然保护区列入国家生态补偿试点。

(六)大力推进节能减排。严格执行环境准入制度,严格主要污染物排放总量控制,严禁高耗能、高耗水、高排放和产能过剩行业发展,加大淘汰高耗能、高耗水、高排放和落后产能的力度。加强清洁生产、节能减排技术和产品的推广应用工作,实施节能和新能源汽车示范工程。大力推进各类减排工程设施建设,增加"以奖代补"专项转移支付。积极支持海南发展农村沼气、畜禽养殖业废弃物综合利用、蔗渣利用、中水回收利用等循环经济。加强环境监管能力建设,完善节能减排统计监测和考核实施办法,强化节能减排目标责任制,确保完成国家分解下达给海南省的节能减排任务。

(七)强化环境污染防治。加强南渡江、万泉河、昌化江流域和担负饮用水集中供水任务水库的水污染防治。加强城镇污水和垃圾处理设施建设,到2015年城镇污水处理率达到80%,城镇生活垃圾无害化处理率达到90%。强化对已建成污染治理设施的运行监管。控制农业面源污染。加强农村环境综合整治,继续推行改水改厕,逐步建立村镇生活垃圾收集转运处理体系。完善污水、垃圾处理费征收政策,建立健全治污设施正常运营保障机制。开展入海河流、直排污染源和南海海域环境监测,建立环境质量例行监测公报和重点海域污染物排海总量控制制度。

三、发挥海南特色优势,全面提升旅游业管理服务水平

(八)建设富有海南特色的旅游产品体系。依托优势资源,发展特色旅游产品,进一步优化旅游产品结构。大力发展热带海岛冬季阳光旅游、海上运动、潜水等旅游项目,丰富热带滨海海洋旅游产品。积极稳妥推进开放开发西沙旅游,有序发展无居民岛屿旅游。积极发展邮轮产业,建设邮轮母港,允许境外邮轮公司在海南注册设立经营性机构,开展经批准的国际航线邮轮服务业务。研究完善游艇管理办法,创造条件适当扩大开放水域,做好经批准的境外游艇停泊海南的服务工作。加强林区基础设施建设,加快发展森林生态旅游。合理开发温泉资源,发展康体保健服务。积极发展自驾车观光游、特色房车游和体育休闲项目,完善相关配套服务。在符合土地利用总体规划和城乡规划、不占用耕地特别是基本农田、有效保护森林和生态环境、维护农民合法权益并依法办理用地手续的前提下,科学规划,总量控制,合理布局,规范发展高尔夫旅游。大力发展红色旅游和民族、民俗风情文化旅游。

(九)打造精品旅游景区。科学规划和布局景区景点,精心设计旅游线路,优化时间、空

间配置,逐步形成区域特色明显、山海互补的旅游格局,塑造"阳光海南、度假天堂"的整体旅游形象。进一步完善亚龙湾国家旅游度假区、万宁兴隆温泉度假区、琼海博鳌亚洲论坛永久会址等主要景区景点的旅游服务功能。高水平开发建设海棠湾、清水湾、棋子湾、尖峰岭、霸王岭、五指山等一批精品景区。高标准规划建设海洋、热带雨林等旅游主题公园。

(十)进一步规范旅游市场秩序。推进旅游服务标准化和国际质量认证,在旅游餐饮、住宿、交通、景区、旅行社、导游、购物及应急管理等方面,加快建立与国际通行规则相衔接的旅游服务标准体系。加强旅游行业诚信体系建设,规范景区门票价格,整治"零负团费"、虚假广告等,严厉打击价格欺诈和不正当竞争行为。推进旅游综合执法,建立健全旅游投诉处理机制,加大对违法违规行为的惩处力度。强化社会监督和舆论监督。

(十一)加强旅游公共服务体系建设。进一步转变政府职能,深化改革,建立健全政府引导、行业自律、企业依法自主经营的旅游管理体制和运行机制。加强旅游立法工作,完善旅游相关法规。依托信息技术,提升海南旅游管理和服务水平。在交通枢纽、景区、城市广场等游客较为集中场所设立游客服务中心。建设具有宣传促销、咨询、预订、投诉等功能的综合性旅游服务平台,健全旅游公共服务网络。完善旅游标识系统。强化管理规范、清洁卫生、方便游客的旅游厕所设施建设。建立健全旅游安全预警和应急机制,完善应急救援、公共医疗、卫生检疫防疫等安全救助体系。

四、大力发展与旅游相关的现代服务业,促进服务业转型升级

(十二)加快发展文化体育及会展产业。加快发展文化产业,引进创意产业人才,大力发展文化创意、影视制作、演艺娱乐、文化会展和动漫游戏等各类文化产业,积极培育具有海南地域和民族特色的文化产业群。鼓励举办大型旅游文化演出和节庆活动,丰富演艺文化市场,支持海南举办国际大帆船拉力赛、国际公路自行车赛、高尔夫球职业巡回赛等体育赛事。在海南试办一些国际通行的旅游体育娱乐项目,探索发展竞猜型体育彩票和大型国际赛事即开彩票。办好博鳌亚洲论坛年会,完善博鳌会展服务设施,积极招徕承办各种专题会议展览,举办博鳌国际旅游论坛和国际旅游商品博览会,培育国际会展品牌。优化会展业发展环境,对入境参展商品依法给予税收优惠和通关便利。

(十三)加快发展现代物流业。依托洋浦保税港区和海口综合保税区,大力发展航运、中转等业务,促进国际物流和保税物流加快发展。实施国际航运相关业务支持政策,完善现代物流业发展的配套支持政策,打造面向东南亚、背靠华南腹地的航运枢纽、物流中心和出口加工基地。在完善监管制度和有效防止骗取出口退税措施的前提下,在洋浦保税港区实施启运港退税政策。积极发展大型购物商场、专业商品市场、品牌折扣店和特色商业街区,建设和经营好免税店,完善旅游城镇和休闲度假区的商业配套设施,逐步将海南建设成为国际购物中心。

(十四)保持房地产业平稳健康发展。积极引导和发展与旅游业相适应的房地产业,科学规划房地产业发展的类型、规模和速度,鼓励有实力、有信誉的企业发展富有海南特色、高品质的星级宾馆、度假村等房地产项目。加强产权式度假酒店的开发、建设、销售等环节的规范管理。稳步发展满足避寒、疗养等不同需求的度假居住型房地产。鼓励发展家庭旅馆经营和房屋租赁经营。加强保障性住房建设,逐步改善城乡居民的住房条件。条件成熟时,在海南开展房地产投资信托基金试点。

(十五)加快发展金融保险业。鼓励金融机构调整和优化网点布局,完善服务设施。推动开展跨境贸易人民币结算试点,改善结算环境。完善外汇支付环境,开展居民个人本外币兑换特许业务试点。推动建设农村商业银行等地方性金融机构。支持符合条件的旅游企业上市融资。鼓励保险机构创新旅游保险产品。探索开展离岸金融业务试点。

五、积极发展热带现代农业,加快城乡一体化进程

(十六)积极发展热带现代农业。大力发展热带水果、瓜菜、畜产品、水产品、花卉等现代特色农业。结合实施《全国新增1000亿斤粮食生产能力规划(2009~2020年)》,统筹南繁育制种基地建设与管理,做好转基因生物安全和植物检疫性防控工作,提高南繁基地育制种生产能力。加强海南动植物保护工程建设。建立覆盖全省的农产品质量安全检验检测体系,建设标准化无公害农产品生产示范基地。加快发展现代设施农业、精细高效农业和农产品加工业,提高农业的附加值和综合经济效益。加强农产品贮藏保鲜基础设施建设,完善农资、农产品流通服务体系建设,推动建设现代化大型农产品综合交易市场,促进形成热带农产品集散中心。加强与台湾的农业合作。积极推动热带特色农业与旅游相结合,制定实施观光农业、休闲农业支持计划,建设示范基地,拓展农业发展和农民增收空间。

(十七)加快推进城乡一体化。根据资源环境承载能力和综合发展条件,科学确定功能分区,优化区域空间布局。完善城市建制设置,加强区域中心城市建设,增强综合服务功能,促进产业和人口集聚,提高城市的综合发展实力和辐射带动能力。充分发挥省直接管理县(市)体制的优势,加快发展特色县域经济,扶持重点小城镇发展,着力培育一批海南特色旅游城镇。加大对革命老区、中部山区、少数民族地区和贫困地区的扶持力度,进一步改善群众生产生活条件。统筹城乡基础设施建设、劳动就业和社会事业发展,积极推进基本公共服务均等化,逐步建立城乡统一的公共服务体系。推进户籍制度改革,放宽城市和城镇落户条件。加快推进农垦体制改革,充分发挥海南农垦在国际旅游岛建设中的作用。

六、加强基础设施建设,增强服务保障能力

(十八)构建安全、方便、快捷的综合交通运输体系。完善进出岛交通基础设施条件,推进琼州海峡跨海通道工程前期工作。加快海口至广州、至南宁高速公路建设。建设好东环铁路,适时启动西环铁路扩能改造以及洋浦支线铁路项目。统筹研究海南岛西部民用机场布局优化和建设问题,适时建设博鳌机场。加强港口基础设施和集疏运体系建设,尽快形成功能配套齐全的港口格局,积极推进邮轮、游艇码头建设。加快建设海口—五指山—三亚地方高速公路和万宁—儋州—洋浦地方高速公路,提升现有国道、省道技术等级,加强通往旅游景区的交通设施建设,改善农村道路交通条件。

(十九)加强能源、水利等基础设施建设。进一步优化能源结构,提高清洁能源比重。推进昌江核电项目。积极发展风力、太阳能、潮汐、生物质等新能源。加快推进城乡电网改造,适时启动跨海电网联网二期工程,提高电力保障能力。加快推进洋浦液化天然气项目,逐步建成连接岛内各大城镇和主要景区的输气管网,大幅度提高民用燃气覆盖率。大力推进水利基础设施建设,在做好环境影响论证的基础上,开工建设红岭水利枢纽及灌区工程,做好天角潭、迈湾等水库前期工作,基本解决海南岛的工程性缺水问题。继续实施重点病险水库除险加固。加强防洪、防潮、防台风设施建设,完善灾害监测预警系统。加强城镇和主要园区、景区的供水工程建设。加快实施农村饮水安全工程,到2013年全面解决饮水安

全问题。

(二十)加强信息网络设施建设。大力发展有线和无线宽带网络,推进数字海南建设,实现高速宽带无线网络覆盖全岛。积极发展下一代互联网和新一代移动通信,加快网络升级换代。大力整合信息资源和网络资源,积极推进海南"三网融合"建设。着力建设有线、无线和卫星传输相结合的覆盖海南所辖海域的通信网络,提升南海领域的应急管理水平和信息服务能力。

七、推进以改善民生为重点的社会建设,加快形成人文智力支撑

(二十一)加强人力资源建设。合理控制人口规模,努力提高人口素质。全面提高中小学教育质量,推进义务教育均衡发展。大力发展具有海南特色、为建设国际旅游岛服务的高等教育和职业教育。加强海南高校特色学科和专业建设,提高海南大学"211"工程建设水平。实施职业学校基础能力建设工程,提升职业院校特别是中等职业学校的办学水平,大力培养技能型和应用型人才。健全人才培养、引进政策体系。加大教育对外开放力度,支持海南与国际知名院校合作开办旅游职业院校。加强旅游教育培训,全面提高旅游及相关行业从业人员的文明素质和服务水平。

(二十二)加快公共文化服务体系建设。统筹考虑当地居民与游客的需求,推进乡镇综合文化站和村级文化活动室建设,进一步完善县级图书馆、文化馆的设施设备条件,大力加强城市及社区公共文化体育设施建设,建立公共文化体育机构正常运行的经费和人才保障机制。加快推进广播电视数字化步伐,提高广播电视覆盖水平。积极开发利用"海上丝绸之路"文化遗产,开展国家南海博物馆、南海水下考古中心项目前期论证工作,加强对文物及非物质文化遗产的保护。扶持海南建设大型文化体育基础设施,集中建设一批适合于四季训练的运动场馆。

(二十三)完善城乡医疗卫生服务体系。在海口、三亚等地建设区域性医疗中心,健全农村三级卫生服务网络和城市社区卫生服务体系,推进建立国家基本药物制度,提高城乡医疗卫生服务质量和水平。建立全省统一、高效的突发性公共卫生事件应急处理系统。加快基本医疗保障制度建设,逐步建立各省(区、市)与海南异地医保互认制度。

(二十四)营造文明和谐的社会环境。深入开展群众性精神文明创建活动,加强社会公德、职业道德、家庭美德和个人品德建设,培育讲文明、重礼仪、团结友善、热情好客的社会风尚。广泛开展城乡环境综合治理,全面改善人居环境。努力扩大就业,做好社会保障工作,促进社会和谐。扎实推进平安海南建设,加强基层基础工作,努力形成多层次、全方位、立体型的社会治安防控格局,妥善处理利益关系,积极排查化解社会矛盾,解决好影响稳定的历史遗留问题,增强人民群众和广大游客的安全感。

八、充分利用本地优势资源,集约发展新型工业

(二十五)集约发展新型工业。坚持在不污染环境、不破坏资源、不搞重复建设的原则下集约发展新型工业,决不以牺牲生态环境为代价盲目追求工业扩张。充分利用现有产业基础、港口条件和重点工业园区以及开发区,大力优化产业布局,支持海南新型工业化产业示范基地建设。高起点、高水平发展临港工业,集约发展油气化工、林纸一体化、汽车制造、矿产资源加工、农产品加工、制药等产业,重化工业严格限定在洋浦、东方工业园区,其他工业项目集中布局在现有工业园区。培育发展房车、游艇、轻型水上飞机、潜水设备、高尔夫

用具等旅游装备制造业。加强研发设计,发展特色旅游食品、服饰、工艺品加工业。

(二十六)鼓励发展高技术产业。加快建设海南生态软件园和三亚创意产业园,鼓励和吸引国内外知名信息技术企业向园区集聚,根据国家软件产业发展规划和产业基地建设总体布局,积极支持海南发展软件和信息服务业,逐步形成软件产业基地。加快海口药谷建设,增强南药、黎药、海洋药物的自主研发能力。发挥资源优势,积极培育发展新能源、新材料产业。加强自主创新体系建设,实施技术攻关,努力在优势特色产业领域形成一批具有自主知识产权的核心技术和知名品牌。

(二十七)加快发展海洋经济。加大海洋石油资源勘探开发力度,提高海洋油气资源开发利用水平,把海南建成南海油气资源勘探开发服务和加工基地。适时规划建设国家石油战略储备基地,鼓励发展商业石油储备和成品油储备。高起点、高水平推进洋浦开发开放。支持国内大型企业在海南建设修造船、海洋工程设备项目。加强渔业生产安全服务体系建设,大力发展深海养殖业和远洋捕捞业。加强海洋科技研究,发展海洋生物工程和海洋能源利用等新兴产业。

九、加强组织协调,落实各项保障措施

(二十八)加大政策支持。建设海南国际旅游岛,是国家的重大战略部署,是一项长期而又艰巨的任务。国务院各有关部门要高度重视,进一步解放思想,在政策、资金、项目安排等方面给予特殊扶持。

——投融资政策。在基础设施、生态建设、环境保护、扶贫开发和社会事业等方面安排中央预算内投资和其他有关中央专项投资时,赋予海南省西部大开发政策。支持符合条件的旅游企业发行企业债券。设立旅游产业投资基金。按照国际旅游岛的总体要求,研究将海南省增列为《中西部地区外商投资优势产业目录》执行省份。

——财税政策。针对海南的特殊情况,中央财政加大对海南的均衡性转移支付力度。同时在其他一般性转移支付和专项转移支付,特别是革命老区转移支付、边境地区转移支付等方面,加大对海南的支持。中央财政在一定时期内对海南国际旅游岛的建设发展给予专项补助。由财政部牵头抓紧研究在海南试行境外旅客购物离境退税的具体办法和离岛旅客免税购物政策的可行性,另行上报国务院。

——土地政策。科学修编土地利用总体规划,落实最严格的耕地保护制度和节约用地制度,严格实施土地用途管制制度,统筹和保障海南国际旅游岛建设发展各类用地需求,推进城乡土地一体化管理。在不突破国家下达的耕地保有量、基本农田保护面积和建设用地总规模的前提下,试行对土地利用总体规划实施定期评估和调整机制。加强土地利用总体规划对经济各行业的布局规模、时序的调控。稳步开展城乡建设用地增减挂钩试点、农村集体经济组织和村民利用集体建设用地自主开发旅游项目试点。科学论证、统筹规划岛屿的开发利用,依法加强西沙和无居民岛屿管理,按照属地管理原则依法进行土地确权登记。科学选划发展海洋经济集约用海区域,引导海洋产业相对集聚发展。

——开放政策。积极引进国内外有实力的大型旅游企业,逐步培育一批旅游骨干企业和知名品牌。实行开放、便利的出入境管理措施,在海南已有21国免签证的基础上,先期增加芬兰、丹麦、挪威、乌克兰、哈萨克斯坦5国为入境免签证国家;对俄罗斯、韩国、德国3国旅游团组团人数放宽至2人以上(含2人),入境停留时间延长至21天。支持海南在境外主要旅游客源地设立旅游推介分支机构。

国务院各有关部门要认真贯彻落实本意见提出的各项任务和政策措施,在规划编制、体制创新、政策实施等方面给予积极支持。海南省人民政府要依据本意见抓紧编制《海南国际旅游岛建设发展规划纲要》,报国家发展改革委审批后实施,同时进一步编制好相关专项规划和旅游区建设规划,抓紧制定细化方案和具体措施。在政策实施过程中,要注意研究新情况,解决新问题,定期总结经验,重大问题及时向国务院报告。

5-2-12

财政部 海关总署 国家税务总局关于支持舟曲灾后恢复重建有关税收政策问题的通知

2010年12月29日　财税〔2010〕107号

各省、自治区、直辖市、计划单列市财政厅(局)、国家税务局、地方税务局,新疆生产建设兵团财务局,广东分署、各直属海关:

为统筹引导各方面力量,支持和帮助遭受特大山洪泥石流灾害的舟曲灾后恢复重建,使灾区基本生产生活条件和经济社会发展全面恢复并超过灾前水平,根据《国务院关于支持舟曲灾后恢复重建政策措施的意见》(国发〔2010〕34号)的有关规定,现就支持舟曲灾后恢复重建有关税收政策问题通知如下:

一、关于减轻企业税收负担的税收政策

1. 对灾区损失严重的企业,免征企业所得税。

2. 自2010年8月8日起,对灾区企业通过公益性社会团体、县级以上人民政府及其部门取得的抢险救灾和灾后恢复重建款项和物资,以及税收法律、法规和国务院批准的减免税金及附加收入,免征企业所得税。

3. 自2010年1月1日至2014年12月31日,对灾区农村信用社免征企业所得税。

4. 自2010年8月8日至2012年12月31日,对灾区企业、单位或支援灾区重建的企业、单位,进口国内不能满足供应并直接用于灾后恢复重建的大宗物资、设备等,给予进口税收优惠。

各省、自治区、直辖市、计划单列市人民政府或国务院有关部门负责将所在地企业或归口管理的单位提交的直接用于灾后恢复重建的进口国内不能满足供应的物资减免税申请汇总后报财政部,由财政部会同海关总署、国家税务总局等部门审核提出处理意见,报请国务院批准后执行。

二、关于减轻个人税收负担的税收政策

自2010年8月8日起,对灾区个人接受捐赠的款项、取得的各级政府发放的救灾款项,以及参与抢险救灾的一线人员按照地方各级政府及其部门规定标准取得的与抢险救灾有关的补贴收入,免征个人所得税。

三、关于支持灾区基础设施、房屋建筑物等恢复重建的税收政策

1. 对政府为受灾居民组织建设的安居房建设用地，免征城镇土地使用税，转让时免征土地增值税。

2. 对灾区住房倒塌的农（牧）民重建住房占用耕地的，在规定标准内的部分免征耕地占用税。

3. 由政府组织建设的安居房，所签订的建筑工程勘察设计合同、建筑安装工程承包合同、产权转移书据、房屋租赁合同，免征印花税。

4. 对因灾损毁的应缴而未缴契税的居民住房，不再征收契税；对受灾居民购买安居房，免征契税。

5. 经甘肃省人民政府批准，对经有关部门鉴定因灾损毁的房产、土地，免征房产税和城镇土地使用税。对经批准免税的纳税人已缴税款可以在以后年度的应缴税款中抵扣。

本通知所称安居房，按照国务院有关部门确定的标准执行。所称因灾毁损的居民住房，是指经县级以上（含县级）人民政府房屋主管部门出具证明，在灾害中倒塌或遭受严重破坏而不能居住的居民住房。

四、关于鼓励社会各界支持抢险救灾和灾后恢复重建的税收政策

1. 自2010年8月8日起，对单位和个体经营者将自产、委托加工或购买的货物通过公益性社会团体、县级以上人民政府及其部门捐赠给受灾地区的，免征增值税、城市维护建设税及教育费附加。

2. 自2010年8月8日起，对企业、个人通过公益性社会团体、县级以上人民政府及其部门向灾区的捐赠，允许在当年企业所得税前和当年个人所得税前全额扣除。

3. 对财产所有人将财产（物品）直接捐赠或通过公益性社会团体、县级以上人民政府及其部门捐赠给灾区或受灾居民所书立的产权转移书据，免征印花税。

4. 对专项用于抢险救灾和灾后恢复重建、能够提供由县级以上（含县级）人民政府或其授权单位出具的抢险救灾证明的新购特种车辆，免征车辆购置税。符合免税条件但已经征税的特种车辆，退还已征税款。

五、关于促进就业的税收政策

1. 灾区的商贸企业、服务型企业（除广告业、房屋中介、典当、桑拿、按摩、氧吧外）、劳动就业服务企业中的加工型企业和街道社区具有加工性质的小型企业实体在新增加的就业岗位中，招用当地因灾失去工作的人员，与其签订一年以上期限劳动合同并依法缴纳社会保险费的，经县级人力资源社会保障部门认定，按实际招用人数和实际工作时间予以定额依次扣减营业税、城市维护建设税、教育费附加和企业所得税。

定额标准为每人每年4000元，可上下浮动20%，由甘肃省人民政府根据本地实际情况具体确定。

按上述标准计算的税收抵扣额应在企业当年实际应缴纳的营业税、城市维护建设税、教育费附加和企业所得税税额中扣减，当年扣减不足的，不得结转下年使用。

2. 灾区因灾失去工作后从事个体经营（除建筑业、娱乐业以及销售不动产、转让土地使用权、广告业、房屋中介、桑拿、按摩、网吧、氧吧外）的人员，以及因灾损失严重的个体工商户，按每户每年8000元为限额依次扣减其当年实际应缴纳的增值税、营业税、城市维护建设

税、教育费附加和个人所得税。

纳税人年度应缴纳税款小于上述扣减限额的,以其实际缴纳的税款为限;大于上述扣减限额的,应以上述扣减限额为限。

六、关于税收政策的适用范围

根据《国务院关于印发舟曲灾后恢复重建总体规划的通知》(国发〔2010〕38号)的规定,本通知所称"灾区"包括甘肃省舟曲县城关镇和江盘乡的15个村、2个社区,灾区具体范围见附件。

七、关于税收政策的执行期限

以上税收优惠政策,凡未注明具体期限的,一律执行至2012年12月31日。

如果纳税人按规定既可享受本通知的税收优惠政策,也可享受国家支持汶川地震灾后恢复重建的税收优惠政策,可由纳税人自主选择适用的政策,但两项政策不得叠加使用。

各地财政、税务部门和各直属海关要加强领导、周密部署,把大力支持舟曲灾后恢复重建工作作为一项重要任务,贯彻落实好相关税收优惠政策。同时,要密切关注税收政策的执行情况,对发现的问题及时逐级向财政部、海关总署、国家税务总局反映。

附件:舟曲灾区范围(编者略)

5-2-13

财政部 海关总署 国家税务总局关于深入实施西部大开发战略有关税收政策问题的通知

2011年7月27日 财税〔2011〕58号

各省、自治区、直辖市、计划单列市财政厅(局)、国家税务局、地方税务局,新疆生产建设兵团财务局,海关总署广东分署、各直属海关:

为贯彻落实党中央、国务院关于深入实施西部大开发战略的精神,进一步支持西部大开发,现将有关税收政策问题通知如下:

一、对西部地区内资鼓励类产业、外商投资鼓励类产业及优势产业的项目在投资总额内进口的自用设备,在政策规定范围内免征关税。

二、自2011年1月1日至2020年12月31日,对设在西部地区的鼓励类产业企业减按15%的税率征收企业所得税。

上述鼓励类产业企业是指以《西部地区鼓励类产业目录》中规定的产业项目为主营业务,且其主营业务收入占企业收入总额70%以上的企业。《西部地区鼓励类产业目录》另行发布。

三、对西部地区2010年12月31日前新办的、根据《财政部、国家税务总局、海关总署关于西部大开发税收优惠政策问题的通知》(财税〔2001〕202号)第二条第三款规定可以享受企业所得税"两免三减半"优惠的交通、电力、水利、邮政、广播电视企业,其享受的企业所得税"两免三减半"优惠可以继续享受到期满为止。

四、本通知所称西部地区包括重庆市、四川省、贵州省、云南省、西藏自治区、陕西省、甘肃省、宁夏回族自治区、青海省、新疆维吾尔自治区、新疆生产建设兵团、内蒙古自治区和广西壮族自治区。湖南省湘西土家族苗族自治州、湖北省恩施土家族苗族自治州、吉林省延边朝鲜族自治州,可以比照西部地区的税收政策执行。

五、本通知自2011年1月1日起执行。《财政部、国家税务总局、海关总署关于西部大开发税收优惠政策问题的通知》(财税〔2001〕202号)、《国家税务总局关于落实西部大开发有关税收政策具体实施意见的通知》(国税发〔2002〕47号)、《财政部、国家税务总局关于西部大开发税收优惠政策适用目录变更问题的通知》(财税〔2006〕165号)、《财政部、国家税务总局关于将西部地区旅游景点和景区经营纳入西部大开发税收优惠政策范围的通知》(财税〔2007〕65号)自2011年1月1日起停止执行。

注释:

条款失效。企业所得税政策规定自2021年1月1日起停止执行。参见:《财政部 税务总局 国家发展改革委关于延续西部大开发企业所得税政策的公告》(财政部公告2020年第23号)。

政策调整。"西部大开发税收优惠政策审批"取消。参见:1.《国家税务总局关于贯彻落实〈国务院关于第一批取消62项中央指定地方实施行政审批事项的决定〉的通知》(税总发〔2015〕141号)。2.《国务院关于第一批取消62项中央指定地方实施行政审批事项的决定》(国发〔2015〕57号)。3.《国家税务总局关于公布已取消的22项税务非行政许可审批事项的公告》(国家税务总局公告2015年第58号)。

5-2-14

财政部 海关总署 国家税务总局
关于赣州市执行西部大开发
税收政策问题的通知

2013年1月10日 财税〔2013〕4号

江西省财政厅、国家税务局、地方税务局,海关总署广东分署、各直属海关:

为贯彻落实《国务院关于支持赣南等原中央苏区振兴发展的若干意见》(国发〔2012〕21号)关于赣州市执行西部大开发政策的规定,现将赣州市执行西部大开发税收政策问题通知如下:

一、对赣州市内资鼓励类产业、外商投资鼓励类产业及优势产业的项目在投资总额内进口的自用设备,在政策规定范围内免征关税。

二、自2012年1月1日至2020年12月31日,对设在赣州市的鼓励类产业的内资企业和外商投资企业减按15%的税率征收企业所得税。

鼓励类产业的内资企业是指以《产业结构调整指导目录》中规定的鼓励类产业项目为主营业务，且其主营业务收入占企业收入总额70%以上的企业。

鼓励类产业的外商投资企业是指以《外商投资产业指导目录》中规定的鼓励类项目和《中西部地区外商投资优势产业目录》中规定的江西省产业项目为主营业务，且其主营业务收入占企业收入总额70%以上的企业。

三、本通知自2012年1月1日起执行。

注释：

条款失效。企业所得税政策规定自2021年1月1日起停止执行。参见：《财政部 税务总局 国家发展改革委关于延续西部大开发企业所得税政策的公告》（财政部公告2020年第23号）。

政策调整。"赣州市企业享受西部大开发所得税优惠备案核准"取消。参见：1.《国家税务总局贯彻落实〈国务院关于第二批取消152项中央指定地方实施行政审批事项的决定〉的通知》（税总发〔2016〕23号）。2.《国务院关于第二批取消152项中央指定地方实施行政审批事项的决定》（国发〔2016〕9号）。3.《国家税务总局关于公布已取消的22项税务非行政许可审批事项的公告》（国家税务总局公告2015年第58号）。

5-2-15

国务院办公厅关于支持岷县漳县地震灾后恢复重建政策措施的意见

2013年9月14日　国办发〔2013〕94号

各省、自治区、直辖市人民政府，国务院各部委、各直属机构：

为支持和帮助岷县漳县地震受灾地区积极开展生产自救，重建家园，鼓励和引导社会各方面力量参与灾后恢复重建工作，使地震灾区基本生产生活条件和经济社会发展全面恢复并超过灾前水平，经国务院同意，现就支持岷县漳县地震灾后恢复重建有关政策措施提出以下意见：

一、统筹安排灾后恢复重建资金

中央财政适当安排岷县漳县地震灾后恢复重建补助资金，包干给地方，由甘肃省统筹安排使用。对政府外债项目因灾造成的损失，给予债务减免，所需还款资金由中央财政承担。

甘肃省要通过调整支出结构集中财力用于灾后恢复重建。同时，通过捐赠资金、银行贷款、居民和企业自筹资金等多渠道筹措安排灾后恢复重建资金。积极引导公益性社会团体将所接受捐赠资金用于灾后恢复重建。

二、税收政策

受灾地区各级财政税务机关要采取有效措施，认真贯彻落实好现行税收法律、法规中可以适用于抗震救灾及灾后恢复重建的有关税收优惠政策。

同时,由财政部会同税务总局等有关部门结合受灾地区实际情况,在调查研究的基础上统筹研究适当的税收扶持政策,按程序报批后另行发布。

三、行政事业性收费政策

对受灾严重地区的矿产资源开采企业,全部免收属于中央收入的矿产资源补偿费、探矿权采矿权使用费;对银行、信用社、邮政储蓄机构(包括注册地在受灾地区的法人机构及在受灾地区的分支机构),全部免收银行业机构监管费和业务监管费;对保险公司、保险中介机构(包括注册地在受灾地区的法人机构及在受灾地区的分支机构),全部免收保险业务监管费;对证券、基金、期货公司(包括注册地在受灾地区的法人机构及在受灾地区的分支机构),全部免收证券市场监管费。

甘肃省对受灾严重地区酌情减免由中央级批准属于地方收入的行政事业性收费,以及本省出台的行政事业性收费。

四、金融政策

(一)支持金融机构尽快全面恢复金融服务功能。

加快修复基层金融网点,鼓励受灾地区金融机构适当减免客户账户查询、挂失和补办、转账等收费。

(二)鼓励银行业金融机构加大信贷投放。

1. 全国性金融机构要加大对受灾地区信贷需求优先支持的力度;适当调整受灾地区地方法人金融机构宏观审慎政策参数,支持增加受灾地区恢复重建的信贷投放。

2. 增加对受灾地区的再贷款(再贴现)额度,对受灾地区金融机构发放的支农再贷款在现行支农再贷款利率基础上下调 1 个百分点;继续对受灾地区地方法人金融机构执行倾斜的准备金政策,下调受灾地区地方法人金融机构存款准备金率 1 个百分点。

3. 对灾前已经发放、因灾不能按期偿还的贷款,在 2014 年 7 月底前,不催收催缴、不罚息,不作为不良记录,不影响其继续获得受灾地区其他信贷支持。鼓励金融机构积极采取多种有效方式和措施实施贷款重组。

4. 加大对受灾地区重点基础设施、城乡居民住房、农牧业等的信贷支持力度。对符合条件的因灾失业人员和劳动密集型小企业,可按规定申请下岗失业人员小额担保贷款政策扶持。

(三)加强信用环境建设。

1. 加快整理核实受灾地区金融机构客户基本信息;对暂时无主客户的债权,另账保存;依法确认和保护遇难者账户资金、金融资产所有权和继承权;加快保险理赔进度,提高理赔效率。

2. 对符合现行核销规定的贷款,按照相关政策和程序及时核销。鼓励和支持金融机构对因灾形成的不良债务实施有效重组,帮助企业和个人恢复生产和偿债能力。

(四)实施住房重建优惠信贷服务政策。

1. 对于由地方人民政府出资设立的担保公司(或担保基金)提供全额担保以及借款人提供完全符合银行要求的抵押物、质物的农房重建贷款,其贷款利率具体浮动幅度由金融机构自主确定。鼓励银行业金融机构根据农户收入状况与特点,提供灵活多样的贷款偿还方式,减轻农户前三年的本金偿还压力。

2. 对城镇受灾地区个人住房贷款采取优惠政策,具体利率水平和首付款比例由商业银行根据风险管理原则自主确定。

(五)发挥保险市场功能支持灾后恢复重建。

引导、指导有关保险机构加大对灾后恢复重建保险资金的投资力度。

五、土地政策

(一)对为安置受灾居民新建各类安置住房,以及受灾地区行政机关、企事业等单位因灾房屋重建,规模不超过原有规模的,免收新增建设用地土地有偿使用费;需要占用国有土地的,免收土地出让收入。

(二)对利用政府投资、社会捐助以及自筹资金为受灾居民建设非商品住宅用地,采用BOT(建设—运营—移交)、TOT(转让—运营—转让)等方式建设的经营性基础设施、公益性设施用地,按规划需要整体搬迁并收回其原土地使用权的工业企业用地,以及规划异地重建的村庄确需用地,可采取划拨方式供地。对按规划需要整体搬迁的工商企业经营用地,同一宗地只有一个用地意向者的,可采用协议出让方式供地,并挂牌公示。

(三)优先核定重建用地规模,科学安排用地布局,妥善解决重建用地需求。适时调整县乡级土地利用总体规划中建设用地、耕地及基本农田布局,报原审批机关批准。对灾后恢复重建需要的新增建设用地计划指标,在国家下达的年度指标中优先安排,指标不足的,可本着节约集约用地的原则预支安排,并经分类统计后上报,由国土资源部认定。

重建用地报批时,没有占补平衡指标的,以正式批复的土地开发复垦整理项目审核意见或立项文件为依据,采取边占边补方式落实占补平衡。由甘肃省统筹耕地开垦费实施土地开发整理项目,完成灾后恢复重建用地的占补平衡任务。

对规划异地重建的城镇和村庄,凡废弃村庄和城镇具备复垦条件的,可以开展城乡建设用地增减挂钩,增减挂钩指标可在市域范围内安排使用。对抗震救灾和灾后恢复重建用地,可根据需要先行使用或安排供地。

(四)根据实际需要,减少审批环节,简化报批材料,调整审批程序,依法依规,保证及时高效用地。支持受灾地区开展土地整治,统筹安排灾毁土地的整理复垦,地方可统筹使用中央分配的新增建设用地土地有偿使用费、省级留成的新增建设用地土地有偿使用费等资金重点开展灾毁耕地复垦。

(五)可先行使用林地,在国家规定的灾后恢复重建结束后半年内,再补办手续。所需林地定额不纳入"十二五"期间占用征收林地定额。灾后恢复重建民生项目、农林生产设施项目等,免收森林植被恢复费。

六、就业援助和社会保险政策

(一)加大就业援助。

1. 将甘肃省人民政府确定的因地震灾害出现的就业困难人员,按规定及时纳入就业援助的对象范围,优先保证受灾地区零就业家庭至少有一人就业。

2. 将本地就业困难人员正在参与的抗震救灾相关工作,按规定纳入现有和新开发的公益性岗位认定范围,时限为三个月。

3. 对从事公益性岗位工作的就业困难人员,按规定提供岗位补贴和社会保险补贴。

4. 对因地震灾害中断营业后重新开业的个体工商户,按规定给予小额担保贷款扶持。

5. 对受灾地区企业在重建中吸收就业困难人员的,按规定给予相应的社会保险补贴。

6. 对从事灵活就业的就业困难人员,按规定享受社会保险补贴。

7. 甘肃省人民政府在确保失业保险基金按时足额发放前提下,对受灾地区企业采取适当降低失业保险率等措施。

8. 对受灾地区实行就业援助所需相关资金,按规定从就业专项资金中列支,中央财政通过专项转移支付给予适当支持。

9. 受灾地区参加了失业保险的企业因灾停产、歇业期间,对暂时失去工作岗位的职工,按规定发放失业保险金,失业保险金发放期限截止到企业恢复生产当月,最长不超过十八个月;对受灾企业在恢复生产期间开展职工培训的,按规定从失业保险基金中给予企业职工培训和技能鉴定补贴。

10. 受灾地区享受失业保险待遇的失业人员自谋职业、自主创业的,可按规定一次性领取失业保险金。自主创业并招用其他失业人员就业的,从失业保险基金中一次性给予3000元创业补助金。

11. 鼓励东部沿海等地区支持和帮助受灾地区劳动者转移就业。对东部沿海等地区各类企业(单位)招用受灾地区劳动者,与之签订劳动合同并缴纳社会保险费的,按其为受灾地区劳动者实际缴纳的基本养老保险费、基本医疗保险费和失业保险费给予补贴,补贴期限最长不超过一年,所需资金从东部沿海等地区就业专项资金中安排。对转移就业的劳动者给予一次性交通补贴,所需资金从受灾地区就业专项资金中安排。上述两项政策审批截止时间为2014年底。

(二)保障养老保险待遇支付。

对受灾较重、暂停生产的企业,允许缓缴社会保险费;对因灾无法恢复生产,经法院宣告关闭破产企业欠缴的基本养老保险费,应按国家有关规定使用破产财产清偿,不足部分应按规定报批后予以核销。

(三)保障医疗保险待遇支付。

伤员应急救治工作完成后,受灾群众的医疗费用原则上通过现行社会保障制度解决。今年内可在受灾地区实行过渡性医疗卫生措施,向受灾群众免费提供基本医疗卫生服务,包括一般常见病治疗、传染病防治和卫生防疫。对2014年符合医疗救助条件的受灾地区困难群众参加城镇居民基本医疗保险和新型农村合作医疗个人缴费部分,由城乡医疗救助资金帮助解决。

七、产业政策

(一)支持恢复特色优势产业生产能力,发展文化旅游产业,促进产业结构调整,推进绿色可持续发展。建设形成资源集约利用、环境综合治理、功能有效发挥的产业集聚区域。

(二)坚决淘汰高耗能、高污染企业以及不符合国家产业政策和不具备安全生产条件的落后产能,关闭重要水源保护区内的污染严重企业。中央财政对地方淘汰"两高一资"落后产能给予倾斜支持。

(三)对受灾严重地区中央农机购置补贴比例可提高到50%。

八、粮食政策

适时充实受灾地区粮食库存,满足受灾地区市场需求。做好市场应急调控预案,确保受灾地区市场稳定。支持受灾地区受损粮库维修重建。

九、地质灾害防治和生态修复政策

(一)支持进一步开展受灾地区地质灾害排查,以及重点地区和流域地质灾害监测与综合治理工作,支持地质灾害应急体系和应急避险场所建设,进一步加强防灾减灾能力建设。

(二)受灾地区 25 度以上坡耕地以及不具备耕种条件的震损耕地,国家将在实施新一轮退耕还林政策时予以统筹考虑。对因灾损毁的退耕还林工程造林地补植补造种苗费用,可按规定享受中央财政巩固退耕还林成果专项资金扶持。

(三)对已经享受集体公益林补偿政策的农户,因灾造成公益林面积损毁,进行补植补造并符合相关规定的,继续享受生态补偿政策。

十、其他政策

(一)中央财政加大对甘肃省扶贫开发的支持力度。支持以工代赈,鼓励受灾地区群众参与建筑废墟清理、住房建设、小型基础设施修复等灾后恢复重建任务。

(二)对甘肃省列入易地扶贫搬迁规划的地震灾区需要搬迁的农村贫困人口,结合灾后恢复重建予以倾斜支持。

(三)灾后恢复重建规划编制由甘肃省负责。有关部门给予必要的帮助和支持。

(四)灾后恢复重建项目要依法开展环境影响评价,有关部门应开辟环评绿色通道,简化相关手续。

上述十项政策措施,未明确执行期限和适用地区范围的,原则上,执行期限与灾后恢复重建规划确定的灾后恢复重建期一致,适用地区范围为灾后恢复重建规划确定的受灾地区范围,具体由有关部门统筹研究确定。

各有关地区、各部门要把大力支持抗震救灾和灾后恢复重建工作作为当前的一项重要任务,切实抓紧抓好。

甘肃省人民政府对灾后恢复重建工作负总责,要全面部署灾后恢复重建工作,明确责任、分工和工作要求。要结合灾区实际,制定切实可行的政策措施落实方案、操作办法,提高资金使用效益,确保各项政策措施执行到位。

国务院有关部门要加强指导与服务,尽快制定政策措施的实施办法或细则,明确政策措施适用范围和执行期限等,并根据实际情况及时加以调整和完善。财政部、审计署等部门要按照职责分工,加强对相关政策措施执行情况的全过程监督。

5-2-16

科学技术部 财政部 国家税务总局
关于在中关村国家自主创新示范区
完善高新技术企业认定中文化产业
支撑技术等领域范围的通知

2014年1月8日　国科发火〔2014〕20号

北京市科学技术委员会、北京市财政局、北京市国家税务局、北京市地方税务局：

根据《科技部、财政部、税务总局关于在中关村国家自主创新示范区开展高新技术企业认定中文化产业支撑技术等领域范围试点的通知》（国科发高〔2013〕595号）文件精神，现对《关于完善中关村国家自主创新示范区高新技术企业认定管理试点工作的通知》（国科发火〔2011〕90号）的附件《国家重点支持的高新技术领域（中关村示范区试行）》内涉及文化产业支撑技术等领域范围内容予以补充，详见附件。

特此通知。

附件：文化产业支撑技术等领域范围补充内容

附件

文化产业支撑技术等领域范围补充内容

序号	增加位置	增加内容
1	一、电子信息技术 （一）软件 6. 中文及多语种处理软件技术	字体设计与生成技术；字库管理技术；支撑古文字、少数民族文字研究的相关技术；支撑书法及绘画研究的相关技术；语言、音乐和电声信号的处理技术；支撑文物器物、文物建筑研究的相关技术；支撑文物基础资源的信息采集、转换、记录、保存的相关技术。
2	一、电子信息技术 （一）软件 7. 图形和图像软件技术	静态图像、动态图像、视频图像及影视画面的处理技术。
3	一、电子信息技术 （七）信息安全技术 5. 安全保密技术	文化、文物及文物衍生产品防伪技术，包括介质的生产、压印、压膜、标记技术，介质的标签唯一标识技术等。
4	一、电子信息技术 （五）广播电视技术 3. 广播电视测量、监测与监控技术	新媒体视听节目的监测、监控技术。

续表

序号	增加位置	增加内容
5	四、新材料技术	(六)文化艺术新材料 1. 文化载体和介质新材料制备技术 文化艺术用可再生环保纸(不含木料纸、新型非涂布纸和轻涂纸、轻质瓦楞纸板)、特种纸(包括艺术专用纸张)、电子纸等新型纸的生产技术;仿古纸(包括传统工艺制作的古代书画修复用纸、纸质文物修复用纸等)的生产技术;光盘及原辅材料(包括光盘基片材料、光盘记录材料、甩涂与粘合材料、清洗与保护材料等)的生产技术。 2. 艺术专用新材料制备技术 针对艺术专用品及改进其工艺生产的材料生产技术,包括专用器件、文化资源数字化存储材料等的制备技术;针对艺术需要的声学材料的设计、加工、制作、生产等技术。 3. 影视场景和舞台专用新材料的加工生产技术 用于与文化艺术有关的制景、舞台、影视照明的新型专用灯具器材的新材料、新工艺开发和应用技术。 4. 文化产品印刷新材料制备技术 数字直接制版材料,数字印刷用油墨、墨水,特殊印刷材料等开发和应用技术。 5. 文物保护新材料制备技术 文物提取、清洗、固色、粘结、软化、缓蚀、封护等材料的制造技术及文物存放环境的保护技术。
6	五、高技术服务业 5. 文化创意产业支撑技术	数字电影、数字动漫等的生产制作技术;3D、4D、超高清(4K以上分辨率)、穹(球)幕、巨幕等制作传输和显示放映技术;移动多媒体广播(CMMB)技术;下一代广播电视网(NGB)技术;有线数字电视网络整合技术;数字电影与动漫制作基地支撑技术;文化信息资源共享支撑技术;出版物物流技术;数字版权保护技术;网络视听新媒体发展创新及衍生产品开发支撑技术;3D打印、人机交互、大数据智能处理等能支撑体现交互式、虚拟化、数字化、网络化特征的文化科技融合技术;艺术品鉴证技术;集成化舞台制作技术,舞台美术、灯光、音响、道具等加工生产制作技术;移动互联多媒体票务技术;文物保护、展览、展示、鉴定新技术。
7	八、高新技术改造传统产业	(七)传统文化产业改造技术 1. 数字电影、电视、广播、出版技术 2. 乐器制造技术 乐器及其器材加工和调试新技术;MIDI系统生产调试技术。 3. 印刷技术 传统印刷改造的高新技术;绿色印刷工艺技术;特种印刷工艺技术(包括喷墨印刷、防伪印刷、标签印刷、金属制品印刷、纸包装印刷等)。

5-2-17

财政部　海关总署　国家税务总局关于横琴　平潭开发有关增值税和消费税政策的通知

2014年6月11日　财税〔2014〕51号

广东、福建省财政厅、国家税务局,海关总署广东分署、拱北海关、福州海关:

　　为了贯彻落实《国务院关于横琴开发有关政策的批复》(国函〔2011〕85号)和《国务院

关于平潭综合实验区总体发展规划的批复》(国函〔2011〕142号)精神,现就横琴、平潭开发有关增值税和消费税政策通知如下:

一、增值税和消费税退税政策

(一)内地销往横琴、平潭与生产有关的货物,视同出口,实行增值税和消费税退税政策。但下列货物不包括在内:

1. 财政部和国家税务总局规定不适用增值税退(免)税和免税政策的出口货物。

2. 横琴、平潭的商业性房地产开发项目采购的货物。

商业性房地产开发项目,是指兴建(包括改扩建)宾馆饭店、写字楼、别墅、公寓、住宅、商业购物场所、娱乐服务业场馆、餐饮业店馆以及其他商业性房地产项目。

3. 内地销往横琴、平潭不予退税的其他货物。具体范围见附件。

4. 按本通知第五条规定被取消退税或免税资格的企业购进的货物。

(二)内地货物销往横琴、平潭,适用增值税和消费税退税政策的,必须办理出口报关手续(水、蒸汽、电力、燃气除外)。海关总署将货物经"二线"进入横琴、平潭的《进境货物备案清单》的电子信息提供给国家税务总局。

(三)内地销往横琴、平潭的适用增值税和消费税退税政策的货物,销售企业在取得出口货物报关单(出口退税专用)后,应在中国电子口岸数据中心予以确认,并将取得的上述报关单提供给横琴、平潭的购买企业,由横琴、平潭的购买企业向税务机关申报退税。申报退税时,应提供购进货物的出口货物报关单(出口退税专用)、进境货物备案清单、增值税专用发票、消费税专用缴款书(仅限于消费税应税货物)以及税务机关要求提供的其他资料。

税务机关应对企业申报退税的资料,与对应的电子信息进行核对无误后,按规定办理退税。

已申报退税的货物,其增值税专用发票上注明的增值税额,不得作为进项税额进行抵扣。已抵扣的进项税额,不得再申报退税。

(四)退税公式。

增值税应退税额 = 购进货物的增值税专用发票注明的金额 × 购进货物适用的增值税退税率

从一般纳税人购进的按简易办法征税的货物和从小规模纳税人购进的货物,其适用的增值税退税率,按照购进货物适用的征收率和退税率孰低的原则确定。

消费税应退税额 = 购进货物的消费税专用缴款书上注明的消费税额

二、横琴、平潭各自的区内企业之间销售其在本区内的货物,免征增值税和消费税。但上述企业之间销售的用于其本区内商业性房地产开发项目的货物,以及按本通知第五条规定被取消退税或免税资格的企业销售的货物,应按规定征收增值税和消费税。

三、横琴、平潭已享受免税、保税、退税政策的货物销往内地,除在"一线"已完税的生活消费类等货物外,按照有关规定征收进口税收。

四、横琴、平潭的在"一线"已完税的生活消费类等货物销往内地的,由税务机关按照现行规定征收增值税和消费税。

五、横琴、平潭的企业应单独核算按照本通知第一条或第二条规定退税或免税的货物。主管税务机关发现企业未按规定单独核算的,取消其享受本通知规定的退税和免税资格

2年,并按规定予以处罚。

六、横琴、平潭的商业性房地产开发项目,由各自的区管委会行业主管部门会同当地财政、国税部门联合认定。

七、本通知有关增值税和消费税退税、免税的具体管理办法,由国家税务总局另行制定。

八、本通知自相关监管设施验收合格、正式开关运行之日起执行。增值税和消费税退税政策的执行时间,以出口货物报关单(出口退税专用)上注明的出口日期为准。

附件:内地销往横琴、平潭不予退税的货物清单(编者略)

5-2-18

海关总署关于开展丝绸之路经济带海关区域通关一体化改革的公告

2015年3月30日　海关总署公告2015年第9号

为落实"一带一路"国家发展战略,顺应中国经济新常态和贸易发展新业态,尊重企业的自主选择与物流运作规律,加快经济紧密联系地区区域通关一体化改革步伐,海关总署决定在山东、河南、山西、陕西、甘肃、宁夏、青海、新疆、西藏(以下称丝绸之路经济带)等九省(区)内的青岛、济南、郑州、太原、西安、兰州、银川、西宁、乌鲁木齐、拉萨等十个海关(以下称丝绸之路经济带海关)启动丝绸之路经济带海关区域通关一体化改革。现将有关事项公告如下:

一、自2015年5月1日起,启用丝绸之路经济带海关区域通关一体化通关方式。

二、丝绸之路经济带海关区域通关一体化通关方式适用于丝绸之路经济带企业在丝绸之路经济带各口岸海关进出口的货物。丝绸之路经济带企业可自主选择向经营单位注册地、货物实际进出境地海关或其直属海关集中报关点办理申报、纳税和查验放行手续。

企业可根据实际需要,自主选择口岸清关、转关、区域通关一体化等任何一种通关方式。

三、取消丝绸之路经济带报关企业跨关区从事报关服务的限制,允许报关企业"一地注册、多地报关";允许区域外报关企业在区域内设立的分支机构,在区域海关直接报关;允许许可证件证面签注口岸为丝绸之路经济带任一口岸的货物(除国家明确实施口岸限制管理措施的货物外),在区域内任一海关办理申报验放手续。

四、丝绸之路经济带海关间互认商品预归类、价格预审核、原产地预确定和归类、价格、原产地等专业认定结果以及暂时进出境等行政许可决定;待系统完善后,在银行总担保及汇总征税项目的基础上,实现企业的一份税款保函在丝绸之路经济带海关互认通用。

五、丝绸之路经济带海关区域通关一体化报关单审核、税单打印、税费核注核销、无纸转有纸、汇总征税试点等操作按现行规定办理。

六、丝绸之路经济带海关区域通关一体化报关单所涉货物可由企业根据物流实际需求,自主选择在口岸或属地海关监管场所实施查验。对需转运分流到属地监管场所实施查验的,进出境货物及其运输工具应符合海关途中监管的要求。

七、丝绸之路经济带海关可凭电子放行信息办理货物出场(库、区)手续,实现卡口自动核放。

八、丝绸之路经济带海关通过"中国海关网上服务大厅"和海关"12360"服务热线,为企业提供通关、舱单状态查询、疑难咨询等公共服务。

特此公告。

5-2-19

海关总署关于开展东北地区海关区域通关一体化改革的公告

2015年3月30日　海关总署公告2015年第10号

为服务振兴东北规划,顺应中国经济新常态和贸易发展新业态,尊重企业的自主选择与物流运作规律,加快经济紧密联系地区区域通关一体化改革步伐,海关总署决定在辽宁、吉林、黑龙江、内蒙古(以下称东北地区)等四省(区)内的大连、沈阳、长春、哈尔滨、呼和浩特、满洲里等六个海关(以下称东北地区海关)启动东北地区海关区域通关一体化改革。现将有关事项公告如下:

一、自2015年5月1日起,启用东北地区海关区域通关一体化通关方式。

二、东北地区海关区域通关一体化通关方式适用于东北地区企业在东北地区各口岸海关进出口的货物。东北地区企业可自主选择向经营单位注册地、货物实际进出境地海关或其直属海关集中报关点办理申报、纳税和查验放行手续。

企业可根据实际需要,自主选择口岸清关、转关、区域通关一体化等任何一种通关方式。

三、取消东北地区报关企业跨关区从事报关服务的限制,允许报关企业"一地注册、多地报关";允许区域外报关企业在区域内设立的分支机构,在区域海关直接报关;允许许可证件证面签注口岸为东北地区任一口岸的货物(除国家明确实施口岸限制管理措施的货物外),在区域内任一海关办理申报验放手续。

四、东北地区海关间互认商品预归类、价格预审核、原产地预确定和归类、价格、原产地等专业认定结果以及暂时进出境等行政许可决定;待系统完善后,在银行总担保及汇总征税项目的基础上,实现企业的一份税款保函在东北地区海关互认通用。

五、东北地区海关区域通关一体化报关单审核、税单打印、税费核注核销、无纸转有纸、汇总征税试点等操作按现行规定办理。

六、东北地区海关区域通关一体化报关单所涉货物可由企业根据物流实际需求,自主选择在口岸或属地海关监管场所实施查验。对需转运分流到属地监管场所实施查验的,进出境货物及其运输工具应符合海关途中监管的要求。

七、东北地区海关可凭电子放行信息办理货物出场(库、区)手续,实现卡口自动核放。

八、东北地区海关通过"中国海关网上服务大厅"和海关"12360"服务热线,为企业提供通关、舱单状态查询、疑难咨询等公共服务。

特此公告。

5-2-20

国务院办公厅关于印发自由贸易试验区外商投资国家安全审查试行办法的通知

2015年4月8日　国办发〔2015〕24号

各省、自治区、直辖市人民政府,国务院各部委、各直属机构:

《自由贸易试验区外商投资国家安全审查试行办法》已经国务院同意,现印发给你们,请认真贯彻执行。

特此公告。

自由贸易试验区外商投资国家安全审查试行办法

为做好中国(上海)自由贸易试验区、中国(广东)自由贸易试验区、中国(天津)自由贸易试验区、中国(福建)自由贸易试验区等自由贸易试验区(以下统称自贸试验区)对外开放工作,试点实施与负面清单管理模式相适应的外商投资国家安全审查(以下简称安全审查)措施,引导外商投资有序发展,维护国家安全,制定本办法。

一、审查范围

总的原则是,对影响或可能影响国家安全、国家安全保障能力,涉及敏感投资主体、敏感并购对象、敏感行业、敏感技术、敏感地域的外商投资进行安全审查。

(一)安全审查范围为:外国投资者在自贸试验区内投资军工、军工配套和其他关系国防安全的领域,以及重点、敏感军事设施周边地域;外国投资者在自贸试验区内投资关系国家安全的重要农产品、重要能源和资源、重要基础设施、重要运输服务、重要文化、重要信息技术产品和服务、关键技术、重大装备制造等领域,并取得所投资企业的实际控制权。

(二)外国投资者在自贸试验区内投资,包括下列情形:

1. 外国投资者单独或与其他投资者共同投资新建项目或设立企业。

2. 外国投资者通过并购方式取得已设立企业的股权或资产。

3. 外国投资者通过协议控制、代持、信托、再投资、境外交易、租赁、认购可转换债券等方式投资。

(三)外国投资者取得所投资企业的实际控制权,包括下列情形:

1. 外国投资者及其关联投资者持有企业股份总额在50%以上。

2. 数个外国投资者持有企业股份总额合计在50%以上。

3. 外国投资者及其关联投资者、数个外国投资者持有企业股份总额不超过50%,但所享有的表决权已足以对股东会或股东大会、董事会的决议产生重大影响。

4. 其他导致外国投资者对企业的经营决策、人事、财务、技术等产生重大影响的情形。

二、审查内容

(一)外商投资对国防安全,包括对国防需要的国内产品生产能力、国内服务提供能力和有关设施的影响。

(二)外商投资对国家经济稳定运行的影响。

(三)外商投资对社会基本生活秩序的影响。

(四)外商投资对国家文化安全、公共道德的影响。

(五)外商投资对国家网络安全的影响。

(六)外商投资对涉及国家安全关键技术研发能力的影响。

三、安全审查工作机制和程序

(一)自贸试验区外商投资安全审查工作,由外国投资者并购境内企业安全审查部际联席会议(以下简称联席会议)具体承担。在联席会议机制下,国家发展改革委、商务部根据外商投资涉及的领域,会同相关部门开展安全审查。

(二)自贸试验区安全审查程序依照《国务院办公厅关于建立外国投资者并购境内企业安全审查制度的通知》(国办发〔2011〕6号)第四条办理。

(三)对影响或可能影响国家安全,但通过附加条件能够消除影响的投资,联席会议可要求外国投资者出具修改投资方案的书面承诺。外国投资者出具书面承诺后,联席会议可作出附加条件的审查意见。

(四)自贸试验区管理机构在办理职能范围内外商投资备案、核准或审核手续时,对属于安全审查范围的外商投资,应及时告知外国投资者提出安全审查申请,并暂停办理相关手续。

(五)商务部将联席会议审查意见书面通知外国投资者的同时,通知自贸试验区管理机构。对不影响国家安全或附加条件后不影响国家安全的外商投资,自贸试验区管理机构继续办理相关手续。

(六)自贸试验区管理机构应做好外商投资监管工作。如发现外国投资者提供虚假信息、遗漏实质信息、通过安全审查后变更投资活动或违背附加条件,对国家安全造成或可能造成重大影响的,即使外商投资安全审查已结束或投资已实施,自贸试验区管理机构应向国家发展改革委和商务部报告。

(七)国家发展改革委、商务部与自贸试验区管理机构通过信息化手段,在信息共享、实时监测、动态管理和定期核查等方面形成联动机制。

四、其他规定

(一)外商投资股权投资企业、创业投资企业、投资性公司在自贸试验区内投资,适用本办法。

(二)外商投资金融领域的安全审查另行规定。

(三)香港特别行政区、澳门特别行政区、台湾地区的投资者进行投资,参照本办法的规定执行。

（四）本办法由国家发展改革委、商务部负责解释。

（五）本办法自印发之日起30日后实施。

5-2-21

财政部　国家税务总局关于印发《京津冀协同发展产业转移对接企业税收收入分享办法》的通知

2015年6月3日　财预〔2015〕92号

北京市、天津市、河北省财政厅（局）、国家税务局、地方税务局：

经国务院批准，为推动京津冀协同发展，促进资源要素合理流动，实现京津冀地区优势互补、良性互动、共赢发展，我们制定了《京津冀协同发展产业转移对接企业税收收入分享办法》，现印发你们，请遵照执行。

特此通知。

附件：京津冀协同发展产业转移对接企业税收收入分享办法

附件

京津冀协同发展产业转移对接企业税收收入分享办法

一、分享方案

（一）分享税种。纳入地区间分享范围的税种包括增值税、企业所得税、营业税三税地方分成部分（以下简称"三税"）。

（二）企业范围。由迁出地区政府主导、符合迁入地区产业布局条件、且迁出前三年内年均缴纳"三税"大于或等于2000万元的企业，纳入分享范围。具体企业名单，由迁入地区、迁出地区省级政府分别统计、共同确认。属于市场行为的自由迁移企业，不纳入分享范围。

（三）分享方式。以迁出地区分享"三税"达到企业迁移前三年缴纳的"三税"总和为上限，达到分享上限后，迁出地区不再分享。具体办法是：

1. 迁出企业完成工商和税务登记变更并达产后三年内缴纳的"三税"，由迁入地区和迁出地区按50%：50%比例分享。

2. 若三年仍未达到分享上限，分享期限再延长两年，此后迁出地区不再分享，由中央财政一次性给予迁出地区适当补助。

二、保障措施

（一）确认划转数额。企业迁移前三年缴纳"三税"情况（包含缴纳和退库，下同），由迁出地区省级税务部门负责统计并提供省级财政部门，省级财政部门报财政部驻迁出省（市）财政监察专员办事处审核确认。企业迁移后三年（或五年）缴纳"三税"情况，由迁入地区省级税务部门负责统计并提供省级财政部门，省级财政部门报财政部驻迁入省（市）财政监察专员办事处审核确认。

（二）办理资金结算。每年年度终了后，财政部根据三省市财政部门上报的迁移类企业缴纳"三税"情况和财政部驻三省市财政监察专员办事处分别确认的数额，通过当年中央和地方结算，办理上年地区间税收收入划转事宜。

（三）规范迁移行为。各地不得为吸引企业迁入，对辖区内各类区域、企业及其投资者（或管理人员）等制定或实施违反国家法律法规的财税优惠政策，制造政策洼地，损坏国家整体利益。对违反本办法规定的行为，由相关部门进行监督检查，并按规定予以处理处罚。

（四）加强绩效评估。京津冀三省市财政部门应定期进行工作总结和效果评估，密切关注出现的新情况新问题，积极研究解决办法，提出政策建议，完善配套措施，支持京津冀产业对接协作，确保京津冀协同发展工作有序进行。

本办法自印发之日起执行。在本办法印发前，已经达成税收分享协议或已有明确分享办法的，继续按原有分享协议和办法的规定办理。共建产业园区的税收分享，按京津冀三地政府协商意见执行。

5-2-22

国家税务总局关于发布《海南离岛免税店销售离岛免税商品免征增值税和消费税管理办法》的公告

2020年9月29日　国家税务总局公告2020年第16号

根据《财政部　海关部署　税务总局关于海南离岛旅客免税购物政策的公告》（2020年第33号）规定，经商财政部，税务总局制定了《海南离岛免税店销售离岛免税商品免征增值税和消费税管理办法》，现予以发布。

特此公告。

海南离岛免税店销售离岛免税商品免征增值税和消费税管理办法

第一条　为规范海南离岛免税店（以下简称"离岛免税店"）销售离岛免税商品增值税和消费税管理，促进海南自由贸易港建设，根据《中华人民共和国税收征收管理法》以及《财政部　国家税务总局关于出口货物劳务增值税和消费税政策的通知》（财税〔2012〕39号）等有关规定，制定本办法。

第二条 离岛免税店销售离岛免税商品,按本办法规定免征增值税和消费税。

第三条 离岛免税店应按月进行增值税、消费税纳税申报,在首次进行纳税申报时,应向主管税务机关提供以下资料:

(一)离岛免税店经营主体的基本情况。

(二)国家批准设立离岛免税店(含海南省人民政府按相关规定批准并向国家有关部委备案的免税店)的相关材料。

第四条 离岛免税店按本办法第三条第一项提交报告的内容发生变更的,应在次月纳税申报期内向主管税务机关报告有关情况,并提供相关资料。

离岛免税店实施离岛免税政策资格期限届满或被撤销离岛免税经营资格的,应于期限届满或被撤销资格后十五日内向主管税务机关报告有关情况。

第五条 离岛免税店销售非离岛免税商品,按现行规定向主管税务机关申报缴纳增值税和消费税。

第六条 离岛免税店兼营应征增值税、消费税项目的,应分别核算离岛免税商品和应税项目的销售额;未分别核算的,不得免税。

第七条 离岛免税店销售离岛免税商品应开具增值税普通发票,不得开具增值税专用发票。

第八条 离岛免税店应将销售的离岛免税商品的名称和销售价格、购买离岛免税商品的离岛旅客信息和税务机关要求提供的其他资料,按照国家税务总局和海南省税务局规定的报送格式及传输方式,完整、准确、实时向税务机关提供。

第九条 本办法实施前已经开展离岛免税商品经营业务的离岛免税店,应在办法实施次月按本办法第三条要求在办理纳税申报时提供相关资料。

第十条 本办法自2020年11月1日起施行。

5-2-23

西部地区鼓励类产业目录(2020年本)

2021年1月18日　国家发展和改革委员会令第40号

《西部地区鼓励类产业目录(2020年本)》已经2020年11月5日国家发展和改革委员会第11次委务会议审议通过,并经国务院同意,现予发布,自2021年3月1日起施行。国家发展和改革委员会2014年发布的《西部地区鼓励类产业目录》(国家发展和改革委员会令2014年第15号)同时废止。

主任:何立峰

2021年1月18日

附件:《西部地区鼓励类产业目录(2020年本)》(编者略)

5-2-24

国家发展改革委 财政部 税务总局关于印发《海南自由贸易港鼓励类产业目录(2020年本)》的通知

2021年1月27日 发改地区规〔2021〕120号

海南省人民政府：

经国务院同意，现将《海南自由贸易港鼓励类产业目录(2020年本)》(以下简称《目录》)印发你省，请遵照执行。

在执行过程中，如不能准确判定企业主营业务是否属于《目录》，可由你省税务等部门提请省发展改革部门出具意见；关于离岸新型国际贸易的范围，由财政部、税务总局商有关部门进行解释。

附件：《海南自由贸易港鼓励类产业目录(2020年本)》(编者略)

3 专项税收政策

5-3-1

国务院关于外商投资企业和外国企业适用增值税、消费税、营业税等税收暂行条例有关问题的通知

1994年2月22日 国发〔1994〕10号

根据第八届全国人民代表大会常务委员会第五次会议审议通过的《全国人民代表大会常务委员会关于外商投资企业和外国企业适用增值税、消费税、营业税等税收暂行条例的决定》(以下简称《决定》),现对外商投资企业和外国企业适用税种等有关问题通知如下:

一、关于外商投资企业和外国企业适用税种问题

根据《决定》的规定,外商投资企业和外国企业除适用《中华人民共和国增值税暂行条例》、《中华人民共和国消费税暂行条例》、《中华人民共和国营业税暂行条例》和《中华人民共和国外商投资企业和外国企业所得税法》外,还应适用以下暂行条例:

(一)国务院1993年12月13日发布的《中华人民共和国土地增值税暂行条例》;

(二)国务院1993年12月25日发布的《中华人民共和国资源税暂行条例》;

(三)国务院1988年8月6日发布的《中华人民共和国印花税暂行条例》;

(四)中央人民政府政务院1950年12月19日发布的《屠宰税暂行条例》;

(五)中央人民政府政务院1951年8月8日发布的《城市房地产税暂行条例》;

(六)中央人民政府政务院1951年9月13日发布的《车船使用牌照税暂行条例》;

(七)中央人民政府政务院1950年4月3日发布的《契税暂行条例》。

在税制改革中,国务院还将陆续修订和制定新的税收暂行条例,外商投资企业和外国企业应相应依据有关条例规定执行。

二、关于外商投资企业改征增值税、消费税、营业税后增加的税负处理问题

(一)1993年12月31日前已批准设立的外商投资企业,由于改征增值税、消费税、营业税增加税负的,由企业提出申请,税务机关审核批准,在已批准的经营期限内,准予退还因税负增加而多缴纳的税款,但最长不得超过5年;没有经营期限的,经企业申请,税务机关批准,在最长不超过5年的期限内,退还上述多缴纳的税款。

(二)外商投资企业既缴纳增值税,又缴纳消费税的,所缴税款超过原税负的部分,按所缴增值税和消费税的比例,分别退还增值税和消费税。

(三)外商投资企业生产的产品直接出口或销售给出口企业出口的,按照《中华人民共和国增值税暂行条例》的规定,凭出口报关单和已纳税凭证,一次办理退税。

(四)外商投资企业因税负增加而申请的退税,原则上在年终后一次办理;对税负增加较多的,可按季申请预退,年度终了后清算。

(五)增值税、消费税的退税事宜由国家税务局系统负责办理,各级国库要认真审核,严格把关。退税数额的计算、退税的申请及批准程序等,由国家税务总局另行制定。

（六）营业税的退税问题，由省、自治区、直辖市人民政府规定。

三、关于中外合作开采石油资源的税收问题

中外合作油（气）田开采的原油、天然气按实物征收增值税，征收率为5%，并按现行规定征收矿区使用费，暂不征收资源税。在计征增值税时，不抵扣进项税额。原油、天然气出口时不予退税。

中国海洋石油总公司海上自营油田比照上述规定执行。

本通知自1994年1月1日起施行。

5-3-2

财政部　国家税务总局关于促进科技成果转化有关税收政策的通知

1999年5月27日　财税字〔1999〕45号

为贯彻落实《中华人民共和国科学技术进步法》和《中华人民共和国促进科技成果转化法》，鼓励高新技术产业发展，经国务院批准，现将科研机构、高等学校研究开发高新技术、转化科技成果有关税收政策通知如下：

一、科研机构的技术转让收入继续免征营业税，对高等学校的技术转让收入自1999年5月1日起免征营业税。

二、科研机构、高等学校服务于各业的技术成果转让、技术培训、技术咨询、技术服务、技术承包所取得的技术性服务收入暂免征收企业所得税。

三、自1999年7月1日起，科研机构、高等学校转化职务科技成果以股份或出资比例等股权形式给予个人奖励，获奖人在取得股份、出资比例时，暂不缴纳个人所得税；取得按股份、出资比例分红或转让股权、出资比例所得时，应依法缴纳个人所得税。有关此项的具体操作规定，由国家税务总局另行制定。

5-3-3

财政部　国家税务总局关于血站有关税收问题的通知

1999年10月13日　财税字〔1999〕264号

为了推动无偿献血公益事业的发展，经国务院批准，现将血站的有关税收问题明确如下：

一、鉴于血站是采集和提供临床用血，不以营利为目的的公益性组织，又属于财政拨补事业费的单位，因此，对血站自用的房产和土地免征房产税和城镇土地使用税。

二、对血站供应给医疗机构的临床用血免征增值税。

三、本通知所称血站,是指根据《中华人民共和国献血法》的规定,由国务院或省级人民政府卫生行政部门批准的,从事采集、提供临床用血,不以营利为目的的公益性组织。

四、本通知自 1999 年 11 月 1 日起执行。在此之前已征收入库的税款不再退还,未征收入库的税款也不再征缴。

5-3-4

科学技术部　财政部　国家税务总局关于印发《技术合同认定登记管理办法》的通知

2000 年 2 月 16 日　　国科发政字〔2000〕63 号

(通知略)

技术合同认定登记管理办法

第一条　为了规范技术合同认定登记工作,加强技术市场管理,保障国家有关促进科技成果转化政策的贯彻落实,制定本办法。

第二条　本办法适用于法人、个人和其他组织依法订立的技术开发合同、技术转让合同、技术咨询合同和技术服务合同的认定登记工作。

法人、个人和其他组织依法订立的技术培训合同、技术中介合同,可以参照本办法规定申请认定登记。

第三条　科学技术部管理全国技术合同认定登记工作。

省、自治区、直辖市和计划单列市科学技术行政部门管理本行政区划的技术合同认定登记工作。地、市、区、县科学技术行政部门设技术合同登记机构,具体负责办理技术合同的认定登记工作。

第四条　省、自治区、直辖市和计划单列市科学技术行政部门及技术合同登记机构,应当通过技术合同的认定登记,加强对技术市场和科技成果转化工作的指导、管理和服务,并进行相关的技术市场统计和分析工作。

第五条　法人和其他组织按照国家有关规定,根据所订立的技术合同,从技术开发、技术转让、技术咨询和技术服务的净收入中提取一定比例作为奖励和报酬,给予职务技术成果完成人和为成果转化做出重要贡献人员的,应当申请对相关的技术合同进行认定登记,并依照有关规定提取奖金和报酬。

第六条　未申请认定登记和未予登记的技术合同,不得享受国家对有关促进科技成果转化规定的税收、信贷和奖励等方面的优惠政策。

第七条　经认定登记的技术合同,当事人可以持认定登记证明,向主管税务机关提出申请,经审核批准后,享受国家规定的税收优惠政策。

第八条 技术合同认定登记实行按地域一次登记制度。技术开发合同的研究开发人、技术转让合同的让与人、技术咨询和技术服务合同的受托人,以及技术培训合同的培训人、技术中介合同的中介人,应当在合同成立后向所在地区的技术合同登记机构提出认定登记申请。

第九条 当事人申请技术合同认定登记,应当向技术合同登记机构提交完整的书面合同文本和相关附件。合同文本可以采用由科学技术部监制的技术合同示范文本;采用其他书面合同文本的,应当符合《中华人民共和国合同法》的有关规定。

采用口头形式订立技术合同的,技术合同登记机构不予受理。

第十条 技术合同登记机构应当对当事人提交申请认定登记的合同文本及相关附件进行审查,认为合同内容不完整或者有关附件不齐全的,应当以书面形式要求当事人在规定的时间内补正。

第十一条 申请认定登记的合同应当根据《中华人民共和国合同法》的规定,使用技术开发、技术转让、技术咨询、技术服务等规范名称,完整准确地表达合同内容。使用其他名称或者所表述内容在认定合同性质上引起混乱的,技术合同登记机构应当退回当事人补正。

第十二条 技术合同的认定登记,以当事人提交的合同文本和有关材料为依据,以国家有关法律、法规和政策为准绳。当事人应当在合同中明确相互权利与义务关系,如实反映技术交易的实际情况。当事人在合同文本中作虚假表示,骗取技术合同登记证明的,应当对其后果承担责任。

第十三条 技术合同登记机构对当事人所提交的合同文本和有关材料进行审查和认定。其主要事项是:

(一)是否属于技术合同;

(二)分类登记;

(三)核定技术性收入。

第十四条 技术合同登记机构应当自受理认定登记申请之日起30日内完成认定登记事项。技术合同登记机构对认定符合登记条件的合同,应当分类登记和存档,向当事人发给技术合同登记证明,并载明经核定的技术性收入额。对认定为非技术合同或者不符合登记条件的合同,应当不予登记,并在合同文本上注明"未予登记"字样,退还当事人。

第十五条 申请认定登记的合同,涉及国家安全或者重大利益需要保密的,技术合同登记机构应当采取措施保守国家秘密。

当事人在合同中约定了保密义务的,技术合同登记机构应当保守有关技术秘密,维护当事人的合法权益。

第十六条 当事人对技术合同登记机构的认定结论有异议的,可以按照《中华人民共和国行政复议法》的规定申请行政复议。

第十七条 财政、税务等机关在审核享受有关优惠政策的申请时,认为技术合同登记机构的认定有误的,可以要求原技术合同登记机构重新认定。财政、税务等机关对重新认定的技术合同仍认为认定有误的,可以按国家有关规定对当事人享受相关优惠政策的申请不予审批。

第十八条 经技术合同登记机构认定登记的合同,当事人协商一致变更、转让或者解除,以及被有关机关撤销、宣布无效时,应当向原技术合同登记机构办理变更登记或者注销登记手续。变更登记的,应当重新核定技术性收入;注销登记的,应当及时通知有关财政、税务机关。

第十九条 省、自治区、直辖市和计划单列市科学技术行政部门应当加强对技术合同登记机构和登记人员的管理,建立健全技术合同登记岗位责任制,加强对技术合同登记人员的业务培训和考核,保证技术合同登记人员的工作质量和效率。

技术合同登记机构进行技术合同认定登记工作所需经费,按国家有关规定执行。

第二十条 对于订立假技术合同或者以弄虚作假、采取欺骗手段取得技术合同登记证明的,由省、自治区、直辖市和计划单列市科学技术行政部门会同有关部门予以查处。涉及偷税的,由税务机关依法处理;违反国家财务制度的,由财政部门依法处理。

第二十一条 技术合同登记机构在认定登记工作中,发现当事人有利用合同危害国家利益、社会公共利益的违法行为的,应当及时通知省、自治区、直辖市和计划单列市科学技术行政部门进行监督处理。

第二十二条 省、自治区、直辖市和计划单列市科学技术行政部门发现技术合同登记机构管理混乱、统计失实、违规登记的,应当通报批评、责令限期整顿,并可给予直接责任人员行政处分。

第二十三条 技术合同登记机构违反本办法第十五条规定,泄露国家秘密的,按照国家有关规定追究其负责人和直接责任人员的法律责任;泄露技术合同约定的技术秘密,给当事人造成损失的,应当承担相应的法律责任。

第二十四条 本办法自发布之日起施行。1990年7月6日原国家科学技术委员会发布的《技术合同认定登记管理办法》同时废止。

5-3-5

财政部 国家税务总局关于随军家属就业有关税收政策的通知

2000年9月27日 财税〔2000〕84号

为缓解随军家属的就业困难,经国务院、中央军委批准,现对随军家属就业的有关税收政策通知如下:

一、对为安置随军家属就业而新开办的企业,自领取税务登记证之日起,3年内免征营业税、企业所得税。

二、对从事个体经营的随军家属,自领取税务登记证之日起,3年内免征营业税和个人所得税。

三、享受税收优惠政策的企业,随军家属必须占企业总人数的60%(含)以上,并有军

（含）以上政治和后勤机关出具的证明；随军家属必须有师以上政治机关出具的可以表明其身份的证明，但税务部门应进行相应的审查认定。

主管税务机关在企业或个人享受免税期间，应按现行有关税收规定，对此类企业进行年度检查，凡不符合条件的，应取消其免税政策。

每一随军家属只能按上述规定，享受一次免税政策。

四、本通知自 2000 年 1 月 1 日起执行。

请遵照执行。

5-3-6

财政部　国家税务总局关于自主择业的军队转业干部有关税收政策问题的通知

2003 年 4 月 9 日　财税〔2003〕26 号

为促进军队转业干部自主择业，现将与自主择业的军队转业干部有关的税收政策通知如下：

一、从事个体经营的军队转业干部，经主管税务机关批准，自领取税务登记证之日起，3 年内免征营业税和个人所得税。

二、为安置自主择业的军队转业干部就业而新开办的企业，凡安置自主择业的军队转业干部占企业总人数 60%（含 60%）以上的，经主管税务机关批准，自领取税务登记证之日起，3 年内免征营业税和企业所得税。

三、自主择业的军队转业干部必须持有师以上部队颁发的转业证件。

四、本通知自 2003 年 5 月 1 日起执行。

本通知生效前，已经从事个体经营的军队转业干部和符合本通知规定条件的企业，如果已经按〔2001〕国转联 8 号文件的规定，享受了税收优惠政策，可以继续执行到期满为止；如果没有享受上述文件规定的税收优惠政策，可自本通知生效之日起，3 年内免征营业税、个人所得税、企业所得税。

请遵照执行。

注释：

政策调整。"企业吸纳自主择业的军转干部税收减免审批"取消。参见：1.《国家税务总局关于贯彻落实〈国务院关于第一批取消 62 项中央指定地方实施行政审批事项的决定〉的通知》（税总发〔2015〕141 号）。2.《国务院关于第一批取消 62 项中央指定地方实施行政审批事项的决定》（国发〔2015〕57 号）。

5-3-7

财政部 国家税务总局关于
钓鱼台国宾馆免税问题的通知

2004年4月27日 财税〔2004〕72号

北京市财政局、国家税务局、地方税务局：

经国务院批准，从2004年1月1日起，对钓鱼台国宾馆免征营业税、企业所得税、城市维护建设税、教育费附加、房产税、土地使用税的政策继续执行。

5-3-8

国家税务总局 劳动和社会保障部
关于加强《再就业优惠证》管理
推进再就业税收政策落实的通知

2005年3月24日 国税发〔2005〕46号

各省、自治区、直辖市和计划单列市国家税务局、地方税务局、劳动和社会保障厅(局)：

为进一步加强《再就业优惠证》管理，防止税收流失，确保各项再就业税收政策落到实处，促进下岗失业人员再就业，现就建立部门间信息交换和协查制度等问题，通知如下：

一、县级以上劳动保障部门和税务部门要建立下岗失业人员再就业信息交换和协查制度。劳动保障部门要定期将《再就业优惠证》发放情况以电子、纸制文件等形式通报同级税务机关。省级劳动保障部门可根据实际情况，建立省内联网的《再就业优惠证》信息查询系统，也可采取其他形式与税务等部门建立《再就业优惠证》信息查询制度。

各级税务部门对《再就业优惠证》有疑问的，可提请同级劳动保障部门予以协查，同级劳动保障部门应根据具体情况规定合理的工作时限，在时限内将协查结果通报提请协查的税务机关。县级以上劳动保障部门和税务部门可就再就业税收政策执行中的其他相关问题建立通报、协查制度。

二、各级劳动保障部门要严格按照国家统一规定的范围和程序发放《再就业优惠证》。对已发放的《再就业优惠证》要及时汇总并注明领证人员的相关信息。劳动保障部门在审核、认定工作中，对已经被企业吸纳的下岗失业人员，应在其《再就业优惠证》上注明持证人已经就业的内容(印戳)。

三、各级税务部门在审批企业享受再就业税收优惠政策时，要严格审查《再就业优惠证》的使用情况，发现有疑问的，应按照本通知第一条的规定，与劳动保障部门提供的《再就业优惠证》发放信息对照或提请劳动保障部门协查。对经审核，符合减免税条件的，主管税务部门要在各《再就业优惠证》上注明持证人已经享受了税收优惠政策的内容(印戳)。

四、对持《再就业优惠证》从事个体经营的下岗失业人员,主管税务机关在审批其减免税时,按照本通知第三条的规定执行。个人持同一《再就业优惠证》开办多个有营业执照的经营项目的,必须严格按照国税发〔2003〕119号文件的有关规定执行。

五、经劳动保障等有关部门审核确认,确通过伪造、变造、买卖、借用等不正当手段取得《再就业优惠证》申请减免税的人员,主管税务机关不得批准其享受再就业优惠政策。对采取上述手段已经获取减免税的单位和个人,主管税务机关要追缴其已减免的税款,并依法予以处罚,涉嫌犯罪的移送司法机关追究其刑事责任。对出借、转让《再就业优惠证》的下岗失业人员,主管劳动保障部门要收回其《再就业优惠证》并记录在案。

各级税务和劳动保障部门要相互支持、紧密配合,切实做好信息交换和协查工作,确保各项再就业税收政策真正落到实处。

本通知自发文之日起实施。

5-3-9

财政部　国家税务总局关于中国移动通信集团公司和中国联通通信有限公司与中国红十字会合作项目有关税收政策问题的通知

2006年6月22日　财税〔2006〕59号

各省、自治区、直辖市、计划单列市财政厅(局)、国家税务局、地方税务局:

为支持我国红十字事业发展,经研究,现对中国移动通信集团公司、中国联通通信有限公司与中国红十字会合作开展公益特服号"9993"捐款业务的税收政策问题明确如下:

一、对中国移动通信集团公司、中国联通通信有限公司通过手机特服号"9993"为中国红十字会接受捐款业务,以全部收入减去支付给中国红十字会的捐款后的余额为营业额,计算征收营业税。

二、对中国移动通信集团公司、中国联通通信有限公司收取中国红十字会"9993"捐款业务的代收代计服务费、相应的下行不均衡通信费及其他相关费用,计入应纳所得额,征收企业所得税。

本通知自2006年7月1日起执行。

5-3-10

国家税务总局关于中国移动通信集团公司和中国移动(香港)有限公司内地子公司对奥运会提供通信相关服务赞助有关税收问题的通知

2006年7月10日　国税函〔2006〕671号

各省、自治区、直辖市和计划单列市国家税务局、地方税务局:

经研究,现将中国移动通信集团公司和中国移动(香港)有限公司内地子公司(以下简称移动公司)对第29届奥运会提供移动通信相关服务形式赞助的有关税收问题通知如下:

一、对移动公司向北京奥组委提供的按照市场价格确认的移动通信相关服务形式的赞助支出,可以按照《财政部、国家税务总局、海关总署关于第29届奥运会税收政策问题的通知》(财税〔2003〕10号)第二条第四款的规定,在计算企业应纳税所得额时予以全额扣除。

二、对移动公司向北京奥组委提供移动通信相关服务形式赞助的过程中发生的各项通信及相关劳务不征收营业税。

5-3-11

国家发展改革委　财政部　国家税务总局关于印发《国家鼓励的资源综合利用认定管理办法》的通知

2006年9月7日　发改环资〔2006〕1864号

各省、自治区、直辖市及计划单列市、副省级省会城市、新疆生产建设兵团发展改革委、经委(经贸委)、财政厅(局)、国家税务局、地方税务局,国务院有关部门:

根据《国务院办公厅关于保留部分非行政许可审批项目的通知》(国办发〔2004〕62号)精神,按照精简效能的原则,将保留的资源综合利用企业认定与资源综合利用电厂认定工作合并。根据《行政许可法》有关精神,结合资源综合利用工作的实际,我们对原国家经贸委等部门发布的《资源综合利用认定管理办法》(国经贸资源〔1998〕716号)和《资源综合利用电厂(机组)认定管理办法》(国经贸资源〔2000〕660号)进行了修订。在此基础上,特制定《国家鼓励的资源综合利用认定管理办法》,现印发你们,请认真贯彻执行。原国家经贸委等部门发布的《资源综合利用认定管理办法》和《资源综合利用电厂(机组)认定管理办法》同时废止。

资源综合利用是我国经济和社会发展中一项长远的战略方针,也是一项重大的技术经济政策,对提高资源利用效率,发展循环经济,建设节约型社会具有十分重要的意义。各地要加强对资源综合利用认定工作的管理,落实好国家对资源综合利用的鼓励和扶持政策,促进资源综合利用事业健康发展。在执行中有何意见和建议,请及时报告我们。

附件:《国家鼓励的资源综合利用认定管理办法》

附件

国家鼓励的资源综合利用认定管理办法

第一章 总 则

第一条 为贯彻落实国家资源综合利用的鼓励和扶持政策,加强资源综合利用管理,鼓励企业开展资源综合利用,促进经济社会可持续发展,根据《国务院办公厅关于保留部分非行政许可审批项目的通知》(国办发〔2004〕62号)和国家有关政策法规精神,制定本办法。

第二条 本办法所指国家鼓励的资源综合利用认定,是指对符合国家资源综合利用鼓励和扶持政策的资源综合利用工艺、技术或产品进行认定(以下简称资源综合利用认定)。

第三条 国家发展改革委负责资源综合利用认定的组织协调和监督管理。

各省、自治区、直辖市及计划单列市资源综合利用行政主管部门(以下简称省级资源综合利用主管部门)负责本辖区内的资源综合利用认定与监督管理工作;财政行政主管机关要加强对认定企业财政方面的监督管理;税务行政主管机关要加强税收监督管理,认真落实国家资源综合利用税收优惠政策。

第四条 经认定的生产资源综合利用产品或采用资源综合利用工艺和技术的企业,按国家有关规定申请享受税收、运行等优惠政策。

第二章 申报条件和认定内容

第五条 申报资源综合利用认定的企业,必须具备以下条件:

(一)生产工艺、技术或产品符合国家产业政策和相关标准;

(二)资源综合利用产品能独立计算盈亏;

(三)所用原(燃)料来源稳定、可靠,数量及品质满足相关要求,以及水、电等配套条件的落实;

(四)符合环保要求,不产生二次污染。

第六条 申报资源综合利用认定的综合利用发电单位,还应具备以下条件:

(一)按照国家审批或核准权限规定,经政府主管部门核准(审批)建设的电站。

(二)利用煤矸石(石煤、油母页岩)、煤泥发电的,必须以燃用煤矸石(石煤、油母页岩)、煤泥为主,其使用量不低于入炉燃料的60%(重量比);利用煤矸石(石煤、油母页岩)发电的入炉燃料应用基低位发热量不大于12550千焦/千克;必须配备原煤、煤矸石、煤泥自动给料显示、记录装置。

（三）城市生活垃圾（含污泥）发电应当符合以下条件：垃圾焚烧炉建设及其运行符合国家或行业有关标准或规范；使用的垃圾数量及品质需有地（市）级环卫主管部门出具的证明材料；每月垃圾的实际使用量不低于设计额定值的90%；垃圾焚烧发电采用流化床锅炉掺烧原煤的，垃圾使用量应不低于入炉燃料的80%（重量比），必须配备垃圾与原煤自动给料显示、记录装置。

（四）以工业生产过程中产生的可利用的热能及压差发电的企业（分厂、车间），应根据产生余热、余压的品质和余热量或生产工艺耗气量和可利用的工质参数确定工业余热、余压电厂的装机容量。

（五）回收利用煤层气（煤矿瓦斯）、沼气（城市生活垃圾填埋气）、转炉煤气、高炉煤气和生物质能等作为燃料发电的，必须有充足、稳定的资源，并依据资源量合理配置装机容量。

第七条 认定内容

（一）审定申报综合利用认定的企业或单位是否执行政府审批或核准程序，项目建设是否符合审批或核准要求，资源综合利用产品、工艺是否符合国家产业政策、技术规范和认定申报条件；

（二）审定申报资源综合利用产品是否在《资源综合利用目录》范围之内，以及综合利用资源来源和可靠性；

（三）审定是否符合国家资源综合利用优惠政策所规定的条件。

第三章 申报及认定程序

第八条 资源综合利用认定实行由企业申报，所在地市（地）级人民政府资源综合利用管理部门（以下简称市级资源综合利用主管部门）初审，省级资源综合利用主管部门会同有关部门集中审定的制度。省级资源综合利用主管部门应提前一个月向社会公布每年年度资源综合利用认定的具体时间安排。

第九条 凡申请享受资源综合利用优惠政策的企业，应向市级资源综合利用主管部门提出书面申请，并提供规定的相关材料。市级资源综合利用主管部门在征求同级财政等有关部门意见后，自规定受理之日起在30日内完成初审，提出初审意见报省级资源综合利用主管部门。

第十条 市级资源综合利用主管部门对申请单位提出的资源综合利用认定申请，应当根据下列情况分别做出处理：

（一）属于资源综合利用认定范围、申请材料齐全，应当受理并提出初审意见。

（二）不属于资源综合利用认定范围的，应当即时将不予受理的意见告知申请单位，并说明理由。

（三）申请材料不齐全或者不符合规定要求的，应当场或者在五日内一次告知申请单位需要补充的全部内容。

第十一条 省级资源综合利用主管部门会同同级财政等相关管理部门及行业专家，组成资源综合利用认定委员会（以下简称综合利用认定委员会），按照第二章规定的认定条件和内容，在45日内完成认定审查。

第十二条 属于以下情况之一的,由省级资源综合利用主管部门提出初审意见,报国家发展改革委审核。

(一)单机容量在25MW以上的资源综合利用发电机组工艺;

(二)煤矸石(煤泥、石煤、油母页岩)综合利用发电工艺;

(三)垃圾(含污泥)发电工艺。

以上情况的审核,每年受理一次,受理时间为每年7月底前,审核工作在受理截止之日起60日内完成。

第十三条 省级资源综合利用主管部门根据综合利用认定委员会的认定结论或国家发展改革委的审核意见,对审定合格的资源综合利用企业予以公告,自发布公告之日起10日内无异议的,由省级资源综合利用主管部门颁发《资源综合利用认定证书》,报国家发展改革委备案,同时将相关信息通报同级财政、税务部门。未通过认定的企业,由省级资源综合利用主管部门书面通知,并说明理由。

第十四条 企业对综合利用认定委员会的认定结论有异议的,可向原作出认定结论的综合利用认定委员会提出重新审议,综合利用认定委员会应予受理。企业对重新审议结论仍有异议的,可直接向上一级资源综合利用主管部门提出申诉;上一级资源综合利用主管部门根据调查核实的情况,会同有关部门组织提出论证意见,并有权变更下一级的认定结论。

第十五条 《资源综合利用认定证书》由国家发展改革委统一制定样式,各省级资源综合利用主管部门印制。认定证书有效期为两年。

第十六条 获得《资源综合利用认定证书》的单位,因故变更企业名称或者产品、工艺等内容的,应向市级资源综合利用主管部门提出申请,并提供相关证明材料。市级资源综合利用主管部门提出意见,报省级资源综合利用主管部门认定审查后,将相关信息及时通报同级财政、税务部门。

第四章 监督管理

第十七条 国家发展改革委、财政部、国家税务总局要加强对资源综合利用认定管理工作和优惠政策实施情况的监督检查,并根据资源综合利用发展状况、国家产业政策调整、技术进步水平等,适时修改资源综合利用认定条件。

第十八条 各级资源综合利用主管部门应采取切实措施加强对认定企业的监督管理,尤其要加强大宗综合利用资源来源的动态监管,对综合利用资源无法稳定供应的,要及时清理。在不妨碍企业正常生产经营活动的情况下,每年应对认定企业和关联单位进行监督检查和了解。

各级财政、税务行政主管部门要加强与同级资源综合利用主管部门的信息沟通,尤其对在监督检查过程中发现的问题要及时交换意见,协调解决。

第十九条 省级资源综合利用主管部门应于每年5月底前将上一年度的资源综合利用认定的基本情况报告国家发展改革委、财政部和国家税务总局。主要包括:

(一)认定工作情况(包括资源综合利用企业(电厂)认定数量、认定发电机组的装机容量等情况)。

(二)获认定企业综合利用大宗资源情况及来源情况(包括资源品种、综合利用量、供应等情况)。

(三)资源综合利用认定企业的监管情况(包括年检、抽查及处罚情况等)。

(四)资源综合利用优惠政策落实情况。

第二十条 获得资源综合利用产品或工艺认定的企业(电厂),应当严格按照资源综合利用认定条件的要求,组织生产,健全管理制度,完善统计报表,按期上报统计资料和经审计的财务报表。

第二十一条 获得资源综合利用产品或工艺认定的企业,因综合利用资源原料来源等原因,不能达到认定所要求的资源综合利用条件的,应主动向市级资源综合利用主管部门报告,由省级认定、审批部门终止其认定证书,并予以公告。

第二十二条 《资源综合利用认定证书》是各级主管税务机关审批资源综合利用减免税的必要条件,凡未取得认定证书的企业,一律不得办理税收减免手续。

第二十三条 参与认定的工作人员要严守资源综合利用认定企业的商业和技术秘密。

第二十四条 任何单位和个人,有权检举揭发通过弄虚作假等手段骗取资源综合利用认定资格和优惠政策的行为。

第五章 罚 则

第二十五条 对弄虚作假,骗取资源综合利用优惠政策的企业,或违反本办法第二十一条未及时申报终止认定证书的,一经发现,取消享受优惠政策的资格,省级资源综合利用主管部门收回认定证书,三年内不得再申报认定,对已享受税收优惠政策的企业,主管税务机关应当依照《中华人民共和国税收征收管理法》及有关规定追缴税款并给予处罚。

第二十六条 有下列情形之一的,由省级资源综合利用主管部门撤销资源综合利用认定资格并抄报同级财政和税务部门:

(一)行政机关工作人员滥用职权、玩忽职守做出不合条件的资源综合利用认定的;

(二)超越法定职权或者违反法定程序做出资源综合利用认定的;

(三)对不具备申请资格或者不符合法定条件的申请企业予以资源综合利用认定的;

(四)隐瞒有关情况、提供虚假材料或者拒绝提供反映其活动情况真实材料的;以欺骗、贿赂等不正当手段取得资源综合利用认定的;

(五)年检、抽查达不到资源综合利用认定条件,在规定期限不整改或者整改后仍达不到认定条件的。

第二十七条 行政机关工作人员在办理资源综合利用认定、实施监督检查过程中有滥用职权、玩忽职守、弄虚作假行为的,由其所在部门给予行政处分;构成犯罪的,依法追究刑事责任。

第二十八条 对伪造资源综合利用认定证书者,依据国家有关法律法规追究其责任。

第六章 附 则

第二十九条 本办法所称资源综合利用优惠政策是指:经认定具备资源综合利用产品或工艺、技术的企业按规定可享受的国家资源综合利用优惠政策。

第三十条　申请享受资源综合利用税收优惠政策的企业(单位)须持认定证书向主管税务机关提出减免税申请。主管税务机关根据有关税收政策规定,办理减免税手续。

申请享受其他优惠政策的企业,须持认定证书到有关部门办理相关优惠政策手续。

第三十一条　本办法涉及的有关规定及资源综合利用优惠政策如有修订,按修订后的执行。

第三十二条　各地可根据本办法,结合地方具体情况制定实施细则,并报国家发展和改革委员会、财政部和国家税务总局备案。

第三十三条　本办法由国家发展和改革委员会会同财政部、国家税务总局负责解释。

第三十四条　本办法自2006年10月1日起施行。原国家经贸委、国家税务总局发布的《资源综合利用认定管理办法》(国经贸资源〔1998〕716号)和《资源综合利用电厂(机组)认定管理办法》(国经贸资源〔2000〕660号)同时废止。

5-3-12

中国鼓励引进技术目录

2006年12月18日　商务部　国家税务总局公告2006年第13号

为贯彻落实《国务院关于实施〈国家中长期科学和技术发展规划纲要(2006~2020年)〉若干配套政策的通知》(国发〔2006〕6号)要求,鼓励企业引进国外先进适用技术,商务部和国家税务总局联合制定了《中国鼓励引进技术目录》,现予以发布。供各部门、各地区及有关机构在开展技术引进工作时参考使用。

附件:中国鼓励引进技术目录(编者略)

5-3-13

国家税务总局　民政部　中国残疾人联合会关于促进残疾人就业税收优惠政策征管办法的通知

2007年6月15日　国税发〔2007〕67号

各省、自治区、直辖市和计划单列市国家税务局、地方税务局、民政厅(局)、残疾人联合会:

根据《财政部　国家税务总局关于促进残疾人就业税收优惠政策的通知》(财税〔2007〕92号)和《国家税务总局关于印发〈税收减免管理办法(试行)〉的通知》(国税发〔2005〕129号)的有关规定,现将促进残疾人就业税收优惠政策具体征管办法明确如下:

一、资格认定

(一)认定部门

申请享受《财政部　国家税务总局关于促进残疾人就业税收优惠政策的通知》(财税

〔2007〕92号）第一条、第二条规定的税收优惠政策的符合福利企业条件的用人单位，安置残疾人超过25%（含25%），且残疾职工人数不少于10人的，在向税务机关申请减免税前，应当先向当地县级以上地方人民政府民政部门提出福利企业的认定申请。

盲人按摩机构、工疗机构等集中安置残疾人的用人单位，在向税务机关申请享受《财政部　国家税务总局关于促进残疾人就业税收优惠政策的通知》（财税〔2007〕92号）第一条、第二条规定的税收优惠政策前，应当向当地县级残疾人联合会提出认定申请。

申请享受《财政部　国家税务总局关于促进残疾人就业税收优惠政策的通知》（财税〔2007〕92号）第一条、第二条规定的税收优惠政策的其他单位，可直接向税务机关提出申请。

（二）认定事项

民政部门、残疾人联合会应当按照《财政部　国家税务总局关于促进残疾人就业税收优惠政策的通知》（财税〔2007〕92号）第五条第（一）、（二）、（五）项规定的条件，对前项所述单位安置残疾人的比例和是否具备安置残疾人的条件进行审核认定，并向申请人出具书面审核认定意见。

《中华人民共和国残疾人证》和《中华人民共和国残疾军人证》的真伪，分别由残疾人联合会、民政部门进行审核。

具体审核管理办法由民政部、中国残疾人联合会分别商有关部门另行规定。

（三）各地民政部门、残疾人联合会在认定工作中不得直接或间接向申请认定的单位收取任何费用。如果认定部门向申请认定的单位收取费用，则本条第（一）项前两款所述单位可不经认定，直接向主管税务机关提出减免税申请。

二、减免税申请及审批

（一）取得民政部门或残疾人联合会认定的单位（以下简称"纳税人"），可向主管税务机关提出减免税申请，并提交以下材料：

1. 经民政部门或残疾人联合会认定的纳税人，出具上述部门的书面审核认定意见；
2. 纳税人与残疾人签订的劳动合同或服务协议（副本）；
3. 纳税人为残疾人缴纳社会保险费缴费记录；
4. 纳税人向残疾人通过银行等金融机构实际支付工资凭证；
5. 主管税务机关要求提供的其他材料。

（二）不需要经民政部门或残疾人联合会认定的单位以及本通知第一条第（三）项规定的单位（以下简称"纳税人"），可向主管税务机关提出减免税申请，并提交以下材料：

1. 纳税人与残疾人签订的劳动合同或服务协议（副本）；
2. 纳税人为残疾人缴纳社会保险费缴费记录；
3. 纳税人向残疾人通过银行等金融机构实际支付工资凭证；
4. 主管税务机关要求提供的其他材料。

（三）申请享受《财政部　国家税务总局关于促进残疾人就业税收优惠政策的通知》（财税〔2007〕92号）第三条、第四条规定的税收优惠政策的残疾人个人（以下简称"纳税人"），应当出具主管税务机关规定的材料，直接向主管税务机关申请减免税。

（四）减免税申请由税务机关的办税服务厅统一受理，内部传递到有权审批部门审批。

审批部门应当按照《财政部　国家税务总局关于促进残疾人就业税收优惠政策的通知》(财税〔2007〕92号)第五条规定的条件以及民政部门、残疾人联合会出具的书面审核认定意见,出具减免税审批意见。

减免税审批部门对民政部门或残疾人联合会出具的书面审核认定意见仅作书面审核确认,但在日常检查或稽查中发现民政部门或残疾人联合会出具的书面审核认定意见有误的,应当根据《国家税务总局关于印发〈税收减免管理办法(试行)〉的通知》(国税发〔2005〕129号)等有关规定作出具体处理。

如果纳税人所得税属于其他税务机关征收的,主管税务机关应当将审批意见抄送所得税主管税务机关,所得税主管税务机关不再另行审批。

(五)主管税务机关在受理本条(二)、(三)项减免税申请时,可就残疾人证件的真实性等问题,请求当地民政部门或残疾人联合会予以审核认定。

三、退税减税办法

(一)增值税和营业税

增值税实行即征即退方式。主管税务机关对符合减免税条件的纳税人应当按月退还增值税,本月已交增值税不足退还的,可在本年度内以前月份已交增值税扣除已退增值税的余额中退还,仍不足退还的可结转本年度内以后月份退还。本年度应纳税额小于核定的年度退税限额的,以本年度应纳税额为限;本年度应纳税额大于核定的年度退税限额的,以核定的年度退税限额为限。纳税人本年度应纳税额不足退还的,不得结转以后年度退还。纳税人本月应退增值税额按以下公式计算:

本月应退增值税额=纳税人本月实际安置残疾人员人数×县级以上税务机关确定的每位残疾人员每年可退还增值税的具体限额÷12

营业税实行按月减征方式。主管税务机关应按月减征营业税,本月应缴营业税不足减征的,可结转本年度以后月份减征。本年度应纳税额小于核定的年度减税限额的,以本年度应纳税额为限;本年度应纳税额大于核定的年度减税限额的,以核定的本年度减税限额为限。纳税人本年度应纳税额不足减征的,不得结转以后年度减征。纳税人本月应减征营业税额按以下公式计算:

本月应减征营业税额=纳税人本月实际安置残疾人员人数×县级以上税务机关确定的每位残疾人员每年可减征营业税的具体限额÷12

兼营营业税"服务业"税目劳务和其他税目劳务的纳税人,只能减征"服务业"税目劳务的应纳税额;"服务业"税目劳务的应纳税额不足扣减的,不得用其他税目劳务的应纳税额扣减。

缴纳增值税或营业税的纳税人应当在取得主管税务机关审批意见的次月起,随纳税申报一并书面申请退、减增值税或营业税。

经认定的符合减免税条件的纳税人实际安置残疾人员占在职职工总数的比例应逐月计算,本月比例未达到25%的,不得退还本月的增值税或减征本月的营业税。

年度终了,应平均计算纳税人全年实际安置残疾人员占在职职工总数的比例,一个纳税年度内累计3个月平均比例未达到25%的,应自次年1月1日起取消增值税退税、营业税减税和企业所得税优惠政策。

纳税人新安置残疾人员从签订劳动合同并缴纳基本养老保险、基本医疗保险、失业保险和工伤保险等社会保险的次月起计算,其他职工从录用的次月起计算;安置的残疾人员和其他职工减少的,从减少当月计算。

(二)所得税

1. 对符合《财政部 国家税务总局关于促进残疾人就业税收优惠政策的通知》(财税〔2007〕92号)第二条、第三条、第四条规定条件的纳税人,主管税务机关应当按照有关规定落实税收优惠政策。

2. 原福利企业在2007年1月1日至2007年7月1日期间的企业所得税,凡符合原福利企业政策规定的企业所得税减免条件的,仍可按原规定予以减征或免征企业所得税,计算方法如下:

按规定享受免征企业所得税的原福利企业,2007年1月1日至2007年7月1日免征应纳税所得额=(2007年度企业所得税应纳税所得额÷12)×6

按规定享受减半征收企业所得税的原福利企业,2007年1月1日至2007年7月1日减征应纳税所得额=(2007年度企业所得税应纳税所得额÷12÷2)×6

2007年度企业所得税应纳税所得额的确定,应按原规定计算,不包括福利企业残疾职工工资加计扣除部分。

3. 各地税务机关应当根据本次政策调整情况,按有关规定调整企业所得税就地预缴数额。

四、变更申报

(一)纳税人实际安置的残疾人员或在职职工人数发生变化,但仍符合退、减税条件的,应当根据变化事项按本通知第一、二条的规定重新申请认定和审批。

(二)纳税人因残疾人员或在职职工人数发生变化,不再符合退、减税条件时,应当自情况变化之日起15个工作日内向主管税务机关申报。

五、监督管理

(一)主管税务机关应当加强日常监督管理,并会同民政部门、残疾人联合会建立年审制度,对不符合退、减税条件的纳税人,取消其退、减税资格,追缴其不符合退、减税条件期间已退或减征的税款,并依照税收征管法的有关规定予以处罚。

对采取一证多用或虚构《财政部 国家税务总局关于促进残疾人就业税收优惠政策的通知》(财税〔2007〕92号)第五条规定条件,骗取税收优惠政策的,一经查证属实,主管税务机关应当追缴其骗取的税款,并取消其3年内申请享受《财政部 国家税务总局关于促进残疾人就业税收优惠政策的通知》(财税〔2007〕92号)规定的税收优惠政策的资格。

(二)税务机关和纳税人应当建立专门管理台账。在征管软件修改前,主管税务机关和纳税人都要建立专门管理台账,动态掌握纳税人年度退、减税限额及残疾人员变化等情况。

(三)各地税务机关应当加强与民政部门、劳动保障部门、残疾人联合会等有关部门的沟通,逐步建立健全与发证部门的信息比对审验机制。建立部门联席会议制度,加强对此项工作的协调、指导,及时解决出现的问题,保证此项工作的顺利进行。

本通知自2007年7月1日起执行,适用原政策的纳税人,一律按本通知规定执行。各省、自治区、直辖市、计划单列市税务机关可按本通知精神,制定具体实施办法。

5-3-14

国家发展改革委 教育部 科技部 财政部 人事部 人民银行 海关总署 国家税务总局 银监会 统计局 知识产权局 中科院 关于印发关于支持中小企业技术创新的若干政策的通知

2007年10月23日　发改企业〔2007〕2797号

各省、自治区、直辖市及计划单列市发展改革委、经贸委(经委)、中小企业局(厅、办)、教育厅(教委)、科技厅(委、局)、财政厅(局)、人事厅、人民银行上海总部、各分行、营业管理部、省会(首府)城市中心支行、各直属海关、国家税务局、地方税务局、各银监局、统计局、各知识产权局，新疆生产建设兵团发展改革委、经贸委(经委)，中科院各分院及研究机构：

　　为贯彻落实《中共中央、国务院关于实施科技规划纲要，增强自主创新能力的决定》、《国务院关于实施〈国家中长期科学和技术发展规划纲要(2006—2020年)〉若干配套政策》、《国务院关于鼓励支持和引导个体私营等非公有制经济发展的若干意见》，全面提升中小企业的自主创新能力，国家发展改革委、教育部、科技部、财政部、人事部、人民银行、海关总署、国家税务总局、银监会、国家统计局、国家知识产权局、中科院制定了《关于支持中小企业技术创新的若干政策》，现印发你们，请认真贯彻执行。

　　附件：关于支持中小企业技术创新的若干政策

附件

关于支持中小企业技术创新的若干政策

　　为贯彻落实《中共中央、国务院关于实施科技规划纲要，增强自主创新能力的决定》、《国务院关于鼓励支持和引导个体私营等非公有制经济发展的若干意见》，全面提升中小企业的自主创新能力，充分发挥其在建设创新型国家中的重要作用，根据国家中长期科技发展规划纲要(2006—2020年)若干配套政策，制定本政策。

　　一、激励企业自主创新

　　(一)鼓励加大研发投入。中小企业技术开发费税前扣除，按照《国务院关于实施〈国家中长期科学和技术发展规划纲要(2006—2020年)〉若干配套政策》(国发〔2006〕6号)和《财政部、国家税务总局关于企业技术创新有关企业所得税优惠政策的通知》(财税〔2006〕88号)执行。

　　(二)支持建立研发机构。鼓励有条件的中小企业建立企业技术中心，或与大学、科研机构联合建立研发机构,提高自主创新能力。具备条件的企业可申报国家、省市认定企业技术中心。鼓励国家、省市认定企业技术中心向中小企业开放,提供技术支持服务。

(三)加快技术进步。中小企业投资建设属于国家鼓励发展的内外资项目,其投资总额内进口的自用设备,以及随设备进口的技术和配套件、备件,按照《国务院关于调整进口设备税收政策的通知》(国发〔1997〕37号)的有关规定,免征关税和进口环节增值税。

(四)大力发展高新技术企业。经国家有关部门认定为高新技术企业的中小企业,可以按现行政策规定享受高新技术企业税收优惠政策。

(五)鼓励发明创造和标准制定。各级知识产权部门应按照有关规定对个人或小企业的国内外发明专利申请、维持等费用予以减免或给予资助。鼓励具有专利技术的中小企业参与行业标准制定。对中小企业参与行业技术标准制定发生的费用,给予一定比例的资助。

(六)加快中小企业信息化建设。鼓励中小企业运用现代信息技术提升管理水平,增强技术创新能力。鼓励信息技术供应商、服务商和中介服务机构为中小企业信息化提供技术支援与相关服务。鼓励建立中小企业信息化公共服务平台,推动信息技术在中小企业的应用。

(七)加强人才培养。鼓励中小企业加大职工岗位技能培训和技术人才培养,企业当年提取并实际使用的职工教育经费,按国家有关税收政策规定执行。

(八)建立人才培养机制。鼓励有条件的中小企业与大学、职业院校建立定向、订单式人才培养机制,提高企业职工素质;鼓励企业为学生提供实习、实训条件和实习指导。鼓励各类院校毕业生到企业工作,积极参与企业的创新活动。各级中小企业管理部门应采取政府、企业、高校、社会投资共建等方式,建立健全中小企业人才培养输送渠道,满足中小企业技术创新的人才需求。

(九)建立创新人才激励机制。鼓励中小企业建立健全培训、考核、使用与待遇相结合的机制,激励员工发明创造。对做出突出贡献的技术创新人才,可采取新产品销售提成、科技成果或知识产权入股等多种形式,予以奖励。

(十)政府采购支持自主创新。各级国家机关、事业单位、社团组织在政府采购活动中,在同等条件下,对列入《政府采购自主创新产品目录》的中小企业产品应当优先采购。

二、加强投融资对技术创新的支持

(十一)鼓励金融机构积极支持中小企业技术创新。商业银行对纳入国家及省、自治区、直辖市的各类技术创新计划和高新技术产业化示范工程计划的中小企业技术创新项目,应按照国家产业政策和信贷原则,积极提供信贷支持。各地可通过有关支持中小企业发展的专项资金对中小企业贷款给予一定的贴息补助,对中小企业信用担保机构予以一定的风险补偿。各级中小企业管理部门、知识产权部门要积极向金融机构推荐中小企业自主知识产权项目、产学研合作项目、科技成果产业化项目、企业信息化项目、品牌建设项目等,促进银企合作,推动中小企业创新发展。

(十二)加大对技术创新产品和技术进出口的金融支持。各金融机构要按照信贷原则,对有效益、有还贷能力的中小企业自主创新产品出口所需流动资金贷款积极提供信贷支持。对中小企业用于研究与开发所需的、符合国家相关政策和信贷原则的核心技术软件的进口及运用新技术所生产设备的出口,相关金融机构应按照有关规定积极提供必要的资金支持。

(十三)加强和改善金融服务。引导和鼓励各类金融机构按照中小企业特点,加大金融产品的创新力度。畅通中小企业支付结算渠道,积极创造条件促使票据等支付工具服务中小企业,丰富中小企业支付和融资手段。组织开展对中小企业的信用评价,对资信好、创新能力强的中小企业,可核定相应的授信额度予以重点扶持。加快中小企业信用体系建设,促进各类征信机构发展,为金融机构改善对中小企业技术创新的金融服务提供配套服务。

(十四)鼓励和引导担保机构对中小企业技术创新提供支持。通过税收优惠、风险补偿和奖励等政策,引导各类担保机构积极为中小企业技术创新项目或自主知识产权产业化项目贷款提供担保服务,改进服务方式,对一些技术含量高、创新能力强、拥有自主知识产权并易于实现市场化的优质创新项目给予保费优惠。

(十五)加快发展中小企业投资公司和创业投资企业。鼓励设立创业投资引导基金,建立健全创业投资机制,引导社会资金流向创业投资企业。支持中小企业投资公司设立和发展,加大对中小企业投资公司的政策支持和风险补偿,激励其拓展投资业务,支持中小企业的技术创新活动。

(十六)鼓励中小企业上市融资。支持和推动有条件的中小企业在中小企业板上市。大力推进中小企业板制度创新,加快科技型中小企业、自主知识产权中小企业上市进程。在条件成熟时,设立创业板市场。

三、建立技术创新服务体系

(十七)加大创业服务。各地可利用闲置场地建立小企业创业基地,为初创小企业提供低成本的经营场地、创业辅导和融资服务。支持科技企业孵化器等科技中介机构为科技型中小企业发展提供孵化和公共技术服务。对科技企业孵化器、国家大学科技园的税收优惠政策,按照《财政部、国家税务总局关于科技企业孵化器有关税收政策问题的通知》(财税〔2007〕121号)、《财政部、国家税务总局关于国家大学科技园有关税收政策问题的通知》(财税〔2007〕120号)的有关规定执行。对符合条件的创业服务机构为创业企业提供的创业辅导服务,各地应给予一定的支持。

(十八)培育技术中介服务机构。鼓励技术中介服务机构、行业协会和技术服务企业为中小企业提供信息、设计、研发、共性技术转移、技术人才培养等服务,促进科研成果、尤其是拥有自主知识产权科研成果的商品化、产业化。对单位和个人从事技术转让、技术开发业务和与之相关的技术咨询、技术服务业务取得的收入,依据国家现行政策规定享受有关税收优惠。国家有关部门要研究制定支持技术中介服务机构发展的政策,各地要加大对技术中介服务机构的支持力度。

(十九)建立公共技术支持平台。各地要根据区域中小企业的产业特点,引导和促进中小企业转变发展方式,打破"小而全",提倡分工协作。重点支持在中小企业相对集中的产业集群或具有产业优势的地区,建立为中小企业服务的公共技术支持平台。鼓励企业和社会各方面积极参与中小企业公共技术平台建设。国家有关部门应加大对公共技术平台的政策支持。

(二十)开放科研设施。鼓励大学、科研院所、大企业开放科研仪器设施,为中小企业服务。各地中小企业管理、科技、教育、知识产权部门要密切合作,建立共享设施数据库,定期发布相关信息。要加强共享科研设施管理,简化中小企业使用手续,降低使用费用。

(二十一)加强技术信息服务。各级中小企业管理部门要健全信息服务网络,改善中小企业信息化建设的基础条件,优化技术资源配置,促进中小企业间、中小企业与大学和科研机构间、中小企业与大企业间的技术交流与合作。要逐步建立网上技术信息、技术咨询与网下专业化技术服务有机结合的服务系统,提高技术服务的即时有效性。

(二十二)加强知识产权服务与管理。各级中小企业管理部门要配合知识产权部门落实《专利法》,广泛开展知识产权宣传、培训活动,提高中小企业知识产权保护意识;建立区域性专利辅导服务系统,为中小企业提供专利查询、申报指导、管理与维护等服务;建立知识产权维权援助中心,为中小企业提供专利诉讼与代理等援助服务。加大对侵权行为的监督、处罚力度。密切跟踪国外行业技术法规、标准、评定程序、检验检疫规程的变化,对中小企业产品出口可能遭遇的技术性贸易措施进行监测,提供预警服务。国家知识产权部门、中小企业管理部门要制定完善中小企业知识产权促进政策。

(二十三)加强新产品认定和标准化服务。鼓励行业协会、服务机构根据国家、地方有关自主创新产品的认证评价办法,帮助中小企业申请新产品认证,提供相关服务。鼓励行业协会为中小企业提供标准化知识培训,加强对中小企业申请行业标准制定的指导和服务,对涉及跨行业的技术标准制定,要做好组织协调工作,简化手续,提供便利服务。

(二十四)营造公平的人才发展环境。各级中小企业管理部门要引导服务机构健全中小企业人才服务系统,帮助中小企业解决技术人才引进、职称评定等实际问题。对中小企业技术人员的任职资格评聘以及科技人才评选、奖励、培养等应一视同仁,同等对待。

四、健全保障措施

(二十五)加大对中小企业技术创新的支持力度。各地可根据财力情况,逐步加大中小企业技术创新的环境建设,重点支持中小企业公共服务体系建设、中小企业信用体系与担保体系建设和创业投资企业发展。

(二十六)建立健全统计评价制度。国家有关部门要研究建立中小企业技术创新评价指标体系,尽快建立中小企业技术创新统计调查制度,建立中小企业技术创新政策的跟踪测评机制,逐步形成支持中小企业技术创新的科学的政策体系。

(二十七)加强工作领导。要充分发挥全国推动中小企业发展工作领导小组的统筹协调作用,各部门要加强配合,推动中小企业技术创新。各地要将支持中小企业技术创新工作纳入政府中小企业工作考核范围,建立目标责任制,确保国家中长期科技发展规划纲要及其各项配套政策实施细则的落实到位。

5-3-15

全国老龄委办公室 发展改革委 教育部 民政部 劳动保障部 财政部 建设部 卫生部 人口计生委 税务总局关于全面推进居家养老服务工作的意见

2008年1月29日 全国老龄办发〔2008〕4号

各省、自治区、直辖市、计划单列市及新疆生产建设兵团老龄工作委员会办公室、发展改革委、教育厅(教委、教育局)、民政厅(局)、劳动和社会保障厅(局)、财政厅(局)、建设厅(委、局)、卫生厅(局)、人口计生委、地方税务局：

随着我国人口老龄化进程加快,家庭养老功能日益弱化,老年人养老服务已经成为重大的社会问题。但目前我国居家养老服务供给不足、比重偏低、质量不高,不能满足老年人日益增长的服务需求。为全面推进居家养老服务工作,提高老年人生命生活质量,提出如下意见：

一、重要意义

居家养老服务是指政府和社会力量依托社区,为居家的老年人提供生活照料、家政服务、康复护理和精神慰藉等方面服务的一种服务形式。它是对传统家庭养老模式的补充与更新,是我国发展社区服务,建立养老服务体系的一项重要内容。

全面推进居家养老服务,是破解我国日趋尖锐的养老服务难题,切实提高广大老年人生命、生活质量的重要出路;是弘扬中华民族尊老敬老优良传统,尊重老年人情感和心理需求的人性化选择;是促进家庭和谐、社区和谐和代际和谐,推动社会主义和谐社会建设的重要举措;也是加快发展服务业,扩大就业渠道和促进经济增长的重要途径。

二、基本任务

发展居家养老服务,要以科学发展观为统领,以构建社会主义和谐社会为目标,坚持政府主导和社会参与,不断加大工作力度,积极推动居家养老服务在城市社区普遍展开,同时积极向农村社区推进。力争"十一五"期间,全国城市社区基本建立起多种形式、广泛覆盖的居家养老服务网络,使社区居家养老服务设施不断充实,服务内容和形式不断丰富,专业化和志愿者相结合的居家养老服务队伍不断壮大,居家养老服务的组织管理体制和监督评估机制逐步建立、健全和完善。农村社区依托乡镇敬老院、村级组织活动场所等现有设施资源,力争80%左右的乡镇拥有一处集院舍住养和社区照料、居家养老等多种服务功能于一体的综合性老年福利服务中心,1/3左右的村委会和自然村拥有一所老年人文化活动和服务的站点。

发展居家养老服务,必须坚持以下几项原则:坚持以人为本。从老年人实际需求出发,为老年人提供方便、快捷、高质量、人性化的服务;坚持依托社区。在社区层面普遍建立居家养老服务机构、场所和服务队伍,整合社会资源,调动各方面的积极性,共同营造老年人居家养老服务的社会环境;坚持因地制宜。紧密结合当地实际,与本地经济社会发展水平相适应,与社区人文环境和老年人的需求相适应,循序渐进,稳步推开;坚持社会化方向。采取多种形式,充分调动社会各方面力量参与和支持居家养老服务。

三、保障措施

(一)制定居家养老服务发展规划。各级政府应紧密结合本地实际,科学地研究制定本地城乡社区发展居家养老服务规划,并把它纳入当地经济社会发展总体规划和社区建设总体规划中,统筹安排,推动居家养老服务快速健康发展。

(二)加大政府投入力度,合理配置资源。各级政府应转变职能,随着经济发展和社会进步,逐步加大投入,研究制定"民办公助"的政策措施,鼓励和支持社会力量参与、兴办居家养老服务业。各级政府要统筹考虑居家养老服务设施建设、队伍建设和运营管理等问题,合理配置资源。有条件的地区可针对性地设立专项资金,开设资助项目,探索适应当地特点的居家养老服务模式。

(三)贯彻落实支持居家养老服务的优惠政策。贯彻落实国家现行关于养老服务机构的税收优惠政策,对养老院类的养老服务机构提供的养老服务免征营业税,对各类非营利性养老服务机构免征自用房产、土地的房产税、城镇土地使用税等。

(四)整合资源,建立和完善社区居家养老服务网络。要按照当地社区建设规划和老年人实际需要,协同各个部门,整合资源,在城市社区和大部分农村乡镇建设综合性居家养老服务中心、居家养老服务站点等基础性服务设施,大力推动专业化的老年医疗卫生、康复护理、文体娱乐、信息咨询、老年教育等服务项目的开展,构建社区为老服务网络,为老年人提供就近就便的多种服务。吸引生活自理的老人走出家门到社区为老服务设施接受服务和参加活动;对生活不能自理的老人则采取派专人上门包护,满足老年人生活照料、医疗护理、文化娱乐、心理慰藉等多种需求。依托城市社区信息平台,在社区普遍建立为老服务热线、紧急救援系统、数字网络系统等多种求助和服务形式,建设便捷有效的为老服务信息系统。

(五)加强专业化与志愿者相结合的居家养老服务队伍建设。要鼓励各类职业培训机构对居家养老服务人员开展职业技能培训,考试合格发给相应的职业资格证书。认真实施专业社会工作者职业水平评价制度,科学界定居家养老服务中职业社会工作者的岗位和职责,加强对社工专业人才的吸纳与培养。同时,加强居家养老服务人员的职业道德教育,改善和提高服务队伍的整体素质。

要大力发展社区居家养老服务志愿者组织,鼓励和支持社区居民和社区单位等为居家的老年人提供多种形式的养老服务。

要逐步改善和提高居家养老服务人员的地位和待遇。紧密结合社会工作者职业水平评价制度的实行,为居家养老服务的专业人员落实相应的物质待遇;对符合条件的从事居家养老服务人员,要按规定享受相应的就业再就业扶持政策。

(六)积极培育和发展居家养老服务组织。按照政府职能转变以及与企业、事业、社团分离的原则,对居家养老服务中能够与政府剥离的服务职能都要尽可能交给社会组织和非营利机构去办,交给市场和企业去办。各级政府应积极培育、规范管理各类居家养老服务机构,鼓励居家养老服务机构发展连片辐射、连锁经营、统一管理的服务模式。

（七）建立居家养老服务管理体制。各地政府应加强对居家养老服务工作的管理和监督，建立相应工作机制。在区、街道（乡镇）和社区（村）建立居家养老服务中心、站点，受政府委托负责本辖区居家养老服务的实施和管理，其主要职责是：建立老年人信息库，发布老年人服务需求信息和社会服务供给信息，对享受政府补贴的居家老人进行资格评估；对居家养老服务人员相关资格进行审查，接受服务对象的服务信息反馈，检查监督服务质量。承担政府委托的其他养老服务事项。

（八）切实加强对居家养老服务工作的领导。各级政府应充分认识新形势下发展居家养老服务的重要性，把它列入政府工作议程，并根据本意见的精神，抓紧制定符合当地实际的政策措施。各有关部门要加强配合，积极支持居家养老服务的发展。各级老龄工作委员会办公室要认真履行综合协调职能，配合相关部门，积极推动居家养老服务工作的开展。

5-3-16

财政部　国家发展改革委关于对从事个体经营的有关人员实行收费优惠政策的通知

2008年7月8日　财综〔2008〕47号

国务院各部委、各直属机构，各省、自治区、直辖市财政厅（局）、发展改革委、物价局，新疆生产建设兵团财务局、发展改革委：

为鼓励自主创业和自谋职业，进一步促进失业人员再就业工作，根据《残疾人就业条例》（国务院令第488号）、《国务院关于做好促进就业工作的通知》（国发〔2008〕5号）、《国务院关于鼓励支持和引导个体私营等非公有制经济发展的若干意见》（国发〔2005〕3号）、《中共中央办公厅、国务院办公厅关于引导和鼓励高校毕业生面向基层就业的意见》、《国务院办公厅转发民政部等部门关于扶持城镇退役士兵自谋职业优惠政策意见的通知》（国办发〔2004〕10号）的有关规定，经国务院批准，现将对从事个体经营的有关人员实行收费优惠政策等问题通知如下：

一、登记失业人员、残疾人、退役士兵以及毕业2年以内的普通高校毕业生，凡从事个体经营（除建筑业、娱乐业以及销售不动产、转让土地使用权、广告业、房屋中介、桑拿、按摩、网吧、氧吧等，下同）的，自其在工商部门首次注册登记之日起3年内免收管理类、登记类和证照类等有关行政事业性收费。

二、上述免交的收费项目具体包括：

（一）工商部门收取的个体工商户注册登记费（包括开业登记、变更登记、补换营业执照及营业执照副本）、个体工商户管理费、集贸市场管理费、经济合同鉴证费、经济合同示范文本工本费；

（二）税务部门收取的税务登记证工本费；

（三）卫生部门收取的行政执法卫生监测费、卫生质量检验费、预防性体检费、卫生许可

证工本费;

(四)民政部门收取的民办非企业单位登记费(含证书费);

(五)人力资源和社会保障部门(原劳动保障部门)收取的职业资格证书工本费;

(六)国务院以及财政部、发展改革委批准设立的涉及个体经营的其他登记类、证照类和管理类等行政事业性收费;

(七)各省、自治区、直辖市人民政府及其财政、价格主管部门按照管理权限批准设立的涉及个体经营的登记类、证照类和管理类等有关行政事业性收费项目。

三、财政部门应统筹安排相关部门的经费预算,以保证其正常履行职责。

四、各省、自治区、直辖市人民政府及其财政、价格主管部门应制定本行政区域内支持就业工作减免行政事业性收费的具体政策措施,并报财政部、发展改革委备案。

五、各省、自治区、直辖市财政、价格主管部门要通过多种新闻媒体,向社会公布支持就业工作免收的各项行政事业性收费项目,使登记失业人员、残疾人、退役士兵、符合条件的普通高校毕业生等充分了解和享受有关收费优惠政策。

六、工商、税务、卫生、民政、人力资源和社会保障等各有关部门应督促本系统内相关收费单位认真落实上述收费优惠有关规定,加强对相关人员享受优惠政策的登记备案管理,确保符合条件的人员享受自主创业收费优惠政策。

七、各省、自治区、直辖市财政、价格主管部门要加强对上述收费优惠政策执行情况的监督检查,切实保障政策落实到位。对不按规定落实收费优惠政策的部门和单位,要按照相关法律、行政法规规定予以严肃处理。

八、本通知自发布之日起实施。

5-3-17

工业和信息化部 科学技术部 财政部 国家税务总局关于印发 《国家产业技术政策》的通知

2009年5月15日 工信部联科[2009]232号

各省、自治区、直辖市、计划单列市及新疆生产建设兵团工业和信息化主管部门、科技厅(局)、财政厅(局)、国家税务局:

为贯彻落实科学发展观,推进实施《国家中长期科学和技术发展规划纲要(2006~2020年)》,工业和信息化部、科技部、财政部、国家税务总局共同研究制定了《国家产业技术政策》,作为国家产业技术发展的纲领性政策文件,《国家产业技术政策》的目的是调动社会资源,引导市场主体行为,指导产业技术发展方向,促进产业技术进步。现将《国家产业技术政策》印发你们,请遵照执行。

国家产业技术政策

产业技术进步和创新已成为直接推动经济和社会发展的核心原动力。坚持市场需求与政策引导相结合,坚持全面提升与重点突破相结合,坚持长远战略与近期目标相结合,坚持传统产业与高技术产业发展相结合的原则,加快提升我国产业技术水平,促进产业结构调整,转变经济发展方式,大力发展循环经济,培育产业核心竞争力,具有十分重要的作用。《国家产业技术政策》以推进我国工业化和信息化为核心,促进相关产业的自主创新能力提高,实现产业结构优化和产业技术升级。

第一章 发展目标

第一条 提升我国产业的国际竞争力。加大以自主创新为主的产业技术研发力度,实现产业技术升级,推动产业结构优化。在未来一段时期内,重点开发一批具有世界先进水平的技术和工艺;着力研制一批具有自主知识产权的产品和装备;推广应用一批影响产业发展的共性关键技术和具有示范带动作用的先进适用技术;积极培育一批具有国际竞争优势的大型企业和企业集团;大力扶持一批可以有效促进产业发展的技术联盟,从而提高我国产业国际竞争力。

第二条 满足国民经济和社会发展需要。加强引进技术的消化吸收再创新,重点研究产业发展的核心、关键共性技术,着力实现重大技术装备的国产化,满足国民经济发展的需要,满足国家工程建设的需要,保障国家经济安全;加快淘汰高消耗、高污染的落后工艺技术和生产能力,大力发展循环经济,逐步构建节约型的产业结构和消费结构,形成绿色产业技术体系。

第三条 增强企业创新能力。发挥企业技术创新主体作用。落实财税、投资、金融、政府采购等政策,引导和支持企业加大技术创新的投入,加快形成以企业为主体、市场为导向、产学研相结合的技术创新体系。

第二章 构建和完善技术创新体系,推动产业技术升级

第四条 构建促进产业发展的技术创新体系,搭建技术研发平台。整合全社会资源,加强产学研结合,建立以企业技术联盟、企业技术中心、工程中心、工程实验室、高等院校和科研院所为骨干的共性技术、关键技术研发平台,发挥大型企业技术联盟的骨干作用,加强对产业技术开发基地的扶持。

第五条 建立科学的产业技术评估评价体系。规范和完善产业技术评估评价体系,协调技术创新与产业应用和技术标准的关系,加强技术标准的贯彻实施,促进技术创新成果的推广应用,推进产业结构调整和技术升级。

第六条 完善技术服务机制。扶持各种类型为企业技术创新服务的中介机构发展,充分发挥行业协会和科技中介机构在国家创新体系中的作用,形成社会化、网络化的技术服务体系。

第七条 建立健全军民结合的技术创新机制。加强军民高技术研发力量的集成,搭建

军民技术双向转移平台,拓宽军民结合、军民共用的渠道,积极推进军用技术和民用技术的转移和辐射。

第三章 发挥企业主体作用,促进产业技术研发与创新

第八条 充分发挥企业技术创新的主体作用。鼓励企业不断增强创新意识,营造创新氛围,加大创新投入,培育创新人才,真正成为研究开发投入的主体、技术创新活动的主体和创新成果应用的主体。

第九条 支持以企业为主体的技术开发。鼓励有条件的企业建立技术中心,支持大企业采取产学研联合或企业技术联盟等多种方式开展产业共性关键技术研发,培育和增强大企业自主创新能力和自主研究开发产业技术的能力。建立和完善公共技术支持服务平台,为中小企业提供技术服务,逐步提高中小企业的技术创新能力、配套能力和专业化生产的技术水平。

第十条 加大信贷支持力度,支持企业进行重大产业关键技术、共性技术的研发。增加中小企业获取技术发展信贷的额度,改善对中小企业技术创新的金融服务。

第十一条 促进企业实施可持续发展战略。重点支持体现循环经济、可持续发展战略的节能、环保、新能源开发、再生资源及资源综合利用技术的开发、利用和政府采购。

第十二条 鼓励企业发展符合《国家产业技术发展指南》的产业技术,引导企业通过产业技术的研究开发增强核心竞争力。

第十三条 支持企业加强技术改造。通过财政、金融等政策,支持企业用高新技术和先进适用技术提升改造生产经营的薄弱环节和瓶颈,促进技术创新成果的应用。

第四章 健全法律法规体系,加强规划和政策的引导

第十四条 完善法律法规体系。研究制订促进产业技术发展的相关法律法规,明确产业技术进步与创新在国民经济和社会发展中的法律地位。贯彻《中华人民共和国科学技术进步法》、《中华人民共和国科技成果转化法》等法律法规,更加有效地用法律法规促进和保障产业技术发展。

第十五条 制定和完善产业技术发展规划。依据《国家中长期科学和技术发展规划纲要(2006~2020年)》,按照重点行业的实际发展情况,积极完善我国重点产业的技术发展规划,增强重点产业的竞争实力。加强规划与国家科技计划的衔接,加快组织实施对我国经济社会发展影响深远、带动性强的关键和共性技术与装备的研制开发,不断提升我国的产业技术水平。

第十六条 制订《国家产业技术发展指南》。国家制订和定期调整《国家产业技术发展指南》。引导地方、行业、企业和研究机构开展针对性的技术创新工作,鼓励发展关系国家经济、社会发展和国防安全的战略性技术;积极发展关联性强、制约我国产业总体技术水平提升的关键技术;大力发展通用性强、应用领域广泛、在经济社会发展中发挥基础作用的共性技术。

第五章 构建技术标准体系,实施知识产权战略

第十七条 加强技术标准研究。加强对重要技术标准的指导协调和重点领域的技术

标准研究,支持企业通过技术创新推动以我为主形成技术标准,加快国外先进标准向国内标准的转化,推动国家标准体系建设;重点扶持一批国家级骨干科研机构,为促进产业技术发展的标准体系建设提供技术支持。

第十八条 有效利用技术标准。积极运用技术标准,推动我国产业结构优化调整,促进企业自主创新能力提高。提高标准制定审查工作效率,合理缩短标龄。

第十九条 积极参加国际标准制定。支持自主制定和参与制定国际技术标准,鼓励和推动我国技术标准成为国际标准。对推动我国技术标准成为国际标准给予政策支持。对影响我国产业技术进步的国外技术法规,政府部门、行业协会和企业应及时组织有关方面研究、论证,提出相应政策,消除国外技术壁垒。

第二十条 掌握核心技术的知识产权。根据产业技术发展需要,确定不同时期需要掌握知识产权的关键技术和核心技术,组织力量进行攻关,取得自主知识产权,促进产业结构调整和升级,带动产业技术整体水平的提高。对国内企业开发的具有自主知识产权的重大技术装备和产品,经认定为国家自主创新产品的,在政府采购活动中,按照自主创新的政府采购政策规定执行。

第二十一条 依法加强知识产权保护。努力提高知识产权执法水平与效率,大力推动高等学校、科研院所将拥有知识产权的创新成果转化为现实生产力。根据我国产业技术发展阶段特点,合理确定、适时调整知识产权的保护范围和保护力度,使知识产权保护有利于产业技术的创新、转移与扩散,形成自主品牌。

第六章 广泛开展国际合作与交流,强化技术引进消化再创新

第二十二条 立足自主创新,发展产业技术。积极推动原始创新,形成创新的重要基础,推动产业技术水平不断提高;加快发展集成创新,形成整合优势,实现关键领域的整体发展;大力加强引进消化吸收再创新,充分利用全球科技资源,形成后发优势,加速提升产业技术水平。

第二十三条 鼓励自主创新,限制盲目重复引进。国家加强技术引进消化吸收再创新工作,并将制定技术引进消化吸收再创新方案作为重点工程项目审批和核准的重要依据,推动自主产业技术成果的研究开发、转化和产业化。定期发布禁止引进和限制引进技术目录,禁止或限制进口高消耗、高污染和不符合国家产业政策的技术和装备。

第二十四条 加强统筹协调,促进引进技术消化吸收再创新。对国内多家企业需要引进的技术和装备,国家将组织统一招标,协调引进、消化吸收和再创新;对于国内尚不能提供的重大技术装备,引导外商联合国内企业投标,在进口装备的同时引进国外先进设计制造技术,并确保国内企业有足够的分包比例。鼓励企业与高等院校和科研院所联合引进、共同消化吸收和再创新,其成果实行共享和有偿转让。

第二十五条 加大对引进技术消化吸收再创新的投入。国家给予必要的财税政策,重点支持国家急需的重大技术装备和重大产业技术的引进、消化吸收和再创新工作。对承担国家重大科技专项的企业,进口国内不能生产的关键科研仪器设备、原材料及零部件免征进口关税和进口环节增值税。对国家支持发展的重大技术装备和产品确有必要进口的关键部件及原材料,免征进口关税和进口环节增值税。

第二十六条 支持企业走出去。鼓励国内企业采用直接投资、合资、合作、并购等方式到境外设立技术研究开发机构,组建研发联盟,多形式、多渠道利用海外优势科技力量研发具有自主知识产权的产业技术。

第二十七条 充分利用国际科技资源。改善投资环境,吸引大型跨国公司在华建立技术研究开发机构。支持国内企业与国外企业开展合作研究开发,鼓励国外风险投资、咨询机构参与国内产业技术研发和产业化。以国内紧缺的关键技术、共性技术为重点,积极创造条件,通过构建"项目—人才—基地"三位一体、相互依托、互为促进的合作方式,鼓励引进海外高科技人才来我国从事研究开发工作,全面提升国际技术合作水平。

第二十八条 提高国际技术合作的质量和水平。鼓励国内企业引进具有核心技术、关键技术和共性技术的产业技术。进一步拓展合作渠道,创造合作条件,形成政府搭台,企业、高等院校、科研院所等充分发挥作用的中外合作研究开发格局。

第七章 健全产业技术服务体系,实施创新人才战略

第二十九条 建立健全技术市场。加强政府在技术市场中的引导监督管理职能,形成行业自律,创造公平竞争、规范有序的技术市场环境。

第三十条 鼓励单位和个人积极参与技术交易。引导单位和个人主动进入技术市场开展技术开发与服务活动,促进知识流动和技术转移,加快先进产业技术的推广。

第三十一条 加强技术市场人才队伍建设。加速发展适应社会不同层面需要的技术中介服务组织,培养和造就一批懂技术、懂法律、懂管理、懂经营的复合型高素质的专业化科技中介服务队伍。

第三十二条 建立高水平技术创新人才的培养机制。重点培养战略高技术人才、专业化高技能人才和优秀企业家人才,鼓励和支持产学研间建立多种形式的紧密型合作关系,共同培养产业技术创新人才。鼓励技术人员参加继续教育和在职培训。

第三十三条 健全以促进产业发展为核心的人才激励机制。支持企业对主要技术骨干实施期权等激励措施。完善企业社会保障体系,吸引高等院校毕业生到企业就业。

第三十四条 完善创新型技术人才的合理使用机制。构建尊重知识、尊重人才、尊重创造的和谐氛围,加强制度创新。

5-3-18

跨境贸易人民币结算试点管理办法

2009年7月1日 中国人民银行 财政部 商务部 海关总署
国家税务总局 中国银行业监督管理委员会公告2009年第10号

第一条 为促进贸易便利化,保障跨境贸易人民币结算试点工作的顺利进行,规范试点企业和商业银行的行为,防范相关业务风险,根据《中华人民共和国中国人民银行法》等法律、行政法规,制定本办法。

第二条 国家允许指定的、有条件的企业在自愿的基础上以人民币进行跨境贸易的结

算,支持商业银行为企业提供跨境贸易人民币结算服务。

第三条 国务院批准试点地区的跨境贸易人民币结算,适用本办法。

第四条 试点地区的省级人民政府负责协调当地有关部门推荐跨境贸易人民币结算的试点企业,由中国人民银行会同财政部、商务部、海关总署、税务总局、银监会等有关部门进行审核,最终确定试点企业名单。在推荐试点企业时,要核实试点企业及其法定代表人的真实身份,确保试点企业登记注册实名制,并遵守跨境贸易人民币结算的各项规定。试点企业违反国家有关规定的,依法处罚,取消其试点资格。

第五条 中国人民银行可根据宏观调控、防范系统性风险的需要,对跨境贸易人民币结算试点进行总量调控。

第六条 试点企业与境外企业以人民币结算的进出口贸易,可以通过香港、澳门地区人民币业务清算行进行人民币资金的跨境结算和清算,也可以通过境内商业银行代理境外商业银行进行人民币资金的跨境结算和清算。

第七条 经中国人民银行和香港金融管理局、澳门金融管理局认可,已加入中国人民银行大额支付系统并进行港澳人民币清算业务的商业银行,可以作为港澳人民币清算行,提供跨境贸易人民币结算和清算服务。

第八条 试点地区内具备国际结算业务能力的商业银行(以下简称境内结算银行),遵守跨境贸易人民币结算的有关规定,可以为试点企业提供跨境贸易人民币结算服务。

第九条 试点地区内具备国际结算业务能力的商业银行(以下简称境内代理银行),可以与跨境贸易人民币结算境外参加银行(以下简称境外参加银行)签订人民币代理结算协议,为其开立人民币同业往来账户,代理境外参加银行进行跨境贸易人民币支付。境内代理银行应当按照规定将人民币代理结算协议和人民币同业往来账户报中国人民银行当地分支机构备案。

第十条 境内代理银行可以对境外参加银行开立的账户设定铺底资金要求,并可以为境外参加银行提供铺底资金兑换服务。

第十一条 境内代理银行可以依境外参加银行的要求在限额内购售人民币,购售限额由中国人民银行确定。

第十二条 境内代理银行可以为在其开有人民币同业往来账户的境外参加银行提供人民币账户融资,用于满足账户头寸临时性需求,融资额度与期限由中国人民银行确定。

第十三条 港澳人民币清算行可以按照中国人民银行的有关规定从境内银行间外汇市场、银行间同业拆借市场兑换人民币和拆借资金,兑换人民币和拆借限额、期限等由中国人民银行确定。

第十四条 境内结算银行可以按照有关规定逐步提供人民币贸易融资服务。

第十五条 人民币跨境收支应当具有真实、合法的交易基础。境内结算银行应当按照中国人民银行的规定,对交易单证的真实性及其与人民币收支的一致性进行合理审查。

第十六条 境内结算银行和境内代理银行应当按照反洗钱和反恐融资的有关规定,采取有效措施,了解客户及其交易目的和交易性质,了解实际控制客户的自然人和交易的实际受益人,妥善保存客户身份资料和交易记录,确保能足以重现每项交易的具体情况。

第十七条 使用人民币结算的出口贸易,按照有关规定享受出口货物退(免)税政策。

具体出口货物退(免)税管理办法由国务院税务主管部门制定。

第十八条 试点企业的跨境贸易人民币结算不纳入外汇核销管理,办理报关和出口货物退(免)税时不需要提供外汇核销单。境内结算银行和境内代理银行应当按照税务部门的要求,依法向税务部门提供试点企业有关跨境贸易人民币结算的数据、资料。

第十九条 试点企业应当确保跨境贸易人民币结算的贸易真实性,应当建立跨境贸易人民币结算台账,准确记录进出口报关信息和人民币资金收付信息。

第二十条 对于跨境贸易人民币结算项下涉及的国际收支交易,试点企业和境内结算银行应当按照有关规定办理国际收支统计申报。境内代理银行办理购售人民币业务,应当按照规定进行购售人民币统计。

第二十一条 跨境贸易项下涉及的居民对非居民的人民币负债,暂按外债统计监测的有关规定办理登记。

第二十二条 中国人民银行建立人民币跨境收付信息管理系统,逐笔收集并长期保存试点企业与人民币跨境贸易结算有关的各类信息,按日总量匹配核对,对人民币跨境收付情况进行统计、分析、监测。境内结算银行和境内代理银行应当按中国人民银行的相关要求接入人民币跨境收付信息管理系统并报送人民币跨境收付信息。

第二十三条 至货物出口后210天时,试点企业仍未将人民币货款收回境内的,应当在5个工作日内通过其境内结算银行向人民币跨境收付信息管理系统报送该笔货物的未收回货款的金额及对应的出口报关单号,并向其境内结算银行提供相关资料。

试点企业拟将出口人民币收入存放境外的,应通过其境内结算银行向中国人民银行当地分支机构备案,并向人民币跨境收付信息管理系统报送存放境外的人民币资金金额、开户银行、账号、用途及对应的出口报关单号等信息。

试点企业应当选择一家境内结算银行作为其跨境贸易人民币结算的主报告银行。试点企业的主报告银行负责提示该试点企业履行上述信息报送和备案义务。

第二十四条 中国人民银行对境内结算银行、境内代理银行、试点企业开展跨境贸易人民币结算业务的情况进行检查监督。发现境内结算银行、境内代理银行、试点企业违反有关规定的,依法进行处罚。

试点企业有关跨境贸易人民币结算的违法违规信息,应当准确、完整、及时地录入中国人民银行企业信用信息基础数据库,并与海关、税务等部门共享。

第二十五条 中国人民银行与港澳人民币清算行协商修改《关于人民币业务的清算协议》,明确港澳人民币清算行提供跨境贸易人民币结算和清算服务的有关内容。

中国人民银行可以与香港金融管理局、澳门金融管理局签订合作备忘录,在各自职责范围内对港澳人民币清算行办理跨境贸易人民币结算和清算业务进行监管。

第二十六条 中国人民银行与财政部、商务部、海关总署、税务总局、银监会、外汇局等相关部门建立必要的信息共享和管理机制,加大事后检查力度,以形成对跨境贸易人民币结算试点工作的有效监管。

第二十七条 本办法自公布之日起施行。

5-3-19

国务院关于支持玉树地震灾后恢复重建政策措施的意见

2010年5月27日　国发〔2010〕16号

各省、自治区、直辖市人民政府，国务院各部委、各直属机构：

为支持和帮助玉树地震灾区恢复重建，统筹和引导社会各方面力量，又好又快重建新校园、新家园，建设社会主义新玉树，保证用三年时间基本完成恢复重建主要任务，使灾区基本生产生活条件和经济社会发展全面恢复并超过灾前水平，现就支持玉树地震灾后恢复重建有关政策措施提出以下意见：

一、基本原则

支持玉树地震灾后恢复重建，要充分考虑玉树地震灾区的特殊困难，既要与汶川地震灾后恢复重建政策措施和中央支持藏区发展、游牧民定居、生态移民等政策相衔接，更要从玉树地区灾后恢复重建实际情况出发，进一步加大政策优惠和支持力度。

（一）中央为主、多方支援。灾后恢复重建所需资金以中央财政资金为主，同时包括省级财政资金、社会捐赠资金以及居民和企业少量自筹资金。

（二）统筹考虑、突出重点。根据受灾程度，统筹做好不同受灾地区的恢复重建工作。将人口数量多、损失严重的极重灾区玉树县结古镇作为恢复重建工作的重点，同时兼顾玉树县隆宝镇、仲达乡、安冲乡、巴塘乡4个重灾乡镇。对一般灾区和灾害影响区乡镇，支持城乡居民倒损住房以及受损学校、医院等公共服务设施重建和修复。

（三）总量包干、分类控制。中央财政对灾后恢复重建资金实行"总量包干，分类控制"的管理办法，由地方政府根据规划项目和轻重缓急统筹做好中央财政资金、省级财政资金、捐赠资金和其他自筹资金的安排使用。

二、主要政策

（一）以中央财政为主安排灾后恢复重建资金

中央财政安排的资金包括：一般预算收入资金、车购税专项收入资金和中央国有资本经营预算收入资金。根据重建目标和任务，中央财政资金分2010年、2011年、2012年三年安排。其中，2010年安排90亿元，明、后两年继续做相应安排。中央财政安排的其他有关专项资金也要向受灾地区适当倾斜。

青海省要通过调整支出结构安排资金用于恢复重建。中央有关部门及红十字会、慈善总会等接收的捐赠资金，要直接拨付到青海省，连同青海省接收的捐赠资金，统一纳入灾后恢复重建规划，由青海省统筹安排用于恢复重建。此外，加上居民和企业少量自筹资金，共同组成以中央财政为主的灾后恢复重建资金。

按照灾后恢复重建的主要任务，灾后恢复重建资金的使用主要采取项目投资、居民个人补助、资本金注入、贴息等方式，用于以下几个方面：

1. 居民住房恢复重建。

对玉树地震灾区城乡居民(含中央垂直管理部门职工)倒塌和严重损坏住房重建,按照政府保障基本住房需求原则安排资金;对一般受损住房维修加固,适当安排资金给予补助。具体补助标准和方式由受灾地区人民政府区分不同情况确定。

2. 城镇建设。

恢复重建破坏严重需整体重建或新建的城镇道路、桥梁,城镇供水、供气、供热以及污水垃圾处理等市政公用设施及配套管网等。

3. 公共服务设施恢复重建。

恢复重建教育、卫生、科技、地震、计划生育、广电、文化文物、体育、劳动就业与社会保障、社会福利、基层政权、公检法司等公共服务设施。其中恢复重建教育、卫生设施优先安排社会捐赠资金,重点用于新建。

对宗教活动场所,按灾后恢复重建规划和现有管理程序,分寺院、活佛和教职人员生活住所以及文物等进行恢复重建。

4. 基础设施恢复重建。

恢复重建灾区范围内主要干线公路、农村公路以及受损民航设施、公众通信网和应急通信设施、邮政服务设施,以及水利、电力电网等设施。

5. 产业恢复重建。

支持恢复重建玉树工商企业、金融网点,恢复农业、畜牧业生产能力,发展环保型产业和特色文化、旅游等产业,建设工业集中区基础设施。

6. 其他恢复重建。

恢复重建农牧区(林区)生产生活设施,支持以工代赈、震后废物及建筑垃圾处理、三江源生态环境保护、灾毁土地整治、气象监测预警、地质灾害防治、综合减灾等社会公益性项目建设。

(二)税收政策

减轻企业税收负担:

对受灾地区损失严重的企业,免征灾后恢复重建期所在年度的企业所得税;对受灾地区企业取得的抗震救灾和灾后恢复重建款项和物资,以及与抗震救灾有关的减免税金及附加收入,免征企业所得税;在5年内免征受灾地区农村信用社企业所得税;对受灾地区企业、单位或支援受灾地区重建的企业、单位,进口国内不能满足供应并直接用于灾后重建的大宗物资、设备等,在3年内给予进口税收优惠。

减轻个人税收负担:

对受灾地区个人接受捐赠的款项、取得的各级政府发放的救灾款项,以及参与抗震救灾的一线人员,按照地方各级政府及其部门规定标准取得的与抗震救灾有关的补贴收入,免征个人所得税。

支持受灾地区基础设施、房屋建筑物等恢复重建:

1. 对政府为受灾居民组织建设的安居房建设用地,免征城镇土地使用税,转让时免征土地增值税。

2. 对地震中住房倒塌的农(牧)民重建住房占用耕地的,在规定标准内的部分免征耕地占用税。

3. 由政府组织建设的安居房,对所签订的建筑工程勘察设计合同、建筑安装工程承包合同、产权转移书据、房屋租赁合同,免征印花税。

4. 对在地震中损毁的应缴而未缴契税的居民住房,不再征收契税;对受灾居民购买安居房,免征契税。

5. 经省级人民政府批准,对经有关部门鉴定因地震灾害损毁的房产、土地,免征灾后恢复重建期所在年度的房产税和城镇土地使用税。

鼓励社会各界支持抗震救灾和灾后恢复重建:

1. 对单位和个体经营者将自产、委托加工或购买的货物,通过公益性社会团体、县级以上人民政府及其部门捐赠给受灾地区的,免征增值税、城市维护建设税及教育费附加。

2. 对企业、个人通过公益性社会团体、县级以上人民政府及其部门向受灾地区的捐赠,允许在当年企业所得税前和当年个人所得税前全额扣除。

3. 对财产所有人将财产(物品)直接捐赠或通过公益性社会团体、县级以上人民政府及其部门,捐赠给受灾地区或受灾居民所书立的产权转移书据,免征印花税。

4. 对专项用于抗震救灾和灾后恢复重建、能够提供由县级以上人民政府或其授权单位出具的抗震救灾证明的新购特种车辆,免征车辆购置税。符合免税条件但已经征税的特种车辆,退还已征税款。

促进就业:

1. 受灾地区的企业在新增加的就业岗位中,招用当地因地震灾害失去工作的人员,与其签订1年以上期限劳动合同并依法缴纳社会保险费的,经县级人力资源社会保障部门认定,按实际招用人数和实际工作时间予以定额依次扣减营业税、城市维护建设税、教育费附加和企业所得税。定额标准为每人每年4000元,可上下浮动20%,由灾区省级人民政府根据本地实际情况具体确定。

2. 受灾地区因地震灾害失去工作后从事个体经营的人员,以及因地震灾害损失严重的个体工商户,按每户每年8000元的限额依次扣减其当年实际应缴纳的增值税、营业税、城市维护建设税、教育费附加和个人所得税。

上述税收政策执行期限与国务院确定的灾后恢复重建期一致,适用范围为国务院确定的受灾地区范围。

(三)金融政策

支持金融机构尽快全面恢复金融服务功能:

加快修复基层金融网点,保障支付清算、国库和邮政汇兑系统的安全运营,鼓励受灾地区金融机构适当减免客户账户查询、挂失和补办、转账等收费。

鼓励银行业金融机构加大对受灾地区信贷投放:

1. 加大对受灾地区金融机构的资金支持力度。根据受灾地区恢复重建的实际需求,增加对受灾地区的再贷款(再贴现)额度,并对支农再贷款执行优惠利率,在现行支农再贷款利率水平上再降低1个百分点。对受灾地区地方法人金融机构执行倾斜的准备金政策。允许受灾地区金融机构提前支取特种存款,增加信贷资金来源。

2. 对受灾地区实施倾斜和优惠的信贷政策。对灾前已经发放、灾后不能按期偿还的各项贷款延长还款期限,在2011年6月底前不催收催缴、不罚息,不作为不良记录,不影响其继续获得受灾地区其他信贷支持。

3. 加大对受灾地区重点基础设施、城乡居民住房、农牧业、中小企业和因灾失业人员的信贷支持力度。对因灾失业人员和吸纳受灾群众就业达到一定比例的劳动密集型中小企业,参照下岗失业人员小额担保贷款政策执行。

加强受灾地区信用环境建设:

1. 保护受灾地区客户合法权益。加快整理核实受灾地区金融机构客户基本信息;对暂时无主客户的债权,另账保存;依法确认和保护遇难者账户资金、金融资产所有权和继承权;加快保险理赔进度,提高理赔效率。

2. 对于符合现行核销、重组和减免规定的贷款,按照相关政策和程序及时核销、重组和减免。

实行外债减免政策:

对政府外债项目因地震造成的损失,给予债务减免,所需还款资金由中央财政承担。

(四) 土地政策

1. 免收新增建设用地土地有偿使用费和土地出让收入。对受灾地区为安置受灾居民新建各类安置住房以及非地震受灾地区为安置受灾居民新建各类安置住房;对受灾地区的行政机关、学校等事业单位,各类企业、人民团体、社会团体等单位,因地震造成房屋倒塌、毁损需要在原地区重建或迁至异地重建的,免收新增建设用地土地有偿使用费和土地出让收入。

2. 划拨土地。凡利用政府投资、社会捐助以及自筹资金为受灾群众重建住房、基础设施、公益设施等,可采用划拨方式供地。对在原址重建的工业或其他经营性项目用地,无论投资性质,土地不再重新出让,可按原方式使用土地;对易地重建的工业企业和按规划需要整体搬迁的工业企业,县级人民政府在收回其原有土地使用权的基础上,可采取划拨方式供地;对易地重建或按规划需要整体搬迁的其他经营性项目用地,同一宗地只有一个用地意向者的,可采用协议出让方式供地。

3. 降低地价。在未对因灾降低的地价标准进行调整之前,对投资规模大、促进地区经济发展作用明显的新建工业或大型商业设施等项目用地,可根据实际情况降低地价标准,报省级国土资源管理部门备案。

4. 保证灾后恢复重建用地。对灾后恢复重建需要的新增建设用地计划指标,在国家下达的土地利用年度计划指标中优先安排,指标不足的,可预先安排使用。对规划异地重建的城镇和村庄,凡废弃村庄和城镇具备复垦条件的,可以使用城乡建设用地增减挂钩周转指标。对抢险救灾和灾后恢复重建用地,可根据需要先行使用或安排供地。涉及农用地转用和土地征收的,可以边建设边报批;涉及占用耕地的,可以边占边补。

(五) 收费和基金减免政策

在地震灾区恢复重建过程中,一律免收属于中央收入的各类行政性收费和政府性基金。其中,对在地震灾区建设安居房、廉租住房及原址重建住房和加固住房,免收的全国性行政事业性收费包括防灾地下室易地建设费等项目;免收的全国性政府性基金包括城市基础设施配套费、散装水泥资金、新型墙体材料专项基金、城市教育附加费、地方教育附加、城镇公用事业附加等项目。

（六）教育特别资助政策

1. 对生源地为青海玉树地震重灾区的高等教育阶段全日制在校生和高中阶段学生，从2010年4月至2011年7月，发放国家助学金或生活费补助，并免除一个学年的学费。所需新增资金由中央财政负担。

2. 对恢复重建期内迁出省外和玉树州外就读的初中和高中阶段的重灾区学生，从2010年秋季学期起全部免除学费和住宿费，并发放生活费补助，所需资金以中央财政综合定额补助为主，迁入迁出地政府适当负担。

3. 对继续在灾区就读的义务教育阶段学生，执行现有的经费保障和补助政策。

（七）就业援助和社会保险政策

加大就业援助：

1. 将省级人民政府确定的因地震灾害出现的就业困难人员，按规定及时纳入就业援助的对象范围，优先保证受灾地区零就业家庭至少有一人就业。

2. 将本地就业困难人员正在参与的抗震救灾相关工作，按规定纳入现有和新开发的公益性岗位认定范围，时限为三个月。对从事公益性岗位工作的就业困难人员，按规定提供岗位补贴和社会保险补贴。

3. 对受灾地区企业在重建中吸收就业困难人员的，按规定给予相应的社会保险补贴。

4. 对从事灵活就业的就业困难人员，按规定享受社会保险补贴。

5. 对因灾中断营业后重新开业的个体工商户，按规定给予小额担保贷款扶持。

6. 省级人民政府在确保失业保险基金按时足额发放的前提下，对受灾地区企业采取适当降低失业保险费率等措施。

7. 按规定对受灾地区从事个体经营的有关人员三年内免收管理类、登记类和证照类等有关行政事业性收费。

8. 受灾地区企业恢复生产、公路和农田水利等基础设施以及对口支援项目建设，要优先吸纳当地受灾群众。要组织引导好受灾群众参加以工代赈和生产自救活动。

9. 鼓励东部沿海等地区支持和帮助受灾地区高校毕业生、农牧民、少数民族劳动者转移就业。对东部沿海等地区各类企业（单位）招用灾区劳动者，与之签订劳动合同并缴纳社会保险费的，按其为灾区劳动者实际缴纳的基本养老保险费、基本医疗保险费和失业保险费给予补贴，补贴期限最长不超过一年，所需资金从东部沿海等地区就业专项资金中安排。对转移就业的劳动者给予一次性交通补贴，所需资金从受灾地区就业专项资金中安排。上述两项政策审批的截止时间为2011年底。

10. 对受灾地区实行就业援助所需相关资金，按规定从就业专项资金中列支，中央财政通过专项转移支付给予适当支持。

保障工伤保险待遇支付：

1. 为解决受灾地区工伤保险基金收不抵支问题，对参加工伤保险的职工伤亡的，在核实伤亡人数、伤残等级及具体待遇标准的基础上，按规定支付相关待遇，所需资金通过地方尽快实行市级或省级统筹、动用历年结余、加大基金调剂力度解决。

2. 对未参加工伤保险伤亡职工的待遇支付，由职工所在企业（单位）负责解决，企业

(单位)无力支付或已不存在,并符合救助条件的,可通过相关的社会捐助、社会救助制度予以帮助。

保障养老保险待遇支付:

1. 对受灾较重、暂停生产的企业,允许缓缴社会保险费;对因地震灾害无法恢复生产,经法院或有关部门宣告关闭破产企业欠缴的基本养老保险费,应按国家有关规定使用破产财产清偿,不足部分应按规定报批后予以核销。

2. 加大省级基本养老保险基金对地震灾区的调剂力度,确保地震灾区基本养老金按时足额发放。

3. 支持玉树自治州全面开展新型农村社会养老保险试点工作,从当地试点启动之日起,政府对符合领取条件的参保人全额支付基础养老金,中央财政按照每人每月55元给予补助。参保农牧民因地震灾害造成缴费困难的,由本人向经办机构提出申请,经审核同意后,个人缴费可以缓缴。

保障受灾困难人员基本生活:

对受灾地区符合《失业保险条例》规定的失业人员,按时足额发放失业保险金;符合享受城乡居民最低生活保障、农村五保供养、临时生活救助等条件的人员,按规定纳入相应保障范围,享受相关政策待遇。

(八)扶贫政策

1. 中央财政进一步加大扶贫开发支持力度,在安排财政扶贫专项资金和财政扶贫贷款贴息资金时向灾区倾斜,由地方根据实际情况对灾区农村贫困群众予以支持,帮助其尽快恢复发展生产。

2. 适当提高贫困村基础设施建设、贫困户住房建设的补助标准,解决贫困家庭灾后恢复重建面临的突出困难。

3. 加大以工代赈力度,鼓励灾区群众投身灾后恢复重建,参与建筑废墟清理、住房建设、农牧区小型基础设施修复等灾后恢复重建任务。

(九)援建及援助政策

1. 中央企业要积极承担社会责任,充分利用自身在人才、技术、管理等方面的优势,提供规划编制、勘察、设计、施工以及人力培训等方面支持。

2. 东部省市和中央国家机关对口支援青海藏区工作要优先在玉树灾区启动实施。

3. 原有东西扶贫协作支援省要重点做好支持玉树灾区工作。

4. 青海省要组织省内财力、物力、人力支援灾区建设。

以上援建及援助项目除对口支援省市确认为自愿、无偿援助的项目外,按照市场运作、保本微利原则实施,所需资金由青海省从灾后恢复重建包干资金中解决。

无论是中央企业还是援建省市,在组织实施援建及援助项目中,要尽量多吸纳灾区劳动者就业。受灾地区人民政府要做好就业指导和岗位培训等工作。

三、工作要求

(一)统一认识,加强领导。各地区、各部门要从全局和政治的高度充分认识玉树地震灾后恢复重建工作的重要性、艰巨性和长期性,切实把思想和行动统一到党中央、国务院各项决策部署上来,强化领导、精心谋划、周密部署,把大力支持灾后恢复重建工作作为当前一项重要任务,切实抓紧抓好。

(二)明确责任,密切配合。受灾地区省级人民政府对灾后恢复重建工作负总责,要立即全面部署灾后恢复重建工作,明确相关部门责任、分工和工作要求。国务院有关部门要各司其职、各负其责,加强指导和做好相关工作。

(三)细化政策,完善办法。国务院有关部门要尽快制订有关政策措施的具体实施办法,明确政策措施适用范围和执行期限,根据灾后恢复重建进展情况和实际需要,及时调整和完善各项政策措施。受灾地区省级人民政府要结合本地区实际制订贯彻实施具体操作办法,便于各项政策措施执行。同时,国务院有关部门要会同受灾地区省级人民政府做好灾后恢复重建与受灾群众过渡性安置统筹衔接工作,提早组织和保障好受灾群众过冬所需棉帐篷、火炉及燃料等物资。

(四)强化监督,确保效果。财政部、审计署等部门要按照职能分工,加强对灾后恢复重建资金使用和相关政策措施执行情况全过程监督,确保资金按照规定用途使用和各项政策措施执行到位,确保提高资金使用和政策措施执行效果,并指导受灾地区人民政府加强资金使用和政策措施执行监督检查。受灾地区人民政府要把加强资金使用和政策措施执行监督检查作为灾后恢复重建的一项重要工作,制定监督措施,明确监督责任,狠抓落实。

5-3-20
中国人民银行　发展改革委　工业和信息化部　财政部　国家税务总局　证监会关于促进黄金市场发展的若干意见

2010年7月22日　银发〔2010〕211号

中国人民银行上海总部;各分行、营业管理部;各省会(首府)城市中心支行,各副省级城市中心支行;各省、自治区、直辖市、计划单列市发展改革委、工业和信息化主管部门、财政厅(局)、国家税务局、证监局;上海黄金交易所,上海期货交易所;各国有商业银行、股份制商业银行:

为促进黄金市场健康发展,进一步完善金融市场体系,发挥黄金市场在促进黄金产业发展中的重要作用,现提出如下意见:

一、充分认识促进黄金市场健康发展的重要意义

黄金市场是金融市场的重要组成部分。黄金兼具金融和商品两种属性,大力发展黄金市场,有利于发挥黄金不同于其他金融资产的独特作用,形成与其他金融市场互补协调发展的局面,进一步完善我国金融市场体系,扩大金融市场的深度和广度,深化金融市场功能,提高金融市场的竞争力和应对危机的能力,维护金融稳定和安全。

黄金产业的发展,既有利于提高我国黄金产业竞争力,也有利于带动其他矿产资源的发展。改革开放以来,我国黄金产业稳步发展,形成了黄金勘探、开采、选冶、交易、投资、加工和零售完整的产业链条,黄金生产能力、加工能力和消费水平不断提高。功能完善的黄

金市场能够满足产业的融资需求和规避风险的需要,降低企业生产成本,向企业提供市场信息,有利于企业制订合理的生产经营计划,促进产业结构调整和升级,提高产业竞争力。

我国居民有消费和投资黄金的文化传统,随着国民经济健康快速的发展和人民生活水平的提高,居民对黄金首饰、金币和投资性黄金的需求稳步增长。品种丰富的黄金市场,有利于拓宽投资渠道,满足投资者多样化的投资需求,帮助投资者合理配置资产,提高投资收益,保障资产安全。

二、进一步明确黄金市场发展定位

统购统配政策取消后,我国黄金市场发展迅速,初步形成了上海黄金交易所黄金业务、商业银行黄金业务和上海期货交易所黄金期货业务共同发展的市场格局,形成了与黄金产业协同发展的良好局面。未来黄金市场的发展,要服务于我国黄金产业发展大局,立足于提高我国金融市场竞争力,着力发挥黄金市场在完善金融市场中的重要作用。要加大沟通协调力度,建立上海黄金交易所和上海期货交易所合作协调机制。要切实加大创新力度,积极开发人民币报价的黄金衍生产品,丰富交易品种,完善黄金市场体系,进一步深化市场功能,提高市场的规范性和开放性,促进形成多层次的市场体系。

上海黄金交易所要尽快明确未来发展方向和市场定位,改善和加强服务体系建设,完善各项制度,保障市场规范运行。要围绕市场需求开发新的产品,丰富交易品种。按法规规章和市场需要调整会员结构,扩大参与主体范围。要认真听取会员的意见和建议,切实做好对会员的相关服务工作。要加强和改善交易、黄金和资金清算、合格金锭认证、黄金仓储及运输服务。要深入研究国内国际黄金产业和黄金市场的发展变化规律,切实发挥上海黄金交易所在促进产业发展,完善黄金市场体系建设中的重要作用。

上海期货交易所要充分利用期货市场价格发现和管理风险的功能,不断加强市场基础性制度建设,稳步推进我国黄金风险管理市场健康发展。要围绕着市场功能发挥,不断完善黄金期货合约与业务规则,做深做细黄金期货,提升服务国民经济发展的能力。要不断提高市场风险控制能力,加强对会员的自律管理,有效防范和化解市场风险。优化黄金市场投资者结构。支持黄金企业积极参与和利用期货市场进行套期保值,积极引导金融机构运用黄金期货管理风险。

商业银行要围绕黄金开采、生产加工和销售等整个产业链条,切实创新金融产品,着力改善金融服务,努力提高服务成效,向黄金产业提供多方位的金融服务。结合产业和市场发展需要,加大产品创新力度,开展实物金销售、黄金租赁、黄金远期和黄金期权等业务,丰富市场品种,满足企业融资需求和规避风险的需要。鼓励和引导商业银行开展人民币报价的黄金衍生品交易。引导更多的金融机构参与黄金市场,扩大黄金市场的广度和深度。

三、切实加强黄金市场服务体系建设

加强黄金市场系统建设。上海黄金交易所要进一步加强交易系统建设,加大创新力度,完善黄金市场体系。丰富市场交易模式,引入做市商制度,提高黄金市场流动性。要加快灾备系统建设,完善备份系统。要进一步完善资金管理系统,保障客户资金安全。

健全完善黄金市场标准认定体系。结合我国黄金产业和市场发展实际,借鉴国际主要黄金市场经验,进一步完善我国黄金市场合格金锭申请、认定、鉴定和检查制度,提高我国黄金市场认定体系的影响力,推动建立我国黄金市场标准认证体系。综合考虑国家资源战略,结合黄金产业特点,合理确定合格金锭金条入库企业。

完善黄金市场仓储运输体系。综合考虑我国黄金生产和消费实际及黄金市场发展等因素,合理布局黄金交割库。统筹考虑商业银行和会员的经营成本,合理设定出入库费用和仓储费用。完善黄金运输服务体系,向市场提供快速低成本的运输服务。

完善黄金市场清算服务体系。根据黄金市场发展需要,切实加强黄金账户服务体系建设,向市场提供更便捷的黄金账户和黄金实物清算服务,进一步完善黄金实物清算服务体系。借鉴国际经验,研究推动多种黄金账户服务。完善黄金市场资金清算服务。

四、完善黄金市场法律法规和相关政策支持体系

加快黄金市场法律法规制度建设。推动出台《黄金市场管理条例》。制定出台黄金及其制品进出口管理办法。加强对金融机构黄金业务的管理,引导并推动金融机构黄金业务稳步规范发展。

落实黄金市场相关税收政策。对上海黄金交易所和上海期货交易所黄金的税收政策继续按现行规定执行。研究推动完善投资性黄金和商业银行黄金业务税收政策。

研究扩大黄金市场实物供给渠道。结合我国黄金市场发展实际,根据市场需求状况,扩大有进出口黄金资格的商业银行数量,推动市场创新,提高市场流动性。在市场化原则基础上,进一步发展黄金租借市场。

切实做好黄金市场融资服务。对符合黄金行业规划和产业政策要求的大型企业,商业银行要按照信贷原则扩大授信额度。要重点支持大型黄金集团的发展和实施"走出去"战略,切实做好支持大型黄金集团"走出去"的相关金融服务工作。支持大型企业集团发行企业债券、公司债券、中期票据和短期融资券,拓宽企业融资渠道,降低企业融资成本。为具备条件的企业发放并购贷款,促进产业整合,实现集约化经营。结合黄金加工企业和零售企业的产业特点、生产加工周期,形成从流动资金贷款到货物销售等一系列的金融服务体系。通过应收账款质押和存货抵押等方式,创新信贷产品,改善服务。鼓励金融机构开展黄金质押融资服务。对黄金加工企业和零售企业遇到的信贷问题,银行要结合实际情况,认真研究,提出具体的解决办法。

完善外汇政策。进一步完善当前黄金市场外汇管理政策。为鼓励引导商业银行开展人民币报价的黄金衍生品交易,结合上海黄金交易所询价系统建设,允许开展黄金衍生品人民币报价的商业银行,在没有真实贸易背景下,在境外对冲境内黄金交易头寸,并研究将开展黄金衍生品人民币报价交易所涉汇率敞口头寸纳入结售汇综合头寸进行境内平补的可行性。

推动黄金市场对外开放。稳步增加上海黄金交易所外资类会员数量。研究推动允许境外合格金锭提供商向上海黄金交易所提供合格金锭。研究推动境外机构参与上海黄金交易所进行交易。

五、切实防范黄金市场风险

加大黄金市场监管力度。各相关部门应认真履行监督管理黄金市场相关职责,加大沟通协调力度,形成合力,切实维护市场主体利益,促进市场规范协调发展。

商业银行要加大风险控制力度。要制订相关业务规划,保证合规开展业务。要加强相关系统建设,切实保障交易安全。要根据各种业务特点和风险特点,采取相应措施,防范

风险。

中介机构要加强自律性管理。上海黄金交易所和上海期货交易所要结合产品上线和系统建设等情况,完善交易、交割、清算和黄金账户服务等制度,保证各项服务的安全性。规范会员行为,维护市场秩序。要根据市场变化情况,及时采取应对措施,防范市场风险。

六、切实保护投资者利益

采取多种形式,切实加强对投资者的教育,培育成熟的黄金市场投资群体。加大对黄金市场从业人员的培训力度,提高从业人员素质。切实加强黄金市场的风险教育,提高市场参与主体的风险意识。市场主体要从维护投资者利益和维护黄金市场健康发展的大局出发,发现问题及时报告。规范黄金市场参与者行为,严禁参与地下炒金活动。对参与地下炒金活动的市场主体,相关部门应予以严惩,并将相关信息录入征信系统。

5-3-21

工业和信息化部 科学技术部 财政部 人力资源和社会保障部 国家税务总局 关于加快推进中小企业服务 体系建设的指导意见

2011年12月2日　工信部联企业〔2011〕575号

各省、自治区、直辖市及计划单列市、新疆生产建设兵团工业和信息化(中小企业)、科技、财政、人力资源社会保障(人事、劳动保障)、国家税务、地方税务主管部门:

建立健全中小企业服务体系(以下简称"服务体系")是促进中小企业加快转变发展方式,实现持续健康发展的重要措施。为贯彻落实《国务院关于进一步促进中小企业发展的若干意见》(国发〔2009〕36号),加快推进服务体系建设,提出以下意见:

一、指导思想、基本原则及建设目标

(一)指导思想。以邓小平理论和"三个代表"重要思想为指导,深入贯彻落实科学发展观,坚持以中小企业需求为导向,以服务小型微型企业为重点,以解决制约企业发展的突出问题为着力点,充分发挥公共服务的主导作用,通过充实完善服务网络,健全服务评价与激励机制,培育示范和服务品牌,引导带动服务资源,为中小企业科学、健康发展提供支撑服务。

(二)基本原则。坚持政府引导与市场化运作相结合,发挥市场配置资源的基础性作用;坚持统筹规划与分步实施相结合,统筹当前和长远,统筹区域和行业,总体规划、分步推进;坚持重点培育与规范提升相结合,增强内生动力,实现可持续发展。

(三)建设目标。到"十二五"末,在各省(自治区、直辖市、计划单列市,以下简称"省")基本建立中小企业公共服务平台网络(以下简称"平台网络"),树立百家国家中小企业公共服务示范平台(以下简称"国家示范平台"),培育千家中小企业公共服务平台(以下简称"服务平台")和小企业创业基地,带动万家以上专业服务机构,形成服务功能完善、特色鲜明、运营规范、方便快捷、社会影响力大和品牌知名度高的服务体系。

二、培育服务队伍

(四)加快中小企业服务机构能力建设。采取设立、重组、择优认定等多种方式,充实完善各层级中小企业服务机构。通过制定建设规范和服务能力标准,加强业务指导、专业培训、业绩考评,提高从业人员的专业资质水平,增强服务能力、资源带动能力和创新发展能力,在服务体系中发挥核心作用。

(五)集聚服务资源。发挥生产力促进、劳动就业等服务机构以及大专院校、科研院所的公共资源优势,以及行业协会(商会)等社团组织熟悉行业、贴近企业的优势,共同服务中小企业。引导各类专业服务机构面向中小企业提供优质服务。推动形成专业化、社会化的中小企业服务队伍。

(六)提高协作水平。鼓励服务机构通过股权联合、连锁经营等方式,建立协作关系,增强服务能力。鼓励建立中小企业服务联盟或服务协会,形成定期磋商、协同议事机制,加强服务机构间的合作与交流,提高分工协作水平。

三、加快服务平台建设

(七)建立健全服务平台。根据《关于促进中小企业公共服务平台建设的指导意见》(工信部联企业〔2010〕175号),在中小企业集聚的区域和行业重点建设、充实和完善一批服务平台,面向产业,贴近企业,集聚资源,集成服务,促进中小企业的创新发展。

(八)推动平台网络建设。以省为单位,统筹建设由省服务平台与所辖主要城市和重点产业集群各服务平台间互联互通、资源共享的平台网络。鼓励国家示范平台率先联通,在平台网络中发挥示范带动作用。在省平台网络建设基础上,逐步实现跨区域和全国范围的统筹与协同服务,建立全国性的公共服务平台网络,在更大范围和更高层次上整合资源,提高服务水平和效率。

(九)树立示范平台。鼓励服务平台加强服务能力建设,健全服务规范,不断开发特色服务产品,为小型微型企业提供质优价惠服务。通过认定一批业绩突出、信誉良好、公信度高的国家示范平台,发挥示范带动作用。各地也可以通过认定省级示范平台,形成本地区的样板,促进服务平台发展。

四、加强专业化服务

(十)信息服务。加强政策、商务和服务供需信息的采集分析,完善行业信息服务,提高信息的准确性、及时性和有效性。不断拓展信息服务领域和方式,根据差异化需求提供定向信息服务。开展中小企业生产运营信息的采集分析和监测。

(十一)投融资服务。推动开展多种形式的银企对接活动,畅通中小企业融资信息渠道。积极开展投融资咨询、贷款指导、上市辅导、财务管理、信用征集与评价等服务,推广新型融资产品,拓宽创业投资、小额贷款、集合债券、集合票据等多种融资渠道。进一步完善多层次中小企业信用担保体系,提升担保机构服务水平。

(十二)创业服务。以创业辅导师、创业培训师资队伍建设和小企业创业基地建设为重点,开展创业培训、创业辅导、政务代理、投资融资、管理咨询、市场营销等服务。建立初创企业与同行业企业间的交流、互助机制,提高创业成功率。

(十三)人才与培训服务。以深入实施中小企业银河培训工程为重点,引导和促进优质培训机构加快发展。积极推广成熟的创业培训模式,不断开发中小企业适用的培训产品,发展远程网络培训,扩大培训范围、培训品种,创新培训方式,提高培训质量。促进人才交流、测评与推荐,为中小企业提供人才保障。

(十四)技术创新和质量服务。以提升中小企业技术创新能力和信息化应用水平为重点,引导创新资源向中小企业集聚,促进产学研合作,破解共性关键技术难题,大力开展工业设计、技术检测、技术咨询等技术服务,加快新技术、新工艺、新材料以及先进质量管理方法的推广应用,为中小企业提高产品质量、节能减排、创新发展提供技术支撑。

(十五)管理咨询服务。以实施中小企业管理提升计划为重点,组织专业服务机构和专家志愿服务人员,为中小企业送管理、送服务,提供管理诊断和咨询服务,指导企业运用现代管理理念、知识和技能,提升管理水平,推动管理创新。

(十六)市场开拓服务。充分发挥中国国际中小企业博览会、亚太经合组织(APEC)中小企业技术交流暨展览会等各类展会作用,为中小企业提供形式多样的产品展示交流和技术交流。积极开拓国内外市场,大力发展电子商务,建立商贸信息发布和预警预测机制,提供国际交流与合作服务,支持中小企业"走出去"、"引进来"。

(十七)法律服务。组织专业法律机构,为中小企业提供法律顾问服务,开展法律知识宣传、法律咨询、法律维权与援助等服务。

五、创新服务机制

(十八)健全服务规范。引导中小企业服务机构加强内部管理,提高质量意识,建立服务质量保证制度,鼓励开展 ISO9001 等质量管理体系认证。推动平台网络服务的规范化,服务平台场地内、外有醒目的服务标识;有公开的服务指南,包括:平台简介、重点服务产品、服务流程、办理时限、服务标准、服务价格、监督电话等;有公开的服务承诺和健全的服务客户登记及办理记录等。

(十九)建立服务监督评价机制。要逐步建立客户回访制度,主动听取被服务企业的意见,不断改进和提高服务水平。完善平台网络服务监督机制,设立监督电话和网络投诉通道,接受企业和社会公开监督。建立激励机制,完善服务标准和评价指标,依据服务绩效,择优给予服务奖励、示范认定或政策扶持,促进优质服务机构加快发展,引导更多机构为中小企业服务。

(二十)创新运营模式。鼓励服务平台通过组织带动优质专业服务资源,创新特色服务,拓展服务领域,扩大服务规模,降低服务成本,实现可持续发展。鼓励专业化服务机构通过提供合理价格的优质服务,开拓中小企业服务市场。

六、加强措施保障

(二十一)加强组织领导。各级政府有关部门要把服务体系建设作为促进中小企业发展的重要措施,结合本地区中小企业和产业发展实际,统筹规划,合理布局,明确建设目标和重点建设任务,加强工作的协调和督导。充分发挥中小企业工作协调机制作用,形成推动服务体系建设的工作合力。

(二十二)加大政策扶持。充分发挥各类中小企业专项资金的引导作用,带动社会投资,加快服务体系及服务平台网络建设。根据财政部、国家税务总局等部门的有关税收规定,对符合条件的中小企业服务机构,特别是国家级示范平台,可申请享受相关税收优惠政策。通过服务奖励和服务补贴等方式,鼓励专业服务机构为中小企业提供优质服务。加大对小型微型企业和经济欠发达地区中小企业公共服务的支持。鼓励地方加大对服务体系建设的政策支持力度,推动服务体系建设投入的逐年增长。

(二十三)加强工作交流和宣传。通过现场会、培训班等多种形式,及时总结推广各地服务体系建设的成功做法和经验,加强工作交流。学习借鉴国外成功经验,开拓思路,创新工作方法,探索具有中国特色的服务体系发展模式。充分发挥舆论导向作用,加大对服务体系建设、国家示范平台、优质服务机构的宣传,形成有利于服务体系加快发展的舆论氛围。

5-3-22

国务院关于进一步支持小型微型企业健康发展的意见

2012年4月19日　国发〔2012〕14号

各省、自治区、直辖市人民政府,国务院各部委、各直属机构:

小型微型企业在增加就业、促进经济增长、科技创新与社会和谐稳定等方面具有不可替代的作用,对国民经济和社会发展具有重要的战略意义。党中央、国务院高度重视小型微型企业的发展,出台了一系列财税金融扶持政策,取得了积极成效。但受国内外复杂多变的经济形势影响,当前,小型微型企业经营压力大、成本上升、融资困难和税费偏重等问题仍很突出,必须引起高度重视。为进一步支持小型微型企业健康发展,现提出以下意见。

一、充分认识进一步支持小型微型企业健康发展的重要意义

(一)增强做好小型微型企业工作的信心。各级政府和有关部门对当前小型微型企业发展面临的新情况、新问题要高度重视,增强信心,加大支持力度,把支持小型微型企业健康发展作为巩固和扩大应对国际金融危机冲击成果、保持经济平稳较快发展的重要举措,放在更加重要的位置上。要科学分析,正确把握,积极研究采取更有针对性的政策措施,帮助小型微型企业提振信心,稳健经营,提高盈利水平和发展后劲,增强企业的可持续发展能力。

二、进一步加大对小型微型企业的财税支持力度

(二)落实支持小型微型企业发展的各项税收优惠政策。提高增值税和营业税起征点;将小型微利企业减半征收企业所得税政策,延长到2015年底并扩大范围;将符合条件的国家中小企业公共服务示范平台中的技术类服务平台纳入现行科技开发用品进口税收优惠政策范围;自2011年11月1日至2014年10月31日,对金融机构与小型微型企业签订的借款合同免征印花税,将金融企业涉农贷款和中小企业贷款损失准备金税前扣除政策延长至2013年底,将符合条件的农村金融机构金融保险收入减按3%的税率征收营业税的政策延长至2015年底。加快推进营业税改征增值税试点,逐步解决服务业营业税重复征税问题。结合深化税收体制改革,完善结构性减税政策,研究进一步支持小型微型企业发展的

税收制度。

（三）完善财政资金支持政策。充分发挥现有中小企业专项资金的支持引导作用，2012年将资金总规模由128.7亿元扩大至141.7亿元，以后逐年增加。专项资金要体现政策导向，增强针对性、连续性和可操作性，突出资金使用重点，向小型微型企业和中西部地区倾斜。

（四）依法设立国家中小企业发展基金。基金的资金来源包括中央财政预算安排、基金收益、捐赠等。中央财政安排资金150亿元，分5年到位，2012年安排30亿元。基金主要用于引导地方、创业投资机构及其他社会资金支持处于初创期的小型微型企业等。鼓励向基金捐赠资金。对企事业单位、社会团体和个人等向基金捐赠资金的，企业在年度利润总额12%以内的部分，个人在申报个人所得税应纳税所得额30%以内的部分，准予在计算缴纳所得税税前扣除。

（五）政府采购支持小型微型企业发展。负有编制部门预算职责的各部门，应当安排不低于年度政府采购项目预算总额18%的份额专门面向小型微型企业采购。在政府采购评审中，对小型微型企业产品可视不同行业情况给予6%～10%的价格扣除。鼓励大中型企业与小型微型企业组成联合体共同参加政府采购，小型微型企业占联合体份额达到30%以上的，可给予联合体2%～3%的价格扣除。推进政府采购信用担保试点，鼓励为小型微型企业参与政府采购提供投标担保、履约担保和融资担保等服务。

（六）继续减免部分涉企收费并清理取消各种不合规收费。落实中央和省级财政、价格主管部门已公布取消的行政事业性收费。自2012年1月1日至2014年12月31日三年内对小型微型企业免征部分管理类、登记类和证照类行政事业性收费。清理取消一批各省（区、市）设立的涉企行政事业性收费。规范涉及行政许可和强制准入的经营服务性收费。继续做好收费公路专项清理工作，降低企业物流成本。加大对向企业乱收费、乱罚款和各种摊派行为监督检查的力度，严格执行收费公示制度，加强社会和舆论监督。完善涉企收费维权机制。

三、努力缓解小型微型企业融资困难

（七）落实支持小型微型企业发展的各项金融政策。银行业金融机构对小型微型企业贷款的增速不低于全部贷款平均增速，增量高于上年同期水平，对达到要求的小金融机构继续执行较低存款准备金率。商业银行应对符合国家产业政策和信贷政策的小型微型企业给予信贷支持。鼓励金融机构建立科学合理的小型微型企业贷款定价机制，在合法、合规和风险可控前提下，由商业银行自主确定贷款利率，对创新型和创业型小型微型企业可优先予以支持。建立小企业信贷奖励考核制度，落实已出台的小型微型企业金融服务的差异化监管政策，适当提高对小型微型企业贷款不良率的容忍度。进一步研究完善小企业贷款呆账核销有关规定，简化呆账核销程序，提高小型微型企业贷款呆账核销效率。优先支持符合条件的商业银行发行专项用于小型微型企业贷款的金融债。支持商业银行开发适合小型微型企业特点的各类金融产品和服务，积极发展商圈融资、供应链融资等融资方式。加强对小型微型企业贷款的统计监测。

（八）加快发展小金融机构。在加强监管和防范风险的前提下，适当放宽民间资本、外资、国际组织资金参股设立小金融机构的条件。适当放宽小额贷款公司单一投资者持股比例限制。支持和鼓励符合条件的银行业金融机构重点到中西部设立村镇银行。强化小金融机构主要为小型微型企业服务的市场定位，创新金融产品和服务方式，优化业务流程，提高服务效率。引导小金融机构增加服务网点，向县域和乡镇延伸。符合条件的小额贷款公司可根据有关规定改制为村镇银行。

（九）拓宽融资渠道。搭建方便快捷的融资平台，支持符合条件的小企业上市融资、发行债券。推进多层次债券市场建设，发挥债券市场对微观主体的资金支持作用。加快统一监管的场外交易市场建设步伐，为尚不符合上市条件的小型微型企业提供资本市场配置资源的服务。逐步扩大小型微型企业集合票据、集合债券、集合信托和短期融资券等发行规模。积极稳妥发展私募股权投资和创业投资等融资工具，完善创业投资扶持机制，支持初创型和创新型小型微型企业发展。支持小型微型企业采取知识产权质押、仓单质押、商铺经营权质押、商业信用保险保单质押、商业保理、典当等多种方式融资。鼓励为小型微型企业提供设备融资租赁服务。积极发展小型微型企业贷款保证保险和信用保险。加快小型微型企业融资服务体系建设。深入开展科技和金融结合试点，为创新型小型微型企业创造良好的投融资环境。

（十）加强对小型微型企业的信用担保服务。大力推进中小企业信用担保体系建设，继续执行对符合条件的信用担保机构免征营业税政策，加大中央财政资金的引导支持力度，鼓励担保机构提高小型微型企业担保业务规模，降低对小型微型企业的担保收费。引导外资设立面向小型微型企业的担保机构，加快推进利用外资设立担保公司试点工作。积极发展再担保机构，强化分散风险、增加信用功能。改善信用保险服务，定制符合小型微型企业需求的保险产品，扩大服务覆盖面。推动建立担保机构与银行业金融机构间的风险分担机制。加快推进企业信用体系建设，切实开展企业信用信息征集和信用等级评价工作。

（十一）规范对小型微型企业的融资服务。除银团贷款外，禁止金融机构对小型微型企业贷款收取承诺费、资金管理费。开展商业银行服务收费检查。严格限制金融机构向小型微型企业收取财务顾问费、咨询费等费用，清理纠正金融服务不合理收费。有效遏制民间借贷高利贷化倾向以及大型企业变相转贷现象，依法打击非法集资、金融传销等违法活动。严格禁止金融从业人员参与民间借贷。研究制定防止大企业长期拖欠小型微型企业资金的政策措施。

四、进一步推动小型微型企业创新发展和结构调整

（十二）支持小型微型企业技术改造。中央预算内投资扩大安排用于中小企业技术进步和技术改造资金规模，重点支持小型企业开发和应用新技术、新工艺、新材料、新装备，提高自主创新能力、促进节能减排、提高产品和服务质量、改善安全生产与经营条件等。各地也要加大对小型微型企业技术改造的支持力度。

（十三）提升小型微型企业创新能力。完善企业研究开发费用所得税前加计扣除政策，支持企业技术创新。实施中小企业创新能力建设计划，鼓励有条件的小型微型企业建立研发机构，参与产业共性关键技术研发、国家和地方科技计划项目以及标准制定。鼓励产业技术创新战略联盟向小型微型企业转移扩散技术创新成果。支持在小型微型企业集聚的区域建立健全技术服务平台，集中优势科技资源，为小型微型企业技术创新提供支撑服务。鼓励大专院校、科研机构和大企业向小型微型企业开放研发试验设施。实施中小企业信息

化推进工程,重点提高小型微型企业生产制造、运营管理和市场开拓的信息化应用水平,鼓励信息技术企业、通信运营商为小型微型企业提供信息化应用平台。加快新技术和先进适用技术在小型微型企业的推广应用,鼓励各类技术服务机构、技术市场和研究院所为小型微型企业提供优质服务。

(十四)提高小型微型企业知识产权创造、运用、保护和管理水平。中小企业知识产权战略推进工程以培育具有自主知识产权优势小型微型企业为重点,加强宣传和培训,普及知识产权知识,推进重点区域和重点企业试点,开展面向小型微型企业的专利辅导、专利代理、专利预警等服务。加大对侵犯知识产权和制售假冒伪劣产品的打击力度,维护市场秩序,保护创新积极性。

(十五)支持创新型、创业型和劳动密集型的小型微型企业发展。鼓励小型微型企业发展现代服务业、战略性新兴产业、现代农业和文化产业,走"专精特新"和与大企业协作配套发展的道路,加快从要素驱动向创新驱动的转变。充分利用国家科技资源支持小型微型企业技术创新,鼓励科技人员利用科技成果创办小型微型企业,促进科技成果转化。实施创办小企业计划,培育和支持3000家小企业创业基地,大力开展创业培训和辅导,鼓励创办小企业,努力扩大社会就业。积极发展各类科技孵化器,到2015年,在孵企业规模达到10万家以上。支持劳动密集型企业稳定就业岗位,推动产业升级,加快调整产品结构和服务方式。

(十六)切实拓宽民间投资领域。要尽快出台贯彻落实国家有关鼓励和引导民间投资健康发展政策的实施细则,促进民间投资便利化、规范化,鼓励和引导小型微型企业进入教育、社会福利、科技、文化、旅游、体育、商贸流通等领域。各类政府性资金要对包括民间投资在内的各类投资主体同等对待。

(十七)加快淘汰落后产能。严格控制高污染、高耗能和资源浪费严重的小型微型企业发展,防止落后产能异地转移。严格执行国家有关法律法规,综合运用财税、金融、环保、土地、产业政策等手段,支持小型微型企业加快淘汰落后技术、工艺和装备,通过收购、兼并、重组、联营和产业转移等获得新的发展机会。

五、加大支持小型微型企业开拓市场的力度

(十八)创新营销和商业模式。鼓励小型微型企业运用电子商务、信用销售和信用保险,大力拓展经营领域。研究创新中国国际中小企业博览会办展机制,促进在国际化、市场化、专业化等方面取得突破。支持小型微型企业参加国内外展览展销活动,加强工贸结合、农贸结合和内外贸结合。建设集中采购分销平台,支持小型微型企业通过联合采购、集中配送,降低采购成本。引导小型微型企业采取抱团方式"走出去"。培育商贸企业集聚区,发展专业市场和特色商业街,推广连锁经营、特许经营、物流配送等现代流通方式。加强对小型微型企业出口产品标准的培训。

(十九)改善通关服务。推进分类通关改革,积极研究为符合条件的小型微型企业提供担保验放、集中申报、24小时预约通关和不实行加工贸易保证金台账制度等便利通关措施。扩大"属地申报,口岸验放"通关模式适用范围。扩大进出口企业享受预归类、预审价、原产地预确定等措施的范围,提高企业通关效率,降低物流通关成本。

(二十)简化加工贸易内销手续。进一步落实好促进小型微型加工贸易企业内销便利化相关措施,允许联网企业"多次内销、一次申报",并可在内销当月内集中办理内销申报手续,缩短企业办理时间。

(二十一)开展集成电路产业链保税监管模式试点。允许符合条件的小型微型集成电路设计企业作为加工贸易经营单位开展加工贸易业务,将集成电路产业链中的设计、芯片制造、封装测试企业等全部纳入保税监管范围。

六、切实帮助小型微型企业提高经营管理水平

(二十二)支持管理创新。实施中小企业管理提升计划,重点帮助和引导小型微型企业加强财务、安全、节能、环保、用工等管理。开展企业管理创新成果推广和标杆示范活动。实施小企业会计准则,开展培训和会计代理服务。建立小型微型企业管理咨询服务制度,支持管理咨询机构和志愿者面向小型微型企业开展管理咨询服务。

(二十三)提高质量管理水平。落实小型微型企业产品质量主体责任,加强质量诚信体系建设,开展质量承诺活动。督促和指导小型微型企业建立健全质量管理体系,严格执行生产许可、经营许可、强制认证等准入管理,不断增强质量安全保障能力。大力推广先进的质量管理理念和方法,严格执行国家标准和进口国标准。加强品牌建设指导,引导小型微型企业创建自主品牌。鼓励制定先进企业联盟标准,带动小型微型企业提升质量保证能力和专业化协作配套水平。充分发挥国家质检机构和重点实验室的辐射支撑作用,加快质量检验检疫公共服务平台建设。

(二十四)加强人力资源开发。加强对小型微型企业劳动用工的指导与服务,拓宽企业用工渠道。实施国家中小企业银河培训工程和企业经营管理人才素质提升工程,以小型微型企业为重点,每年培训50万名经营管理人员和创业者。指导小型微型企业积极参与高技能人才振兴计划,加强技能人才队伍建设工作,国家专业技术人才知识更新工程等重大人才工程要向小型微型企业倾斜。围绕《国家中长期人才发展规划纲要(2010~2020年)》确定的重点领域,开展面向小型微型企业创新型专业技术人才的培训。完善小型微型企业职工社会保障政策。

(二十五)制定和完善鼓励高校毕业生到小型微型企业就业的政策。对小型微型企业新招用高校毕业生并组织开展岗前培训的,按规定给予培训费补贴,并适当提高培训费补贴标准,具体标准由省级财政、人力资源和社会保障部门确定。对小型微型企业新招用毕业年度高校毕业生,签订1年以上劳动合同并按时足额缴纳社会保险费的,给予1年的社会保险补贴,政策执行期限截至2014年底。改善企业人力资源结构,实施大学生创业引领计划,切实落实已出台的鼓励高校毕业生自主创业的税费减免、小额担保贷款等扶持政策,加大公共就业服务力度,提高高校毕业生创办小型微型企业成功率。

七、促进小型微型企业集聚发展

(二十六)统筹安排产业集群发展用地。规划建设小企业创业基地、科技孵化器、商贸企业集聚区等,地方各级政府要优先安排用地计划指标。经济技术开发区、高新技术开发区以及工业园区等各类园区要集中建设标准厂房,积极为小型微型企业提供生产经营场地。对创办三年内租用经营场地和店铺的小型微型企业,符合条件的,给予一定比例的租金补贴。

(二十七)改善小型微型企业集聚发展环境。建立完善产业集聚区技术、电子商务、物

流、信息等服务平台。发挥龙头骨干企业的引领和带动作用,推动上下游企业分工协作、品牌建设和专业市场发展,促进产业集群转型升级。以培育农村二、三产业小型微型企业为重点,大力发展县域经济。开展创新型产业集群试点建设工作。支持能源供应、排污综合治理等基础设施建设,加强节能管理和"三废"集中治理。

八、加强对小型微型企业的公共服务

(二十八)大力推进服务体系建设。到2015年,支持建立和完善4000个为小型微型企业服务的公共服务平台,重点培育认定500个国家中小企业公共服务示范平台,发挥示范带动作用。实施中小企业公共服务平台网络建设工程,支持各省(区、市)统筹建设资源共享、服务协同的公共服务平台网络,建立健全服务规范、服务评价和激励机制,调动和优化配置服务资源,增强政策咨询、创业创新、知识产权、投资融资、管理诊断、检验检测、人才培训、市场开拓、财务指导、信息化服务等各类服务功能,重点为小型微型企业提供质优价惠的服务。充分发挥行业协会(商会)的桥梁纽带作用,提高行业自律和组织水平。

(二十九)加强指导协调和统计监测。充分发挥国务院促进中小企业发展工作领导小组的统筹规划、组织领导和政策协调作用,明确部门分工和责任,加强监督检查和政策评估,将小型微型企业有关工作列入各地区、各有关部门年度考核范围。统计及有关部门要进一步加强对小型微型企业的调查统计工作,尽快建立和完善小型微型企业统计调查、监测分析和定期发布制度。

各地区、各部门要结合实际,研究制定本意见的具体贯彻落实办法,加大对小型微型企业的扶持力度,创造有利于小型微型企业发展的良好环境。

注释:

政策调整。"中小企业信用担保机构免征营业税审批"取消。参见:《国务院关于取消非行政许可审批事项的决定》(国发〔2015〕27号)。

5-3-23

国家税务总局关于进一步贯彻落实税收政策促进民间投资健康发展的意见

2012年5月29日　国税发〔2012〕53号

各省、自治区、直辖市和计划单列市国家税务局、地方税务局:

根据国务院关于鼓励和引导民间投资健康发展的有关精神和工作部署,结合税收工作实际,就进一步贯彻落实税收政策促进民间投资健康发展提出如下意见:

一、充分认识进一步贯彻落实税收政策促进民间投资健康发展的重要意义

民间投资是促进我国经济发展、调整产业结构、繁荣城乡市场、扩大社会就业的重要力量。进一步鼓励和引导民间投资健康发展,对于增强经济发展活力、改善民生和促进社会和谐具有重要意义。中央高度重视民间投资发展,国务院于2010年5月发布了《关于鼓励

和引导民间投资健康发展的若干意见》(国发〔2010〕13号),2012年3月批转发展改革委《关于2012年深化经济体制改革重点工作意见的通知》(国发〔2012〕12号)将"抓紧完善鼓励引导民间投资健康发展的配套措施和实施细则"列为一项重要任务。税收政策是国家宏观调控的重要工具,在鼓励和引导民间投资中发挥着重要作用。各级税务机关要充分认识发展民间投资的重要性,坚决贯彻执行中央决策部署,认真落实好有关税收政策,积极发挥税收职能作用,促进民间投资健康发展。

二、不断加大税收政策落实力度

为便于各级税务机关全面贯彻落实鼓励和引导民间投资健康发展的税收政策,国家税务总局对现行税收政策规定中涉及民间投资的优惠政策进行了系统梳理,汇总形成了《鼓励和引导民间投资健康发展的税收政策》(见附件,以下简称《税收政策》)。各级税务机关要以《税收政策》为指引,采取切实有效措施,认真抓好贯彻落实。要牢固树立不落实税收优惠政策也是收过头税的理念,绝不能以收入任务紧张等为由不落实税收优惠政策。凡是符合政策规定条件的,要不折不扣地执行到位,确保纳税人及时足额享受税收优惠。对民间资本和国有资本享受税收优惠政策,要做到一视同仁,营造公平竞争的税收环境。

三、切实加强税收政策宣传辅导

《税收政策》涵盖引导和鼓励民间资本进入基础产业和基础设施领域等六大类33项,涉及面广,政策内容多。各级税务机关要进一步加强学习培训,使广大税务干部熟悉和掌握《税收政策》的有关内容。要加强对纳税人的宣传辅导,通过办税服务厅、税务网站、12366纳税服务热线等多种途径向纳税人广泛宣传《税收政策》。要根据纳税人的特点,细分纳税人类型,突出政策解读、办税流程等方面的宣传,帮助纳税人准确理解和及时享受相关税收政策。

四、认真抓好税收政策落实情况的督促检查和跟踪问效

为确保《税收政策》落实到位,各级税务机关主要负责同志要高度重视,分管领导要具体负责,有关部门要加强协调和指导,基层要认真落实,形成长效工作机制。要加强督促检查,定期对落实情况进行通报。要跟踪税收政策执行情况和实施效应,定期开展分析评估。要加强调研反馈,及时了解执行中遇到的问题,研究提出调整和完善税收政策的建议,更好地促进民间投资健康发展。

附件:鼓励和引导民间投资健康发展的税收政策

附件

鼓励和引导民间投资健康发展的税收政策

一、鼓励和引导民间资本进入基础产业和基础设施领域的税收政策

(一)企业从事《公共基础设施项目企业所得税优惠目录》内符合相关条件和技术标准及国家投资管理相关规定,自2008年1月1日后经批准的公共基础设施项目,其投资经营的所得,自该项目取得第一笔生产经营收入所属纳税年度起,第一年至第三年免征企业所得税,第四年至第六年减半征收企业所得税。

(《财政部、国家税务总局关于执行公共基础设施项目企业所得税优惠目录有关问题的通知》,财税〔2008〕46号)

(二)凡是在基建工地为基建工地服务的各种工棚、材料棚、休息棚和办公室、食堂、茶炉房、汽车房等临时性房屋,不论是施工企业自行建造还是由基建单位出资建造交施工企业使用的,在施工期间,一律免征房产税。

(《财政部税务总局关于房产税若干具体问题的解释和暂行规定》,(1986)财税地字第8号)

(三)单位和个人提供的污水处理劳务不属于营业税应税劳务,其处理污水取得的污水处理费,不征收营业税。

(《国家税务总局关于污水处理费不征收营业税的批复》,国税函〔2004〕1366号)

(四)对水利设施及其管护用地(如水库库区、大坝、堤防、灌渠、泵站等用地),免征土地使用税。

(《国家税务局关于水利设施用地征免土地使用税问题的规定》,(1989)国税地字第14号)

(五)销售自产的再生水免征增值税。再生水是指对污水处理厂出水、工业排水(矿井水)、生活污水、垃圾处理厂渗透(滤)液等水源进行回收,经适当处理后达到一定水质标准,并在一定范围内重复利用的水资源。再生水应当符合水利部《再生水水质标准》(SL368—2006)的有关规定。

(《财政部、国家税务总局关于资源综合利用及其他产品增值税政策的通知》,财税〔2008〕156号)

(六)对污水处理劳务免征增值税。污水处理是指将污水加工处理后符合GB18918—2002有关规定的水质标准的业务。

(《财政部、国家税务总局关于资源综合利用及其他产品增值税政策的通知》,财税〔2008〕156号)

(七)销售自产的以垃圾为燃料生产的电力或者热力实行增值税即征即退的政策。垃圾用量占发电燃料的比重不低于80%,并且生产排放达到GB13223—2003第1时段标准或者GB18485—2001的有关规定。所称垃圾,是指城市生活垃圾、农作物秸秆、树皮废渣、污泥、医疗垃圾。

(《财政部、国家税务总局关于资源综合利用及其他产品增值税政策的通知》,财税〔2008〕156号)

(八)销售自产的利用风力生产的电力实现的增值税实行即征即退50%的政策。

(《财政部、国家税务总局关于资源综合利用及其他产品增值税政策的通知》,财税〔2008〕156号)

(九)属于增值税一般纳税人的县级及县级以下小型水力发电单位生产销售自产的电力,可选择按照简易办法依照6%征收率计算缴纳增值税。小型水力发电单位,是指各类投资主体建设的装机容量为5万千瓦以下(含5万千瓦)的小型水力发电单位。

(《财政部、国家税务总局关于部分货物适用增值税低税率和简易办法征收增值税政策的通知》,财税〔2009〕9号)

二、鼓励和引导民间资本进入市政公用事业和政策性住房建设领域的税收政策

（十）开发商在经济适用住房、商品住房项目中配套建造廉租住房，在商品住房项目中配套建造经济适用住房，如能提供政府部门出具的相关材料，可按廉租住房、经济适用住房建筑面积占总建筑面积的比例免征开发商应缴纳的城镇土地使用税、印花税。

（《财政部、国家税务总局关于廉租住房、经济适用住房和住房租赁有关税收政策的通知》，财税〔2008〕24号）

三、鼓励和引导民间资本进入社会事业领域的税收政策

（十一）对非营利性医疗机构按照国家规定的价格取得的医疗服务收入，免征各项税收（2008年1月1日以后，不包括企业所得税）。

对非营利性医疗机构自产自用的制剂，免征增值税。

对非营利性医疗机构自用的房产、土地，免征房产税、城镇土地使用税。

（《财政部、国家税务总局关于医疗卫生机构有关税收政策的通知》，财税〔2000〕42号）

（十二）医院、诊所和其他医疗机构提供的医疗服务免征营业税。

（《中华人民共和国营业税暂行条例》第八条，国务院令第540号）

（十三）符合条件的非营利组织的收入，为免税收入。

（《中华人民共和国企业所得税法》第二十六条）

（十四）对从事学历教育的学校提供教育劳务取得的收入，免征营业税。

对学校从事技术开发、技术转让业务和与之相关的技术咨询、技术服务业务取得的收入，免征营业税。

对托儿所、幼儿园提供养育服务取得的收入，免征营业税。

企业办的各类学校、托儿所、幼儿园自用的房产、土地，免征房产税、城镇土地使用税。

对学校、幼儿园经批准征用的耕地，免征耕地占用税。

（《财政部、国家税务总局关于教育税收政策的通知》，财税〔2004〕39号）

（十五）对规定的科学研究机构和学校，以科学研究和教学为目的，在合理数量范围内进口国内不能生产或者性能不能满足需要的科学研究和教学用品，免征进口关税和进口环节增值税、消费税。

（《财政部、海关总署、国家税务总局关于科学研究和教学用品免征进口税收规定》，财政部、海关总署、国家税务总局令第45号）

（十六）养老院、残疾人福利机构提供的育养服务，免征营业税。

（《中华人民共和国营业税暂行条例》第八条，国务院令第540号）

（十七）养老院占用耕地，免征耕地占用税。

（《中华人民共和国耕地占用税暂行条例》第八条，国务院令第511号）

（十八）对政府部门和企事业单位、社会团体以及个人等社会力量投资兴办的福利性、非营利性的老年服务机构自用的房产暂免征收房产税。

（《财政部、国家税务总局关于对老年服务机构有关税收政策问题的通知》，财税〔2000〕97号）

（十九）纪念馆、博物馆、文化馆、文物保护单位管理机构、美术馆、展览馆、书画院、图书馆举办文化活动的门票收入，免征营业税。

(《中华人民共和国营业税暂行条例》第八条,国务院令第540号)

(二十)广播电影电视行政主管部门(包括中央、省、地市及县级)按照各自职能权限批准从事电影制片、发行、放映的电影集团公司(含成员企业)、电影制片厂及其他电影企业取得的销售电影拷贝收入、转让电影版权收入、电影发行收入以及在农村取得的电影放映收入免征增值税和营业税。

出口图书、报纸、期刊、音像制品、电子出版物、电影和电视完成片按规定享受增值税出口退税政策。

文化企业在境外演出从境外取得的收入免征营业税。

在文化产业支撑技术等领域内,依据《关于印发〈高新技术企业认定管理办法〉的通知》(国科发火〔2008〕172号)和《关于印发〈高新技术企业认定管理工作指引〉的通知》(国科发火〔2008〕362号)的规定认定的高新技术企业,减按15%的税率征收企业所得税;文化企业开发新技术、新产品、新工艺发生的研究开发费用,允许按国家税法规定在计算应纳税所得额时加计扣除。

出版、发行企业库存呆滞出版物,纸质图书超过五年(包括出版当年,下同)、音像制品、电子出版物和投影片(含缩微制品)超过两年、纸质期刊和挂历年画等超过一年的,可以作为财产损失在税前据实扣除。

为生产重点文化产品而进口国内不能生产的自用设备及配套件、备件等,按现行税收政策有关规定,免征进口关税。

(《财政部、海关总署、国家税务总局关于支持文化企业发展若干税收政策问题的通知》,财税〔2009〕31号)

(二十一)纳税人从事旅游业务的,以其取得的全部价款和价外费用扣除替旅游者支付给其他单位或者个人的住宿费、餐费、交通费、旅游景点门票和支付给其他接团旅游企业的旅游费后的余额为营业额。

(《中华人民共和国营业税暂行条例》第五条,国务院令第540号)

四、鼓励和引导民间资本进入金融服务领域的税收政策

(二十二)金融企业根据《贷款风险分类指导原则》(银发〔2001〕416号),对其涉农贷款和中小企业贷款进行风险分类后,按照规定比例计提的贷款损失专项准备金,准予在计算应纳税所得额时扣除。

(《财政部、国家税务总局关于金融企业涉农贷款和中小企业贷款损失准备金税前扣除政策的通知》(财税〔2009〕99号),《财政部、国家税务总局关于延长金融企业涉农贷款和中小企业贷款损失准备金税前扣除政策执行期限的通知》(财税〔2011〕104号))

(二十三)《国家税务总局关于发布〈企业资产损失所得税税前扣除管理办法〉的公告》(国家税务总局公告2011年第25号)

(二十四)自2009年1月1日至2013年12月31日,对金融机构农户小额贷款的利息收入,免征营业税;对金融机构农户小额贷款的利息收入在计算应纳税所得额时,按90%计入收入总额。对保险公司为种植业、养殖业提供保险业务取得的保费收入,在计算应纳税所得额时,按90%比例减计收入。

自2009年1月1日至2015年12月31日,对农村信用社、村镇银行、农村资金互助社、

由银行业机构全资发起设立的贷款公司、法人机构所在地在县(含县级市、区、旗)及县以下地区的农村合作银行和农村商业银行的金融保险业收入减按3%的税率征收营业税。

(《财政部、国家税务总局关于农村金融有关税收政策的通知》(财税〔2010〕4号),《财政部、国家税务总局关于延长农村金融机构营业税政策执行期限的通知》(财税〔2011〕101号))

(二十五)列名的中小企业信用担保机构,按照其机构所在地地市级(含)以上人民政府规定标准取得的担保和再担保业务收入,自主管税务机关办理免税之日起,三年内免征营业税。

(《工业和信息化部、国家税务总局关于公布免征营业税中小企业信用担保机构名单及取消名单的通知》(工信部联企业〔2010〕462号),《工业和信息化部、国家税务总局关于公布免征营业税中小企业信用担保机构名单有关问题的通知》(工信部联企业〔2011〕68号))

五、鼓励和引导民间资本进入商贸流通领域的税收政策

(二十六)试点企业将承揽的运输业务分给其他单位并由其统一收取价款的,应以该企业取得的全部收入减去付给其他运输企业的运费后的余额为营业额计算征收营业税。

试点企业将承揽的仓储业务分给其他单位并由其统一收取价款的,应以该企业取得的全部收入减去付给其他仓储合作方的仓储费后的余额为营业额计算征收营业税。

(《国家税务总局关于试点物流企业有关税收政策问题的通知》,国税发〔2005〕208号)

六、推动民营企业加强自主创新和转型升级的税收政策

(二十七)《国家税务总局关于印发〈企业研究开发费用税前扣除管理办法(试行)〉的通知》(国税发〔2008〕116号)

(二十八)企业开发新技术、新产品、新工艺发生的研究开发费用可以在计算应纳税所得额时加计扣除。

(《中华人民共和国企业所得税法》第三十条)

(二十九)企业的固定资产由于技术进步等原因,确需加速折旧的,可以缩短折旧年限或者采取加速折旧的方法。

(《中华人民共和国企业所得税法》第三十二条)

(三十)企业从事公共污水处理、公共垃圾处理、沼气综合开发利用、节能减排技术改造、海水淡化等环境保护、节能节水项目的所得,自项目取得第一笔生产经营收入所属纳税年度起,第一年至第三年免征企业所得税,第四年至第六年减半征收企业所得税。

(《中华人民共和国企业所得税法实施条例》第八十八条,国务院令第512号)

(三十一)企业以《资源综合利用企业所得税优惠目录》规定的资源作为主要原材料,生产国家非限制和禁止并符合国家和行业相关标准的产品取得的收入,减按90%计入收入总额。

前款所称原材料占生产产品材料的比例不得低于《资源综合利用企业所得税优惠目录》规定的标准。

(《中华人民共和国企业所得税法实施条例》第九十九条,国务院令第512号)

(三十二)企业购置并实际使用《环境保护专用设备企业所得税优惠目录》、《节能节水专用设备企业所得税优惠目录》和《安全生产专用设备企业所得税优惠目录》规定的环境保

护、节能节水、安全生产等专用设备的,该专用设备的投资额的 10% 可以从企业当年的应纳税额中抵免;当年不足抵免的,可以在以后 5 个纳税年度结转抵免。

(《中华人民共和国企业所得税法实施条例》第一百条,国务院令第 512 号)

(三十三)《财政部、国家税务总局关于资源综合利用及其他产品增值税政策的通知》(财税〔2008〕156 号)、《财政部、国家税务总局关于资源综合利用及其他产品增值税政策的补充通知》(财税〔2009〕163 号)、《财政部、国家税务总局关于调整完善资源综合利用产品及劳务增值税政策的通知》(财税〔2011〕115 号)规定的有关资源综合利用、环境保护等优惠项目。

5-3-24

国家发展改革委 公安部 财政部 国土资源部 交通运输部 铁道部 商务部 人民银行 国家税务总局 工商总局 银监会 证监会关于鼓励和引导民间投资进入物流领域的实施意见

2012 年 5 月 31 日　发改经贸〔2012〕1619 号

各省、自治区、直辖市及计划单列市、新疆生产建设兵团发展改革委、公安厅(局)、财政厅(局、财务局)、国土资源主管部门、交通运输厅(局、委)、商务主管部门,中国人民银行上海总部、各分行、营业部、各省会(首府)城市中心支行、各副省级城市中心支行,各省、自治区、直辖市及计划单列市国家税务局、地方税务局、工商行政管理局(市场监督管理局),各省、自治区、直辖市银监局、证监局,各铁路局,中国物流与采购联合会:

为贯彻落实《国务院关于鼓励和引导民间投资健康发展的若干意见》(国发〔2010〕13 号)精神,鼓励和引导民间投资进入物流领域,各地要在切实抓好《国务院办公厅关于促进物流业健康发展政策措施的意见》(国办发〔2011〕38 号)文件各项政策措施落实的基础上,进一步加大对民间资本投资物流领域的支持力度,为民营物流企业发展营造良好的环境。为做好此项工作,特提出如下意见:

一、引导民间资本投资第三方物流服务领域

(一)积极支持民间资本投资从事社会化物流服务。为民间资本投资参与承接传统制造业、商贸业的物流服务外包创造条件,鼓励民间资本投资从事为商贸流通企业服务的共同配送业务,降低配送成本、提高配送效率;鼓励民间资本加强与制造企业合作,投资参与制造企业的供应链管理或与制造企业共同组建第三方物流企业。

(二)支持民间资本进入物流业重点领域。鼓励民间资本进入快递、城市配送(含冷链)、医药物流、再生资源物流、汽车及家电物流、特种货物运输、大宗物资物流、多式联运、集装箱、危化品物流、供应链管理、国际物流和保税物流等重点物流领域。鼓励民营企业和国铁企业开展多种方式的物流合作,提高铁路物流运输服务水平。鼓励民间投资开展厢式货车运输以及重点物资的散装运输等。鼓励民间资本参与物流标准化体系建设。

(三)支持民间资本进入物流基础设施领域。支持民间资本投资运输、仓储、配送、分拨、物流信息化以及物流园区等领域的物流基础设施建设,支持民间资本进入商贸功能区领域,鼓励民间资本投资参与铁水联运、公铁联运、公水联运等转运中心设施建设。鼓励民间投资参与建设铁路干线、客运专线、城际铁路、煤运通道和地方铁路、铁路支线、专用铁路、企业专用线、铁路轮渡及其场站设施等项目。

二、加快形成支持民间资本进入物流领域的管理体制

(一)打破阻碍物流设施资源整合利用的管理瓶颈。鼓励目前只为本行业本系统提供服务的仓储、运输设施向社会开放,鼓励民间资本投资参与现有物流基础设施的整合利用,开展社会化物流服务。

(二)完善资质审批管理。进一步清理针对物流企业的资质审批项目,逐步减少行政审批,积极为民营物流企业设立法人、非法人分支机构提供便利,鼓励民营物流企业开展跨区域网络化经营。进一步规范交通、公安、环保、质检、消防等方面的审批手续,缩短审批时间,提高审批效率。对于法律未规定或国务院未批准必须由法人机构申请的资质,由民营物流企业总部统一申请获得后,其非法人分支机构可向所在地有关部门备案获得。

(三)简化注册经营手续。民间资本投资设立物流企业,在总部统一办理工商登记注册和经营审批手续后,其非法人分支机构可持总部出具的文件,直接到所在地工商行政管理机关申请登记注册,免予办理工商登记核转手续。

三、为民营物流企业创造公平规范的市场竞争环境

(一)切实减轻民营物流企业税收负担。完善营业税改征增值税试点工作。符合条件的民营物流企业同等享受营业税差额纳税试点政策。民营物流企业同等享受已经出台的大宗商品仓储设施用地城镇土地使用税减半征收政策。

(二)加大对民营物流企业的土地政策支持力度。鼓励民营物流企业利用旧厂房、闲置仓库等建设符合规划的物流设施,涉及原划拨土地使用权转让或租赁的,经批准可采取协议方式供应。对于以物流业为主的城市功能区和园区,细化规划功能分区,按国家标准确定土地用途,严格按照不同地类和土地使用标准分宗供地,防止以物流中心、商品集散地名义圈占土地和实施整体供地,增强民营物流企业的土地市场竞争能力,提高节约集约用地水平。

(三)优化民营物流企业融资环境。鼓励银行业金融机构创新适合民营物流企业特点的金融产品和服务方式,对符合条件的民营物流企业积极提供必要的融资支持,提高对民营物流企业的金融服务水平。进一步拓宽民营物流企业融资渠道,完善民营物流企业融资担保制度,发展物流业股权投资基金,积极支持符合条件的民营物流企业上市和发行债券。

(四)促进民营物流企业车辆便利通行。各地在制定本地区促进城区物流车辆便利通行的管理办法时,要关注民营物流企业发展的需要,对民营物流企业的物流车辆享受同等的通行证发放、进城停靠等便利通行政策。要依法维护民营物流企业生产经营秩序,促进其健康发展。

四、鼓励民营物流企业做强做大

(一)推动民营物流企业加快向现代物流企业转变。鼓励现有单一从事运输、仓储、货

代、船代、无船承运人、联运、快递服务的民营企业整合功能、延伸服务,加快向具有较强资源整合和综合服务能力的现代物流企业转型。鼓励中小民营物流企业加强联盟合作,支持大型优势民营物流企业加快兼并重组,不断创新合作方式和服务模式,优化资源配置,提高服务水平,提升民营物流企业竞争力,加快培育一批具有一定规模和国际竞争力的民营物流企业。

(二)积极支持民营物流企业开展国际合作。支持民营物流企业同国际先进物流企业的合资、合作与交流,引进和吸收国外促进现代物流发展的先进经验和管理方法。积极创造有利条件,鼓励民营物流企业"走出去"。鼓励民营物流企业为国内企业海外投资提供配套物流服务,加快建立具有国际竞争力的物流服务网络。

(三)发挥行业协会在支持民营物流企业发展中的重要作用。物流业社团组织要充分发挥政府与企业联系的桥梁纽带作用,积极为民营物流企业发展提供服务支撑,及时向有关政府部门反映民营物流企业发展中面临的问题,切实引导民营物流企业加强行业自律,健全完善内部安全管理制度,严格落实安全管理责任,促进民营物流企业健康发展。

鼓励和引导民间资本进入物流领域,推动民营物流企业加快发展,对于促进物流业结构调整和可持续发展具有重要意义。各单位要认真贯彻落实国家相关政策,切实采取有效措施,鼓励民间资本投资物流领域。同时,注意跟踪了解本地区物流领域利用民间投资的情况、效果和存在的问题,将有关情况和意见建议及时反馈发展改革委。

5-3-25

国家发展改革委 财政部关于安排政府性资金对民间投资主体同等对待的通知

2012年6月1日 发改投资〔2012〕1580号

国务院有关部门、直属单位,各省、自治区、直辖市及计划单列市发展改革委、财政厅,新疆生产建设兵团发展改革委、财务局:

《国务院关于鼓励和引导民间投资健康发展的若干意见》(国发〔2010〕13号)规定,各级人民政府有关部门安排的政府性资金,包括财政预算内投资、专项建设资金、创业投资引导资金,以及国际金融组织贷款和外国政府贷款等,要明确规则、统一标准,对包括民间投资主体在内的各类投资主体同等对待。为了做好贯彻落实工作,现将有关要求通知如下:

一、充分认识鼓励和引导民间投资健康发展的重要意义

改革开放以来,我国民间投资迅速发展壮大,目前已经占到全社会固定资产投资的60%以上,在促进市场繁荣、提供就业岗位、推进结构调整、增强经济活力等方面都发挥着重要作用,成为推动国民经济平稳较快发展的积极力量。

各地方、各部门要从坚持和完善社会主义初级阶段基本经济制度的高度出发,充分认识鼓励和引导民间投资健康发展的重要意义,对符合政府性资金支持方向的民间投资主体同等对待,鼓励和引导民间资本参与公共服务、基础设施和扶贫开发等领域的投资。

二、明确安排政府性资金支持民间投资发展的主要方式

各地方、各部门在安排财政预算内投资和专项建设资金时,根据法律法规和有关政策规定,对于符合条件的民间投资项目,主要采取投资补助、贷款贴息等方式予以支持,资金的财务管理按照国家有关规定执行。

各地方、各部门在安排创业投资引导基金时,对于在中国境内设立、依照国家有关规定备案、包括民间投资在内的各类创业投资企业,均可以采用参股、融资担保和跟进投资等方式进行扶持。要坚持市场化运作,通过与社会资本共同发起设立创业投资企业等方式,积极引导民间投资。

国务院有关部门按照国家相关规定安排国际金融组织和外国政府贷款。符合贷款条件的民间投资项目,可按规定程序申请使用国际金融组织和外国政府贷款,由财政部门和转贷银行进行转贷。

三、安排政府性资金要对民间投资主体同等对待

各地方、各部门在安排政府性资金时,要根据法律法规和有关政策规定,明确规则、统一标准,对民间投资主体同等对待,不得单独对民间投资主体设置附加条件。

与政府性资金管理和使用有关的规章制度、标准定额、发展规划、产业政策等,要按照《中华人民共和国政府信息公开条例》要求予以公开,便于民间投资主体准确获取相关信息。

各地方、各部门要依照政府性资金管理的相关规定,对各类投资主体提出的政府性资金申请进行认真审核。审核内容、审核标准、审核程序、审核规则等方面的具体要求应一视同仁。对于符合有关规定、通过审核的民间投资项目,在安排政府性资金时不得歧视。

四、加强政府性资金的监督管理

各地方、各部门要加强监督管理,督促各类投资主体认真执行政府性资金管理的各项规定,确保政府性资金使用的规范、安全、有效。各级发展改革、财政等部门依据职能分工,对使用政府性资金的项目进行监督检查。使用政府性资金要依法接受审计、监察等部门的监督。

各地方、各部门要认真贯彻落实《国务院关于鼓励和引导民间投资健康发展的若干意见》(国发〔2010〕13号)和本通知要求,抓紧制订和修改完善本地区、本部门负责安排的政府性资金具体管理办法,明确规则、统一标准、同等对待、公开透明,为民间投资健康发展创造良好环境。

5-3-26

住房和城乡建设部 国家发展和改革委员会
财政部 国土资源部 中国人民银行
国家税务总局 中国银行业监督管理委员会
关于鼓励民间资本参与保障性
安居工程建设有关问题的通知

2012年6月20日 建保〔2012〕91号

各省、自治区、直辖市住房城乡建设厅(委、局),发展改革委,财政厅(局),国土资源厅(局),中国人民银行上海总部、各分行、营业管理部、省会(首府)城市中心支行、副省级城市中心支行,各省、自治区、直辖市和计划单列市国家税务局、地方税务局,银监局,新疆生产建设兵团建设局、发展改革委、财务局、国土资源局:

根据《国务院关于鼓励和引导民间投资健康发展的若干意见》(国发〔2010〕13号)、《国务院办公厅关于鼓励和引导民间投资健康发展重点工作分工的通知》(国办函〔2010〕120号)和《国务院办公厅关于保障性安居工程建设和管理的指导意见》(国办发〔2011〕45号)的有关规定,现就支持、鼓励和引导民间资本参与保障性安居工程建设的有关问题通知如下:

一、多种方式引导民间资本参与保障性安居工程建设

鼓励和引导民间资本根据市、县保障性安居工程建设规划和年度计划,通过直接投资、间接投资、参股、委托代建等多种方式参与廉租住房、公共租赁住房、经济适用住房、限价商品住房和棚户区改造住房等保障性安居工程建设,按规定或合同约定的租金标准、价格面向政府核定的保障对象出租、出售。具体方式如下:

(一)直接投资或参股建设并持有、运营公共租赁住房。

(二)接受政府委托代建廉租住房和公共租赁住房,建成后由政府按合同约定回购。

(三)投资建设经济适用住房和限价商品住房。

(四)在商品住房项目中配建廉租住房和公共租赁住房,按合同约定无偿移交给政府,或由政府以约定的价格回购。

(五)参与棚户区改造项目建设。

(六)市、县政府规定的其他形式。

二、落实民间资本参与保障性安居工程建设的支持政策

民间资本参与保障性安居工程建设的,享受下列政策支持:

(一)对实行公司化运作并符合贷款条件的项目,银行业金融机构依据《关于认真做好公共租赁住房等保障性安居工程金融服务工作的通知》(银发〔2011〕193号)的有关规定,按照风险可控、商业可持续原则给予积极支持。

（二）地方政府可采取贴息方式对公共租赁住房建设和运营给予支持,贴息贷款只能用于公共租赁住房建设和运营,不得用于与此无关的项目及开支,贴息幅度及年限按照财政部有关规定执行,具体办法由市、县人民政府制定。民间资本参与各类棚户区改造,享受与国有企业同等的政策。

（三）可以在政府核定的保障性安居工程建设投资额度内,通过发行企业债券进行项目融资。

（四）符合财政部、国家税务总局《关于廉租住房、经济适用住房和住房租赁有关税收政策的通知》（财税〔2008〕24号）、《关于城市和国有工矿棚户区改造项目有关税收优惠政策的通知》（财税〔2010〕42号）和《关于支持公共租赁住房建设和运营有关税收优惠政策的通知》（财税〔2010〕88号）规定的,可以享受有关税收优惠政策。同时,按规定免收行政事业性收费和政府性基金。

（五）用地上适用国家规定的保障性安居工程土地供应和开发利用政策。

（六）公共租赁住房项目可以规划建设配套商业服务设施,统一管理经营,以实现资金平衡。

三、营造民间资本参与保障性安居工程建设的良好环境

各地要高度重视,积极采取措施,消除民间资本参与保障性安居工程建设的政策障碍,加强对民间资本参与保障性住房建设和运营的指导监督,为民间资本参与保障性住房投资、建设、运营和管理创造良好的环境。

（一）今年8月底前,各地要对本地区民间资本参与保障性安居工程建设和管理的各项政策进行一次梳理,对其中不符合法律、法规和有关政策的规定,予以取消。

（二）列入年度建设计划的保障性安居工程项目,市、县住房城乡建设部门要及时公布项目名称、位置、占地面积、建设规模、套型结构、总投资、开竣工时间等信息,便于民间资本参与。

（三）民间资本参与建设的保障性住房,在分配、使用、上市交易、退出管理和财务核算等方面,要遵守国家和地方的有关规定。

（四）各地住房城乡建设部门要严格落实民间资本参与建设的保障性住房的质量责任,切实履行监督管理职责,加大工程质量责任追究力度,依法严肃查处各种违法违规行为。

5-3-27

国务院关于促进企业技术改造的指导意见

2012年9月1日　国发〔2012〕44号

各省、自治区、直辖市人民政府,国务院各部委、各直属机构:

技术改造是企业采用新技术、新工艺、新设备、新材料对现有设施、工艺条件及生产服务等进行改造提升,淘汰落后产能,实现内涵式发展的投资活动,是实现技术进步、提高生产效率、推进节能减排、促进安全生产的重要途径。促进企业技术改造,对优化投资结构、培育消费需求、推动自主创新、加快结构调整、促进产业升级具有重要意义,是推进工业转

变发展方式,实现科学发展的重要举措。长期以来,各地区、各部门、广大企业积极贯彻落实党中央、国务院决策部署,大力实施企业技术改造,取得明显成效,行业技术水平得到大幅提升,企业综合竞争能力大大增强,技术改造对推动我国工业持续健康发展发挥了重要作用。当前,我国经济发展内外部环境正在发生深刻变化,新时期、新形势对技术改造提出了更高的要求,企业技术改造工作尚存在认识有待深化、长效机制亟待建立、投资方向缺乏有效引导、管理体制需要进一步理顺等问题,必须采取切实措施,抓紧研究解决。现就进一步加快促进企业技术改造提出如下指导意见:

一、总体要求

以邓小平理论和"三个代表"重要思想为指导,深入贯彻落实科学发展观,以加快转变经济发展方式为主线,以促进工业转型升级、提升产业竞争力为主攻方向,以企业为主体、市场为导向、创新为动力,完善政策,加强管理,增强企业技术创新能力,加快创新成果产业化,加速改造提升传统产业,培育发展新兴产业,全面提升工业发展的质量和效益。

新时期企业技术改造工作要紧紧围绕工业发展的新要求,更加注重促进技术创新能力的增强和创新成果的产业化,提升产业核心竞争力;更加注重节能降耗减排治污,促进绿色发展;更加注重信息技术的集成应用,推进信息化与工业化深度融合;更加注重产业公共服务能力建设,夯实产业基础;更加注重产业转移和集聚发展,优化产业布局。

促进企业技术改造,要坚持市场主导与政府引导相结合,技术创新与技术改造相结合,改造传统产业与发展新兴产业相结合,突出重点与全面提升相结合。到2015年,技术改造投资占工业投资的比重明显提高,企业自主创新能力明显提升,工业新产品产值率明显提高,先进产能比重、资源能源利用效率、清洁生产和企业安全水平显著提高,推动企业技术改造的政策环境和体制机制更加健全,重点行业和骨干企业信息化应用达到国际先进水平。

二、重点任务

(一)推进技术创新和科技成果产业化。针对关键领域和薄弱环节,突破一批共性关键技术,加快先进技术的产业化应用,提高基础原材料和基础零部件、重大装备和核心技术的国内保障能力,提高技术标准研究制定水平,促进技术创新能力提升。鼓励和支持企业技术中心、工程实验室、科技重大基础设施等创新载体的改造提升,培育一批研发基础好、知识产权多、行业带动性强的技术创新示范企业,加强开放合作,增强企业创新能力。推动建立以企业为主体,产学研用相结合的协同创新体系,积极探索以技术标准引领产业发展、围绕创新成果进行创业等模式,促进科研与生产紧密结合,充分发挥市场主体的创造性和积极性,加快科技成果产业化。

(二)提高装备水平。加快淘汰落后工艺技术和设备,推广应用自动化、数字化、网络化、智能化等先进制造系统、智能制造设备及大型成套技术装备。支持重点企业瞄准世界前沿技术,加快装备升级改造,推动关键领域的技术装备达到国际先进水平。实施装备创新工程,不断提高装备制造业技术水平。

(三)促进绿色发展。实施提升工业能效、清洁生产、资源综合利用等技术改造。加快推广国内外先进节能、节水、节材技术和工艺,推广工业产品绿色设计研发系统,提高能源资源利用效率。提高成熟适用清洁生产技术普及率。加强重金属和危险化学品污染防治。

支持工业废物、废旧产品和材料回收利用以及低品位、共伴生矿产资源综合利用,积极发展循环经济和再制造产业。培育一批资源节约型、环境友好型示范企业。

(四)优化产品结构。加快产品升级换代,提高产品技术含量和附加值。推进精益制造,改进工艺流程,加强过程控制,提高制造水平。完善检验检测手段,推行先进质量管理,提高产品质量。发展先进产能,增加产品品种,提高新产品贡献率。加强品牌建设,培育一批国际知名品牌。

(五)推进信息化与工业化融合。深化信息技术在研发设计、生产制造、营销管理、回收再利用等产品生命周期各环节的应用,加快推广应用现代生产管理系统等关键共性技术,支持企业普及制造执行、资源计划、客户关系等管理信息系统的应用和综合集成。推进信息技术在工业产品上的嵌入式应用,提高工业产品的智能化水平。支持面向企业、区域和行业的信息服务平台建设。

(六)深化军民结合。提升总体设计、总装测试和系统集成等核心能力,推动核能、船舶、飞机、电子信息、民爆器材等军民结合型产业发展。发挥军工技术优势,引导与军工技术同源或工艺相近的节能环保、新材料、新能源、安防反恐装备等新兴产业发展。支持军民两用技术产业化和相互转化,鼓励在国防科技工业领域应用先进成熟的民用技术装备。

(七)促进安全生产。实施高风险工业产品、生产工艺和装备的技术改造,加强工业控制系统安全保障。加快安全生产管理与监测预警系统、应急处理系统、危险品生产储运设备设施等技术装备的升级换代,提高工业企业本质安全水平。

(八)提升产业集聚水平。鼓励产业集聚发展,引导企业、项目、要素向现有园区和基地集中,推动龙头企业及配套企业的协同改造,支持研发设计、生产制造、营销服务等环节的全产业链技术改造,促进工业布局向产业配套、专业化协作、要素集约高效、生态环保的方向发展。

(九)加强公共服务平台建设。支持重点工业园区的研发设计、质量认证、试验检测、信息服务、资源综合利用等公共服务平台的升级改造。整合相关资源,面向重点行业建设一批产业技术创新和服务平台、质量安全技术示范平台、企业诚信信息管理平台、综合信息服务平台等。加大对中小企业实施技术改造的支持力度,建立和完善一批中小企业公共服务平台和生产力促进中心。

三、保障措施

(一)强化政策规划引导。科学制定重点行业和领域发展规划,完善重点行业产业政策,加强规划和产业政策对技术改造工作的引导。研究制定技术改造投资指南,发布年度重点项目导向计划。完善工业技术标准体系,在重点行业、重点领域开展工业产品安全、能效、环保、卫生和可靠性达标等改造行动,健全对技术改造的激励和约束机制。

(二)加大财政支持力度。发挥政府投资对社会投资的引导作用,中央及地方财政进一步加大支持力度,增加技改投入,重点支持工业转型升级重点领域、关键环节的技术改造。不断创新和优化资金管理方式,灵活运用多种支持形式,提高财政资金的使用效益。

(三)完善税收优惠政策。用好现行有关税收优惠政策支持企业技术改造,包括增值税一般纳税人购进或者自制机器设备发生的增值税进项税额可按规定从销项税额中抵扣;企业所得税法规定的固定资产加速折旧,购置用于环境保护、节能节水、安全生产等专用设备的投资额可按一定比例实行税额抵免,研发费用加计扣除所得税,技术转让减免企业所得税,被认定为高新技术企业的享受企业所得税优惠;对从事国家鼓励发展的项目所需、国内不能生产的先进设备,在规定范围内免征进口关税;对国内企业为生产国家支持发展的重大技术装备而确有必要进口的关键零部件及原材料,享受进口税收优惠等。稳步推进营业税改征增值税改革,逐步将转让技术专利、商标、品牌等无形资产纳入增值税征收范围,支持企业技术改造。

(四)拓宽融资渠道。加强信贷政策与产业政策的协调配合,引导金融机构加大对企业技术改造的融资支持力度。大力推动金融产品和服务方式创新,发展适合企业技术改造资金需求特点的金融产品和服务模式。鼓励金融机构提高项目筛选、评估、定价、风险控制等综合服务能力,对技术改造项目提供多元化融资便利,通过财政贴息、知识产权质押等方式加大对技术改造项目的信贷投入,有针对性地支持国家重点和符合产业升级方向的技术改造项目。支持企业采用融资租赁等方式开展技术改造,积极引导和支持企业通过上市融资、发行公司债券、企业债券和中期票据等方式,扩大企业技术改造直接融资规模。规范发展产业投资基金、股权投资基金,引导民间资金支持企业技术改造。

(五)健全管理机制。建立职责明确、科学高效的企业技术改造工作管理机制,优化工作流程,提高技术改造工作管理水平。建立健全全国统一的工业技术改造投资统计体系,加强企业技术改造投资的监测、分析和信息发布工作。着眼企业的发展需要,强化职业教育,为企业技术改造和产业升级培养高素质的技能型人才。完善技术改造项目管理制度,建立投资效果考核机制,加强投资效益分析评价和政府投资项目的监督检查。

各地区、各部门要进一步统一思想,深刻认识促进企业技术改造的重要性和紧迫性,进一步加强组织领导,切实加大工作力度。各省(区、市)人民政府要把促进企业技术改造纳入政府重要议事日程,结合实际加快出台具体措施办法,并抓好落实。国务院有关部门要加强协调配合,强化工作指导和督促检查,保证各项政策措施落到实处。要进一步发挥行业协会的桥梁纽带作用,充分调动广大企业的积极性和主动性,形成合力,共同开创企业技术改造工作的新局面。

5-3-28

中共中央组织部 人力资源社会保障部 公安部 外交部 发展改革委 教育部 科技部 财政部 住房城乡建设部 铁道部 商务部 人口计生委 人民银行 国资委 海关总署 税务总局 工商总局 旅游局 侨办 银监会 证监会 保监会 外专局 民航局 外汇局关于印发《外国人在中国永久居留享有相关待遇的办法》的通知

2012年9月25日 人社部发〔2012〕53号

各省、自治区、直辖市、新疆生产建设兵团、副省级市组织、人力资源社会保障、公安、外事、发展改革、教育、科技、财政、住建、商务、计生、人民银行、国资、海关、税务、工商、旅游、侨务、银监、证监、保监、外专、民航、外汇部门,各铁路局,国务院各部门、各直属机构人事部门:

《外国人在中国永久居留审批管理办法》颁布以来,一批外籍人才获得《外国人永久居留证》,为我国吸引海外人才和投资者更好参与国家建设发挥了重要作用。《国家中长期人才发展规划纲要(2010~2020年)》明确提出,要实施更加开放的人才政策,大力吸引海外高层次人才回国(来华)创新创业。经中央人才工作协调小组同意,现印发《外国人在中国永久居留享有相关待遇的办法》,请认真贯彻执行。

在中国永久居留的外国人享有相关待遇问题,涉及工作和生活的方方面面,是吸引海外人才来华工作的重要措施。各级组织、人力资源社会保障、公安、外交、发展改革、教育、科技、财政、住建、铁路、商务、计生、人民银行、国资、海关、税务、工商、旅游、侨办、银监、证监、保监、外专、民航、外汇等相关部门要充分认识这项工作的重要意义,加强协调配合,抓紧出台实施细则和办法,积极落实各项措施,切实保障外籍人才在中国永久居留的合法权益和各项待遇。要不断完善服务政策,增强服务意识,提高服务水平,为大力吸引海外人才来华创新创业营造良好环境。

外国人在中国永久居留享有相关待遇的办法

《外国人永久居留证》是获得在中国永久居留资格的外国人在中国境内居留的合法身

份证件,可以单独使用。凡持有中国《外国人永久居留证》的外籍人员可享有以下待遇:

一、除政治权利和法律法规规定不可享有的特定权利和义务外,原则上和中国公民享有相同权利,承担相同义务。

二、在中国居留期限不受限制,可以凭有效护照和《外国人永久居留证》出入中国国境,无需另外办理签证等手续;其配偶及直系亲属,可按有关规定申请办理相应签证、居留证件或《外国人永久居留证》。

三、进出境自用物品按照海关对定居旅客的有关规定办理手续。

四、在中国就业,免办《外国人就业证》;符合条件的,可优先办理《外国专家证》、《回国(来华)专家证》以及各地人才工作居住证。

五、可以技术入股或者投资等方式创办外商投资企业,可以合法获得的人民币在中国境内进行外商直接投资。

六、在中国投资项目、设立外商投资企业的,发展改革、商务、工商、外汇等部门按照外资管理有关规定简化核准及审批程序,提高效率。

七、可按规定参加专业技术职务任职资格评审和专业技术人员资格考试。

八、随迁子女义务教育阶段入学,符合条件的,可享受相关政策,由其居住地教育行政部门按照就近入学的原则办理入、转学手续,不收取国家规定以外的费用。

九、可以《外国人永久居留证》作为有效身份证件办理参加社会保险各项手续。在中国境内就业的,按照《中华人民共和国社会保险法》有关规定参加各项社会保险;在中国境内居住但未就业,且符合统筹地区规定的,可参照国内城镇居民参加城镇居民基本医疗保险和城镇居民社会养老保险,享受社会保险待遇。办理社会保险关系转移接续、终止等手续,社会保险经办机构按照有关规定简化流程、提供方便。

十、可按照《住房公积金管理条例》等规定,在工作地缴存和使用住房公积金,离开该地区时,可按规定办理住房公积金的提取或转移手续。

十一、可不受《关于规范房地产市场外资准入和管理的意见》中关于境外个人在境内购买自用商品住房需在境内工作、学习超过一年的限制,按照其他有关规定在境内购买自用、自住商品住房。

十二、在缴纳所得税方面,按照中国税收法律法规以及税收协定的有关规定,履行相应的纳税义务。

十三、在国内办理银行、保险、证券和期货等金融方面业务,可以《外国人永久居留证》作为身份凭证,享有中国公民同等权利、义务和统计归属。

十四、在国内取得的收入,依法纳税并持有税务部门出具的对外支付税务证明后,可兑换外汇汇出境外。可以《外国人永久居留证》作为身份凭证,按照相关外汇管理规定办理外汇业务。

十五、在国内购物、购买公园及各类文体场馆门票、进行文化娱乐商旅等消费活动与中国公民同等待遇、价格相同。

十六、乘坐中国国内航班,可凭《外国人永久居留证》办理有关登机手续;在国内乘坐火车,可凭《外国人永久居留证》购买火车票;在国内旅馆住宿,可凭《外国人永久居留证》办理有关入住手续。

十七、在申领机动车驾驶证和办理机动车登记方面,享受中国公民同等待遇。初次申领或持境外机动车驾驶证换领《中华人民共和国机动车驾驶证》,符合驾驶证申领或换领条件的,可凭《外国人永久居留证》、公安部门出具的住宿登记证明、身体条件证明,经考试合格后,由公安机关核发《中华人民共和国机动车驾驶证》。申请办理机动车登记,可以凭《外国人永久居留证》、公安部门出具的住宿登记证明及机动车相关证明、凭证,到公安部门办理机动车登记业务。

十八、加入或恢复中国国籍,公安部门按照有关手续,加快办理。

十九、本办法由人力资源社会保障部、公安部会同相关部门负责解释。

二十、本办法自发布之日起施行。

5-3-29

国家税务总局关于促进残疾人就业税收优惠政策有关问题的公告

2013年12月30日　国家税务总局公告2013年第78号

为进一步增强促进残疾人就业税收优惠政策的实施效果,保障和维护残疾人职工的合法权益,现将促进残疾人就业税收优惠政策有关问题公告如下:

《财政部、国家税务总局关于促进残疾人就业税收优惠政策的通知》(财税〔2007〕92号)第五条第(三)款规定的"基本养老保险"和"基本医疗保险"是指"职工基本养老保险"和"职工基本医疗保险",不含"城镇居民社会养老保险"、"新型农村社会养老保险"、"城镇居民基本医疗保险"和"新型农村合作医疗"。

本公告自2014年1月1日起施行。

特此公告。

5-3-30

国务院关于印发注册资本登记制度改革方案的通知

2014年2月7日　国发〔2014〕7号

各省、自治区、直辖市人民政府,国务院各部委、各直属机构:

国务院批准《注册资本登记制度改革方案》(以下简称《方案》),现予印发。

一、改革工商登记制度,推进工商注册制度便利化,是党中央、国务院作出的重大决策。改革注册资本登记制度,是深入贯彻党的十八大和十八届二中、三中全会精神,在新形势下全面深化改革的重大举措,对加快政府职能转变、创新政府监管方式、建立公平开放透明的市场规则、保障创业创新,具有重要意义。

二、改革注册资本登记制度涉及面广、政策性强,各级人民政府要加强组织领导,统筹协调解决改革中的具体问题。各地区、各部门要密切配合,加快制定完善配套措施。工商行政管理机关要优化流程、完善制度,确保改革前后管理工作平稳过渡。要强化企业自我管理、行业协会自律和社会组织监督的作用,提高市场监管水平,切实让这项改革举措"落地生根",进一步释放改革红利,激发创业活力,催生发展新动力。

三、根据全国人民代表大会常务委员会关于修改公司法的决定和《方案》,相应修改有关行政法规和国务院决定。具体由国务院另行公布。

《方案》实施中的重大问题,工商总局要及时向国务院请示报告。

注册资本登记制度改革方案

根据《国务院机构改革和职能转变方案》,为积极稳妥推进注册资本登记制度改革,制定本方案。

一、指导思想、总体目标和基本原则

(一)指导思想。

高举中国特色社会主义伟大旗帜,以邓小平理论、"三个代表"重要思想、科学发展观为指导,坚持社会主义市场经济改革方向,按照加快政府职能转变、建设服务型政府的要求,推进公司注册资本及其他登记事项改革,推进配套监管制度改革,健全完善现代企业制度,服务经济社会持续健康发展。

(二)总体目标。

通过改革公司注册资本及其他登记事项,进一步放松对市场主体准入的管制,降低准入门槛,优化营商环境,促进市场主体加快发展;通过改革监管制度,进一步转变监管方式,强化信用监管,促进协同监管,提高监管效能;通过加强市场主体信息公示,进一步扩大社会监督,促进社会共治,激发各类市场主体创造活力,增强经济发展内生动力。

(三)基本原则。

1. 便捷高效。按照条件适当、程序简便、成本低廉的要求,方便申请人办理市场主体登记注册。鼓励投资创业,创新服务方式,提高登记效率。

2. 规范统一。对各类市场主体实行统一的登记程序、登记要求和基本等同的登记事项,规范登记条件、登记材料,减少对市场主体自治事项的干预。

3. 宽进严管。在放宽注册资本等准入条件的同时,进一步强化市场主体责任,健全完善配套监管制度,加强对市场主体的监督管理,促进社会诚信体系建设,维护宽松准入、公平竞争的市场秩序。

二、放松市场主体准入管制,切实优化营商环境

(一)实行注册资本认缴登记制。公司股东认缴的出资总额或者发起人认购的股本总额(即公司注册资本)应当在工商行政管理机关登记。公司股东(发起人)应当对其认缴出资额、出资方式、出资期限等自主约定,并记载于公司章程。有限责任公司的股东以其认缴的出资额为限对公司承担责任,股份有限公司的股东以其认购的股份为限对公司承担责

任。公司应当将股东认缴出资额或者发起人认购股份、出资方式、出资期限、缴纳情况通过市场主体信用信息公示系统向社会公示。公司股东(发起人)对缴纳出资情况的真实性、合法性负责。

放宽注册资本登记条件。除法律、行政法规以及国务院决定对特定行业注册资本最低限额另有规定的外,取消有限责任公司最低注册资本3万元、一人有限责任公司最低注册资本10万元、股份有限公司最低注册资本500万元的限制。不再限制公司设立时全体股东(发起人)的首次出资比例,不再限制公司全体股东(发起人)的货币出资金额占注册资本的比例,不再规定公司股东(发起人)缴足出资的期限。

公司实收资本不再作为工商登记事项。公司登记时,无需提交验资报告。

现行法律、行政法规以及国务院决定明确规定实行注册资本实缴登记制的银行业金融机构、证券公司、期货公司、基金管理公司、保险公司、保险专业代理机构和保险经纪人、直销企业、对外劳务合作企业、融资性担保公司、募集设立的股份有限公司,以及劳务派遣企业、典当行、保险资产管理公司、小额贷款公司实行注册资本认缴登记制问题,另行研究决定。在法律、行政法规以及国务院决定未修改前,暂按现行规定执行。

已经实行申报(认缴)出资登记的个人独资企业、合伙企业、农民专业合作社仍按现行规定执行。

鼓励、引导、支持国有企业、集体企业等非公司制企业法人实施规范的公司制改革,实行注册资本认缴登记制。

积极研究探索新型市场主体的工商登记。

(二)改革年度检验验照制度。将企业年度检验制度改为企业年度报告公示制度。企业应当按年度在规定的期限内,通过市场主体信用信息公示系统向工商行政管理机关报送年度报告,并向社会公示,任何单位和个人均可查询。企业年度报告的主要内容应包括公司股东(发起人)缴纳出资情况、资产状况等,企业对年度报告的真实性、合法性负责,工商行政管理机关可以对企业年度报告公示内容进行抽查。经检查发现企业年度报告隐瞒真实情况、弄虚作假的,工商行政管理机关依法予以处罚,并将企业法定代表人、负责人等信息通报公安、财政、海关、税务等有关部门。对未按规定期限公示年度报告的企业,工商行政管理机关在市场主体信用信息公示系统上将其载入经营异常名录,提醒其履行年度报告公示义务。企业在三年内履行年度报告公示义务的,可以向工商行政管理机关申请恢复正常记载状态;超过三年未履行的,工商行政管理机关将其永久载入经营异常名录,不得恢复正常记载状态,并列入严重违法企业名单("黑名单")。

改革个体工商户验照制度,建立符合个体工商户特点的年度报告制度。

探索实施农民专业合作社年度报告制度。

(三)简化住所(经营场所)登记手续。申请人提交场所合法使用证明即可予以登记。对市场主体住所(经营场所)的条件,各省、自治区、直辖市人民政府根据法律法规的规定和本地区管理的实际需要,按照既方便市场主体准入,又有效保障经济社会秩序的原则,可以自行或者授权下级人民政府作出具体规定。

(四)推行电子营业执照和全程电子化登记管理。建立适应互联网环境下的工商登记数字证书管理系统,积极推行全国统一标准规范的电子营业执照,为电子政务和电子商务提供身份认证和电子签名服务保障。电子营业执照载有工商登记信息,与纸质营业执照具有同等法律效力。大力推进以电子营业执照为支撑的网上申请、网上受理、网上审核、网上公示、网上发照等全程电子化登记管理方式,提高市场主体登记管理的信息化、便利化、规范化水平。

三、严格市场主体监督管理,依法维护市场秩序

(一)构建市场主体信用信息公示体系。完善市场主体信用信息公示制度。以企业法人国家信息资源库为基础构建市场主体信用信息公示系统,支撑社会信用体系建设。在市场主体信用信息公示系统上,工商行政管理机关公示市场主体登记、备案、监管等信息;企业按照规定报送、公示年度报告和获得资质资格的许可信息;个体工商户、农民专业合作社的年度报告和获得资质资格的许可信息可以按照规定在系统上公示。公示内容作为相关部门实施行政许可、监督管理的重要依据。加强公示系统管理,建立服务保障机制,为相关单位和社会公众提供方便快捷服务。

(二)完善信用约束机制。建立经营异常名录制度,将未按规定期限公示年度报告、通过登记的住所(经营场所)无法取得联系等的市场主体载入经营异常名录,并在市场主体信用信息公示系统上向社会公示。进一步推进"黑名单"管理应用,完善以企业法人法定代表人、负责人任职限制为主要内容的失信惩戒机制。建立联动响应机制,对被载入经营异常名录或"黑名单"、有其他违法记录的市场主体及其相关责任人,各有关部门要采取有针对性的信用约束措施,形成"一处违法,处处受限"的局面。建立健全境外追偿保障机制,将违反认缴义务、有欺诈和违规行为的境外投资者及其实际控制人列入"重点监控名单",并严格审查或限制其未来可能采取的各种方式的对华投资。

(三)强化司法救济和刑事惩治。明确政府对市场主体和市场活动监督管理的行政职责,区分民事争议与行政争议的界限。尊重市场主体民事权利,工商行政管理机关对工商登记环节中的申请材料实行形式审查。股东与公司、股东与股东之间因工商登记争议引发民事纠纷时,当事人依法向人民法院提起民事诉讼,寻求司法救济。支持配合人民法院履行民事审判职能,依法审理股权纠纷、合同纠纷等经济纠纷案件,保护当事人合法权益。当事人或者利害关系人依照人民法院生效裁判文书或者协助执行通知书要求办理工商登记的,工商行政管理机关应当依法办理。充分发挥刑事司法对犯罪行为的惩治、威慑作用,相关部门要主动配合公安机关、检察机关、人民法院履行职责,依法惩处破坏社会主义市场经济秩序的犯罪行为。

(四)发挥社会组织的监督自律作用。扩大行业协会参与度,发挥行业协会的行业管理、监督、约束和职业道德建设等作用,引导市场主体履行出资义务和社会责任。积极发挥会计师事务所、公证机构等专业服务机构的作用,强化对市场主体及其行为的监督。支持行业协会、仲裁机构等组织通过调解、仲裁、裁决等方式解决市场主体之间的争议。积极培育、鼓励发展社会信用评价机构,支持开展信用评级,提供客观、公正的企业资信信息。

(五)强化企业自我管理。实行注册资本认缴登记制,涉及公司基础制度的调整,公司应健全自我管理办法和机制,完善内部治理结构,发挥独立董事、监事的监督作用,强化主体责任。公司股东(发起人)应正确认识注册资本认缴的责任,理性作出认缴承诺,严格按照章程、协议约定的时间、数额等履行实际出资责任。

（六）加强市场主体经营行为监管。要加强对市场主体准入和退出行为的监管，大力推进反不正当竞争与反垄断执法，加强对各类商品交易市场的规范管理，维护公平竞争的市场秩序。要强化商品质量监管，严厉打击侵犯商标专用权和销售假冒伪劣商品的违法行为，严肃查处虚假违法广告，严厉打击传销，严格规范直销，维护经营者和消费者合法权益。各部门要依法履行职能范围内的监管职责，强化部门间协调配合，形成分工明确、沟通顺畅、齐抓共管的工作格局，提升监管效能。

（七）加强市场主体住所（经营场所）管理。工商行政管理机关根据投诉举报，依法处理市场主体登记住所（经营场所）与实际情况不符的问题。对于应当具备特定条件的住所（经营场所），或者利用非法建筑、擅自改变房屋用途等从事经营活动的，由规划、建设、国土、房屋管理、公安、环保、安全监管等部门依法管理；涉及许可审批事项的，由负责许可审批的行政管理部门依法监管。

四、保障措施

（一）加强组织领导。注册资本登记制度改革，涉及部门多、牵涉面广、政策性强。按照国务院的统一部署，地方各级人民政府要健全政府统一领导、部门各司其职、相互配合，集中各方力量协调推进改革的工作机制。调剂充实一线登记窗口人员力量，保障便捷高效登记。有关部门要加快制定和完善配套监管制度，统筹推进，同步实施，强化后续监管。建立健全部门间信息沟通共享机制、信用信息披露机制和案件协查移送机制，强化协同监管。上级部门要加强指导、监督，及时研究解决改革中遇到的问题，协调联动推进改革。

（二）加快信息化建设。充分利用信息化手段提升市场主体基础信息和信用信息的采集、整合、服务能力。要按照"物理分散、逻辑集中、差异屏蔽"的原则，加快建设统一规范的市场主体信用信息公示系统。各省、自治区、直辖市要将建成本地区集中统一的市场主体信用信息公示系统，作为本地区实施改革的前提条件。工商行政管理机关要优化完善工商登记管理信息化系统，确保改革前后工商登记管理业务的平稳过渡。有关部门要积极推进政务服务创新，建立面向市场主体的部门协同办理政务事项的工作机制和技术环境，提高政务服务综合效能。各级人民政府要加大投入，为构建市场主体信用信息公示系统、推行电子营业执照等信息化建设提供必要的人员、设施、资金保障。

（三）完善法制保障。积极推进统一的商事登记立法，加快完善市场主体准入与监管的法律法规，建立市场主体信用信息公示和管理制度，防范市场风险，保障交易安全。各地区、各部门要根据法律法规修订情况，按照国务院部署开展相关规章和规范性文件的"立、改、废"工作。

（四）注重宣传引导。坚持正确的舆论导向，充分利用各种媒介，做好注册资本登记制度改革政策的宣传解读，及时解答和回应社会关注的热点问题，引导社会正确认识注册资本认缴登记制的意义和股东出资责任、全面了解市场主体信用信息公示制度的作用，广泛参与诚信体系建设，在全社会形成理解改革、关心改革、支持改革的良好氛围，确保改革顺利推进。

附件：暂不实行注册资本认缴登记制的行业

附件

暂不实行注册资本认缴登记制的行业

序号	名　　称	依　　据
1	采取募集方式设立的股份有限公司	《中华人民共和国公司法》
2	商业银行	《中华人民共和国商业银行法》
3	外资银行	《中华人民共和国外资银行管理条例》
4	金融资产管理公司	《金融资产管理公司条例》
5	信托公司	《中华人民共和国银行业监督管理法》
6	财务公司	《中华人民共和国银行业监督管理法》
7	金融租赁公司	《中华人民共和国银行业监督管理法》
8	汽车金融公司	《中华人民共和国银行业监督管理法》
9	消费金融公司	《中华人民共和国银行业监督管理法》
10	货币经纪公司	《中华人民共和国银行业监督管理法》
11	村镇银行	《中华人民共和国银行业监督管理法》
12	贷款公司	《中华人民共和国银行业监督管理法》
13	农村信用合作联社	《中华人民共和国银行业监督管理法》
14	农村资金互助社	《中华人民共和国银行业监督管理法》
15	证券公司	《中华人民共和国证券法》
16	期货公司	《期货交易管理条例》
17	基金管理公司	《中华人民共和国证券投资基金法》
18	保险公司	《中华人民共和国保险法》
19	保险专业代理机构、保险经纪人	《中华人民共和国保险法》
20	外资保险公司	《中华人民共和国外资保险公司管理条例》
21	直销企业	《直销管理条例》
22	对外劳务合作企业	《对外劳务合作管理条例》
23	融资性担保公司	《融资性担保公司管理暂行办法》
24	劳务派遣企业	2013年10月25日国务院第28次常务会议决定
25	典当行	2013年10月25日国务院第28次常务会议决定
26	保险资产管理公司	2013年10月25日国务院第28次常务会议决定
27	小额贷款公司	2013年10月25日国务院第28次常务会议决定

5-3-31

财政部 国家税务总局 人力资源社会保障部关于继续实施支持和促进重点群体创业就业有关税收政策的通知

2014年4月29日 财税〔2014〕39号

各省、自治区、直辖市、计划单列市财政厅(局)、国家税务局、地方税务局、人力资源社会保障厅(局),新疆生产建设兵团财务局、人力资源社会保障局:

1998年以来,国家对下岗失业人员再就业给予了一系列税收扶持政策,特别是自2011年1月1日起实施了新的支持和促进就业的税收优惠政策,进一步扩大了享受税收优惠政策的人员范围,对于支持重点群体创业就业,促进社会和谐稳定,推动经济发展发挥了重要作用。该政策于2013年12月31日执行到期。根据当前宏观经济形势和就业面临的新情况、新问题,为扩大就业,鼓励以创业带动就业,经国务院批准,现将继续实施支持和促进重点群体创业就业税收政策有关问题通知如下:

一、对持《就业失业登记证》(注明"自主创业税收政策"或附着《高校毕业生自主创业证》)人员从事个体经营的,在3年内按每户每年8000元为限额依次扣减其当年实际应缴纳的营业税、城市维护建设税、教育费附加、地方教育附加和个人所得税。限额标准最高可上浮20%,各省、自治区、直辖市人民政府可根据本地区实际情况在此幅度内确定具体限额标准,并报财政部和国家税务总局备案。

纳税人年度应缴纳税款小于上述扣减限额的,以其实际缴纳的税款为限;大于上述扣减限额的,应以上述扣减限额为限。

本条所称持《就业失业登记证》(注明"自主创业税收政策"或附着《高校毕业生自主创业证》)人员是指:1.在人力资源社会保障部门公共就业服务机构登记失业半年以上的人员;2.零就业家庭、享受城市居民最低生活保障家庭劳动年龄内的登记失业人员;3.毕业年度内高校毕业生。高校毕业生是指实施高等学历教育的普通高等学校、成人高等学校毕业的学生;毕业年度是指毕业所在自然年,即1月1日至12月31日。

二、对商贸企业、服务型企业、劳动就业服务企业中的加工型企业和街道社区具有加工性质的小型企业实体,在新增加的岗位中,当年新招用在人力资源社会保障部门公共就业服务机构登记失业一年以上且持《就业失业登记证》(注明"企业吸纳税收政策")人员,与其签订1年以上期限劳动合同并依法缴纳社会保险费的,在3年内按实际招用人数予以定额依次扣减营业税、城市维护建设税、教育费附加、地方教育附加和企业所得税优惠。定额标准为每人每年4000元,最高可上浮30%,各省、自治区、直辖市人民政府可根据本地区实际情况在此幅度内确定具体定额标准,并报财政部和国家税务总局备案。

按上述标准计算的税收扣减额应在企业当年实际应缴纳的营业税、城市维护建设税、教育费附加、地方教育附加和企业所得税税额中扣减,当年扣减不足的,不得结转下年使用。

本条所称服务型企业是指从事现行营业税"服务业"税目规定经营活动的企业以及按照《民办非企业单位登记管理暂行条例》(国务院令第251号)登记成立的民办非企业单位。

三、享受本通知第一条、第二条优惠政策的人员按以下规定申领《就业失业登记证》、《高校毕业生自主创业证》等凭证：

（一）按照《就业服务与就业管理规定》(中华人民共和国劳动和社会保障部令第28号)第六十三条的规定，在法定劳动年龄内，有劳动能力，有就业要求，处于无业状态的城镇常住人员，在公共就业服务机构进行失业登记，申领《就业失业登记证》。其中，农村进城务工人员和其他非本地户籍人员在常住地稳定就业满6个月的，失业后可以在常住地登记。

（二）零就业家庭凭社区出具的证明，城镇低保家庭凭低保证明，在公共就业服务机构登记失业，申领《就业失业登记证》。

（三）毕业年度内高校毕业生在校期间凭学校出具的相关证明，经学校所在地省级教育行政部门核实认定，取得《高校毕业生自主创业证》（仅在毕业年度适用），并向创业地公共就业服务机构申请取得《就业失业登记证》；高校毕业生离校后直接向创业地公共就业服务机构申领《就业失业登记证》。

（四）上述人员申领相关凭证后，由就业和创业地人力资源社会保障部门对人员范围、就业失业状态、已享受政策情况进行核实，在《就业失业登记证》上注明"自主创业税收政策"或"企业吸纳税收政策"字样，同时符合自主创业和企业吸纳税收政策条件的，可同时加注；主管税务机关在《就业失业登记证》上加盖戳记，注明减免税所属时间。

四、本通知的执行期限为2014年1月1日至2016年12月31日。本通知规定的税收优惠政策按照备案减免税管理，纳税人应向主管税务机关备案。税收优惠政策在2016年12月31日未享受满3年的，可继续享受至3年期满为止。《财政部、国家税务总局关于支持和促进就业有关税收政策的通知》(财税〔2010〕84号)所规定的税收优惠政策在2013年12月31日未享受满3年的，可继续享受至3年期满为止。

五、本通知所述人员不得重复享受税收优惠政策，以前年度已享受各项就业税收优惠政策的人员不得再享受本通知规定的税收优惠政策。如果企业的就业人员既适用本通知规定的税收优惠政策，又适用其他扶持就业的税收优惠政策，企业可选择适用最优惠的政策，但不能重复享受。

六、上述税收政策的具体实施办法由国家税务总局会同财政部、人力资源社会保障部、教育部、民政部另行制定。

各地财政、税务、人力资源社会保障部门要加强领导、周密部署，把大力支持和促进重点群体创业就业工作作为一项重要任务，主动做好政策宣传和解释工作，加强部门间的协调配合，确保政策落实到位。同时，要密切关注税收政策的执行情况，对发现的问题及时逐级向财政部、国家税务总局、人力资源社会保障部反映。

5-3-32

国家税务总局关于进一步加强小微企业税收优惠政策落实工作的通知

2014年10月16日 税总发〔2014〕122号

各省、自治区、直辖市和计划单列市国家税务局、地方税务局：

为深入贯彻国务院部署，结合前一阶段小微企业所得税优惠政策实施情况，现对进一步统筹做好小微企业各项税收优惠政策落实工作通知如下：

一、进一步提高认识，切实把落实小微企业优惠政策列入各级税务机关重要议事日程

小微企业是社会主义市场经济主体的重要组成部分，对繁荣市场、促进就业、改善民生、维护社会稳定等方面都起着重要作用。同时，小微企业也是当前释放改革红利，刺激经济发展的关键领域和薄弱环节。国务院非常重视小微企业发展，连续出台一系列包括税收优惠在内的相关政策，扶持小微企业发展。为确保支持小微企业发展政策的落实，国务院领导同志多次作出重要批示，今年上半年以来，国务院还组织对多个省市开展了工作督导。税务总局明确提出，要把认真贯彻落实各项税收优惠政策作为税务系统的一项重要工作。各级税务机关要进一步提高思想认识，高度重视小微企业税收优惠政策的落实工作，并提升到"政治任务"层面，列入重要议事日程，下大力气抓好抓实。要集思广益，打破常规，确保小微企业减免税取得成效。税政、征管、纳税服务、信息化等部门要群策群力，各司其职，形成合力，全力把小微企业税收优惠政策落到实处。

二、持续广泛宣传，进一步营造落实小微企业税收优惠政策的良好舆论环境

一是充分利用电视、电台、网站、报刊、杂志、12366纳税服务热线、办税服务厅、人民来信等平台和载体，通过网站在线访谈、电视电台访谈等方式，持续做好小微企业税收优惠政策宣传工作。要注重研究新闻传播规律，转变宣传视角，创新宣传内容，抓住不同阶段、不同税种的宣传重点，增强针对性，找准宣传点和切入点，做到通俗易懂，喜闻乐见，提高宣传实效，引导舆论主旋律。二是围绕国家近几年连续调整小微企业增值税、营业税、企业所得税优惠政策情况，继续宣传相关税收优惠政策内容、减免条件、管理方式、办税程序及纳税申报表的填报方法等，便于纳税人掌握享受税收优惠政策的具体操作。要善于挖掘征纳双方落实小微企业税收优惠政策的典型案例，介绍各地落实小微企业税收优惠政策的成效，宣传税务机关在落实小微企业税收优惠政策工作中的创新做法，宣传纳税人享受小微企业税收优惠政策的所闻、所思、所感，增强感染力，进一步增强纳税人享受税收优惠政策的主动性。三是将小微企业增值税、营业税、企业所得税优惠政策及管理规定，及时补录到12366知识库，统一规范12366座席人员的答复口径，保证12366解答相关政策的准确性和权威性。在12366纳税服务热线设置小微企业税收优惠政策落实投诉专席，接受纳税人投诉，并在接到纳税人反映的问题后3个工作日内予以落实解决。四是进一步加强与工商、工业和信息化、中小企业管理等部门联系，结合税务机关掌握小微企业税收优惠政策数据，加

强数据对比、分析,争取相关部门支持。

三、依托信息化手段,进一步为小微企业享受税收优惠政策提供便利

一是适应提高增值税、营业税起征点需要,进一步修改完善增值税小规模纳税人和营业税纳税人纳税申报表及填报说明,需修改申报软件的,要尽快做好软件升级调整工作。二是在企业所得税方面,税务机关要进一步明确职责、理顺流程、整合资源,及时完善、修改企业所得税预缴申报软件和信息系统,增加对纳税申报的提示、提醒功能。在申报系统中自动协助企业计算税收优惠数额供纳税人选择;在企业所得税申报期内,重点监控小型微利企业申报进度与享受税收优惠的准确性,适时开展提醒服务;申报期结束后,对未能按时享受优惠政策的企业,税务机关应尽快筛选企业名单,告知企业在以后申报期间抵顶税款。三是进一步加强小微企业享受减免税情况统计分析。各级税务机关要认真负责,客观、真实、全面地统计小微企业减免税的实际情况。

四、进一步加强工作督查和绩效考核,为落实小微企业税收优惠政策提供组织保证

小微企业税收优惠政策"含金量"高,各级税务机关必须进一步采取有效措施,解决政策执行"最后一公里"问题。要充分认识到"尸位素餐是腐败,不作为的'懒政'也是腐败",进一步应用工作督查和绩效考核手段,增强基层税务机关落实小微企业税收优惠政策的执行力。小微企业各项税收优惠政策落实情况已经列为重点督办和绩效考核事项,各省税务机关务必高度重视,周密部署,确保小微企业优惠政策落实到位。上级税务机关要根据小微企业税收优惠政策落实工作情况,准确把握时间、工作节点,对重点地区、受惠面低的地区有针对性地开展工作督查。发现思想不重视、工作不到位、责任心不强、落实不力的单位,要认真整改,并实行批评问责。

在落实小微企业税收优惠政策工作中,各级税务机关要加强与上级税务机关联系,及时反映政策落实问题,按要求反馈工作情况及统计数据,加强对小微企业税收优惠政策统计分析工作。

5-3-33

国家税务总局关于进一步做好小微企业税收优惠政策贯彻落实工作的通知

2015年3月13日　税总发〔2015〕35号

各省、自治区、直辖市和计划单列市国家税务局、地方税务局:

为支持小微企业(含个体工商户,下同)发展和创业创新,全面落实小微企业各项税收优惠政策,释放小微企业税收优惠政策红利,根据国务院决策部署,税务总局决定围绕四个方面,采取10项有效措施,进一步做好小微企业各项税收优惠政策贯彻落实工作。现通知如下:

一、全力宣传,确保每一户应享受税收优惠的小微企业"应享尽知"

1. 持续开展小微企业税收优惠政策宣传工作。各级税务机关充分利用报纸、杂志、电

视、网站、12366 纳税服务热线等载体,持续性开展小微企业税收优惠政策的普及性宣传。在税务网站开辟"小微企业税收优惠"专栏,编制和发布小微企业税收优惠政策目录,自动链接并及时维护。

2. 开展"小微企业税收优惠政策宣传周"活动。结合税法宣传月和"便民办税春风行动",今年3月底至4月上旬,各级税务机关开展"小微企业税收优惠政策宣传周"活动,通过在线访谈、新闻发布等方式,加大小微企业各项税收优惠政策宣传力度。各省国税局、地税局联合编印小微企业税收优惠政策宣传手册,免费送达每一户小微企业。

3. 加强政策业务培训。抓好税务干部税收优惠政策业务培训,使其熟练掌握税收政策,帮助纳税人享受税收优惠政策。

二、全程服务,努力让每一户小微企业办理税收优惠手续更为便捷

4. 将专门备案改为通过填写纳税申报表自动履行备案手续。税务总局将进一步修改企业所得税季度预缴申报表,使纳税人通过填写申报表有关栏次自动履行备案手续,不再另行报送专门备案材料,进一步减轻小微企业办税负担。

5. 完善小微企业所得税纳税申报软件。省税务机关通过核心征管系统或开发应用小微企业纳税申报税务端软件,运用软件自动识别小微企业身份,主动提示享受优惠政策。同时通过手机短信或其他形式告知纳税情况,使其享受税收优惠更便捷、更明白。

6. 对未享受优惠的小微企业及时采取补救措施。对于因各种原因未及时享受优惠政策的小微企业,主管税务机关要及时采取电话、上门温馨提示等跟踪服务,进一步提高享受税收优惠政策的纳税人覆盖面。

7. 严格定额征税管理。采取民主评议、公示等程序按规定时间调整小微企业纳税定额,对违反规定调整定额增加小微企业税收负担的,一经发现,严肃追究有关税务人员责任。

三、全年督查,切实让每一级税务机关履行好落实小微企业税收优惠政策的责任

8. 把落实小微企业税收优惠政策作为今年税务部门"一号督查"事项和绩效考评事项。税务总局已组成督查组开展督查,以后每季度督查一次,并通过报纸、网站公开督查情况。把落实小微企业税收优惠列入各级税务机关绩效考评项目,严格实行绩效考评。今年7月份,税务总局将委托第三方社会评估机构,对小微企业税收优惠政策落实情况开展评估。

9. 建立小微企业咨询服务岗和12366反映诉求平台。在办税服务厅设立"小微企业优惠政策落实咨询服务岗",实行"首问责任制"。依托12366纳税服务热线、税务网站"局长信箱"受理纳税人投诉。一旦纳税人反映应享受未享受税收优惠政策情况,接收当日转办,当地主管税务机关要专人全程负责,在3个工作日内调查核实,确保税收优惠政策落实到位。

四、全面分析,尽力让每一申报期间内的小微企业税收优惠政策效应分析工作具体深入

10. 加强统计分析工作。及时、全面掌握小微企业各项减免税户数、减免税额等数据,建立典型企业调查制度,开展减免税效果分析,查找问题及差距,全面实施小微企业税收优惠政策落实情况的跟踪问效。

5-3-34

国家税务总局 中国银行业监督管理委员会关于开展"银税互动"助力小微企业发展活动的通知

2015年7月30日 税总发〔2015〕96号

各省、自治区、直辖市和计划单列市国家税务局、地方税务局、银监局：

为支持小微企业发展，促进大众创业、万众创新，推动税务部门、银行业金融机构之间的信息互通，缓解小微企业融资难问题，创新小微企业融资方式、改进金融服务，国家税务总局和中国银行业监督管理委员会（以下简称银监会）决定在全国范围内共同建立银税合作机制，开展"银税互动"助力小微企业发展活动。现就有关事项通知如下：

一、开展"银税互动"助力小微企业发展的重要意义

"银税互动"是在依法合规的基础上，由税务部门、银监会派出机构和银行业金融机构通过协商，共享区域内小微企业纳税信用评价结果，助力小微企业健康发展。"银税互动"有利于解决小微企业信贷融资中信息不对称的问题，促进小微企业融资的可获得性，降低融资成本；有利于纳税信用评价结果的增值运用，促进小微企业依法诚信纳税；有利于银行业金融机构开发优质客户，判断企业诚信状况，改进服务方式。通过"银税互动"，促进小微企业良性发展，实现小微企业、金融、税务三方共赢。

二、"银税互动"助力小微企业发展活动的主要内容

（一）建立银税合作机制

地（市）国税局、地税局、银监分局和辖区内银行业金融机构要积极开展银税合作，共同建立银税合作联席会议制度。有条件的地方可在全省范围内统一组织实施。各级税务机关和银监会派出机构对"银税互动"助力小微企业发展活动的开展情况要进行跟踪、总结和指导，及时协调解决工作中出现的问题，不断创新和丰富银税合作的内容和形式。

（二）充分运用纳税信用评价结果

银税合作各方应在依法、保密、互利的原则下，充分共享纳税信用评价结果和信贷融资信息。地（市）国税局、地税局要在与银监分局签订合作协议的基础上，定期将辖区内小微企业相关的纳税信用评价结果推送至银监分局，再由银监分局发送至辖区内银行业金融机构。辖区内银行业金融机构要定期向银监分局报送已推送的小微企业融资情况，并由银监分局共享至同级国税局、地税局。

（三）优化小微企业金融服务

银行业金融机构要积极参加"银税互动"活动，结合自身经营策略和管理方式，充分利用小微企业的纳税信用评价结果，积极开发新客户，主动挖掘新的贷款需求，完善尽职调查程序，改进金融服务；对于符合贷款条件的守信优质小微企业，要优化贷款审批程序，简化贷款手续，提高贷款审批效率，加大信贷支持力度，扩大信用贷款业务。

三、工作要求

（一）各级税务机关和银监会派出机构要在辖区内全面开展银税合作，加强组织领导，结合本地特点切实开展工作。省（市）国税局、地税局和银监局要积极协调沟通，作好规划安排，加强工作指导，大力推动各级银税合作机制落实到位。地（市）国税局、地税局和银监分局负责具体组织实施，组织辖区内银行业金融机构积极参加，共商确定适合本地的具体合作机制。直辖市、计划单列市和省会城市由市国税局、地税局和银监局负责具体组织实施。

（二）各地国税局、地税局要将开展"银税互动"助力小微企业活动作为"便民办税春风行动"的一项重要内容，与银监会派出机构加强协调配合，尽快推动建立银税合作联席会议制度。研究制定切实可行的工作方案，持续做好小微企业纳税服务，完善纳税信用评价工作，定期将评价结果推送至同级银监会派出机构，将"银税互动"服务措施落到实处。

（三）银行业金融机构要把银税合作机制落到实处。根据合作机制和小微企业客户的实际需求，不断总结经验，优化产品设计，改进业务流程，创新信贷产品，完善内部配套制度，持续健全小微企业贷款风险管理机制，扎实做好小微企业金融服务，进一步满足小微企业生产经营需要。

（四）各级税务机关和银监会派出机构要主动向当地党委、政府汇报，争取多方面支持；要加强新闻媒体的沟通联系，充分利用各种渠道，营造良好的舆论环境；要主动组织调研，收集、宣传各地政府、银行业支持小微企业的好经验、好做法，提高"银税互动"活动的知晓率和影响力，共同营造依法诚信纳税、诚信经营的良好社会信用氛围。

（五）各地（市）国税局、地税局和银监分局要在2015年第3季度内建立银税合作联席会议制度，各省（市）国税局、地税局和银监局要于2016年1月底前将相关工作进展情况分别上报国家税务总局和银监会。

5-3-35

国家税务总局关于促进残疾人就业税收优惠政策相关问题的公告

2015年7月31日　国家税务总局公告2015年第55号

现将促进残疾人就业税收优惠政策相关问题公告如下：

一、以劳务派遣形式就业的残疾人，属于劳务派遣单位的职工。劳务派遣单位可按照《财政部、国家税务总局关于促进残疾人就业税收优惠政策的通知》（财税〔2007〕92号，以下简称《通知》）规定，享受相关税收优惠政策。

二、安置残疾人的机关事业单位以及由机关事业单位改制后的企业，为残疾人缴纳的机关事业单位养老保险，属于《通知》第五条第（三）款规定的"基本养老保险"范畴，可按规定享受相关税收优惠政策。

本公告自2015年9月1日起施行。此前未处理的事项，按照本公告规定执行。

特此公告。

5-3-36

国务院关于实行市场准入
负面清单制度的意见(节录)

2015年10月2日　国发〔2015〕55号

……………

(二十四)建立与市场准入负面清单制度相适应的商事登记制度。

要深化商事制度改革,加快实施"三证合一"、"一照一码",推行法人和其他组织统一社会信用代码制度。要精简前置性审批事项,削减资质认定事项,凡是市场主体基于自愿的投资经营行为,只要不属于法律、行政法规和国务院决定禁止和限制的领域,不得限制进入。要清理现有涉及市场准入的管理措施,没有法律、行政法规和国务院决定依据的,一律取消。

……………

5-3-37

国家发展改革委　财政部　商务部
关于印发鼓励进口技术和产品
目录(2016年版)的通知

2016年9月9日　发改产业〔2016〕1982号

各省、自治区、直辖市及计划单列市发展改革委、财政厅(局)、商务主管部门,新疆生产建设兵团发展改革委、财务局、商务局:

为积极扩大先进技术、关键装备及零部件进口,鼓励企业引进消化吸收再创新,更好的发挥进口贴息政策在培育产业竞争新优势上的积极作用,现印发《鼓励进口技术和产品目录(2016年版)》,自发布之日起实施,并将根据执行情况和实际需要,适时对目录进行调整。

《国家发展改革委、财政部、商务部关于发布鼓励进口技术和产品目录(2015年版)的通知》(发改产业〔2015〕1541号)同时废止。

附件:鼓励进口技术和产品目录(2016年版)(编者略)

5-3-38

财政部　国家税务总局关于行政和解金有关税收政策问题的通知

2016年9月18日　财税〔2016〕100号

各省、自治区、直辖市、计划单列市财政厅（局）、国家税务局、地方税务局，新疆生产兵团财务局：

根据《中华人民共和国企业所得税法》及《中华人民共和国个人所得税法》的有关规定，现就证券期货领域有关行政和解金税收政策问题明确如下：

一、行政相对人交纳的行政和解金，不得在所得税税前扣除。

二、中国证券投资者保护基金公司（简称投保基金公司）代收备付的行政和解金不属于投保基金公司的收入，不征收企业所得税。投保基金公司取得行政和解金时应使用财政票据。

三、对企业投资者从投保基金公司取得的行政和解金，应计入企业当期收入，依法征收企业所得税；对个人投资者从投保基金公司取得的行政和解金，暂免征收个人所得税。

四、本通知自2016年1月1日起执行。

5-3-39

财政部　国家税务总局关于落实降低企业杠杆率税收支持政策的通知

2016年11月22日　财税〔2016〕125号

各省、自治区、直辖市、计划单列市财政厅（局）、国家税务局、地方税务局，新疆生产建设兵团财务局：

按照党中央、国务院决策部署，根据《国务院关于积极稳妥降低企业杠杆率的意见》（国发〔2016〕54号，以下简称《意见》）有关精神，现就落实降低企业杠杆率税收政策工作通知如下：

一、充分认识贯彻落实降杠杆税收支持政策的重要意义

近年来，我国企业杠杆率高企，债务规模增长过快，企业债务负担不断加重。党中央、国务院从战略高度对降低企业杠杆率工作作出决策部署，把去杠杆列为供给侧结构性改革"三去一降一补"的五大任务之一。《意见》将"落实和完善降杠杆财税支持政策"作为重要任务。各级财税部门要充分认识积极稳妥降低企业杠杆率的重要性，坚决贯彻执行中央决策部署，严格按照《意见》要求认真落实好有关税收政策，充分发挥税收职能作用，切实减轻企业负担、降低企业成本，为企业降杠杆创造良好的外部环境。

二、落实好降杠杆相关税收支持政策

（一）企业符合税法规定条件的股权（资产）收购、合并、债务重组等重组行为，可按税法规定享受企业所得税递延纳税优惠政策。

（二）企业以非货币性资产投资，可按规定享受5年内分期缴纳企业所得税政策。

（三）企业破产、注销，清算企业所得税时，可按规定在税前扣除有关清算费用及职工工资、社会保险费用、法定补偿金。

（四）企业符合税法规定条件的债权损失可按规定在计算企业所得税应纳税所得额时扣除。

（五）金融企业按照规定提取的贷款损失准备金，符合税法规定的，可以在企业所得税税前扣除。

（六）在企业重组过程中，企业通过合并、分立、出售、置换等方式，将全部或者部分实物资产以及与其相关联的债权、负债和劳动力，一并转让给其他单位和个人，其中涉及的货物、不动产、土地使用权转让行为，符合规定的，不征收增值税。

（七）企业重组改制涉及的土地增值税、契税、印花税，符合规定的，可享受相关优惠政策。

（八）符合信贷资产证券化政策条件的纳税人，可享受相关优惠政策。

三、工作要求

降杠杆相关税收政策涵盖交易多个环节，涉及面广，政策内容多。各级财税部门要高度重视，进一步加强学习培训，熟悉、掌握政策内容；要加强对纳税人的宣传辅导，跟踪税收政策执行情况和实施效应，加强调研反馈，及时了解执行中遇到的问题，研究提出调整和完善税收政策的建议。

特此通知。

5-3-40

财政部　税务总局　海关总署关于北京2022年冬奥会和冬残奥会税收政策的通知

2017年7月12日　财税〔2017〕60号

各省、自治区、直辖市、计划单列市财政厅（局）、国家税务局、地方税务局，广东分署、各直属海关，新疆生产建设兵团财务局：

为支持发展奥林匹克运动，确保北京2022年冬奥会和冬残奥会顺利举办，现就有关税收政策通知如下：

一、对北京2022年冬奥会和冬残奥会组织委员会（以下简称"北京冬奥组委"）实行以下税收政策

（一）对北京冬奥组委取得的电视转播权销售分成收入、国际奥委会全球合作伙伴计划

分成收入(实物和资金),免征应缴纳的增值税。

(二)对北京冬奥组委市场开发计划取得的国内外赞助收入、转让无形资产(如标志)特许权收入和销售门票收入,免征应缴纳的增值税。

(三)对北京冬奥组委取得的与中国集邮总公司合作发行纪念邮票收入、与中国人民银行合作发行纪念币收入,免征应缴纳的增值税。

(四)对北京冬奥组委取得的来源于广播、互联网、电视等媒体收入,免征应缴纳的增值税。

(五)对外国政府和国际组织无偿捐赠用于北京2022年冬奥会的进口物资,免征进口关税和进口环节增值税。

(六)对以一般贸易方式进口,用于北京2022年冬奥会的体育场馆建设所需设备中与体育场馆设施固定不可分离的设备以及直接用于北京2022年冬奥会比赛用的消耗品,免征关税和进口环节增值税。享受免税政策的奥运会体育场馆建设进口设备及比赛用消耗品的范围、数量清单由北京冬奥组委汇总后报财政部商有关部门审核确定。

(七)对北京冬奥组委进口的其他特需物资,包括:国际奥委会或国际单项体育组织指定的,国内不能生产或性能不能满足需要的体育器材、医疗检测设备、安全保障设备、交通通讯设备、技术设备,在运动会期间按暂准进口货物规定办理,运动会结束后留用或做变卖处理的,按有关规定办理正式进口手续,并照章缴纳进口税收,其中进口汽车以不低于新车90%的价格估价征税。上述暂准进口的商品范围、数量清单由北京冬奥组委汇总后报财政部商有关部门审核确定。

(八)对北京冬奥组委再销售所获捐赠物品和赛后出让资产取得收入,免征应缴纳的增值税、消费税和土地增值税。免征北京冬奥组委向分支机构划拨所获赞助物资应缴纳的增值税,北京冬奥组委向主管税务机关提供"分支机构"范围的证明文件,办理减免税备案。

(九)对北京冬奥组委使用的营业账簿和签订的各类合同等应税凭证,免征北京冬奥组委应缴纳的印花税。

(十)对北京冬奥组委免征应缴纳的车船税和新购车辆应缴纳的车辆购置税。

(十一)对北京冬奥组委免征应缴纳的企业所得税。

(十二)对北京冬奥组委委托加工生产的高档化妆品免征应缴纳的消费税。

具体管理办法由税务总局另行规定。

(十三)对国际奥委会、国际单项体育组织和其他社会团体等从国外邮寄进口且不流入国内市场的、与北京2022年冬奥会有关的文件、书籍、音像、光盘,在合理数量范围内免征关税和进口环节增值税。合理数量的具体标准由海关总署确定。对奥运会场馆建设所需进口的模型、图纸、图板、电子文件光盘、设计说明及缩印本等规划设计方案,免征关税和进口环节增值税。

(十四)对北京冬奥组委取得的餐饮服务、住宿、租赁、介绍服务和收费卡收入,免征应缴纳的增值税。

(十五)对北京2022年冬奥会场馆及其配套设施建设占用耕地,免征耕地占用税。

(十六)根据中国奥委会、主办城市、国际奥委会签订的《北京2022年冬季奥林匹克运动会主办城市合同》(以下简称《主办城市合同》)规定,北京冬奥组委全面负责和组织举办北京2022年冬残奥会,其取得的北京2022年冬残奥会收入及其发生的涉税支出比照执行北京2022年冬奥会的税收政策。

二、对国际奥委会、中国奥委会、国际残疾人奥林匹克委员会、中国残奥委员会、北京冬奥会测试赛赛事组委会实行以下税收政策

(一)对国际奥委会取得的与北京2022年冬奥会有关的收入免征增值税、消费税、企业所得税。

(二)对国际奥委会、中国奥委会签订的与北京2022年冬奥会有关的各类合同,免征国际奥委会和中国奥委会应缴纳的印花税。

(三)对国际奥委会取得的国际性广播电视组织转来的中国境内电视台购买北京2022年冬奥会转播权款项,免征应缴纳的增值税。

(四)对按中国奥委会、主办城市签订的《联合市场开发计划协议》和中国奥委会、主办城市、国际奥委会签订的《主办城市合同》规定,中国奥委会取得的由北京冬奥组委分期支付的收入、按比例支付的盈余分成收入免征增值税、消费税和企业所得税。

(五)对国际残奥委会取得的与北京2022年冬残奥会有关的收入免征增值税、消费税、企业所得税和印花税。

(六)对中国残奥委会根据《联合市场开发计划协议》取得的由北京冬奥组委分期支付的收入免征增值税、消费税、企业所得税和印花税。

(七)北京冬奥会测试赛赛事组委会取得的收入及发生的涉税支出比照执行北京冬奥组委的税收政策。

三、对北京2022年冬奥会、冬残奥会、测试赛参与者实行以下税收政策

(一)对企业、社会组织和团体赞助、捐赠北京2022年冬奥会、冬残奥会、测试赛的资金、物资、服务支出,在计算企业应纳税所得额时予以全额扣除。

(二)企业根据赞助协议向北京冬奥组委免费提供的与北京2022年冬奥会、冬残奥会、测试赛有关的服务,免征增值税。免税清单由北京冬奥组委报财政部、税务总局确定。

(三)个人捐赠北京2022年冬奥会、冬残奥会、测试赛的资金和物资支出可在计算个人应纳税所得额时予以全额扣除。

(四)对财产所有人将财产(物品)捐赠给北京冬奥组委所书立的产权转移书据免征应缴纳的印花税。

(五)对受北京冬奥组委邀请的,在北京2022年冬奥会、冬残奥会、测试赛期间临时来华,从事奥运相关工作的外籍顾问以及裁判员等外籍技术官员取得的由北京冬奥组委、测试赛赛事组委会支付的劳务报酬免征增值税和个人所得税。

(六)对在北京2022年冬奥会、冬残奥会、测试赛期间裁判员等中方技术官员取得的由北京冬奥组委、测试赛赛事组委会支付的劳务报酬,免征应缴纳的增值税。

(七)对于参赛运动员因北京2022年冬奥会、冬残奥会、测试赛比赛获得的奖金和其他奖赏收入,按现行税收法律法规的有关规定征免应缴纳的个人所得税。

(八)在北京2022年冬奥会场馆(场地)建设、试运营、测试赛及冬奥会及冬残奥会期间,对用于北京2022年冬奥会场馆(场地)建设、运维的水资源,免征应缴纳的水资源税。

(九)免征北京2022年冬奥会、冬残奥会、测试赛参与者向北京冬奥组委无偿提供服务

和无偿转让无形资产的增值税。

四、本通知自发布之日起执行。

5-3-41

财政部　税务总局关于支持小微企业融资有关税收政策的通知

2017年10月26日　财税〔2017〕77号

各省、自治区、直辖市、计划单列市财政厅（局）、国家税务局、地方税务局，新疆生产建设兵团财务局：

为进一步加大对小微企业的支持力度，推动缓解融资难、融资贵，现将有关税收政策通知如下：

一、自2017年12月1日至2019年12月31日，对金融机构向农户、小型企业、微型企业及个体工商户发放小额贷款取得的利息收入，免征增值税。金融机构应将相关免税证明材料留存备查，单独核算符合免税条件的小额贷款利息收入，按现行规定向主管税务机构办理纳税申报；未单独核算的，不得免征增值税。《财政部　税务总局关于延续支持农村金融发展有关税收政策的通知》（财税〔2017〕44号）第一条相应废止。

二、自2018年1月1日至2020年12月31日，对金融机构与小型企业、微型企业签订的借款合同免征印花税。

三、本通知所称农户，是指长期（一年以上）居住在乡镇（不包括城关镇）行政管理区域内的住户，还包括长期居住在城关镇所辖行政村范围内的住户和户口不在本地而在本地居住一年以上的住户，国有农场的职工。位于乡镇（不包括城关镇）行政管理区域内和在城关镇所辖行政村范围内的国有经济的机关、团体、学校、企事业单位的集体户；有本地户口，但举家外出谋生一年以上的住户，无论是否保留承包耕地均不属于农户。农户以户为统计单位，既可以从事农业生产经营，也可以从事非农业生产经营。农户贷款的判定应以贷款发放时的借款人是否属于农户为准。

本通知所称小型企业、微型企业，是指符合《中小企业划型标准规定》（工信部联企业〔2011〕300号）的小型企业和微型企业。其中，资产总额和从业人员指标均以贷款发放时的实际状态确定；营业收入指标以贷款发放前12个自然月的累计数确定，不满12个自然月的，按照以下公式计算：

营业收入（年）＝企业实际存续期间营业收入／企业实际存续月数×12

本通知所称小额贷款，是指单户授信小于100万元（含本数）的农户、小型企业、微型企业或个体工商户贷款；没有授信额度的，是指单户贷款合同金额且贷款余额在100万元（含本数）以下的贷款。

注释:

政策调整。税收优惠政策已经到期的,执行期限延长至2023年12月31日。参见:《财政部 税务总局关于延长部分税收优惠政策执行期限的公告》(财政部 税务总局公告2021年第6号)。

政策调整。于2019年12月31日执行到期的税收优惠政策实施期限延长至2023年12月31日。参见:《财政部 税务总局关于延续实施普惠金融有关税收优惠政策的公告》(财政部 税务总局公告2020年第22号)。

5-3-42

财政部 税务总局关于增值税期末留抵退税有关城市维护建设税 教育费附加和地方教育附加政策的通知

2018年7月27日 财税〔2018〕80号

各省、自治区、直辖市、计划单列市财政厅(局),国家税务总局各省、自治区、直辖市、计划单列市税务局,新疆生产建设兵团财政局:

为保证增值税期末留抵退税政策有效落实,现就留抵退税涉及的城市维护建设税、教育费附加和地方教育附加问题通知如下:

对实行增值税期末留抵退税的纳税人,允许其从城市维护建设税、教育费附加和地方教育附加的计税(征)依据中扣除退还的增值税税额。

本通知自发布之日起施行。

5-3-43

财政部 税务总局 海关总署关于第七届世界军人运动会税收政策的通知

2018年11月5日 财税〔2018〕119号

各省、自治区、直辖市、计划单列市财政厅(局),国家税务总局各省、自治区、直辖市、计划单列市税务局,海关总署广东分署、各直属海关,新疆生产建设兵团财政局:

为支持举办2019年武汉第七届世界军人运动会(以下简称武汉军运会),现就有关税收政策通知如下:

一、对武汉军运会执行委员会(以下简称执委会)实行以下税收政策

(一)对执委会取得的电视转播权销售分成收入、国际军事体育理事会(以下简称国际

军体会)世界赞助计划分成收入(货物和资金),免征应缴纳的增值税。

(二)对执委会市场开发计划取得的国内外赞助收入、转让无形资产(如标志)特许权收入和销售门票收入,免征应缴纳的增值税。

(三)对执委会取得的与中国集邮总公司合作发行纪念邮票收入、与中国人民银行合作发行纪念币收入,免征应缴纳的增值税。

(四)对执委会取得的来源于广播、因特网、电视等媒体收入,免征应缴纳的增值税。

(五)对执委会赛后出让资产取得的收入,免征应缴纳的增值税、土地增值税。

(六)对执委会为举办武汉军运会进口的国际军体会或国际单项体育组织指定的,国内不能生产或性能不能满足需要的直接用于武汉军运会比赛的消耗品,免征关税、进口环节增值税和消费税。享受免税政策的进口比赛用消耗品的范围、数量清单,由执委会汇总后报财政部商有关部门审核确定。

(七)对执委会进口的其他特需物资,包括:国际军体会或国际单项体育组织指定的、我国国内不能生产或性能不能满足需要的体育竞赛器材、医疗检测设备、安全保障设备、交通通讯设备、技术设备,在武汉军运会期间按暂准进口货物规定办理,武汉军运会结束后复运出境的予以核销;留在境内或做变卖处理的,按有关规定办理正式进口手续,并照章缴纳关税、进口环节增值税和消费税。

二、对武汉军运会参与者实行以下税收政策

(一)对参赛运动员因武汉军运会比赛获得的奖金和其他奖赏收入,按现行税收法律法规的有关规定征免应缴纳的个人所得税。

(二)对企事业单位、社会团体和其他组织以及个人通过公益性社会团体或者县级以上人民政府及其部门捐赠武汉军运会的资金、物资支出,在计算企业和个人应纳税所得额时按现行税收法律法规的有关规定予以税前扣除。

(三)对财产所有人将财产(物品)捐赠给执委会所书立的产权转移书据免征应缴纳的印花税。

本通知自发布之日起执行。

注释:

条款失效。第二条第三项自2022年7月1日起失效。参见:《财政部 税务总局关于印花税法实施后有关优惠政策衔接问题的公告》(财政部 税务总局公告2022年第23号)。

5-3-44

财政部 税务总局关于境外
机构投资境内债券市场企业
所得税 增值税政策的通知

2018年11月7日 财税〔2018〕108号

各省、自治区、直辖市、计划单列市财政厅（局），国家税务总局各省、自治区、直辖市、计划单列市税务局，新疆生产建设兵团财政局：

为进一步推动债券市场对外开放，现将有关税收政策通知如下：

自2018年11月7日起至2021年11月6日止，对境外机构投资境内债券市场取得的债券利息收入暂免征收企业所得税和增值税。

上述暂免征收企业所得税的范围不包括境外机构在境内设立的机构、场所取得的与该机构、场所有实际联系的债券利息。

5-3-45

财政部关于贯彻落实支持
脱贫攻坚税收政策的通知

2018年11月8日 财税〔2018〕131号

各省、自治区、直辖市、计划单列市财政厅（局），新疆生产建设兵团财政局，财政部驻各省、自治区、直辖市、计划单列市财政监察专员办事处：

为深入贯彻党的十九大精神和习近平总书记关于扶贫工作的重要论述，认真落实党中央、国务院关于打赢脱贫攻坚战的各项决策部署，进一步做好运用税收政策支持脱贫攻坚工作，现就贯彻落实脱贫攻坚税收支持政策有关事项通知如下：

一、进一步提高政治站位，充分认识运用好税收政策支持打赢脱贫攻坚战的重要性

党的十八大以来，以习近平同志为核心的党中央作出坚决打赢脱贫攻坚战的决定，推动脱贫攻坚战取得决定性进展。党的十九大提出将精准脱贫作为全面建成小康社会的三大攻坚战之一，对如期全面建成小康社会，实现第一个一百年奋斗目标具有十分重要的意义。财政作为国家治理的基础和重要支柱，在打赢脱贫攻坚战中肩负重要职责。

各级财政部门要深入学习领会习近平总书记关于脱贫攻坚的新理念新思想新战略，把思想和行动统一到党中央、国务院的决策部署上来，进一步提高对打赢脱贫攻坚战的重要性和紧迫性的认识，坚定"两个维护"、强化"四个意识"，切实增强政治责任感和工作主动性，把充分运用好税收政策支持打赢脱贫攻坚战，作为财政系统一项重大工作任务，为打赢

脱贫攻坚战作出积极贡献。

二、广泛动员宣传，认真落实支持脱贫攻坚各项税收政策

支持脱贫攻坚税收政策内容丰富，涉及增值税、企业所得税等主体税种和其他税种。既有鼓励扶贫捐赠、支持金融扶贫、促进贫困地区发展、扶持贫困群众就业创业等针对性强的税收政策，又有促进"三农"发展、推动普惠金融发展、鼓励中小企业发展等普适性的税收政策（见附件）。

各级财政部门要创新宣传方式、加大宣传力度，通过机关网站、微信、微博、移动客户端、印发宣传资料等多种媒介渠道，加强对支持脱贫攻坚税收政策的宣传辅导和讲解。加强对财政干部和企业财务人员的培训，帮助其熟悉政策内容，加强与税务部门衔接，努力提高帮助贫困地区群众和企业用足用好税收优惠政策意识和能力。

三、加强调查研究，及时研究解决新情况新问题

打赢脱贫攻坚战，各地面临的情况千差万别。各级财政部门要加强调查研究，密切跟踪税收政策执行情况，及时解决政策落地过程中出现的困难和问题。要广泛听取意见，深入一线了解掌握税收政策执行效果，收集反馈政策落实情况和群众反映的突出问题及意见建议。要结合当地脱贫攻坚实际情况，按照税收法律、法规规定的权限，积极研究拟订针对性强的支持脱贫攻坚税收优惠政策和落实措施，提出管用好用的意见和建议。

四、加强督查评估，确保税收政策切实发挥作用

各级财政部门要加强督促检查，坚决打通税收助力脱贫攻坚的"中梗阻"、"最后一公里"，不折不扣落实好支持脱贫攻坚税收政策，确保贫困地区群众和企业切实享受到税收政策红利。要加强税收优惠政策评估，结合当地实际，组织力量或委托第三方等多种方式，对税收政策支持贫困地区经济发展和贫困群众脱贫的实施情况和激励效果进行深入分析评估，有关重大情况要报财政部。

附件：现行支持脱贫攻坚税收政策相关文件目录

附件

现行支持脱贫攻坚税收政策相关文件目录

序号	标题	文号
1	《财政部　税务总局关于中国邮政储蓄银行三农金融事业部涉农贷款增值税政策的通知》	财税〔2018〕97号
2	《财政部　税务总局关于金融机构小微企业贷款利息收入免征增值税政策的通知》	财税〔2018〕91号
3	《财政部　税务总局关于支持小微企业融资有关税收政策的通知》	财税〔2017〕77号
4	《财政部　税务总局关于延续小微企业增值税政策的通知》	财税〔2017〕76号
5	《财政部　税务总局　人力资源社会保障部关于继续实施支持和促进重点群体创业就业有关税收政策的通知》	财税〔2017〕49号
6	《财政部　税务总局关于小额贷款公司有关税收政策的通知》	财税〔2017〕48号
7	《财政部　税务总局关于继续执行新疆国际大巴扎项目增值税政策的通知》	财税〔2017〕36号
8	《财政部　国家税务总局关于延长边销茶增值税政策执行期限的通知》	财税〔2016〕73号

续表

序号	标题	文号
9	《财政部　国家税务总局关于进一步明确全面推开营改增试点金融业有关政策的通知》	财税〔2016〕46号
10	《财政部　国家税务总局关于扩大农产品增值税进项税额核定扣除试点行业范围的通知》	财税〔2013〕57号
11	《财政部　国家税务总局关于暂免征收部分小微企业增值税和营业税的通知》	财税〔2013〕52号
12	《财政部　国家税务总局关于免征部分鲜活肉蛋产品流通环节增值税政策的通知》	财税〔2012〕75号
13	《财政部　国家税务总局关于在部分行业试行农产品增值税进项税额核定扣除办法的通知》	财税〔2012〕38号
14	《财政部　国家税务总局关于免征蔬菜流通环节增值税有关问题的通知》	财税〔2011〕137号
15	《财政部　国家税务总局关于继续执行边销茶增值税政策的通知》	财税〔2011〕89号
16	《财政部　国家税务总局关于部分货物适用增值税低税率和简易办法征收增值税政策的通知》	财税〔2009〕9号
17	《财政部　国家税务总局关于农民专业合作社有关税收政策的通知》	财税〔2008〕81号
18	《财政部　国家税务总局关于有机肥产品免征增值税的通知》	财税〔2008〕56号
19	《财政部　国家税务总局关于免征滴灌带和滴灌管产品增值税的通知》	财税〔2007〕83号
20	《财政部　国家税务总局关于若干农业生产资料征免增值税政策的通知》	财税〔2001〕113号
21	《财政部　国家税务总局关于免征农村电网维护费增值税问题的通知》	财税字〔1998〕47号
22	《财政部　国家税务总局关于印发〈农业产品征税范围注释〉的通知》	财税字〔1995〕52号
23	《财政部　税务总局关于进一步扩大小型微利企业所得税优惠政策范围的通知》	财税〔2018〕77号
24	《财政部　税务总局关于公益性捐赠支出企业所得税税前结转扣除有关政策的通知》	财税〔2018〕15号
25	《财政部　税务总局关于延续支持农村金融发展有关税收政策的通知》	财税〔2017〕44号
26	《财政部　税务总局关于中小企业融资（信用）担保机构有关准备金企业所得税税前扣除政策的通知》	财税〔2017〕22号
27	《财政部　国家税务总局　国家发展改革委　工业和信息化部关于完善新疆困难地区重点鼓励发展产业企业所得税优惠目录的通知》	财税〔2016〕85号
28	《财政部　国家税务总局关于金融企业贷款损失准备金企业所得税税前扣除有关政策的通知》	财税〔2015〕9号
29	《财政部　国家税务总局关于金融企业涉农贷款和中小企业贷款损失准备金税前扣除有关问题的通知》	财税〔2015〕3号
30	《财政部　国家税务总局关于公共基础设施项目享受企业所得税优惠政策问题的补充通知》	财税〔2014〕55号
31	《财政部　海关总署　国家税务总局关于赣州市执行西部大开发税收政策问题的通知》	财税〔2013〕4号
32	《财政部　国家税务总局关于公共基础设施项目和环境保护　节能节水项目企业所得税优惠政策问题的通知》	财税〔2012〕10号
33	《财政部　国家税务总局关于新疆喀什　霍尔果斯两个特殊经济开发区企业所得税优惠政策的通知》	财税〔2011〕112号
34	《财政部　海关总署　国家税务总局关于深入实施西部大开发战略有关税收政策问题的通知》	财税〔2011〕58号
35	《财政部　国家税务总局关于新疆困难地区新办企业所得税优惠政策的通知》	财税〔2011〕53号
36	《财政部　国家税务总局关于享受企业所得税优惠的农产品初加工有关范围的补充通知》	财税〔2011〕26号

续表

序号	标题	文号
37	《财政部　国家税务总局　民政部关于公益性捐赠税前扣除有关问题的补充通知》	财税〔2010〕45号
38	《财政部　国家税务总局　国家发展改革委关于公布环境保护、节能节水项目企业所得税优惠目录(试行)的通知》	财税〔2009〕166号
39	《财政部　国家税务总局关于通过公益性群众团体的公益性捐赠税前扣除有关问题的通知》	财税〔2009〕124号
40	《财政部　国家税务总局　民政部关于公益性捐赠税前扣除有关问题的通知》	财税〔2008〕160号
41	《财政部　国家税务总局关于发布享受企业所得税优惠政策的农产品初加工范围(试行)的通知》	财税〔2008〕149号
42	《财政部　国家税务总局　国家发展改革委关于公布公共基础设施项目企业所得税优惠目录(2008年版)的通知》	财税〔2008〕116号
43	《财政部　国家税务总局关于个人独资企业和合伙企业投资者取得种植业　养殖业　饲养业　捕捞业所得有关个人所得税问题的批复》	财税〔2010〕96号
44	《财政部　国家税务总局关于农村税费改革试点地区有关个人所得税问题的通知》	财税〔2004〕30号
45	《财政部　税务总局关于支持农村集体产权制度改革有关税收政策的通知》	财税〔2017〕55号
46	《财政部　国家税务总局关于继续实行农村饮水安全工程建设运营税收优惠政策的通知》	财税〔2016〕19号
47	《财政部　国家税务总局关于继续实行农产品批发市场　农贸市场房产税　城镇土地使用税优惠政策的通知》	财税〔2016〕1号
48	《财政部　国家税务总局关于农用三轮车免征车辆购置税的通知》	财税〔2004〕66号

5-3-46

国家税务总局关于实施进一步支持和服务民营经济发展若干措施的通知

2018年11月16日　税总发〔2018〕174号

国家税务总局各省、自治区、直辖市和计划单列市税务局，国家税务总局驻各地特派员办事处，局内各单位：

党中央、国务院高度重视民营经济发展。习近平总书记在最近召开的民营企业座谈会上发表了十分重要的讲话，对支持民营企业发展并走向更加广阔舞台作出重要指示，为税收工作更好地服务民营经济发展提出了明确要求、提供了根本遵循。近年来，税务部门认真落实党中央、国务院决策部署，在积极推动民营经济发展壮大方面发挥了应有作用。为深入贯彻落实习近平总书记重要讲话精神，切实履行好税务部门职责，现就进一步支持和服务民营经济发展提出如下措施：

一、认真落实和完善政策，促进民营企业减税降负

（一）不折不扣落实税收优惠政策。各级税务机关要坚决贯彻依法征税的组织收入原则，坚决不收"过头税"，坚决落实减免税政策。对符合享受税收优惠政策条件的民营企业与其他纳税人一律平等对待，确保优惠政策落实到位。要依法依规执行好小微企业免征增

值税、小型微利企业减半征收企业所得税、金融机构向小微企业提供贷款的利息收入及担保机构向中小企业提供信用担保收入免征增值税等主要惠及民营企业的优惠政策,持续加大政策落实力度,确保民营企业应享尽享。

(二)稳定社会保险费缴费方式。税务总局要积极配合有关部门研究提出降低社保费率等建议,确保总体上不增加企业负担,确保企业社保缴费实际负担有实质性下降。各级税务机关在社保费征管机制改革过程中,要确保缴费方式稳定,积极配合有关部门合理编制体现减费要求的社保费收入预算,严格按照人大审议通过的预算负责征收。对包括民营企业在内的缴费人以前年度欠费,一律不得自行组织开展集中清缴。

(三)积极研究提出减税政策建议。税务总局要配合有关部门抓紧研究提出推进增值税等实质性减税、对小微企业和科技型初创企业实施普惠性税收免除的建议,统筹提出解决税制改革和推进过程中发现问题的建议;要根据公开征求意见情况,配合有关部门抓紧对个人所得税6项专项附加扣除的政策进行完善。各省税务局要围绕进一步加大减税力度,深入组织开展调查研究,积极提出有针对性、切实可行的意见建议。

(四)加强税收政策宣传辅导。各级税务机关要充分运用纳税人学堂等载体,专门组织开展面向民营企业的政策辅导。对面上普遍适用的政策要进行系统辅导,对重要专项政策要进行专题辅导,对持续经营的民营企业要及时开展政策更新辅导,对新开办的民营企业要及时送政策上门,帮助企业及时了解、充分适用。税务总局要持续做好税收政策文件清理和税收政策视频解读,动态编写、修订和发布《税收优惠政策汇编》及分类别的税收优惠指引,并在12366纳税服务平台开辟税收优惠政策专题栏目,帮助包括民营企业在内的广大纳税人熟悉掌握、用足用好相关优惠政策。

(五)强化税收政策执行情况反馈。税务总局和各省税务局要进一步健全和落实税收政策执行情况反馈机制。各基层税务机关要充分发挥直接面对纳税人的优势,深入民营企业征询意见并及时反馈,特别是对操作性不强、获益面受限等政策,要积极研究提出简明易行好操作的改进完善建议。

二、持续优化营商环境,增进民营企业办税便利

(六)开展新一轮大调研大走访活动。结合国税地税征管体制改革,深入开展"新机构 新服务 新形象"活动。在前期工作基础上,税务总局再组织开展新一轮针对民营企业的大调研、大走访活动,深入民营企业广泛收集涉税诉求,听取意见建议并认真梳理分析,对反映较多的问题,统一出台措施进行解决,推动税收管理和服务朝着更贴近民营企业需求、更顺应民营企业关切的方向不断优化升级。

(七)精简压缩办税资料。进一步清理税务证明事项和精简涉税资料报送。2018年底前,税务总局再取消20项涉税证明事项。2019年,对民营企业等纳税人向税务机关报送的资料再精简25%以上;简并优化增值税、消费税等纳税申报表,并推进实施增值税申报"一表集成"、消费税"一键申报"。

(八)拓宽一次办结事项。各级税务机关要持续更新办税事项"最多跑一次"清单。2018年底前,实现50%以上涉税事项一次办结;2019年底前,实现70%以上涉税事项一次办结。

(九)大幅简化办税程序。探索推行纳税申报"提醒纠错制"。在税务注销等环节推行

"承诺制"容缺办理,凡符合条件的民营企业等纳税人,如相关资料不全,可在其作出承诺后,即时办理相关业务。简化税务注销办理流程,税务总局配合有关部门编制和公布统一的企业注销操作指南。

(十)继续压缩办税时间。按照世界银行《营商环境报告》的纳税时间标准,在上年度已较大幅度压缩的基础上,2018年再压缩10%以上,并持续推进为民营企业等纳税人办理涉税事项的提速工作。2018年底前,实现无纸化出口退税申报覆盖所有地域和所有信用评级高、纳税记录良好的一类、二类出口企业,将审核办理出口退税的平均时间从目前13个工作日压缩至10个工作日。

(十一)积极推进电子办税和多元化缴退库。整合各地面向纳税人的网上办税服务厅,2018年底前,推出实施全国范围规范统一的优化版电子税务局,实现界面标准统一、业务标准统一、数据标准统一、财务报表转换等关键创新事项统一的优化版电子税务局,进一步拓展"一网通办"的范围。丰富多元化缴退库方式,税务总局积极研究推动通过第三方非银行支付机构缴纳税费,为从事个体经营的民营纳税人办理缴款提供便利;尽快推进税收电子退库全联网、全覆盖,实现申报、证明办理、核准、退库等业务网上办理,提高资金退付和使用效率,增强民营企业等纳税人的资金流动性。加强税收信息系统整合优化工作,进一步提高信息系统的稳定性和办税服务质效。

(十二)大力支持民营企业"走出去"。进一步落实好与110个国家和地区签署的税收协定,积极与主要投资地国家和地区开展税收协定谈签,通过税收协定帮助"走出去"民营企业降低在投资目的地国家和地区的税收负担,提高税收争议解决质效,避免重复征税。充分运用好国际税收合作机制和平台,深入推进"一带一路"税收合作长效机制建设,为民营企业扩大在沿线国家和地区投资提供有力支持。税务总局适时更新完善《"走出去"企业税收指引》,在目前已发布81份国别税收投资指南的基础上,2018年底前,再更新和发布20份左右,基本覆盖"一带一路"重点国家和地区。各地税务机关要积极帮助"走出去"民营企业利用税收协定、国际税收合作机制维护自身合法权益,用好委托境外研发费用企业所得税加计扣除、企业境外所得税综合抵免等政策,切实减轻税收负担。

三、积极开展精准帮扶,助力民营企业纾困解难

(十三)健全与民营企业常态化沟通机制。各级税务机关要会同工商联和协会商会等部门,进一步扩展税企双方沟通渠道和平台。要经常性通过召开座谈会等方式,面对面征询民营企业意见,及时回应关切。税务总局通过12366纳税服务热线、12366纳税服务平台等渠道在全国范围组织开展民营企业需求专项调查。

(十四)建立中小企业跨区域涉税诉求受理和解决机制。在税务总局和省税务局明确专门部门,组织专门力量,集中受理和协调解决中小企业在生产经营过程中遇到的跨区域税收执法标准不统一、政策执行口径不一致等问题。

(十五)依法为经营困难的民营企业办理延期缴纳税款。各级税务机关对生产经营困难、纳税信用良好的民营企业,要进一步研究针对性、操作性强的税收帮扶措施,并积极推动纳入地方政府的统筹安排中,帮助其实现更好发展。对确有特殊困难而不能按期缴纳税款的民营企业,税务机关要通过依法办理税款延期缴纳等方式,积极帮助企业缓解资金压力。

（十六）切实保障纳税人正常经营的发票需求。根据纳税人实际经营情况，合理确定增值税发票领用数量和最高开票限额，切实保障民营企业正常生产经营所需发票，严禁在发票领用中对民营企业设置不合理限制。进一步推行电子发票。持续扩大小规模纳税人自行开具增值税专用发票范围。对民营企业增值税异常扣税凭证要依法依规进行认定和处理，除税收征管法规定的情形外，不得停供发票。

（十七）深化"银税互动"助力民营企业便利融资。各级税务机关要联合银保监部门和银行业金融机构，进一步深入开展"银税互动"活动，并由"线下"向"线上"拓展，鼓励和推动银行依托纳税信用创新信贷产品，深化税务、银行信息互通，缓解小微民营企业融资难题。

（十八）积极支持新经济、新业态、新模式发展。各级税务机关要坚持包容审慎监管的原则，积极培育民营企业新兴经济增长点，大力支持企业做大做优做强。切实执行好跨境电商零售出口"无票免税"政策，落实鼓励外贸综合服务企业发展的措施，积极支持市场采购贸易方式发展，不断研究完善适应新经济、新业态、新模式发展要求的税收政策、管理和服务措施，助力民营企业增强创新能力和核心竞争力。

四、严格规范税收执法，保障民营企业合法权益

（十九）加强税收规范性文件的公平竞争审查。制定税收规范性文件要充分评估可能产生的经济、社会等各方面综合影响，对违反公平竞争审查要求、可能不利于民营企业发展的，应调整完善或不予出台。各级税务机关在税收规范性文件清理中，对有违市场公平竞争的内容，要一律修改或废止。

（二十）进一步规范税务检查。各级税务机关在实施税务检查中，必须做到民营企业与其他企业一视同仁，坚持"无风险不检查、无审批不进户、无违法不停票"。对正常生产经营的企业要少打扰乃至不打扰，避免因为不当征税导致正常运行的企业停摆。除举报等违法线索明显的案件外，一律运用税收大数据开展评估分析发现税收风险后，采取税务检查措施。对涉税事项需要到企业实地了解核查的，必须严格履行审批程序。

（二十一）妥善处理依法征管和支持企业发展的关系。以最严格的标准防范逃避税，为守法经营的民营企业等纳税人营造公平竞争的环境。不断健全以税收风险为导向、以"双随机一公开"为基本方式的新型稽查监管机制。坚决依法打击恶意偷逃税特别是没有实际经营业务只为虚开发票的"假企业"和没有实际出口只为骗取出口退税的"假出口"。严格落实行政处罚法有关规定，对民营企业等纳税人有主动消除或者减轻违法行为危害后果等情形的，依法从轻或者减轻行政处罚；对违法行为轻微并及时纠正，没有造成危害后果的，依法不予行政处罚。

（二十二）充分保障民营企业法律救济权利。抓紧研究建立纳税人诉求和意见受理快速反应机制。税务总局在12366纳税服务热线设立专线，受理民营企业纳税人的税收法律咨询、投诉举报等。各级税务机关对民营企业反映的执法问题、提出的行政复议申请要积极依法受理、及时办理。对民营企业因经营困难一时无力缴清税款、滞纳金或无法提供担保等原因，不符合行政复议受理条件的，复议机关在依法处理的同时，要甄别情况，发现主管税务机关税收执法行为确有错误的，应及时督促其依法纠正。

（二十三）加强税收执法监督。全面推行税务行政执法公示制度、税收执法全过程记录

制度、重大税收执法决定法制审核制度。统筹加大税收执法督察力度,强化执法责任追究,坚决查处税务人员简单粗暴执法、任性任意执法、选择执法、情绪执法等行为,坚决查处税务人员吃拿卡要等损害民营企业等纳税人利益的不正之风。

五、切实加强组织实施,确保各项措施落实见效

(二十四)加强党的领导。各级税务机关党委要高度重视支持和服务民营经济发展工作。党委书记是第一责任人,要亲自组织、亲自部署、亲自过问,统筹研究工作安排并认真抓好督导落实。各级税务机关党委在年度工作报告中,要专门就支持和服务民营经济发展工作情况进行报告,认真总结经验和不足,自觉接受评议和监督,促进工作不断改进、不断提高。

(二十五)细化工作落实。税务总局办公厅要加强对各项措施落实情况的督办,并纳入绩效考核;各司局要结合分管工作,明确责任分工,一项一项组织实施,对标对表加以推进,确保按时保质落实到位。各省税务局要结合自身实际,进一步细化实化支持和服务民营经济发展的具体办法,层层压实责任,一级一级抓好贯彻落实。特别是在地方党委、政府制定出台支持民营经济发展的措施时,要积极承担应尽职责,根据当地民营经济发展状况和需求,主动依法提出税收支持措施,不断创新工作方法,拓展服务手段,增强工作的针对性。

(二十六)务求实效长效。支持和服务民营经济发展是一项长期任务。各级税务机关务必常抓不懈,融入日常工作常抓常新、常抓常进。在落实已有措施的基础上,要不断谋划和推出新的举措;在取得积极效果的基础上,要不断深化和拓展新的成效;在积累有益经验的基础上,要不断完善和丰富新的制度安排,确保支持和服务民营经济发展有实招、显实效、见长效。

各级税务机关要以习近平新时代中国特色社会主义思想为指导,从讲政治的高度,坚定不移强化责任担当,不折不扣抓好工作落实,以助力民营企业发展壮大的积极成效,促进经济活力不断增强和现代化经济体系建设深入推进,为服务高质量发展作出新的贡献。工作中的经验做法和意见建议,要及时向税务总局(政策法规司)报告。

5-3-47

财政部　国家税务总局关于易地扶贫搬迁税收优惠政策的通知

2018年11月29日　财税〔2018〕135号

各省、自治区、直辖市、计划单列市财政厅(局),国家税务总局各省、自治区、直辖市、计划单列市税务局,新疆生产建设兵团财政局:

为贯彻落实《中共中央　国务院关于打赢脱贫攻坚战三年行动的指导意见》,助推易地扶贫搬迁工作,现将易地扶贫搬迁有关税收优惠政策通知如下:

一、关于易地扶贫搬迁贫困人口税收政策

(一)对易地扶贫搬迁贫困人口按规定取得的住房建设补助资金、拆旧复垦奖励资金等

与易地扶贫搬迁相关的货币化补偿和易地扶贫搬迁安置住房（以下简称安置住房），免征个人所得税。

（二）对易地扶贫搬迁贫困人口按规定取得的安置住房，免征契税。

二、关于易地扶贫搬迁安置住房税收政策

（一）对易地扶贫搬迁项目实施主体（以下简称项目实施主体）取得用于建设安置住房的土地，免征契税、印花税。

（二）对安置住房建设和分配过程中应由项目实施主体、项目单位缴纳的印花税，予以免征。

（三）对安置住房用地，免征城镇土地使用税。

（四）在商品住房等开发项目中配套建设安置住房的，按安置住房建筑面积占总建筑面积的比例，计算应予免征的安置住房用地相关的契税、城镇土地使用税，以及项目实施主体、项目单位相关的印花税。

（五）对项目实施主体购买商品住房或者回购保障性住房作为安置住房房源的，免征契税、印花税。

三、其他相关事项

（一）易地扶贫搬迁项目、项目实施主体、易地扶贫搬迁贫困人口、相关安置住房等信息由易地扶贫搬迁工作主管部门确定。县级易地扶贫搬迁工作主管部门应当将上述信息及时提供给同级税务部门。

（二）本通知执行期限为2018年1月1日至2020年12月31日。自执行之日起的已征税款，除以贴花方式缴纳的印花税外，依申请予以退税。

注释：

政策调整。税收优惠政策执行期限延长至2025年12月31日。参见：《财政部 税务总局关于延长部分税收优惠政策执行期限的公告》（财政部 税务总局公告2021年第6号）。

5-3-48

财政部 税务总局 退役军人部关于进一步扶持自主就业退役士兵创业就业有关税收政策的通知

2019年2月2日 财税〔2019〕21号

各省、自治区、直辖市、计划单列市财政厅（局）、退役军人事务厅（局），国家税务总局各省、自治区、直辖市、计划单列市税务局，新疆生产建设兵团财政局：

为进一步扶持自主就业退役士兵创业就业，现将有关税收政策通知如下：

一、自主就业退役士兵从事个体经营的，自办理个体工商户登记当月起，在3年（36个月，下同）内按每户每年12000元为限额依次扣减其当年实际应缴纳的增值税、城市维护建设税、教育费附加、地方教育附加和个人所得税。限额标准最高可上浮20%，各省、自治区、直辖市人民政府可根据本地区实际情况在此幅度内确定具体限额标准。

纳税人年度应缴纳税款小于上述扣减限额的，减免税额以其实际缴纳的税款为限；大于上述扣减限额的，以上述扣减限额为限。纳税人的实际经营期不足1年的，应当按月换算其减免税限额。换算公式为：减免税限额＝年度减免税限额÷12×实际经营月数。城市维护建设税、教育费附加、地方教育附加的计税依据是享受本项税收优惠政策前的增值税应纳税额。

二、企业招用自主就业退役士兵，与其签订1年以上期限劳动合同并依法缴纳社会保险费的，自签订劳动合同并缴纳社会保险当月起，在3年内按实际招用人数予以定额依次扣减增值税、城市维护建设税、教育费附加、地方教育附加和企业所得税优惠。定额标准为每人每年6000元，最高可上浮50%，各省、自治区、直辖市人民政府可根据本地区实际情况在此幅度内确定具体定额标准。

企业按招用人数和签订的劳动合同时间核算企业减免税总额，在核算减免税总额内每月依次扣减增值税、城市维护建设税、教育费附加和地方教育附加。企业实际应缴纳的增值税、城市维护建设税、教育费附加和地方教育附加小于核算减免税总额的，以实际应缴纳的增值税、城市维护建设税、教育费附加和地方教育附加为限；实际应缴纳的增值税、城市维护建设税、教育费附加和地方教育附加大于核算减免税总额的，以核算减免税总额为限。

纳税年度终了，如果企业实际减免的增值税、城市维护建设税、教育费附加和地方教育附加小于核算减免税总额，企业在企业所得税汇算清缴时以差额部分扣减企业所得税。当年扣减不完的，不再结转以后年度扣减。

自主就业退役士兵在企业工作不满1年的，应当按月换算减免税限额。计算公式为：企业核算减免税总额＝Σ每名自主就业退役士兵本年度在本单位工作月份÷12×具体定额标准。

城市维护建设税、教育费附加、地方教育附加的计税依据是享受本项税收优惠政策前的增值税应纳税额。

三、本通知所称自主就业退役士兵是指依照《退役士兵安置条例》（国务院　中央军委令第608号）的规定退出现役并按自主就业方式安置的退役士兵。

本通知所称企业是指属于增值税纳税人或企业所得税纳税人的企业等单位。

四、自主就业退役士兵从事个体经营的，在享受税收优惠政策进行纳税申报时，注明其退役军人身份，并将《中国人民解放军义务兵退出现役证》《中国人民解放军士官退出现役证》或《中国人民武装警察部队义务兵退出现役证》《中国人民武装警察部队士官退出现役证》留存备查。

企业招用自主就业退役士兵享受税收优惠政策的，将以下资料留存备查：1. 招用自主就业退役士兵的《中国人民解放军义务兵退出现役证》《中国人民解放军士官退出现役证》或《中国人民武装警察部队义务兵退出现役证》《中国人民武装警察部队士官退出现役证》；2. 企业与招用自主就业退役士兵签订的劳动合同（副本），为职工缴纳的社会保险费记录；3. 自主就业退役士兵本年度在企业工作时间表（见附件）。

五、企业招用自主就业退役士兵既可以适用本通知规定的税收优惠政策，又可以适用其他扶持就业专项税收优惠政策的,企业可以选择适用最优惠的政策,但不得重复享受。

六、本通知规定的税收政策执行期限为2019年1月1日至2021年12月31日。纳税人在2021年12月31日享受本通知规定税收优惠政策未满3年的,可继续享受至3年期满为止。《财政部 税务总局 民政部关于继续实施扶持自主就业退役士兵创业就业有关税收政策的通知》(财税〔2017〕46号)自2019年1月1日起停止执行。

退役士兵以前年度已享受退役士兵创业就业税收优惠政策满3年的,不得再享受本通知规定的税收优惠政策;以前年度享受退役士兵创业就业税收优惠政策未满3年且符合本通知规定条件的,可按本通知规定享受优惠至3年期满。

各地财政、税务、退役军人事务部门要加强领导、周密部署,把扶持自主就业退役士兵创业就业工作作为一项重要任务,主动做好政策宣传和解释工作,加强部门间的协调配合,确保政策落实到位。同时,要密切关注税收政策的执行情况,对发现的问题及时逐级向财政部、税务总局、退役军人部反映。

附件:自主就业退役士兵本年度在企业工作时间表(样表)(编者略)

注释:

政策调整。税收优惠政策执行期限延长至2023年12月31日。参见:《财政部 税务总局关于延长部分税收优惠政策执行期限的公告》(财政部 税务总局公告2022年第4号)。

5-3-49

财政部 税务总局 人力资源社会保障部 国务院扶贫办关于进一步支持和促进重点群体创业就业有关税收政策的通知

2019年2月2日 财税〔2019〕22号

各省、自治区、直辖市、计划单列市财政厅(局)、人力资源社会保障厅(局)、扶贫办,国家税务总局各省、自治区、直辖市、计划单列市税务局,新疆生产建设兵团财政局、人力资源社会保障局、扶贫办:

为进一步支持和促进重点群体创业就业,现将有关税收政策通知如下:

一、建档立卡贫困人口、持《就业创业证》(注明"自主创业税收政策"或"毕业年度内自主创业税收政策")或《就业失业登记证》(注明"自主创业税收政策")的人员,从事个体经营的,自办理个体工商户登记当月起,在3年(36个月,下同)内按每户每年12000元为限额依次扣减其当年实际应缴纳的增值税、城市维护建设税、教育费附加、地方教育附加和个人所得税。限额标准最高可上浮20%,各省、自治区、直辖市人民政府可根据本地区实际情况在此幅度内确定具体限额标准。

纳税人年度应缴纳税款小于上述扣减限额的,减免税额以其实际缴纳的税款为限;大于上述扣减限额的,以上述扣减限额为限。

上述人员具体包括:1. 纳入全国扶贫开发信息系统的建档立卡贫困人口;2. 在人力资源社会保障部门公共就业服务机构登记失业半年以上的人员;3. 零就业家庭、享受城市居民最低生活保障家庭劳动年龄内的登记失业人员;4. 毕业年度内高校毕业生。高校毕业生是指实施高等学历教育的普通高等学校、成人高等学校应届毕业的学生;毕业年度是指毕业所在自然年,即1月1日至12月31日。

二、企业招用建档立卡贫困人口,以及在人力资源社会保障部门公共就业服务机构登记失业半年以上且持《就业创业证》或《就业失业登记证》(注明"企业吸纳税收政策")的人员,与其签订1年以上期限劳动合同并依法缴纳社会保险费的,自签订劳动合同并缴纳社会保险当月起,在3年内按实际招用人数予以定额依次扣减增值税、城市维护建设税、教育费附加、地方教育附加和企业所得税优惠。定额标准为每人每年6000元,最高可上浮30%,各省、自治区、直辖市人民政府可根据本地区实际情况在此幅度内确定具体定额标准。城市维护建设税、教育费附加、地方教育附加的计税依据是享受本项税收优惠政策前的增值税应纳税额。

按上述标准计算的税收扣减额应在企业当年实际应缴纳的增值税、城市维护建设税、教育费附加、地方教育附加和企业所得税税额中扣减,当年扣减不完的,不得结转下年使用。

本通知所称企业是指属于增值税纳税人或企业所得税纳税人的企业等单位。

三、国务院扶贫办在每年1月15日前将建档立卡贫困人口名单及相关信息提供给人力资源社会保障部、税务总局,税务总局将相关信息转发给各省、自治区、直辖市税务部门。人力资源社会保障部门依托全国扶贫开发信息系统核实建档立卡贫困人口身份信息。

四、企业招用就业人员既可以适用本通知规定的税收优惠政策,又可以适用其他扶持就业专项税收优惠政策的,企业可以选择适用最优惠的政策,但不得重复享受。

五、本通知规定的税收政策执行期限为2019年1月1日至2021年12月31日。纳税人在2021年12月31日享受本通知规定税收优惠政策未满3年的,可继续享受至3年期满为止。《财政部 税务总局 人力资源社会保障部关于继续实施支持和促进重点群体创业就业有关税收政策的通知》(财税〔2017〕49号)自2019年1月1日起停止执行。

本通知所述人员,以前年度已享受重点群体创业就业税收优惠政策满3年的,不得再享受本通知规定的税收优惠政策;以前年度享受重点群体创业就业税收优惠政策未满3年且符合本通知规定条件的,可按本通知规定享受优惠至3年期满。

各地财政、税务、人力资源社会保障部门、扶贫办要加强领导、周密部署,把大力支持和促进重点群体创业就业工作作为一项重要任务,主动做好政策宣传和解释工作,加强部门间的协调配合,确保政策落实到位。同时,要密切关注税收政策的执行情况,对发现的问题及时逐级向财政部、税务总局、人力资源社会保障部、国务院扶贫办反映。

注释:

政策调整。税收优惠政策执行期限延长至2025年12月31日。参见:《财政部 税务总局 人力资源社会保障部 国家乡村振兴局关于延长部分扶贫税收优惠政策执行期限的公告》(财政部　税务总局　人力资源社会保障部　国家乡村振兴局公告2021年第18号)。

5-3-50

国家税务总局　人力资源社会保障部　国务院扶贫办　教育部关于实施支持和促进重点群体创业就业有关税收政策具体操作问题的公告

2019年2月26日　国家税务总局公告2019年第10号

为贯彻落实《财政部　税务总局　人力资源社会保障部　国务院扶贫办关于进一步支持和促进重点群体创业就业有关税收政策的通知》(财税〔2019〕22号)精神,现就具体操作问题公告如下:

一、重点群体个体经营税收政策

(一)申请

1. 建档立卡贫困人口从事个体经营的,向主管税务机关申报纳税时享受优惠。

2. 登记失业半年以上的人员,零就业家庭、享受城市居民最低生活保障家庭劳动年龄的登记失业人员,以及毕业年度内高校毕业生,可持《就业创业证》(或《就业失业登记证》,下同)、个体工商户登记执照(未完成"两证整合"的还须持《税务登记证》)向创业地县以上(含县级,下同)人力资源社会保障部门提出申请。县以上人力资源社会保障部门应当按照财税〔2019〕22号文件的规定,核实其是否享受过重点群体创业就业税收优惠政策。对符合财税〔2019〕22号文件规定条件的人员在《就业创业证》上注明"自主创业税收政策"或"毕业年度内自主创业税收政策"。

(二)税款减免顺序及额度

重点群体从事个体经营的,按照财税〔2019〕22号文件第一条的规定,在年度减免税限额内,依次扣减增值税、城市维护建设税、教育费附加、地方教育附加和个人所得税。城市维护建设税、教育费附加、地方教育附加的计税依据是享受本项税收优惠政策前的增值税应纳税额。

纳税人的实际经营期不足1年的,应当以实际月数换算其减免税限额。换算公式为:减免税限额=年度减免税限额÷12×实际经营月数。

纳税人实际应缴纳的增值税、城市维护建设税、教育费附加、地方教育附加和个人所得税小于减免税限额的,以实际应缴纳的增值税、城市维护建设税、教育费附加、地方教育附加和个人所得税税额为限;实际应缴纳的增值税、城市维护建设税、教育费附加、地方教育附加和个人所得税大于减免税限额的,以减免税限额为限。

(三)税收减免管理

登记失业半年以上的人员,零就业家庭、城市低保家庭的登记失业人员,以及毕业年度内高校毕业生享受本项税收优惠的,由其留存《就业创业证》(注明"自主创业税收政策"或"毕业年度内自主创业税收政策")备查,建档立卡贫困人口无需留存资料备查。

二、企业招用重点群体税收政策

(一)申请

享受招用重点群体就业税收优惠政策的企业,持下列材料向县以上人力资源社会保障部门递交申请:

1. 招用人员持有的《就业创业证》(建档立卡贫困人口不需提供)。

2. 企业与招用重点群体签订的劳动合同(副本),企业依法为重点群体缴纳的社会保险记录。通过内部信息共享、数据比对等方式审核的地方,可不再要求企业提供缴纳社会保险记录。

县以上人力资源社会保障部门接到企业报送的材料后,重点核实以下情况:

1. 招用人员是否属于享受税收优惠政策的人员范围,以前是否已享受过重点群体创业就业税收优惠政策。

2. 企业是否与招用人员签订了1年以上期限劳动合同,并依法为招用人员缴纳社会保险。

核实后,对持有《就业创业证》的重点群体,在其《就业创业证》上注明"企业吸纳税收政策";对符合条件的企业核发《企业吸纳重点群体就业认定证明》。

招用人员发生变化的,应向人力资源社会保障部门办理变更申请。

本公告所称企业是指属于增值税纳税人或企业所得税纳税人的企业等单位。

(二)税款减免顺序及额度

1. 纳税人按本单位招用重点群体的人数及其实际工作月数核算本单位减免税总额,在减免税总额内每月依次扣减增值税、城市维护建设税、教育费附加和地方教育附加。城市维护建设税、教育费附加、地方教育附加的计税依据是享受本项税收优惠政策前的增值税应纳税额。

纳税人实际应缴纳的增值税、城市维护建设税、教育费附加和地方教育附加小于核算的减免税总额的,以实际应缴纳的增值税、城市维护建设税、教育费附加、地方教育附加为限;实际应缴纳的增值税、城市维护建设税、教育费附加和地方教育附加大于核算的减免税总额的,以核算的减免税总额为限。纳税年度终了,如果纳税人实际减免的增值税、城市维护建设税、教育费附加和地方教育附加小于核算的减免税总额,纳税人在企业所得税汇算清缴时,以差额部分扣减企业所得税。当年扣减不完的,不再结转以后年度扣减。

享受优惠政策当年,重点群体人员工作不满1年的,应当以实际月数换算其减免税总额。

减免税总额 = $\sum$每名重点群体人员本年度在本企业工作月数 ÷ 12 × 具体定额标准

2. 第2年及以后年度当年新招用人员、原招用人员及其工作时间按上述程序和办法执行。计算每名重点群体人员享受税收优惠政策的期限最长不超过36个月。

(三)税收减免管理

企业招用重点群体享受本项优惠的,由企业留存以下材料备查:

1. 享受税收优惠政策的登记失业半年以上的人员,零就业家庭、城市低保家庭的登记失业人员,以及毕业年度内高校毕业生的《就业创业证》(注明"企业吸纳税收政策")。

2. 县以上人力资源社会保障部门核发的《企业吸纳重点群体就业认定证明》。

3.《重点群体人员本年度实际工作时间表》(见附件)。

三、凭《就业创业证》享受上述优惠政策的人员,按以下规定申领《就业创业证》

(一)失业人员在常住地公共就业服务机构进行失业登记,申领《就业创业证》。对其中的零就业家庭、城市低保家庭的登记失业人员,公共就业服务机构应在其《就业创业证》上予以注明。

(二)毕业年度内高校毕业生在校期间凭学生证向公共就业服务机构申领《就业创业证》,或委托所在高校就业指导中心向公共就业服务机构代为申领《就业创业证》;毕业年度内高校毕业生离校后可凭毕业证直接向公共就业服务机构按规定申领《就业创业证》。

四、税收优惠政策管理

(一)严格各项凭证的审核发放。任何单位或个人不得伪造、涂改、转让、出租相关凭证,违者将依法予以惩处;对出借、转让《就业创业证》的人员,主管人力资源社会保障部门要收回其《就业创业证》并记录在案;对采取上述手段已经获取减免税的企业和个人,主管税务机关要追缴其已减免的税款,并依法予以处理。

(二)《就业创业证》采用实名制,限持证者本人使用。创业人员从事个体经营的,《就业创业证》由本人保管;被用人单位招用的,享受税收优惠政策期间,证件由用人单位保管。《就业创业证》由人力资源社会保障部统一样式,各省、自治区、直辖市人力资源社会保障部门负责印制,作为审核劳动者就业失业状况和享受政策情况的有效凭证。

(三)《企业吸纳重点群体就业认定证明》由人力资源社会保障部统一样式,各省、自治区、直辖市人力资源社会保障部门统一印制,统一编号备案,相关信息由当地人力资源社会保障部门按需提供给税务部门。

(四)县以上人力资源社会保障、税务部门及扶贫办要建立劳动者就业信息交换和协查制度。人力资源社会保障部建立全国《就业创业证》查询系统(http://jyjc.mohrss.gov.cn),供各级人力资源社会保障、财政、税务部门查询《就业创业证》信息。国务院扶贫办建立全国统一的全国扶贫开发信息系统,供各级扶贫办、人力资源社会保障、财政、税务部门查询建档立卡贫困人口身份等相关信息。

(五)各级税务机关对《就业创业证》或建档立卡贫困人口身份有疑问的,可提请同级人力资源社会保障部门、扶贫办予以协查,同级人力资源社会保障部门、扶贫办应根据具体情况规定合理的工作时限,并在时限内将协查结果通报提请协查的税务机关。

五、本公告自2019年1月1日起施行。《国家税务总局 财政部 人力资源社会保障部 教育部 民政部关于继续实施支持和促进重点群体创业就业有关税收政策具体操作问题的公告》(国家税务总局公告2017年第27号)同时废止。

特此公告。

附件:重点群体人员本年度实际工作时间表(样表)(编者略)

5-3-51

国家发展改革委 工业和信息化部 财政部 人民银行关于做好 2019 年降成本重点工作的通知

2019 年 5 月 7 日　发改运行〔2019〕819 号

公安部、民政部、司法部、人力资源社会保障部、自然资源部、生态环境部、住房城乡建设部、交通运输部、水利部、农业农村部、商务部、应急部、国资委、海关总署、税务总局、市场监管总局、统计局、银保监会、证监会、能源局、林草局、铁路局、民航局、外汇局、知识产权局,铁路总公司,各省、自治区、直辖市及计划单列市、副省级省会城市、新疆生产建设兵团发展改革委、工信厅(经信委、经信厅、经信局、工信局)、财政厅(局)、物价局,人民银行上海总部、各分行、营业管理部、各省会(首府)城市中心支行、各副省级城市中心支行:

　　三年来,各地区、各有关部门认真落实党中央、国务院决策部署,深入推进降低实体经济企业成本各项工作,取得显著成效,年度目标任务均顺利完成。为贯彻中央经济工作会议精神,落实好《政府工作报告》提出的各项降成本重点任务,降低实体经济企业成本工作部际联席会议 2019 年将重点组织落实好 8 个方面 27 项任务。

　　一、总体要求

　　以习近平新时代中国特色社会主义思想为指导,全面贯彻党的十九大和十九届二中、三中全会精神,坚持稳中求进工作总基调,深化供给侧结构性改革。在"巩固、增强、提升、畅通"八个字上下功夫,巩固"三去一降一补"成果,加大"破、立、降"力度,降低全社会各类营商成本,有效减轻企业负担。坚持降成本与推进高质量发展相结合,坚持降成本与推动产业转型升级相结合,坚持降低企业外部成本与企业内部挖潜相结合,充分调动各方面积极性,确保各项政策措施落实到位。

　　二、继续推动大规模减税和降费

　　(一)降低增值税税率。落实好将制造业等行业 16% 的税率降至 13%,将交通运输业、建筑业等行业 10% 的税率降至 9% 等政策,确保所有行业税负只减不增。对政策实施后纳税人新增的留抵税额,按有关规定予以退还。继续向推进税率三档并两档、税制简化方向迈进。

　　(二)加大税收减免力度。落实好小规模纳税人增值税起征点从月销售额 3 万元提高到 10 万元、小微企业所得税优惠等政策。将固定资产加速折旧政策扩大至全部制造业领域。

　　(三)清理规范政府性基金。将国家重大水利工程建设基金和航空公司民航发展基金征收标准降低一半。至 2024 年底对中央所属企事业单位减半征收文化事业建设费,并授权各省(区、市)在 50% 幅度内对地方企事业单位和个人减征此项收费。对产教融合试点企业兴办职业教育符合条件的投资,落实按投资额 30% 抵免当年应缴教育费附加和地方教育附加的政策。

（四）继续清理规范涉企收费。清理规范部分中央设立的行政事业性收费，减免不动产登记费，调整专利收费减缴条件，降低因私普通护照等出入境证照、部分商标注册及无线电频率占用收费标准。开展政府部门下属单位、行业协会商会、中介机构收费行为专项治理，切实规范行政审批中介服务收费，进一步清理规范协会商会涉企收费，进一步打破中介服务垄断。

（五）持续推动网络提速降费。实现中小企业宽带资费再降低15%，移动网络流量平均资费再降低20%以上。

（六）确保清费减负措施落到实处。加大对转供电环节以及铁路、港口、民航、电信等领域降费政策落实情况的监督检查。健全乱收费投诉举报查处机制，加大对乱收费的查处和整治力度。

三、加大金融对实体经济的支持力度

（七）畅通金融服务实体经济渠道。改革完善货币信贷投放机制，抓紧建立对中小银行实行较低存款准备金率的政策框架，引导金融机构扩大信贷投放、降低小微企业信贷综合融资成本，精准有效支持实体经济。

（八）更好地发挥政府性融资担保基金作用。强化融资服务平台建设，着力破解小微企业、民营企业信息不对称、信用不充分问题。实施降低小微企业融资担保成本的奖补政策，健全民营企业贷款风险补偿机制。

（九）完善商业银行绩效考核和激励机制。推动商业银行基层分支机构下沉工作重心，提升服务小微企业、民营企业的内生动力。健全并落实尽职免责制度，设立内部问责申诉通道，为尽职免责提供机制保障。激励银行加强普惠金融业务。

（十）扩大直接融资规模。积极支持符合条件的企业扩大直接融资。推动债券品种创新，扩大优质企业债券发行规模。实施好民营企业债券融资支持工具，适时启动股权融资支持工具。

（十一）清理规范银行及中介服务收费。推动银行业进一步减费让利。加强监管督导和检查，深入整治不当收费，严禁附加不合理贷款条件或收费。

四、持续降低制度性交易成本

（十二）推进市场准入负面清单制度全面实施。建立市场准入负面清单动态调整机制，开展《市场准入负面清单（2019年版）》修订工作，进一步缩减市场准入负面清单，推动"非禁即入"普遍落实。完善市场准入负面清单信息公开机制，扩大信息公开范围，丰富信息公开内容，不断提升市场准入政策透明度和清单使用便捷性。

（十三）进一步深化简政放权。继续压减行政许可事项、工业产品生产许可证和产品强制性认证种类，优化审批许可或评价发证流程。在自贸试验区率先对所有涉企经营许可事项实行"证照分离"改革。推进固定资产投资项目审批制度改革，清理和规范项目审批前置性条件，推广投资项目承诺制。在全国推开工程建设项目审批制度改革，大幅缩短全流程审批时间。继续压缩开办企业、注册商标、获得电力等时间，优化注销、破产办理流程。

（十四）进一步强化事中事后监管。改革完善公平竞争审查和公正监管制度，加快清理妨碍统一市场和公平竞争的各种规定和做法。推进"双随机、一公开"跨部门联合监管，推行信用监管和"互联网+监管"改革,优化环保、消防、税务、市场监管等执法方式,对守法意识强、管理规范、守法记录良好的企业减少监管频次,清理规范行政处罚事项,降低企业合规成本。

(十五)持续优化政府服务。推行网上审批和服务,加快实现一网通办、异地可办,使更多事项不见面办理,确需到现场办理的要"一窗受理、限时办结""最多跑一次"。确保全国一体化在线政务服务平台上线运行,同步实现"互联网+监管"功能。

五、明显降低企业社保缴费负担

(十六)下调企业社保缴费比例。自2019年5月起,职工基本养老保险单位缴费比例高于16%的省份,可降至16%。

(十七)稳定社保缴费方式。稳步推进社保征收体制改革,各地在改革过程中不得采取增加小微企业实际缴费负担的做法,不得自行对历史欠费进行集中清缴。

(十八)保持前期政策连续性。将阶段性降低失业和工伤保险费率政策延长至2020年4月底;其中,工伤保险基金累计结余可支付月数在18至23个月的统筹地区可将现行费率再下调20%,可支付月数在24个月以上的可下调50%。

(十九)合理确定社保缴费基数。以城镇非私营单位就业人员平均工资和私营单位就业人员平均工资加权计算的全口径就业人员平均工资,核定缴费基数上下限,合理降低部分参保人员和企业的社保缴费基数。

六、继续降低用能用地成本

(二十)继续降低一般工商业电价。运用降低增值税税率和降低国家重大水利工程建设基金征收标准产生的降价空间,以及通过延长电网企业固定资产平均折旧年限政策和扩大电力市场化交易等措施降电价,使一般工商业平均电价再降低10%。

(二十一)提高电力交易市场化程度。深化电力市场化改革,放开所有经营性行业发用电计划,鼓励售电公司代理中小用户参与电力市场化交易,鼓励清洁能源参与交易。

(二十二)降低企业用地综合成本。进一步优化工业用地供应管理政策,加快长期租赁、先租后让、租让结合、弹性年期等方式供应工业用地政策落地,支持各地以土地使用权作价出资或入股方式供应标准厂房用地。

七、推进物流降本增效

(二十三)取消或降低一批公路、铁路、民航、港口收费。深化收费公路制度改革,降低过路过桥费用。全面推广高速公路差异化收费、货车使用非现金支付、客车ETC等优惠政策,优化通行费增值税发票开具。下浮铁路货物执行运价,将降低增值税税率的实惠传导至下游企业;进一步清理规范铁路货运杂费及铁路专用线等收费。减并港口收费项目,降低港口设施保安费、货物港务费等收费标准。降低民用机场收费。引导督促国际班轮公司降低码头操作费及单证类附加费。

(二十四)着力提高物流效率。深入推进多式联运示范工程,加强多式联运公共信息服务能力建设。全面推广无车承运人发展,促进模式创新和资源整合。推进城市绿色配送示范工程建设。

(二十五)提高高速公路通行效率。两年内基本取消全国高速公路省界收费站,力争提前实现,做到不停车快捷收费,加快通行。

八、提高资金周转效率

（二十六）加大清理规范保证金工作力度。加大对企业收取保证金行为的检查指导力度，取消没有法律法规依据的保证金。加快推进房屋建筑和市政基础设施工程担保制度建设，推行银行保函替代、工程保证保险替代和工程担保公司保函替代，减轻建筑业成本负担。进一步明确农民工工资保证金差异化缴存政策。

九、支持企业内部挖潜

（二十七）引导企业加强成本管控和提升管理水平。引导企业强化资源能源集约管理，推进资源能源高效循环利用，做好成本控制。支持企业深入推进管理、产品、组织、业态及模式创新，拓宽效益提升空间。

有关方面要进一步完善降成本工作协调推进机制，加强会商，密切跟踪重点任务进展情况，扎实推进降成本各项政策落地见效。要加强降成本政策宣传，让企业了解并用好各项优惠政策。降低实体经济企业成本工作部际联席会议将继续加强对各地好的经验、做法的梳理，并做好宣传和推广。

5-3-52

财政部　税务总局　海关总署关于北京2022年冬奥会和冬残奥会税收优惠政策的公告

2019年11月11日　财政部　税务总局　海关总署公告2019年第92号

为支持筹办北京2022年冬奥会和冬残奥会及其测试赛（以下简称北京冬奥会），现就有关税收优惠政策公告如下：

一、对国际奥委会相关实体中的非居民企业取得的与北京冬奥会有关的收入，免征企业所得税。

二、对奥林匹克转播服务公司、奥林匹克频道服务公司、国际奥委会电视与市场开发服务公司、奥林匹克文化与遗产基金、官方计时公司取得的与北京冬奥会有关的收入，免征增值税。

三、对国际赞助计划、全球供应计划、全球特许计划的赞助商、供应商、特许商及其分包商根据协议向北京2022年冬奥会和冬残奥会组织委员会（以下简称北京冬奥组委）提供指定货物或服务，免征增值税、消费税。

四、国际奥委会及其相关实体的境内机构因赞助、捐赠北京冬奥会以及根据协议出售的货物或服务免征增值税的，对应的进项税额可用于抵扣本企业其他应税项目所对应的销项税额，对在2022年12月31日仍无法抵扣的留抵税额可予以退还。

五、国际奥委会及其相关实体在2019年6月1日至2022年12月31日期间，因从事与北京冬奥会相关的工作而在中国境内发生的指定清单内的货物或服务采购支出，对应的增值税进项税额可由国际奥委会及其相关实体凭发票及北京冬奥组委开具的证明文件，按照发票上注明的税额,向税务总局指定的部门申请退还,具体退税流程由税务总局制定。

六、对国际奥委会相关实体与北京冬奥组委签订的各类合同,免征国际奥委会相关实体应缴纳的印花税。

七、国际奥委会及其相关实体或其境内机构按暂时进口货物方式进口的奥运物资,未在规定时间内复运出境的,须补缴进口关税和进口环节海关代征税(进口汽车以不低于新车90%的价格估价征税),但以下情形除外:1.直接用于北京冬奥会,包括但不限于奥运会转播、报道和展览,且在赛事期间消耗完毕的消耗品,并能提供北京冬奥组委证明文件的;2.货物发生损毁不能复运出境,且能提交北京冬奥组委证明文件的;3.无偿捐赠给县级及以上人民政府或政府机构、冬奥会场馆法人实体、特定体育组织和公益组织等机构(受赠机构名单由北京冬奥组委负责确定),且能提交北京冬奥组委证明文件的。

八、对国际奥委会及其相关实体的外籍雇员、官员、教练员、训练员以及其他代表在2019年6月1日至2022年12月31日期间临时来华,从事与北京冬奥会相关的工作,取得由北京冬奥组委支付或认定的收入,免征增值税和个人所得税。该类人员的身份及收入由北京冬奥组委出具证明文件,北京冬奥组委定期将该类人员名单及免税收入相关信息报送税务部门。

九、国际残奥委会及其相关实体的税收政策,比照国际奥委会及其相关实体执行。

十、对享受税收优惠政策的国际奥委会相关实体实行清单管理,具体清单由北京冬奥组委提出,报财政部、税务总局、海关总署确定。

十一、上述税收优惠政策,凡未注明具体期限的,自公告发布之日起执行。

特此公告。

附件:国际奥委会及其相关实体采购货物或服务的指定清单(编者略)

5-3-53

国家税务总局关于支持个体工商户复工复业等税收征收管理事项的公告

2020年2月29日　国家税务总局公告2020年第5号

为统筹推进新冠肺炎疫情防控和经济社会发展工作,支持个体工商户复工复业,贯彻落实相关税收政策,现就有关税收征收管理事项公告如下:

一、增值税小规模纳税人取得应税销售收入,纳税义务发生时间在2020年2月底以前,适用3%征收率征收增值税的,按照3%征收率开具增值税发票;纳税义务发生时间在2020年3月1日至5月31日,适用减按1%征收率征收增值税的,按照1%征收率开具增值税发票。

二、增值税小规模纳税人按照《财政部　税务总局关于支持个体工商户复工复业增值税政策的公告》(2020年第13号,以下简称"13号公告")有关规定,减按1%征收率征收增值税的,按下列公式计算销售额:

销售额=含税销售额/(1+1%)

三、增值税小规模纳税人在办理增值税纳税申报时,按照13号公告有关规定,免征增值税的销售额等项目应当填写在《增值税纳税申报表(小规模纳税人适用)》及《增值税减免税申报明细表》免税项目相应栏次;减按1%征收率征收增值税的销售额应当填写在《增值税纳税申报表(小规模纳税人适用)》"应征增值税不含税销售额(3%征收率)"相应栏次,对应减征的增值税应纳税额按销售额的2%计算填写在《增值税纳税申报表(小规模纳税人适用)》"本期应纳税额减征额"及《增值税减免税申报明细表》减税项目相应栏次。

《增值税纳税申报表(小规模纳税人适用)附列资料》第8栏"不含税销售额"计算公式调整为:第8栏=第7栏÷(1+征收率)。

四、增值税小规模纳税人取得应税销售收入,纳税义务发生时间在2020年2月底以前,已按3%征收率开具增值税发票,发生销售折让、中止或者退回等情形需要开具红字发票的,按照3%征收率开具红字发票;开票有误需要重新开具的,应按照3%征收率开具红字发票,再重新开具正确的蓝字发票。

五、自2020年3月1日至5月31日,对湖北省境内的个体工商户、个人独资企业和合伙企业,代开货物运输服务增值税发票时,暂不预征个人所得税;对其他地区的上述纳税人统一按代开发票金额的0.5%预征个人所得税。

六、已放弃适用出口退(免)税政策未满36个月的纳税人,在出口货物劳务的增值税税率或出口退税率发生变化后,可以向主管税务机关声明,对其自发生变化之日起的全部出口货物劳务,恢复适用出口退(免)税政策。

出口货物劳务的增值税税率或出口退税率在本公告施行之日前发生变化的,已放弃适用出口退(免)税政策的纳税人,无论是否已恢复退(免)税,均可以向主管税务机关声明,对其自2019年4月1日起的全部出口货物劳务,恢复适用出口退(免)税政策。

符合上述规定的纳税人,可在增值税税率或出口退税率发生变化之日起[自2019年4月1日起恢复适用出口退(免)税政策的,自本公告施行之日起]的任意增值税纳税申报期内,按照现行规定申报出口退(免)税,同时一并提交《恢复适用出口退(免)税政策声明》(详见附件)。

七、本公告自2020年3月1日起施行。

特此公告。

附件:恢复适用出口退(免)税政策声明(编者略)

注释:

条款废止。第一条至第五条自2023年1月1日起废止。参见:《国家税务总局关于增值税小规模纳税人减免增值税等政策有关征管事项的公告》(国家税务总局公告2023年第1号)。

财政部　税务总局　海关总署关于杭州 2022 年亚运会和亚残运会税收政策的公告

2020 年 4 月 9 日　财政部　税务总局　海关总署公告 2020 年第 18 号

为支持筹办杭州 2022 年亚运会和亚残运会及其测试赛（以下统称杭州亚运会），现就有关税收政策公告如下：

一、对杭州亚运会组委会（以下简称组委会）取得的电视转播权销售分成收入、赞助计划分成收入（货物和资金），免征增值税。

二、对组委会市场开发计划取得的国内外赞助收入、转让无形资产（如标志）特许权收入、宣传推广费收入、销售门票收入及所发收费卡收入，免征增值税。

三、对组委会取得的与中国集邮总公司合作发行纪念邮票收入、与中国人民银行合作发行纪念币收入，免征增值税。

四、对组委会取得的来源于广播、因特网、电视等媒体收入，免征增值税。

五、对组委会按亚洲奥林匹克理事会、亚洲残疾人奥林匹克委员会（以下统称亚奥委会）核定价格收取的运动员食宿费及提供有关服务取得的收入，免征增值税。

六、对组委会赛后出让资产取得的收入，免征增值税和土地增值税。

七、对组委会使用的营业账簿和签订的各类合同等应税凭证，免征组委会应缴纳的印花税。

八、对财产所有人将财产（物品）捐赠给组委会所书立的产权转移书据，免征印花税。

九、对企业、社会组织和团体赞助、捐赠杭州亚运会的资金、物资、服务支出，在计算企业应纳税所得额时予以全额扣除。

十、对企业根据赞助协议向组委会免费提供的与杭州亚运会有关的服务，免征增值税。免税清单由组委会报财政部、税务总局确定。

十一、对组委会为举办运动会进口的亚奥委会或国际单项体育组织指定的，国内不能生产或性能不能满足需要的直接用于运动会比赛的消耗品，免征关税、进口环节增值税和消费税。享受免税政策的进口比赛用消耗品的范围、数量清单，由组委会汇总后报财政部会同税务总局、海关总署审核确定。

十二、对组委会进口的其他特需物资，包括：亚奥委会或国际单项体育组织指定的，国内不能生产或性能不能满足需要的体育竞赛器材、医疗检测设备、安全保障设备、交通通讯设备、技术设备，在运动会期间按暂时进口货物规定办理，运动会结束后复运出境的予以核销；留在境内或做变卖处理的，按有关规定办理正式进口手续，并照章缴纳关税、进口环节增值税和消费税。

十三、上述税收政策自发布之日起执行。

特此公告。

5-3-55

财政部 税务总局 海关总署关于第18届世界中学生运动会等三项国际综合运动会税收政策的公告

2020年4月9日 财政部 税务总局 海关总署公告2020年第19号

为支持筹办2020年晋江第18届世界中学生运动会、2020年三亚第6届亚洲沙滩运动会、2021年成都第31届世界大学生运动会等三项国际综合运动会(以下统称三项国际综合运动会),现就有关税收政策公告如下:

一、对三项国际综合运动会的执行委员会、组委会(以下统称组委会)取得的电视转播权销售分成收入、赞助计划分成收入(货物和资金),免征增值税。

二、对组委会市场开发计划取得的国内外赞助收入、转让无形资产(如标志)特许权收入、宣传推广费收入、销售门票收入及所发收费卡收入,免征增值税。

三、对组委会取得的与中国集邮总公司合作发行纪念邮票收入、与中国人民银行合作发行纪念币收入,免征增值税。

四、对组委会取得的来源于广播、因特网、电视等媒体收入,免征增值税。

五、对组委会按国际大学生体育联合会、国际中学生体育联合会、亚洲奥林匹克理事会核定价格收取的运动员食宿费及提供有关服务取得的收入,免征增值税。

六、对组委会赛后出让资产取得的收入,免征增值税和土地增值税。

七、对组委会使用的营业账簿和签订的各类合同等应税凭证,免征组委会应缴纳的印花税。

八、对财产所有人将财产(物品)捐赠给组委会所书立的产权转移书据,免征印花税。

九、对组委会为举办运动会进口的国际大学生体育联合会、国际中学生体育联合会、亚洲奥林匹克理事会或国际单项体育组织指定的,国内不能生产或性能不能满足需要的直接用于运动会比赛的消耗品,免征关税、进口环节增值税和消费税。享受免税政策的进口比赛用消耗品的范围、数量清单,由组委会汇总后报财政部会同税务总局、海关总署审核确定。

十、对组委会进口的其他特需物资,包括:国际大学生体育联合会、国际中学生体育联合会、亚洲奥林匹克理事会或国际单项体育组织指定的,国内不能生产或性能不能满足需要的体育竞赛器材、医疗检测设备、安全保障设备、交通通讯设备、技术设备,在运动会期间按暂时进口货物规定办理,运动会结束后复运出境的予以核销;留在境内或做变卖处理的,按有关规定办理正式进口手续,并照章缴纳关税、进口环节增值税和消费税。

十一、上述税收政策自2020年1月1日起执行。

特此公告。

5-3-56

财政部 税务总局关于延长部分税收优惠政策执行期限的公告

2021年3月15日 财政部 税务总局公告2021年第6号

为进一步支持小微企业、科技创新和相关社会事业发展,现将有关税收政策公告如下:

一、《财政部 税务总局关于设备 器具扣除有关企业所得税政策的通知》(财税〔2018〕54号)等16个文件规定的税收优惠政策凡已经到期的,执行期限延长至2023年12月31日,详见附件1。

二、《财政部 税务总局关于延续供热企业增值税 房产税 城镇土地使用税优惠政策的通知》(财税〔2019〕38号)规定的税收优惠政策,执行期限延长至2023年供暖期结束。

三、《财政部 税务总局关于易地扶贫搬迁税收优惠政策的通知》(财税〔2018〕135号)、《财政部 税务总局关于福建平潭综合实验区个人所得税优惠政策的通知》(财税〔2014〕24号)规定的税收优惠政策,执行期限延长至2025年12月31日。

四、《财政部 国家税务总局关于保险公司准备金支出企业所得税税前扣除有关政策问题的通知》(财税〔2016〕114号)等6个文件规定的准备金企业所得税税前扣除政策到期后继续执行,详见附件2。

五、本公告发布之日前,已征的相关税款,可抵减纳税人以后月份应缴纳税款或予以退还。

特此公告。

附件:1. 财税〔2018〕54号等16个文件
　　　2. 财税〔2016〕114号等6个文件

附件1

财税〔2018〕54号等16个文件

序号	文件名称	备注
1	《财政部 税务总局关于设备 器具扣除有关企业所得税政策的通知》(财税〔2018〕54号)	
2	《财政部 税务总局 科技部关于提高研究开发费用税前加计扣除比例的通知》(财税〔2018〕99号)	
3	《财政部 税务总局关于金融机构小微企业贷款利息收入免征增值税政策的通知》(财税〔2018〕91号)	
4	《财政部 税务总局关于延续动漫产业增值税政策的通知》(财税〔2018〕38号)	
5	《财政部 税务总局关于保险保障基金有关税收政策问题的通知》(财税〔2018〕41号)	

续表

序号	文件名称	备注
6	《财政部 税务总局关于中国邮政储蓄银行三农金融事业部涉农贷款增值税政策的通知》(财税〔2018〕97号)	
7	《财政部 税务总局关于公共租赁住房税收优惠政策的公告》(财政部 税务总局公告2019年第61号)	
8	《财政部 税务总局关于继续实行农村饮水安全工程税收优惠政策的公告》(财政部 税务总局公告2019年第67号)	
9	《财政部 税务总局关于延续免征国产抗艾滋病病毒药品增值税政策的公告》(财政部 税务总局公告2019年第73号)	
10	《财政部 商务部 税务总局关于继续执行研发机构采购设备增值税政策的公告》(财政部 商务部 税务总局公告2019年第91号)	
11	《财政部 税务总局关于民用航空发动机、新支线飞机和大型客机税收政策的公告》(财政部 税务总局公告2019年第88号)	
12	《财政部 税务总局关于明确养老机构免征增值税等政策的通知》(财税〔2019〕20号)	
13	《财政部 税务总局关于支持小微企业融资有关税收政策的通知》(财税〔2017〕77号)	
14	《财政部 税务总局 证监会关于支持原油等货物期货市场对外开放税收政策的通知》(财税〔2018〕21号)	
15	《财政部 税务总局关于对页岩气减征资源税的通知》(财税〔2018〕26号)	税收优惠政策于2021年3月31日到期后,执行期限延长至2023年12月31日。
16	《财政部 税务总局 工业和信息化部关于对挂车减征车辆购置税的公告》(财政部 税务总局 工业和信息化部公告2018年第69号)	税收优惠政策于2021年6月30日到期后,执行期限延长至2023年12月31日。

附件2

财税〔2016〕114号等6个文件

序号	文件名称
1	《财政部 国家税务总局关于保险公司准备金支出企业所得税税前扣除有关政策问题的通知》(财税〔2016〕114号)
2	《财政部 税务总局关于中小企业融资(信用)担保机构有关准备金企业所得税税前扣除政策的通知》(财税〔2017〕22号)
3	《财政部 税务总局关于证券行业准备金支出企业所得税税前扣除有关政策问题的通知》(财税〔2017〕23号)
4	《财政部 税务总局关于上海国际能源交易中心有关风险准备金和期货投资者保障基金支出企业所得税税前扣除政策问题的通知》(财税〔2019〕32号)
5	《财政部 税务总局关于金融企业涉农贷款和中小企业贷款损失准备金税前扣除有关政策的公告》(财政部 税务总局公告2019年第85号)
6	《财政部 税务总局关于金融企业贷款损失准备金企业所得税税前扣除有关政策的公告》(财政部 税务总局公告2019年第86号)

5-3-57

国家税务总局关于落实支持小型微利企业和个体工商户发展所得税优惠政策有关事项的公告

2021年4月7日　国家税务总局公告2021年第8号

为贯彻落实《财政部　税务总局关于实施小微企业和个体工商户所得税优惠政策的公告》(2021年第12号),进一步支持小型微利企业和个体工商户发展,现就有关事项公告如下:

一、关于小型微利企业所得税减半政策有关事项

(一)对小型微利企业年应纳税所得额不超过100万元的部分,减按12.5%计入应纳税所得额,按20%的税率缴纳企业所得税。

(二)小型微利企业享受上述政策时涉及的具体征管问题,按照《国家税务总局关于实施小型微利企业普惠性所得税减免政策有关问题的公告》(2019年第2号)相关规定执行。

二、关于个体工商户个人所得税减半政策有关事项

(一)对个体工商户经营所得年应纳税所得额不超过100万元的部分,在现行优惠政策基础上,再减半征收个人所得税。个体工商户不区分征收方式,均可享受。

(二)个体工商户在预缴税款时即可享受,其年应纳税所得额暂按截至本期申报所属期末的情况进行判断,并在年度汇算清缴时按年计算、多退少补。若个体工商户从两处以上取得经营所得,需在办理年度汇总纳税申报时,合并个体工商户经营所得年应纳税所得额,重新计算减免税额,多退少补。

(三)个体工商户按照以下方法计算减免税额:

减免税额=(个体工商户经营所得应纳税所得额不超过100万元部分的应纳税所得额-其他政策减免税额×个体工商户经营所得应纳税所得额不超过100万元部分÷经营所得应纳税所得额)×(1-50%)

(四)个体工商户需将按上述方法计算得出的减免税额填入对应经营所得纳税申报表"减免税额"栏次,并附报《个人所得税减免税事项报告表》。对于通过电子税务局申报的个体工商户,税务机关将提供该优惠政策减免税额和报告表的预填服务。实行简易申报的定期定额个体工商户,税务机关按照减免后的税额进行税款划缴。

三、关于取消代开货物运输业发票预征个人所得税有关事项

对个体工商户、个人独资企业、合伙企业和个人,代开货物运输业增值税发票时,不再预征个人所得税。个体工商户业主、个人独资企业投资者、合伙企业个人合伙人和其他从事货物运输经营活动的个人,应依法自行申报缴纳经营所得个人所得税。

四、关于执行时间和其他事项

本公告第一条和第二条自2021年1月1日起施行,2022年12月31日终止执行。2021

年1月1日至本公告发布前,个体工商户已经缴纳经营所得个人所得税的,可自动抵减以后月份的税款,当年抵减不完的可在汇算清缴时办理退税;也可直接申请退还应减免的税款。本公告第三条自2021年4月1日起施行。

《国家税务总局关于实施小型微利企业普惠性所得税减免政策有关问题的公告》(2019年第2号)第一条与本公告不一致的,依照本公告执行。《国家税务总局关于代开货物运输业发票个人所得税预征率问题的公告》(2011年第44号)同时废止。

特此公告。

5-3-58

财政部 税务总局 人力资源社会保障部 国家乡村振兴局关于延长部分扶贫 税收优惠政策执行期限的公告

2021年5月6日 财政部 税务总局 人力资源社会保障部 国家乡村振兴局公告2021年第18号

为贯彻落实《中共中央 国务院关于实现巩固拓展脱贫攻坚成果同乡村振兴有效衔接的意见》精神,严格落实过渡期内"四个不摘"的要求,现将有关税收政策公告如下:

《财政部 税务总局 人力资源社会保障部 国务院扶贫办关于进一步支持和促进重点群体创业就业有关税收政策的通知》(财税〔2019〕22号)、《财政部 税务总局 国务院扶贫办关于企业扶贫捐赠所得税税前扣除政策的公告》(财政部 税务总局 国务院扶贫办公告2019年第49号)、《财政部 税务总局 国务院扶贫办关于扶贫货物捐赠免征增值税政策的公告》(财政部 税务总局 国务院扶贫办公告2019年第55号)中规定的税收优惠政策,执行期限延长至2025年12月31日。

特此公告。

5-3-59

国家税务总局关于增值税消费税与 附加税费申报表整合有关事项的公告

2021年7月9日 国家税务总局公告2021年第20号

为贯彻落实中办、国办印发的《关于进一步深化税收征管改革的意见》,深入推进税务领域"放管服"改革,优化营商环境,切实减轻纳税人、缴费人申报负担,根据《国家税务总局关于开展2021年"我为纳税人缴费人办实事暨便民办税春风行动"的意见》(税总发〔2021〕14号),现将申报表整合有关事项公告如下:

自2021年8月1日起,增值税、消费税分别与城市维护建设税、教育费附加、地方教育附加申报表整合,启用《增值税及附加税费申报表(一般纳税人适用)》《增值税及附加税费申报表(小规模纳税人适用)》《增值税及附加税费预缴表》及其附列资料和《消费税及附加税费申报表》(附件1—附件7),《废止文件及条款清单》(附件8)所列文件、条款同时废止。

特此公告。

附件:1.《增值税及附加税费申报表(一般纳税人适用)》及其附列资料(编者略)

  2.《增值税及附加税费申报表(一般纳税人适用)》及其附列资料填写说明(编者略)

  3.《增值税及附加税费申报表(小规模纳税人适用)》及其附列资料(编者略)

  4.《增值税及附加税费申报表(小规模纳税人适用)》及其附列资料填写说明(编者略)

  5.《增值税及附加税费预缴表》及其附列资料(编者略)

  6.《增值税及附加税费预缴表》及其附列资料填写说明(编者略)

  7.消费税及附加税费申报表(编者略)

  8.废止文件及条款清单

附件8

废止文件及条款清单

一、增值税部分

1.《国家税务总局关于全面推开营业税改征增值税试点后增值税纳税申报有关事项的公告》(2016年第13号)附件1、附件2、附件5、附件6

2.《国家税务总局关于调整增值税纳税申报有关事项的公告》(2016年第27号)附件3、附件4

3.《国家税务总局关于调整增值税纳税申报有关事项的公告》(2019年第15号)附件1、附件2

4.《国家税务总局关于简并税费申报有关事项的公告》(2021年第9号)附件4至附件9

二、消费税部分

5.《国家税务总局关于调整〈小汽车消费税纳税申报表〉有关内容的通知》(国税函〔2008〕757号)

6.《国家税务总局关于烟类应税消费品消费税征收管理有关问题的通知》(国税函〔2009〕272号印发,国家税务总局公告2018年第31号修改)第二条及附件1至附件3

7.《国家税务总局关于加强白酒消费税征收管理的通知》(国税函〔2009〕380号印发,国家税务总局公告2018年第31号修改)中附件《白酒消费税最低计税价格核定管理办法(试行)》第十一条及其附件3

8.《国家税务总局关于更正〈各牌号规格卷烟消费税计税价格〉填表说明的通知》(国税函〔2009〕404号)

9.《国家税务总局关于调整消费税纳税申报表有关问题的公告》(2014年第72号)

10.《国家税务总局关于电池 涂料消费税征收管理有关问题的公告》(2015年第5号)第五条及附件3

11.《国家税务总局关于修订〈葡萄酒消费税管理办法(试行)〉的公告》(2015年第15号)第二条及附件1

12.《国家税务总局关于调整消费税纳税申报有关事项的公告》(2015年第32号)

13.《国家税务总局关于卷烟消费税政策调整后纳税申报有关问题的公告》(2015年第35号)第二条及附件2

14.《国家税务总局关于明确电池 涂料消费税征收管理有关事项的公告》(2015年第95号)第二条及附件

15.《国家税务总局关于超豪华小汽车消费税征收管理有关事项的公告》(2016年第74号)第二条及附件

16.《国家税务总局关于成品油消费税征收管理有关问题的公告》(2018年第1号)第三条第一款及附件

17.《国家税务总局关于简并税费申报有关事项的公告》(2021年第9号)附件10

三、附加税费部分

18.《国家税务总局关于调整部分政府性基金有关征管事项的公告》(2019年第24号)第一条第一项及附件

四、其他

19.《国家税务总局关于简并税费申报有关事项的公告》(2021年第9号)附件11

注释：

条款废止。 附件7的附注1自2022年11月1日起废止。参见:《国家税务总局关于电子烟消费税征收管理有关事项的公告》(国家税务总局公告2022年第22号)。

条款失效。《〈增值税及附加税费申报表(一般纳税人适用)〉附列资料(五)》《〈增值税及附加税费预缴表〉附列资料》《〈消费税及附加税费申报表〉附表6(消费税附加税费计算表)》已修订。参见:《国家税务总局关于进一步实施小微企业"六税两费"减免政策有关征管问题的公告》(国家税务总局公告2022年第3号)。

5-3-60

财政部 税务总局关于延续境外机构投资境内债券市场企业所得税、增值税政策的公告

2021年11月22日 财政部 税务总局公告2021年第34号

为进一步推动债券市场对外开放,现将有关税收政策公告如下:

自2021年11月7日起至2025年12月31日止,对境外机构投资境内债券市场取得的债券利息收入暂免征收企业所得税和增值税。

上述暂免征收企业所得税的范围不包括境外机构在境内设立的机构、场所取得的与该机构、场所有实际联系的债券利息。

5-3-61

财政部 税务总局关于延长部分税收优惠政策执行期限的公告

2022年1月29日 财政部 税务总局公告2022年第4号

为帮助企业纾困解难,促进创业创新,现将有关税收政策公告如下:

一、《财政部 税务总局 科技部 教育部关于科技企业孵化器 大学科技园和众创空间税收政策的通知》(财税〔2018〕120号)、《财政部 税务总局关于继续对城市公交站场 道路客运站场 城市轨道交通系统减免城镇土地使用税优惠政策的通知》(财税〔2019〕11号)、《财政部 税务总局关于继续实行农产品批发市场 农贸市场房产税 城镇土地使用税优惠政策的通知》(财税〔2019〕12号)、《财政部 税务总局关于高校学生公寓房产税 印花税政策的通知》(财税〔2019〕14号)、《财政部 税务总局 退役军人部关于进一步扶持自主就业退役士兵创业就业有关税收政策的通知》(财税〔2019〕21号)、《财政部 税务总局 国家发展改革委 生态环境部关于从事污染防治的第三方企业所得税政策问题的公告》(财政部 税务总局 国家发展改革委 生态环境部公告2019年第60号)、《财政部 税务总局关于支持新型冠状病毒感染的肺炎疫情防控有关个人所得税政策的公告》(财政部 税务总局公告2020年第10号)中规定的税收优惠政策,执行期限延长至2023年12月31日。

二、本公告发布之日前,已征的相关税款,可抵减纳税人以后月份应缴纳税款或予以退还。

特此公告。

5-3-62

财政部 税务总局关于法律援助
补贴有关税收政策的公告

2022年8月5日 财政部 税务总局公告2022年第25号

为贯彻落实《中华人民共和国法律援助法》有关规定,现就法律援助补贴有关税收政策公告如下:

一、对法律援助人员按照《中华人民共和国法律援助法》规定获得的法律援助补贴,免征增值税和个人所得税。

二、法律援助机构向法律援助人员支付法律援助补贴时,应当为获得补贴的法律援助人员办理个人所得税劳务报酬所得免税申报。

三、司法行政部门与税务部门建立信息共享机制,每一年度个人所得税综合所得汇算清缴开始前,交换法律援助补贴获得人员的涉税信息。

四、本公告所称法律援助机构是指按照《中华人民共和国法律援助法》第十二条规定设立的法律援助机构。群团组织参照《中华人民共和国法律援助法》第六十八条规定开展法律援助工作的,按照本公告规定为法律援助人员办理免税申报,并将法律援助补贴获得人员的相关信息报送司法行政部门。

五、本公告自2022年1月1日起施行。按照本公告应予免征的增值税,在本公告下发前已征收的,已征增值税可抵减纳税人以后纳税期应缴纳税款或予以退还,纳税人如果已经向购买方开具了增值税专用发票,在将专用发票追回后申请办理免税;按照本公告应予免征的个人所得税,在本公告下发前已征收的,由扣缴单位依法申请退税。

特此公告。

5-3-63

财政部 税务总局关于进一步支持
小微企业和个体工商户发展
有关税费政策的公告

2023年8月2日 财政部 税务总局公告2023年第12号

为进一步支持小微企业和个体工商户发展,现将有关税费政策公告如下:

一、自2023年1月1日至2027年12月31日,对个体工商户年应纳税所得额不超过200万元的部分,减半征收个人所得税。个体工商户在享受现行其他个人所得税优惠政策的基础上,可叠加享受本条优惠政策。

二、自2023年1月1日至2027年12月31日,对增值税小规模纳税人、小型微利企业和个体工商户减半征收资源税(不含水资源税)、城市维护建设税、房产税、城镇土地使用税、印花税(不含证券交易印花税)、耕地占用税和教育费附加、地方教育附加。

三、对小型微利企业减按25%计算应纳税所得额,按20%的税率缴纳企业所得税政策,延续执行至2027年12月31日。

四、增值税小规模纳税人、小型微利企业和个体工商户已依法享受资源税、城市维护建设税、房产税、城镇土地使用税、印花税、耕地占用税、教育费附加、地方教育附加等其他优惠政策的,可叠加享受本公告第二条规定的优惠政策。

五、本公告所称小型微利企业,是指从事国家非限制和禁止行业,且同时符合年度应纳税所得额不超过300万元、从业人数不超过300人、资产总额不超过5000万元等三个条件的企业。

从业人数,包括与企业建立劳动关系的职工人数和企业接受的劳务派遣用工人数。所称从业人数和资产总额指标,应按企业全年的季度平均值确定。具体计算公式如下:

季度平均值=(季初值+季末值)÷2

全年季度平均值=全年各季度平均值之和÷4

年度中间开业或者终止经营活动的,以其实际经营期作为一个纳税年度确定上述相关指标。

小型微利企业的判定以企业所得税年度汇算清缴结果为准。登记为增值税一般纳税人的新设立的企业,从事国家非限制和禁止行业,且同时符合申报期上月末从业人数不超过300人、资产总额不超过5000万元等两个条件的,可在首次办理汇算清缴前按照小型微利企业申报享受第二条规定的优惠政策。

六、本公告发布之日前,已征的相关税款,可抵减纳税人以后月份应缴纳税款或予以退还。发布之日前已办理注销的,不再追溯享受。

《财政部 税务总局关于进一步实施小微企业"六税两费"减免政策的公告》(财政部 税务总局公告2022年第10号)及《财政部 税务总局关于小微企业和个体工商户所得税优惠政策的公告》(财政部 税务总局公告2023年第6号)中个体工商户所得税优惠政策自2023年1月1日起相应停止执行。

特此公告。

5-3-64

财政部 税务总局关于支持小微企业融资有关税收政策的公告

2023年8月2日 财政部 税务总局公告2023年第13号

为继续加大对小微企业的支持力度,推动缓解融资难、融资贵问题,现将有关税收政策公告如下:

一、对金融机构向小型企业、微型企业及个体工商户发放小额贷款取得的利息收入,免征增值税。金融机构应将相关免税证明材料留存备查,单独核算符合免税条件的小额贷款利息收入,按现行规定向主管税务机关办理纳税申报;未单独核算的,不得免征增值税。

二、对金融机构与小型企业、微型企业签订的借款合同免征印花税。

三、本公告所称小型企业、微型企业,是指符合《中小企业划型标准规定》(工信部联企业〔2011〕300号)的小型企业和微型企业。其中,资产总额和从业人员指标均以贷款发放时的实际状态确定;营业收入指标以贷款发放前12个自然月的累计数确定,不满12个自然月的,按照以下公式计算:

营业收入(年) = 企业实际存续期间营业收入 ÷ 企业实际存续月数 × 12

四、本公告所称小额贷款,是指单户授信小于100万元(含本数)的小型企业、微型企业或个体工商户贷款;没有授信额度的,是指单户贷款合同金额且贷款余额在100万元(含本数)以下的贷款。

五、本公告执行至2027年12月31日。

特此公告。

5-3-65

财政部　税务总局　退役军人事务部 关于进一步扶持自主就业退役士兵 创业就业有关税收政策的公告

2023年8月2日　财政部　税务总局
退役军人事务部公告2023年第14号

为进一步扶持自主就业退役士兵创业就业,现将有关税收政策公告如下:

一、自2023年1月1日至2027年12月31日,自主就业退役士兵从事个体经营的,自办理个体工商户登记当月起,在3年(36个月,下同)内按每户每年20000元为限额依次扣减其当年实际应缴纳的增值税、城市维护建设税、教育费附加、地方教育附加和个人所得税。限额标准最高可上浮20%,各省、自治区、直辖市人民政府可根据本地区实际情况在此幅度内确定具体限额标准。

纳税人年度应缴纳税款小于上述扣减限额的,减免税额以其实际缴纳的税款为限;大于上述扣减限额的,以上述扣减限额为限。纳税人的实际经营期不足1年的,应当按月换算其减免税限额。换算公式为:减免税限额 = 年度减免税限额 ÷ 12 × 实际经营月数。城市维护建设税、教育费附加、地方教育附加的计税依据是享受本项税收优惠政策前的增值税应纳税额。

二、自2023年1月1日至2027年12月31日,企业招用自主就业退役士兵,与其签订1年以上期限劳动合同并依法缴纳社会保险费的,自签订劳动合同并缴纳社会保险当月起,在3年内按实际招用人数予以定额依次扣减增值税、城市维护建设税、教育费附加、地方教育附加和企业所得税优惠。定额标准为每人每年6000元,最高可上浮50%,各省、自治区、直辖市人民政府可根据本地区实际情况在此幅度内确定具体定额标准。

企业按招用人数和签订的劳动合同时间核算企业减免税总额,在核算减免税总额内每月依次扣减增值税、城市维护建设税、教育费附加和地方教育附加。企业实际应缴纳的增值税、城市维护建设税、教育费附加和地方教育附加小于核算减免税总额的,以实际应缴纳的增值税、城市维护建设税、教育费附加和地方教育附加为限;实际应缴纳的增值税、城市维护建设税、教育费附加和地方教育附加大于核算减免税总额的,以核算减免税总额为限。

纳税年度终了,如果企业实际减免的增值税、城市维护建设税、教育费附加和地方教育附加小于核算减免税总额,企业在企业所得税汇算清缴时以差额部分扣减企业所得税。当年扣减不完的,不再结转以后年度扣减。

自主就业退役士兵在企业工作不满1年的,应当按月换算减免税限额。计算公式为:企业核算减免税总额 = Σ 每名自主就业退役士兵本年度在本单位工作月份 ÷ 12 × 具体定额标准。

城市维护建设税、教育费附加、地方教育附加的计税依据是享受本项税收优惠政策前的增值税应纳税额。

三、本公告所称自主就业退役士兵是指依照《退役士兵安置条例》(国务院中央军委令第608号)的规定退出现役并按自主就业方式安置的退役士兵。

本公告所称企业是指属于增值税纳税人或企业所得税纳税人的企业等单位。

四、自主就业退役士兵从事个体经营的,在享受税收优惠政策进行纳税申报时,注明其退役军人身份,并将《中国人民解放军退出现役证书》、《中国人民解放军义务兵退出现役证》、《中国人民解放军士官退出现役证》或《中国人民武装警察部队退出现役证书》、《中国人民武装警察部队义务兵退出现役证》、《中国人民武装警察部队士官退出现役证》留存备查。

企业招用自主就业退役士兵享受税收优惠政策的,将以下资料留存备查:1. 招用自主就业退役士兵的《中国人民解放军退出现役证书》、《中国人民解放军义务兵退出现役证》、《中国人民解放军士官退出现役证》或《中国人民武装警察部队退出现役证书》、《中国人民武装警察部队义务兵退出现役证》、《中国人民武装警察部队士官退出现役证》;2. 企业与招用自主就业退役士兵签订的劳动合同(副本),为职工缴纳的社会保险费记录;3. 自主就业退役士兵本年度在企业工作时间表(见附件)。

五、企业招用自主就业退役士兵既可以适用本公告规定的税收优惠政策,又可以适用其他扶持就业专项税收优惠政策的,企业可以选择适用最优惠的政策,但不得重复享受。

六、纳税人在2027年12月31日享受本公告规定的税收优惠政策未满3年的,可继续享受至3年期满为止。退役士兵以前年度已享受退役士兵创业就业税收优惠政策满3年的,不得再享受本公告规定的税收优惠政策;以前年度享受退役士兵创业就业税收优惠政策未满3年且符合本公告规定条件的,可按本公告规定享受优惠至3年期满。

七、按本公告规定应予减征的税费,在本公告发布前已征收的,可抵减纳税人以后纳税期应缴纳税费或予以退还。发布之日前已办理注销的,不再追溯享受。

特此公告。

附件：自主就业退役士兵本年度在企业工作时间表（样表）（编者略）

5-3-66

财政部　税务总局　人力资源社会保障部　农业农村部关于进一步支持重点群体创业就业有关税收政策的公告

2023年8月2日　财政部　税务总局
人力资源社会保障部　农业农村部公告2023年第15号

为进一步支持重点群体创业就业，现将有关税收政策公告如下：

一、自2023年1月1日至2027年12月31日，脱贫人口（含防止返贫监测对象，下同）、持《就业创业证》（注明"自主创业税收政策"或"毕业年度内自主创业税收政策"）或《就业失业登记证》（注明"自主创业税收政策"）的人员，从事个体经营的，自办理个体工商户登记当月起，在3年（36个月，下同）内按每户每年20000元为限额依次扣减其当年实际应缴纳的增值税、城市维护建设税、教育费附加、地方教育附加和个人所得税。限额标准最高可上浮20%，各省、自治区、直辖市人民政府可根据本地区实际情况在此幅度内确定具体限额标准。

纳税人年度应缴纳税款小于上述扣减限额的，减免税额以其实际缴纳的税款为限；大于上述扣减限额的，以上述扣减限额为限。

上述人员具体包括：1.纳入全国防止返贫监测和衔接推进乡村振兴信息系统的脱贫人口；2.在人力资源社会保障部门公共就业服务机构登记失业半年以上的人员；3.零就业家庭、享受城市居民最低生活保障家庭劳动年龄内的登记失业人员；4.毕业年度内高校毕业生。高校毕业生是指实施高等学历教育的普通高等学校、成人高等学校应届毕业的学生；毕业年度是指毕业所在自然年，即1月1日至12月31日。

二、自2023年1月1日至2027年12月31日，企业招用脱贫人口，以及在人力资源社会保障部门公共就业服务机构登记失业半年以上且持《就业创业证》或《就业失业登记证》（注明"企业吸纳税收政策"）的人员，与其签订1年以上期限劳动合同并依法缴纳社会保险费的，自签订劳动合同并缴纳社会保险当月起，在3年内按实际招用人数予以定额依次扣减增值税、城市维护建设税、教育费附加、地方教育附加和企业所得税优惠。定额标准为每人每年6000元，最高可上浮30%，各省、自治区、直辖市人民政府可根据本地区实际情况在此幅度内确定具体定额标准。城市维护建设税、教育费附加、地方教育附加的计税依据是享受本项税收优惠政策前的增值税应纳税额。

按上述标准计算的税收扣减额应在企业当年实际应缴纳的增值税、城市维护建设税、教育费附加、地方教育附加和企业所得税税额中扣减，当年扣减不完的，不得结转下年使用。

本公告所称企业是指属于增值税纳税人或企业所得税纳税人的企业等单位。

三、农业农村部(国家乡村振兴局)、人力资源社会保障部、税务总局要实现脱贫人口身份信息数据共享,推动数据下沉。

四、企业招用就业人员既可以适用本公告规定的税收优惠政策,又可以适用其他扶持就业专项税收优惠政策的,企业可以选择适用最优惠的政策,但不得重复享受。

五、纳税人在2027年12月31日享受本公告规定的税收优惠政策未满3年的,可继续享受至3年期满为止。本公告所述人员,以前年度已享受重点群体创业就业税收优惠政策满3年的,不得再享受本公告规定的税收优惠政策;以前年度享受重点群体创业就业税收优惠政策未满3年且符合本公告规定条件的,可按本公告规定享受优惠至3年期满。

六、按本公告规定应予减征的税费,在本公告发布前已征收的,可抵减纳税人以后纳税期应缴纳税费或予以退还。发布之日前已办理注销的,不再追溯享受。

特此公告。

4 其他税收政策

5－4－1

国务院关于进一步做好利用外资工作的若干意见

2010年4月6日　国发〔2010〕9号

各省、自治区、直辖市人民政府，国务院各部委、各直属机构：

利用外资是我国对外开放基本国策的重要内容。改革开放以来，我国积极吸引外商投资，促进了产业升级和技术进步，外商投资企业已成为国民经济的重要组成部分。目前，我国利用外资的优势依然明显。为提高利用外资质量和水平，更好地发挥利用外资在推动科技创新、产业升级、区域协调发展等方面的积极作用，现提出如下意见：

一、优化利用外资结构

（一）根据我国经济发展需要，结合国家产业调整和振兴规划要求，修订《外商投资产业指导目录》，扩大开放领域，鼓励外资投向高端制造业、高新技术产业、现代服务业、新能源和节能环保产业。严格限制"两高一资"和低水平、过剩产能扩张类项目。

（二）国家产业调整和振兴规划中的政策措施同等适用于符合条件的外商投资企业。

（三）对用地集约的国家鼓励类外商投资项目优先供应土地，在确定土地出让底价时可按不低于所在地土地等别相对应《全国工业用地出让最低价标准》的70%执行。

（四）鼓励外商投资高新技术企业发展，改进并完善高新技术企业认定工作。

（五）鼓励中外企业加强研发合作，支持符合条件的外商投资企业与内资企业、研究机构合作申请国家科技开发项目、创新能力建设项目等，申请设立国家级技术中心认定。

（六）鼓励跨国公司在华设立地区总部、研发中心、采购中心、财务管理中心、结算中心以及成本和利润核算中心等功能性机构。在2010年12月31日以前，对符合规定条件的外资研发中心确需进口的科技开发用品免征进口关税和进口环节增值税、消费税。

（七）落实和完善支持政策，鼓励外商投资服务外包产业，引入先进技术和管理经验，提高我国服务外包国际竞争力。

二、引导外资向中西部地区转移和增加投资

（八）根据《外商投资产业指导目录》修订情况，补充修订《中西部地区外商投资优势产业目录》，增加劳动密集型项目条目，鼓励外商在中西部地区发展符合环保要求的劳动密集型产业。

（九）对符合条件的西部地区内外资企业继续实行企业所得税优惠政策，保持西部地区吸收外商投资好的发展势头。

（十）对东部地区外商投资企业向中西部地区转移，要加大政策开放和技术资金配套支持力度，同时完善行政服务，在办理工商、税务、外汇、社会保险等手续时提供便利。鼓励和引导外资银行到中西部地区设立机构和开办业务。

（十一）鼓励东部地区与中西部地区以市场为导向，通过委托管理、投资合作等多种方式,按照优势互补、产业联动、利益共享的原则共建开发区。

三、促进利用外资方式多样化

(十二)鼓励外资以参股、并购等方式参与国内企业改组改造和兼并重组。支持 A 股上市公司引入境内外战略投资者。规范外资参与境内证券投资和企业并购。依法实施反垄断审查,并加快建立外资并购安全审查制度。

(十三)利用好境外资本市场,继续支持符合条件的企业根据国家发展战略及自身发展需要到境外上市,充分利用两个市场、两种资源,不断提高竞争力。

(十四)加快推进利用外资设立中小企业担保公司试点工作。鼓励外商投资设立创业投资企业,积极利用私募股权投资基金,完善退出机制。

(十五)支持符合条件的外商投资企业境内公开发行股票、发行企业债和中期票据,拓宽融资渠道,引导金融机构继续加大对外商投资企业的信贷支持。稳步扩大在境内发行人民币债券的境外主体范围。

四、深化外商投资管理体制改革

(十六)《外商投资产业指导目录》中总投资(包括增资)3 亿美元以下的鼓励类、允许类项目,除《政府核准的投资项目目录》规定需由国务院有关部门核准之外,由地方政府有关部门核准。除法律法规明确规定由国务院有关部门审批外,在加强监管的前提下,国务院有关部门可将本部门负责的审批事项下放地方政府审批,服务业领域外商投资企业的设立(金融、电信服务除外)由地方政府按照有关规定进行审批。

(十七)调整审批内容,简化审批程序,最大限度缩小审批、核准范围,增强审批透明度。全面清理涉及外商投资的审批事项,缩短审批时间。改进审批方式,在试点并总结经验的基础上,逐步在全国推行外商投资企业合同、章程格式化审批,大力推行在线行政许可,规范行政行为。

五、营造良好的投资环境

(十八)规范和促进开发区发展,发挥开发区在体制创新、科技引领、产业集聚、土地集约方面的载体和平台作用。支持符合条件的省级开发区升级,支持具备条件的国家级、省级开发区扩区和调整区位,制定加快边境经济合作区建设的支持政策措施。

(十九)进一步完善外商投资企业外汇管理,简化外商投资企业外汇资本金结汇手续。对依法经营、资金紧张暂时无法按时出资的外商投资企业,允许延长出资期限。

(二十)加强投资促进,针对重点国家和地区、重点行业加大引资推介力度,广泛宣传我国利用外资政策。积极参与多双边投资合作,把"引进来"和"走出去"相结合,推动跨国投资政策环境不断改善。

国务院各有关部门、地方各级人民政府要统一认识,坚持积极有效利用外资的方针,坚持以我为主、择优选资,促进"引资"与"引智"相结合,不断提高利用外资质量。要总结改革开放经验,结合新形势、新要求,进一步加大改革创新力度,提高便利化程度,创造更加开放、更加优化的投资环境,全面提高利用外资工作水平。

5-4-2

国务院关于坚决遏制部分城市
房价过快上涨的通知

2010年4月17日　国发〔2010〕10号

各省、自治区、直辖市人民政府，国务院各部委、各直属机构：

《国务院办公厅关于促进房地产市场平稳健康发展的通知》（国办发〔2010〕4号）印发后，全国房地产市场整体上出现了一些积极变化。但近期部分城市房价、地价又出现过快上涨势头，投机性购房再度活跃，需要引起高度重视。为进一步落实各地区、各有关部门的责任，坚决遏制部分城市房价过快上涨，切实解决城镇居民住房问题，现就有关问题通知如下：

一、各地区、各有关部门要切实履行稳定房价和住房保障职责

（一）统一思想，提高认识。住房问题关系国计民生，既是经济问题，更是影响社会稳定的重要民生问题。房价过高、上涨过快，加大了居民通过市场解决住房问题的难度，增加了金融风险，不利于经济社会协调发展。各地区、各有关部门必须充分认识房价过快上涨的危害性，认真落实中央确定的房地产市场调控政策，采取坚决的措施，遏制房价过快上涨，促进民生改善和经济发展。

（二）建立考核问责机制。稳定房价和住房保障工作实行省级人民政府负总责、城市人民政府抓落实的工作责任制。住房城乡建设部、监察部等部门要对省级人民政府的相关工作进行考核，加强监督检查，建立约谈、巡查和问责制度。对稳定房价、推进保障性住房建设工作不力，影响社会发展和稳定的，要追究责任。

二、坚决抑制不合理住房需求

（三）实行更为严格的差别化住房信贷政策。对购买首套自住房且套型建筑面积在90平方米以上的家庭（包括借款人、配偶及未成年子女，下同），贷款首付款比例不得低于30%；对贷款购买第二套住房的家庭，贷款首付款比例不得低于50%，贷款利率不得低于基准利率的1.1倍；对贷款购买第三套及以上住房的，贷款首付款比例和贷款利率应大幅度提高，具体由商业银行根据风险管理原则自主确定。人民银行、银监会要指导和监督商业银行严格住房消费贷款管理。住房城乡建设部要会同人民银行、银监会抓紧制定第二套住房的认定标准。

要严格限制各种名目的炒房和投机性购房。商品住房价格过高、上涨过快、供应紧张的地区，商业银行可根据风险状况，暂停发放购买第三套及以上住房贷款；对不能提供1年以上当地纳税证明或社会保险缴纳证明的非本地居民暂停发放购买住房贷款。地方人民政府可根据实际情况，采取临时性措施，在一定时期内限定购房套数。

对境外机构和个人购房，严格按有关政策执行。

（四）发挥税收政策对住房消费和房地产收益的调节作用。财政部、税务总局要加快研

究制定引导个人合理住房消费和调节个人房产收益的税收政策。税务部门要严格按照税法和有关政策规定,认真做好土地增值税的征收管理工作,对定价过高、涨幅过快的房地产开发项目进行重点清算和稽查。

三、增加住房有效供给

(五)增加居住用地有效供应。国土资源部要指导督促各地及时制定并公布以住房为主的房地产供地计划,并切实予以落实。房价上涨过快的城市,要增加居住用地的供应总量。要依法加快处置闲置房地产用地,对收回的闲置土地,要优先安排用于普通住房建设。在坚持和完善土地招拍挂制度的同时,探索"综合评标"、"一次竞价"、"双向竞价"等出让方式,抑制居住用地出让价格非理性上涨。

(六)调整住房供应结构。各地要尽快编制和公布住房建设规划,明确保障性住房、中小套型普通商品住房的建设数量和比例。住房城乡建设部门要加快对普通商品住房的规划、开工建设和预销售审批,尽快形成有效供应。保障性住房、棚户区改造和中小套型普通商品住房用地不低于住房建设用地供应总量的70%,并优先保证供应。城乡规划、房地产主管部门要积极配合国土资源部门,将住房销售价位、套数、套型面积、保障性住房配建比例以及开竣工时间、违约处罚条款等纳入土地出让合同,确保中小套型住房供应结构比例严格按照有关规定落实到位。房价过高、上涨过快的地区,要大幅度增加公共租赁住房、经济适用住房和限价商品住房供应。

四、加快保障性安居工程建设

(七)确保完成2010年建设保障性住房300万套、各类棚户区改造住房280万套的工作任务。住房城乡建设部、发展改革委、财政部等有关部门要尽快下达年度计划及中央补助资金。住房城乡建设部要与各省级人民政府签订住房保障工作目标责任书,落实工作责任。地方人民政府要切实落实土地供应、资金投入和税费优惠等政策,确保完成计划任务。按照政府组织、社会参与的原则,加快发展公共租赁住房,地方各级人民政府要加大投入,中央以适当方式给予资金支持。国有房地产企业应积极参与保障性住房建设和棚户区改造。住房城乡建设部要会同有关部门抓紧制定2010~2012年保障性住房建设规划(包括各类棚户区建设、政策性住房建设),并在2010年7月底前向全社会公布。

五、加强市场监管

(八)加强对房地产开发企业购地和融资的监管。国土资源部门要加大专项整治和清理力度,严格依法查处土地闲置及炒地行为,并限制有违法违规行为的企业新购置土地。房地产开发企业在参与土地竞拍和开发建设过程中,其股东不得违规对其提供借款、转贷、担保或其他相关融资便利。严禁非房地产主业的国有及国有控股企业参与商业性土地开发和房地产经营业务。国有资产和金融监管部门要加大查处力度。商业银行要加强对房地产企业开发贷款的贷前审查和贷后管理。对存在土地闲置及炒地行为的房地产开发企业,商业银行不得发放新开发项目贷款,证监部门暂停批准其上市、再融资和重大资产重组。

(九)加大交易秩序监管力度。对取得预售许可或者办理现房销售备案的房地产开发项目,要在规定时间内一次性公开全部销售房源,并严格按照申报价格明码标价对外销售。住房城乡建设部门要对已发放预售许可证的商品住房项目进行清理,对存在捂盘惜售、囤积房源、哄抬房价等行为的房地产开发企业,要加大曝光和处罚力度,问题严重的要取消经营资格,对存在违法违规行为的要追究相关人员的责任。住房城乡建设部门要会同有关部门抓紧制定房屋租赁管理办法,规范发展租赁市场。

各省(区、市)人民政府要对本地区房地产开发企业经营行为进行一次检查,及时纠正和严肃处理违法违规行为,检查处理结果要于2010年6月底之前报国务院。住房城乡建设部要会同有关部门组织抽查,确保检查工作取得实效。

(十)完善房地产市场信息披露制度。各地要及时向社会公布住房建设计划和住房用地年度供应计划。住房城乡建设部要加快个人住房信息系统的建设。统计部门要研究发布能够反映不同区位、不同类型住房价格变动的信息。

国务院各有关部门要根据本通知精神,加快制定、调整和完善相关的政策措施,各司其职、分工协作,加强对各地的指导和监督检查。各地区、各有关部门要积极做好房地产市场调控政策的解读工作。新闻媒体要加强正面引导,大力宣传国家房地产市场调控政策和保障性住房建设成果,引导居民住房理性消费,形成有利于房地产市场平稳健康发展的舆论氛围。

5-4-3

国务院关于印发《进一步鼓励软件产业和集成电路产业发展的若干政策》的通知

2011年1月28日　国发〔2011〕4号

各省、自治区、直辖市人民政府,国务院各部委、各直属机构:

现将《进一步鼓励软件产业和集成电路产业发展的若干政策》印发给你们,请认真贯彻执行。

软件产业和集成电路产业是国家战略性新兴产业,是国民经济和社会信息化的重要基础。近年来,在国家一系列政策措施的扶持下,经过各方面共同努力,我国软件产业和集成电路产业获得较快发展。制定实施《进一步鼓励软件产业和集成电路产业发展的若干政策》,继续完善激励措施,明确政策导向,对于优化产业发展环境,增强科技创新能力,提高产业发展质量和水平,具有重要意义。各地区、各有关部门要高度重视,加强组织领导和协调配合,抓紧制定实施细则和配套措施,切实抓好落实工作。发展改革委要会同有关部门及时跟踪了解政策执行情况,加强督促指导,确保取得实效。

进一步鼓励软件产业和集成电路产业发展的若干政策

《国务院关于印发〈鼓励软件产业和集成电路产业发展若干政策〉的通知》(国发〔2000〕18号,以下简称国发18号文件)印发以来,我国软件产业和集成电路产业快速发展,产业规模迅速扩大,技术水平显著提升,有力推动了国家信息化建设。但与国际先进水平相比,我国软件产业和集成电路产业还存在发展基础较为薄弱,企业科技创新和自我发展能力不强,应用开发水平急待提高,产业链有待完善等问题。为进一步优化软件产业和集成电路产业发展环境,提高产业发展质量和水平,培育一批有实力和影响力的行业领先企业,制定以下政策。

一、财税政策

(一)继续实施软件增值税优惠政策。

(二)进一步落实和完善相关营业税优惠政策,对符合条件的软件企业和集成电路设计企业从事软件开发与测试,信息系统集成、咨询和运营维护,集成电路设计等业务,免征营业税,并简化相关程序。具体办法由财政部、税务总局会同有关部门制定。

(三)对集成电路线宽小于0.8微米(含)的集成电路生产企业,经认定后,自获利年度起,第一年至第二年免征企业所得税,第三年至第五年按照25%的法定税率减半征收企业所得税(以下简称企业所得税"两免三减半"优惠政策)。

(四)对集成电路线宽小于0.25微米或投资额超过80亿元的集成电路生产企业,经认定后,减按15%的税率征收企业所得税,其中经营期在15年以上的,自获利年度起,第一年至第五年免征企业所得税,第六年至第十年按照25%的法定税率减半征收企业所得税(以下简称企业所得税"五免五减半"优惠政策)。

(五)对国家批准的集成电路重大项目,因集中采购产生短期内难以抵扣的增值税进项税额占用资金问题,采取专项措施予以妥善解决。具体办法由财政部会同有关部门制定。

(六)对我国境内新办集成电路设计企业和符合条件的软件企业,经认定后,自获利年度起,享受企业所得税"两免三减半"优惠政策。经认定的集成电路设计企业和符合条件的软件企业的进口料件,符合现行法律法规规定的,可享受保税政策。

(七)国家规划布局内的集成电路设计企业符合相关条件的,可比照国发18号文件享受国家规划布局内重点软件企业所得税优惠政策。具体办法由发展改革委会同有关部门制定。

(八)为完善集成电路产业链,对符合条件的集成电路封装、测试、关键专用材料企业以及集成电路专用设备相关企业给予企业所得税优惠。具体办法由财政部、税务总局会同有关部门制定。

(九)国家对集成电路企业实施的所得税优惠政策,根据产业技术进步情况实行动态调整。符合条件的软件企业和集成电路企业享受企业所得税"两免三减半"、"五免五减半"优惠政策,在2017年12月31日前自获利年度起计算优惠期,并享受至期满为止。符合条件的软件企业和集成电路企业所得税优惠政策与企业所得税其他优惠政策存在交叉的,由企业选择一项最优惠政策执行,不叠加享受。

二、投融资政策

(十)国家大力支持重要的软件和集成电路项目建设。对符合条件的集成电路企业技术进步和技术改造项目,中央预算内投资给予适当支持。鼓励软件企业加强技术开发综合能力建设。

(十一)国家鼓励、支持软件企业和集成电路企业加强产业资源整合。对软件企业和集成电路企业为实现资源整合和做大做强进行的跨地区重组并购,国务院有关部门和地方各级人民政府要积极支持引导,防止设置各种形式的障碍。

(十二)通过现有的创业投资引导基金等资金和政策渠道,引导社会资本设立创业投资基金,支持中小软件企业和集成电路企业创业。有条件的地方政府可按照国家有关规定设立主要支持软件企业和集成电路企业发展的股权投资基金或创业投资基金,引导社会资金投资软件产业和集成电路产业。积极支持符合条件的软件企业和集成电路企业采取发行股票、债券等多种方式筹集资金,拓宽直接融资渠道。

(十三)支持和引导地方政府建立贷款风险补偿机制,健全知识产权质押登记制度,积极推动软件企业和集成电路企业利用知识产权等无形资产进行质押贷款。充分发挥融资性担保机构和融资担保补助资金的作用,积极为中小软件企业和集成电路企业提供各种形式的贷款担保服务。

(十四)政策性金融机构在批准的业务范围内,可对符合国家重大科技项目范围、条件的软件和集成电路项目给予重点支持。

(十五)商业性金融机构应进一步改善金融服务,积极创新适合软件产业和集成电路产业发展的信贷品种,为符合条件的软件企业和集成电路企业提供融资支持。

三、研究开发政策

(十六)充分利用多种资金渠道,进一步加大对科技创新的支持力度。发挥国家科技重大专项的引导作用,大力支持软件和集成电路重大关键技术的研发,努力实现关键技术的整体突破,加快具有自主知识产权技术的产业化和推广应用。紧紧围绕培育战略性新兴产业的目标,重点支持基础软件、面向新一代信息网络的高端软件、工业软件、数字内容相关软件、高端芯片、集成电路装备和工艺技术、集成电路关键材料、关键应用系统的研发以及重要技术标准的制定。科技部、发展改革委、财政部、工业和信息化部等部门要做好有关专项的组织实施工作。

(十七)在基础软件、高性能计算和通用计算平台、集成电路工艺研发、关键材料、关键应用软件和芯片设计等领域,推动国家重点实验室、国家工程实验室、国家工程中心和企业技术中心建设,有关部门要优先安排研发项目。鼓励软件企业和集成电路企业建立产学研用结合的产业技术创新战略联盟,促进产业链协同发展。

(十八)鼓励软件企业大力开发软件测试和评价技术,完善相关标准,提升软件研发能力,提高软件质量,加强品牌建设,增强产品竞争力。

四、进出口政策

(十九)对软件企业和集成电路设计企业需要临时进口的自用设备(包括开发测试设备、软硬件环境、样机及部件、元器件等),经地市级商务主管部门确认,可以向海关申请按暂时进境货物监管,其进口税收按照现行法规执行。对符合条件的软件企业和集成电路企业,质检部门可提供提前预约报检服务,海关根据企业要求提供提前预约通关服务。

(二十)对软件企业与国外资信等级较高的企业签订的软件出口合同,政策性金融机构可按照独立审贷和风险可控的原则,在批准的业务范围内提供融资和保险支持。

(二十一)支持企业"走出去"建立境外营销网络和研发中心,推动集成电路、软件和信息服务出口。大力发展国际服务外包业务。商务部要会同有关部门与重点国家和地区建立长效合作机制,采取综合措施为企业拓展新兴市场创造条件。

五、人才政策

(二十二)加快完善期权、技术入股、股权、分红权等多种形式的激励机制,充分发挥研发人员和管理人员的积极性和创造性。各级人民政府可对有突出贡献的软件和集成电路高级人才给予重奖。对国家有关部门批准建立的产业基地(园区)、高校软件学院和微电子学院引进的软件、集成电路人才,优先安排本人及其配偶、未成年子女在所在地落户。加强人才市场管理,积极为软件企业和集成电路企业招聘人才提供服务。

(二十三)高校要进一步深化改革,加强软件工程和微电子专业建设,紧密结合产业发展需求及时调整课程设置、教学计划和教学方式,努力培养国际化、复合型、实用性人才。加强软件工程和微电子专业师资队伍、教学实验室和实习实训基地建设。教育部要会同有关部门加强督促和指导。

(二十四)鼓励有条件的高校采取与集成电路企业联合办学等方式建立微电子学院,经批准设立的示范性微电子学院可以享受示范性软件学院相关政策。支持建立校企结合的人才综合培训和实践基地,支持示范性软件学院和微电子学院与国际知名大学、跨国公司合作,引进国外师资和优质资源,联合培养软件和集成电路人才。

(二十五)按照引进海外高层次人才的有关要求,加快软件与集成电路海外高层次人才的引进,落实好相关政策。制定落实软件与集成电路人才引进和出国培训年度计划,办好国家软件和集成电路人才国际培训基地,积极开辟国外培训渠道。

六、知识产权政策

(二十六)鼓励软件企业进行著作权登记。支持软件和集成电路企业依法到国外申请知识产权,对符合有关规定的,可申请财政资金支持。加大政策扶持力度,大力发展知识产权服务业。

(二十七)严格落实软件和集成电路知识产权保护制度,依法打击各类侵权行为。加大对网络环境下软件著作权、集成电路布图设计专有权的保护力度,积极开发和应用正版软件网络版权保护技术,有效保护软件和集成电路知识产权。

(二十八)进一步推进软件正版化工作,探索建立长效机制。凡在我国境内销售的计算机(大型计算机、服务器、微型计算机和笔记本电脑)所预装软件必须为正版软件,禁止预装非正版软件的计算机上市销售。全面落实政府机关使用正版软件的政策措施,将软件购置经费纳入财政预算,对通用软件实行政府集中采购,加强对软件资产的管理。大力引导企业和社会公众使用正版软件。

七、市场政策

(二十九)积极引导企业将信息技术研发应用业务外包给专业企业。鼓励政府部门通过购买服务的方式将电子政务建设和数据处理工作中的一般性业务发包给专业软件和信息服务企业,有关部门要抓紧建立和完善相应的安全审查和保密管理规定。

鼓励大中型企业将其信息技术研发应用业务机构剥离,成立专业软件和信息服务企业,为全行业和全社会提供服务。

(三十)进一步规范软件和集成电路市场秩序,加强反垄断工作,依法打击各种滥用知识产权排除、限制竞争以及滥用市场支配地位进行不正当竞争的行为,充分发挥行业协会的作用,创造良好的产业发展环境。加快制订相关技术和服务标准,促进软件市场公平竞争,维护消费者合法权益。

(三十一)完善网络环境下消费者隐私及企业秘密保护制度,促进软件和信息服务网络化发展。逐步在各级政府机关和事业单位推广符合安全要求的软件产品。

八、政策落实

(三十二)凡在我国境内设立的符合条件的软件企业和集成电路企业,不分所有制性质,均可享受本政策。

(三十三)继续实施国发18号文件明确的政策,相关政策与本政策不一致的,以本政策为准。本政策由发展改革委会同财政部、税务总局、工业和信息化部、商务部、海关总署等部门负责解释。

(三十四)本政策自发布之日起实施。

注释:

政策调整。"享受税收优惠政策的集成电路企业和国家规划布局内重点软件企业的认定"取消。参见:《国务院关于取消非行政许可审批事项的决定》(国发〔2015〕27号)。

5-4-4

国家税务总局关于贯彻落实《国务院办公厅关于支持外贸稳定增长的若干意见》的通知

2014年6月4日　税总函〔2014〕239号

各省、自治区、直辖市和计划单列市国家税务局:

为认真贯彻落实《国务院办公厅关于支持外贸稳定增长的若干意见》(国办发〔2014〕19号),充分发挥税收职能作用,有效支持外贸稳定增长,现将有关事项通知如下:

一、进一步加快出口退税进度,确保及时足额退税

(一)加快出口退税进度是促进外贸出口的重要措施,各级税务机关应高度重视这一工作,主要负责人应亲自督促落实,加强调查研究的力度,对影响退税进度的因素,应采取切实可行的措施及时予以解决,要切实提高出口退(免)税审核、审批效率,对按规定审核未发现涉嫌骗税疑点的出口退税,要及时审批和办理退库手续。

(二)严格按照规定的要求和时限开展发函、回函工作,进一步提高出口货物税收函调的质量和效率。要提高发函的针对性,减少涉及小额退税款的发函数量。回函要明确无歧义。

(三)主管出口退税部门要进一步加强与税务系统内、外相关部门的沟通协调,充分利用现代信息技术,积极实施出口退税相关电子信息自动传输,认真做好税库银联网试点工作,进一步缩短税款退付的在途时间。

（四）当出现出口退税计划不足时，要积极向上级税务机关反映，申请追加计划。不得以计划不足等原因拖延办理出口退税。

（五）税务总局将于近期对重点地区进行"加快退税进度，确保及时足额退税"的专项督查。各地可结合工作实际开展自查工作。

二、进一步优化出口退税服务，降低企业经营成本

（一）各级税务机关要结合"便民办税春风行动"，通过各种行之有效的渠道和方式，及时做好出口退税政策宣传、解释、辅导工作，可以探索使用微信公众平台等新兴技术进一步拓展出口退税服务，使企业能够及时了解、掌握政策变动信息，确保把出口退税政策落到实处。

（二）持续做好出口退税业务提醒服务，及时将出口退税审核系统生成的出口退税业务提醒信息通知出口企业，方便企业及时掌握本企业出口退（免）税申报、审核、退库进度及申报退（免）税期限即将到期等情况，使企业能够根据退税情况统筹安排经营活动，及时根据税务机关管理要求收取有关单证申报退（免）税，加快申报进度。

（三）积极落实跨境电子商务企业税收政策，密切关注跨境电子商务企业出口退税情况，根据电子商务特点，探索创新出口退税管理机制，为跨境电子商务贸易发展创造良好条件。

（四）严格落实外贸综合服务企业税收政策，发挥外贸综合服务企业提供出口服务的优势，支持中小企业有效开拓国际市场。及时跟踪外贸综合服务企业出口退（免）税管理中出现的新情况、新问题，采取有效措施予以解决。

三、进一步落实外贸税收政策，增强企业竞争力

（一）各地税务机关要及时、准确地落实服务出口增值税零税率或免税政策，促进服务贸易发展。

（二）边境地区税务机关要帮助边境地区用足用好边境贸易税收政策，完善相关管理举措，真正发挥边贸政策"兴边富民"的作用。

（三）继续做好融资租赁货物出口退税试点、"市场采购"贸易方式试点、启运港退税试点和境外旅客购物离境退税政策试点工作，已开展上述试点工作的地区要抓紧做好试点工作总结，提出完善政策和强化管理的意见和建议，为进一步扩大试点范围创造条件。

四、进一步防范打击骗退税行为，营造健康外贸环境

各地税务机关要充分认识到，严密防范和严厉打击骗取出口退税违法犯罪行为是支持守法企业健康发展，构建竞争公平、秩序规范的出口退税管理环境的必要措施，也是保证国家根据准确的出口数据进行宏观调控决策，确保国家财税安全的重要手段。各地税务机关在落实各项出口退税政策、进一步提高工作效率的同时，要进一步加大打击骗取出口退税力度。

（一）严格执行岗位监督制约制度，合理配备人员，按规定审核办理出口退税业务，不得擅自做出与现行规定相悖的决定。在执行中如有与现行规定不符的问题，要逐级向税务总局书面报告，并严格按照税务总局的决定执行。

（二）加强出口退税预警和评估工作，进一步完善预警监控和分析评估指标，建立相互印证、相互交叉的立体预警评估网络体系。发现涉嫌骗取出口退税的，要及时按规定处理，

并将有关情况逐级上报税务总局。

（三）规范和加强出口退税审核系统的应用管理，保证出口退税审核系统的数据完整、准确、规范。

5-4-5

国务院办公厅关于加快新能源汽车推广应用的指导意见

2014年7月14日　国办发〔2014〕35号

各省、自治区、直辖市人民政府，国务院各部委、各直属机构：

为全面贯彻落实《国务院关于印发节能与新能源汽车产业发展规划（2012—2020年）的通知》（国发〔2012〕22号），加快新能源汽车的推广应用，有效缓解能源和环境压力，促进汽车产业转型升级，经国务院批准，现提出以下指导意见：

一、总体要求

（一）指导思想。

贯彻落实发展新能源汽车的国家战略，以纯电驱动为新能源汽车发展的主要战略取向，重点发展纯电动汽车、插电式（含增程式）混合动力汽车和燃料电池汽车，以市场主导和政府扶持相结合，建立长期稳定的新能源汽车发展政策体系，创造良好发展环境，加快培育市场，促进新能源汽车产业健康快速发展。

（二）基本原则。

创新驱动，产学研用结合。新能源汽车生产企业和充电设施生产建设运营企业要着力突破关键核心技术，加强商业模式创新和品牌建设，不断提高产品质量，降低生产成本，保障产品安全和性能，为消费者提供优质服务。

政府引导，市场竞争拉动。地方政府要相应制定新能源汽车推广应用规划，促进形成统一、竞争、有序的市场环境。建立和规范市场准入标准，鼓励社会资本参与新能源汽车生产和充电运营服务。

双管齐下，公共服务带动。把公共服务领域用车作为新能源汽车推广应用的突破口，扩大公共机构采购新能源汽车的规模，通过示范使用增强社会信心，降低购买使用成本，引导个人消费，形成良性循环。

因地制宜，明确责任主体。地方政府承担新能源汽车推广应用主体责任，要结合地方经济社会发展实际，制定具体实施方案和工作计划，明确工作要求和时间进度，确保完成各项目标任务。

二、加快充电设施建设

（三）制定充电设施发展规划和技术标准。完善充电设施标准体系建设，制定实施新能源汽车充电设施发展规划，鼓励社会资本进入充电设施建设领域，积极利用城市中现有的场地和设施，推进充电设施项目建设，完善充电设施布局。电网企业要做好相关电力基础网络建设和充电设施报装增容服务等工作。

（四）完善城市规划和相应标准。将充电设施建设和配套电网建设与改造纳入城市规划，完善相关工程建设标准，明确建筑物配建停车场、城市公共停车场预留充电设施建设条件的要求和比例。加快形成以使用者居住地、驻地停车位（基本车位）配建充电设施为主体，以城市公共停车位、路内临时停车位配建充电设施为辅助，以城市充电站、换电站为补充的，数量适度超前、布局合理的充电设施服务体系。研究在高速公路服务区配建充电设施，积极构建高速公路城际快充网络。

（五）完善充电设施用地政策。鼓励在现有停车场（位）等现有建设用地上设立他项权利建设充电设施。通过设立他项权利建设充电设施的，可保持现有建设用地已设立的土地使用权及用途不变。在符合规划的前提下，利用现有建设用地新建充电站的，可采用协议方式办理相关用地手续。政府供应独立新建的充电站用地，其用途按城市规划确定的用途管理，应采取招标拍卖挂牌方式出让或租赁方式供应土地，可将建设要求列入供地条件，底价确定可考虑政府支持的要求。供应其他建设用地需配建充电设施的，可将配建要求纳入土地供应条件，依法妥善处理充电设施使用土地的产权关系。严格充电站的规划布局和建设标准管理。严格充电站用地改变用途管理，确需改变用途的，应依法办理规划和用地手续。

（六）完善用电价格政策。充电设施经营企业可向电动汽车用户收取电费和充电服务费。2020年前，对电动汽车充电服务费实行政府指导价管理。对向电网经营企业直接报装接电的经营性集中式充电设施用电，执行大工业用电价格；对居民家庭住宅、居民住宅小区等非经营性分散充电桩按其所在场所执行分类目录电价；对党政机关、企事业单位和社会公共停车场中设置的充电设施用电执行一般工商业及其他类用电价格。电动汽车充电设施用电执行峰谷分时电价政策。将电动汽车充电设施配套电网改造成本纳入电网企业输配电价。

（七）推进充电设施关键技术攻关。依托国家科技计划加强对新型充电设施及装备技术、前瞻性技术的研发，对关键技术的检测认证方法、充电设施消防安全规范以及充电网络监控和运营安全等方面给予科技支撑。支持企业探索发展适应行业特征的充电模式，实现更安全、更方便的充电。

（八）鼓励公共单位加快内部停车场充电设施建设。具备条件的政府机关、公共机构及企事业等单位新建或改造停车场，应当结合新能源汽车配备更新计划，充分考虑职工购买新能源汽车的需要，按照适度超前的原则，规划设置新能源汽车专用停车位、配建充电桩。

（九）落实充电设施建设责任。地方政府要把充电设施及配套电网建设与改造纳入城市建设规划，因地制宜制定充电设施专项建设规划，在用地等方面给予政策支持，对建设运营给予必要补贴。电网企业要配合政府做好充电设施建设规划。

三、积极引导企业创新商业模式

（十）加快售后服务体系建设。进一步放宽市场准入，鼓励和支持社会资本进入新能源汽车充电设施建设和运营、整车租赁、电池租赁和回收等服务领域。新能源汽车生产企业要积极提高售后服务水平，加快品牌培育。地方政府可通过给予特许经营权等方式保护投资主体初期利益，商业场所可将充电费、服务费与停车收费相结合给予优惠，个人拥有的充电设施也可对外提供充电服务,地方政府负责制定相应的服务标准。研究制定动力电池回收利用政策,探索利用基金、押金、强制回收等方式促进废旧动力电池回收,建立健全废旧动力电池循环利用体系。

（十一）积极鼓励投融资创新。在公共服务领域探索公交车、出租车、公务用车的新能源汽车融资租赁运营模式,在个人使用领域探索分时租赁、车辆共享、整车租赁以及按揭购买新能源汽车等模式,及时总结推广科学有效的做法。

（十二）发挥信息技术的积极作用。不断提高现代信息技术在新能源汽车商业运营模式创新中的应用水平,鼓励互联网企业参与新能源汽车技术研发和运营服务,加快智能电网、移动互联网、物联网、大数据等新技术应用,为新能源汽车推广应用带来更多便利和实惠。

四、推动公共服务领域率先推广应用

（十三）扩大公共服务领域新能源汽车应用规模。各地区、各有关部门要在公交车、出租车等城市客运以及环卫、物流、机场通勤、公安巡逻等领域加大新能源汽车推广应用力度,制定机动车更新计划,不断提高新能源汽车运营比重。新能源汽车推广应用城市新增或更新车辆中的新能源汽车比例不低于30%。

（十四）推进党政机关和公共机构、企事业单位使用新能源汽车。2014—2016年,中央国家机关以及新能源汽车推广应用城市的政府机关及公共机构购买的新能源汽车占当年配备更新车辆总量的比例不低于30%,以后逐年扩大应用规模。企事业单位应积极采取租赁和完善充电设施等措施,鼓励本单位职工购买使用新能源汽车,发挥对社会的示范引领作用。

五、进一步完善政策体系

（十五）完善新能源汽车推广补贴政策。对消费者购买符合要求的纯电动汽车、插电式（含增程式）混合动力汽车、燃料电池汽车给予补贴。中央财政安排资金对新能源汽车推广应用规模较大和配套基础设施建设较好的城市或企业给予奖励,奖励资金用于充电设施建设等方面。有关方面要抓紧研究确定2016—2020年新能源汽车推广应用的财政支持政策,争取于2014年底前向社会公布,及早稳定企业和市场预期。

（十六）改革完善城市公交车成品油价格补贴政策。城市公交车行业是新能源汽车推广的优先领域,通过逐步减少对城市公交车燃油补贴和增加对新能源公交车运营补贴,将补贴额度与新能源公交车推广目标完成情况相挂钩,形成鼓励新能源公交车应用、限制燃油公交车增长的机制,加快新能源公交车替代燃油公交车步伐,促进城市公交行业健康发展。

（十七）给予新能源汽车税收优惠。2014年9月1日至2017年12月31日,对纯电动汽车、插电式（含增程式）混合动力汽车和燃料电池汽车免征车辆购置税。进一步落实《中华人民共和国车船税法》及其实施条例,研究完善节约能源和新能源汽车车船税优惠政策,并做好车船税减免工作。继续落实好汽车消费税政策,发挥税收政策鼓励新能源汽车消费的作用。

（十八）多渠道筹集支持新能源汽车发展的资金。建立长期稳定的发展新能源汽车的资金来源,重点支持新能源汽车技术研发、检验测试和推广应用。

（十九）完善新能源汽车金融服务体系。鼓励银行业金融机构基于商业可持续原则，建立适应新能源汽车行业特点的信贷管理和贷款评审制度，创新金融产品，满足新能源汽车生产、经营、消费等各环节的融资需求。支持符合条件的企业通过上市、发行债券等方式，拓宽企业融资渠道。鼓励汽车金融公司发行金融债券，开展信贷资产证券化，增加其支持个人购买新能源汽车的资金来源。

（二十）制定新能源汽车企业准入政策。研究出台公开透明、操作性强的新建新能源汽车生产企业投资项目准入条件，支持社会资本和具有技术创新能力的企业参与新能源汽车科研生产。

（二十一）建立企业平均燃料消耗量管理制度。制定实施基于汽车企业平均燃料消耗量的积分交易和奖惩办法，在考核企业平均燃料消耗量时对新能源汽车给予优惠，鼓励新能源汽车的研发生产和销售使用。

（二十二）实行差异化的新能源汽车交通管理政策。有关地区为缓解交通拥堵采取机动车限购、限行措施时，应当对新能源汽车给予优惠和便利。实行新能源汽车独立分类注册登记，便于新能源汽车的税收和保险分类管理。在机动车行驶证上标注新能源汽车类型，便于执法管理中有效识别区分。改进道路交通技术监控系统，通过号牌自动识别系统对新能源汽车的通行给予便利。

六、坚决破除地方保护

（二十三）统一标准和目录。各地区要严格执行全国统一的新能源汽车和充电设施国家标准和行业标准，不得自行制定、出台地方性的新能源汽车和充电设施标准。各地区要执行国家统一的新能源汽车推广目录，不得采取制定地方推广目录、对新能源汽车进行重复检测检验、要求汽车生产企业在本地设厂、要求整车企业采购本地生产的电池、电机等零部件等违规措施，阻碍外地生产的新能源汽车进入本地市场，以及限制或变相限制消费者购买外地及某一类新能源汽车。

（二十四）规范市场秩序。有关部门要加强对新能源汽车市场的监管，推进建设统一开放、有序竞争的新能源汽车市场。坚决清理取消各地区不利于新能源汽车市场发展的违规政策措施。

七、加强技术创新和产品质量监管

（二十五）加大科技攻关支持力度。通过国家科技计划，对新能源汽车储能系统、燃料电池、驱动系统、整车控制和信息系统、充电加注、试验检测等共性关键技术以及整车集成技术集中力量攻关，不断完善科技创新体系建设。

（二十六）组织实施产业技术创新工程。加快研究和开发适应市场需求、有竞争力的新能源汽车技术和产品，加大研发和检测能力投入，通过联合开发，加快突破重大关键技术，不断提高产品质量和服务能力，降低能源消耗，加快建立新能源汽车产业技术创新体系。

（二十七）完善新能源汽车产品质量保障体系。新能源汽车产品质量的责任主体是生产企业，生产企业要建立质量安全责任制，确保新能源汽车安全运行。支持建立行业性新能源汽车技术支撑平台，提高新能源汽车技术服务和测试检验水平。建立新能源汽车产品抽检制度，通过市场抽样和性能检测，加强对产品的质量监管和一致性监管。研究建立车用动力电池准入管理制度。

八、进一步加强组织领导

（二十八）加强地方政府的组织推动作用。各有关地方政府要切实加强组织领导，建立由主要负责同志牵头、各职能部门参加的新能源汽车工作联席会议制度，结合本地实际制定细化支持政策和配套措施，形成多方合力。要加强指标考核，建立以实际运营车辆和便利使用环境为主要指标的考核体系，明确工作要求和时间进度，确保按时保质完成各项目标任务。

（二十九）加强部门间的统筹协调。节能与新能源汽车产业发展部际联席会议及其办公室要及时协调解决新能源汽车推广应用中的重大问题，部门间要加强协同配合，提高工作效率。要加强对各地区的督促考核，定期在媒体公开各地区任务完成情况。财政奖励资金要与推广目标完成情况、基础设施网络配套及社会使用环境建设等挂钩，建立新能源汽车推广城市退出机制。要及时总结成功经验，在全国组织推广交流活动，促进各地相互学习借鉴、共同提高。

（三十）加强宣传引导和舆论监督。各有关部门和新闻媒体要通过多种形式大力宣传新能源汽车对降低能源消耗、减少污染物排放的重大作用，组织业内专家解读新能源汽车的综合成本优势。要通过媒体宣传，提高全社会对新能源汽车的认知度和接受度，同时对损害消费者权益、弄虚作假等行为给予曝光，形成有利于新能源汽车消费的氛围。

5-4-6

国务院关于加快发展体育产业促进体育消费的若干意见

2014年10月2日　国发〔2014〕46号

各省、自治区、直辖市人民政府，国务院各部委、各直属机构：

发展体育事业和产业是提高中华民族身体素质和健康水平的必然要求，有利于满足人民群众多样化的体育需求、保障和改善民生，有利于扩大内需、增加就业、培育新的经济增长点，有利于弘扬民族精神、增强国家凝聚力和文化竞争力。近年来，我国体育产业快速发展，但总体规模依然不大、活力不强，还存在一些体制机制问题。为进一步加快发展体育产业，促进体育消费，现提出以下意见。

一、总体要求

（一）指导思想。

以邓小平理论、"三个代表"重要思想、科学发展观为指导，把增强人民体质、提高健康水平作为根本目标，解放思想、深化改革、开拓创新、激发活力，充分发挥市场在资源配置中的决定性作用和更好发挥政府作用，加快形成有效竞争的市场格局，积极扩大体育产品和服务供给，推动体育产业成为经济转型升级的重要力量，促进群众体育与竞技体育全面发展，加快体育强国建设，不断满足人民群众日益增长的体育需求。

(二)基本原则。

坚持改革创新。加快政府职能转变,进一步简政放权,减少微观事务管理。加强规划、政策、标准引导,创新服务方式,强化市场监管,营造竞争有序、平等参与的市场环境。

发挥市场作用。遵循产业发展规律,完善市场机制,积极培育多元市场主体,吸引社会资本参与,充分调动全社会积极性与创造力,提供适应群众需求、丰富多样的产品和服务。

倡导健康生活。树立文明健康生活方式,推进健康关口前移,延长健康寿命,提高生活品质,激发群众参与体育活动热情,推动形成投资健康的消费理念和充满活力的体育消费市场。

创造发展条件。营造重视体育、支持体育、参与体育的社会氛围,将全民健身上升为国家战略,把体育产业作为绿色产业、朝阳产业培育扶持,破除行业壁垒、扫清政策障碍,形成有利于体育产业快速发展的政策体系。

注重统筹协调。立足全局,统筹兼顾,充分发挥体育产业和体育事业良性互动作用,推进体育产业各门类和业态全面发展,促进体育产业与其他产业相互融合,实现体育产业与经济社会协调发展。

(三)发展目标。

到2025年,基本建立布局合理、功能完善、门类齐全的体育产业体系,体育产品和服务更加丰富,市场机制不断完善,消费需求愈加旺盛,对其他产业带动作用明显提升,体育产业总规模超过5万亿元,成为推动经济社会持续发展的重要力量。

——产业体系更加完善。健身休闲、竞赛表演、场馆服务、中介培训、体育用品制造与销售等体育产业各门类协同发展,产业组织形态和集聚模式更加丰富。产业结构更加合理,体育服务业在体育产业中的比重显著提升。体育产品和服务层次更加多样,供给充足。

——产业环境明显优化。体制机制充满活力,政策法规体系更加健全,标准体系科学完善,监管机制规范高效,市场主体诚信自律。

——产业基础更加坚实。人均体育场地面积达到2平方米,群众体育健身和消费意识显著增强,人均体育消费支出明显提高,经常参加体育锻炼的人数达到5亿,体育公共服务基本覆盖全民。

二、主要任务

(一)创新体制机制。

进一步转变政府职能。全面清理不利于体育产业发展的有关规定,取消不合理的行政审批事项,凡是法律法规没有明令禁入的领域,都要向社会开放。取消商业性和群众性体育赛事活动审批,加快全国综合性和单项体育赛事管理制度改革,公开赛事举办目录,通过市场机制积极引入社会资本承办赛事。有关政府部门要积极为各类赛事活动举办提供服务。推行政社分开、政企分开、管办分离,加快推进体育行业协会与行政机关脱钩,将适合由体育社会组织提供的公共服务和解决的事项,交由体育社会组织承担。

推进职业体育改革。拓宽职业体育发展渠道,鼓励具备条件的运动项目走职业化道路,支持教练员、运动员职业化发展。完善职业体育的政策制度体系,扩大职业体育社会参与,鼓励发展职业联盟,逐步提高职业体育的成熟度和规范化水平。完善职业体育俱乐部的法人治理结构,加快现代企业制度建设。改进职业联赛决策机制,充分发挥俱乐部的市场主体作用。

创新体育场馆运营机制。积极推进场馆管理体制改革和运营机制创新,引入和运用现代企业制度,激发场馆活力。推行场馆设计、建设、运营管理一体化模式,将赛事功能需要与赛后综合利用有机结合。鼓励场馆运营管理实体通过品牌输出、管理输出、资本输出等形式实现规模化、专业化运营。增强大型体育场馆复合经营能力,拓展服务领域,延伸配套服务,实现最佳运营效益。

(二)培育多元主体。

鼓励社会力量参与。进一步优化市场环境,完善政策措施,加快人才、资本等要素流动,优化场馆等资源配置,提升体育产业对社会资本吸引力。培育发展多形式、多层次体育协会和中介组织。加快体育产业行业协会建设,充分发挥行业协会作用,引导体育用品、体育服务、场馆建筑等行业发展。打造体育贸易展示平台,办好体育用品、体育文化、体育旅游等博览会。

引导体育企业做强做精。实施品牌战略,打造一批具有国际竞争力的知名企业和国际影响力的自主品牌,支持优势企业、优势品牌和优势项目"走出去",提升服务贸易规模和水平。扶持体育培训、策划、咨询、经纪、营销等企业发展。鼓励大型健身俱乐部跨区域连锁经营,鼓励大型体育赛事充分进行市场开发,鼓励大型体育用品制造企业加大研发投入,充分挖掘品牌价值。扶持一批具有市场潜力的中小企业。

(三)改善产业布局和结构。

优化产业布局。因地制宜发展体育产业,打造一批符合市场规律、具有市场竞争力的体育产业基地,建立区域间协同发展机制,形成东、中、西部体育产业良性互动发展格局。壮大长三角、珠三角、京津冀及海峡西岸等体育产业集群。支持中西部地区充分利用江河湖海、山地、沙漠、草原、冰雪等独特的自然资源优势,发展区域特色体育产业。扶持少数民族地区发展少数民族特色体育产业。

改善产业结构。进一步优化体育服务业、体育用品业及相关产业结构,着力提升体育服务业比重。大力培育健身休闲、竞赛表演、场馆服务、中介培训等体育服务业,实施体育服务业精品工程,支持各地打造一大批优秀体育俱乐部、示范场馆和品牌赛事。积极支持体育用品制造业创新发展,采用新工艺、新材料、新技术,提升传统体育用品的质量水平,提高产品科技含量。

抓好潜力产业。以足球、篮球、排球三大球为切入点,加快发展普及性广、关注度高、市场空间大的集体项目,推动产业向纵深发展。对发展相对滞后的足球项目制定中长期发展规划和场地设施建设规划,大力推广校园足球和社会足球。以冰雪运动等特色项目为突破口,促进健身休闲项目的普及和提高。制定冰雪运动规划,引导社会力量积极参与建设一批冰雪运动场地,促进冰雪运动繁荣发展,形成新的体育消费热点。

(四)促进融合发展。

积极拓展业态。丰富体育产业内容,推动体育与养老服务、文化创意和设计服务、教育培训等融合,促进体育旅游、体育传媒、体育会展、体育广告、体育影视等相关业态的发展。以体育设施为载体,打造城市体育服务综合体,推动体育与住宅、休闲、商业综合开发。

促进康体结合。加强体育运动指导,推广"运动处方",发挥体育锻炼在疾病防治以及健康促进等方面的积极作用。大力发展运动医学和康复医学,积极研发运动康复技术,鼓励社会资本开办康体、体质测定和运动康复等各类机构。发挥中医药在运动康复等方面的特色作用,提倡开展健身咨询和调理等服务。

鼓励交互融通。支持金融、地产、建筑、交通、制造、信息、食品药品等企业开发体育领域产品和服务。鼓励可穿戴式运动设备、运动健身指导技术装备、运动功能饮料、营养保健食品药品等研发制造营销。在有条件的地方制定专项规划,引导发展户外营地、徒步骑行服务站、汽车露营营地、航空飞行营地、船艇码头等设施。

(五)丰富市场供给。

完善体育设施。各级政府要结合城镇化发展统筹规划体育设施建设,合理布点布局,重点建设一批便民利民的中小型体育场馆、公众健身活动中心、户外多功能球场、健身步道等场地设施。盘活存量资源,改造旧厂房、仓库、老旧商业设施等用于体育健身。鼓励社会力量建设小型化、多样化的活动场馆和健身设施,政府以购买服务等方式予以支持。在城市社区建设15分钟健身圈,新建社区的体育设施覆盖率达到100%。推进实施农民体育健身工程,在乡镇、行政村实现公共体育健身设施100%全覆盖。

发展健身休闲项目。大力支持发展健身跑、健步走、自行车、水上运动、登山攀岩、射击射箭、马术、航空、极限运动等群众喜闻乐见和有发展空间的项目。鼓励地方根据当地自然、人文资源发展特色体育产业,大力推广武术、龙舟、舞龙舞狮等传统体育项目,扶持少数民族传统体育项目发展,鼓励开发适合老年人特点的休闲运动项目。

丰富体育赛事活动。以竞赛表演业为重点,大力发展多层次、多样化的各类体育赛事。推动专业赛事发展,打造一批有吸引力的国际性、区域性品牌赛事。丰富业余体育赛事,在各地区和机关团体、企事业单位、学校等单位广泛举办各类体育比赛,引导支持体育社会组织等社会力量举办群众性体育赛事活动。加强与国际体育组织等专业机构的交流合作,积极引进国际精品赛事。

(六)营造健身氛围。

鼓励日常健身活动。政府机关、企事业单位、社会团体、学校等都应实行工间、课间健身制度等,倡导每天健身一小时。鼓励单位为职工健身创造条件。组织实施《国家体育锻炼标准》。完善国民体质监测制度,为群众提供体质测试服务,定期发布国民体质监测报告。切实保障中小学体育课课时,鼓励实施学生课外体育活动计划,促进青少年培育体育爱好,掌握一项以上体育运动技能,确保学生校内每天体育活动时间不少于一小时。

推动场馆设施开放利用。积极推动各级各类公共体育设施免费或低收费开放。加快推进企事业单位等体育设施向社会开放。学校体育场馆课余时间要向学生开放,并采取有力措施加强安全保障,加快推动学校体育场馆向社会开放,将开放情况定期向社会公开。提高农民体育健身工程设施使用率。

加强体育文化宣传。各级各类媒体开辟专题专栏,普及健身知识,宣传健身效果,积极引导广大人民群众培育体育消费观念、养成体育消费习惯。积极支持形式多样的体育题材文艺创作,推广体育文化。弘扬奥林匹克精神和中华体育精神,践行社会主义核心价值观。

三、政策措施

(一)大力吸引社会投资。

鼓励社会资本进入体育产业领域,建设体育设施,开发体育产品,提供体育服务。进一步拓宽体育产业投融资渠道,支持符合条件的体育产品、服务等企业上市,支持符合条件的企业发行企业债券、公司债、短期融资券、中期票据、中小企业集合票据和中小企业私募债等非金融企业债务融资工具。鼓励各类金融机构在风险可控、商业可持续的基础上积极开发新产品,开拓新业务,增加适合中小微体育企业的信贷品种。支持扩大对外开放,鼓励境外资本投资体育产业。推广和运用政府和社会资本合作等多种模式,吸引社会资本参与体育产业发展。政府引导,设立由社会资本筹资的体育产业投资基金。有条件的地方可设立体育发展专项资金,对符合条件的企业、社会组织给予项目补助、贷款贴息和奖励。鼓励保险公司围绕健身休闲、竞赛表演、场馆服务、户外运动等需求推出多样化保险产品。

(二)完善健身消费政策。

各级政府要将全民健身经费纳入财政预算,并保持与国民经济增长相适应。要加大投入,安排投资支持体育设施建设。要安排一定比例体育彩票公益金等财政资金,通过政府购买服务等多种方式,积极支持群众健身消费,鼓励公共体育设施免费或低收费开放,引导经营主体提供公益性群众体育健身服务。鼓励引导企事业单位、学校、个人购买运动伤害类保险。进一步研究鼓励群众健身消费的优惠政策。

(三)完善税费价格政策。

充分考虑体育产业特点,将体育服务、用品制造等内容及其支撑技术纳入国家重点支持的高新技术领域,对经认定为高新技术企业的体育企业,减按15%的税率征收企业所得税。提供体育服务的社会组织,经认定取得非营利组织企业所得税免税优惠资格的,依法享受相关优惠政策。体育企业发生的符合条件的广告费支出,符合税法规定的可在税前扣除。落实符合条件的体育企业创意和设计费用税前加计扣除政策。落实企业从事文化体育业按3%的税率计征营业税。鼓励企业捐赠体育服装、器材装备,支持贫困和农村地区体育事业发展,对符合税收法律法规规定条件向体育事业的捐赠,按照相关规定在计算应纳税所得额时扣除。体育场馆自用的房产和土地,可享受有关房产税和城镇土地使用税优惠。体育场馆等健身场所的水、电、气、热价格按不高于一般工业标准执行。

(四)完善规划布局与土地政策。

各地要将体育设施用地纳入城乡规划、土地利用总体规划和年度用地计划,合理安排用地需求。新建居住区和社区要按相关标准规范配套群众健身相关设施,按室内人均建筑面积不低于0.1平方米或室外人均用地不低于0.3平方米执行,并与住宅区主体工程同步设计、同步施工、同步投入使用。凡老城区与已建成居住区无群众健身设施的,或现有设施没有达到规划建设指标要求的,要通过改造等多种方式予以完善。充分利用郊野公园、城市公园、公共绿地及城市空置场所等建设群众体育设施。鼓励基层社区文化体育设施共建共享。在老城区和已建成居住区中支持企业、单位利用原划拨方式取得的存量房产和建设用地兴办体育设施,对符合划拨用地目录的非营利性体育设施项目可继续以划拨方式使用土地;不符合划拨用地目录的经营性体育设施项目,连续经营一年以上的可采取协议出让方式办理用地手续。

(五)完善人才培养和就业政策。

鼓励有条件的高等院校设立体育产业专业,重点培养体育经营管理、创意设计、科研、中介等专业人才。鼓励多方投入,开展各类职业教育和培训,加强校企合作,多渠道培养复合型体育产业人才,支持退役运动员接受再就业培训。加强体育产业人才培养的国际交流与合作,加强体育产业理论研究,建立体育产业研究智库。完善政府、用人单位和社会互为补充的多层次人才奖励体系,对创意设计、自主研发、经营管理等人才进行奖励和资助。加强创业孵化,研究对创新创业人才的扶持政策。鼓励退役运动员从事体育产业工作。鼓励街道、社区聘用体育专业人才从事群众健身指导工作。

(六)完善无形资产开发保护和创新驱动政策。

通过冠名、合作、赞助、广告、特许经营等形式,加强对体育组织、体育场馆、体育赛事和活动名称、标志等无形资产的开发,提升无形资产创造、运用、保护和管理水平。加强体育品牌建设,推动体育企业实施商标战略,开发科技含量高、拥有自主知识产权的体育产品,提高产品附加值,提升市场竞争力。促进体育衍生品创意和设计开发,推进相关产业发展。充分利用现有科技资源,健全体育产业领域科研平台体系,加强企业研发中心、工程技术研究中心等建设。支持企业联合高等学校、科研机构建立产学研协同创新机制,建设产业技术创新战略联盟。支持符合条件的体育企业牵头承担各类科技计划(专项、基金)等科研项目。完善体育技术成果转化机制,加强知识产权运用和保护,促进科技成果产业化。

(七)优化市场环境。

研究建立体育产业资源交易平台,创新市场运行机制,推进赛事举办权、赛事转播权、运动员转会权、无形资产开发等具备交易条件的资源公平、公正、公开流转。按市场原则确立体育赛事转播收益分配机制,促进多方参与主体共同发展。放宽赛事转播权限制,除奥运会、亚运会、世界杯足球赛外的其他国内外各类体育赛事,各电视台可直接购买或转让。加强安保服务管理,完善体育赛事和活动安保服务标准,积极推进安保服务社会化,进一步促进公平竞争,降低赛事和活动成本。

四、组织实施

(一)健全工作机制。

各地要将发展体育产业、促进体育消费纳入国民经济和社会发展规划,纳入政府重要议事日程,建立发展改革、体育等多部门合作的体育产业发展工作协调机制。各有关部门要加强沟通协调,密切协作配合,形成工作合力,分析体育产业发展情况和问题,研究推进体育产业发展的各项政策措施,认真落实体育产业发展相关任务要求。选择有特点有代表性的项目和区域,建立联系点机制,跟踪产业发展情况,总结推广成功经验和做法。

(二)加强行业管理。

完善体育产业相关法律法规,加快推动修订《中华人民共和国体育法》,清理和废除不符合改革要求的法规和制度。完善体育及相关产业分类标准和统计制度。建立评价与监测机制,发布体育产业研究报告。大力推进体育产业标准化工作,提高我国体育产业标准化水平。加强体育产业国际合作与交流。充实体育产业工作力量。加强体育组织、体育企业、从业人员的诚信建设,加强赛风赛纪建设。

(三)加强督查落实。

各地区、各有关部门要根据本意见要求,结合实际情况,抓紧制定具体实施意见和配套文件。发展改革委、体育总局要会同有关部门对落实本意见的情况进行监督检查和跟踪分析,重大事项及时向国务院报告。

5-4-7

国家税务总局关于进一步抓好工作落实的意见

2015年1月19日　税总发〔2015〕7号

各省、自治区、直辖市和计划单列市国家税务局、地方税务局，局内各单位：

党的十八大以来，抓落实成为党中央、国务院治国理政的新常态。抓落实是一项政治性、政策性、综合性和专业性很强的工作，各级税务机关要进一步提高认识，将其作为一项硬任务，强化硬约束，完善新机制，研究新方法，不断提升税收工作的质量和效率，为全面推进税收现代化建设提供强有力保障。现就税务系统进一步抓好工作落实提出如下意见。

一、提高认识，改进作风

（一）提高思想认识。抓好落实是提升政府公信力的关键环节，也是衡量政府部门执行力的重要标准。党中央、国务院高度重视抓落实工作。习近平总书记反复强调"一分部署、九分落实"和"崇尚实干、狠抓落实"，李克强总理多次提出"说到做到，不放空炮"。全国税务系统特别是各级领导干部要认真学习、深刻领会，切实增强抓落实的政治自觉、思想自觉和行动自觉，把思想统一到党中央和国务院的要求上来，把抓落实放在更加突出位置，坚持常抓不懈，确保中央政令畅通、政策落地，为服务经济发展新常态作出积极贡献。

（二）切实改进作风。抓落实是作风建设的应有之义，体现的是担当精神，映照的是务实作风。各级税务机关要牢固树立抓落实是本职、不抓落实是失职的理念，强化勤作为、出实招、治懒政、求实效的工作作风，把抓落实作为开展"巩固深化拓展"主题活动的一项重要内容，切实解决躲避责任"不想落实"、推诿拖沓"不急落实"、打折变通"不全落实"、能力不足"不会落实"、体制不顺"不利落实"等问题，坚决遏制以文件贯彻文件、以会议贯彻会议的形式主义，祛除"中梗阻"，打通"经脉"，推动各项工作部署落地生根、开花结果。

二、明确重点，把握精神

（三）明确重点内容。党中央、国务院对税收工作作出的重大决策部署，重要会议决定的事项，重要文件提出的要求，领导同志作出的重要批示、考察调研时的重要指示，以及全国税务工作会议明确的工作任务、全国税收工作要点、税务总局作出的重大决策部署、税务总局领导作出的重要批示指示，是各级税务机关抓落实的重要内容。

（四）抓好传达学习。加强学习、吃透精神是抓落实的首要环节。对于上述抓落实的内容，各级税务机关要在第一时间组织传达学习。税务总局各司局和省税务机关要通过学习，结合各自工作职责，明确需要落实的工作事项，提出具体工作措施，并通过信息等渠道在第一时间向税务总局（办公厅）报送传达学习情况。

三、分解任务，落实责任

（五）科学分解任务。各级税务机关要在第一时间将抓落实的内容分解落实到相关职能部门。凡是涉及单一职能部门的事项，由相应职能部门具体负责；对于涉及两个及两个以上职能部门的事项,由局领导负责统筹协调,明确牵头部门和配合部门,细化各自职责,形成工作合力。各职能部门要根据分解的任务,定责任、定进度、定要求,确保事有专管之人、人有明确之责、责有限定之期。

(六)明确责任落实。各级税务机关主要负责同志对抓落实负总责,办公厅(室)主任为抓落实的第一助手,各职能部门是抓落实的主体。各级税务机关领导干部要率先垂范抓落实,对重要文件,要有明确批示意见,不能简单圈阅了事;对重要工作部署,要提出明确要求,做好组织实施。各职能部门要把任务和责任分解落实情况按时限要求报送办公厅(室),由办公厅(室)汇总后第一时间向局领导报告。

四、夯实基础,提高质效

(七)注重利于落实。针对抓落实的重要内容,各职能部门要提前谋划,在制定相应的政策措施时,坚持科学民主决策,充分考虑时间、范围、条件、承受力等因素,增强针对性和可操作性。将调查研究和可行性论证作为政策措施出台前的必经程序,广泛听取专家学者、基层税务干部、纳税人等相关方的意见,吸收合理化建议,使政策措施"接地气、易落实"。

(八)加强文件审核。对于政策措施文件,有关部门要把好法律关、政策关、程序关、内容关和文字关,注重与法律法规、现有文件及业务规范的衔接,严防文件"打架",使每份文件成为讲求实效、便于落实的"精品"。各级税务机关要按期通报各职能部门办理公文的质量。

(九)加速公文运转。优化文件运转流程,提高收发文运转、审签、印发等环节效率,对重要发文情况坚持每个工作日上、下午进行查询、提醒;对重要文件尤其是限时件、特急件,要随文跟踪、及时提醒、随到随办,做到案无积卷。在办理内容涉及局内其他职能部门业务的公文时,及时进行会签或征求意见,其他职能部门要在规定的时限内向主办单位反馈。

(十)加强宣传解读。认真执行政策制定与政策解读同步起草、同步报送、同步发布的"三同步"制度,及时、准确、通俗地介绍政策措施出台的背景、目的和内容。对于出台的政策措施及解读稿,税务总局要在第一时间通过主流媒体、门户网站、中国税务报对外公布,聘请专家学者进行深度解读;各地税务机关要及时通过网站、办税服务厅进行公布,纳入12366税收业务知识库,通过纳税人学堂等渠道开展培训,并运用微博微信等新兴媒体进行宣传,增强宣传解读的时效性。

(十一)坚持跟踪问效。政策措施出台实施后,要把跟踪问效贯穿于抓落实的全过程,避免重部署轻落实。上级税务机关及时跟踪下级单位贯彻落实情况。对于落实有偏差的,及时纠正;对于落实有困难的,积极协助解决;对于效果不明显的,认真分析原因。必要时组织专家、第三方咨询机构对政策措施的实施效应及时进行评估。

(十二)加强通报反馈。上级税务机关要对下级单位的政策措施贯彻落实情况实行专项通报,分阶段通报启动情况、进展情况和完成情况;对日常性工作实行定期通报,将工作细化为定性和定量的指标进行排序,分析比较各地落实质量。税务总局制定的政策措施在出台1个月内,省税务机关要通过信息渠道向办公厅报送传达学习、采取的措施以及当地反映等情况;在实施2个月内,报送政策措施首月落实情况,包括实施效果、典型做法、困难问题及意见建议等;重大进展和特别重要的情况,要正式行文报税务总局。

（十三）注重持续改进。根据跟踪问效、基层报告反馈等渠道掌握的情况，上级税务机关要认真梳理政策措施落实过程中发现的问题，对于不利于落实的政策措施，及时调整；对于不利于政策措施落实的体制机制，及时完善；对于不适应政策措施落实的信息系统，及时优化。

五、加强督查，强化考核

（十四）构建统筹协调机制。加强督查工作的统筹协调，构建局领导负责，办公厅（室）组织协调，督察内审、巡视和干部监督等部门密切配合，职能部门分工落实，第三方机构广泛参与的"大督查"工作格局。把督查工作贯穿于税收工作的全过程，研究对策时要提出督查要求，部署工作时要明确督查事项，决策实施后要检查落实情况，督查结果纳入绩效考核。督查部门要发挥在抓落实方面的组织协调作用，保持督查工作常态化。职能部门要对督查事项明确时间表、路线图、任务书、责任人，既要抓好内部的日常监督检查和对协办单位的跟踪催办，又要加强对下级税务机关业务主管部门的检查督导，形成一级督一级、层层抓落实的局面。

（十五）发挥监督部门职能。针对抓落实重要内容的贯彻执行情况，各有关监督部门既要形成合力，又要各有侧重，切实加大督查力度。强化执法督察，重点督察贯彻执行中易发生执法问题的薄弱环节，及时纠正违规执法行为。加强审计监督，强化对重大决策部署落实情况的跟踪审计和对主要领导的任中、任前经济责任审计，探索绩效审计评价，解决贯彻执行中普遍性、苗头性、有潜在风险的问题。加强巡视监督，规范常规巡视，抓好专项巡视，切实解决关系群众切身利益、干部群众反映强烈、影响税收发展大局的问题。加强干部监督，通过及时进行提醒和诫勉谈话等手段，重点解决领导干部特别是一把手抓而不实、效率低下问题。

（十六）加强机关督办。结合机关工作情况，明确督办的范围和重点。落实督办事项办理时限制度，严格延期申请管理。推行"阳光督办"，通过内网、督办情况反映等方式，将督办事项和办理情况在机关公开，实施台账管理。对完成周期长、工作难度大、进展缓慢的事项，进行跟踪督办。落实报告制度，定期向领导报告督办事项的完成情况。健全通报制度，重点通报批评落实不力、敷衍应付的单位。

（十七）强化系统督查。对下级税务机关落实重大决策部署情况的督查，采取实地督查和案头督查相结合、明察与暗访相结合的方式开展。建立健全系统督查工作办法，规范制定方案、下发通知、发布公告、组织实施、意见反馈、汇总报告、整改落实等流程，通过听取汇报、召开座谈会、暗访、查阅资料、核实数据等形式，开展实地督查。

（十八）强化整改落实。对督查中发现的问题，发扬钉钉子的精神，坚持原因不查清不放过、整改不到位不放过、责任不追究不放过，确保问题解决到位、工作落实到位。对督查中发现的具有普遍性的问题，通知各级税务机关防范和整改；对重点问题整改情况，开展"回头看"、"再督查"。相关单位要针对存在问题，举一反三，制定整改方案，建立长效机制，及时整改到位。

（十九）推进绩效考核。绩效考核是抓落实的"指挥棒"和"紧箍咒"。全面实施组织绩效和个人绩效管理，建立一套科学严谨的考评奖惩制度，对是否落实、落实多少、落实好坏进行客观公正、科学有效的评判与奖惩，完善抓落实的长效机制。把各项决策部署转化为可量化、可监控的绩效指标，增加其在绩效考核特别是对领导干部绩效考核中的权重。创新考核方式,坚持内部考核和外部评价相结合,探索引入社会监督和群众评议,以全方位考评督促全方位落实。加强考核结果的运用,实现与单位评先、个人评优、班子及非领导职务职数调配、干部选用等相匹配。严格责任追究,对抓落实中发现的懒作为、慢作为、不作为单位和个人进行约谈,对失职渎职者进行问责。

六、强化保障,提升能力

(二十)强化组织保障。根据督查部门所承担的工作任务,加强力量配备。税务总局在办公厅设立督办一处和督办二处,分别负责对机关和系统的督查督办。省税务机关要设立负责督查督办的岗位,至少配备2~3名专职或兼职督查人员。

(二十一)强化人才保障。税务总局将建立督查专员制度,从税务总局机关和省税务机关选拔人员,形成司局级和处以下级别的督查专员人才库。各地税务机关要积极配合,并注重加强自身的督查人才队伍建设。通过开展分级分类培训,提高各级领导干部的综合能力、业务骨干的专业能力、全体干部的执行能力,为提高抓落实质效提供能力保障。

(二十二)强化技术保障。优化督查督办、绩效管理、内控机制等相关管理软件,完善工作落实的信息化平台,强化信息采集和分析利用,实现工作落实全程记录、运行透明、痕迹可查、效果可评,使工作落实的监督管理更加有效。

(二十三)强化应急保障。不断完善重大紧急情况报告和负面舆情应对联动机制。各级税务机关要配备专人负责舆情监测并及时向主要负责人报告;主要负责人对重大负面舆情的处理负总责,在第一时间向上级税务机关和当地党委政府及有关部门报告,及时采取防范措施,禁止瞒报、漏报、迟报现象。税务总局对各地舆情情况按月统计通报,对排名靠后或负面舆情增多的单位,省局一把手要到税务总局说明情况,并依法依纪对相关责任人进行党纪处分和行政问责。各地税务机关要相应加强应急保障。

5-4-8

国务院关于改进口岸工作支持外贸发展的若干意见

2015年4月1日 国发〔2015〕16号

各省、自治区、直辖市人民政府,国务院各部委、各直属机构:

口岸是国家对外开放的门户,是对外交往和经贸合作的桥梁,是国家安全的重要屏障。改革开放30多年来,口岸快速发展,对我国改革开放和现代化建设产生了广泛而深刻的影响。当前,我国改革进入攻坚期和深水区,经济发展进入新常态,对外开放步入新阶段,这些都对口岸工作提出了新的更高要求。为适应新形势新要求,推动外贸稳定增长和转型升级,促进经济平稳健康发展,按照党中央、国务院的决策部署,现就改进口岸工作、支持外贸发展提出如下意见:

一、优化口岸服务,促进外贸稳定增长

(一)加大简政放权力度。在现有基础上再取消下放一批涉及口岸通关及进出口环节的行政审批事项,全部取消非行政许可审批。建立规范口岸相关部门行政审批的管理制度。严格控制新设行政审批事项,不得违法设定或变相设定审批。明确审查标准,承诺办理时限,不得违法提高审批门槛、延长审批时限。健全完善行政审批制度改革配套管理制度,优化内部核批程序,减少审核环节,在改进服务、高效便民的同时做到放管结合,加强事中事后监管。研究探索实行联合审批、并联审批。尽快制定公布权力清单和责任清单。规范并发挥口岸相关行业协会作用,促进口岸通关中介服务市场健康发展。

(二)改进口岸通关服务。加强口岸执法政务公开的系统性、及时性,进一步规范和公布通关作业时限。推进口岸监管方式创新,通过属地管理、前置服务、后续核查等方式将口岸通关现场非必要的执法作业前推后移,把口岸通关现场执法减到最低限度。对企业实施分类管理,拓宽企业集中申报、提前申报范围,支持企业扩大出口、增加进口。完善查验办法,增强查验针对性和有效性。提高非侵入、非干扰式检查检验比例。对查验没有问题的免除企业吊装、移位、仓储等费用,此类费用由中央财政负担。同时,加大对有问题企业的处罚力度。对"走出去"企业在国外生产加工的符合我国要求的产品进口,予以通关便利。

(三)清理规范收费。坚决取缔进出口环节违规设立的行政事业性收费,进一步规范进出口环节经营服务性收费,切实减轻外贸企业负担。对依法合规设立的进出口环节行政事业性收费、政府性基金以及实施政府定价或指导价的经营服务性收费实行目录清单管理,未列入清单的一律按乱收费查处。对征收对象相同、计征方式相似、使用范围相近的收费项目予以归并,适当降低收费标准。厘清各类电子商务平台边界,属于政府投入的免费向社会开放,属于市场化增值服务的放开资质要求,鼓励多元化投入。清理整顿报关、报检、货代、船代、港口服务等环节收费,坚决取缔依托行政机关、依靠行政权力提供强制服务、不具备资质、只收费不服务的"红顶中介"。协调毗邻国家公布进出境环节各类收费的项目、标准和依据。

(四)推进通关作业无纸化。优化报关单随附单证传输方式,提高企业申报效率,节约报关成本。加快推进税费电子数据联网进程,取消纸质税单,实现税单无纸化。进一步完善和优化联网核查管理,逐步取消人工验核纸质单证,加快推进监管证件无纸化进程。研究取消纸质出口货物报关单(出口退税专用),税务部门可凭海关电子数据为企业办理出口退税手续,提高企业出口退税速度。

二、加强口岸建设,推动外贸转型升级

(五)加强口岸基础设施建设。以共享共用为目标,整合口岸监管设施资源和查验场地。尽快制订口岸查验设施建设标准。研究规范口岸查验设施建设、改造、运行维护等资金管理,进一步明确资金来源渠道,加大资金投入力度。规范国家对外开放口岸查验设施建设改造中央基建投资补助申请渠道。利用多种资金渠道,加强边境口岸改造及查验设施建设,改善边境口岸通行条件。统筹使用援外资金,对国际运输大通道所涉及毗邻国家口岸基础和查验设施建设的援助优先予以安排,确保我与毗邻国家边境口岸通行能力相当以及跨境基础设施互联互通。

(六)积极推进国际贸易"单一窗口"建设。依托电子口岸公共平台,推进国际贸易"单一窗口"建设,加快推进形成电子口岸跨部门共建、共管、共享机制。推动"单一窗口"共享数据标准化,完善和拓展"单一窗口"的应用功能,进一步优化口岸监管执法流程和通关流程。按照2015年底在沿海口岸、2017年在全国所有口岸建成"单一窗口"的目标,加快推广上海自贸试验区"单一窗口"建设试点经验,条件成熟的地区可探索建立与区域发展战略相适应的"单一窗口"。同时,加强风险分析和综合研判,推动监控指挥、全程可视化物流监控体系建设。推进出入境证件电子化,推广旅客自助式通关系统和车辆"一站式"电子验放系统。

(七)支持新型贸易业态和平台发展。支持跨境电子商务综合试验区建设,建立和完善跨境电子商务通关管理系统和质量安全监管系统,为大众创业、万众创新提供更为宽松、便捷的发展环境,取得经验后,逐步扩大综合试点范围。加快出台促进跨境电子商务健康快速发展的指导意见,支持企业运用跨境电子商务开拓国际市场,按照公平竞争原则开展并扩大跨境电子商务进口业务。进一步完善相关政策,创新监管方式,扩大市场采购贸易试点范围,推动外贸综合服务企业加快发展,支持扩大外贸出口。

(八)推进海关特殊监管区域制度创新。加强口岸与海关特殊监管区域联动发展,加快复制推广自贸试验区及海关特殊监管区域试点成熟的创新制度措施。规范、完善海关特殊监管区域税收政策,为区内企业参与国内市场创造公平竞争的政策环境。总结苏州、重庆贸易多元化试点经验,适时研究扩大试点。在上海自贸试验区的海关特殊监管区域内,积极推进内销选择性征收关税政策先行先试,统筹研究推进货物状态分类监管试点。充分发挥海关特殊监管区域辐射带动作用,推动区域产业升级,继续引导加工贸易向中西部地区转移,鼓励加工贸易企业向海关特殊监管区域集中。促进与加工贸易相关联的销售、结算、物流、检测、维修和研发等生产性服务业有序发展。

(九)支持地方依托口岸发展经济。依托口岸优势,建设海关特殊监管区域、边境经济合作区、跨境经济合作区及现代物流园区等平台和载体,打造集综合加工、商贸流通、现代物流、文化旅游等于一体的口岸经济增长极。推进内陆与沿海沿边口岸之间的物流合作和联动发展,发展国际物流,构建集仓储、运输、加工为一体的现代物流体系。配合国家产业政策,增设整车、药品等进口口岸。在有条件的口岸支持建设检验检疫指定口岸。完善免税店政策,优化口岸免税店空间布局,促进免税业务健康发展。规范边民互市贸易,支持边境地区发展特色优势产业,促进边贸与产业互促互动。继续发挥边境贸易资源能源通道作用,支持边境贸易企业参与大宗资源能源产品经营。

三、深化口岸协作,改善外贸发展环境

(十)创新大通关协作机制和模式。统筹推进全国一体化通关改革,实现全国海关报关、征税、查验、放行通关全流程的一体化作业,推动检验检疫一体化,实现通报、通检、通放。在京津冀、长江经济带和广东地区区域通关一体化先行先试基础上,加快跨行政区域、跨部门口岸大通关建设步伐。建立健全中欧班列等便捷通关协作机制,创新多式联运监管体系。促进粤港澳口岸通关事务合作,加强口岸跨境重大基础设施建设项目的沟通协调,完善粤港、粤澳口岸联络协作机制,密切粤港澳人员和经贸往来。创新珠澳口岸查验机制和通关模式。

(十一)加强口岸执法协作。加快实现信息互换、监管互认、执法互助,扩大联合执法、联合查验范围。进一步优化监管执法流程,逐步由"串联执法"转为"并联执法"。在全面实施关检合作"三个一"(一次申报、一次查验、一次放行)的基础上,逐步向"单一窗口"转变,实现口岸相关部门信息共享共用。探索对进出境运输工具、货物实施"联合查验、一次放行"等通关新模式,减少重复查验。

(十二)促进与周边国家口岸互联互通。积极推动双边和多边口岸国际合作交流,加快加入国际便利运输公约等谈判进程,构建国际运输大通道多国跨区域口岸通关和便利运输协作机制。将边境口岸合作事务纳入与邻国签署的共建"一带一路"合作备忘录等协议,与毗邻国家围绕重点口岸开展合作。建立健全我与毗邻国家口岸合作机制,加强双边在口岸对等设立、工作制度、安全防范、便利通关和基础设施建设等方面的沟通与协作。支持边境口岸地方政府、口岸查验机构与毗邻国家对应政府和机构开展交流协作,协调解决通关中存在的问题。选择部分条件较好的边境口岸开展查验监管模式创新的国际合作,研究实施"一地两检"、"绿色通道"、"联合监管"等措施,推动陆路边境口岸提升通行能力和通关效率。

(十三)保障口岸安全畅通。建立健全口岸突发事件应急联动机制和处置预案,明确任务分工,落实安全防控措施。加大对口岸查验及安防设备等硬件的投入,提高查验监管科技水平和疫病疫情防控能力。口岸查验各部门要加强联防联控,及时交换相关情报信息,推动在防控暴恐、应对突发事件、打击走私、打击骗退税、查处逃避检验检疫、反偷渡和制止不安全产品及假冒伪劣商品进出境等方面的合作,提高口岸整体安防管控水平,确保口岸运行安全、高效、畅通。

四、扩大口岸开放,提升对外开放水平

(十四)扩大内陆地区口岸对外开放。完善"一带一路"内陆地区口岸支点布局,支持在国际铁路货物运输沿线主要站点和重要内河港口合理设立直接办理货物进出境手续的查验场所。支持内陆航空口岸增开国际客货运航线、航班。在符合条件的地方扩大旅客联程中转、口岸签证和过境免签政策试点口岸范围。发展江海、铁水、陆航等多式联运,允许运输工具、货物换装和集拼,实现多式联运一次申报、指运地(出境地)一次查验,对换装地不改变施封状态的予以直接放行,加快形成横贯东中西、联结南北方的对外经济贸易走廊。

(十五)加快沿边地区口岸开放步伐。将沿边重点开发开放试验区、边境经济合作区、跨境经济合作区建成我与周边合作的重要平台,允许沿边重点口岸、边境城市、经济合作区在人员往来、加工物流、旅游等方面实施特殊方式和政策。有序推动边境口岸的对等设立和扩大开放,加快建设丝绸之路经济带重要开放门户和跨境通道。支持边境地区完善口岸功能,推进边境口岸城镇化建设,促进城镇、产业与口岸经济协同可持续发展。研究制定边民通道管理办法,规范云南、广西等省区边民通道管理,支持"一口岸多通道"监管模式创新。

(十六)提升沿海地区口岸开放水平。推进21世纪海上丝绸之路建设所涉港口对外开放,支持上海、广东、天津、福建等自贸试验区范围内港口、机场的开放和建设。统筹规划、有序开发利用沿海对外开放的港口码头和岸线资源,实现同一经济区域内口岸合理布局、错位发展、优势互补。按照长三角、珠三角、环渤海、北部湾等区域经济协同发展需求,在沿海地区形成若干具有较强国际竞争力的枢纽型水运、航空口岸和区域口岸集群。

五、夯实口岸基础,提高服务经济社会发展能力

(十七)创新口岸开放管理机制。加强口岸运量统计、通关效率和发展状况监测分析,

科学预测中远期客货运量,为口岸的开放布局、优化整合、投资建设等提供数据支撑。实施口岸动态管理,制定口岸准入退出管理办法,整合或关闭开放后长期无通关业务和业务量小、国家批准后长期不开放的口岸。推行口岸分级管理,根据口岸的功能定位、客货运量,探索实施国际枢纽口岸、国家重要口岸和地区普通口岸三级管理方式,在扩大开放、建设投入、功能扩展、通关模式和人力资源配置等方面实行差别化措施。优化整合、规范管理内陆无水港、监管点和车辆检查场等查验场所。

(十八)优化口岸开放工作流程。深入研究新形势下口岸的功能定位,科学论证经济社会发展对口岸工作的需求,准确评估全国口岸布局状况,研究制定国家"十三五"口岸发展规划。由省、自治区、直辖市人民政府按照国家口岸发展规划和口岸开放有关要求,按程序提出口岸开放申请,涉及口岸查验机构设置和人员编制、国家基建投资补助及军事设施保护措施等,统一由国家口岸管理部门会商中央编办、国务院相关部门和总参谋部研究确定。健全口岸开放审批会商机制,明确各环节办理时限,加强有关信息沟通,提高口岸开放审批效率。完善口岸开放验收的标准、条件和工作规程。完善临时开放口岸管理办法,根据需求适当延长临时开放期限。

(十九)优化口岸查验人力资源配置。按照"总量控制、动态调整"原则,健全查验机构设置、人员编制的调配机制,促进系统内编制的挖潜调剂与优化配置。进一步优化查验流程、整合内设机构,合理设置工作岗位,推行口岸查验机构扁平化管理模式,加大人员向执法一线倾斜力度。通过深化改革、简政放权、改进管理、创新监管,进一步提高查验机构工作效能。深入开展窗口建设、行风治理。以外树形象、内强素质为重点,加强队伍建设,努力打造文明、公正、廉洁的高素质口岸查验队伍。

(二十)完善通关法治体系建设。抓紧出台口岸工作条例。推动适时修订完善与口岸执法相关的法律法规。建立健全口岸开放、建设、运行等方面的规章制度。加快建设企业诚信体系,建立健全企业信用评价档案。制定完善查验机构执法服务规范和标准,营造稳定、透明、可预期的执法服务和营商环境。

六、加强对口岸工作的组织领导

(二十一)加强组织领导和工作协调。充分发挥国务院口岸工作部际联席会议制度的作用,协调解决全国口岸改革发展中的重大问题,研究确定并推进实施口岸重大改革方案和政策措施,推进口岸通关中各部门的协作配合。国务院口岸工作部际联席会议统一承担全国及各地方电子口岸建设业务指导和综合协调职责。国家口岸管理部门要加强政策研究和协调,会同有关部门制定联席会议工作规则,完善工作机制,加强督促落实。

(二十二)强化地方政府责任。各省、自治区、直辖市人民政府要制定落实国家口岸发展规划的配套措施,结合本地实际进一步完善口岸工作制度,统筹规划口岸发展。县级以上地方人民政府要进一步加强对本地区口岸工作的领导,建立健全口岸工作综合协调机制,完善口岸基础设施,强化口岸综合治理,推进跨区域口岸合作和大通关建设,做好口岸服务保障工作,确保口岸安全高效运行。

5-4-9

国家税务总局关于落实"一带一路"发展战略要求 做好税收服务与管理工作的通知

2015年4月21日　税总发〔2015〕60号

各省、自治区、直辖市和计划单列市国家税务局、地方税务局：

为贯彻落实党中央、国务院关于"一带一路"发展战略的重大决策部署，现就做好相关税收服务与管理工作提出以下要求，请遵照执行。

一、总体目标

各地要按照税务总局提出的税收服务"一带一路"发展战略的总体要求，从"执行协定维权益、改善服务谋发展、规范管理促遵从"三个方面，采取有力措施，做好本地区的落实工作。

二、主要内容

（一）执行协定维权益

1. 认真执行税收协定

按照税务总局"便民办税春风行动"和纳税服务规范的要求，认真执行我国对外签署的税收协定及相关解释性文件，保证不同地区执法的一致性，减少涉税争议的发生，并配合税务总局做好非居民享受协定待遇审批改备案相关工作，为跨境纳税人提供良好的税收环境。

2. 加强涉税争议双边协商

落实《国家税务总局关于发布〈税收协定相互协商程序实施办法〉的公告》（国家税务总局公告2013年第56号）和《国家税务总局关于印发〈特别纳税调整实施办法（试行）〉的通知》（国税发〔2009〕2号）的有关规定，及时了解我国与"一带一路"沿线其他国家"引进来"和"走出去"企业涉税诉求和税收争议，主动向企业宣传、解释税收协定相关条款，特别是相互协商程序的规定，及时受理企业提起的相互协商申请，并配合税务总局完成相关工作。

（二）改善服务谋发展

3. 建设国别税收信息中心

税务总局将于2015年7月底前向全国各省税务机关推广国别信息中心试点工作。根据税务总局统一部署，省税务机关要做好前期调研、人员配备等启动准备，积极开展对口国家税收信息收集、分析和研究工作，尽快形成各省分国对接机制。

4. 建立"一带一路"税收服务网页

依托税务总局网站于2015年6月底前建立"一带一路"税收服务网页，并从四季度开始，分国别发布"一带一路"沿线国家税收指南，介绍有关国家税收政策，提示对外投资税收风险，争取在2016年底前全部完成。"一带一路"税收服务网页也要发布我国有关税收政策解读、办税服务指南等,为"引进来"企业提供指导。

5. 深化对外投资税收宣传辅导

分期分批为我国"走出去"企业开展税收协定专题培训及问题解答,帮助企业利用税收协定保护自身权益,防范税收风险。根据不同国家税收政策和投资风险特点,为"走出去"企业开展对外投资税收政策专题宣讲。

6. 设立12366纳税服务热线专席

依托税务咨询12366平台,于2015年6月底前设置专岗,加强对专岗人员培训,解答"走出去"企业的政策咨询,回应服务诉求。

7. 发挥中介机构作用

合理引导注册会计师事务所、注册税务师事务所等中介机构"走出去",提供重点投资国税收法律咨询等方面服务,努力为"走出去"企业提供稳定、及时、方便的专业服务。

(三)规范管理促遵从

8. 完善境外税收信息申报管理

做好企业境外涉税信息申报管理,督促企业按照《国家税务总局关于发布〈中华人民共和国企业所得税年度纳税申报表(A类,2014年版)〉的公告》(国家税务总局公告2014年第63号)和《国家税务总局关于居民企业报告境外投资和所得信息有关问题的公告》(国家税务总局公告2014年第38号)的规定履行相关涉税信息申报义务,为企业遵从提供指导和方便,并分类归集境外税收信息,建立境外税收信息专门档案。

9. 开展对外投资税收分析

依托现有征管数据,进一步拓展第三方数据,及时跟进本地区企业投资"一带一路"沿线国家情况,了解投资分布特点、经营和纳税情况。从2015年起,省税务机关要每年编写本地区"走出去"企业税收分析年度报告,并于次年2月底前上报税务总局。

10. 探索跨境税收风险管理

根据国际经济环境变化和对外投资特点研究涉税风险特征,探索设置风险监控指标,逐步建立分国家、分地区风险预警机制,提示"走出去"企业税收风险,积累出境交易税收风险管理办法和经验。

三、有关要求

(一)提高认识,加强领导

"一带一路"发展战略涉及面广、任务重,各地要统一思想,切实加强组织领导,充实相关岗位人员,统筹做好各项工作。

(二)密切协作,狠抓落实

重点省市要制定本地区落实方案,明确牵头部门,协调其他相关部门,密切协作,并结合本地区实际,积极研究税收服务"一带一路"发展战略的新举措新方法,努力将各项措施落到实处。

(三)广泛宣传,扩大影响

按照税务总局的总体要求,充分利用媒体广泛宣传税收服务"一带一路"发展战略的措施,营造良好的税收舆论环境,切实方便纳税人。

各地贯彻落实情况和意见建议请及时报告税务总局(国际税务司)。

5–4–10

国务院关于大力推进大众创业
万众创新若干政策措施的意见

2015年6月11日 国发〔2015〕32号

各省、自治区、直辖市人民政府,国务院各部委、各直属机构:

推进大众创业、万众创新,是发展的动力之源,也是富民之道、公平之计、强国之策,对于推动经济结构调整、打造发展新引擎、增强发展新动力、走创新驱动发展道路具有重要意义,是稳增长、扩就业、激发亿万群众智慧和创造力,促进社会纵向流动、公平正义的重大举措。根据2015年《政府工作报告》部署,为改革完善相关体制机制,构建普惠性政策扶持体系,推动资金链引导创业创新链、创业创新链支持产业链、产业链带动就业链,现提出以下意见。

一、充分认识推进大众创业、万众创新的重要意义

——推进大众创业、万众创新,是培育和催生经济社会发展新动力的必然选择。随着我国资源环境约束日益强化,要素的规模驱动力逐步减弱,传统的高投入、高消耗、粗放式发展方式难以为继,经济发展进入新常态,需要从要素驱动、投资驱动转向创新驱动。推进大众创业、万众创新,就是要通过结构性改革、体制机制创新,消除不利于创业创新发展的各种制度束缚和桎梏,支持各类市场主体不断开办新企业、开发新产品、开拓新市场,培育新兴产业,形成小企业"铺天盖地"、大企业"顶天立地"的发展格局,实现创新驱动发展,打造新引擎、形成新动力。

——推进大众创业、万众创新,是扩大就业、实现富民之道的根本举措。我国有13亿多人口、9亿多劳动力,每年高校毕业生、农村转移劳动力、城镇困难人员、退役军人数量较大,人力资源转化为人力资本的潜力巨大,但就业总量压力较大,结构性矛盾凸显。推进大众创业、万众创新,就是要通过转变政府职能、建设服务型政府,营造公平竞争的创业环境,使有梦想、有意愿、有能力的科技人员、高校毕业生、农民工、退役军人、失业人员等各类市场创业主体"如鱼得水",通过创业增加收入,让更多的人富起来,促进收入分配结构调整,实现创新支持创业、创业带动就业的良性互动发展。

——推进大众创业、万众创新,是激发全社会创新潜能和创业活力的有效途径。目前,我国创业创新理念还没有深入人心,创业教育培训体系还不健全,善于创造、勇于创业的能力不足,鼓励创新、宽容失败的良好环境尚未形成。推进大众创业、万众创新,就是要通过加强全社会以创新为核心的创业教育,弘扬"敢为人先、追求创新、百折不挠"的创业精神,厚植创新文化,不断增强创业创新意识,使创业创新成为全社会共同的价值追求和行为习惯。

二、总体思路

按照"四个全面"战略布局,坚持改革推动,加快实施创新驱动发展战略,充分发挥市场

在资源配置中的决定性作用和更好发挥政府作用,加大简政放权力度,放宽政策、放开市场、放活主体,形成有利于创业创新的良好氛围,让千千万万创业者活跃起来,汇聚成经济社会发展的巨大动能。不断完善体制机制、健全普惠性政策措施,加强统筹协调,构建有利于大众创业、万众创新蓬勃发展的政策环境、制度环境和公共服务体系,以创业带动就业、创新促进发展。

——坚持深化改革,营造创业环境。通过结构性改革和创新,进一步简政放权、放管结合、优化服务,增强创业创新制度供给,完善相关法律法规、扶持政策和激励措施,营造均等普惠环境,推动社会纵向流动。

——坚持需求导向,释放创业活力。尊重创业创新规律,坚持以人为本,切实解决创业者面临的资金需求、市场信息、政策扶持、技术支撑、公共服务等瓶颈问题,最大限度释放各类市场主体创业创新活力,开辟就业新空间,拓展发展新天地,解放和发展生产力。

——坚持政策协同,实现落地生根。加强创业、创新、就业等各类政策统筹,部门与地方政策联动,确保创业扶持政策可操作、能落地。鼓励有条件的地区先行先试,探索形成可复制、可推广的创业创新经验。

——坚持开放共享,推动模式创新。加强创业创新公共服务资源开放共享,整合利用全球创业创新资源,实现人才等创业创新要素跨地区、跨行业自由流动。依托"互联网+"、大数据等,推动各行业创新商业模式,建立和完善线上与线下、境内与境外、政府与市场开放合作等创业创新机制。

三、创新体制机制,实现创业便利化

(一)完善公平竞争市场环境。进一步转变政府职能,增加公共产品和服务供给,为创业者提供更多机会。逐步清理并废除妨碍创业发展的制度和规定,打破地方保护主义。加快出台公平竞争审查制度,建立统一透明、有序规范的市场环境。依法反垄断和反不正当竞争,消除不利于创业创新发展的垄断协议和滥用市场支配地位以及其他不正当竞争行为。清理规范涉企收费项目,完善收费目录管理制度,制定事中事后监管办法。建立和规范企业信用信息发布制度,制定严重违法企业名单管理办法,把创业主体信用与市场准入、享受优惠政策挂钩,完善以信用管理为基础的创业创新监管模式。

(二)深化商事制度改革。加快实施工商营业执照、组织机构代码证、税务登记证"三证合一"、"一照一码",落实"先照后证"改革,推进全程电子化登记和电子营业执照应用。支持各地结合实际放宽新注册企业场所登记条件限制,推动"一址多照"、集群注册等住所登记改革,为创业创新提供便利的工商登记服务。建立市场准入等负面清单,破除不合理的行业准入限制。开展企业简易注销试点,建立便捷的市场退出机制。依托企业信用信息公示系统建立小微企业名录,增强创业企业信息透明度。

(三)加强创业知识产权保护。研究商业模式等新形态创新成果的知识产权保护办法。积极推进知识产权交易,加快建立全国知识产权运营公共服务平台。完善知识产权快速维权与维权援助机制,缩短确权审查、侵权处理周期。集中查处一批侵犯知识产权的大案要案,加大对反复侵权、恶意侵权等行为的处罚力度,探索实施惩罚性赔偿制度。完善权利人维权机制,合理划分权利人举证责任,完善行政调解等非诉讼纠纷解决途径。

(四)健全创业人才培养与流动机制。把创业精神培育和创业素质教育纳入国民教育体系,实现全社会创业教育和培训制度化、体系化。加快完善创业课程设置,加强创业实训体系建设。加强创业创新知识普及教育,使大众创业、万众创新深入人心。加强创业导师队伍建设,提高创业服务水平。加快推进社会保障制度改革,破除人才自由流动制度障碍,实现党政机关、企事业单位、社会各方面人才顺畅流动。加快建立创业创新绩效评价机制,让一批富有创业精神、勇于承担风险的人才脱颖而出。

四、优化财税政策,强化创业扶持

(五)加大财政资金支持和统筹力度。各级财政要根据创业创新需要,统筹安排各类支持小微企业和创业创新的资金,加大对创业创新支持力度,强化资金预算执行和监管,加强资金使用绩效评价。支持有条件的地方政府设立创业基金,扶持创业创新发展。在确保公平竞争前提下,鼓励对众创空间等孵化机构的办公用房、用水、用能、网络等软硬件设施给予适当优惠,减轻创业者负担。

(六)完善普惠性税收措施。落实扶持小微企业发展的各项税收优惠政策。落实科技企业孵化器、大学科技园、研发费用加计扣除、固定资产加速折旧等税收优惠政策。对符合条件的众创空间等新型孵化机构适用科技企业孵化器税收优惠政策。按照税制改革方向和要求,对包括天使投资在内的投向种子期、初创期等创新活动的投资,统筹研究相关税收支持政策。修订完善高新技术企业认定办法,完善创业投资企业享受70%应纳税所得额税收抵免政策。抓紧推广中关村国家自主创新示范区税收试点政策,将企业转增股本分期缴纳个人所得税试点政策、股权奖励分期缴纳个人所得税试点政策推广至全国范围。落实促进高校毕业生、残疾人、退役军人、登记失业人员等创业就业税收政策。

(七)发挥政府采购支持作用。完善促进中小企业发展的政府采购政策,加强对采购单位的政策指导和监督检查,督促采购单位改进采购计划编制和项目预留管理,增强政策对小微企业发展的支持效果。加大创新产品和服务的采购力度,把政府采购与支持创业发展紧密结合起来。

五、搞活金融市场,实现便捷融资

(八)优化资本市场。支持符合条件的创业企业上市或发行票据融资,并鼓励创业企业通过债券市场筹集资金。积极研究尚未盈利的互联网和高新技术企业到创业板发行上市制度,推动在上海证券交易所建立战略新兴产业板。加快推进全国中小企业股份转让系统向创业板转板试点。研究解决特殊股权结构类创业企业在境内上市的制度性障碍,完善资本市场规则。规范发展服务于中小微企业的区域性股权市场,推动建立工商登记部门与区域性股权市场的股权登记对接机制,支持股权质押融资。支持符合条件的发行主体发行小微企业增信集合债等企业债券创新品种。

(九)创新银行支持方式。鼓励银行提高针对创业创新企业的金融服务专业化水平,不断创新组织架构、管理方式和金融产品。推动银行与其他金融机构加强合作,对创业创新活动给予有针对性的股权和债权融资支持。鼓励银行业金融机构向创业企业提供结算、融资、理财、咨询等一站式系统化的金融服务。

(十)丰富创业融资新模式。支持互联网金融发展,引导和鼓励众筹融资平台规范发展,开展公开、小额股权众筹融资试点,加强风险控制和规范管理。丰富完善创业担保贷款政策。支持保险资金参与创业创新,发展相互保险等新业务。完善知识产权估值、质押和流转体系,依法合规推动知识产权质押融资、专利许可费收益权证券化、专利保险等服务常态化、规模化发展,支持知识产权金融发展。

六、扩大创业投资,支持创业起步成长

(十一)建立和完善创业投资引导机制。不断扩大社会资本参与新兴产业创投计划参股基金规模,做大直接融资平台,引导创业投资更多向创业企业起步成长的前端延伸。不断完善新兴产业创业投资政策体系、制度体系、融资体系、监管和预警体系,加快建立考核评价体系。加快设立国家新兴产业创业投资引导基金和国家中小企业发展基金,逐步建立支持创业创新和新兴产业发展的市场化长效运行机制。发展联合投资等新模式,探索建立风险补偿机制。鼓励各地方政府建立和完善创业投资引导基金。加强创业投资立法,完善促进天使投资的政策法规。促进国家新兴产业创业投资引导基金、科技型中小企业创业投资引导基金、国家科技成果转化引导基金、国家中小企业发展基金等协同联动。推进创业投资行业协会建设,加强行业自律。

(十二)拓宽创业投资资金供给渠道。加快实施新兴产业"双创"三年行动计划,建立一批新兴产业"双创"示范基地,引导社会资金支持大众创业。推动商业银行在依法合规、风险隔离的前提下,与创业投资机构建立市场化长期性合作。进一步降低商业保险资金进入创业投资的门槛。推动发展投贷联动、投保联动、投债联动等新模式,不断加大对创业创新企业的融资支持。

(十三)发展国有资本创业投资。研究制定鼓励国有资本参与创业投资的系统性政策措施,完善国有创业投资机构激励约束机制、监督管理机制。引导和鼓励中央企业和其他国有企业参与新兴产业创业投资基金、设立国有资本创业投资基金等,充分发挥国有资本在创业创新中的作用。研究完善国有创业投资机构国有股转持豁免政策。

(十四)推动创业投资"引进来"与"走出去"。抓紧修订外商投资创业投资企业相关管理规定,按照内外资一致的管理原则,放宽外商投资准入,完善外资创业投资机构管理制度,简化管理流程,鼓励外资开展创业投资业务。放宽对外资创业投资基金投资限制,鼓励中外合资创业投资机构发展。引导和鼓励创业投资机构加大对境外高端研发项目的投资,积极分享境外高端技术成果。按投资领域、用途、募集资金规模,完善创业投资境外投资管理。

七、发展创业服务,构建创业生态

(十五)加快发展创业孵化服务。大力发展创新工场、车库咖啡等新型孵化器,做大做强众创空间,完善创业孵化服务。引导和鼓励各类创业孵化器与天使投资、创业投资相结合,完善投融资模式。引导和推动创业孵化与高校、科研院所等技术成果转移相结合,完善技术支撑服务。引导和鼓励国内资本与境外合作设立新型创业孵化平台,引进境外先进创业孵化模式,提升孵化能力。

(十六)大力发展第三方专业服务。加快发展企业管理、财务咨询、市场营销、人力资源、法律顾问、知识产权、检验检测、现代物流等第三方专业化服务,不断丰富和完善创业服务。

(十七)发展"互联网+"创业服务。加快发展"互联网+"创业网络体系,建设一批小微企业创业创新基地,促进创业与创新、创业与就业、线上与线下相结合,降低全社会创业门槛和成本。加强政府数据开放共享,推动大型互联网企业和基础电信企业向创业者开放计算、存储和数据资源。积极推广众包、用户参与设计、云设计等新型研发组织模式和创业创新模式。

(十八)研究探索创业券、创新券等公共服务新模式。有条件的地方继续探索通过创业券、创新券等方式对创业者和创新企业提供社会培训、管理咨询、检验检测、软件开发、研发设计等服务,建立和规范相关管理制度和运行机制,逐步形成可复制、可推广的经验。

八、建设创业创新平台,增强支撑作用

(十九)打造创业创新公共平台。加强创业创新信息资源整合,建立创业政策集中发布平台,完善专业化、网络化服务体系,增强创业创新信息透明度。鼓励开展各类公益讲坛、创业论坛、创业培训等活动,丰富创业平台形式和内容。支持各类创业创新大赛,定期办好中国创新创业大赛、中国农业科技创新创业大赛和创新挑战大赛等赛事。加强和完善中小企业公共服务平台网络建设。充分发挥企业的创新主体作用,鼓励和支持有条件的大型企业发展创业平台、投资并购小微企业等,支持企业内外部创业者创业,增强企业创业创新活力。为创业失败者再创业建立必要的指导和援助机制,不断增强创业信心和创业能力。加快建立创业企业、天使投资、创业投资统计指标体系,规范统计口径和调查方法,加强监测和分析。

(二十)用好创业创新技术平台。建立科技基础设施、大型科研仪器和专利信息资源向全社会开放的长效机制。完善国家重点实验室等国家级科研平台(基地)向社会开放机制,为大众创业、万众创新提供有力支撑。鼓励企业建立一批专业化、市场化的技术转移平台。鼓励依托三维(3D)打印、网络制造等先进技术和发展模式,开展面向创业者的社会化服务。引导和支持有条件的领军企业创建特色服务平台,面向企业内部和外部创业者提供资金、技术和服务支撑。加快建立军民两用技术项目实施、信息交互和标准化协调机制,促进军民创新资源融合。

(二十一)发展创业创新区域平台。支持开展全面创新改革试验的省(区、市)、国家综合配套改革试验区等,依托改革试验平台在创业创新体制机制改革方面积极探索,发挥示范和带动作用,为创业创新制度体系建设提供可复制、可推广的经验。依托自由贸易试验区、国家自主创新示范区、战略性新兴产业集聚区等创业创新资源密集区域,打造若干具有全球影响力的创业创新中心。引导和鼓励创业创新型城市完善环境,推动区域集聚发展。推动实施小微企业创业基地城市示范。鼓励有条件的地方出台各具特色的支持政策,积极盘活闲置的商业用房、工业厂房、企业库房、物流设施和家庭住所、租赁房等资源,为创业者提供低成本办公场所和居住条件。

九、激发创造活力,发展创新型创业

(二十二)支持科研人员创业。加快落实高校、科研院所等专业技术人员离岗创业政策,对经同意离岗的可在3年内保留人事关系,建立健全科研人员双向流动机制。进一步完善创新型中小企业上市股权激励和员工持股计划制度规则。鼓励符合条件的企业按照有关规定,通过股权、期权、分红等激励方式,调动科研人员创业积极性。支持鼓励学会、协会、研究会等科技社团为科技人员和创业企业提供咨询服务。

(二十三)支持大学生创业。深入实施大学生创业引领计划,整合发展高校毕业生就业创业基金。引导和鼓励高校统筹资源,抓紧落实大学生创业指导服务机构、人员、场地、经费等。引导和鼓励成功创业者、知名企业家、天使和创业投资人、专家学者等担任兼职创业导师,提供包括创业方案、创业渠道等创业辅导。建立健全弹性学制管理办法,支持大学生保留学籍休学创业。

（二十四）支持境外人才来华创业。发挥留学回国人才特别是领军人才、高端人才的创业引领带动作用。继续推进人力资源市场对外开放,建立和完善境外高端创业创新人才引进机制。进一步放宽外籍高端人才来华创业办理签证、永久居留证等条件,简化开办企业审批流程,探索由事前审批调整为事后备案。引导和鼓励地方对回国创业高端人才和境外高端人才来华创办高科技企业给予一次性创业启动资金,在配偶就业、子女入学、医疗、住房、社会保障等方面完善相关措施。加强海外科技人才离岸创业基地建设,把更多的国外创业创新资源引入国内。

十、拓展城乡创业渠道,实现创业带动就业

（二十五）支持电子商务向基层延伸。引导和鼓励集办公服务、投融资支持、创业辅导、渠道开拓于一体的市场化网商创业平台发展。鼓励龙头企业结合乡村特点建立电子商务交易服务平台、商品集散平台和物流中心,推动农村依托互联网创业。鼓励电子商务第三方交易平台渠道下沉,带动城乡基层创业人员依托其平台和经营网络开展创业。完善有利于中小网商发展的相关措施,在风险可控、商业可持续的前提下支持发展面向中小网商的融资贷款业务。

（二十六）支持返乡创业集聚发展。结合城乡区域特点,建立有市场竞争力的协作创业模式,形成各具特色的返乡人员创业联盟。引导返乡创业人员融入特色专业市场,打造具有区域特点的创业集群和优势产业集群。深入实施农村青年创业富民行动,支持返乡创业人员因地制宜围绕休闲农业、农产品深加工、乡村旅游、农村服务业等开展创业,完善家庭农场等新型农业经营主体发展环境。

（二十七）完善基层创业支撑服务。加强城乡基层创业人员社保、住房、教育、医疗等公共服务体系建设,完善跨区域创业转移接续制度。健全职业技能培训体系,加强远程公益创业培训,提升基层创业人员创业能力。引导和鼓励中小金融机构开展面向基层创业创新的金融产品创新,发挥社区地理和软环境优势,支持社区创业者创业。引导和鼓励行业龙头企业、大型物流企业发挥优势,拓展乡村信息资源、物流仓储等技术和服务网络,为基层创业提供支撑。

十一、加强统筹协调,完善协同机制

（二十八）加强组织领导。建立由发展改革委牵头的推进大众创业万众创新部际联席会议制度,加强顶层设计和统筹协调。各地区、各部门要立足改革创新,坚持需求导向,从根本上解决创业创新中面临的各种体制机制问题,共同推进大众创业、万众创新蓬勃发展。重大事项要及时向国务院报告。

（二十九）加强政策协调联动。建立部门之间、部门与地方之间政策协调联动机制,形成强大合力。各地区、各部门要系统梳理已发布的有关支持创业创新发展的各项政策措施,抓紧推进"立、改、废"工作,将对初创企业的扶持方式从选拔式、分配式向普惠式、引领式转变。建立健全创业创新政策协调审查制度,增强政策普惠性、连贯性和协同性。

（三十）加强政策落实情况督查。加快建立推进大众创业、万众创新有关普惠性政策措施落实情况督查督导机制，建立和完善政策执行评估体系和通报制度，全力打通决策部署的"最先一公里"和政策落实的"最后一公里"，确保各项政策措施落地生根。

各地区、各部门要进一步统一思想认识，高度重视、认真落实本意见的各项要求，结合本地区、本部门实际明确任务分工、落实工作责任，主动作为、敢于担当，积极研究解决新问题，及时总结推广经验做法，加大宣传力度，加强舆论引导，推动本意见确定的各项政策措施落实到位，不断拓展大众创业、万众创新的空间，汇聚经济社会发展新动能，促进我国经济保持中高速增长、迈向中高端水平。

5-4-11

全国人民代表大会常务委员会关于批准《多边税收征管互助公约》的决定

2015年7月1日 第十二届全国人民代表大会
常务委员会第十五次会议通过

第十二届全国人民代表大会常务委员会第十五次会议决定：批准经2010年5月27日《〈多边税收征管互助公约〉修订议定书》修订的、已于2013年8月27日由中华人民共和国政府代表在巴黎签署的《多边税收征管互助公约》（以下简称《公约》），同时声明：

一、根据《公约》第三十条第一款第（一）项的规定，对《公约》第二条第一款第（二）项提及的税收，未列入《公约》适用的税种，不提供任何形式的协助。

二、根据《公约》第三十条第一款第（二）项的规定，不协助其他缔约方追缴税款，不协助提供保全措施。

三、根据《公约》第三十条第一款第（四）项的规定，不提供文书送达方面的协助。

四、根据《公约》第三十条第一款第（五）项的规定，不允许通过邮寄方式送达文书。

五、对《公约》第二条第一款声明，《公约》适用于根据中华人民共和国法律由税务机关征收管理的税种。具体如下：

《公约》第二条第一款第（一）项第1目列入企业所得税、个人所得税；

《公约》第二条第一款第（二）项第3目(2)列入城镇土地使用税、房产税、土地增值税；

《公约》第二条第一款第（二）项第3目(3)列入增值税、营业税；

《公约》第二条第一款第（二）项第3目(4)列入消费税、烟叶税；

《公约》第二条第一款第（二）项第3目(5)列入车辆购置税、车船税；

《公约》第二条第一款第（二）项第3目(7)列入资源税、城市维护建设税、耕地占用税、印花税、契税。

六、对《公约》第三条第一款第（四）项声明，中华人民共和国的主管当局为"国家税务总局或其授权代表"。

七、对《公约》第四条第三款声明，在依照《公约》第五条和第七条规定提供有关中华人民共和国居民或国民的情报前,中华人民共和国主管当局可通知其居民或国民。

八、在中华人民共和国政府另行通知前,《公约》暂不适用于中华人民共和国香港特别行政区和澳门特别行政区。

5-4-12

国务院关于积极推进"互联网+" 行动的指导意见

2015年7月1日　国发〔2015〕40号

各省、自治区、直辖市人民政府,国务院各部委、各直属机构:

"互联网+"是把互联网的创新成果与经济社会各领域深度融合,推动技术进步、效率提升和组织变革,提升实体经济创新力和生产力,形成更广泛的以互联网为基础设施和创新要素的经济社会发展新形态。在全球新一轮科技革命和产业变革中,互联网与各领域的融合发展具有广阔前景和无限潜力,已成为不可阻挡的时代潮流,正对各国经济社会发展产生着战略性和全局性的影响。积极发挥我国互联网已经形成的比较优势,把握机遇,增强信心,加快推进"互联网+"发展,有利于重塑创新体系、激发创新活力、培育新兴业态和创新公共服务模式,对打造大众创业、万众创新和增加公共产品、公共服务"双引擎",主动适应和引领经济发展新常态,形成经济发展新动能,实现中国经济提质增效升级具有重要意义。

近年来,我国在互联网技术、产业、应用以及跨界融合等方面取得了积极进展,已具备加快推进"互联网+"发展的坚实基础,但也存在传统企业运用互联网的意识和能力不足、互联网企业对传统产业理解不够深入、新业态发展面临体制机制障碍、跨界融合型人才严重匮乏等问题,亟待加以解决。为加快推动互联网与各领域深入融合和创新发展,充分发挥"互联网+"对稳增长、促改革、调结构、惠民生、防风险的重要作用,现就积极推进"互联网+"行动提出以下意见。

一、行动要求

(一)总体思路。

顺应世界"互联网+"发展趋势,充分发挥我国互联网的规模优势和应用优势,推动互联网由消费领域向生产领域拓展,加速提升产业发展水平,增强各行业创新能力,构筑经济社会发展新优势和新动能。坚持改革创新和市场需求导向,突出企业的主体作用,大力拓展互联网与经济社会各领域融合的广度和深度。着力深化体制机制改革,释放发展潜力和活力;着力做优存量,推动经济提质增效和转型升级;着力做大增量,培育新兴业态,打造新的增长点;着力创新政府服务模式,夯实网络发展基础,营造安全网络环境,提升公共服务水平。

(二)基本原则。

坚持开放共享。营造开放包容的发展环境,将互联网作为生产生活要素共享的重要平台,最大限度优化资源配置,加快形成以开放、共享为特征的经济社会运行新模式。

坚持融合创新。鼓励传统产业树立互联网思维,积极与"互联网+"相结合。推动互联网向经济社会各领域加速渗透,以融合促创新,最大程度汇聚各类市场要素的创新力量,推动融合性新兴产业成为经济发展新动力和新支柱。

坚持变革转型。充分发挥互联网在促进产业升级以及信息化和工业化深度融合中的平台作用,引导要素资源向实体经济集聚,推动生产方式和发展模式变革。创新网络化公共服务模式,大幅提升公共服务能力。

坚持引领跨越。巩固提升我国互联网发展优势,加强重点领域前瞻性布局,以互联网融合创新为突破口,培育壮大新兴产业,引领新一轮科技革命和产业变革,实现跨越式发展。

坚持安全有序。完善互联网融合标准规范和法律法规,增强安全意识,强化安全管理和防护,保障网络安全。建立科学有效的市场监管方式,促进市场有序发展,保护公平竞争,防止形成行业垄断和市场壁垒。

(三)发展目标。

到2018年,互联网与经济社会各领域的融合发展进一步深化,基于互联网的新业态成为新的经济增长动力,互联网支撑大众创业、万众创新的作用进一步增强,互联网成为提供公共服务的重要手段,网络经济与实体经济协同互动的发展格局基本形成。

——经济发展进一步提质增效。互联网在促进制造业、农业、能源、环保等产业转型升级方面取得积极成效,劳动生产率进一步提高。基于互联网的新兴业态不断涌现,电子商务、互联网金融快速发展,对经济提质增效的促进作用更加凸显。

——社会服务进一步便捷普惠。健康医疗、教育、交通等民生领域互联网应用更加丰富,公共服务更加多元,线上线下结合更加紧密。社会服务资源配置不断优化,公众享受到更加公平、高效、优质、便捷的服务。

——基础支撑进一步夯实提升。网络设施和产业基础得到有效巩固加强,应用支撑和安全保障能力明显增强。固定宽带网络、新一代移动通信网和下一代互联网加快发展,物联网、云计算等新型基础设施更加完备。人工智能等技术及其产业化能力显著增强。

——发展环境进一步开放包容。全社会对互联网融合创新的认识不断深入,互联网融合发展面临的体制机制障碍有效破除,公共数据资源开放取得实质性进展,相关标准规范、信用体系和法律法规逐步完善。

到2025年,网络化、智能化、服务化、协同化的"互联网+"产业生态体系基本完善,"互联网+"新经济形态初步形成,"互联网+"成为经济社会创新发展的重要驱动力量。

二、重点行动

(一)"互联网+"创业创新。

充分发挥互联网的创新驱动作用,以促进创业创新为重点,推动各类要素资源聚集、开放和共享,大力发展众创空间、开放式创新等,引导和推动全社会形成大众创业、万众创新的浓厚氛围,打造经济发展新引擎。(发展改革委、科技部、工业和信息化部、人力资源社会保障部、商务部等负责,列第一位者为牵头部门,下同)

1. 强化创业创新支撑。鼓励大型互联网企业和基础电信企业利用技术优势和产业整合能力,向小微企业和创业团队开放平台入口、数据信息、计算能力等资源,提供研发工具、经营管理和市场营销等方面的支持和服务,提高小微企业信息化应用水平,培育和孵化具有良好商业模式的创业企业。充分利用互联网基础条件,完善小微企业公共服务平台网络,集聚创业创新资源,为小微企业提供找得着、用得起、有保障的服务。

2. 积极发展众创空间。充分发挥互联网开放创新优势,调动全社会力量,支持创新工场、创客空间、社会实验室、智慧小企业创业基地等新型众创空间发展。充分利用国家自主创新示范区、科技企业孵化器、大学科技园、商贸企业集聚区、小微企业创业示范基地等现有条件,通过市场化方式构建一批创新与创业相结合、线上与线下相结合、孵化与投资相结合的众创空间,为创业者提供低成本、便利化、全要素的工作空间、网络空间、社交空间和资源共享空间。实施新兴产业"双创"行动,建立一批新兴产业"双创"示范基地,加快发展"互联网+"创业网络体系。

3. 发展开放式创新。鼓励各类创新主体充分利用互联网,把握市场需求导向,加强创新资源共享与合作,促进前沿技术和创新成果及时转化,构建开放式创新体系。推动各类创业创新扶持政策与互联网开放平台联动协作,为创业团队和个人开发者提供绿色通道服务。加快发展创业服务业,积极推广众包、用户参与设计、云设计等新型研发组织模式,引导建立社会各界交流合作的平台,推动跨区域、跨领域的技术成果转移和协同创新。

(二)"互联网+"协同制造。

推动互联网与制造业融合,提升制造业数字化、网络化、智能化水平,加强产业链协作,发展基于互联网的协同制造新模式。在重点领域推进智能制造、大规模个性化定制、网络化协同制造和服务型制造,打造一批网络化协同制造公共服务平台,加快形成制造业网络化产业生态体系。(工业和信息化部、发展改革委、科技部共同牵头)

1. 大力发展智能制造。以智能工厂为发展方向,开展智能制造试点示范,加快推动云计算、物联网、智能工业机器人、增材制造等技术在生产过程中的应用,推进生产装备智能化升级、工艺流程改造和基础数据共享。着力在工控系统、智能感知元器件、工业云平台、操作系统和工业软件等核心环节取得突破,加强工业大数据的开发与利用,有效支撑制造业智能化转型,构建开放、共享、协作的智能制造产业生态。

2. 发展大规模个性化定制。支持企业利用互联网采集并对接用户个性化需求,推进设计研发、生产制造和供应链管理等关键环节的柔性化改造,开展基于个性化产品的服务模式和商业模式创新。鼓励互联网企业整合市场信息,挖掘细分市场需求与发展趋势,为制造企业开展个性化定制提供决策支撑。

3. 提升网络化协同制造水平。鼓励制造业骨干企业通过互联网与产业链各环节紧密协同,促进生产、质量控制和运营管理系统全面互联,推行众包设计研发和网络化制造等新模式。鼓励有实力的互联网企业构建网络化协同制造公共服务平台,面向细分行业提供云制造服务,促进创新资源、生产能力、市场需求的集聚与对接,提升服务中小微企业能力,加快全社会多元化制造资源的有效协同,提高产业链资源整合能力。

4. 加速制造业服务化转型。鼓励制造企业利用物联网、云计算、大数据等技术,整合产品全生命周期数据,形成面向生产组织全过程的决策服务信息,为产品优化升级提供数据支撑。鼓励企业基于互联网开展故障预警、远程维护、质量诊断、远程过程优化等在线增值服务,拓展产品价值空间,实现从制造向"制造+服务"的转型升级。

(三)"互联网+"现代农业。

利用互联网提升农业生产、经营、管理和服务水平,培育一批网络化、智能化、精细化的现代"种养加"生态农业新模式,形成示范带动效应,加快完善新型农业生产经营体系,培育多样化农业互联网管理服务模式,逐步建立农副产品、农资质量安全追溯体系,促进农业现代化水平明显提升。(农业部、发展改革委、科技部、商务部、质检总局、食品药品监管总局、林业局等负责)

1. 构建新型农业生产经营体系。鼓励互联网企业建立农业服务平台,支撑专业大户、家庭农场、农民合作社、农业产业化龙头企业等新型农业生产经营主体,加强产销衔接,实现农业生产由生产导向向消费导向转变。提高农业生产经营的科技化、组织化和精细化水平,推进农业生产流通销售方式变革和农业发展方式转变,提升农业生产效率和增值空间。规范用好农村土地流转公共服务平台,提升土地流转透明度,保障农民权益。

2. 发展精准化生产方式。推广成熟可复制的农业物联网应用模式。在基础较好的领域和地区,普及基于环境感知、实时监测、自动控制的网络化农业环境监测系统。在大宗农产品规模生产区域,构建天地一体的农业物联网测控体系,实施智能节水灌溉、测土配方施肥、农机定位耕种等精准化作业。在畜禽标准化规模养殖基地和水产健康养殖示范基地,推动饲料精准投放、疾病自动诊断、废弃物自动回收等智能设备的应用普及和互联互通。

3. 提升网络化服务水平。深入推进信息进村入户试点,鼓励通过移动互联网为农民提供政策、市场、科技、保险等生产生活信息服务。支持互联网企业与农业生产经营主体合作,综合利用大数据、云计算等技术,建立农业信息监测体系,为灾害预警、耕地质量监测、重大动植物疫情防控、市场波动预测、经营科学决策等提供服务。

4. 完善农副产品质量安全追溯体系。充分利用现有互联网资源,构建农副产品质量安全追溯公共服务平台,推进制度标准建设,建立产地准出与市场准入衔接机制。支持新型农业生产经营主体利用互联网技术,对生产经营过程进行精细化信息化管理,加快推动移动互联网、物联网、二维码、无线射频识别等信息技术在生产加工和流通销售各环节的推广应用,强化上下游追溯体系对接和信息互通共享,不断扩大追溯体系覆盖面,实现农副产品"从农田到餐桌"全过程可追溯,保障"舌尖上的安全"。

(四)"互联网+"智慧能源。

通过互联网促进能源系统扁平化,推进能源生产与消费模式革命,提高能源利用效率,推动节能减排。加强分布式能源网络建设,提高可再生能源占比,促进能源利用结构优化。加快发电设施、用电设施和电网智能化改造,提高电力系统的安全性、稳定性和可靠性。(能源局、发展改革委、工业和信息化部等负责)

1. 推进能源生产智能化。建立能源生产运行的监测、管理和调度信息公共服务网络,加强能源产业链上下游企业的信息对接和生产消费智能化,支撑电厂和电网协调运行,促进非化石能源与化石能源协同发电。鼓励能源企业运用大数据技术对设备状态、电能负载等数据进行分析挖掘与预测,开展精准调度、故障判断和预测性维护,提高能源利用效率和安全稳定运行水平。

2. 建设分布式能源网络。建设以太阳能、风能等可再生能源为主体的多能源协调互补的能源互联网。突破分布式发电、储能、智能微网、主动配电网等关键技术,构建智能化电力运行监测、管理技术平台,使电力设备和用电终端基于互联网进行双向通信和智能调控,实现分布式电源的及时有效接入,逐步建成开放共享的能源网络。

3. 探索能源消费新模式。开展绿色电力交易服务区域试点,推进以智能电网为配送平台,以电子商务为交易平台,融合储能设施、物联网、智能用电设施等硬件以及碳交易、互联网金融等衍生服务于一体的绿色能源网络发展,实现绿色电力的点到点交易及实时配送和补贴结算。进一步加强能源生产和消费协调匹配,推进电动汽车、港口岸电等电能替代技术的应用,推广电力需求侧管理,提高能源利用效率。基于分布式能源网络,发展用户端智能化用能、能源共享经济和能源自由交易,促进能源消费生态体系建设。

4. 发展基于电网的通信设施和新型业务。推进电力光纤到户工程,完善能源互联网信息通信系统。统筹部署电网和通信网深度融合的网络基础设施,实现同缆传输、共建共享,避免重复建设。鼓励依托智能电网发展家庭能效管理等新型业务。

(五)"互联网+"普惠金融。

促进互联网金融健康发展,全面提升互联网金融服务能力和普惠水平,鼓励互联网与银行、证券、保险、基金的融合创新,为大众提供丰富、安全、便捷的金融产品和服务,更好满足不同层次实体经济的投融资需求,培育一批具有行业影响力的互联网金融创新型企业。(人民银行、银监会、证监会、保监会、发展改革委、工业和信息化部、网信办等负责)

1. 探索推进互联网金融云服务平台建设。探索互联网企业构建互联网金融云服务平台。在保证技术成熟和业务安全的基础上,支持金融企业与云计算技术提供商合作开展金融公共云服务,提供多样化、个性化、精准化的金融产品。支持银行、证券、保险企业稳妥实施系统架构转型,鼓励探索利用云服务平台开展金融核心业务,提供基于金融云服务平台的信用、认证、接口等公共服务。

2. 鼓励金融机构利用互联网拓宽服务覆盖面。鼓励各金融机构利用云计算、移动互联网、大数据等技术手段,加快金融产品和服务创新,在更广泛地区提供便利的存贷款、支付结算、信用中介平台等金融服务,拓宽普惠金融服务范围,为实体经济发展提供有效支撑。支持金融机构和互联网企业依法合规开展网络借贷、网络证券、网络保险、互联网基金销售等业务。扩大专业互联网保险公司试点,充分发挥保险业在防范互联网金融风险中的作用。推动金融集成电路卡(IC卡)全面应用,提升电子现金的使用率和便捷性。发挥移动金融安全可信公共服务平台(MTPS)的作用,积极推动商业银行开展移动金融创新应用,促进移动金融在电子商务、公共服务等领域的规模应用。支持银行业金融机构借助互联网技术发展消费信贷业务,支持金融租赁公司利用互联网技术开展金融租赁业务。

3. 积极拓展互联网金融服务创新的深度和广度。鼓励互联网企业依法合规提供创新金融产品和服务,更好满足中小微企业、创新型企业和个人的投融资需求。规范发展网络借贷和互联网消费信贷业务,探索互联网金融服务创新。积极引导风险投资基金、私募股权投资基金和产业投资基金投资于互联网金融企业。利用大数据发展市场化个人征信业务,加快网络征信和信用评价体系建设。加强互联网金融消费权益保护和投资者保护,建立多元化金融消费纠纷解决机制。改进和完善互联网金融监管,提高金融服务安全性,有效防范互联网金融风险及其外溢效应。

(六)"互联网+"益民服务。

充分发挥互联网的高效、便捷优势,提高资源利用效率,降低服务消费成本。大力发展以互联网为载体、线上线下互动的新兴消费,加快发展基于互联网的医疗、健康、养老、教育、旅游、社会保障等新兴服务,创新政府服务模式,提升政府科学决策能力和管理水平。(发展改革委、教育部、工业和信息化部、民政部、人力资源社会保障部、商务部、卫生计生委、质检总局、食品药品监管总局、林业局、旅游局、网信办、信访局等负责)

1. 创新政府网络化管理和服务。加快互联网与政府公共服务体系的深度融合,推动公共数据资源开放,促进公共服务创新供给和服务资源整合,构建面向公众的一体化在线公共服务体系。积极探索公众参与的网络化社会管理服务新模式,充分利用互联网、移动互联网应用平台等,加快推进政务新媒体发展建设,加强政府与公众的沟通交流,提高政府公共管理、公共服务和公共政策制定的响应速度,提升政府科学决策能力和社会治理水平,促进政府职能转变和简政放权。深入推进网上信访,提高信访工作质量、效率和公信力。鼓励政府和互联网企业合作建立信用信息共享平台,探索开展一批社会治理互联网应用试点,打通政府部门、企事业单位之间的数据壁垒,利用大数据分析手段,提升各级政府的社会治理能力。加强对"互联网+"行动的宣传,提高公众参与度。

2. 发展便民服务新业态。发展体验经济,支持实体零售商综合利用网上商店、移动支付、智能试衣等新技术,打造体验式购物模式。发展社区经济,在餐饮、娱乐、家政等领域培育线上线下结合的社区服务新模式。发展共享经济,规范发展网络约租车,积极推广在线租房等新业态,着力破除准入门槛高、服务规范难、个人征信缺失等瓶颈制约。发展基于互联网的文化、媒体和旅游等服务,培育形式多样的新型业态。积极推广基于移动互联网入口的城市服务,开展网上社保办理、个人社保权益查询、跨地区医保结算等互联网应用,让老百姓足不出户享受便捷高效的服务。

3. 推广在线医疗卫生新模式。发展基于互联网的医疗卫生服务,支持第三方机构构建医学影像、健康档案、检验报告、电子病历等医疗信息共享服务平台,逐步建立跨医院的医疗数据共享交换标准体系。积极利用移动互联网提供在线预约诊疗、候诊提醒、划价缴费、诊疗报告查询、药品配送等便捷服务。引导医疗机构面向中小城市和农村地区开展基层检查、上级诊断等远程医疗服务。鼓励互联网企业与医疗机构合作建立医疗网络信息平台,加强区域医疗卫生服务资源整合,充分利用互联网、大数据等手段,提高重大疾病和突发公共卫生事件防控能力。积极探索互联网延伸医嘱、电子处方等网络医疗健康服务应用。鼓励有资质的医学检验机构、医疗服务机构联合互联网企业,发展基因检测、疾病预防等健康服务模式。

4. 促进智慧健康养老产业发展。支持智能健康产品创新和应用,推广全面量化健康生活新方式。鼓励健康服务机构利用云计算、大数据等技术搭建公共信息平台,提供长期跟踪、预测预警的个性化健康管理服务。发展第三方在线健康市场调查、咨询评价、预防管理等应用服务,提升规范化和专业化运营水平。依托现有互联网资源和社会力量,以社区为基础,搭建养老信息服务网络平台,提供护理看护、健康管理、康复照料等居家养老服务。鼓励养老服务机构应用基于移动互联网的便携式体检、紧急呼叫监控等设备,提高养老服务水平。

5. 探索新型教育服务供给方式。鼓励互联网企业与社会教育机构根据市场需求开发数字教育资源,提供网络化教育服务。鼓励学校利用数字教育资源及教育服务平台,逐步探索网络化教育新模式,扩大优质教育资源覆盖面,促进教育公平。鼓励学校通过与互联网企业合作等方式,对接线上线下教育资源,探索基础教育、职业教育等教育公共服务提供新方式。推动开展学历教育在线课程资源共享,推广大规模在线开放课程等网络学习模式,探索建立网络学习学分认定与学分转换等制度,加快推动高等教育服务模式变革。

(七)"互联网+"高效物流。

加快建设跨行业、跨区域的物流信息服务平台,提高物流供需信息对接和使用效率。鼓励大数据、云计算在物流领域的应用,建设智能仓储体系,优化物流运作流程,提升物流仓储的自动化、智能化水平和运转效率,降低物流成本。(发展改革委、商务部、交通运输部、网信办等负责)

1. 构建物流信息共享互通体系。发挥互联网信息集聚优势,聚合各类物流信息资源,鼓励骨干物流企业和第三方机构搭建面向社会的物流信息服务平台,整合仓储、运输和配送信息,开展物流全程监测、预警,提高物流安全、环保和诚信水平,统筹优化社会物流资源配置。构建互通省际、下达市县、兼顾乡村的物流信息互联网络,建立各类可开放数据的对接机制,加快完善物流信息交换开放标准体系,在更广范围促进物流信息充分共享与互联互通。

2. 建设深度感知智能仓储系统。在各级仓储单元积极推广应用二维码、无线射频识别等物联网感知技术和大数据技术,实现仓储设施与货物的实时跟踪、网络化管理以及库存信息的高度共享,提高货物调度效率。鼓励应用智能化物流装备提升仓储、运输、分拣、包装等作业效率,提高各类复杂订单的出货处理能力,缓解货物囤积停滞瓶颈制约,提升仓储运管水平和效率。

3. 完善智能物流配送调配体系。加快推进货运车联网与物流园区、仓储设施、配送网点等信息互联,促进人员、货源、车源等信息高效匹配,有效降低货车空驶率,提高配送效率。鼓励发展社区自提柜、冷链储藏柜、代收服务点等新型社区化配送模式,结合构建物流信息互联网络,加快推进县到村的物流配送网络和村级配送网点建设,解决物流配送"最后一公里"问题。

(八)"互联网+"电子商务。

巩固和增强我国电子商务发展领先优势,大力发展农村电商、行业电商和跨境电商,进一步扩大电子商务发展空间。电子商务与其他产业的融合不断深化,网络化生产、流通、消费更加普及,标准规范、公共服务等支撑环境基本完善。(发展改革委、商务部、工业和信息化部、交通运输部、农业部、海关总署、税务总局、质检总局、网信办等负责)

1. 积极发展农村电子商务。开展电子商务进农村综合示范,支持新型农业经营主体和农产品、农资批发市场对接电商平台,积极发展以销定产模式。完善农村电子商务配送及综合服务网络,着力解决农副产品标准化、物流标准化、冷链仓储建设等关键问题,发展农产品个性化定制服务。开展生鲜农产品和农业生产资料电子商务试点,促进农业大宗商品电子商务发展。

2. 大力发展行业电子商务。鼓励能源、化工、钢铁、电子、轻纺、医药等行业企业,积极利用电子商务平台优化采购、分销体系,提升企业经营效率。推动各类专业市场线上转型,引导传统商贸流通企业与电子商务企业整合资源,积极向供应链协同平台转型。鼓励生产制造企业面向个性化、定制化消费需求深化电子商务应用,支持设备制造企业利用电子商务平台开展融资租赁服务,鼓励中小微企业扩大电子商务应用。按照市场化、专业化方向,大力推广电子招标投标。

3. 推动电子商务应用创新。鼓励企业利用电子商务平台的大数据资源,提升企业精准营销能力,激发市场消费需求。建立电子商务产品质量追溯机制,建设电子商务售后服务质量检测云平台,完善互联网质量信息公共服务体系,解决消费者维权难、退货难、产品责任追溯难等问题。加强互联网食品药品市场监测监管体系建设,积极探索处方药电子商务销售和监管模式创新。鼓励企业利用移动社交、新媒体等新渠道,发展社交电商、"粉丝"经济等网络营销新模式。

4. 加强电子商务国际合作。鼓励各类跨境电子商务服务商发展,完善跨境物流体系,拓展全球经贸合作。推进跨境电子商务通关、检验检疫、结汇等关键环节单一窗口综合服务体系建设。创新跨境权益保障机制,利用合格评定手段,推进国际互认。创新跨境电子商务管理,促进信息网络畅通、跨境物流便捷、支付及结汇无障碍、税收规范便利、市场及贸易规则互认互通。

(九)"互联网+"便捷交通。

加快互联网与交通运输领域的深度融合,通过基础设施、运输工具、运行信息等互联网化,推进基于互联网平台的便捷化交通运输服务发展,显著提高交通运输资源利用效率和管理精细化水平,全面提升交通运输行业服务品质和科学治理能力。(发展改革委、交通运输部共同牵头)

1. 提升交通运输服务品质。推动交通运输主管部门和企业将服务性数据资源向社会开放,鼓励互联网平台为社会公众提供实时交通运行状态查询、出行路线规划、网上购票、智能停车等服务,推进基于互联网平台的多种出行方式信息服务对接和一站式服务。加快完善汽车健康档案、维修诊断和服务质量信息服务平台建设。

2. 推进交通运输资源在线集成。利用物联网、移动互联网等技术,进一步加强对公路、铁路、民航、港口等交通运输网络关键设施运行状态与通行信息的采集。推动跨地域、跨类型交通运输信息互联互通,推广船联网、车联网等智能化技术应用,形成更加完善的交通运输感知体系,提高基础设施、运输工具、运行信息等要素资源的在线化水平,全面支撑故障预警、运行维护以及调度智能化。

3. 增强交通运输科学治理能力。强化交通运输信息共享,利用大数据平台挖掘分析人口迁徙规律、公众出行需求、枢纽客流规模、车辆船舶行驶特征等,为优化交通运输设施规划与建设、安全运行控制、交通运输管理决策提供支撑。利用互联网加强对交通运输违章违规行为的智能化监管,不断提高交通运输治理能力。

(十)"互联网+"绿色生态。

推动互联网与生态文明建设深度融合,完善污染物监测及信息发布系统,形成覆盖主要生态要素的资源环境承载能力动态监测网络,实现生态环境数据互联互通和开放共享。充分发挥互联网在逆向物流回收体系中的平台作用,促进再生资源交易利用便捷化、互动

化、透明化,促进生产生活方式绿色化(发展改革委、环境保护部、商务部、林业局等负责)

1. 加强资源环境动态监测。针对能源、矿产资源、水、大气、森林、草原、湿地、海洋等各类生态要素,充分利用多维地理信息系统、智慧地图等技术,结合互联网大数据分析,优化监测站点布局,扩大动态监控范围,构建资源环境承载能力立体监控系统。依托现有互联网、云计算平台,逐步实现各级政府资源环境动态监测信息互联共享。加强重点用能单位能耗在线监测和大数据分析。

2. 大力发展智慧环保。利用智能监测设备和移动互联网,完善污染物排放在线监测系统,增加监测污染物种类,扩大监测范围,形成全天候、多层次的智能多源感知体系。建立环境信息数据共享机制,统一数据交换标准,推进区域污染物排放、空气环境质量、水环境质量等信息公开,通过互联网实现面向公众的在线查询和定制推送。加强对企业环保信用数据的采集整理,将企业环保信用记录纳入全国统一的信用信息共享交换平台。完善环境预警和风险监测信息网络,提升重金属、危险废物、危险化学品等重点风险防范水平和应急处理能力。

3. 完善废旧资源回收利用体系。利用物联网、大数据开展信息采集、数据分析、流向监测,优化逆向物流网点布局。支持利用电子标签、二维码等物联网技术跟踪电子废物流向,鼓励互联网企业参与搭建城市废弃物回收平台,创新再生资源回收模式。加快推进汽车保险信息系统、"以旧换再"管理系统和报废车管理系统的标准化、规范化和互联互通,加强废旧汽车及零部件的回收利用信息管理,为互联网企业开展业务创新和便民服务提供数据支撑。

4. 建立废弃物在线交易系统。鼓励互联网企业积极参与各类产业园区废弃物信息平台建设,推动现有骨干再生资源交易市场向线上线下结合转型升级,逐步形成行业性、区域性、全国性的产业废弃物和再生资源在线交易系统,完善线上信用评价和供应链融资体系,开展在线竞价,发布价格交易指数,提高稳定供给能力,增强主要再生资源品种的定价权。

(十一)"互联网+"人工智能。

依托互联网平台提供人工智能公共创新服务,加快人工智能核心技术突破,促进人工智能在智能家居、智能终端、智能汽车、机器人等领域的推广应用,培育若干引领全球人工智能发展的骨干企业和创新团队,形成创新活跃、开放合作、协同发展的产业生态。(发展改革委、科技部、工业和信息化部、网信办等负责)

1. 培育发展人工智能新兴产业。建设支撑超大规模深度学习的新型计算集群,构建包括语音、图像、视频、地图等数据的海量训练资源库,加强人工智能基础资源和公共服务等创新平台建设。进一步推进计算机视觉、智能语音处理、生物特征识别、自然语言理解、智能决策控制以及新型人机交互等关键技术的研发和产业化,推动人工智能在智能产品、工业制造等领域规模商用,为产业智能化升级夯实基础。

2. 推进重点领域智能产品创新。鼓励传统家居企业与互联网企业开展集成创新,不断提升家居产品的智能化水平和服务能力,创造新的消费市场空间。推动汽车企业与互联网企业设立跨界交叉的创新平台,加快智能辅助驾驶、复杂环境感知、车载智能设备等技术产品的研发与应用。支持安防企业与互联网企业开展合作,发展和推广图像精准识别等大数据分析技术,提升安防产品的智能化服务水平。

3. 提升终端产品智能化水平。着力做大高端移动智能终端产品和服务的市场规模,提高移动智能终端核心技术研发及产业化能力。鼓励企业积极开展差异化细分市场需求分析,大力丰富可穿戴设备的应用服务,提升用户体验。推动互联网技术以及智能感知、模式识别、智能分析、智能控制等智能技术在机器人领域的深入应用,大力提升机器人产品在传感、交互、控制等方面的性能和智能化水平,提高核心竞争力。

三、保障支撑

(一)夯实发展基础。

1. 巩固网络基础。加快实施"宽带中国"战略,组织实施国家新一代信息基础设施建设工程,推进宽带网络光纤化改造,加快提升移动通信网络服务能力,促进网间互联互通,大幅提高网络访问速率,有效降低网络资费,完善电信普遍服务补偿机制,支持农村及偏远地区宽带建设和运行维护,使互联网下沉为各行业、各领域、各区域都能使用,人、机、物泛在互联的基础设施。增强北斗卫星全球服务能力,构建天地一体化互联网络。加快下一代互联网商用部署,加强互联网协议第6版(IPv6)地址管理、标识管理与解析,构建未来网络创新试验平台。研究工业互联网网络架构体系,构建开放式国家创新试验验证平台。(发展改革委、工业和信息化部、财政部、国资委、网信办等负责)

2. 强化应用基础。适应重点行业融合创新发展需求,完善无线传感网、行业云及大数据平台等新型应用基础设施。实施云计算工程,大力提升公共云服务能力,引导行业信息化应用向云计算平台迁移,加快内容分发网络建设,优化数据中心布局。加强物联网网络架构研究,组织开展国家物联网重大应用示范,鼓励具备条件的企业建设跨行业物联网运营和支撑平台。(发展改革委、工业和信息化部等负责)

3. 做实产业基础。着力突破核心芯片、高端服务器、高端存储设备、数据库和中间件等产业薄弱环节的技术瓶颈,加快推进云操作系统、工业控制实时操作系统、智能终端操作系统的研发和应用。大力发展云计算、大数据等解决方案以及高端传感器、工控系统、人机交互等软硬件基础产品。运用互联网理念,构建以骨干企业为核心、产学研用高效整合的技术产业集群,打造国际先进、自主可控的产业体系。(工业和信息化部、发展改革委、科技部、网信办等负责)

4. 保障安全基础。制定国家信息领域核心技术设备发展时间表和路线图,提升互联网安全管理、态势感知和风险防范能力,加强信息网络基础设施安全防护和用户个人信息保护。实施国家信息安全专项,开展网络安全应用示范,提高"互联网+"安全核心技术和产品水平。按照信息安全等级保护等制度和网络安全国家标准的要求,加强"互联网+"关键领域重要信息系统的安全保障。建设完善网络安全监测评估、监督管理、标准认证和创新能力体系。重视融合带来的安全风险,完善网络数据共享、利用等的安全管理和技术措施,探索建立以行政评议和第三方评估为基础的数据安全流动认证体系,完善数据跨境流动管理制度,确保数据安全。(网信办、发展改革委、科技部、工业和信息化部、公安部、安全部、质检总局等负责)

(二)强化创新驱动。

1. 加强创新能力建设。鼓励构建以企业为主导,产学研用合作的"互联网+"产业创新网络或产业技术创新联盟。支持以龙头企业为主体,建设跨界交叉领域的创新平台,并逐步形成创新网络。鼓励国家创新平台向企业特别是中小企业在线开放,加大国家重大科研基础设施和大型科研仪器等网络化开放力度。(发展改革委、科技部、工业和信息化部、网信办等负责)

2. 加快制定融合标准。按照共性先立、急用先行的原则,引导工业互联网、智能电网、智慧城市等领域基础共性标准、关键技术标准的研制及推广。加快与互联网融合应用的工控系统、智能专用装备、智能仪表、智能家居、车联网等细分领域的标准化工作。不断完善"互联网+"融合标准体系,同步推进国际国内标准化工作,增强在国际标准化组织(ISO)、国际电工委员会(IEC)和国际电信联盟(ITU)等国际组织中的话语权。(质检总局、工业和信息化部、网信办、能源局等负责)

3. 强化知识产权战略。加强融合领域关键环节专利导航,引导企业加强知识产权战略储备与布局。加快推进专利基础信息资源开放共享,支持在线知识产权服务平台建设,鼓励服务模式创新,提升知识产权服务附加值,支持中小微企业知识产权创造和运用。加强网络知识产权和专利执法维权工作,严厉打击各种网络侵权假冒行为。增强全社会对网络知识产权的保护意识,推动建立"互联网+"知识产权保护联盟,加大对新业态、新模式等创新成果的保护力度。(知识产权局牵头)

4. 大力发展开源社区。鼓励企业自主研发和国家科技计划(专项、基金等)支持形成的软件成果通过互联网向社会开源。引导教育机构、社会团体、企业或个人发起开源项目,积极参加国际开源项目,支持组建开源社区和开源基金会。鼓励企业依托互联网开源模式构建新型生态,促进互联网开源社区与标准规范、知识产权等机构的对接与合作。(科技部、工业和信息化部、质检总局、知识产权局等负责)

(三)营造宽松环境。

1. 构建开放包容环境。贯彻落实《中共中央、国务院关于深化体制机制改革加快实施创新驱动发展战略的若干意见》,放宽融合性产品和服务的市场准入限制,制定实施各行业互联网准入负面清单,允许各类主体依法平等进入未纳入负面清单管理的领域。破除行业壁垒,推动各行业、各领域在技术、标准、监管等方面充分对接,最大限度减少事前准入限制,加强事中事后监管。继续深化电信体制改革,有序开放电信市场,加快民营资本进入基础电信业务。加快深化商事制度改革,推进投资贸易便利化。(发展改革委、网信办、教育部、科技部、工业和信息化部、民政部、商务部、卫生计生委、工商总局、质检总局等负责)

2. 完善信用支撑体系。加快社会征信体系建设,推进各类信用信息平台无缝对接,打破信息孤岛。加强信用记录、风险预警、违法失信行为等信息资源在线披露和共享,为经营者提供信用信息查询、企业网上身份认证等服务。充分利用互联网积累的信用数据,对现有征信体系和评测体系进行补充和完善,为经济调节、市场监管、社会管理和公共服务提供有力支撑。(发展改革委、人民银行、工商总局、质检总局、网信办等负责)

3. 推动数据资源开放。研究出台国家大数据战略,显著提升国家大数据掌控能力。建立国家政府信息开放统一平台和基础数据资源库,开展公共数据开放利用改革试点,出台政府机构数据开放管理规定。按照重要性和敏感程度分级分类,推进政府和公共信息资源开放共享,支持公众和小微企业充分挖掘信息资源的商业价值,促进互联网应用创新。(发展改革委、工业和信息化部、国务院办公厅、网信办等负责)

4. 加强法律法规建设。针对互联网与各行业融合发展的新特点,加快"互联网+"相关立法工作,研究调整完善不适应"互联网+"发展和管理的现行法规及政策规定。落实加强网络信息保护和信息公开有关规定,加快推动制定网络安全、电子商务、个人信息保护、互联网信息服务管理等法律法规。完善反垄断法配套规则,进一步加大反垄断法执行力度,严格查处信息领域企业垄断行为,营造互联网公平竞争环境。(法制办、网信办、发展改革委、工业和信息化部、公安部、安全部、商务部、工商总局等负责)

(四)拓展海外合作。

1. 鼓励企业抱团出海。结合"一带一路"等国家重大战略,支持和鼓励具有竞争优势的互联网企业联合制造、金融、信息通信等领域企业率先走出去,通过海外并购、联合经营、设立分支机构等方式,相互借力,共同开拓国际市场,推进国际产能合作,构建跨境产业链体系,增强全球竞争力。(发展改革委、外交部、工业和信息化部、商务部、网信办等负责)

2. 发展全球市场应用。鼓励"互联网+"企业整合国内外资源,面向全球提供工业云、供应链管理、大数据分析等网络服务,培育具有全球影响力的"互联网+"应用平台。鼓励互联网企业积极拓展海外用户,推出适合不同市场文化的产品和服务。(商务部、发展改革委、工业和信息化部、网信办等负责)

3. 增强走出去服务能力。充分发挥政府、产业联盟、行业协会及相关中介机构作用,形成支持"互联网+"企业走出去的合力。鼓励中介机构为企业拓展海外市场提供信息咨询、法律援助、税务中介等服务。支持行业协会、产业联盟与企业共同推广中国技术和中国标准,以技术标准走出去带动产品和服务在海外推广应用。(商务部、外交部、发展改革委、工业和信息化部、税务总局、质检总局、网信办等负责)

(五)加强智力建设。

1. 加强应用能力培训。鼓励地方各级政府采用购买服务的方式,向社会提供互联网知识技能培训,支持相关研究机构和专家开展"互联网+"基础知识和应用培训。鼓励传统企业与互联网企业建立信息咨询、人才交流等合作机制,促进双方深入交流合作。加强制造业、农业等领域人才特别是企业高层管理人员的互联网技能培训,鼓励互联网人才与传统行业人才双向流动。(科技部、工业和信息化部、人力资源社会保障部、网信办等负责)

2. 加快复合型人才培养。面向"互联网+"融合发展需求,鼓励高校根据发展需要和学校办学能力设置相关专业,注重将国内外前沿研究成果尽快引入相关专业教学中。鼓励各类学校聘请互联网领域高级人才作为兼职教师,加强"互联网+"领域实验教学。(教育部、发展改革委、科技部、工业和信息化部、人力资源社会保障部、网信办等负责)

3. 鼓励联合培养培训。实施产学合作专业综合改革项目,鼓励校企、院企合作办学,推进"互联网+"专业技术人才培训。深化互联网领域产教融合,依托高校、科研机构、企业的智力资源和研究平台,建立一批联合实训基地。建立企业技术中心和院校对接机制,鼓励企业在院校建立"互联网+"研发机构和实验中心。(教育部、发展改革委、科技部、工业和信息化部、人力资源社会保障部、网信办等负责)

4. 利用全球智力资源。充分利用现有人才引进计划和鼓励企业设立海外研发中心等多种方式,引进和培养一批"互联网+"领域高端人才。完善移民、签证等制度,形成有利于吸引人才的分配、激励和保障机制,为引进海外人才提供有利条件。支持通过任务外包、产业合作、学术交流等方式,充分利用全球互联网人才资源。吸引互联网领域领军人才、特殊人才、紧缺人才在我国创业创新和从事教学科研等活动。(人力资源社会保障部、发展改革委、教育部、科技部、网信办等负责)

(六)加强引导支持。

1. 实施重大工程包。选择重点领域,加大中央预算内资金投入力度,引导更多社会资本进入,分步骤组织实施"互联网+"重大工程,重点促进以移动互联网、云计算、大数据、物联网为代表的新一代信息技术与制造、能源、服务、农业等领域的融合创新,发展壮大新兴业态,打造新的产业增长点。(发展改革委牵头)

2. 加大财税支持。充分发挥国家科技计划作用,积极投向符合条件的"互联网+"融合创新关键技术研发及应用示范。统筹利用现有财政专项资金,支持"互联网+"相关平台建设和应用示范等。加大政府部门采购云计算服务的力度,探索基于云计算的政务信息化建设运营新机制。鼓励地方政府创新风险补偿机制,探索"互联网+"发展的新模式。(财政部、税务总局、发展改革委、科技部、网信办等负责)

3. 完善融资服务。积极发挥天使投资、风险投资基金等对"互联网+"的投资引领作用。开展股权众筹等互联网金融创新试点,支持小微企业发展。支持国家出资设立的有关基金投向"互联网+",鼓励社会资本加大对相关创新型企业的投资。积极发展知识产权质押融资、信用保险保单融资增信等服务,鼓励通过债券融资方式支持"互联网+"发展,支持符合条件的"互联网+"企业发行公司债券。开展产融结合创新试点,探索股权和债权相结合的融资服务。降低创新型、成长型互联网企业的上市准入门槛,结合证券法修订和股票发行注册制改革,支持处于特定成长阶段、发展前景好但尚未盈利的互联网企业在创业板上市。推动银行业金融机构创新信贷产品与金融服务,加大贷款投放力度。鼓励开发性金融机构为"互联网+"重点项目建设提供有效融资支持。(人民银行、发展改革委、银监会、证监会、保监会、网信办、开发银行等负责)

(七)做好组织实施。

1. 加强组织领导。建立"互联网+"行动实施部际联席会议制度,统筹协调解决重大问题,切实推动行动的贯彻落实。联席会议设办公室,负责具体工作的组织推进。建立跨领域、跨行业的"互联网+"行动专家咨询委员会,为政府决策提供重要支撑。(发展改革委牵头)

2. 开展试点示范。鼓励开展"互联网+"试点示范,推进"互联网+"区域化、链条化发展。支持全面创新改革试验区、中关村等国家自主创新示范区、国家现代农业示范区先行先试,积极开展"互联网+"创新政策试点,破除新兴产业行业准入、数据开放、市场监管等方面政策障碍,研究适应新兴业态特点的税收、保险政策,打造"互联网+"生态体系。(各部门、各地方政府负责)

3. 有序推进实施。各地区、各部门要主动作为,完善服务,加强引导,以动态发展的眼光看待"互联网+",在实践中大胆探索拓展,相互借鉴"互联网+"融合应用成功经验,促进"互联网+"新业态、新经济发展。有关部门要加强统筹规划,提高服务和管理能力。各地区要结合实际,研究制定适合本地的"互联网+"行动落实方案,因地制宜,合理定位,科学组织实施,杜绝盲目建设和重复投资,务实有序推进"互联网+"行动。(各部门、各地方政府负责)

5-4-13

国家税务总局关于贯彻落实《国务院办公厅关于促进进出口稳定增长的若干意见》的通知

2015年8月11日 税总函〔2015〕440号

各省、自治区、直辖市和计划单列市国家税务局：

为认真贯彻落实《国务院办公厅关于促进进出口稳定增长的若干意见》（国办发〔2015〕55号），充分发挥出口退税的职能作用，积极支持外贸稳定增长，现将有关事项通知如下：

一、进一步加快出口退税进度，确保及时足额退税

（一）认真落实《国家税务总局关于印发〈全国税务机关出口退（免）税管理工作规范（1.0版）〉的通知》（税总发〔2014〕155号，以下简称《退税规范》）、《国家税务总局关于发布〈出口退（免）税企业分类管理办法〉的公告》（国家税务总局公告2015年第2号，以下简称《分类管理办法》），严格按照《退税规范》和《分类管理办法》规定的要求和时限审核、审批出口退（免）税，进一步提高工作效率，准确、及时办理出口退税。

（二）严格按照《退税规范》规定的要求和时限开展函调工作，所有的发函、复函及结果处理，必须通过出口货物税收函调系统网上处理，不允许"机外运行"。要进一步提高发函的针对性。回函地国税机关收到函调后，要及时核查，对能够在规定时限内完成核查的，不得随意延期复函，复函须明确无歧义。

（三）按照税务总局的统一部署，积极开展财税库银横向联网电子退库、更正、免抵调业务推广上线工作，进一步提高退库的效率，缩短税款退付在途时间。

（四）当出现出口退税计划不足时，要及时向上级税务机关反映，申请追加计划。不得以计划不足等原因拖延办理出口退税。

（五）税务总局将于下半年对各地落实《退税规范》和《分类管理办法》的情况进行专项督查，各地可结合工作实际开展自查。

二、进一步抓好出口退税政策及管理规定的落实

（一）及时、准确地落实服务出口增值税零税率或免税政策，促进服务贸易发展。

（二）积极配合地方政府部门落实境外旅客购物离境退税政策，进一步扩大旅游购物消费，促进旅游业健康发展。

（三）认真落实外贸综合服务企业税收政策，发挥外贸综合服务企业提供出口服务的优势，支持中小企业有效开拓国际市场。及时跟踪外贸综合服务企业出口退（免）税管理中出现的新情况、新问题，采取有效措施予以解决。

（四）积极落实跨境电子商务企业税收政策，密切关注跨境电子商务企业出口退税情况，根据电子商务特点，探索创新出口退税管理机制，为跨境电子商务贸易发展创造良好条件。

(五)落实好企业申报出口退(免)税时免于提供纸质出口货物报关单、逾期未申报的出口退(免)税可延期申报等便民措施,进一步减轻企业的办税负担,提高退税效率。

三、持续优化出口退税服务

(一)结合深入开展"便民办税春风行动"的要求,通过各种行之有效的渠道和方式,及时做好出口退税政策宣传、解释、辅导工作,使企业能够及时了解、掌握政策变动信息,确保把出口退税政策落到实处。积极探索"互联网+出口退税",利用大数据、云计算等新兴技术进一步拓展出口退税服务的深度和广度。

(二)持续做好出口退税业务提醒服务,及时将出口退税审核系统生成的出口退税业务提醒信息通知出口企业,方便企业及时掌握本企业出口退(免)税申报的剩余期限、审核和退库进度等情况,使企业能够及时根据税务机关管理要求收取有关单证申报退(免)税,并统筹安排生产经营活动和退税业务办理。

四、进一步加强出口退税预警评估工作,严格审核,严密防范和打击骗取出口退税违法行为

(一)在认真落实各项出口退税政策,加快出口退税进度的同时,持续保持对骗取出口退税违法犯罪行为的高压态势,进一步加大打击骗取出口退税工作力度。切实将国家出口退税资金用于鼓励真实出口,支持守法企业健康发展,构建竞争公平、秩序规范的出口退税管理环境。

(二)进一步加强出口退税预警评估核查工作。各省、自治区、直辖市、计划单列市国家税务局要按照税务总局有关要求,制定切实可行的贯彻办法,完善预警指标体系,设置合理预警指标,及时发布预警信息,并组织开展相应的评估核查工作。要加大出口退税预警评估核查力度,将风险排除由"事后核查"逐步向"事前预警"、"事中监管"转变,提高防范骗税工作的质量和效率。

(三)严格按照《退税规范》规定的岗位监督制约机制,科学设置退税管理岗位,合理配备人员。要按照规定流程和要求进行出口退税审核、审批。要按照《分类管理办法》规定的差别化管理措施,对管理类别为三类、四类的出口企业重点审核。

(四)规范和加强出口退税审核系统的应用管理,保证出口退税审核系统的数据完整、准确、规范。

5-4-14

国家税务总局关于印发《"互联网+税务"行动计划》的通知

2015年9月28日　税总发〔2015〕113号

各省、自治区、直辖市和计划单列市国家税务局、地方税务局,局内各单位:

现将国家税务总局制定的《"互联网+税务"行动计划》印发给你们。

"互联网+税务"行动计划

根据《国务院关于积极推进"互联网+"行动的指导意见》(国发〔2015〕40号),顺应互联网发展趋势,满足纳税人和税收管理不断增长的互联网应用需求,推动税收现代化建设,结合税收工作实际,制定本行动计划。

一、总体要求

"互联网+税务"是把互联网的创新成果与税收工作深度融合,拓展信息化应用领域,推动效率提升和管理变革,是实现税收现代化的必由之路。

(一)指导思想

按照党中央、国务院推进"互联网+"行动的战略部署,紧跟时代新步伐,把握发展新机遇,充分运用互联网思维,引入云计算技术,发挥大数据优势,推进物联网应用,始终重视纳税服务,不断激发管理活力,拓展税收服务新领域,打造便捷办税新品牌,建设电子税务新生态,引领税收工作新变革,更广范围、更深程度、更高层次地依托"互联网+"力量,为税收改革发展奠定稳固坚实基础,为税收现代化注入恒久动力,为税收服务国家治理提供强劲支撑。

(二)基本原则

坚持科技引领、创新驱动,立足自我变革与外部融合并举,前瞻开拓与稳步推进并重,统筹基础平台建设,整合信息技术资源,打造税收治理新格局。

1. 统筹规划,整体布局

坚持一体化要求,加强顶层设计,适应"互联网+"新趋势,统筹税收信息化建设,确保整体架构科学、功能定位合理、资源配置优化。

2. 需求导向,拓展应用

以纳税人需求为导向,加快线上线下融合,逐步实现网上办税业务全覆盖;以提升税收治理能力为目标,深化互联互通与信息资源整合利用,构建智慧税务新局面。

3. 统分结合,鼓励创新

统一"互联网+税务"应用框架和实施规范,适应新技术、新应用的发展,鼓励各地税务机关改革创新,形成统分结合、上下联动、协调高效的工作格局。

4. 内外协同,开放包容

以开放融合的思维规划设计,以协作共赢的模式推动实施,深化国家税务局、地方税务局合作,积极吸纳社会力量参与,内外协同,聚力共进。

5. 积极稳妥,安全有序

按照税务总局规划评比,省税务机关组织推动,省会城市重点突破,社会广泛参与,前台放开创新,后台有序衔接的方式推进。坚持底线思维,强化互联网应用安全意识,确保安全、平稳、有序运行。

(三)行动目标

推动互联网创新成果与税收工作深度融合,着力打造全天候、全方位、全覆盖、全流程、全联通的智慧税务生态系统,促进纳税服务进一步便捷普惠、税收征管进一步提质增效、税收执法进一步规范透明、协作发展进一步开放包容。到2020年,形成线上线下融合、前台后台贯通、统一规范高效的电子税务局，为税收现代化奠定坚实基础，为服务国家治理提供重要保障。

——至2017年，开展互联网税务应用创新试点，优选一批应用示范单位，形成电子税务局相关标准规范，推出功能完备、渠道多样的电子税务局以及可复制推广的"互联网＋税务"系列产品，在税务系统广泛应用。

——至2020年，"互联网＋税务"应用全面深化，各类创新有序发展，管理体制基本完备，分析决策数据丰富，治税能力不断提升，智慧税务初步形成，基本支撑税收现代化。

二、重点行动

紧扣互联网发展特点，挖掘互联网与税收工作融合发展潜力，总结各地互联网应用探索经验，吸纳各方面的创意创新，重点推进"互联网＋税务"5大板块、20项行动。

（一）社会协作

1. 互联网＋众包互助

以税务机关主导，纳税人自我管理、志愿互助的理念，引入互联网众包协作模式，建立交流平台，调动纳税人积极性，鼓励纳税人相互解答涉税问题，将纳税人发展为"大众导税员"。充分发挥第三方公共社交平台作用，利用即时通讯工具用户基数大、使用快捷等特点，设立特定用户群，税务人员管理，纳税人相互交流，形成良好的办税咨询互助机制。（税务机关主导，社会各界参与）

2. 互联网＋创意空间

通过网站、主流社交工具等途径，建立面向纳税人、税务人、社会公众的创意空间，征集运用互联网改进税收工作的创新项目和创意点子，博采众长，营造开放包容的环境。借势用户创新、大众创新、开放创新的大潮，激发市场主体和社会各界参与"互联网＋税务"的热情，降低创新成果转化门槛，形成协作共创的良好生态。（税务机关统筹，社会各界参与）

3. 互联网＋应用广场

税务总局建设纳税人软件应用广场，开辟官方软件发布渠道，供纳税人免费下载使用。建立统一审核和发布制度，兼容并蓄，为各级税务机关和社会力量开发的纳税人软件提供发布途径和展示平台。促进各地区应用软件资源共享，减少重复开发建设，提升互联网税务应用整体水平。

开发便民办税工具箱，统一纳税人办税登录入口，通过网上办税导航工具，为纳税人提供统一、准确、清晰的办税指引。开发和推广报表生成、在线申报、税款计算等办税工具，与税收政策调整同步升级和发布。开发移动离境退税辅助工具，为境外游客办理离境退税提供便捷指引。（税务总局规划设计，各地税务机关、社会各界参与）

（二）办税服务

4. 互联网＋在线受理

适应推进"三证合一"、"一照一码"登记制度改革的需要，实现纳税人通过互联网对自身基础信息的查询、更新和管理，网上办理临时税务登记和扣缴义务人登记，开放税务登记信息网上查验。为纳税人提供认定、优惠办理等事项的网上申请、资料提交、办理进度查询等服务，实现在线结办，对备案类优惠事项，以多种形式提供简洁便利的网上备案。

在满足安全技术规范和纳税人涉税信息保密的前提下，将涉税查询业务向移动终端应用、第三方平台上延伸。通过及时便捷的涉税查询,让纳税人感受到办税业务有迹可循、有处可查,随时随地掌握办税进度,提高税收工作透明度。(税务总局发布规范,与省税务机关共建)

5. 互联网+申报缴税

为纳税人提供便捷高效的网上申报纳税平台,实现申报纳税网上办理全覆盖和资料网上采集全覆盖。拓展多种申报方式,实现纳税人多元化申报。在保障安全的前提下,将操作简便、流程简洁的申报功能拓展到移动互联网实现。通过互联网推送方式,在税款征收和稽查执行环节,向未在规定时限内缴纳税款或查补税款的纳税人进行催报催缴。

拓展互联网税款缴纳渠道,支持银行转账、POS机、网上银行、手机银行、第三方支付等多种税款缴纳方式,保障纳税人支付环境安全。借助银行等金融机构的第三方信息,探索自然人实名认证、在线开户,逐步通过互联网实现面向自然人的个人所得税、车船税申报纳税等业务。(税务总局发布规范,与省税务机关共建)

6. 互联网+便捷退税

适应新业态,以互联网理念改造退税流程,打通外部申请与内部审批流程的衔接,实现退税业务办理电子化、网上一站式办结。优化出口退税和一般退税流程,提供网上申请、单证审核和业务办理进度的跟踪。(税务总局发布规范,与省税务机关共建)

7. 互联网+自助申领

依托互联网平台,创新发票领购形式,提供发票网上申领服务,实现发票自动验旧,引入现代物流服务配送纸质发票,打造线上与线下相结合的发票服务新体系。

优化纳税人税收证明办理,提供完税证明、中国税收居民身份证明等各类税收证明的网上办理,支持通过互联网平台和自助办税终端开具打印,实现税收证明的在线真伪查验。(税务总局发布规范,与省税务机关共建)

(三)发票服务

8. 互联网+移动开票

利用移动互联网高效便捷优势,推进随时随地开具发票。以增值税发票系统升级版为基础,深化数字证书与移动技术的融合,实现纳税人利用手机等掌上设备开具增值税发票,开创移动互联网开票新时代,服务大众创新、万众创业。(税务总局统筹建设,省税务机关部署)

9. 互联网+电子发票

适应现代信息社会和税收现代化建设需要,以增值税发票系统升级版为基础,利用数字证书、二维码等技术,制定统一的电子发票数据文件规范,保障电子发票的安全性。吸收社会力量提供电子发票打印、查询等服务,推动电子发票在电子商务及各领域的广泛使用,提高社会信息化应用水平。探索推进发票无纸化试点,降低发票使用和管理成本,逐步实现纸质发票到电子发票的变革。(税务总局统筹建设,省税务机关部署,社会参与)

10. 互联网+发票查验

建立全国统一的发票查验云平台,全面实现全国发票一站式云查验服务。提供网页、移动应用、微信、短信等多渠道查验服务,让社会公众和广大纳税人随时、随地、随需查验发票,提升社会公众对发票的认知度和信任度,遏制虚假发票,维护正常的税收秩序和社会经济运行秩序。(税务总局统筹建设,省税务机关部署,社会参与)

11. 互联网+发票摇奖

重构有奖发票,将有奖发票"搬"上互联网,让信息多跑路、群众少跑腿,与社会力量合作,支持传统金融账户和微信钱包、支付宝钱包等新兴互联网金融账户,改变有奖发票手工操作的不便。通过移动终端"扫一扫"等方式,提供发票即时摇奖,即时兑奖,奖金即时转入金融账户的新模式,提升用户的抽奖体验和参与感,调动消费者索要发票的积极性,促进税法遵从。(税务总局统筹建设,省税务机关部署,社会参与)

(四)信息服务

12. 互联网+监督维权

提供纳税信用等级情况互联网查询,定期通过互联网站向社会公布稽查案件公告、黑名单信息、执法程序等,形成有效的监督制约机制。实现纳税人满意度评价线上线下全覆盖,为纳税人提供便捷的评价渠道。充分利用互联网开展调查工作,面向纳税人及社会公众征集对税收工作的需求、意见和建议,以多元化形式提高参与度和有效性。

拓展纳税人投诉维权方式,使纳税人可随时随地举报投诉,对投诉举报事项的处理情况实时跟踪,并对受理结果进行评价,提高税收工作的透明度。(税务总局、省税务机关共建)

13. 互联网+信息公开

推进和完善网上涉税信息公开,为纳税人提供标准统一、途径多样、及时有效的涉税信息公开查询手段,推进政务公开,及时发布税收法规、条约等信息。优化税务门户网站界面体验,通过门户网站以及微博、微信、手机APP、短信、QQ、税企邮箱等渠道,为纳税人提供多元化全方位的税收宣传,增强税收宣传的时效性、针对性。建立全国统一的税收法规库,完善信息发布平台和发布机制,实现各渠道税法宣传内容更新及时、口径统一、准确权威。(税务总局、省税务机关共建)

14. 互联网+数据共享

加强与有关部门、社会组织、国际组织的合作,扩大可共享数据范围,丰富数据共享内容,让纳税人和税务人充分感受到互联网时代数据资源共享带来的便利。整合国税局、地税局纳税人基本信息、申报和发票等数据,满足部门间的信息共享需要,促进政府部门社会信用、宏观经济、税源管理等涉税信息共享。收集各类数据资源,归集整理、比对分析,实现数据的深度增值应用,提高税收治理能力。与金融机构互动,依据纳税人申请,将纳税信用与信贷融资挂钩,信用互认,为企业特别是小微企业融资提供信用支持。

推进数据开放,通过互联网渠道逐步向社会开放税务部门非涉密脱敏数据信息和部分业务系统数据查询接口,与各类主体分享税收大数据资源。(税务总局、省税务机关共建)

15. 互联网+信息定制

针对不同行业、不同类型的纳税人实施分类差异化推送相关政策法规、办税指南、涉税提醒等信息,提供及时有效的个性化服务。提供涉税信息网上订阅服务,按需向用户提供信息和资讯。基于税收风险管理,向特定纳税人推送预警提示,让纳税人及时了解涉税风险,引导自查自纠。(税务总局、省税务机关共建)

(五)智能应用

16. 互联网+智能咨询

通过互联网站、手机APP、第三方沟通平台等渠道,实现12366热线与各咨询渠道的互联互通和信息共享。扩大知识库应用范围,将12366知识库系统扩展提升为支撑各咨询渠道的统一后台支持系统,提高涉税咨询服务的准确性和权威性。探索开发智能咨询系统,应用大数据、人工智能等技术,自动回复纳税人的涉税咨询,逐步实现自动咨询服务与人工咨询服务的有机结合,提升纳税咨询服务水平。(税务总局统筹,与各省税务机关共建)

17. 互联网+税务学堂

建设功能完备、渠道多样的网上税务学堂,与实体培训相结合,实现面向纳税人和税务干部的线上线下培训辅导。提供在线学习、课件下载、数字图书馆、互动问答、课程计划、预约报名、教学评估等各项功能。利用网站、手机、即时通讯软件等形式与纳税人互动交流,实现全方位、多层次纳税辅导。(税务总局、省税务机关共建)

18. 互联网+移动办公

充分运用移动互联网,在保证信息安全基础上,将税务干部的办公平台由税务专网向移动终端延伸。探索移动办公,以互联网思维驱动税务内部管理、工作流程、工作方式的转变,满足不同人员、不同岗位便捷获取信息、及时办理公务的需求,提升行政效能。

利用移动终端,实现主动推送税收收入分析、收入进度,提升组织收入能力;实现税务内部各系统涉税数据、涉税事项和通过互联网收集的涉税情报的整合,跟踪管理重点关注企业,提升征管和税源管理能力;实现税务稽查、督查各类人员实时查询税务内部系统信息,综合利用现场数据和情报数据,完成内部审批程序,现场出具稽查等相关执法文书,提升税收执法监督能力;实现舆情信息的主动推送,提升风险应对能力;实现不受时间、空间限制在线处理公文,推动执行监督、绩效考核、人才培养的痕迹化和数字化管理,提升行政管理能力;实现对信息系统运维监控平台的访问,实时接收日常运维告警,及时处理简单的突发故障,提升信息系统运维能力。(税务总局、省税务机关共建)

19. 互联网+涉税大数据

将手工录入等传统渠道采集的数据和通过互联网、物联网等新兴感知技术采集的数据以及第三方共享的信息,有机整合形成税收大数据。运用大数据技术,开发和利用好大数据这一基础性战略资源,支撑纳税服务、税收征管、政策效应分析、税收经济分析等工作,优化纳税服务,提高税收征管水平,拓展税收服务国家治理的新领域。

在互联网上收集、筛选、捕捉涉税数据和公开信息,通过分析挖掘,为纳税人提供更精准的涉税服务,为税源管理、风险管理、涉税稽查、调查取证等工作提供信息支持。通过舆情监控,对纳税人需求和关注及时了解,及时采取应对措施,提高税收工作的针对性和有效性。(税务机关与社会共建)

20. 互联网+涉税云服务

在保证系统和信息安全的前提下,充分利用社会云计算资源,采用购买社会服务的方式,与云服务商合作,在面向社会公众的云计算平台上部署用户多、访问量大的互联网应用系统。

通过整合、优化和新建的方式,将传统基础设施体系的改造与云计算平台的建设结合,搭建标准统一、新老兼顾、稳定可靠的税务系统内部基础设施架构,逐步形成云计算技术支撑下的基础设施管理、建设和维护的新体系,提高基础设施对应用需求的响应周期,降低成本,为"互联网+税务"的各项行动提供高效的基础设施保障。(税务机关与社会共建)

三、基础保障

税务总局负责顶层设计,组织制定业务规范、技术规范、数据标准,修订完善政策依据、制度流程,统筹建设全国统一推行的税务互联网应用支撑平台和税务应用软件,组织和部署"互联网+税务"行动。省及以下税务机关作为"互联网+税务"应用主体,按税务总局工作部署,结合本地实际,制定实施工作方案,推进和落实"互联网+税务"行动。

(一)优化业务管理

基于纳税人和税务人操作习惯分析,全面梳理与"互联网+税务"不相适应的法规制度和办税流程,以改革创新精神,简化办税流程,制定配套制度,推进法规修订,保障表单证书电子化、业务流程网络化、数据应用智能化,全面提高纳税服务质量和税收征管效率。

1. 调整法规制度

适应"互联网+税务"发展,在业务创新的基础上,推进税收法律、法规和制度修订,保障依法行政、依法治税与行动计划落实协调推进。

明确电子数据的法律效力和配套规章,探索纳税人缴税和退税新模式,修订配套规章和制度,保障纳税人涉税事项备案、审批、缴税等全程无纸化。修订现有发票管理制度,推动会计制度调整。改进发票摇奖制度,引入电子支付手段,落实配套资金支持。

2. 优化办税流程

优化纳税服务、税收征管业务流程,支撑互联网条件下的登记注册、文书申请、纳税申报、发票领购、征纳互动、风险管理以及税收执法等全业务、全流程应用。充分考虑"互联网+"带来的新变化,修订完善全国税务机关纳税服务规范、税收征管规范、国地税合作工作规范和出口退税管理规范。

推进管理扁平化,实行基于风险的动态管理,建立以风险管理为导向,分级分类为重点的新型征管体制和管理流程,改变对所有纳税人无差别管理的传统做法,有针对性地实施差别化、专业化管理。

3. 简化办税资料

顺应简政放权、放管结合、优化服务要求和"互联网+税务"需求,简化纳税人申报资料,完善纳税人免填单办税业务,拓展免填单功能。必须填报的资料,可调用系统已有数据或扫描二维码方式采集,减轻纳税人和基层办税压力。

及时更新税收业务数据规范标准,保障税收应用系统间数据同步,利用第三方数据、互联网数据等实现信息共享,简化资料报送。完善纳税服务、税收征管、行政办公内部信息横向共享机制,使各业务部门能便捷地获取内部数据,避免纳税人多头重复报送资料。

4. 制定信息共享及获取机制

适应互联网时代企业组织结构、经营方式、交易类型日趋复杂化的新要求,突出数据思维,加强风险应对,为涉税大数据分析提供制度保障。加强与公共部门及第三方的数据协作,不断加大信息共享的广度和深度,积极推动数据的互通共享。建立与大型电商平台的数据对接渠道,及时获取有关数据,发现涉税风险点。完善获取企业电子记账、电子合同、电子支付等相关数据信息的机制与手段。

(二)提升技术保障

转变税收信息化理念,对信息技术体系进行整合、重构和优化,建设规范统一、安全高效的开发平台和数据平台,为实现"互联网+税务"奠定坚实的技术基础。

1. 完善标准规范

税务总局制定核心业务系统的网上办税接口规范、数据标准,制定和发布移动办税应用开发规范,统筹身份认证系统,发布标准接入规范。制定和发布12366系统、知识库、法规库、自助办税终端管理系统等技术标准和接口规范。

各地税务机关在此基础上自主创新,开发和实现具有本地特色的互联网应用产品,支持多种渠道调用和接入。

2. 严格安全要求

制定安全接入标准,规范第三方应用平台安全接入,明确细化安全访问控制策略,加强安全监控。做好数据分级保护,落实数据传输安全、存储安全。

开展移动办税应用安全检测,落实信息安全审核要求,加强运行环境实时安全防护,实现应用和安全保障同步规划、同步建设和同步运行。

3. 强化基础平台

税务总局制定税务互联网基础支撑平台建设标准,税务总局和省税务机关上下联动,构建两级集中的基础设施云计算平台。运用云计算技术,逐步完善基础支撑平台资源保障。加强系统集成管理,提供稳定强大的基础支撑,为基层税务机关的探索创新提供技术保障。不断完善基础支撑平台服务资源管理,逐步建立自动化管理模式。省税务机关按照统一规范实现税务移动应用集约化建设。

4. 拓展应用支撑

应用互联网技术,为纳税人(含自然人)和社会公众提供多元化税收服务渠道,统一办税服务访问入口,为纳税人网上办税提供安全保障。对纳税人档案信息进行数字化、科学化管理,为全面办税无纸化奠定基础。建立自然人数据库,为自然人通过互联网应用办理涉税事项提供数据基础。

税务总局、省局两级集中模式部署互联网站群,实现税务互联网站群的集约发展,强化税务总局网站和各省税务机关网站的一体协同和资源共享。建立支持多渠道的信息发布和政民互动平台,统一信息发布渠道。完善税收政策法规库内容更新机制和检索技术,支持多渠道的同步发布。建成集纳税咨询、税收宣传、办税服务、服务投诉处理、服务需求征集、纳税人满意度调查等功能于一体的综合性、品牌化的12366咨询服务平台。

(三)积极借助社会力量

通过购买社会服务的方式,向纳税人提供优质的服务。加强与社会各界的合作,充分利用外部资源要素,最大化发挥"互联网+"的价值。调动社会公众和纳税人积极参与"互联网+税务"行动,在网上办税系统开发测试、涉税事宜互助、监督评价等方面充分发挥纳税人的作用。税务总局和省税务机关在一定范围内适时公布应用规范和接口标准,发挥社会力量参与互联网税务应用建设和服务,合理界定税务机关和社会力量的分工,满足纳税人多元化需求。

四、组织实施

(一)加强组织领导,健全工作机制

"互联网+税务"行动计划的实施涉及管理创新、技术支撑、业务配套、制度保障各个方面,组织协调难度大,业务技术涉及面广。各级税务机关应高度重视,切实加强组织领导,统筹协调解决重大问题,明确职责分工,完善工作制度,节俭配置资源,严格执行党风廉政建设各项规定,切实推动行动计划的贯彻落实。

(二)加强沟通协作,形成工作合力

各级税务机关要密切配合、通力协作,促进纵向联动、横向互动工作机制的形成。税务总局主要负责做规划、做规范、做总结、做推广,统筹实现部分基础性、重点性项目;各省税务机关在行动计划指导下,结合本地实际,积极推进行动计划重点任务的落实,不断探索创新,丰富"互联网+税务"的内容;各地市税务机关在省税务机关指导下,积极参与、贡献智慧。

(三)加强考核评价,保证工作落实

税务总局按年度制定"互联网+税务"应用项目评优方案,并组织实施评优活动,鼓励税务系统内部和社会各界参与,让互联网应用创新项目和创意点子脱颖而出,在沟通交流和思维碰撞中促进互联网与税收业务的深度融合与发展。对"互联网+税务"应用项目评优结果,纳入绩效考核,促进"互联网+税务"工作积极有序开展。

(四)加强试点引领,鼓励创新发展

鼓励开展"互联网+税务"试点示范,选取部分单位在技术创新、业务优化、管理提升等方面先行先试,创建一批开拓创新、技术领先的示范单位,形成一批可复制、可推广的实践方案和"互联网+税务"应用产品,在税务系统推广应用,带动税收工作整体提升。

(五)加强队伍建设,提升干部能力

实现互联网和税收业务的深度融合,需要一大批具有互联网思维和现代化视野,既掌握税收信息化发展规律又充满活力能打硬仗的骨干力量。各级税务机关要完善人才培养机制,加强高素质人才的引进、培养和储备,形成有利于吸引人才的激励和保障机制,建立起能够适应"互联网+"时代要求的人才队伍。要不断提升全员信息化素质,大力开展互联网应用培训与辅导,增强对"互联网+税务"工作模式的适用能力,提升工作水平。

(六)加强品牌塑造,增进社会认可

树立品牌意识,加强"互联网+税务"的宣传力度,做好培训和引导,让纳税人和社会公众及时体验"互联网+税务"应用成果,踊跃提出意见建议,形成良性互动、持续完善的运行机制,提高纳税人的认可度,增进社会影响力,打造"互联网+税务"靓丽品牌。

5-4-15

国家税务总局关于《多边税收征管互助公约》生效执行的公告

2016年1月18日　国家税务总局公告2016年第4号

经国务院批准,我国于2013年8月27日签署了《多边税收征管互助公约》(以下简称《公约》),并于2015年7月1日由第十二届全国人民代表大会常务委员会第十五次会议批准。2015年10月16日,我国向经济合作与发展组织交存了《公约》批准书。根据《公约》第二十八条的规定，《公约》将于 2016 年 2 月 1 日对我国生效，自 2017 年 1 月 1 日起开始执行。根据《公约》批准书，现将有关问题公告如下：

一、《公约》适用于根据我国法律由税务机关征收管理的税种，具体包括：企业所得税、个人所得税、城镇土地使用税、房产税、土地增值税、增值税、营业税、消费税、烟叶税、车辆购置税、车船税、资源税、城市维护建设税、耕地占用税、印花税、契税。

二、我国税务机关现阶段与《公约》其他缔约方之间开展征管协助的形式为情报交换，有关具体要求按照《国家税务总局关于印发〈国际税收情报交换工作规程〉的通知》（国税发〔2006〕70号）规定执行。

三、以下事项属于《公约》批准书中我国声明保留内容：

（一）对上述税种以外的税种，不提供任何形式的协助；

（二）不协助其他缔约方追缴税款，不协助提供保全措施；

（三）不提供文书送达方面的协助；

（四）不允许通过邮寄方式送达文书。

四、在我国政府另行通知前，《公约》暂不适用于香港特别行政区和澳门特别行政区。

五、本公告与《公约》同时开始执行。

六、《公约》文本已在国家税务总局网站发布。

特此公告。

5-4-16

外商投资产业指导目录（2017 年修订）

2017 年 6 月 28 日　国家发展和改革委员会　商务部令第 4 号

《外商投资产业指导目录（2017 年修订）》已经党中央、国务院同意，现予以发布，自 2017 年 7 月 28 日起施行。2015 年 3 月 10 日国家发展和改革委员会、商务部发布的《外商投资产业指导目录（2015 年修订）》同时废止。

国家发展和改革委员会主任：何立峰

商务部部长：钟　山

2017 年 6 月 28 日

外商投资产业指导目录（2017 年修订）

鼓励外商投资产业目录

一、农、林、牧、渔业

1. 木本食用油料、调料和工业原料的种植及开发、生产

2. 绿色、有机蔬菜（含食用菌、西甜瓜）、干鲜果品、茶叶栽培技术开发及产品生产

3. 糖料、果树、牧草等农作物栽培新技术开发及产品生产

4. 花卉生产与苗圃基地的建设、经营

5. 橡胶、油棕、剑麻、咖啡种植

6. 中药材种植、养殖

7. 农作物秸秆资源综合利用、有机肥料资源的开发生产

8. 水产苗种繁育（不含我国特有的珍贵优良品种）

9. 防治荒漠化及水土流失的植树种草等生态环境保护工程建设、经营

10. 水产品养殖、深水网箱养殖、工厂化水产养殖、生态型海洋增养殖

二、采矿业

11. 石油、天然气的勘探、开发和矿井瓦斯利用

12. 提高原油采收率（以工程服务形式）及相关新技术的开发应用

13. 物探、钻井、测井、录井、井下作业等石油勘探开发新技术的开发与应用

14. 提高矿山尾矿利用率的新技术开发和应用及矿山生态恢复技术的综合应用

15. 我国紧缺矿种（如钾盐、铬铁矿等）的勘探、开采和选矿

三、制造业

（一）农副食品加工业

16. 安全高效环保饲料及饲料添加剂（含蛋氨酸）开发及生产

17. 水产品加工、贝类净化及加工、海藻保健食品开发

18. 蔬菜、干鲜果品、禽畜产品加工

（二）食品制造业

19. 婴幼儿配方食品、特殊医学用途配方食品及保健食品的开发、生产

20. 森林农产品加工

21. 天然食品添加剂、天然香料新技术开发与生产

（三）酒、饮料和精制茶制造业

22. 果蔬饮料、蛋白饮料、茶饮料、咖啡饮料、植物饮料的开发、生产

（四）纺织业

23. 采用非织造、机织、针织及其复合工艺技术的轻质、高强、耐高/低温、耐化学物质、耐光等多功能化的产业用纺织品生产

24. 采用先进节能减排技术和装备的高档织物印染及后整理加工

25. 符合生态、资源综合利用与环保要求的特种天然纤维（包括山羊绒等特种动物纤维、竹纤维、麻纤维、蚕丝、彩色棉花等）产品加工

（五）纺织服装、服饰业

26. 采用计算机集成制造系统的服装生产

27. 功能性特种服装生产

（六）皮革、毛皮、羽毛及其制品和制鞋业

28. 皮革和毛皮清洁化技术加工

29. 皮革后整饰新技术加工

30. 皮革废弃物综合利用

（七）木材加工和木、竹、藤、棕、草制品业

31. 林业三剩物，"次、小、薪"材和竹材的综合利用新技术、新产品开发与生产

（八）文教、工美、体育和娱乐用品制造业

32. 高档地毯、刺绣、抽纱产品生产

（九）石油加工、炼焦和核燃料加工业

33. 酚油加工、洗油加工、煤沥青高端化利用（不含改质沥青）

（十）化学原料和化学制品制造业

34. 聚氯乙烯和有机硅新型下游产品开发与生产

35. 合成材料的配套原料：过氧化氢氧化丙烯法环氧丙烷、过氧化氢氧化氯丙烯法环氧氯丙烷、萘二甲酸二甲酯（NDC）、1,4－环己烷二甲醇（CHDM）、5 万吨/年及以上丁二烯法己二腈、己二胺生产

36. 合成纤维原料：尼龙 66 盐、1,3－丙二醇生产

37. 合成橡胶：聚氨酯橡胶、丙烯酸酯橡胶、氯醇橡胶，以及氟橡胶、硅橡胶等特种橡胶生产

38. 工程塑料及塑料合金：6 万吨/年及以上非光气法聚碳酸酯（PC）、均聚法聚甲醛、聚苯硫醚、聚醚醚酮、聚酰亚胺、聚砜、聚醚砜、聚芳酯（PAR）、聚苯醚及其改性材料、液晶聚合物等产品生产

39. 精细化工：催化剂新产品、新技术，染（颜）料商品化加工技术，电子化学品和造纸化学品，皮革化学品（N－N 二甲基甲酰胺除外），油田助剂，表面活性剂，水处理剂，胶粘剂，无机纤维、无机纳米材料生产，颜料包膜处理深加工

40. 水性油墨、电子束固化紫外光固化等低挥发性油墨、环保型有机溶剂生产

41. 天然香料、合成香料、单离香料生产

42. 高性能涂料，高固体份、无溶剂涂料，水性工业涂料及配套水性树脂生产

43. 高性能氟树脂、氟膜材料，医用含氟中间体，环境友好型含氟制冷剂、清洁剂、发泡剂生产

44. 从磷化工、铝冶炼中回收氟资源生产

45. 林业化学产品新技术、新产品开发与生产

46. 环保用无机、有机和生物膜开发与生产

47. 新型肥料开发与生产：高浓度钾肥、复合型微生物接种剂、复合微生物肥料、秸秆及垃圾腐熟剂、特殊功能微生物制剂

48. 高效、安全、环境友好的农药新品种、新剂型、专用中间体、助剂的开发与生产，以及相关清洁生产工艺的开发和应用（甲叉法乙草胺、水相法毒死蜱工艺、草甘膦回收氯甲烷工艺、定向合成法手性和立体结构农药生产、乙基氯化物合成技术）

49. 生物农药及生物防治产品开发与生产：微生物杀虫剂、微生物杀菌剂、农用抗生素、昆虫信息素、天敌昆虫、微生物除草剂

50. 废气、废液、废渣综合利用和处理、处置

51. 有机高分子材料生产：飞机蒙皮涂料、稀土硫化铈红色染料、无铅化电子封装材料、

彩色等离子体显示屏专用系列光刻浆料、小直径大比表面积超细纤维、高精度燃油滤纸、锂离子电池隔膜、表面处理自我修复材料、超疏水纳米涂层材料

（十一）医药制造业

52. 新型化合物药物或活性成分药物的生产（包括原料药和制剂）

53. 氨基酸类：发酵法生产色氨酸、组氨酸、蛋氨酸等生产

54. 新型抗癌药物、新型心脑血管药及新型神经系统用药的开发及生产

55. 采用生物工程技术的新型药物生产

56. 艾滋病疫苗、丙肝疫苗、避孕疫苗及宫颈癌、疟疾、手足口病等新型疫苗生产

57. 海洋药物的开发及生产

58. 药品制剂：采用缓释、控释、靶向、透皮吸收等新技术的新剂型、新产品生产

59. 新型药用辅料的开发及生产

60. 动物专用抗菌原料药生产（包括抗生素、化学合成类）

61. 兽用抗菌药、驱虫药、杀虫药、抗球虫药新产品及新剂型生产

62. 新型诊断试剂的开发及生产

（十二）化学纤维制造业

63. 差别化化学纤维及芳纶、碳纤维、高强高模聚乙烯、聚苯硫醚（PPS）等高新技术化纤（粘胶纤维除外）生产

64. 纤维及非纤维用新型聚酯生产：聚对苯二甲酸丙二醇酯（PTT）、聚萘二甲酸乙二醇酯（PEN）、聚对苯二甲酸环己烷二甲醇酯（PCT）、二元醇改性聚对苯二甲酸乙二醇酯（PETG）

65. 利用新型可再生资源和绿色环保工艺生产生物质纤维，包括新溶剂法纤维素纤维（Lyocell）、以竹、麻等为原料的再生纤维素纤维、聚乳酸纤维（PLA）、甲壳素纤维、聚羟基脂肪酸酯纤维（PHA）、动植物蛋白纤维等

66. 尼龙11、尼龙12、尼龙1414、尼龙46、长碳链尼龙、耐高温尼龙等新型聚酰胺开发与生产

67. 子午胎用芳纶纤维及帘线生产

（十三）橡胶和塑料制品业

68. 新型光生态多功能宽幅农用薄膜开发与生产

69. 废旧塑料的回收和再利用

70. 塑料软包装新技术、新产品（高阻隔、多功能膜及原料）开发与生产

（十四）非金属矿物制品业

71. 节能、环保、利废、轻质高强、高性能、多功能建筑材料开发生产

72. 以塑代钢、以塑代木、节能高效的化学建材品生产

73. 年产1000万平方米及以上弹性体、塑性体改性沥青防水卷材，宽幅（2米以上）三元乙丙橡胶防水卷材及配套材料，宽幅（2米以上）聚氯乙烯防水卷材，热塑性聚烯烃（TPO）防水卷材生产

74. 新技术功能玻璃开发生产：屏蔽电磁波玻璃、微电子用玻璃基板、透红外线无铅硫系玻璃及制品、电子级大规格石英玻璃制品（管、板、坩埚、仪器器皿等）、光学性能优异多功

能风挡玻璃、信息技术用极端材料及制品（包括波导级高精密光纤预制棒石英玻璃套管和陶瓷基板）、高纯（≥99.998%）超纯（≥99.999%）水晶原料提纯加工

75. 薄膜电池导电玻璃、太阳能集光镜玻璃、建筑用导电玻璃生产

76. 玻璃纤维制品及特种玻璃纤维生产：低介电玻璃纤维、石英玻璃纤维、高硅氧玻璃纤维、高强高弹玻璃纤维、陶瓷纤维等及其制品

77. 光学纤维及制品生产：传像束及激光医疗光纤、超二代和三代微通道板、光学纤维面板、倒像器及玻璃光锥

78. 陶瓷原料的标准化精制、陶瓷用高档装饰材料生产

79. 水泥、电子玻璃、陶瓷、微孔炭砖等窑炉用环保（无铬化）耐火材料生产

80. 多孔陶瓷生产

81. 无机非金属新材料及制品生产：复合材料、特种陶瓷、特种密封材料（含高速油封材料）、特种摩擦材料（含高速摩擦制动制品）、特种胶凝材料、特种乳胶材料、水声橡胶制品、纳米材料

82. 有机－无机复合泡沫保温材料生产

83. 高技术复合材料生产：连续纤维增强热塑性复合材料和预浸料、耐温>300℃树脂基复合材料成型用工艺辅助材料、树脂基复合材料（包括体育用品、轻质高强交通工具部件）、特种功能复合材料及制品（包括深水及潜水复合材料制品、医用及康复用复合材料制品）、碳/碳复合材料、高性能陶瓷基复合材料及制品、金属基和玻璃基复合材料及制品、金属层状复合材料及制品、压力≥320MPa超高压复合胶管、大型客机航空轮胎

84. 精密高性能陶瓷原料生产：碳化硅（SiC）超细粉体（纯度>99%，平均粒径<1μm）、氮化硅（Si_3N_4）超细粉体（纯度>99%，平均粒径<1μm）、高纯超细氧化铝微粉（纯度>99.9%，平均粒径<0.5μm）、低温烧结氧化锆（ZrO_2）粉体（烧结温度<1350℃）、高纯氮化铝（AlN）粉体（纯度>99%，平均粒径<1μm）、金红石型TiO_2粉体（纯度>98.5%）、白炭黑（粒径<100nm）、钛酸钡（纯度>99%，粒径<1μm）

85. 高品质人工晶体及晶体薄膜制品开发生产：高品质人工合成水晶（压电晶体及透紫外光晶体）、超硬晶体（立方氮化硼晶体）、耐高温高绝缘人工合成绝缘晶体（人工合成云母）、新型电光晶体、大功率激光晶体及大规格闪烁晶体、金刚石膜工具、厚度0.3mm及以下超薄人造金刚石锯片

86. 非金属矿精细加工（超细粉碎、高纯、精制、改性）

87. 超高功率石墨电极生产

88. 珠光云母生产（粒径3～150μm）

89. 多维多向整体编制织物及仿形织物生产

90. 利用新型干法水泥窑无害化处置固体废弃物

91. 建筑垃圾再生利用

92. 工业副产石膏等产业废弃物综合利用

93. 非金属矿山尾矿综合利用的新技术开发和应用及矿山生态恢复

（十五）有色金属冶炼和压延加工业

94. 直径200mm以上硅单晶及抛光片生产

95. 高新技术有色金属材料生产：化合物半导体材料（砷化镓、磷化镓、磷化铟、氮化镓），高温超导材料,记忆合金材料（钛镍、铜基及铁基记忆合金材料）,超细（纳米）碳化钙及超细（纳米）晶硬质合金,超硬复合材料,贵金属复合材料,轻金属复合材料及异种材结合,散热器用铝箔,中高压阴极电容铝箔,特种大型铝合金型材,铝合金精密模锻件,电气化铁路架空导线,超薄铜带,耐蚀热交换器铜合金材,高性能铜镍、铜铁合金带,铍铜带、线、管及棒加工材,耐高温抗衰钨丝,镁合金铸件,无铅焊料,镁合金及其应用产品,泡沫铝,钛合金冶炼及加工,原子能级海绵锆,钨及钼深加工产品

（十六）金属制品业

96. 航空、航天、汽车、摩托车轻量化及环保型新材料研发与制造（专用铝板、铝镁合金材料、摩托车铝合金车架等）

97. 轻金属半固态快速成形材料研发与制造

98. 用于包装各类粮油食品、果蔬、饮料、日化产品等内容物的金属包装制品（应为完整品,容器壁厚度小于0.3毫米）的制造及加工（包括制品的内外壁印涂加工）

99. 节镍不锈钢制品的制造

（十七）通用设备制造业

100. 高档数控机床及关键零部件制造：五轴联动数控机床、数控坐标镗铣加工中心、数控坐标磨床

101. 1000吨及以上多工位镦锻成型机制造

102. 报废汽车拆解、破碎及后处理分选设备制造

103. FTL柔性生产线制造

104. 垂直多关节工业机器人、焊接机器人及其焊接装置设备制造

105. 亚微米级超细粉碎机制造

106. 400吨及以上轮式、履带式起重机械制造

107. 工作压力≥35MPa高压柱塞泵及马达、工作压力≥35MPa低速大扭矩马达的设计与制造

108. 工作压力≥25MPa的整体式液压多路阀,电液比例伺服元件制造

109. 阀岛、功率0.35W以下气动电磁阀、200Hz以上高频电控气阀设计与制造

110. 静液压驱动装置设计与制造

111. 压力10MPa以上非接触式气膜密封、压力10MPa以上干气密封（包括实验装置）的开发与制造

112. 汽车用高分子材料（摩擦片、改型酚醛活塞、非金属液压总分泵等）设备开发与制造

113. 第三代及以上轿车轮毂轴承、高中档数控机床和加工中心轴承、高速线材和板材轧机轴承、高速铁路轴承、振动值Z4以下低噪音轴承、各类轴承的P4和P2级轴承、风力发电机组轴承、航空轴承制造

114. 高密度、高精度、形状复杂的粉末冶金零件及汽车、工程机械等用链条的制造

115. 风电、高速列车用齿轮变速器,船用可变桨齿轮传动系统,大型、重载齿轮箱的制造

116. 耐高温绝缘材料(绝缘等级为 F、H 级)及绝缘成型件制造

117. 蓄能器胶囊、液压气动用橡塑密封件开发与制造

118. 高精度、高强度(12.9 级以上)、异形、组合类紧固件制造

119. 微型精密传动联结件(离合器)制造

120. 大型轧机连接轴制造

121. 机床、工程机械、铁路机车装备等机械设备再制造,汽车零部件再制造,医用成像设备关键部件再制造,复印机等办公设备再制造

122. 1000 万像素以上或水平视场角 120 度以上数字照相机及其光学镜头、光电模块的开发与制造

123. 办公机械(含工业用途)制造:多功能一体化办公设备(复印、打印、传真、扫描),打印设备,精度 2400dpi 及以上高分辨率彩色打印机头,感光鼓

124. 电影机械制造:2K、4K 数字电影放映机,数字电影摄像机,数字影像制作、编辑设备

(十八)专用设备制造业

125. 矿山无轨采、装、运设备制造:200 吨及以上机械传动矿用自卸车,移动式破碎机,5000 立方米/小时及以上斗轮挖掘机,8 立方米及以上矿用装载机,2500 千瓦以上电牵引采煤机设备等

126. 物探(不含重力、磁力测量)、测井设备制造:MEME 地震检波器,数字遥测地震仪,数字成像、数控测井系统,水平井、定向井、钻机装置及器具,MWD 随钻测井仪

127. 石油勘探、钻井、集输设备制造:工作水深大于 1500 米的浮式钻井系统和浮式生产系统及配套海底采油、集输设备

128. 口径 2 米以上深度 30 米以上大口径旋挖钻机、直径 1.2 米以上顶管机、回拖力 300 吨以上大型非开挖铺设地下管线成套设备、地下连续墙施工钻机制造

129. 520 马力及以上大型推土机设计与制造

130. 100 立方米/小时及以上规格的清淤机、1000 吨及以上挖泥船的挖泥装置设计与制造

131. 防汛堤坝用混凝土防渗墙施工装备设计与制造

132. 水下土石方施工机械制造:水深 9 米以下推土机、装载机、挖掘机等

133. 公路桥梁养护、自动检测设备制造

134. 公路隧道营运监控、通风、防灾和救助系统设备制造

135. 铁路大型施工、铁路线路、桥梁、隧道维修养护机械和检查、监测设备及其关键零部件的设计与制造

136. (沥青)油毡瓦设备、镀锌钢板等金属屋顶生产设备制造

137. 环保节能型现场喷涂聚氨酯防水保温系统设备、聚氨酯密封膏配制技术与设备、改性硅酮密封膏配制技术和生产设备制造

138. 高精度带材轧机(厚度精度 10 微米)设计与制造

139. 多元素、细颗粒、难选冶金属矿产的选矿装置制造

140. 100 万吨/年及以上乙烯成套设备中的关键设备制造:年处理能力 40 万吨以上混

合造粒机,直径1000毫米及以上螺旋卸料离心机,小流量高扬程离心泵

141. 金属制品模具(铜、铝、钛、锆的管、棒、型材挤压模具)设计、制造

142. 汽车车身外覆盖件冲压模具,汽车仪表板、保险杠等大型注塑模具,汽车及摩托车夹具、检具设计与制造

143. 汽车动力电池专用生产设备的设计与制造

144. 精密模具(冲压模具精度高于0.02毫米、型腔模具精度高于0.05毫米)设计与制造

145. 非金属制品模具设计与制造

146. 6万瓶/小时及以上啤酒灌装设备、5万瓶/小时及以上饮料中温及热灌装设备、3.6万瓶/小时及以上无菌灌装设备制造

147. 氨基酸、酶制剂、食品添加剂等生产技术及关键设备制造

148. 10吨/小时及以上的饲料加工成套设备及关键部件制造

149. 楞高0.75毫米及以下的轻型瓦楞纸板及纸箱设备制造

150. 单张纸多色胶印机(幅宽≥750毫米,印刷速度:单面多色≥16000张/小时,双面多色≥13000张/小时)制造

151. 单幅单纸路卷筒纸平版印刷机印刷速度大于75000对开张/小时(787×880毫米)、双幅单纸路卷筒纸平版印刷机印刷速度大于170000对开张/小时(787×880毫米)、商业卷筒纸平版印刷机印刷速度大于50000对开张/小时(787×880毫米)制造

152. 多色宽幅柔性版印刷机(印刷宽度≥1300毫米,印刷速度≥350米/秒),喷墨数字印刷机(出版用:印刷速度≥150米/分,分辨率≥600dpi;包装用:印刷速度≥30米/分,分辨率≥1000dpi;可变数据用:印刷速度≥100米/分,分辨率≥300dpi)制造

153. 计算机墨色预调、墨色遥控、水墨速度跟踪、印品质量自动检测和跟踪系统、无轴传动技术、速度在75000张/小时的高速自动接纸机、给纸机和可以自动遥控调节的高速折页机、自动套印系统、冷却装置、加硅系统、调偏装置等制造

154. 电子枪自动镀膜机制造

155. 平板玻璃深加工技术及设备制造

156. 新型造纸机械(含纸浆)等成套设备制造

157. 皮革后整饰新技术设备制造

158. 农产品加工及储藏新设备开发与制造:粮食、油料、蔬菜、干鲜果品、肉食品、水产品等产品的加工储藏、保鲜、分级、包装、干燥等新设备,农产品品质检测仪器设备,农产品品质无损伤检测仪器设备,流变仪,粉质仪,超微粉碎设备,高效脱水设备,五效以上高效果汁浓缩设备,粉体食品物料杀菌设备,固态及半固态食品无菌包装设备,碟片式分离离心机

159. 农业机械制造:农业设施设备(温室自动灌溉设备、营养液自动配置与施肥设备、高效蔬菜育苗设备、土壤养分分析仪器),配套发动机功率200千瓦以上拖拉机及配套农具,低油耗低噪音低排放柴油机,大型拖拉机配套的带有残余雾粒回收装置的喷雾机,高性能水稻插秧机,棉花采摘机及棉花采摘台,适应多种行距的自走式玉米联合收割机(液压驱动或机械驱动),花生收获机,油菜籽收获机,甘蔗收割机,甜菜收割机

160. 林业机具新技术设备制造

161. 农作物秸秆收集、打捆及综合利用设备制造
162. 农用废物的资源化利用及规模化畜禽养殖废物的资源化利用设备制造
163. 节肥、节(农)药、节水型农业技术设备制造
164. 机电井清洗设备及清洗药物生产设备制造
165. 电子内窥镜制造
166. 眼底摄影机制造
167. 医用成像设备(高场强超导型磁共振成像设备、X线计算机断层成像设备、数字化彩色超声诊断设备等)关键部件的制造
168. 医用超声换能器(3D)制造
169. 硼中子俘获治疗设备制造
170. 图像引导适型调强放射治疗系统制造
171. 血液透析机、血液过滤机制造
172. 全自动生化监测设备、五分类血液细胞分析仪、全自动化学发光免疫分析仪、高通量基因测序系统制造
173. 药品质量控制新技术、新设备制造
174. 天然药物有效物质分析的新技术、提取的新工艺、新设备开发与制造
175. 非PVC医用输液袋多层共挤水冷式薄膜吹塑装备制造
176. 新型纺织机械、关键零部件及纺织检测、实验仪器开发与制造
177. 电脑提花人造毛皮机制造
178. 太阳能电池生产专用设备制造
179. 大气污染防治设备制造:耐高温及耐腐蚀滤料、低NOx燃烧装置、烟气脱氮催化剂及脱氮成套装置、烟气脱硫设备、烟气除尘设备、工业有机废气净化设备、柴油车排气净化装置、含重金属废气处理装置
180. 水污染防治设备制造:卧式螺旋离心脱水机、膜及膜材料、50kg/h以上的臭氧发生器、10kg/h以上的二氧化氯发生器、紫外消毒装置、农村小型生活污水处理设备、含重金属废水处理装置
181. 固体废物处理处置设备制造:污水处理厂污泥处置及资源利用设备、日处理量500吨以上垃圾焚烧成套设备、垃圾填埋渗滤液处理技术装备、垃圾填埋场防渗土工膜、建筑垃圾处理和资源化利用装备、危险废物处理装置、垃圾填埋场沼气发电装置、废钢铁处理设备、污染土壤修复设备
182. 铝工业赤泥综合利用设备开发与制造
183. 尾矿综合利用设备制造
184. 废旧塑料、电器、橡胶、电池回收处理再生利用设备制造
185. 废旧纺织品回收处理设备制造
186. 废旧机电产品再制造设备制造
187. 废旧轮胎综合利用装置制造
188. 水生态系统的环境保护技术、设备制造
189. 移动式组合净水设备制造

190. 非常规水处理、重复利用设备与水质监测仪器

191. 工业水管网和设备(器具)的检漏设备和仪器

192. 日产10万立方米及以上海水淡化及循环冷却技术和成套设备开发与制造

193. 特种气象观测及分析设备制造

194. 地震台站、台网和流动地震观测技术系统开发及仪器设备制造

195. 四鼓及以上子午线轮胎成型机制造

196. 滚动阻力试验机、轮胎噪音试验室制造

197. 供热计量、温控装置新技术设备制造

198. 氢能制备与储运设备及检查系统制造

199. 新型重渣油气化雾化喷嘴、漏汽率0.5%及以下高效蒸汽疏水阀、1000℃及以上高温陶瓷换热器制造

200. 海上溢油回收装置制造

201. 低浓度煤矿瓦斯和乏风利用设备制造

202. 洁净煤技术产品的开发利用及设备制造(煤炭气化、液化、水煤浆、工业型煤)

203. 大型公共建筑、高层建筑、石油化工设施、森林、山岳、水域和地下设施消防灭火救援技术开发与设备制造

204. 智能化紧急医学救援设备制造

205. 水文监测传感器制造

(十九)汽车制造业

206. 汽车发动机制造及发动机研发机构建设:升功率不低于70千瓦的汽油发动机、升功率不低于50千瓦的排量3升以下柴油发动机、升功率不低于40千瓦的排量3升以上柴油发动机、燃料电池和混合燃料等新能源发动机

207. 汽车关键零部件制造及关键技术研发:双离合器变速器(DCT)、无级自动变速器(CVT)、电控机械变速器(AMT)、汽油发动机涡轮增压器、粘性连轴器(四轮驱动用)、自动变速器执行器(电磁阀)、液力缓速器、电涡流缓速器、汽车安全气囊用气体发生器、燃油共轨喷射技术(最大喷射压力大于2000帕)、可变截面涡轮增压技术(VGT)、可变喷嘴涡轮增压技术(VNT)、达到中国第五阶段污染物排放标准的发动机排放控制装置、智能扭矩管理系统(ITM)及耦合器总成、线控转向系统、颗粒捕捉器、低地板大型客车专用车桥、吸能式转向系统、大中型客车变频空调系统、汽车用特种橡胶配件,以及上述零部件的关键零件、部件

208. 汽车电子装置制造与研发:发动机和底盘电子控制系统及关键零部件,车载电子技术(汽车信息系统和导航系统),汽车电子总线网络技术,电子控制系统的输入(传感器和采样系统)输出(执行器)部件,电动助力转向系统电子控制器,嵌入式电子集成系统、电控式空气弹簧,电子控制式悬挂系统,电子气门系统装置,电子组合仪表,ABS/TCS/ESP系统,电路制动系统(BBW),变速器电控单元(TCU),轮胎气压监测系统(TPMS),车载故障诊断仪(OBD),发动机防盗系统,自动避撞系统,汽车、摩托车型试验及维修用检测系统

209. 新能源汽车关键零部件制造:电池隔膜(厚度15~40μm,孔隙率40%~60%);电池管理系统,电机管理系统,电动汽车电控集成;电动汽车驱动电机(峰值功率密度≥

2.5kW/kg,高效区:65%工作区效率≥80%),车用DC/DC(输入电压100V~400V),大功率电子器件(IGBT,电压等级≥600V,电流≥300A);插电式混合动力机电耦合驱动系统;燃料电池低铂催化剂、复合膜、膜电极、增湿器控制阀、空压机、氢气循环泵、70MPa氢瓶

(二十)铁路、船舶、航空航天和其他运输设备制造业

210. 达到中国摩托车第四阶段污染物排放标准的大排量(排量>250ml)摩托车发动机排放控制装置制造

211. 民用飞机设计、制造与维修:干线、支线飞机,通用飞机

212. 民用飞机零部件制造与维修

213. 民用直升机设计与制造

214. 民用直升机零部件制造

215. 地面、水面效应航行器制造及无人机、浮空器设计与制造

216. 航空发动机及零部件、航空辅助动力系统设计、制造与维修

217. 民用航空机载设备设计与制造

218. 航空地面设备制造:民用机场设施、民用机场运行保障设备、飞行试验地面设备、飞行模拟与训练设备、航空测试与计量设备、航空地面试验设备、机载设备综合测试设备、航空制造专用设备、航空材料试制专用设备、民用航空器地面接收及应用设备、运载火箭地面测试设备、运载火箭力学及环境实验设备

219. 民用卫星设计与制造,民用卫星有效载荷制造

220. 民用卫星零部件制造

221. 星上产品检测设备制造

222. 豪华邮轮及深水(3000米以上)海洋工程装备的设计

223. 船舶低、中速柴油机及其零部件的设计

224. 船舶舱室机械的设计

225. 船舶通讯导航设备的设计

226. 游艇的设计

(二十一)电气机械和器材制造业

227. 100万千瓦超超临界火电机组用关键辅机设备制造:安全阀、调节阀

228. 钢铁行业烧结机脱硝技术装备制造

229. 火电设备的密封件设计、制造

230. 燃煤电站、水电站设备用大型铸锻件制造

231. 水电机组用关键辅机设备制造

232. 输变电设备制造

233. 新能源发电成套设备或关键设备制造:光伏发电、地热发电、潮汐发电、波浪发电、垃圾发电、沼气发电、2.5兆瓦及以上风力发电设备

234. 斯特林发电机组制造

235. 直线和平面电机及其驱动系统开发与制造

236. 高技术绿色电池制造:动力镍氢电池、锌镍蓄电池、锌银蓄电池、锂离子电池、太阳能电池、燃料电池等(新能源汽车能量型动力电池除外)

237. 电动机采用直流调速技术的制冷空调用压缩机、采用 CO_2 自然工质制冷空调压缩机、应用可再生能源(空气源、水源、地源)制冷空调设备制造

238. 太阳能空调、采暖系统、太阳能干燥装置制造

239. 生物质干燥热解系统、生物质气化装置制造

240. 交流调频调压牵引装置制造

(二十二)计算机、通信和其他电子设备制造业

241. 高清数字摄录机、数字放声设备制造

242. TFT-LCD、PDP、OLED 等平板显示屏、显示屏材料制造(6 代及 6 代以下 TFT-LCD 玻璃基板除外)

243. 大屏幕彩色投影显示器用光学引擎、光源、投影屏、高清晰度投影管和微显投影设备模块等关键件制造

244. 数字音、视频编解码设备,数字广播电视演播室设备,数字有线电视系统设备,数字音频广播发射设备,数字电视上下变换器,数字电视地面广播单频网(SFN)设备,卫星数字电视上行站设备制造

245. 集成电路设计,线宽 28 纳米及以下大规模数字集成电路制造,0.11 微米及以下模拟、数模集成电路制造,MEMS 和化合物半导体集成电路制造及 BGA、PGA、FPGA、CSP、MCM 等先进封装与测试

246. 大中型电子计算机、万万亿次高性能计算机、便携式微型计算机、大型模拟仿真系统、大型工业控制机及控制器制造

247. 计算机数字信号处理系统及板卡制造

248. 图形图像识别和处理系统制造

249. 大容量光、磁盘驱动器及其部件开发与制造

250. 高速、容量 100TB 及以上存储系统及智能化存储设备制造

251. 计算机辅助设计(三维 CAD)、电子设计自动化(EDA)、辅助测试(CAT)、辅助制造(CAM)、辅助工程(CAE)系统及其他计算机应用系统制造

252. 软件产品开发、生产

253. 电子专用材料开发与制造(光纤预制棒开发与制造除外)

254. 电子专用设备、测试仪器、工模具制造

255. 新型电子元器件制造:片式元器件、敏感元器件及传感器、频率控制与选择元件、混合集成电路、电力电子器件、光电子器件、新型机电元件、高分子固体电容器、超级电容器、无源集成元件、高密度互连积层板、多层挠性板、刚挠印刷电路板及封装载板

256. 触控系统(触控屏幕、触控组件等)制造

257. 虚拟现实(VR)、增强现实(AR)设备研发与制造

258. 发光效率 140lm/W 以上高亮度发光二极管、发光效率 140lm/W 以上发光二极管外延片(蓝光)、发光效率 140lm/W 以上且功率 200mW 以上白色发光管制造

259. 高密度数字光盘机用关键件开发与生产

260. 可录类光盘生产

261. 3D 打印设备关键零部件研发与制造

262. 卫星通信系统设备制造

263. 光通信测量仪表、速率 40Gbps 及以上光收发器制造

264. 超宽带(UWB)通信设备制造

265. 无线局域网(含支持 WAPI)、广域网设备制造

266. 100Gbps 及以上速率时分复用设备(TDM)、密集波分复用设备(DWDM)、宽带无源网络设备(包括 EPON、GPON、WDM-PON 等)、下一代 DSL 芯片及设备、光交叉连接设备(OXC)、自动光交换网络设备(ASON)、40Gbps 以上 SDH 光纤通信传输设备制造

267. 基于 IPv6 的下一代互联网系统设备、终端设备、检测设备、软件、芯片开发与制造

268. 第四代及后续移动通信系统手机、基站、核心网设备以及网络检测设备开发与制造

269. 整机处理能力大于 6.4Tbps(双向)的高端路由器、交换容量大于 40Tbps 的交换机开发与制造

270. 空中交通管制系统设备制造

271. 基于声、光、电、触控等计算机信息技术的中医药电子辅助教学设备,虚拟病理、生理模型人设备的开发与制造

(二十三)仪器仪表制造业

272. 工业过程自动控制系统与装置制造:现场总线控制系统,大型可编程控制器(PLC),两相流量计,固体流量计,新型传感器及现场测量仪表

273. 大型精密仪器、高分辨率显微镜(分辨率小于 200nm)开发与制造

274. 高精度数字电压表、电流表制造(显示量程七位半以上)

275. 无功功率自动补偿装置制造

276. 安全生产新仪器设备制造

277. VXI 总线式自动测试系统(符合 IEEE1155 国际规范)制造

278. 煤矿井下监测及灾害预报系统、煤炭安全检测综合管理系统开发与制造

279. 工程测量和地球物理观测设备制造

280. 环境监测仪器制造

281. 水文数据采集、处理与传输和防洪预警仪器及设备制造

282. 海洋勘探监测仪器和设备制造

(二十四)废弃资源综合利用业

283. 煤炭洗选及粉煤灰(包括脱硫石膏)、煤矸石等综合利用

284. 全生物降解材料的生产

285. 废旧电器电子产品、汽车、机电设备、橡胶、金属、电池回收处理

四、电力、热力、燃气及水生产和供应业

286. 单机 60 万千瓦及以上超超临界机组电站的建设、经营

287. 采用背压型热电联产、热电冷多联产、30 万千瓦及以上热电联产机组电站的建设、经营

288. 缺水地区单机 60 万千瓦及以上大型空冷机组电站的建设、经营

289. 整体煤气化联合循环发电等洁净煤发电项目的建设、经营

290. 单机30万千瓦及以上采用流化床锅炉并利用煤矸石、中煤、煤泥等发电项目的建设、经营

291. 发电为主水电站的建设、经营

292. 核电站的建设、经营

293. 新能源电站（包括太阳能、风能、地热能、潮汐能、潮流能、波浪能、生物质能等）建设、经营

294. 电网的建设、经营

295. 海水利用（海水直接利用、海水淡化）

296. 供水厂建设、经营

297. 再生水厂建设、经营

298. 污水处理厂建设、经营

299. 机动车充电站、电池更换站建设、经营

300. 加氢站建设、经营

五、交通运输、仓储和邮政业

301. 铁路干线路网的建设、经营

302. 城际铁路、市域（郊）铁路、资源型开发铁路和支线铁路及其桥梁、隧道、轮渡和站场设施的建设、经营

303. 高速铁路、城际铁路基础设施综合维修

304. 公路、独立桥梁和隧道的建设、经营

305. 公路货物运输公司

306. 港口公用码头设施的建设、经营

307. 民用机场的建设、经营

308. 公共航空运输公司

309. 农、林、渔业通用航空公司

310. 国际海上运输公司

311. 国际集装箱多式联运业务

312. 输油（气）管道、油（气）库的建设、经营

313. 煤炭管道运输设施的建设、经营

314. 自动化高架立体仓储设施，包装、加工、配送业务相关的仓储一体化设施建设、经营

六、批发和零售业

315. 一般商品的共同配送、鲜活农产品和特殊药品低温配送等物流及相关技术服务

316. 农村连锁配送

317. 托盘及集装单元共用系统建设、经营

七、租赁和商务服务业

318. 国际经济、科技、环保、物流信息咨询服务

319. 以承接服务外包方式从事系统应用管理和维护、信息技术支持管理、银行后台服务、财务结算、软件开发、离岸呼叫中心、数据处理等信息技术和业务流程外包服务

320. 创业投资企业

321. 知识产权服务

322. 家庭服务业

八、科学研究和技术服务业

323. 生物工程与生物医学工程技术、生物质能源开发技术

324. 同位素、辐射及激光技术

325. 海洋开发及海洋能开发技术、海洋化学资源综合利用技术、相关产品开发和精深加工技术、海洋医药与生化制品开发技术

326. 海洋监测技术（海洋浪潮、气象、环境监测）、海底探测与大洋资源勘查评价技术

327. 综合利用海水淡化后的浓海水制盐、提取钾、溴、镁、锂及其深加工等海水化学资源高附加值利用技术

328. 海上石油污染清理与生态修复技术及相关产品开发，海水富营养化防治技术，海洋生物爆发性生长灾害防治技术，海岸带生态环境修复技术

329. 节能环保技术开发与服务

330. 资源再生及综合利用技术、企业生产排放物的再利用技术开发及其应用

331. 环境污染治理及监测技术

332. 化纤生产及印染加工的节能降耗、三废治理新技术

333. 防沙漠化及沙漠治理技术

334. 草畜平衡综合管理技术

335. 民用卫星应用技术

336. 研究开发中心

337. 高新技术、新产品开发与企业孵化中心

338. 物联网技术开发与应用

339. 工业设计、建筑设计、服装设计等创意产业

九、水利、环境和公共设施管理业

340. 城市封闭型道路的建设、经营

341. 城市地铁、轻轨等轨道交通的建设、经营

342. 垃圾处理厂，危险废物处理处置厂（焚烧厂、填埋场）及环境污染治理设施的建设、经营

343. 城市停车设施建设、经营

十、教育

344. 非学制类职业培训机构

十一、卫生和社会工作

345. 老年人、残疾人和儿童服务机构

346. 养老机构

十二、文化、体育和娱乐业

347. 演出场所经营

348. 体育场馆经营、健身、竞赛表演及体育培训和中介服务

外商投资准入特别管理措施(外商投资准入负面清单)

说　明

一、外商投资准入特别管理措施(外商投资准入负面清单)统一列出股权要求、高管要求等外商投资准入方面的限制性措施。内外资一致的限制性措施以及不属于准入范畴的限制性措施,不列入外商投资准入特别管理措施(外商投资准入负面清单)。

二、境外投资者不得作为个体工商户、个人独资企业投资人、农民专业合作社成员,从事经营活动。

三、境外投资者不得从事外商投资准入特别管理措施(外商投资准入负面清单)中的禁止类项目;从事限制类有外资比例要求的项目,不得设立外商投资合伙企业。

四、境内公司、企业或自然人以其在境外合法设立或控制的公司并购与其有关联关系的境内公司,涉及外商投资项目和企业设立及变更事项的,按现行规定办理。

五、鼓励外商投资产业目录与外商投资准入特别管理措施(外商投资准入负面清单)重合的条目,享受鼓励类政策,同时须遵循相关准入规定。

六、《内地与香港关于建立更紧密经贸关系的安排》及其补充协议和服务贸易协议、《内地与澳门关于建立更紧密经贸关系的安排》及其补充协议和服务贸易协议、《海峡两岸经济合作框架协议》及其后续协议、我国与有关国家签订的自由贸易区协议和投资协定、我国参加的国际条约、我国法律法规另有规定的,从其规定。

七、境外服务提供者在中国境内提供新闻、文化服务(包括与互联网相关的新闻、文化服务),须履行相关审批和安全评估、高管要求的,按照现行相关规定执行。

第一部分　限制外商投资产业目录

1. 农作物新品种选育和种子生产(中方控股)
2. 石油、天然气(含煤层气,油页岩、油砂、页岩气等除外)的勘探、开发(限于合资、合作)
3. 特殊和稀缺煤类勘查、开采(中方控股)
4. 石墨勘查、开采
5. 出版物印刷(中方控股)
6. 稀土冶炼、分离(限于合资、合作),钨冶炼
7. 汽车整车、专用汽车制造:中方股比不低于50%,同一家外商可在国内建立两家及两家以下生产同类(乘用车类、商用车类)整车产品的合资企业,如与中方合资伙伴联合兼并国内其他汽车生产企业以及建立生产纯电动汽车整车产品的合资企业可不受两家的限制
8. 船舶(含分段)的设计、制造与修理(中方控股)
9. 干线、支线飞机设计、制造与维修,3吨级及以上直升机设计与制造,地面、水面效应航行器制造及无人机、浮空器设计与制造(中方控股)
10. 通用飞机设计、制造与维修(限于合资、合作)
11. 卫星电视广播地面接收设施及关键件生产
12. 核电站的建设、经营(中方控股)

13. 电网的建设、经营(中方控股)
14. 城市人口 50 万以上的城市燃气、热力和供排水管网的建设、经营(中方控股)
15. 铁路干线路网的建设、经营(中方控股)
16. 铁路旅客运输公司(中方控股)
17. 国内水上运输公司(中方控股),国际海上运输公司(限于合资、合作)
18. 民用机场的建设、经营(中方相对控股)
19. 公共航空运输公司(中方控股,且一家外商及其关联企业投资比例不得超过 25%,法定代表人须具有中国国籍)
20. 通用航空公司(法定代表人须具有中国国籍,其中农、林、渔业通用航空公司限于合资,其他通用航空公司限于中方控股)
21. 电信公司:限于 WTO 承诺开放的业务,增值电信业务(外资比例不超过 50%,电子商务除外),基础电信业务(中方控股)
22. 稻谷、小麦、玉米收购、批发
23. 船舶代理(中方控股)
24. 加油站(同一外国投资者设立超过 30 家分店、销售来自多个供应商的不同种类和品牌成品油的连锁加油站,由中方控股)建设、经营
25. 银行(单个境外金融机构及被其控制或共同控制的关联方作为发起人或战略投资者向单个中资商业银行投资入股比例不得超过 20%,多个境外金融机构及被其控制或共同控制的关联方作为发起人或战略投资者投资入股比例合计不得超过 25%;投资农村中小金融机构的境外金融机构必须是银行类金融机构;设立外国银行分行、外商独资银行、中外合资银行的境外投资者、唯一或控股股东必须为境外商业银行,非控股股东可以为境外金融机构)
26. 保险公司(寿险公司外资比例不超过 50%)
27. 证券公司(设立时限于从事人民币普通股、外资股和政府债券、公司债券的承销与保荐,外资股的经纪,政府债券、公司债券的经纪和自营;设立满 2 年后符合条件的公司可申请扩大业务范围;中方控股)、证券投资基金管理公司(中方控股)
28. 期货公司(中方控股)
29. 市场调查(限于合资、合作,其中广播电视收听、收视调查要求中方控股)
30. 测绘公司(中方控股)
31. 学前、普通高中和高等教育机构(限于中外合作办学、中方主导①)
32. 医疗机构(限于合资、合作)
33. 广播电视节目、电影的制作业务(限于合作)
34. 电影院的建设、经营(中方控股)
35. 演出经纪机构(中方控股)

第二部分 禁止外商投资产业目录

1. 我国稀有和特有的珍贵优良品种的研发、养殖、种植以及相关繁殖材料的生产(包括

---

① 中方主导是指校长或者主要行政负责人应当具有中国国籍,中外合作办学机构的理事会、董事会或者联合管理委员会的中方组成人员不得少于 1/2。

种植业、畜牧业、水产业的优良基因)

 2. 农作物、种畜禽、水产苗种转基因品种选育及其转基因种子(苗)生产

 3. 我国管辖海域及内陆水域水产品捕捞

 4. 钨、钼、锡、锑、萤石勘查、开采

 5. 稀土勘查、开采、选矿

 6. 放射性矿产的勘查、开采、选矿

 7. 中药饮片的蒸、炒、炙、煅等炮制技术的应用及中成药保密处方产品的生产

 8. 放射性矿产冶炼、加工,核燃料生产

 9. 武器弹药制造

 10. 宣纸、墨锭生产

 11. 空中交通管制

 12. 邮政公司、信件的国内快递业务

 13. 烟叶、卷烟、复烤烟叶及其他烟草制品的批发、零售

 14. 社会调查

 15. 中国法律事务咨询(提供有关中国法律环境影响的信息除外)

 16. 人体干细胞、基因诊断与治疗技术开发和应用

 17. 大地测量、海洋测绘、测绘航空摄影、地面移动测量、行政区域界线测绘、地形图、世界政区地图、全国政区地图、省级及以下政区地图、全国性教学地图、地方性教学地图和真三维地图编制、导航电子地图编制,区域性的地质填图、矿产地质、地球物理、地球化学、水文地质、环境地质、地质灾害、遥感地质等调查

 18. 国家保护的原产于我国的野生动、植物资源开发

 19. 义务教育机构

 20. 新闻机构(包括但不限于通讯社)

 21. 图书、报纸、期刊的编辑、出版业务

 22. 音像制品和电子出版物的编辑、出版、制作业务

 23. 各级广播电台(站)、电视台(站)、广播电视频道(率)、广播电视传输覆盖网(发射台、转播台、广播电视卫星、卫星上行站、卫星收转站、微波站、监测台、有线广播电视传输覆盖网),广播电视视频点播业务和卫星电视广播地面接收设施安装服务

 24. 广播电视节目制作经营(含引进业务)公司

 25. 电影制作公司、发行公司、院线公司

 26. 互联网新闻信息服务、网络出版服务、网络视听节目服务、互联网上网服务营业场所、互联网文化经营(音乐除外)、互联网公众发布信息服务

 27. 经营文物拍卖的拍卖企业、文物商店

 28. 人文社会科学研究机构

 备注:《外商投资产业指导目录(2017年修订)》所称的"以上"、"以下",不包括本数;所称的"及以上"、"及以下",包括本数。

5-4-17

工商总局 税务总局关于加强
信息共享和联合监管的通知

2018年1月15日 工商企注字〔2018〕11号

各省、自治区、直辖市、计划单列市、副省级市工商行政管理局(市场监督管理部门),国家税务局、地方税务局,国家税务总局驻各地特派员办事处：

为了深入贯彻落实《国务院关于促进市场公平竞争维护市场正常秩序的若干意见》(国发〔2014〕20号)、《国务院办公厅关于加快推进"多证合一"改革的指导意见》(国办发〔2017〕41号)要求,加强部门信息共享和联合监管,进一步推动改革深入有序开展,推进企业简易注销,优化服务环境,现就有关工作通知如下：

一、扩大登记信息采集范围

工商总局将修订企业登记申请文书规范,在企业注册登记环节增加"核算方式"、"从业人数"两项采集内容。各地工商部门要按工商总局的要求,在线上、线下企业登记系统中增加相应信息采集功能,开展信息采集工作,并及时更新线上、线下提供的纸质及电子版办事表格。工商总局将加快建设全国统一的身份信息管理系统,各地工商部门要做好衔接。

税务部门通过信息共享获取工商登记信息,不再重复采集。企业登记信息发生变化的,对于工商变更登记事项,税务部门提醒企业及时到工商部门办理变更登记,对于税务变更登记事项,税务部门要回传给工商部门。工商部门要及时接收,并用于事中事后监管。

二、协同做好涉税事项办理提醒服务

工商部门在企业注册登记时向企业发放涉税事项告知书(附件1,以下称告知书),提醒企业及时到税务部门办理涉税事宜。对到工商办事大厅注册登记的企业,工商部门直接将告知书发放给企业;对通过全程电子化方式登记的企业,工商部门将告知书内容加载在相关登记界面,供企业阅览和下载。

工商部门在企业信息填报界面设置简易注销承诺书(附件2)的下载模块,并在企业简易注销公告前,设置企业清税的提示(附件3)。

三、协同推进企业简易注销登记改革

工商部门在企业发布简易注销公告起1个工作日内,将企业拟申请简易注销登记信息通过省级统一的信用信息共享交换平台、政务信息平台、部门间的数据接口(统称信息共享交换平台)推送给税务部门(具体模式可由各省工商部门和税务部门根据本地实际协商确定)。企业可在公告期届满次日起30日内向工商部门提出简易注销申请,或者撤销简易注销公告。对企业提出的简易注销申请,工商部门在3个工作日内作出是否准予简易注销的决定。对于因承诺书文字、形式填写不规范的企业,工商部门在企业补正后予以受理其简易注销申请。自公告期届满次日起,至工商部门作出是否准予简易注销决定之日或者企业自主撤销简易注销公告之日止,除应尽未尽的义务外,企业不得持营业执照办理发票领用及其他相关涉税事宜。工商部门应当及时将企业简易注销结果推送给税务部门。

税务部门通过信息共享获取工商部门推送的企业拟申请简易注销登记信息后,应按照规定的程序和要求,查询税务信息系统核实企业的相关涉税情况,对于经查询系统显示为以下情形的纳税人,税务部门不提出异议:一是未办理过涉税事宜的纳税人,二是办理过涉税事宜但没领过发票、没有欠税和没有其他未办结事项的纳税人,三是在公告期届满之日前已办结缴销发票、结清应纳税款等清税手续的纳税人。对于仍有未办结涉税事项的企业,税务部门在公告期届满次日向工商部门提出异议。

工商部门和税务部门按照简易注销技术方案(附件4)实施简易注销登记改革相关工作,做好系统开发升级完善。

四、建立协同监管和信息共享机制

各地税务、工商部门要密切配合,建立健全增值税发票申领等协同监管机制。税务部门要充分利用工商共享信息进行税收风险分析和应对,并将纳税人的税收违法"黑名单"等信息共享给工商部门,由税务、工商部门施行联合监管。

各地工商、税务部门要积极建立健全信息共享对账机制,加大对共享信息的核实力度,定期进行数据质量比对分析,及时解决信息共享不全、不准、不及时的问题。对于信息共享过程中出现的数据问题要及时通报并协调解决。各地工商、税务部门不能通过部门间的数据接口直连共享登记信息的,也应当积极协调政府部门,按照工商总局、税务总局的要求,保证登记信息传输质量和效率。

五、认真抓好各项工作组织落实

(一)提高思想认识,争取各方支持

各级工商部门和税务部门要充分认识开展部门信息共享和管理协同工作的重要性和必要性,密切协作,主动作为,共同做好相关工作。要联合向当地党委政府汇报,积极争取发改、财政等部门支持,在人员、技术、经费等方面做好保障工作,为开展相关工作创造良好条件和基础。

(二)周密部署安排,统筹组织实施

省工商部门和税务部门要成立由两部门负责同志任组长的工作小组,共同制发本地区信息共享与管理协同的指导文件,明确信息共享层级和工作要求,统筹推进工作落实,及时协调和解决工作中的问题。属于全国层面的问题,及时向工商总局(企业注册局)和税务总局(征管和科技发展司)报告。

(三)加强技术保障,做好系统衔接

各级工商部门要严格按照简易注销技术方案(附件4)以及增加登记信息校验、对账等技术方案(另行下发)的要求,做好线上、线下企业登记系统,以及相关信息共享系统的优化升级改造及部署,确保采集到的数据精准可靠,传输的数据及时、完整;各级税务部门要严格按照上述技术方案的要求,升级改造业务系统和相关信息共享系统,做好数据的导入、整理、转化和反馈,确保工商、税务系统之间的有序衔接。

(四)加大宣传辅导,推动工作开展

各级工商部门和税务部门要充分利用广播、电视、报刊、微博、微信等各种媒介,做好宣传解读,提高政策知晓度和社会参与度,引导公众全面了解其享有的权利和对应的义务,及

附件：1. "多证合一"企业办理涉税事项告知书（编者略）
2. 全体投资人承诺书（编者略）
3. 温馨提示（编者略）
4. "简易注销"工商税务信息共享技术方案（编者略）

5-4-18

国家税务总局关于深入贯彻落实减税降费政策措施的通知

2019年1月21日　税总发〔2019〕13号

国家税务总局各省、自治区、直辖市和计划单列市税务局，国家税务总局驻各地特派员办事处，局内各单位：

为深入贯彻党中央、国务院决策部署，确保减税降费政策措施落地生根，促进经济社会持续健康发展，现就有关工作通知如下：

一、提高思想认识，积极主动作为

减税降费是深化供给侧结构性改革的重要举措，对减轻企业负担、激发微观主体活力、促进经济增长具有重要作用。近年来，党中央、国务院部署实施了一系列力度大、内容实、范围广的减税降费政策措施，有力促进了创业创新，有效推动了经济社会发展。继续加大减税降费力度特别是加大对小微企业和实体经济的税收支持力度，关系到经济持续平稳运行和社会就业稳定，对进一步把握好重要战略机遇期，实现经济高质量发展具有重要意义。

近年来，各级税务机关按照党中央、国务院决策部署，认真落实各项减税降费政策，持续改进纳税服务，为释放减税降费政策红利、不断优化税收营商环境作出了积极努力，取得了积极成效。但也要看到，当前我国经济下行压力加大，特别是实体经济发展仍面临较多困难，全社会对进一步加大减税降费力度还有很多期盼。民之所盼，政之所向。党中央、国务院决定实施更大规模的减税降费措施，近日国务院常务会议已推出一批小微企业普惠性减税政策。各级税务机关要切实把思想和行动统一到党中央、国务院的决策部署上来，从讲政治的高度，从保持经济持续健康发展和社会大局稳定的高度，进一步增强落实好减税降费措施的政治责任感和工作主动性，确保各项政策措施不折不扣落实到位，确保企业和人民群众有实实在在的获得感。

二、切实加强领导，狠抓责任落实

各级税务机关要按照全国税务工作会议的部署，把落实好减税降费政策措施作为今年税收工作的主题，摆在重中之重的突出位置，统筹谋划、周密部署、迅速行动，把这个责任坚决扛起来，把这项任务坚决落到地。税务总局已成立实施减税降费工作领导小组，下设办公室（收入规划核算司牵头）、政策制定组（政策法规司牵头）、征管核算组（收入规划核算司、征管和科技发展司牵头)、督察督办组(督察内审司牵头)、服务宣传组(纳税服务司、税收宣传中心牵头)等工作组,统筹抓好减税降费政策措施的落实。各级税务机关都要比照成立抓落实的工作机制,由一把手负总责,抽调精干力量,组成专门班子,明确责任主体,梳理任务清单,紧扣时间节点,对标对表开展好每一项工作,确保实而又实、细而又细地将减税降费政策措施实施前的各项准备、运行中的管理服务、落实后的效应分析等工作抓到位、抓出成效。

三、抓紧政策研究,尽早推进实施

在落实好已出台的小微企业普惠性减税等政策措施的基础上,税务总局配合有关部门抓紧研究完善降低增值税税率、降低社保费费率等实施方案,努力做到实打实、硬碰硬,提高政策的科学性和普惠性,积极推动相关政策尽早公布实施。各省税务机关要配合财政部门积极研究对增值税小规模纳税人在50%幅度内减征相关地方税种和附加的政策方案,主动向省级人民政府请示汇报,按要求及时制发操作文件并抓好后续落实,相关情况要及时向税务总局报告。省以下税务机关要密切跟踪小微企业普惠性减税等政策措施实施情况,完善税收政策执行情况反馈机制,及时反映政策执行中存在的问题和意见建议;要围绕进一步加大减税降费力度,深入开展调查研究,积极主动提出切实可行、简明易行的意见建议,促进减税降费政策措施不断完善,政策实施效果更给力、更有感。

四、强化宣传辅导,有效引导预期

各级税务机关要围绕确保减税降费政策措施为纳税人和缴费人普遍所知、普遍所用,着力强化宣传辅导,让市场主体实实在在感受到党中央、国务院减税降费的力度,进一步增强信心、激发活力,在全社会推动形成稳定积极的预期。要创新方式、加大力度,通过税务机关网站、微信、微博、移动客户端、12366纳税服务热线、印发宣传资料等方式开展多渠道、广覆盖的减税降费政策宣传。税务总局将通过政策解读视频会等方式面向税务系统和纳税人、缴费人开展"一竿子贯到底"的减税降费相关政策专题辅导,并将减税降费作为2019年税收宣传月的重点内容。省以下税务机关要通过纳税人学堂、上门辅导、专题宣讲等方式开展面对面的政策辅导。政策辅导既要百分之百全面覆盖,又要点对点精准"滴灌";既要面向企业财务人员,又要面向企业法人代表;既要讲解政策实体性内容,又要讲解办税缴费流程、申报表填报等程序性内容,帮助纳税人、缴费人明晰政策口径和适用标准,确保准确理解和充分享受。

五、优化管理服务,增进办税便利

各级税务机关要牢固树立以纳税人和缴费人为中心的服务理念,持续优化管理服务措施。税务总局和各级税务机关要深入研究并不断优化便利纳税人和缴费人享受减税降费政策的举措,该简化的程序一律简化,能精简的资料一律精简,尽快实施扩大税收优惠备案改备查范围、加快税务证明事项清理、推进涉税资料清单管理等措施,确保落实减税降费政策措施提质增效。省以下税务机关要结合当地实际,积极主动推出管理服务创新举措,充分发挥计算机自动识别、政策提示、标准判定、协助计税(费)等功能,进一步提升纳税人和缴费人享受减税降费政策的良好体验。要严格按照税务总局工作要求,采取有力措施全面准确掌握纳税人规模、税种、行业、经济类型等基础信息,确保基础数据质量,增强管理服务的针对性。主管税务机关应当及时审核纳税人申报数据,辅导纳税人准确申报,不断提高减免税申报质量。办税服务厅要全面落实首问责任、限时办结、预约办税、延时服务、导税服务和"最多跑一次"等各项服务制度,确保对纳税人和缴费人的问题及时解答、事项及时办理,以更高的便利度和满意度,为纳税人和缴费人带来更强的获得感。

当前,各级税务机关要围绕更好服务小微企业发展、落实好小微企业普惠性减税政策,合理调配办税资源。税务总局专门设立小微企业服务处,负责集中受理和协调解决中小微企业涉税诉求。各省税务机关也要指定专门部门、安排专人负责中小微企业服务工作。要在办税服务厅设置小微企业优惠政策落实咨询服务岗,确保小微企业涉税诉求有处提、疑惑有人解、事项有人办。

六、加强统计核算,深化效应分析

各级税务机关要认真做好减税降费政策措施落实情况的统计核算和效应分析工作,务必做到"心中有数""底账清晰"。税务总局将建立健全小微企业普惠性减税等政策措施实施情况的统计核算办法,从统一各个层级、各个地区、每个税种、每项政策的统计核算口径开始,建立包括申报数据采集、审核校验、汇总上报、核算分析等各环节在内,自上而下、整齐划一、清清爽爽的统计核算分析体系,不断提高核算的全面性、精准性、时效性,确保按期生成减免税统计核算数据,客观反映减免税效果。省税务机关要对减免税数据进行日常会审,全面提升减免税统计数据的质量和时效;要积极主动开展减税政策实施情况评估,及时上报政策运行情况及经济效应分析。要优化完善征管系统统计核算功能,开展统计核算时要特别注意避免给纳税人增添不必要的负担,凡是能够通过申报表提取或系统生成的数据,一律不得要求纳税人另行填报。

七、积极争取支持,凝聚工作合力

实施减税降费需要各方面的积极参与和共同推动。各级税务机关要加强向地方党委、政府的汇报和与财政等部门的沟通,争取地方在编制和调整预算时充分考虑实施减税降费政策的因素,合理确定税费收入预算。要主动向有关监督部门介绍减税降费政策落实情况,积极争取指导,认真改进工作,确保得到多方理解和支持。当前,要根据小微企业普惠性减税政策自2019年1月1日起实施的要求,加强与财政、人民银行等部门的沟通协调,切实做好纳税人已缴税款的退库工作。

八、抓好督促考评,务求落地生根

各级税务机关要在统筹规范督查检查考核工作的基础上,将小微企业普惠性减税等政策措施落实情况纳入绩效管理,科学编制考评指标,严格实施考评督促,并通过执法督察等方式促进减税降费政策措施更好地落实落地。税务总局2019年上半年将以小微企业普惠性减税政策落实情况为重点,组织开展减税降费工作督导督查。省以下税务机关也要层层传导压力、落实责任,一级一级抓好贯彻落实,切实加强对辖区内小微企业普惠性减税等政策措施落实情况的督查,做到一督到底、全面覆盖、不留死角。对政策执行中发现的问题要不回避、不护短,该反映的及时全面反映,能解决的及时研究解决,应整改的抓紧即查即改。同时,要积极配合好有关部门组织开展的督查工作,如实反映情况,自觉接受监督,推进各项减税降费政策措施落地生根。

九、严肃工作纪律,确保工作质效

各级税务机关要牢固树立落实好减税降费政策措施是硬任务的理念,坚持把纪律规矩挺在前面,严明工作要求,扛牢压实责任,确保各项减税降费政策措施不折不扣地落实到位,确保纳税人和缴费人"应知尽知""应会尽会""应享尽享"。对政策落实不力、统计把关不严以及在宣传辅导、管理服务等工作中有重大疏漏,造成不良影响的单位和个人,要依规依纪严肃追责问责,以最严肃的纪律确保党中央、国务院减税降费决策部署得到最严格的贯彻落实。

5-4-19

企业信息公示暂行条例

2014年7月23日国务院第57次常务会议通过 2014年8月7日中华人民共和国国务院令第654号公布 2024年3月10日中华人民共和国国务院令第777号修正

第一条 为了保障公平竞争,促进企业诚信自律,规范企业信息公示,强化企业信用约束,维护交易安全,提高政府监管效能,扩大社会监督,制定本条例。

第二条 本条例所称企业信息,是指在工商行政管理部门登记的企业从事生产经营活动过程中形成的信息,以及政府部门在履行职责过程中产生的能够反映企业状况的信息。

第三条 企业信息公示应当真实、及时。公示的企业信息涉及国家秘密、国家安全或者社会公共利益的,应当报请主管的保密行政管理部门或者国家安全机关批准。县级以上地方人民政府有关部门公示的企业信息涉及企业商业秘密或者个人隐私的,应当报请上级主管部门批准。

第四条 省、自治区、直辖市人民政府领导本行政区域的企业信息公示工作,按照国家社会信用信息平台建设的总体要求,推动本行政区域企业信用信息公示系统的建设。

第五条 国务院工商行政管理部门推进、监督企业信息公示工作,组织企业信用信息公示系统的建设。国务院其他有关部门依照本条例规定做好企业信息公示相关工作。

县级以上地方人民政府有关部门依照本条例规定做好企业信息公示工作。

第六条 工商行政管理部门应当通过企业信用信息公示系统,公示其在履行职责过程中产生的下列企业信息:

(一)注册登记、备案信息;

(二)动产抵押登记信息;

(三)股权出质登记信息;

(四)行政处罚信息;

(五)其他依法应当公示的信息。

前款规定的企业信息应当自产生之日起20个工作日内予以公示。

第七条 工商行政管理部门以外的其他政府部门(以下简称其他政府部门)应当公示其在履行职责过程中产生的下列企业信息:

(一)行政许可准予、变更、延续信息;

(二)行政处罚信息;

（三）其他依法应当公示的信息。

其他政府部门可以通过企业信用信息公示系统,也可以通过其他系统公示前款规定的企业信息。工商行政管理部门和其他政府部门应当按照国家社会信用信息平台建设的总体要求,实现企业信息的互联共享。

第八条 企业应当于每年1月1日至6月30日,通过企业信用信息公示系统向工商行政管理部门报送上一年度年度报告,并向社会公示。

当年设立登记的企业,自下一年起报送并公示年度报告。

第九条 企业年度报告内容包括:

（一）企业通信地址、邮政编码、联系电话、电子邮箱等信息;

（二）企业开业、歇业、清算等存续状态信息;

（三）企业投资设立企业、购买股权信息;

（四）企业为有限责任公司或者股份有限公司的,其股东或者发起人认缴和实缴的出资额、出资时间、出资方式等信息;

（五）有限责任公司股东股权转让等股权变更信息;

（六）企业网站以及从事网络经营的网店的名称、网址等信息;

（七）企业从业人数、资产总额、负债总额、对外提供保证担保、所有者权益合计、营业总收入、主营业务收入、利润总额、净利润、纳税总额信息。

前款第一项至第六项规定的信息应当向社会公示,第七项规定的信息由企业选择是否向社会公示。

经企业同意,公民、法人或者其他组织可以查询企业选择不公示的信息。

第十条 企业应当自下列信息形成之日起20个工作日内通过企业信用信息公示系统向社会公示:

（一）有限责任公司股东或者股份有限公司发起人认缴和实缴的出资额、出资时间、出资方式等信息;

（二）有限责任公司股东股权转让等股权变更信息;

（三）行政许可取得、变更、延续信息;

（四）知识产权出质登记信息;

（五）受到行政处罚的信息;

（六）其他依法应当公示的信息。

工商行政管理部门发现企业未依照前款规定履行公示义务的,应当责令其限期履行。

第十一条 政府部门和企业分别对其公示信息的真实性、及时性负责。

第十二条 政府部门发现其公示的信息不准确的,应当及时更正。公民、法人或者其他组织有证据证明政府部门公示的信息不准确的,有权要求该政府部门予以更正。

企业发现其公示的信息不准确的,应当及时更正;但是,企业年度报告公示信息的更正应当在每年6月30日之前完成。更正前后的信息应当同时公示。

第十三条 公民、法人或者其他组织发现企业公示的信息虚假的,可以向工商行政管理部门举报,接到举报的工商行政管理部门应当自接到举报材料之日起20个工作日内进行核查,予以处理,并将处理情况书面告知举报人。

公民、法人或者其他组织对依照本条例规定公示的企业信息有疑问的,可以向政府部门申请查询,收到查询申请的政府部门应当自收到申请之日起 20 个工作日内书面答复申请人。

第十四条 国务院工商行政管理部门和省、自治区、直辖市人民政府工商行政管理部门应当按照公平规范的要求,根据企业注册号等随机摇号,确定抽查的企业,组织对企业公示信息的情况进行检查。

工商行政管理部门抽查企业公示的信息,可以采取书面检查、实地核查、网络监测等方式。工商行政管理部门抽查企业公示的信息,可以委托会计师事务所、税务师事务所、律师事务所等专业机构开展相关工作,并依法利用其他政府部门作出的检查、核查结果或者专业机构作出的专业结论。

抽查结果由工商行政管理部门通过企业信用信息公示系统向社会公布。

第十五条 工商行政管理部门对企业公示的信息依法开展抽查或者根据举报进行核查,企业应当配合,接受询问调查,如实反映情况,提供相关材料。

对不予配合情节严重的企业,工商行政管理部门应当通过企业信用信息公示系统公示。

第十六条 任何公民、法人或者其他组织不得非法修改公示的企业信息,不得非法获取企业信息。

第十七条 有下列情形之一的,由县级以上工商行政管理部门列入经营异常名录,通过企业信用信息公示系统向社会公示,提醒其履行公示义务;情节严重的,由有关主管部门依照有关法律、行政法规规定给予行政处罚;造成他人损失的,依法承担赔偿责任;构成犯罪的,依法追究刑事责任:

(一)企业未按照本条例规定的期限公示年度报告或者未按照工商行政管理部门责令的期限公示有关企业信息的;

(二)企业公示信息隐瞒真实情况、弄虚作假的。

被列入经营异常名录的企业依照本条例规定履行公示义务的,由县级以上工商行政管理部门移出经营异常名录;满 3 年未依照本条例规定履行公示义务的,由国务院工商行政管理部门或者省、自治区、直辖市人民政府工商行政管理部门列入严重违法企业名单,并通过企业信用信息公示系统向社会公示。被列入严重违法企业名单的企业的法定代表人、负责人,3 年内不得担任其他企业的法定代表人、负责人。

企业自被列入严重违法企业名单之日起满 5 年未再发生第一款规定情形的,由国务院工商行政管理部门或者省、自治区、直辖市人民政府工商行政管理部门移出严重违法企业名单。

第十八条 县级以上地方人民政府及其有关部门应当建立健全信用约束机制,在政府采购、工程招投标、国有土地出让、授予荣誉称号等工作中,将企业信息作为重要考量因素,对被列入经营异常名录或者严重违法企业名单的企业依法予以限制或者禁入。

第十九条 政府部门未依照本条例规定履行职责的,由监察机关、上一级政府部门责令改正;情节严重的,对负有责任的主管人员和其他直接责任人员依法给予处分;构成犯罪的,依法追究刑事责任。

第二十条 非法修改公示的企业信息,或者非法获取企业信息的,依照有关法律、行政法规规定追究法律责任。

第二十一条 公民、法人或者其他组织认为政府部门在企业信息公示工作中的具体行政行为侵犯其合法权益的,可以依法申请行政复议或者提起行政诉讼。

第二十二条 企业依照本条例规定公示信息,不免除其依照其他有关法律、行政法规规定公示信息的义务。

第二十三条 法律、法规授权的具有管理公共事务职能的组织公示企业信息适用本条例关于政府部门公示企业信息的规定。

第二十四条 国务院工商行政管理部门负责制定企业信用信息公示系统的技术规范。

个体工商户、农民专业合作社信息公示的具体办法由国务院工商行政管理部门另行制定。

第二十五条 本条例自2014年10月1日起施行。

注释:

条款修改。第二条、第五条第一款、第六条第一款、第七条、第八条第一款、第十条第二款、第十三条第一款、第十四条、第十五条、第二十四条中的"工商行政管理部门"修改为"市场监督管理部门"。第五条第一款、第六条第一款、第七条第二款、第八条第一款、第十条第一款、第十四条第三款、第十五条第二款、第二十四条第一款中的"企业信用信息公示系统"修改为"国家企业信用信息公示系统"。

增加一条,作为第十六条:"市场监督管理部门对涉嫌违反本条例规定的行为进行查处,可以行使下列职权:(一)进入企业的经营场所实施现场检查;(二)查阅、复制、收集与企业经营活动相关的合同、票据、账簿以及其他资料;(三)向与企业经营活动有关的单位和个人调查了解情况;(四)依法查询涉嫌违法的企业银行账户;(五)法律、行政法规规定的其他职权。市场监督管理部门行使前款第四项规定的职权的,应当经市场监督管理部门主要负责人批准。"

第十七条改为第十八条,修改为:"企业未按照本条例规定的期限公示年度报告或者未按照市场监督管理部门责令的期限公示有关企业信息的,由县级以上市场监督管理部门列入经营异常名录,并依法给予行政处罚。企业因连续2年未按规定报送年度报告被列入经营异常名录未改正,且通过登记的住所或者经营场所无法取得联系的,由县级以上市场监督管理部门吊销营业执照。企业公示信息隐瞒真实情况、弄虚作假的,法律、行政法规有规定的,依照其规定;没有规定的,由市场监督管理部门责令改正,处1万元以上5万元以下罚款;情节严重的,处5万元以上20万元以下罚款,列入市场监督管理严重违法失信名单,并可以吊销营业执照。被列入市场监督管理严重违法失信名单的企业的法定代表人、负责人,3年内不得担任其他企业的法定代表人、负责人。企业被吊销营业执照后,应当依法办理注销登记;未办理注销登记的,由市场监督管理部门依法作出处理。"

第十八条改为第十九条,将其中的"严重违法企业名单"修改为"市场监督管理严重违法失信名单"。

增加一条,作为第二十条:"鼓励企业主动纠正违法失信行为、消除不良影响,依法申请修复失信记录。政府部门依法解除相关管理措施并修复失信记录的,应当及时将上述信息与有关部门共享。"参见:《国务院关于修改和废止部分行政法规的决定》(中华人民共和国国务院令第777号)。

5 涉税相关法律规定

5-5-1

中华人民共和国宪法(涉税条款)*

1982年12月4日第五届全国人民代表大会第五次会议通过 同日全国人民代表大会公告公布施行 2018年3月11日第十三届全国人民代表大会第一次会议修正 同日全国人民代表大会公告公布

第二章 公民的基本权利和义务

第五十六条 中华人民共和国公民有依照法律纳税的义务。

5-5-2

中华人民共和国民法典(涉税条款)

2020年5月28日第十三届全国人民代表大会第三次会议通过 同日中华人民共和国主席令第45号公布

第六编 继 承

第四章 遗产的处理

第一千一百五十九条 分割遗产,应当清偿被继承人依法应当缴纳的税款和债务;但是,应当为缺乏劳动能力又没有生活来源的继承人保留必要的遗产。

第一千一百六十一条 继承人以所得遗产实际价值为限清偿被继承人依法应当缴纳的税款和债务。超过遗产实际价值部分,继承人自愿偿还的不在此限。

继承人放弃继承的,对被继承人依法应当缴纳的税款和债务可以不负清偿责任。

第一千一百六十二条 执行遗赠不得妨碍清偿遗赠人依法应当缴纳的税款和债务。

第一千一百六十三条 既有法定继承又有遗嘱继承、遗赠的,由法定继承人清偿被继承人依法应当缴纳的税款和债务;超过法定继承遗产实际价值部分,由遗嘱继承人和受遗赠人按比例以所得遗产清偿。

---

* 考虑本法级次高及《民法典》《刑法》适用面广,排列在前。

5-5-3

中华人民共和国刑法(涉税条款)

1979年7月1日第五届全国人民代表大会第二次会议通过 同年7月6日全国人民代表大会常务委员会委员长令第5号公布 2023年12月29日第十四届全国人民代表大会常务委员会第七次会议第十二次修正 同日中华人民共和国主席令第18号公布

第二编 分 则

第三章 破坏社会主义市场经济秩序罪

第一百五十三条 走私本法第一百五十一条、第一百五十二条、第三百四十七条规定以外的货物、物品的,根据情节轻重,分别依照下列规定处罚:

(一)走私货物、物品偷逃应缴税额较大或者一年内曾因走私被给予二次行政处罚后又走私的,处三年以下有期徒刑或者拘役,并处偷逃应缴税额一倍以上五倍以下罚金。

(二)走私货物、物品偷逃应缴税额巨大或者有其他严重情节的,处三年以上十年以下有期徒刑,并处偷逃应缴税额一倍以上五倍以下罚金。

(三)走私货物、物品偷逃应缴税额特别巨大或者有其他特别严重情节的,处十年以上有期徒刑或者无期徒刑,并处偷逃应缴税额一倍以上五倍以下罚金或者没收财产。

单位犯前款罪的,对单位判处罚金,并对其直接负责的主管人员和其他直接责任人员,处三年以下有期徒刑或者拘役;情节严重的,处三年以上十年以下有期徒刑;情节特别严重的,处十年以上有期徒刑。

对多次走私未经处理的,按照累计走私货物、物品的偷逃应缴税额处罚。

第一百五十四条 下列走私行为,根据本节规定构成犯罪的,依照本法第一百五十三条的规定定罪处罚:

(一)未经海关许可并且未补缴应缴税额,擅自将批准进口的来料加工、来件装配、补偿贸易的原材料、零件、制成品、设备等保税货物,在境内销售牟利的;

(二)未经海关许可并且未补缴应缴税额,擅自将特定减税、免税进口的货物、物品,在境内销售牟利的。

第二百零一条 纳税人采取欺骗、隐瞒手段进行虚假纳税申报或者不申报,逃避缴纳税款数额较大并且占应纳税额百分之十以上的,处三年以下有期徒刑或者拘役,并处罚金;数额巨大并且占应纳税额百分之三十以上的,处三年以上七年以下有期徒刑,并处罚金。

扣缴义务人采取前款所列手段,不缴或者少缴已扣、已收税款,数额较大的,依照前款的规定处罚。

对多次实施前两款行为,未经处理的,按照累计数额计算。

有第一款行为,经税务机关依法下达追缴通知后,补缴应纳税款,缴纳滞纳金,已受行政处罚的,不予追究刑事责任;但是,五年内因逃避缴纳税款受过刑事处罚或者被税务机关给予二次以上行政处罚的除外。

第二百零二条 以暴力、威胁方法拒不缴纳税款的,处三年以下有期徒刑或者拘役,并处拒缴税款一倍以上五倍以下罚金;情节严重的,处三年以上七年以下有期徒刑,并处拒缴税款一倍以上五倍以下罚金。

第二百零三条 纳税人欠缴应纳税款,采取转移或者隐匿财产的手段,致使税务机关无法追缴欠缴的税款,数额在一万元以上不满十万元的,处三年以下有期徒刑或者拘役,并处或者单处欠缴税款一倍以上五倍以下罚金;数额在十万元以上的,处三年以上七年以下有期徒刑,并处欠缴税款一倍以上五倍以下罚金。

第二百零四条 以假报出口或者其他欺骗手段,骗取国家出口退税款,数额较大的,处五年以下有期徒刑或者拘役,并处骗取税款一倍以上五倍以下罚金;数额巨大或者有其他严重情节的,处五年以上十年以下有期徒刑,并处骗取税款一倍以上五倍以下罚金;数额特别巨大或者有其他特别严重情节的,处十年以上有期徒刑或者无期徒刑,并处骗取税款一倍以上五倍以下罚金或者没收财产。

纳税人缴纳税款后,采取前款规定的欺骗方法,骗取所缴纳的税款的,依照本法第二百零一条的规定定罪处罚;骗取税款超过所缴纳的税款部分,依照前款的规定处罚。

第二百零五条 虚开增值税专用发票或者虚开用于骗取出口退税、抵扣税款的其他发票的,处三年以下有期徒刑或者拘役,并处二万元以上二十万元以下罚金;虚开的税款数额较大或者有其他严重情节的,处三年以上十年以下有期徒刑,并处五万元以上五十万元以下罚金;虚开的税款数额巨大或者有其他特别严重情节的,处十年以上有期徒刑或者无期徒刑,并处五万元以上五十万元以下罚金或者没收财产。

单位犯本条规定之罪的,对单位判处罚金,并对其直接负责的主管人员和其他直接责任人员,处三年以下有期徒刑或者拘役;虚开的税款数额较大或者有其他严重情节的,处三年以上十年以下有期徒刑;虚开的税款数额巨大或者有其他特别严重情节的,处十年以上有期徒刑或者无期徒刑。

虚开增值税专用发票或者虚开用于骗取出口退税、抵扣税款的其他发票,是指有为他人虚开、为自己虚开、让他人为自己虚开、介绍他人虚开行为之一的。

第二百零五条之一 虚开本法第二百零五条规定以外的其他发票,情节严重的,处二年以下有期徒刑、拘役或者管制,并处罚金;情节特别严重的,处二年以上七年以下有期徒刑,并处罚金。

单位犯前款罪的,对单位判处罚金,并对其直接负责的主管人员和其他直接责任人员,依照前款的规定处罚。

第二百零六条 伪造或者出售伪造的增值税专用发票的,处三年以下有期徒刑、拘役或者管制,并处二万元以上二十万元以下罚金;数量较大或者有其他严重情节的,处三年以上十年以下有期徒刑,并处五万元以上五十万元以下罚金;数量巨大或者有其他特别严重情节的,处十年以上有期徒刑或者无期徒刑,并处五万元以上五十万元以下罚金或者没收财产。

单位犯本条规定之罪的,对单位判处罚金,并对其直接负责的主管人员和其他直接责任人员,处三年以下有期徒刑、拘役或者管制;数量较大或者有其他严重情节的,处三年以上十年以下有期徒刑;数量巨大或者有其他特别严重情节的,处十年以上有期徒刑或者无期徒刑。

第二百零七条 非法出售增值税专用发票的,处三年以下有期徒刑、拘役或者管制,并处二万元以上二十万元以下罚金;数量较大的,处三年以上十年以下有期徒刑,并处五万元以上五十万元以下罚金;数量巨大的,处十年以上有期徒刑或者无期徒刑,并处五万元以上五十万元以下罚金或者没收财产。

第二百零八条 非法购买增值税专用发票或者购买伪造的增值税专用发票的,处五年以下有期徒刑或者拘役,并处或者单处二万元以上二十万元以下罚金。

非法购买增值税专用发票或者购买伪造的增值税专用发票又虚开或者出售的,分别依照本法第二百零五条、第二百零六条、第二百零七条的规定定罪处罚。

第二百零九条 伪造、擅自制造或者出售伪造、擅自制造的可以用于骗取出口退税、抵扣税款的其他发票的,处三年以下有期徒刑、拘役或者管制,并处二万元以上二十万元以下罚金;数量巨大的,处三年以上七年以下有期徒刑,并处五万元以上五十万元以下罚金;数量特别巨大的,处七年以上有期徒刑,并处五万元以上五十万元以下罚金或者没收财产。

伪造、擅自制造或者出售伪造、擅自制造的前款规定以外的其他发票的,处二年以下有期徒刑、拘役或者管制,并处或者单处一万元以上五万元以下罚金;情节严重的,处二年以上七年以下有期徒刑,并处五万元以上五十万元以下罚金。

非法出售可以用于骗取出口退税、抵扣税款的其他发票的,依照第一款的规定处罚。

非法出售第三款规定以外的其他发票的,依照第二款的规定处罚。

第二百一十条 盗窃增值税专用发票或者可以用于骗取出口退税、抵扣税款的其他发票的,依照本法第二百六十四条的规定定罪处罚。

使用欺骗手段骗取增值税专用发票或者可以用于骗取出口退税、抵扣税款的其他发票的,依照本法第二百六十六条的规定定罪处罚。

第二百一十条之一 明知是伪造的发票而持有,数量较大的,处二年以下有期徒刑、拘役或者管制,并处罚金;数量巨大的,处二年以上七年以下有期徒刑,并处罚金。

单位犯前款罪的,对单位判处罚金,并对其直接负责的主管人员和其他直接责任人员,依照前款的规定处罚。

第二百一十一条 单位犯本节第二百零一条、第二百零三条、第二百零四条、第二百零七条、第二百零八条、第二百零九条规定之罪的,对单位判处罚金,并对其直接负责的主管人员和其他直接责任人员,依照各该条的规定处罚。

第二百一十二条 犯本节第二百零一条至第二百零五条规定之罪,被判处罚金、没收财产的,在执行前,应当先由税务机关追缴税款和所骗取的出口退税款。

第九章 渎职罪

第四百零四条 税务机关的工作人员徇私舞弊,不征或者少征应征税款,致使国家税收遭受重大损失的,处五年以下有期徒刑或者拘役;造成特别重大损失的,处五年以上有期徒刑。

第四百零五条 税务机关的工作人员违反法律、行政法规的规定,在办理发售发票、抵扣税款、出口退税工作中,徇私舞弊,致使国家利益遭受重大损失的,处五年以下有期徒刑或者拘役;致使国家利益遭受特别重大损失的,处五年以上有期徒刑。

其他国家机关工作人员违反国家规定,在提供出口货物报关单、出口收汇核销单等出口退税凭证的工作中,徇私舞弊,致使国家利益遭受重大损失的,依照前款的规定处罚。

附件二

全国人民代表大会常务委员会制定的下列补充规定和决定予以保留,其中,有关行政处罚和行政措施的规定继续有效;有关刑事责任的规定已纳入本法,自本法施行之日起,适用本法规定:

8. 关于惩治虚开、伪造和非法出售增值税专用发票犯罪的决定

※　　　※　　　※　　　※

5-5-4 中华人民共和国个人独资企业法(涉税条款)

1999年8月30日第九届全国人民代表大会常务委员会
第十一次会议通过　同日中华人民共和国主席令第20号公布

第一章　总　则

第四条 个人独资企业从事经营活动必须遵守法律、行政法规,遵守诚实信用原则,不得损害社会公共利益。

个人独资企业应当依法履行纳税义务。

第四章　个人独资企业的解散和清算

第二十九条 个人独资企业解散的,财产应当按照下列顺序清偿:
(一)所欠职工工资和社会保险费用;
(二)所欠税款;
(三)其他债务。

5-5-5

中华人民共和国票据法(涉税条款)

1995年5月10日第八届全国人民代表大会常务委员会第十三次会议通过 同日中华人民共和国主席令第49号公布 2004年8月28日第十届全国人民代表大会常务委员会第十一次会议修正 同日中华人民共和国主席令第22号公布

第一章 总 则

第十一条 因税收、继承、赠与可以依法无偿取得票据的,不受给付对价的限制。但是,所享有的票据权利不得优于其前手的权利。

前手是指在票据签章人或者持票人之前签章的其他票据债务人。

5-5-6

中华人民共和国企业破产法(涉税条款)

2006年8月27日第十届全国人民代表大会常务委员会第二十三次会议通过 同日中华人民共和国主席令第54号公布

第八章 重 整

第八十二条 下列各类债权的债权人参加讨论重整计划草案的债权人会议,依照下列债权分类,分组对重整计划草案进行表决:

(一)对债务人的特定财产享有担保权的债权;

(二)债务人所欠职工的工资和医疗、伤残补助、抚恤费用,所欠的应当划入职工个人账户的基本养老保险、基本医疗保险费用,以及法律、行政法规规定应当支付给职工的补偿金;

(三)债务人所欠税款;

(四)普通债权。

人民法院在必要时可以决定在普通债权组中设小额债权组对重整计划草案进行表决。

第十章 破产清算

第一百一十三条 破产财产在优先清偿破产费用和共益债务后,依照下列顺序清偿:

(一)破产人所欠职工的工资和医疗、伤残补助、抚恤费用,所欠的应当划入职工个人账户的基本养老保险、基本医疗保险费用,以及法律、行政法规规定应当支付给职工的补偿金；

（二）破产人欠缴的除前项规定以外的社会保险费用和破产人所欠税款；

（三）普通破产债权。

破产财产不足以清偿同一顺序的清偿要求的，按照比例分配。

破产企业的董事、监事和高级管理人员的工资按照该企业职工的平均工资计算。

5－5－7

中华人民共和国合伙企业法（涉税条款）

1997年2月23日第八届全国人民代表大会常务委员会第二十四次会议通过 同日中华人民共和国主席令第82号公布 2006年8月27日第十届全国人民代表大会常务委员会第二十三次会议修订 同日中华人民共和国主席令第55号公布

第一章 总 则

第六条 合伙企业的生产经营所得和其他所得，按照国家有关税收规定，由合伙人分别缴纳所得税。

第四章 合伙企业解散、清算

第八十七条 清算人在清算期间执行下列事务：

（一）清理合伙企业财产，分别编制资产负债表和财产清单；

（二）处理与清算有关的合伙企业未了结事务；

（三）清缴所欠税款；

（四）清理债权、债务；

（五）处理合伙企业清偿债务后的剩余财产；

（六）代表合伙企业参加诉讼或者仲裁活动。

第八十九条 合伙企业财产在支付清算费用和职工工资、社会保险费用、法定补偿金以及缴纳所欠税款、清偿债务后的剩余财产，依照本法第三十三条第一款的规定进行分配。

5-5-8

中华人民共和国矿产资源法(涉税条款)

1986年3月19日第六届全国人民代表大会常务委员会第十五次会议通过 同日中华人民共和国主席令第36号公布 2009年8月27日第十一届全国人民代表大会常务委员会第十次会议第二次修正 同日中华人民共和国主席令第18号公布

第一章 总 则

第五条 国家实行探矿权、采矿权有偿取得的制度;但是,国家对探矿权、采矿权有偿取得的费用,可以根据不同情况规定予以减缴、免缴。具体办法和实施步骤由国务院规定。

开采矿产资源,必须按照国家有关规定缴纳资源税和资源补偿费。

5-5-9

中华人民共和国水土保持法(涉税条款)

1991年6月29日第七届全国人民代表大会常务委员会第二十次会议通过 同日中华人民共和国主席令第49号公布 2010年12月25日第十一届全国人民代表大会常务委员会第十八次会议修订 同日中华人民共和国主席令第39号公布

第四章 治 理

第三十三条 国家鼓励单位和个人按照水土保持规划参与水土流失治理,并在资金、技术、税收等方面予以扶持。

5–5–10

中华人民共和国国家赔偿法（涉税条款）

1994年5月12日第八届全国人民代表大会常务委员会第七次会议通过 同日中华人民共和国主席令第23号公布 2012年10月26日第十一届全国人民代表大会常务委员会第二十九次会议第二次修正 同日中华人民共和国主席令第68号公布

第六章 附 则

第四十一条 赔偿请求人要求国家赔偿的，赔偿义务机关、复议机关和人民法院不得向赔偿请求人收取任何费用。

对赔偿请求人取得的赔偿金不予征税。

5–5–11

中华人民共和国环境保护法（涉税条款）

1989年12月26日第七届全国人民代表大会常务委员会第十一次会议通过 同日中华人民共和国主席令第22号公布 2014年4月24日第十二届全国人民代表大会常务委员会第八次会议修订 同日中华人民共和国主席令第9号公布

第二章 监督管理

第二十一条 国家采取财政、税收、价格、政府采购等方面的政策和措施，鼓励和支持环境保护技术装备、资源综合利用和环境服务等环境保护产业的发展。

第二十二条 企业事业单位和其他生产经营者，在污染物排放符合法定要求的基础上，进一步减少污染物排放的，人民政府应当依法采取财政、税收、价格、政府采购等方面的政策和措施予以鼓励和支持。

第四章 防治污染和其他公害

第四十三条 排放污染物的企业事业单位和其他生产经营者，应当按照国家有关规定缴纳排污费。排污费应当全部专项用于环境污染防治，任何单位和个人不得截留、挤占或者挪作他用。

依照法律规定征收环境保护税的，不再征收排污费。

5-5-12

中华人民共和国保险法(涉税条款)

1995年6月30日第八届全国人民代表大会常务委员会第十四次会议通过 同日中华人民共和国主席令第51号公布 2015年4月24日第十二届全国人民代表大会常务委员会第十四次会议第三次修正 同日中华人民共和国主席令第26号公布

第三章 保险公司

第九十一条 破产财产在优先清偿破产费用和共益债务后,按照下列顺序清偿:

(一)所欠职工工资和医疗、伤残补助、抚恤费用,所欠应当划入职工个人账户的基本养老保险、基本医疗保险费用,以及法律、行政法规规定应当支付给职工的补偿金;

(二)赔偿或者给付保险金;

(三)保险公司欠缴的除第(一)项规定以外的社会保险费用和所欠税款;

(四)普通破产债权。

破产财产不足以清偿同一顺序的清偿要求的,按照比例分配。

破产保险公司的董事、监事和高级管理人员的工资,按照该公司职工的平均工资计算。

5-5-13

中华人民共和国电子商务法(涉税条款)

2018年8月31日第十三届全国人民代表大会常务委员会第五次会议通过 同日中华人民共和国主席令第7号公布

第二章 电子商务经营者

第十一条 电子商务经营者应当依法履行纳税义务,并依法享受税收优惠。

依照前条规定不需要办理市场主体登记的电子商务经营者在首次纳税义务发生后,应当依照税收征收管理法律、行政法规的规定申请办理税务登记,并如实申报纳税。

第二十八条 电子商务平台经营者应当按照规定向市场监督管理部门报送平台内经营者的身份信息,提示未办理市场主体登记的经营者依法办理登记,并配合市场监督管理部门,针对电子商务的特点,为应当办理市场主体登记的经营者办理登记提供便利。

电子商务平台经营者应当依照税收征收管理法律、行政法规的规定,向税务部门报送平台内经营者的身份信息和与纳税有关的信息,并应当提示依照本法第十条规定不需要办理市场主体登记的电子商务经营者依照本法第十一条第二款的规定办理税务登记。

第五章　电子商务促进

第七十一条　国家促进跨境电子商务发展,建立健全适应跨境电子商务特点的海关、税收、进出境检验检疫、支付结算等管理制度,提高跨境电子商务各环节便利化水平,支持跨境电子商务平台经营者等为跨境电子商务提供仓储物流、报关、报检等服务。

国家支持小型微型企业从事跨境电子商务。

第七十二条　国家进出口管理部门应当推进跨境电子商务海关申报、纳税、检验检疫等环节的综合服务和监管体系建设,优化监管流程,推动实现信息共享、监管互认、执法互助,提高跨境电子商务服务和监管效率。跨境电子商务经营者可以凭电子单证向国家进出口管理部门办理有关手续。

第六章　法律责任

第八十条　电子商务平台经营者有下列行为之一的,由有关主管部门责令限期改正;逾期不改正的,处二万元以上十万元以下的罚款;情节严重的,责令停业整顿,并处十万元以上五十万元以下的罚款:

(一)不履行本法第二十七条规定的核验、登记义务的;

(二)不按照本法第二十八条规定向市场监督管理部门、税务部门报送有关信息的;

(三)不按照本法第二十九条规定对违法情形采取必要的处置措施,或者未向有关主管部门报告的;

(四)不履行本法第三十一条规定的商品和服务信息、交易信息保存义务的。

法律、行政法规对前款规定的违法行为的处罚另有规定的,依照其规定。

5-5-14

中华人民共和国残疾人保障法(涉税条款)

1990年12月28日第七届全国人民代表大会常务委员会第十七次会议通过　同日中华人民共和国主席令第36号公布　2018年10月26日第十三届全国人民代表大会常务委员会第六次会议修正　同日中华人民共和国主席令第16号公布

第四章　劳动就业

第三十六条　国家对安排残疾人就业达到、超过规定比例或者集中安排残疾人就业的用人单位和从事个体经营的残疾人,依法给予税收优惠,并在生产、经营、技术、资金、物资、场地等方面给予扶持。国家对从事个体经营的残疾人,免除行政事业性收费。

县级以上地方人民政府及其有关部门应当确定适合残疾人生产、经营的产品、项目,优先安排残疾人福利性单位生产或者经营,并根据残疾人福利性单位的生产特点确定某些产品由其专产。

政府采购,在同等条件下应当优先购买残疾人福利性单位的产品或者服务。

地方各级人民政府应当开发适合残疾人就业的公益性岗位。

对申请从事个体经营的残疾人,有关部门应当优先核发营业执照。

对从事各类生产劳动的农村残疾人,有关部门应当在生产服务、技术指导、农用物资供应、农副产品购销和信贷等方面,给予帮助。

5-5-15

中华人民共和国外商投资法(涉税条款)

2019年3月15日第十三届全国人民代表大会第二次会议通过
同日中华人民共和国主席令第26号公布

第四章 投资管理

第三十二条 外商投资企业开展生产经营活动,应当遵守法律、行政法规有关劳动保护、社会保险的规定,依照法律、行政法规和国家有关规定办理税收、会计、外汇等事宜,并接受相关主管部门依法实施的监督检查。

5-5-16

中华人民共和国城市房地产管理法(涉税条款)

1994年7月5日第八届全国人民代表大会常务委员会第八次会议通过 同日中华人民共和国主席令第29号公布 2019年8月26日第十三届全国人民代表大会常务委员会第十二次会议第三次修正 同日中华人民共和国主席令第32号公布

第一章 总 则

第五条 房地产权利人应当遵守法律和行政法规,依法纳税。房地产权利人的合法权益受法律保护,任何单位和个人不得侵犯。

第三章 房地产开发

第二十九条 国家采取税收等方面的优惠措施鼓励和扶持房地产开发企业开发建设居民住宅。

5-5-17

中华人民共和国证券法(涉税条款)

1998年12月29日第九届全国人民代表大会常务委员会第六次会议通过 同日中华人民共和国主席令第12号公布 2019年12月28日第十三届全国人民代表大会常务委员会第十五次会议第二次修订 同日中华人民共和国主席令第37号公布

第六章 投资者保护

第九十一条 上市公司应当在章程中明确分配现金股利的具体安排和决策程序,依法保障股东的资产收益权。

上市公司当年税后利润,在弥补亏损及提取法定公积金后有盈余的,应当按照公司章程的规定分配现金股利。

5-5-18

中华人民共和国固体废物污染环境防治法(涉税条款)

1995年10月30日第八届全国人民代表大会常务委员会第十六次会议通过 同日中华人民共和国主席令第58号公布 2020年4月29日第十三届全国人民代表大会常务委员会第十七次会议第二次修订 同日中华人民共和国主席令第43号公布

第七章 保障措施

第九十八条 从事固体废物综合利用等固体废物污染环境防治工作的,依照法律、行政法规的规定,享受税收优惠。

国家鼓励并提倡社会各界为防治固体废物污染环境捐赠财产,并依照法律、行政法规的规定,给予税收优惠。

5-5-19

中华人民共和国海关法(涉税条款)

1987年1月22日第六届全国人民代表大会常务委员会第十九次会议通过 同日中华人民共和国主席令第51号公布 2021年4月29日第十三届全国人民代表大会常务委员会第二十八次会议第六次修正 同日中华人民共和国主席令第81号公布

第一章 总 则

第二条 中华人民共和国海关是国家的进出关境(以下简称进出境)监督管理机关。海关依照本法和其他有关法律、行政法规,监管进出境的运输工具、货物、行李物品、邮递物品和其他物品(以下简称进出境运输工具、货物、物品),征收关税和其他税、费,查缉走私,并编制海关统计和办理其他海关业务。

第九条 进出口货物,除另有规定的外,可以由进出口货物收发货人自行办理报关纳税手续,也可以由进出口货物收发货人委托报关企业办理报关纳税手续。

进出境物品的所有人可以自行办理报关纳税手续,也可以委托他人办理报关纳税手续。

第二章 进出境运输工具

第十九条 进境的境外运输工具和出境的境内运输工具,未向海关办理手续并缴纳关税,不得转让或者移作他用。

第三章 进出境货物

第二十九条 除海关特准的外,进出口货物在收发货人缴清税款或者提供担保后,由海关签印放行。

第三十条 进口货物的收货人自运输工具申报进境之日起超过三个月未向海关申报的,其进口货物由海关提取依法变卖处理,所得价款在扣除运输、装卸、储存等费用和税款后,尚有余款的,自货物依法变卖之日起一年内,经收货人申请,予以发还;其中属于国家对进口有限制性规定,应当提交许可证件而不能提供的,不予发还。逾期无人申请或者不予发还的,上缴国库。

确属误卸或者溢卸的进境货物,经海关审定,由原运输工具负责人或者货物的收发货人自该运输工具卸货之日起三个月内,办理退运或者进口手续;必要时,经海关批准,可以延期三个月。逾期未办手续的,由海关按前款规定处理。

前两款所列货物不宜长期保存的,海关可以根据实际情况提前处理。

收货人或者货物所有人声明放弃的进口货物,由海关提取依法变卖处理;所得价款在扣除运输、装卸、储存等费用后,上缴国库。

第三十二条 经营保税货物的储存、加工、装配、展示、运输、寄售业务和经营免税商店,应当符合海关监管要求,经海关批准,并办理注册手续。

保税货物的转让、转移以及进出保税场所,应当向海关办理有关手续,接受海关监管和查验。

第三十三条 企业从事加工贸易,应当按照海关总署的规定向海关备案。加工贸易制成品单位耗料量由海关按照有关规定核定。

加工贸易制成品应当在规定的期限内复出口。其中使用的进口料件,属于国家规定准予保税的,应当向海关办理核销手续;属于先征收税款的,依法向海关办理退税手续。

加工贸易保税进口料件或者制成品内销的,海关对保税的进口料件依法征税;属于国家对进口有限制性规定的,还应当向海关提交进口许可证件。

第三十四条 经国务院批准在中华人民共和国境内设立的保税区等海关特殊监管区域,由海关按照国家有关规定实施监管。

第三十八条 经营海关监管货物仓储业务的企业,应当经海关注册,并按照海关规定,办理收存、交付手续。

在海关监管区外存放海关监管货物,应当经海关同意,并接受海关监管。

违反前两款规定或者在保管海关监管货物期间造成海关监管货物损毁或者灭失的,除不可抗力外,对海关监管货物负有保管义务的人应当承担相应的纳税义务和法律责任。

第四十五条 自进出口货物放行之日起三年内或者在保税货物、减免税进口货物的海关监管期限内及其后的三年内,海关可以对与进出口货物直接有关的企业、单位的会计账簿、会计凭证、报关单证以及其他有关资料和有关进出口货物实施稽查。具体办法由国务院规定。

第四章 进出境物品

第五十条 经海关登记准予暂时免税进境或者暂时免税出境的物品,应当由本人复带出境或者复带进境。

过境人员未经海关批准,不得将其所带物品留在境内。

第五章 关 税

第五十三条 准许进出口的货物、进出境物品,由海关依法征收关税。

第五十四条 进口货物的收货人、出口货物的发货人、进出境物品的所有人,是关税的纳税义务人。

第五十五条 进出口货物的完税价格,由海关以该货物的成交价格为基础审查确定。成交价格不能确定时,完税价格由海关依法估定。

进口货物的完税价格包括货物的货价、货物运抵中华人民共和国境内输入地点起卸前的运输及其相关费用、保险费;出口货物的完税价格包括货物的货价、货物运至中华人民共和国境内输出地点装载前的运输及其相关费用、保险费,但是其中包含的出口关税税额,应当予以扣除。

进出境物品的完税价格,由海关依法确定。

第五十六条 下列进出口货物、进出境物品,减征或者免征关税:

(一)无商业价值的广告品和货样;

(二)外国政府、国际组织无偿赠送的物资;

(三)在海关放行前遭受损坏或者损失的货物;

(四)规定数额以内的物品;

(五)法律规定减征、免征关税的其他货物、物品;

(六)中华人民共和国缔结或者参加的国际条约规定减征、免征关税的货物、物品。

第五十七条 特定地区、特定企业或者有特定用途的进出口货物,可以减征或者免征关税。特定减税或者免税的范围和办法由国务院规定。

依照前款规定减征或者免征关税进口的货物,只能用于特定地区、特定企业或特定用途,未经海关核准并补缴关税,不得移作他用。

第五十八条 本法第五十六条、第五十七条第一款规定范围以外的临时减征或者免征关税,由国务院决定。

第五十九条 暂时进口或者暂时出口的货物,以及特准进口的保税货物,在货物收发货人向海关缴纳相当于税款的保证金或者提供担保后,准予暂时免纳关税。

第六十条 进出口货物的纳税义务人,应当自海关填发税款缴款书之日起十五日内缴纳税款;逾期缴纳的,由海关征收滞纳金。纳税义务人、担保人超过三个月仍未缴纳的,经直属海关关长或者其授权的隶属海关关长批准,海关可以采取下列强制措施:

(一)书面通知其开户银行或者其他金融机构从其存款中扣缴税款;

(二)将应税货物依法变卖,以变卖所得抵缴税款;

(三)扣留并依法变卖其价值相当于应纳税款的货物或者其他财产,以变卖所得抵缴税款。

海关采取强制措施时,对前款所列纳税义务人、担保人未缴纳的滞纳金同时强制执行。

进出境物品的纳税义务人,应当在物品放行前缴纳税款。

第六十一条 进出口货物的纳税义务人在规定的纳税期限内有明显的转移、藏匿其应税货物以及其他财产迹象的,海关可以责令纳税义务人提供担保;纳税义务人不能提供纳税担保的,经直属海关关长或者其授权的隶属海关关长批准,海关可以采取下列税收保全措施:

(一)书面通知纳税义务人开户银行或者其他金融机构暂停支付纳税义务人相当于应纳税款的存款;

(二)扣留纳税义务人价值相当于应纳税款的货物或者其他财产。

纳税义务人在规定的纳税期限内缴纳税款的,海关必须立即解除税收保全措施;期限届满仍未缴纳税款的,经直属海关关长或者其授权的隶属海关关长批准,海关可以书面通知纳税义务人开户银行或者其他金融机构从其暂停支付的存款中扣缴税款,或者依法变卖所扣留的货物或者其他财产,以变卖所得抵缴税款。

采取税收保全措施不当,或者纳税义务人在规定期限内已缴纳税款,海关未立即解除税收保全措施,致使纳税义务人的合法权益受到损失的,海关应当依法承担赔偿责任。

第六十二条 进出口货物、进出境物品放行后,海关发现少征或者漏征税款,应当自缴纳税款或者货物、物品放行之日起一年内,向纳税义务人补征。因纳税义务人违反规定而造成的少征或者漏征,海关在三年以内可以追征。

第六十三条 海关多征的税款,海关发现后应当立即退还;纳税义务人自缴纳税款之日起一年内,可以要求海关退还。

第六十四条 纳税义务人同海关发生纳税争议时,应当缴纳税款,并可以依法申请行政复议;对复议决定仍不服的,可以依法向人民法院提起诉讼。

第六十五条 进口环节海关代征税的征收管理,适用关税征收管理的规定。

第八章 法律责任

第八十二条 违反本法及有关法律、行政法规,逃避海关监管,偷逃应纳税款、逃避国家有关进出境的禁止性或者限制性管理,有下列情形之一的,是走私行为:

(一)运输、携带、邮寄国家禁止或者限制进出境货物、物品或者依法应当缴纳税款的货物、物品进出境的;

(二)未经海关许可并且未缴纳应纳税款、交验有关许可证件,擅自将保税货物、特定减免税货物以及其他海关监管货物、物品、进境的境外运输工具,在境内销售的;

(三)有逃避海关监管,构成走私的其他行为的。

有前款所列行为之一,尚不构成犯罪的,由海关没收走私货物、物品及违法所得,可以并处罚款;专门或者多次用于掩护走私的货物、物品,专门或者多次用于走私的运输工具,予以没收,藏匿走私货物、物品的特制设备,责令拆毁或者没收。

有第一款所列行为之一,构成犯罪的,依法追究刑事责任。

第八十三条 有下列行为之一的,按走私行为论处,依照本法第八十二条的规定处罚:

(一)直接向走私人非法收购走私进口的货物、物品的;

(二)在内海、领海、界河、界湖,船舶及所载人员运输、收购、贩卖国家禁止或者限制进出境的货物、物品,或者运输、收购、贩卖依法应当缴纳税款的货物,没有合法证明的。

第八十五条 个人携带、邮寄超过合理数量的自用物品进出境,未依法向海关申报的,责令补缴关税,可以处以罚款。

第九章 附 则

第一百条 本法下列用语的含义:

直属海关,是指直接由海关总署领导,负责管理一定区域范围内的海关业务的海关;隶属海关,是指由直属海关领导,负责办理具体海关业务的海关。

进出境运输工具,是指用以载运人员、货物、物品进出境的各种船舶、车辆、航空器和驮畜。

过境、转运和通运货物,是指由境外启运、通过中国境内继续运往境外的货物。其中,通过境内陆路运输的,称过境货物;在境内设立海关的地点换装运输工具,而不通过境内陆路运输的,称转运货物;由船舶、航空器载运进境并由原装运输工具载运出境的,称通运货物。

海关监管货物,是指本法第二十三条所列的进出口货物,过境、转运、通运货物,特定减免税货物,以及暂时进出口货物、保税货物和其他尚未办结海关手续的进出境货物。

保税货物,是指经海关批准未办理纳税手续进境,在境内储存、加工、装配后复运出境的货物。

海关监管区,是指设立海关的港口、车站、机场、国界孔道、国际邮件互换局(交换站)和其他有海关监管业务的场所,以及虽未设立海关,但是经国务院批准的进出境地点。

5-5-20

中华人民共和国教育法(涉税条款)

1995年3月18日第八届全国人民代表大会第三次会议通过 同日中华人民共和国主席令第45号公布 2021年4月29日第十三届全国人民代表大会常务委员会第二十八次会议第三次修正 同日中华人民共和国主席令第80号公布

第七章 教育投入与条件保障

第五十八条 税务机关依法足额征收教育费附加,由教育行政部门统筹管理,主要用于实施义务教育。

省、自治区、直辖市人民政府根据国务院的有关规定,可以决定开征用于教育的地方附加费,专款专用。

5-5-21

中华人民共和国审计法(涉税条款)

1994年8月31日第八届全国人民代表大会常务委员会第九次会议通过 同日中华人民共和国主席令第32号公布 2021年10月23日第十三届全国人民代表大会常务委员会第三十一次会议第二次修正 同日中华人民共和国主席令第100号公布

第四章 审计机关权限

第四十一条 审计机关履行审计监督职责,可以提请公安、财政、自然资源、生态环境、海关、税务、市场监督管理等机关予以协助。有关机关应当依法予以配合。

5-5-22

中华人民共和国立法法(涉税条款)

2000年3月15日第九届全国人民代表大会第三次会议通过 同日中华人民共和国主席令第31号公布 2023年3月13日第十四届全国人民代表大会第一次会议第二次修正 同日中华人民共和国主席令第3号公布

第二章 法 律

第十一条 下列事项只能制定法律：
(一)国家主权的事项；
(二)各级人民代表大会、人民政府、监察委员会、人民法院和人民检察院的产生、组织和职权；
(三)民族区域自治制度、特别行政区制度、基层群众自治制度；
(四)犯罪和刑罚；
(五)对公民政治权利的剥夺、限制人身自由的强制措施和处罚；
(六)税种的设立、税率的确定和税收征收管理等税收基本制度；
(七)对非国有财产的征收、征用；
(八)民事基本制度；
(九)基本经济制度以及财政、海关、金融和外贸的基本制度；
(十)诉讼制度和仲裁基本制度；
(十一)必须由全国人民代表大会及其常务委员会制定法律的其他事项。

5-5-23

中华人民共和国行政复议法(涉税条款)

1999年4月29日第九届全国人民代表大会常务委员会第九次会议通过 同日中华人民共和国主席令第16号公布 2023年9月1日第十四届全国人民代表大会常务委员会第五次会议修订 同日中华人民共和国主席令第9号公布

第二章 行政复议申请

第四节 行政复议管辖

第二十七条 对海关、金融、外汇管理等实行垂直领导的行政机关、税务和国家安全机关的行政行为不服的,向上一级主管部门申请行政复议。

5-5-24

中华人民共和国公司法(涉税条款)

1993年12月29日第八届全国人民代表大会常务委员会第五次会议通过 同日中华人民共和国主席令第16号公布 2023年12月29日第十四届全国人民代表大会常务委员会第七次会议第二次修订 同日中华人民共和国主席令第15号公布

第十章 公司财务、会计

第二百一十条 公司分配当年税后利润时,应当提取利润的百分之十列入公司法定公积金。公司法定公积金累计额为公司注册资本的百分之五十以上的,可以不再提取。

公司的法定公积金不足以弥补以前年度亏损的,在依照前款规定提取法定公积金之前,应当先用当年利润弥补亏损。

公司从税后利润中提取法定公积金后,经股东会决议,还可以从税后利润中提取任意公积金。

公司弥补亏损和提取公积金后所余税后利润,有限责任公司按照股东实缴的出资比例分配利润,全体股东约定不按照出资比例分配利润的除外;股份有限公司按照股东所持有的股份比例分配利润,公司章程另有规定的除外。

公司持有的本公司股份不得分配利润。

第十二章 公司解散和清算

第二百三十四条 清算组在清算期间行使下列职权:
(一)清理公司财产,分别编制资产负债表和财产清单;
(二)通知、公告债权人;
(三)处理与清算有关的公司未了结的业务;
(四)清缴所欠税款以及清算过程中产生的税款;
(五)清理债权、债务;
(六)分配公司清偿债务后的剩余财产;
(七)代表公司参与民事诉讼活动。

第二百三十六条 清算组在清理公司财产、编制资产负债表和财产清单后,应当制订清算方案,并报股东会或者人民法院确认。

公司财产在分别支付清算费用、职工的工资、社会保险费用和法定补偿金,缴纳所欠税款,清偿公司债务后的剩余财产,有限责任公司按照股东的出资比例分配,股份有限公司按照股东持有的股份比例分配。

清算期间,公司存续,但不得开展与清算无关的经营活动。公司财产在未依照前款规定清偿前,不得分配给股东。

5-5-25

中华人民共和国会计法(涉税条款)

1985年1月21日第六届全国人民代表大会常务委员会第九次会议通过 同日中华人民共和国主席令第21号公布 2024年6月28日第十四届全国人民代表大会常务委员会第十次会议第三次修正 同日中华人民共和国主席令第28号公布

第三章 会计监督

第三十一条 财政、审计、税务、金融管理等部门应当依照有关法律、行政法规规定的职责,对有关单位的会计资料实施监督检查,并出具检查结论。

财政、审计、税务、金融管理等部门应当加强监督检查协作,有关监督检查部门已经作出的检查结论能够满足其他监督检查部门履行本部门职责需要的,其他监督检查部门应当加以利用,避免重复查账。